Entscheidungen der Verfassungsgerichte der Länder
Baden-Württemberg, Berlin, Brandenburg, Bremen, Hamburg, Hessen,
Mecklenburg-Vorpommern, Niedersachsen, Saarland, Sachsen, Sachsen-Anhalt,
Thüringen

Entscheidungen der Verfassungsgerichte der Länder

Baden-Württemberg, Berlin, Brandenburg, Bremen, Hamburg, Hessen, Mecklenburg-Vorpommern, Niedersachsen, Saarland, Sachsen, Sachsen-Anhalt, Thüringen

Herausgegeben
von den Mitgliedern der Gerichte

2003
De Gruyter Recht · Berlin

Entscheidungen der Verfassungsgerichte der Länder

Baden-Württemberg, Berlin, Brandenburg, Bremen, Hamburg, Hessen, Mecklenburg-Vorpommern, Niedersachsen, Saarland, Sachsen, Sachsen-Anhalt, Thüringen

LVerfGE

12. Band
1. 1. bis 31. 12. 2001

W
DE
G
RECHT

2003
De Gruyter Recht · Berlin

Zitierweise

Für die Zitierung dieser Sammlung wird die Abkürzung LVerfGE empfohlen,
z. B. LVerfGE 1,79 (= Band 1 Seite 79)

∞ Gedruckt auf säurefreiem Papier, das die US-ANSI-Norm über Haltbarkeit erfüllt.

Bibliografische Information Der Deutschen Bibliothek

Die Deutsche Bibliothek verzeichnet diese Publikation in der Deutschen Nationalbibliografie;
detaillierte bibliografische Daten sind im Internet über http://dnb.ddb.de abrufbar.

ISBN 3-89949-022-3

Vorwort

Der 12. Band der seit 1996 erscheinenden Sammlung der Entscheidungen der Verfassungsgerichte der Länder Baden-Württemberg, Berlin, Brandenburg, Bremen, Hamburg, Hessen, Mecklenburg-Vorpommern, Niedersachsen, Saarland, Sachsen, Sachsen-Anhalt und Thüringen erfasst den Zeitraum vom 1. 1. bis zum 31. 12. 2001.

Die in diesem Band enthaltenen Entscheidungen spiegeln einmal mehr die thematische Bandbreite landesverfassungsgerichtlicher Rechtsprechungstätigkeit wider. Einen kleinen Schwerpunkt setzen dabei die Entscheidungen des Verfassungsgerichts des Landes Brandenburg vom 20. 9. 2001, des Niedersächsischen Staatsgerichtshofs vom 23. 10. 2001 und des Thüringer Verfassungsgerichtshofs vom 19. 9. 2001, die sich mit der Zulässigkeit haushaltsrelevanter Volksgesetzgebung befassen. Im Übrigen ist der vorliegende Band – wie schon seine Vorgänger – durch die unterschiedlichen Aufgaben und Kompetenzen der Landesverfassungsgerichte geprägt. So umfasst er neben den zum Kernbestand der Verfassungsgerichtsbarkeit aller Länder gehörenden Organstreitigkeiten und Normenkontrollverfahren eine erhebliche Anzahl von Entscheidungen zu den nicht in allen Landesverfassungen vorgesehenen Individualverfassungsbeschwerden bzw. Grundrechtsklagen, mit denen der einzelne Bürger die Verletzung seiner ihm durch die Landesverfassung gewährten Grundrechte durch die Staatsgewalt des Landes vor dem Landesverfassungsgericht geltend machen kann. Hierbei wiederum spielt die durch den Beschluss des Bundesverfassungsgerichts vom 15. 10. 1997 (BVerfGE 96, 345) eröffnete Prüfung der Anwendung verfahrensrechtlicher Vorschriften des Bundes durch Gerichte des Landes anhand inhaltsgleich zum Grundgesetz verbürgter landesverfassungsrechtlicher Gewährleistungen eine bedeutende Rolle.

Letztlich bietet der vorliegende 12. Band wegen seiner Konzeption als Jahresband und wegen der großen Anzahl der an der Sammlung beteiligten Verfassungsgerichte dem interessierten Leser nur einen Ausschnitt aus der vielfältigen Entscheidungstätigkeit der Landesverfassungsgerichte. Indem er aber die wichtigsten Entscheidungen des Jahres 2001 zusammenfasst, gewährt er als Teil der Sammlung in einzigartiger Weise einen Gesamtüberblick über die Verfassungsgerichtsbarkeit der Länder und ist damit unverzichtbare Grundlage des wissenschaftlichen Diskurses, ohne den eine lebendige Verfassungsgerichtsbarkeit nicht denkbar ist.

Dr. h.c. Hans-Joachim Bauer
Präsident des Thüringer Verfassungsgerichtshofs

Inhalt *

* Die entsprechend gekennzeichneten Entscheidungen sind entweder nur mit den Leit-
sätzen abgedruckt oder gekürzt wiedergegeben und im Volltext bei den jeweiligen Landesverfassungsgerichten erhältlich (Adressen s. Anhang).

Entscheidungen des Staatsgerichtshofs der Freien Hansestadt Bremen
(in diesem Band keine Entscheidungsveröffentlichung)

Entscheidungen des Hamburgischen Verfassungsgerichts

Entscheidungen des Staatsgerichtshofes des Landes Hessen

Inhalt

Abkürzungsverzeichnis

a. A.	anderer Ansicht
a. F.	alte Fassung
aaO	am angegebenen Ort
AG	Aktiengesellschaft
AH-Drs.	Abgeordnetenhaus-Drucksache
AK-GG	Alternativ-Kommentar zum Grundgesetz
ÄltR	Ältestenrat
ÄltRProt	Ältestenratsprotokoll
amtl. Begr.	amtliche Begründung
Amtl.Anz.	Amtlicher Anzeiger (Hamburg)
AmtsO	Amtsordnung
ÄndG	Änderungsgesetz
AnwBl	Anwaltsblatt
AöR	Archiv des öffentlichen Rechts
AP	Nachschlagewerk des Bundesarbeitsgerichts – Arbeitsrechtliche Praxis –
ArbG	Arbeitsgericht
ArbGG	Arbeitsgerichtsgesetz
Art.	Artikel
ASOG	Allgemeines Sicherheits- u. Ordnungsgesetz (Berlin)
Aufl.	Auflage
Az	Aktenzeichen
BAG	Bundesarbeitsgericht
BAGE	Entscheidungen des Bundesarbeitsgerichts
BAT	Bundesangestellten-Tarifvertrag
BayObLGZ	Entscheidungen des Bayerischen Obersten Landesgerichts in Zivilsachen
BayVBl	Bayrische Verwaltungsblätter
BayVerfGH	Bayerischer Verfassungsgerichtshof
BayVGH n. F.	Entscheidungssammlung des Bayerischen Verwaltungsgerichtshofs (neue Fassung)
BbgFischG	Fischereigesetz Brandenburg
BbgVerfG	Verfassungsgericht für das Land Brandenburg
Bd.	Band
BezVG	Bezirksverwaltungsgesetz (Hamburg)
BezWG	Gesetz zu den Wahlen in den Bezirksversammlungen (Hamburg)
BFH	Bundesfinanzhof
BGB	Bürgerliches Gesetzbuch
BGBl.	Bundesgesetzblatt
BGH	Bundesgerichtshof

GVG	Gerichtsverfassungsgesetz
GVOBl.	Gesetz- und Verordnungsblatt
HbgVf	Verfassung der Freien und Hansestadt Hamburg
HdB	Handbuch
HGO	Hessische Gemeindeordnung
HGrG	Haushaltsgrundsätzegesetz
HmbVerfG	Hamburgisches Verfassungsgericht
Hrsg.	Herausgeber
HS.	Halbsatz
HStR	Isensee/Kirchhof, Handbuch des Staatsrechts
HV	Verfassung der Freien und Hansestadt Hamburg
HVerfGG	Gesetz über das Hamburgische Verfassungsgericht
HVwVfG	Hamburgisches Verwaltungsverfahrensgesetz
insbes.	insbesondere
iSd	im Sinne des, im Sinne der
iSv	im Sinne von
iVm	in Verbindung mit
JbSächsOVG	Jahrbücher des Sächsischen Oberverwaltungsgerichts
JR	Juristische Rundschau
JWG	Jugendwohlfahrtsgesetz
JZ	Juristenzeitung
KG	Kammergericht
KWahlG (auch: KWG)	Kommunalwahlgesetz
LAG	Landesarbeitsgericht
Lfg.	Lieferung
LG	Landgericht
lit.	litera
LKV	Landes- und Kommunalverwaltung
LSA-SG	Schulgesetz des Landes Sachsen-Anhalt
LSA-SOG	Gesetz über die öffentliche Sicherheit und Ordnung des Landes Sachsen-Anhalt
LSA-VerfGG	Gesetz über das Landesverfassungsgericht (Sachsen-Anhalt)
LT-Drs.	Landtagsdrucksache
LT-Prot.	Landtagsprotokoll
LV	Landesverfassung
LVerfG M-V	Landesverfassungsgericht Mecklenburg-Vorpommern
LVerfGE	Entscheidungen der Verfassungsgerichte der Länder
LVerfGG	Landesverfassungsgerichtsgesetz
LWaG	Wassergesetz des Landes Mecklenburg-Vorpommern
LWPrG	Landtagswahlprüfungsgesetz Baden-Württemberg
MdL	Mitglied des Landtages
MfS	Ministerium für Staatssicherheit der DDR
MfS/ANS	Ministerium für Staatssicherheit/Amt für Nationale Sicherheit
Mio	Million(en)
mwN	mit weiteren Nachweisen

n. F.	neue Fassung
NdsStGH	Niedersächsischer Staatsgerichtshof
NdsVf	Niedersächsische Verfassung
NFVG	Niedersächsisches Finanzverteilungsgesetz
NJ	Neue Justiz
NJW	Neue Juristische Wochenschrift
NJW-RR	Neue Juristische Wochenschrift – Rechtsprechungsreport
NLWG	Niedersächsisches Landeswahlgesetz
Nord-ÖR	Zeitschrift für öffentliches Recht in Norddeutschland
NRW	Nordrhein-Westfalen
NRWVerf	Verfassung des Landes Nordrhein-Westfalen
NRWVerfGH	Verfassungsgerichtshof Nordrhein-Westfalen
NStZ	Neue Zeitschrift für Strafrecht
NV	Niedersächsische Verfassung
NVwZ	Neue Zeitschrift für Verwaltungsrecht
NVwZ-RR	Neue Zeitschrift für Verwaltungsrecht – Rechtsprechungsreport -
NWVBl.	Nordrhein-Westfälische Verwaltungsblätter
NZA	Neue Zeitschrift für Arbeitsrecht
OLG	Oberlandesgericht
OVG	Oberverwaltungsgericht
OVGE	Entscheidungen der Oberverwaltungsgerichte Nordrhein-Westfalen, Niedersachsen und Schleswig-Holstein
PersR	Der Personalrat, Zeitschrift für das Personalrecht im öffentlichen Dienst
PlenProt.	Plenarprotokoll
Prot.	Protokoll
Rn.	Randnummer
S.	Seite
SächsGVBl.	Sächsisches Gesetz- und Verordnungsblatt
SächsPersVG	Sächsisches Personalvertretungsgesetz
SächsVBl	Sächsische Verwaltungsblätter
SächsVerf	Verfassung des Freistaates Sachsen
SächsVerfGH	Verfassungsgerichtshof des Freistaates Sachsen
SächsVerfGHG	Gesetz über den Verfassungsgerichtshof des Freistaates Sachsen
SGB	Sozialgesetzbuch
SGG	Sozialgerichtsgesetz
StAnz.	Staatsanzeiger Baden-Württemberg
std. Rspr.	ständige Rechtsprechung
StGB	Strafgesetzbuch
StPO	Strafprozeßordnung
ThürBVVG	Gesetz über das Verfahren bei Bürgerantrag, Volksbegehren und Volksentscheid (Thüringen)
ThürVBl.	Thüringer Verwaltungsblätter
ThürVerf	Verfassung des Freistaats Thüringen
ThürVerfGH	Thüringer Verfassungsgerichtshof
ThürVerfGHG	Thüringer Verfassungsgerichtshofsgesetz

u. a.	unter anderem; und andere
UA	Urteilsausfertigung
unveröffentl.	unveröffentlicht
Urt.	Urteil
VAGBbg	Volksabstimmungsgesetz Brandenburg
VerfGGBbg	Gesetz über das Verfassungsgericht des Landes Brandenburg
VerfGH NW	Verfassungsgerichtshof des Landes Nordrhein-Westfalen
VerfGH Saarl.	Verfassungsgerichtshof des Saarlandes
VerfSachsAnh	Verfassung des Landes Sachsen-Anhalt
VfGBbg	Verfassungsgerichtshof des Landes Brandenburg
VG	Verwaltungsgericht
vgl.	vergleiche
VOBl.	Verordnungsblatt
Vorb.	Vorbemerkung
VvB	Verfassung von Berlin
VVDStRL	Veröffentlichungen der Vereinigung der Deutschen Staatsrechtslehrer
VVVG	Gesetz über Volksantrag, Volksbegehren und Volksentscheid (Sachsen)
VwGO	Verwaltungsgerichtsordnung
VwRR MO	VerwaltungsRechtsReport Mittelost
WahlprüfG	Wahlprüfungsgesetz (Hamburg)
ZaöRV	Zeitschrift für ausländisches öffentliches Recht und Völkerrecht
ZAR	Zeitschrift für Ausländerrecht
ZBR	Zeitschrift für Beamtenrecht
ZfPR	Zeitschrift für Personalvertretungsrecht
ZG	Zeitschrift f. Gesetzgebung
ZPO	Zivilprozeßordnung

Entscheidungen
des Staatsgerichtshofes
für das Land Baden-Württemberg

Die amtierenden Richterinnen und Richter des Staatsgerichtshofes für das Land Baden-Württemberg

Lothar Freund, Präsident
Prof. Dr. Hans Jordan, ständiger Stellvertreter
(bis 20. 7. 2000)
Hans Georgii
Eberhard Stilz
Martin Dietrich (bis 20. 7. 2000)
Prof. Dr. Thomas Oppermann
Dr. Rudolf Schieler
Prof. Dr. Peter Mailänder
Ute Prechtl
Prof. Dr. Wolfgang Jäger
Sybille Stamm

Stellvertretende Richterinnen und Richter

Dr. Roland Hauser
Michael Hund
Dr. Ulrich Gauß (bis 20. 7. 2000)
Prof. Dr. Alexander Roßnagel
Dr. Siegfried Kasper
Prof. Dr. Alexander Roßnagel
Dr. Manfred Oechsle (bis 20. 7. 2000)
Prof. Dr. Dieter Walther
Dr. Robert Maus
Prof. Dr. Dr. Günter Altner
Prof. Dr. Eberhard Jüngel
Adelheid Kiesinger

Nr. 1

Der Erlaß einer einstweiligen Anordnung durch den Staatsgerichtshof setzt ein dort anhängiges Hauptsacheverfahren voraus.*

Bundesverfassungsgerichtsgesetz § 32

Landtagswahlprüfungsgesetz §§ 4, 11

Gesetz über den Staatsgerichtshof §§ 14, 17 Abs. 1, 25, 55

Beschluß vom 8. Juni 2001 – GR 2/01

in der Wahlprüfungssache des Hans-Joachim Zimmer, Steingrubenweg 14, 73230 Kirchheim u. T.

– Antragsteller –

gegen

den Landtag von Baden-Württemberg, vertreten durch seinen Präsidenten, Haus des Landtags, Konrad-Adenauer-Straße 3, 70173 Stuttgart

– Antragsgegner –

wegen Erlaß einer einstweiligen Anordnung

Entscheidungsformel:

Der Antrag auf Erlaß einer einstweiligen Anordnung wird abgewiesen.

Gründe:

I.

Der Antragsteller hat mit Schreiben vom 23. 4. 2001 und vom 27. 4. 2001 Einspruch gegen die Landtagswahl zum baden-württembergischen Landtag vom 25. 3. 2001 erhoben. Er rügt im wesentlichen Verstöße gegen die Grundsätze der Unmittelbarkeit und Freiheit der Wahl, die Unvereinbarkeit der Verbindung von Persönlichkeitswahl und Verhältniswahl sowie die Unzulässigkeit der Zuweisung von Ausgleichs- und Überhangmandaten an Parteien.

* Nichtamtlicher Leitsatz

Mit Schreiben vom 16. 5. 2001 hat der Direktor des Landtags von Baden-Württemberg den Eingang dieser Schreiben bestätigt und darauf hingewiesen, daß der Wahlprüfungsausschuß des 13. Landtages von Baden-Württemberg sich nach seiner Konstituierung mit dem Einspruch befassen und nach Prüfung der Sach- und Rechtslage dem Landtag eine Beschlußempfehlung vorlegen werde.

Am 29. 5. 2001 hat der Antragsteller beim Staatsgerichtshof für das Land Baden-Württemberg den Erlaß einer einstweiligen Verfügung beantragt und um Gewährung vorläufigen Rechtsschutzes nachgesucht. Zur Begründung führt er im Wesentlichen aus, es sei nicht mit geltendem Recht zu vereinbaren, daß sich erst der „Wahlprüfungsausschuß des 13. Landtags von Baden-Württemberg" mit der Wahlanfechtung „befassen und nach Prüfung der Sach- und Rechtslage dem Landtag eine Beschlußempfehlung vorlegen" werde. Der Antrag gründe sich auf die Bestimmung des § 4 des Gesetzes über die Prüfung der Landtagswahlen (Landeswahlprüfungsgesetz) vom 7. 11. 1955. In dieser Bestimmung sei unter Abs. 2 S. 2 ultimativ festgelegt, „er (der Wahlprüfungsausschuß) werde vom Landtag für die Dauer der Wahlperiode gewählt". Die Wahlperiode des 12. Landtages ende aber am 31. 5. 2001. Somit sei auf der Grundlage der Bestimmung des § 4 Abs. 2 S. 2 des Landeswahlprüfungsgesetzes ohne jeglichen Zweifel der vom 12. Landtag für die Dauer der Wahlperiode gewählte Wahlprüfungsausschuß derjenige, welcher ultimativ verpflichtet sei, die von ihm, dem Antragsteller, eingereichte Wahlanfechtung zu prüfen.

Der Antragsteller beantragt,

> der Staatsgerichtshof für das Land Baden-Württemberg möge den 12. Landtag des Landes Baden-Württemberg verpflichten, die vom Antragsteller eingereichte Wahlanfechtung durch den von diesem Landtag für die Dauer der Wahlperiode gewählten Wahlprüfungsausschuß behandeln zu lassen und selbst in dieser Angelegenheit zu entscheiden.

II.

Der Staatsgerichtshof konnte über den Antrag durch seinen Präsidenten entscheiden. Die Bestimmung des § 17 S. 1 StGHG, wonach Entscheidungen außerhalb der mündlichen Verhandlung vom Vorsitzenden mit Zustimmung von mindestens zwei Richtern – also einstimmig – getroffen werden, gilt ausschließlich für Entscheidungen, die einem Antrag stattgeben. Wäre dies nicht der Fall, könnte bei nicht erreichter Einstimmigkeit niemals eine ablehnende Entscheidung getroffen werden.

Der Antrag war abzuweisen, denn er ist unzulässig.

Gem. § 25 StGHG kann der Staatsgerichtshof, wenn es zur Abwehr schwerer Nachteile, zur Verhinderung drohender Gewalt oder aus einem anderen wichtigen Grunde zum gemeinen Wohl dringend geboten ist, in einem anhängigen Verfahren einen Zustand durch einstweilige Anordnung vorläufig regeln. Voraussetzung danach ist, daß ein Hauptsacheverfahren beim Staatsgerichtshof bereits anhängig ist. Dazu hat der Staatsgerichtshof bereits in seinem Urteil vom 11. 9. 1971 – GR 2/71 –, ESVGH 22, 1 (4) ausgeführt:

> „§ 25 StGHG sieht die Möglichkeit zum Erlaß einer einstweiligen Anordnung nur in einem „anhängigen Verfahren" vor. In ständiger Rechtsprechung des Bundesverfassungsgerichts setzt der Erlaß einer einstweiligen Anordnung isd § 32 BVerfG voraus, daß der Streitfall, der den Antrag auf einstweilige Anordnung veranlaßt hat, vor das Verfassungsgericht gebracht werden kann (BVerfGE 27, 156). Diese Voraussetzung wird durch den Wortlaut des § 25 StGHG insofern noch unterstrichen, als er, entgegen der Regelung in § 32 BVerfG, sogar ein **anhängiges Verfahren** verlangt."

An dieser Rechtsprechung ist festzuhalten.

Der Antragsteller hat aber im vorliegenden Fall seinen Antrag auf „einstweilige Verfügung und Gewährung vorläufigen Rechtsschutzes, also auf Erlaß einer einstweiligen Anordnung, nicht im Rahmen eines Hauptsacheverfahrens gestellt. Er beantragt nämlich, den 12. Landtag des Landes Baden-Württemberg zu verpflichten, die von ihm eingereichte Wahlanfechtung durch den vom 12. Landtag für die Dauer der Wahlperiode gewählten Wahlprüfungsausschuß behandeln zu lassen. Bisher hat jedoch weder der Wahlprüfungsausschuß die Wahlanfechtung des Antragstellers geprüft, noch hat die Vollversammlung des Landtags gem. § 11 LWPrG einen Beschluß über einen Antrag des Wahlprüfungsausschusses herbeigeführt. Die Entscheidung des Landtags im Wahlprüfungsverfahren ist aber die Voraussetzung für eine Wahlprüfungsbeschwerde gem. § 14 an den Staatsgerichtshof. Abgesehen davon, daß eine solche Wahlprüfungsbeschwerde bisher nicht beim Staatsgerichtshof anhängig gemacht wurde, liegen, wie bereits dargelegt, schon ihre Voraussetzungen nicht vor.

Mangels eines anhängigen Verfahrens ist demnach eine einstweilige Anordnung gem. § 25 StGHG unzulässig.

Im übrigen ist der Antrag auch deshalb unzulässig, weil der 12. Landtag von Baden-Württemberg mit dem Ende der Wahlperiode am 31. 5. 2001 nicht mehr besteht und von daher auch nicht mehr zu einer Handlung verpflichtet werden kann.

Ein Antrag aber, der sich auf etwas (inzwischen) rechtlich Unmögliches richtet, kann unter keinem denkbaren Gesichtspunkt statthaft sein.

Das Verfahren ist kostenfrei (§ 55 Abs. 1 S. 1 StGHG). Für eine Anordnung der Auslagenerstattung (§ 55 Abs. 3 StGHG) besteht kein Anlaß.

Nr. 2

1. Ein Antrag im Organstreitverfahren muß auch dann innerhalb von sechs Monaten nach Kenntniserlangung gestellt werden, wenn er sich gegen ein fortdauerndes Unterlassen des Antragsgegners richtet (§ 45 Abs. 3 StGHG).

**Die Frist wird spätestens dadurch in Lauf gesetzt, daß sich der spätere Antrags-
gegner erkennbar eindeutig weigert, in der Weise tätig zu werden, die der
spätere Antragsteller zur Wahrung der Rechte aus seinem verfassungsrechtlichen Status für erforderlich hält.**

**2. Ob bei fortdauerndem Unterlassen auch die Fünfjahresfrist des § 45
Abs. 3 StGHG Anwendung findet, bleibt offen.**

Bundesverfassungsgerichtsgesetz § 64 Abs. 3

Verfassung des Landes Baden-Württemberg Art. 27 Abs. 2, 3; 49 Abs. 1;
68 Abs. 1 Satz 2 Nr. 1

Gesetz über den Staatsgerichtshof § 45 Abs. 3

Urteil vom 17. Mai 2001 – GR 7/00 –

In dem Organstreitverfahren nach Art. 68 Abs. 1 S. 2 Nr. 1 der Verfassung des Landes
Baden-Württemberg auf Antrag von 14 Abgeordneten der Fraktion Die Republikaner
im 12. Landtag von Baden-Württemberg

1. Alfred Dagenbach, MdL	8. Lothar König, MdL
2. Ulrich Deuschle, MdL	9. Wolf Krisch, MdL
3. Egon Eigenthaler, MdL	10. Klaus Rapp, MdL
4. Eduard Hauser, MdL	11. Dr. Rolf Schlierer, MdL
5. Michael Herbricht, MdL	12. Alexander Schonath, MdL
6. Josef Huchler, MdL	13. Heinz Troll, MdL
7. Christian Käs, MdL	14. Rolf Wilhelm, MdL

Verfahrensbevollmächtigter: Rechtsanwalt Armin Welten, Kernerstraße 2A, 70182
Stuttgart

gegen

die Landesregierung von Baden-Württemberg, vertreten durch Ministerpräsident
Erwin Teufel

Verfahrensbevollmächtigter: Rechtsanwalt Prof. Dr. Klaus-Peter Dolde, Heilbronner
Straße 156, 70191 Stuttgart

auf Feststellung, daß das Unterlassen der Landesregierung, sich eine Geschäftsordnung zu geben und diese zu veröffentlichen, gegen Art. 49 Abs. 1 S. 2 und 3 der
Landesverfassung verstößt

Entscheidungsformel:

Die Anträge werden verworfen.

Gründe:

Die Antragsteller – Mitglieder der Fraktion Die Republikaner im 12. Landtag von Baden-Württemberg – begehren die Feststellung, daß die Landesregierung Bestimmungen der Landesverfassung verletzt, indem sie es unterlassen hat und unterläßt, sich eine Geschäftsordnung zu geben.

1. Seit Bestehen des Landes Baden-Württemberg hat keine Landesregierung sich eine Geschäftsordnung gegeben. Ob hierdurch die Landesverfassung verletzt werde, war bereits Gegenstand der Beratungen des 11. Landtags (vgl. Antrag der Fraktion der FDP/DVP vom 24. 1. 1995, LT-Drs. 11/5313; Gesetzentwurf der Fraktion Die Republikaner vom 13. 4. 1995, LT-Drs. 11/5821, abgelehnt nach zwei Lesungen des Landtags am 23. 5. 1995 und am 19. 7. 1995, LT-Prot. 11/5524 ff und 11/5935 ff). Der 12. Landtag wurde mit der Frage erstmals im September 1996 befaßt (Antrag der Fraktion Bündnis 90/Die Grünen vom 26. 8. 1996, LT-Drs. 12/326).

Im März 2000 stellte die Fraktion Die Republikaner den Antrag, der Landtag wolle beschließen, die Landesregierung um Beantwortung einzelner diesbezüglicher Fragen zu ersuchen und sie aufzufordern, sich unverzüglich eine Geschäftsordnung zu geben. Für die Landesregierung beantwortete das Staatsministerium die Fragen am 31. 3. 2000; es legte dar, daß die Landesregierung sich bislang keine förmliche Geschäftsordnung gegeben habe und sich auch künftig keine solche geben wolle, da hierfür kein Bedarf bestehe und die bisherige Praxis flexibler sei. Die Landtagsdrucksache mit Antrag und Antwort wurde am 11. 4. 2000 ausgegeben (LT-Drs. 12/4957). Der Landtag debattierte über den Antrag und lehnte ihn am 13. 4. 2000 ab (LT-Prot. 12/6859 ff).

In der 90. Sitzung des Landtags am 29. 6. 2000 stellte der Antragsteller Nr. 2 erneut diesbezügliche Fragen an die Landesregierung, die der Minister im Staatsministerium Dr. Palmer im bisherigen Sinne beantwortete (LT-Prot. 12/7152 f).

2. a) Am 16. 10. 2000 haben die Antragsteller beim Staatsgerichtshof beantragt

festzustellen, daß die Landesregierung gegen Art. 49 Abs. 1 Sätze 2 und 3 der Landesverfassung verstößt, indem sie es unterlassen hat und unterläßt, sich eine Geschäftsordnung zu geben und diese zu veröffentlichen, und daß sie dadurch die Rechte der Antragsteller und des Landtags aus Art. 27 Abs. 2 und 3 der Landesverfassung verletzt.

Nach Art. 49 Abs. 1 LVerf müsse die Landesregierung sich eine Geschäftsordnung geben und diese veröffentlichen. Dieses Gebot sei zwingend; seine Erfüllung stehe nicht im Belieben der Antragsgegnerin. Davon sei schon der Verfassunggeber ausgegangen; es entspreche auch der einhelligen Kommentarliteratur. Für die Annahme einer Rechtspflicht spreche auch Art. 68 Abs. 1 S. 2 Nr. 1 LVerf, wonach die durch die Geschäftsordnung der Regierung begründeten Rechte Gegenstand eines Organstreitverfahrens vor dem Staatsgerichtshof sein könnten. Während die Bundesregierung und alle anderen Landesregierungen sich Geschäftsordnungen gegeben hätten, weigere sich allein die Antragsgegnerin, ihrer Verfassungspflicht nachzukommen. Dadurch würden zugleich die Rechte des Landtags und der Antragsteller als dessen Mitglieder verletzt. Dem Landtag und seinen Abgeordneten obliege die Kontrolle der Regierung als ihre Pflicht und zugleich ihr Recht. Dieses Recht werde durch das Unterlassen der Antragsgegnerin in mehrfacher Hinsicht verkürzt. Die Pflicht der Landesregierung, sich eine Geschäftsordnung zu geben und diese zu veröffentlichen, habe zum Zweck, die interne Regierungstätigkeit transparenter und damit leichter kontrollierbar zu machen. Zum einen lege sich die Regierung mit Erlaß einer Geschäftsordnung – und sei es lediglich in Verfahrensfragen – fest und binde sich selbst, wodurch ihre Regierungstätigkeit berechenbarer werde. Zum anderen gebe sie sich auch inhaltlich Kriterien und Maßstäbe vor, an der ihre Regierungstätigkeit gemessen werden könne. Insofern diene Art. 49 Abs. 1 LVerf zugleich den Kontrollrechten des Parlaments, insbesondere der parlamentarischen Opposition. Gerade die Pflicht, die erlassene Geschäftsordnung zu veröffentlichen, begründe ein Recht auch und gerade des Landtags, sich über die Kriterien der internen Regierungstätigkeit zu informieren. Im übrigen sei die Befolgung des Art. 49 Abs. 1 LVerf durch die Antragsgegnerin selbst Gegenstand der parlamentarischen Kontrolle.

b) Die Antragsgegnerin hält die Anträge für unzulässig. Den Antragstellern fehle die Antragsbefugnis. Ihre eigenen Rechte als Abgeordnete, die auf Mitwirkung an der Tätigkeit des Landtags gerichtet seien, seien nicht betroffen. Aber auch die Rechtsstellung des Landtags werde nicht berührt. Art. 49 Abs. 1 LVerf begründe keine Rechte des Landtags. Die Geschäftsordnung der Landesregierung sei vielmehr bloßes Innenrecht, das Rechtswirkungen nur gegenüber den Mitgliedern der Landesregierung sowie allenfalls mittelbar gegenüber denjenigen Personen entfalte, die – etwa als Beamte – an Kabinettssitzungen teilnähmen. Auch das in Art. 27 Abs. 2 LVerf normierte Kontrollrecht des Landtags gegenüber der Regierung werde nicht verkürzt. Zur wirksamen Wahrnehmung seiner Kontrollaufgabe räumten die Landesverfassung und die Geschäftsordnung des Landtags diesem zahlreiche Einzelrechte ein, die auch ohne Erlaß einer Geschäftsordnung der Landesregierung gleich wirksam wahrgenommen werden könnten. Eine Geschäftsordnung der Landesregierung biete auch keinen tauglichen Maßstab zur Beurteilung der Regierungstätigkeit, zumal die Landesregierung an ihre eigene Geschäftsordnung rechtlich nicht gebunden sei. Das Vorhandensein einer Geschäftsordnung erhöhe auch nicht die Transparenz der Regierungstätigkeit; vielmehr enthielten zahlreiche Geschäftsordnungen umgekehrt gerade Vorschriften zur Wahrung der Vertraulichkeit. Schließlich begründe auch die Pflicht zur Veröffentlichung einer Geschäftsordnung kein subjektives Recht des Landtags oder der Antragsteller.

Die Antragsgegnerin hält die Anträge auch deshalb für unzulässig, weil sie verspätet gestellt worden seien. Ein Antrag beim Staatsgerichtshof müsse binnen sechs Monaten gestellt werden, nachdem die beanstandete Unterlassung dem Antragsteller bekannt geworden sei, spätestens jedoch fünf Jahre nach der Unterlassung. Die behauptete Pflicht der Landesregierung zum Erlaß einer Geschäftsordnung bestehe seit Inkrafttreten der Landesverfassung, also seit dem 19. 11. 1953 und damit länger als fünf Jahre. Sie entstehe auch nicht in jeder Legislaturperiode neu, da die Landesregierung ein kontinuierliches Staatsorgan sei. Ungeachtet dessen hätten die Antragsteller jedenfalls die Sechsmonatsfrist versäumt. Die Antragsgegnerin habe sich am 31. 3. 2000 ausdrücklich geweigert, dem Begehren der Antragsteller nachzukommen und sich eine Geschäftsordnung zu geben. Hiervon hätten die Antragsteller spätestens am 12. 4. 2000 positive Kenntnis erlangt. Sie hätten ihren Antrag beim Staatsgerichtshof aber erst am 16. 10. 2000 eingereicht.

Vorsorglich legt die Antragsgegnerin dar, daß sie die Anträge auch für unbegründet hält. Art. 49 LVerf enthalte lediglich einen Auftrag, aber keine Rechtspflicht zum Erlaß einer Geschäftsordnung. Die Ordnung ihres Verfahrens stehe in der Autonomie der Regierung. Diese Geschäftsordnungsautonomie umfasse nicht nur das „Wie" – den Inhalt einer Geschäftsordnung –, sondern auch das „Ob überhaupt".

c) Die Antragsteller erwidern, ihnen könne die Antragsbefugnis nicht bestritten werden. Der Verfassungspflicht der Antragsgegnerin aus Art. 49 Abs. 1 LVerf müsse ein Recht eines anderen Verfassungsorgans korrespondieren, das über die Einhaltung der Pflicht wache; andernfalls bliebe jede Pflichtverletzung sanktionslos. Dieses andere Verfassungsorgan könne nur der Landtag sein. Das ergebe sich schon aus dem Grundsatz der Gewaltenteilung. Es werde durch das Recht des Landtags bestätigt, eine Geschäftsordnung der Landesregierung vom Staatsgerichtshof auf ihre Vereinbarkeit mit der Landesverfassung hin überprüfen zu lassen. Durch die Weigerung der Antragsgegnerin, ihre Geschäftsordnung – denn eine solche habe sie jedenfalls – schriftlich zu fixieren und zu veröffentlichen, entziehe sie sich dieser Überprüfbarkeit und verkürze das diesbezügliche Antragsrecht des Landtags.

Der Antrag sei auch rechtzeitig gestellt. Die Sechsmonatsfrist gelte nur für ein einmaliges Unterlassen, während auf das vorliegende dauernde Unterlassen die Fünfjahresfrist Anwendung finde. Die Fünfjahresfrist aber könne noch nicht 1953 zu laufen begonnen haben, schon weil es die Antragsteller damals noch nicht gegeben habe. Vor allem aber werde die Landesregierung in jeder Legislaturperiode neu gewählt, weshalb die Antragsgegnerin erst seit 1996 bestehe. Das habe mit dem Grundsatz der Diskontinuität nichts zu tun. Im übrigen werde die Streitfrage immer wieder neu aufgeworfen, und es bestehe ein dringendes Bedürfnis an einer gerichtlichen Klärung.

3. Der Staatsgerichtshof hat über die Anträge am 17. 5. 2001 mündlich verhandelt.

Entscheidungsgründe:

Die Anträge sind unzulässig; denn sie wurden zu spät gestellt. Ein Antrag im Organstreitverfahren nach Art. 68 Abs. 1 S. 2 Nr. 1 LVerf muß gem. § 45 Abs. 3

StGHG binnen sechs Monaten gestellt werden, nachdem die beanstandete Handlung oder Unterlassung dem Antragsteller bekannt geworden ist, spätestens jedoch fünf Jahre nach ihrer Durchführung oder Unterlassung. Es kann offen bleiben, ob sogar die Fünfjahresfrist abgelaufen ist, wie die Antragsgegnerin meint. Die Antragsteller haben jedenfalls die Sechsmonatsfrist versäumt.

Die Fristbestimmung des § 45 Abs. 3 StGHG ist nach dem ausdrücklichen Wortlaut des Gesetzes auch auf Unterlassungen anwendbar. Das gilt nicht nur dann, wenn das von der Antragsgegnerin verlangte Handeln zu einem bestimmten Zeitpunkt zu erfüllen war, sondern – entgegen der Ansicht der Antragsteller – grundsätzlich auch dann, wenn die Antragstellerin der behaupteten Verpflichtung zum Handeln über eine längere Zeit hinweg nicht nachkam (fortdauerndes Unterlassen). Mit der Ausschlußfrist sollen im Organstreitverfahren angreifbare Rechtsverletzungen nach einer bestimmten Zeit im Interesse der Rechtssicherheit außer Streit gestellt werden. Dies rechtfertigt eine Befristung für die Einleitung eines Organstreits auch dann, wenn Angriffsziel ein Unterlassen des Antragsgegners ist, das über eine gewisse Zeit fortbesteht. Dies hat das Bundesverfassungsgericht für das bundesverfassungsrechtliche Organstreitverfahren entschieden (BVerfGE 92, 80, 89 mwN). Der Staatsgerichtshof schließt sich dieser Rechtsprechung für den landesverfassungsrechtlichen Organstreit an. Die beiden einschlägigen Vorschriften – § 64 Abs. 3 BVerfGG einerseits, § 45 Abs. 3 StGHG andererseits – verfolgen dasselbe Ziel und stimmen auch im Wortlaut überein, sieht man von der zusätzlichen Fünfjahresfrist des Landesrechts ab, welche das Bundesrecht nicht kennt.

Die Sechsmonatsfrist des § 45 Abs. 3 StGHG beginnt, sobald die beanstandete Handlung oder Unterlassung dem Antragsteller bekannt geworden ist. Wann diese Frist bei fortdauerndem Unterlassen beginnt, läßt sich nicht generell und für alle Fallgestaltungen einheitlich festlegen. Sie wird spätestens aber dadurch in Lauf gesetzt, daß sich der Antragsgegner erkennbar eindeutig weigert, in der Weise tätig zu werden, die der Antragsteller zur Wahrung der Rechte aus seinem verfassungsrechtlichen Status für erforderlich hält. In einer derartigen Weigerung liegt damit zugleich ein Geschehen, das – im Sinne der Fristvorschrift – als Bekanntgabe des Unterlassens zu werten ist und an das deshalb – trotz fortdauernden Unterlassens – für den Fristbeginn anzuknüpfen ist (ebenso BVerfGE 92, 80, 89 mwN).

Die Sechsmonatsfrist ist hier versäumt worden. Die Antragsgegnerin hat sich spätestens in ihrer Stellungnahme vom 31. 3. 2000 zu dem Antrag der Fraktion Die Republikaner des 12. Landtags vom 9. 3. 2000 erkennbar eindeutig geweigert, sich eine Geschäftsordnung zu geben. Diese Stellungnahme wurde als Bestandteil der Landtags-Drucksache 12/4957 am 11. 4. 2000 ausgegeben und gelangte damit spätestens am 13. 4. 2000, dem Tag der Landtagsdebatte, zur Kenntnis der Antragsteller. Die Sechsmonatsfrist lief daher mit dem 13. 10. 2000, einem Freitag, ab. Erst am Montag, dem 16. 10. 2000, wurde die Antragsschrift im vorliegenden Organstreitverfahren verfaßt und dem Staatsgerichtshof übermittelt. Das war zu spät. Daran ändert auch nichts der

Umstand, daß einer der Antragsteller in einer Fragestunde im Landtag am 29. 6. 2000 die Haltung der Landesregierung erneut erfragt hat und der Minister im Staatsministerium daraufhin die Weigerung der Landesregierung bekräftigt hat. Durch derartige wiederholende Bekundungen wird die Sechsmonatsfrist nicht jeweils erneut in Lauf gesetzt.

Entscheidungen
des Verfassungsgerichtshofs
des Landes Berlin

Die amtierenden Richterinnen und Richter des Verfassungsgerichtshofs des Landes Berlin

Nr. 1

1. Art. 17 VvB enthält in Übereinstimmung mit der bundesrechtlichen Gewährleistung in Art. 12 Abs. 1 Satz 1 GG auch ein Grundrecht der Freiheit der Berufsausübung (Abweichung von LVerfGE 9, 45, 50 f).

2. Soweit für die Strafverfolgungsbehörden aufgrund konkreter Anhaltspunkte sachlich zureichende und plausible Gründe für die Annahme eines strafrechtlich relevanten Anfangsverdachts vorliegen, kann auch eine umfangreiche Beschlagnahme ärztlicher Patientenakten in Wahrung des Grundsatzes der Verhältnismäßigkeit verfassungsrechtlich zulässig sein.

Verfassung von Berlin Art. 7, 17

Strafprozeßordnung §§ 94, 102

Beschluß vom 28. Juni 2001 – VerfGH 100/00 –

in dem Verfahren über die Verfassungsbeschwerde

1. des Herrn Dr. med. V B.
2. der Frau M B., Berlin

Verfahrensbevollmächtigte: Rechtsanwälte M, V, J, A, Berlin

gegen

1. den Beschluß des Landgerichts Berlin vom 6. Juni 2000 – 528 Qs 21/00 –,
2. den Beschluß des Amtsgerichts Tiergarten vom 24. März 2000 – 349 Gs 1338/00 – (Durchsuchung),
3. den Beschluß des Landgerichts Berlin vom 14. Juli 2000 – 528 Qs 36/00 –,
4. den Beschluß des Amtsgerichts Tiergarten vom 19. April 2000 – 349 Gs 1704/00 – (Beschlagnahme)

Beteiligte gem. § 53 Abs. 1 VerfGHG:

1. Senatsverwaltung für Justiz, Salzburger Straße 21–25, 10825 Berlin
2. Präsident des Landgerichts Berlin, Tegeler Weg 17–21, 10589 Berlin
3. Präsident des Amtsgerichts Tiergarten, Turmstraße 91, 10548 Berlin

Entscheidungsformel:

Die Verfassungsbeschwerde wird zurückgewiesen.
Das Verfahren ist gerichtskostenfrei.
Auslagen werden nicht erstattet.

Gründe:

I.

1. Die Beschwerdeführer sind als Ärzte – der Beschwerdeführer zu 1. als Arzt für Neurologie und Psychiatrie, die Beschwerdeführerin zu 2. als Ärztin für Allgemeinmedizin – in Berlin niedergelassen. Mit ihrer Verfassungsbeschwerde wenden sie sich gegen die Durchsuchung ihrer Wohn- und Praxisräume sowie die Beschlagnahme von Patientenakten im Rahmen eines gegen sie gerichteten Ermittlungsverfahrens.

Aufgrund von Angaben eines in den Ermittlungsakten namentlich nicht genannten „Hinweisgebers" leitete die Staatsanwaltschaft bei dem LG Berlin im August 1999 ein Ermittlungsverfahren gegen die Beschwerdeführer wegen des Verdachts des Ausstellens unrichtiger Gesundheitszeugnisse und des Verstoßes gegen das Ausländergesetz ein. Gegenstand des Verfahrens ist der Verdacht, die Beschwerdeführer hätten Personen aus dem ehemaligen Jugoslawien unrichtige ärztliche Atteste ausgestellt, die bei der Ausländerbehörde zur Verlängerung von Duldungen eingereicht worden seien. Ein entsprechendes, aufgrund von Angaben eines ehemaligen Patienten der Beschwerdeführer bereits Anfang 1997 eingeleitetes Ermittlungsverfahren war zunächst eingestellt worden. Im Zuge der Ermittlungen wurden Ausländerakten, Meldedateien und Kriminalakten ausgewertet, die sich auf Patienten der Beschwerdeführer bezogen. Zugleich wurde die beim Polizeiärztlichen Dienst beschäftigte klinische Psychologin, die im Auftrag des Landeseinwohneramtes in zahlreichen Fällen mit der Zweitbegutachtung der vorgelegten, von den Beschwerdeführern ausgestellten Atteste beauftragt war, zeugenschaftlich vernommen; die beim Polizeiärztlichen Dienst vorhandenen Unterlagen über die Zweitgutachten wurden im Rahmen einer richterlich angeordneten Durchsuchung sichergestellt.

Mit Beschluß vom 24. 3. 2000 – 349 Gs 1338/00 – ordnete das AG Tiergarten auf Antrag der Staatsanwaltschaft die Durchsuchung der Wohn-, Geschäfts- und Nebenräume der Beschwerdeführer an, da diese vermutlich zur Auffindung von Beweismitteln, insbesondere der Patientenkartei und von Abrechnungsdaten, führen werde. Zur Begründung wurde ausgeführt, die Beschwerdeführer stünden in dem Verdacht, mehrere Vergehen nach §§ 278, 25 Abs. 2, 52, 53 StGB, § 92 Abs. 2 Nr. 2 AuslG begangen zu haben. Ihnen werde vorgeworfen, seit etwa Januar 1997 bis fortlaufend in mindestens 270 Fällen für Personen aus dem ehemaligen Jugoslawien Atteste ausgestellt zu haben, in denen posttraumatische Belastungsstörungen als Folge traumatisierender Erlebnisse während des Krieges in Bosnien-Herzegowina bescheinigt worden seien. Diese Atteste seien zur Vorlage bei der Ausländerbehörde erstellt worden, um dort Verlängerungen bestehender Duldungen zu erreichen. Nach dem derzeitigen Ermittlungsstand sei in mindestens 14 Fällen davon auszugehen, daß das Attest in Kenntnis dessen, daß die attestierte Störung tatsächlich nicht vorliege, ausgestellt worden sei.

Bei der noch am selben Tag vorgenommen Durchsuchung wurden in den Räumen der Gemeinschaftspraxis u. a. 578 Patientenakten von der Polizei beschlagnahmt. Auf Antrag der Staatsanwaltschaft bestätigte das AG Tiergarten mit Beschluß vom 19. 4. 2000 – 349 Gs 1704/00 – die Beschlagnahme gem. § 98 Abs. 2 StPO richterlich, weil die in der Anlage zum Beschluß im einzelnen aufgeführten Gegenstände als Beweismittel für die Untersuchung von Bedeutung sein könnten.

Gegen den Durchsuchungsbeschluß des AG Tiergarten vom 24. 3. 2000 legten sowohl der Beschwerdeführer zu 1. als auch die Beschwerdeführerin zu 2. Beschwerde ein. Sie machten geltend, die nicht ausreichend begründete Durchsuchungsanordnung sei angesichts der Tatsache, daß sich die Ermittlungen auf eine begrenzte Anzahl von Patienten bezogen hätten, unverhältnismäßig. Die Durchsuchung sei weder zur Auffindung von Beweismitteln geeignet noch erforderlich gewesen noch habe sie in einem angemessenen Verhältnis zur Stärke des Tatverdachts gestanden, der sich nach dem bisherigen Ermittlungsergebnis allein auf eine Gegenüberstellung der von den Beschwerdeführern ausgestellten Atteste mit den polizeiärztlichen Stellungnahmen gründe.

Das LG Berlin verwarf die Beschwerden mit Beschluß vom 6. 6. 2000 – 528 Qs 21/00 – als unbegründet. Sie seien zwar zulässig, da trotz abgeschlossener Durchsuchung ein fortwirkendes Rechtsschutzinteresse der Beschwerdeführer bestehe, in der Sache jedoch unbegründet. Die Begründung des angefochtenen Beschlusses genüge den notwendigen Anforderungen an einen Durchsuchungsbeschluß. Da sich die Ermittlungen noch in einem frühen Stadium bewegten, sei eine über eine Mindestanzahl hinausgehende Bezifferung sowie eine genaue Konkretisierung bislang bekannter Verdachtsmomente nicht möglich. Daß die im Beschluß bezeichneten Unterlagen, insbesondere die Patientenkartei und etwaige Abrechnungsdaten, für die weiteren Ermittlungen von Bedeutung seien, liege angesichts der sich daraus ergebenden Angaben über die Häufigkeit und Dauer der Behandlungen, der erstellten Diagnosen und eingeleiteten Behandlungsmethoden auf der Hand.

Nach dem gegenwärtigen Ermittlungsstand liege auch unter Berücksichtigung der beeinträchtigten verfassungsrechtlich geschützten Rechtspositionen der Beschwerdeführer iSd Art. 13 GG der für die Durchsuchung erforderliche Anfangsverdacht vor. Zureichende tatsächliche Anhaltspunkte ergäben sich sowohl aus den Aussagen des bereits 1997 als Zeuge vernommenen ehemaligen Patienten der Beschwerdeführer als auch aus den Angaben des namentlich nicht benannten „Hinweisgebers" sowie der Divergenz zwischen den beschlagnahmten Unterlagen der polizeiärztlichen Untersuchungen und den sich aus den Attesten der Beschwerdeführer ergebenden Behandlungsergebnissen. Den von der Verteidigung vorgebrachten Bedenken gegen die Vorgehensweise bei den polizeiärztlichen Untersuchungen müsse ggf. im weiteren Verfahren nachgegangen werden; angesichts der weiteren Beweismittel stünden derartige Bedenken der Annahme eines Anfangsverdachts gegen beide Beschwerdeführer nicht entgegen.

Gegen die richterliche Bestätigung der Beschlagnahme legte, soweit aus den Ermittlungsakten ersichtlich, lediglich die Beschwerdeführerin zu 2. Beschwerde ein, die vom LG Berlin mit Beschluß vom 14. 7. 2000 – 528 Qs 36/00 – als unbegründet verworfen wurde. Hinsichtlich des für die Beschlagnahme erforderlichen, aber auch ausreichenden Anfangsverdachts verwies das LG zur Begründung auf seinen vorangegangenen, die Durchsuchung betreffenden Beschluß. Die potentielle Beweisbedeutung der beschlagnahmten Unterlagen sei ohne weiteres gegeben. Beschlagnahmt worden seien nur Unterlagen von Patienten, die nach erstem Anschein aus dem ehemaligen Jugoslawien stammten und im Jahre 1996 oder später behandelt worden seien. Zur Untersuchung der Tatvorwürfe stellten die beschlagnahmte Patientenkartei und die weiteren Gegenstände bedeutsame Mittel dar, die zur Belastung, aber auch zur Entlastung der Beschwerdeführerin beitragen könnten. Bei der Beschlagnahme einer Sachgesamtheit sei es nicht erforderlich, für jeden einzelnen Gegenstand eine mögliche Eignung als Beweismittel nachzuweisen.

Die Tatsache, daß der angegriffene Beschluß eine – wenn überhaupt – nur unzureichende Begründung enthalte, sei auch unter Berücksichtigung der verfassungsrechtlich geschützten Interessen der Beschwerdeführerin aus Art. 12 Abs. 1 und Art. 14 Abs. 1 GG in Verbindung mit dem Rechtsstaatsprinzip unschädlich. Denn die im Beschluß bestätigte Beschlagnahme sei in unmittelbarem Zusammenhang mit der richterlichen Durchsuchungsanordnung vom 24. 3. 2000 erfolgt, die eine eigenständige, ausreichende und zutreffende Begründung enthalte, welche angesichts der im wesentlichen identischen Eingriffsvoraussetzungen gleichermaßen für die richterliche Bestätigung der Beschlagnahme gelte.

2. Mit ihrer Verfassungsbeschwerde rügen die Beschwerdeführer, die zur Durchsuchung und Beschlagnahme ergangenen gerichtlichen Entscheidungen verletzten ihr Recht auf freie Berufsausübung aus Art. 17 VvB sowie die in Art. 7 VvB geschützte allgemeine Handlungsfreiheit und das allgemeine Persönlichkeitsrecht. Art. 17 VvB schütze ebenso wie die inhaltsgleiche Gewährleistung in Art. 12 Abs. 1 GG sowohl die Freiheit der Berufswahl als auch der Berufsausübung. Durch die Durchsuchung und Beschlagnahme sei, auch wenn beide Maßnahmen vorrangig anderen Zielen gedient hätten, in ihr Grundrecht auf freie Berufsausübung eingegriffen worden. Seit der Anordnung der Durchsuchung und Beschlagnahme fehlten die in den betreffenden Patientenakten festgehaltenen, für die effiziente und effektive Behandlung der Patienten erforderlichen Daten. Die Patientenakten enthielten alle Informationen zu bisherigen Diagnosen, medizinischen Untersuchungen, bisher verschriebenen Medikamenten und

eigenen Angaben der Patienten. Alle diese Angaben seien für die Weiterbehandlung der Patienten und für die Erstellung ärztlicher Atteste und Befundberichte, die etwa bei einer Mit- oder Weiterbehandlung durch andere Ärzte üblich seien, erforderlich. Da die Beschwerdeführer in ihrer täglichen Arbeit auf die Patientenakten angewiesen seien, sei die durch die Beschlagnahme eingetretene Beschränkung ihrer Berufsausübung so stark, daß sie faktisch einem Berufsverbot nahekomme und damit auch die Berufswahl betreffe.

Die mit den angegriffenen Maßnahmen verbundenen Belastungen und Einschränkungen stellten zudem einen Eingriff in die grundrechtlich geschützte allgemeine Handlungsfreiheit und das allgemeine Persönlichkeitsrecht der Beschwerdeführer dar. Die Durchsuchung habe an einem Arbeitstag in Gegenwart der Patienten stattgefunden, die regelmäßig schon aufgrund der Art ihrer Unterbringung in engem Kontakt untereinander stünden. Sowohl die Durchsuchung als auch die Beschlagnahme seien daher geeignet, Mißtrauen in das notwendige Vertrauensverhältnis zu den Beschwerdeführern zu begründen. Dies gelte umso mehr, als nunmehr höchstpersönliche Daten und eigene Aufzeichnungen der Patienten durch die Staatsanwaltschaft ausgewertet würden, was zu erheblichen Vorbehalten der Patienten geführt habe.

Sowohl die Durchsuchungsanordnung als auch die richterliche Bestätigung der Beschlagnahme verletzten den Grundsatz der Verhältnismäßigkeit. Die Unterlagen der Beschwerdeführer seien nicht geeignet, den Verdacht der Fälschung von Gesundheitszeugnissen zu bestätigen. Es könne nicht ernsthaft unterstellt werden, daß der behandelnde Arzt in seinen Patientenakten Angaben festhalte, die der von ihm getroffenen und attestierten Diagnose widersprächen. Die Begrifflichkeiten, Voraussetzungen und Einordnung einer posttraumatischen Belastungsstörung seien in der Medizin ebenso umstritten wie die Art und Weise der Behandlung betroffener Patienten. Da es an einer standardisierten Diagnostik und Behandlung fehle, sei nicht zu erwarten, daß sich anhand der Patientenakten der Beschwerdeführer der Verdacht der Fälschung von Gesundheitszeugnissen mit der für das Strafrecht erforderlichen Sicherheit bestätigen lasse. Soweit sich der Anfangsverdacht der Staatsanwaltschaft allein auf die Tatsache stützte, daß von den Beschwerdeführern behandelte bosnische Flüchtlinge an einer posttraumatischen Belastungsstörung erkrankt seien, gingen die angegriffenen Maßnahmen zu weit. Daß sie zumindest der Form nach ungeeignet seien, zeige bereits die in Gegenwart der Verteidigung vorgenommene Durchsicht der Unterlagen, bei der selbst Krankenunterlagen, die keinerlei Angaben zu posttraumatischen Störungen enthielten oder bei denen vieles für einen Abbruch des Behandlungsverhältnisses spreche, ebensowenig aussortiert worden seien wie Patientenakten, in denen die Diagnose einer posttraumatischen Belastungsstörung von anderer Seite bestätigt worden sei.

Allenfalls in den in der Durchsuchungsanordnung des AG Tiergarten angeführten 14 Fällen, in denen für die Staatsanwaltschaft ein Anfangsverdacht bestehe, könne eine weitere Untersuchung als verhältnismäßig angesehen werden. Auch insoweit liege jedoch, wie bereits im Beschwerdeverfahren vorgetragen, ein begründeter Anfangsverdacht nicht vor. Insofern könne nicht außer Betracht bleiben, daß die Ergebnisse der polizeiärztlichen Untersuchungen, auf die die Ermittlungsbehörden den Anfangsverdacht stützten, sowohl vom Verwaltungs- als auch vom Oberverwaltungsgericht Berlin in Frage gestellt würden. Soweit von den Gerichten eine erneute Begutachtung für erforderlich gehalten worden sei, seien auch die Diagnosen und Atteste der Beschwerdeführer – entgegen den abweichenden Stellungnahmen des Polizeiärztlichen Dienstes – von dritter Seite gutachterlich bestätigt worden. Die Diskussion um die Qualität der Arbeit des Polizeiärztlichen Dienstes, die auch bereits den Ausschuß für Gesundheit, Soziales und Migration beschäftigt habe, betreffe daher nicht nur, wie vom Landgericht in seiner Beschwerdeentscheidung dargestellt, Einzelfälle; vielmehr böten die Gesamtergebnisse Anlaß zu berechtigten Zweifeln.

3. Der Senatsverwaltung für Justiz, dem Präsidenten des LG Berlin und dem Präsidenten des AG Tiergarten ist gem. § 53 Abs. 1 VerfGHG Gelegenheit zur Stellungnahme gegeben worden.

4. Die Richterin Dr. Möcke ist gem. § 16 Abs. 1 Nr. 2 VerfGHG von der Ausübung ihres Richteramtes ausgeschlossen.

II.

1. Die Verfassungsbeschwerde ist zulässig.

a) Der Zulässigkeit der Verfassungsbeschwerde steht nicht entgegen, daß die angegriffenen gerichtlichen Entscheidungen auf der Anwendung der §§ 94, 102 StPO und damit auf Bundesrecht beruhen. Denn die in der Verfassung von Berlin gewährleisteten Grundrechte sind auch in diesem Bereich in den Grenzen der Art. 142, 31 GG, soweit sie in inhaltlicher Übereinstimmung mit den Grundrechten des Grundgesetzes stehen, von der rechtsprechenden Gewalt des Landes Berlin zu beachten und dem Schutz durch den Verfassungsgerichtshof anvertraut (st. Rspr.; u. a. Beschl. v. 6. 10. 1998 – VerfGH 32/98 – NJW 1999, 47). Diese Voraussetzung ist sowohl bei der Rüge einer Verletzung der allgemeinen Handlungsfreiheit aus Art. 7 VvB (vgl. Art. 2 Abs. 1 GG) als auch bei der Rüge einer Verletzung des Art. 17 VvB erfüllt. Die Verfassungsbeschwerde ist insbesondere auch insoweit einer Sachentscheidung zugänglich, als die Beschwerdeführer eine Verletzung ihrer Berufsausübungsfreiheit geltend machen. Art. 17 VvB enthält – in Übereinstimmung mit der bundesrechtlichen Gewährleistung in Art. 12 Abs. 1 S. 1 GG – ein eigenständiges Grundrecht der Freiheit der Berufsausübung.

Der Verfassungsgerichtshof hat bereits in seinem Beschluß vom 25. 4. 1994 (VerfGH 34/94 – LVerfGE 2, 16, 17 f) die Auffassung vertreten, Art. 11 VvB 1950, der mit dem heute geltenden Art. 17 VvB wörtlich übereinstimmt, gewährleiste das Grundrecht der Berufsfreiheit und sei inhaltsgleich mit den in Art. 12 GG enthaltenen bundesrechtlichen Verbürgungen; eine Begründung dafür ist in dieser Entscheidung allerdings nicht erfolgt.

An dieser Auffassung hat der Verfassungsgerichtshof in der Folgezeit jedoch nicht festgehalten. Im Urteil vom 31.5.1995 (VerfGH 55/93 – JR 1996, 146 f) hat er eine Inhaltsgleichheit von Art. 11 VvB 1950 und Art. 12 GG hinsichtlich der Berufs-ausübungsfreiheit verneint; Art. 11 VvB schütze zwar die Freiheit der Berufswahl, nicht aber stets auch diejenige der Berufsausübung. Die vier diese Entscheidung tragenden Richter haben sich zur Begründung sowohl auf den Wortlaut und die Ent-stehungsgeschichte der Vorschrift als auch auf die Rechtsprechung des Bundesver-fassungsgerichts zu Art. 12 GG gestützt. Bereits der Wortlaut des Art. 11 VvB 1950 bleibe hinter demjenigen des Art. 12 Abs. 1 GG zurück, der – wie aus Satz 2 dieser Vor-schrift ersichtlich – ausdrücklich auch die freie Berufsausübung gewährleiste. Die Ent-stehungsgeschichte mache deutlich, daß bei der Verfassungsgebung nicht beabsichtigt gewesen sei, der Berufsausübung grundrechtlichen Schutz auf der Ebene der Landes-verfassung zu verleihen; Art. 11 VvB 1950 habe nur die Berufswahlfreiheit erfassen sollen. Darauf deute auch die Art. 11 VvB 1950 beigegebene „Grenze" der Verpflich-tung hin, bei Überwindung öffentlicher Notstände mitzuhelfen; der Verfassunggeber habe insoweit die Frage des „Ob", nicht die Frage des „Wie" beruflicher Betätigung im Auge gehabt. Durch den auf die Berufswahl beschränkten Art. 11 VvB 1950 habe der Verfassungsgeber auch nicht gleichsam „notwendigerweise" die Berufsausübungs-freiheit mit gewährleistet. Selbst wenn zwischen der Wahl des Berufs einerseits und sei-ner Ausübung andererseits ein Zusammenhang bestehe, folge daraus nicht, daß eine Unterscheidung zwischen beiden Aspekten der beruflichen Tätigkeit nicht möglich sei; das zeige nicht zuletzt die Rechtsprechung des Bundesverfassungsgerichts zu den unterschiedlichen Schranken bei Eingriffen in die Berufswahlfreiheit und die Berufs-ausübungsfreiheit. Die Rüge einer Verletzung des Art. 11 VvB im Verfahren der Ver-fassungsbeschwerde könne daher nur zulässig sein, wenn konkret dargetan werde, daß eine Berufsausübungsregelung eine Breite oder Intensität erreiche, welche Anlaß gebe, sie wegen ihrer Rückwirkungen auf die Berufswahl ausnahmsweise als Verletzung des Schutzbereichs dieser Norm zu qualifizieren. Diese Auffassung hat der Verfassungs-gerichtshof in drei Entscheidungen vom 26.9.1996 (u.a. VerfGH 46/93 – LVerfGE 5, 14, 17) mit Mehrheit ausdrücklich bestätigt und die Zulässigkeit einer Verfassungs-beschwerde verneint, mit der eine Berufsausübungsregelung unter Berufung auf Art. 11 VvB 1950 gerügt worden war.

An dieser Rechtsprechung hat der Verfassungsgerichtshof in seinem Beschluß vom 6.10.1998 (VerfGH 32/98 – LVerfGE 9, 45, 50 f) auch unter der Geltung des Art. 17 VvB festgehalten.

Die Auffassung, Art. 17 VvB enthalte kein Grundrecht der Berufsausübungs-freiheit, gibt der Verfassungsgerichtshof nunmehr einstimmig auf.

Für die Auslegung einer Verfassungsnorm ist der in dieser zum Ausdruck kom-mende objektivierte Wille des Verfassunggebers maßgebend, so wie er sich aus Wortlaut und Sinnzusammenhang der Vorschrift entnehmen läßt; nicht entscheidend ist hingegen die subjektive Vorstellung der am Rechtsetzungsverfahren beteiligten Organe oder einzelner ihrer Mitglieder (vgl. allgemein zum Gesetzgebungsverfahren BVerfGE 1, 299, 312; 6, 56, 75; 45, 187, 227; 64, 261, 275). Die Entstehungsgeschichte ist für die Auslegung einer Norm nur insofern bedeutsam, als sie die Richtigkeit einer nach anderen anerkannten Interpretationsregeln ermittelten Auslegung bestätigt oder Zweifel behebt, die ansonsten nicht ausgeräumt werden können (vgl. BVerfGE 1, 299, 312). Wesentlich für die Auslegung von Grundrechtsnormen ist in der Rechtsprechung des Bundesverfassungsgerichts zudem der Grundsatz der größtmöglichen Grundrechts-effektivität, der besagt, daß in Zweifelsfällen diejenige Auslegung zu wählen ist, welche die juristische Wirkungskraft der Grundrechtsnorm am stärksten entfaltet (vgl. BVerfGE 6, 55, 72; 32, 54, 71; 39, 1, 38; allgemein zum Vorstehenden *von Münch* in: ders./Kunig, Grundgesetz-Kommentar, Bd. 1, 5. Aufl. 2000, Vorb. Art. 1–19 Rn. 50 f mwN; *Böcken-förde* Die Methoden der Verfassungsinterpretation – Bestandsaufnahme und Kritik, NJW 1976, 2089).

Zwar erwähnt Art. 17 VvB die freie Ausübung des Berufs nicht ausdrücklich. Zieht man bei der Auslegung des Wortlauts jedoch auch die Systematik der Norm heran, so ergibt sich die Gewährleistung auch eines Grundrechts der Berufsausübungs-freiheit. Dazu führt ein Vergleich mit der bundesrechtlichen Regelung in Art. 12 Abs. 1 GG. Diese Grundrechtsnorm umfaßt ausdrücklich sowohl die Berufswahl als auch die Berufsausübung (vgl. etwa *Wieland* in: Dreier, Grundgesetz, Bd. 1, 1996, Art. 12 Rn. 17). Da beide Begriffe in Absatz 1 verwendet werden, hat die Frage, ob sich der Schutzbereich der Norm – im Sinne einer umfassenden Gewährleistung der Berufs-freiheit – bereits aus Satz 1 oder erst im Zusammenspiel mit Satz 2 des Absatzes 1 ergibt, in der Auslegung des Grundgesetzes – soweit ersichtlich – keine entscheidende Rolle gespielt (vgl. BVerfGE 7, 377, 397 ff; 33, 303, 330, wo allein Art. 12 Abs. 1 GG zitiert wird). Das Bundesverfassungsgericht ist erstmals im sogenannten Apotheken-Urteil (BVerfGE 7, 377, 400 ff) von einem *einheitlichen* Grundrecht der Berufsfreiheit ausgegangen. Diese Interpretation beruht auf der Erkenntnis, daß sich die freie Wahl und die freie Ausübung eines Berufs nicht klar auseinanderhalten lassen. Diese bezeichnen nicht genau abgrenzbare Bereiche der Berufsfreiheit, sondern – wie etwa bei der Berufsaufnahme – sich berührende und ineinander übergehende Phasen einer einheitlichen Freiheitsgewährleistung (*Scholz* in: Maunz/Dürig, Grundgesetz, Bd. II, Art. 12 Rn. 14). Vorbildung, Berufswahl und Berufsausübung lassen sich als Abschnitte eines einheitlichen Lebensvorgangs begreifen (vgl. BVerfGE 33, 303, 329 f; 41, 251, 261; 59, 172, 205). Folgerichtig hat das Bundesverfassungsgericht in seiner neueren Judikatur – ausgehend von einem sich auf sämtliche Teilaspekte erstreckenden Schranken-vorbehalt in Art. 12 Abs. 1 S. 2 GG – den Schutz der Berufsausübungsfreiheit aus-drücklich bereits in Art. 12 Abs. 1 *Satz 1* GG angesiedelt (vgl. BVerfGE 85, 248, 256; 94, 372, 389; 95, 173, 181; 101, 331, 346). Dieser Rechtsprechung wird die These, der Wortlaut des Art. 17 VvB bzw. Art. 11 VvB 1950 bleibe hinter der bereits alle Aspekte der Berufsfreiheit umfassenden Regelung des Art. 12 Abs. 1 S. 1 GG zurück, nicht gerecht. Ebenfalls ausdrücklich auf die Rechtsprechung des Bundesverfassungsgerichts zu Art. 12 Abs. 1 GG hat sich der Staatsgerichtshof Bremen zur Auslegung des Art. 8 Abs. 2 der Bremer Verfassung („Jeder hat das Recht, seinen Beruf frei zu wählen") bezogen. Er ist dabei von einem einheitlichen Grundrecht der Berufsfreiheit ausgegangen, obwohl die landesrechtliche Regelung – anders als das Grundgesetz – die freie Wahl der Ausbildungsstätte nicht erwähnt (StGH Bremen, Urt. v. 23. 9. 1974 – St 1, 2/73 – NJW 1974, 2223). Auch in der Kommentarliteratur ist vertreten worden, daß Art. 8 Abs. 2 BremVerf und Art. 11 VvB 1950 umfassende Gewährleistungen der Berufsfreiheit in dem für Art. 12 Abs. 1 GG anerkannten Sinne enthalten (vgl. *Papier* in: Starck/Stern, Landesverfassungsgerichtsbarkeit, Teilbd. III, 1983, S. 357; *Schwan* in: Pfennig/Neumann, Verfassung von Berlin, 2. Aufl. 1987, Art. 11 Rn. 4; anders – unter Bezugnahme auf die bisherige Rechtsprechung des Verfassungsgerichtshofs und ohne weitere Begründung – *Stöhr* in: Pfennig/Neumann aaO, 3. Aufl. 2000, Art. 17 Rn. 9).

Der Verankerung der Berufsausübungsfreiheit in Art. 17 VvB steht die Entstehungsgeschichte des wortgleichen Art. 11 VvB 1950 nicht entgegen. Ihr läßt sich die Intention des Verfassunggebers entnehmen, durch die Vorschrift in Art. 11 VvB 1950 sicherzustellen, daß niemand gezwungen werden kann, einen bestimmten Beruf zu ergreifen (vgl. *Reichhardt* Die Entstehung der Verfassung von Berlin, Bd. I, 1990, Dok. 119, S. 1142f). Dies betrifft zwar unmittelbar die Berufswahl, nicht die Berufsausübung. Daß der Verfassunggeber aber auch letztere mit im Blick hatte, läßt sich daraus schließen, daß vor dem Hintergrund von Arbeitsverpflichtungen und Zwangseinweisungen das Recht der freien Wahl des Arbeitsplatzes diskutiert und in die Verfassung aufgenommen wurde. Nach der Rechtsprechung des Bundesverfassungsgerichts betrifft die Arbeitsplatzwahl die Entscheidung, an welcher Stelle der Einzelne dem von ihm gewählten Beruf nachgehen möchte (vgl. BVerfGE 84, 133, 146); insoweit besteht ein enger Zusammenhang mit der Berufsausübung, die erst an dem gewählten Arbeitsplatz stattfindet. Die Art. 11 VvB 1950 beigegebene Schranke betrifft angesichts des in diesem Zusammenhang in den Beratungen erwähnten Beispiels, Ärzte für die Dauer einer Epidemie in gefährdete Gebiete zu entsenden (*Reichhardt* aaO, Dok. 122, S. 1165f), ebenfalls eher die Frage des „Wie" und „Wo" beruflicher Betätigung, nicht aber die Entscheidung für einen bestimmten Beruf.

Das Fehlen einer gesonderten Schrankenregelung für die Modalitäten der Berufsausübung in Art. 17 VvB darf nicht zu einer Reduktion des Schutzbereichs führen und steht daher der Gewährleistung der Berufsausübungsfreiheit nicht entgegen (vgl. *Tettinger* in: Sachs, Grundgesetz, 2. Aufl. 1999, Art. 12 Rn. 8a). Der Verfassungsgerichtshof hat in seinem Beschluß vom 6. 2. 1998 (VerfGH 80/96 – LVerfGE 8, 45, 52) in bezug auf eine die Freiheit der Berufswahl beschränkende Altersgrenze ausgeführt, daß die diesbezügliche Rechtsprechung des Bundesverfassungsgerichts einschlägig sei, weil hinsichtlich der Berufswahl Art. 17 VvB und Art. 12 Abs. 1 GG vom materiellen Inhalt her übereinstimmten; subjektive Zulassungsschranken seien nach der vom

Bundesverfassungsgericht vertretenen Drei-Stufen-Theorie mit der Berufsfreiheit vereinbar, wenn sie dem Schutz eines besonders wichtigen Gemeinschaftsgutes dienten und verhältnismäßig seien (vgl. auch bereits Beschl. v. 13. 8. 1996 – VerfGH 63/94 – LVerfGE 5, 3, 8 f). Wegen der *Einheitlichkeit* des Grundrechts der Berufsfreiheit ist diese Drei-Stufen-Lehre auch auf Beschränkungen der in Art. 17 VvB gewährleisteten Berufsausübungsfreiheit übertragbar. Danach sind Regelungen der Berufsausübung zulässig, wenn sie durch hinreichende Gründe des Gemeinwohls gerechtfertigt werden, das gewählte Mittel zur Erreichung des verfolgten Zwecks geeignet sowie erforderlich ist und bei einer Gesamtabwägung zwischen der Schwere des Eingriffs und dem Gewicht der diesen rechtfertigenden Gründe die Grenze der Zumutbarkeit noch gewahrt ist (vgl. zu Art. 12 Abs. 1 GG u. a. BVerfGE 61, 291, 312; 68, 272, 282; 101, 331, 347 ff; *Sodan* Freie Berufe als Leistungserbringer im Recht der gesetzlichen Krankenversicherung, 1997, S. 233 f mwN).

b) Das Gebot der Rechtswegerschöpfung steht der Zulässigkeit der Verfassungsbeschwerde ebenfalls nicht entgegen. Nach § 49 Abs. 2 S. 1 VerfGHG muß der Rechtsweg vor Erhebung der Verfassungsbeschwerde zwar grundsätzlich von jedem Beschwerdeführer selbst erschöpft sein (vgl. zum Bundesrecht BVerfGE 17, 99, 102 f). Dies ist vorliegend nur hinsichtlich der Durchsuchungsanordnung des AG Tiergarten vom 24. 3. 2000 der Fall, die beide Beschwerdeführer mit der Beschwerde nach § 304 StPO angegriffen haben. Soweit aus den Ermittlungsakten ersichtlich, hat jedoch nur die Beschwerdeführerin zu 2. Beschwerde gegen den Beschluß vom 19. 4. 2000 eingelegt, mit dem das AG Tiergarten die Beschlagnahme richterlich bestätigt hat. Unter den besonderen Umständen des vorliegenden Falles kann die Rechtswegerschöpfung indes beiden Beschwerdeführern zugerechnet werden.

Ausgehend von Sinn und Zweck des Erfordernisses der Rechtswegerschöpfung, eine Vorklärung der geltend gemachten Beschwer durch die zuständigen Fachgerichte zu ermöglichen, kann es in Ausnahmefällen genügen, daß der Rechtsweg durch andere oder – bei mehreren Beschwerdeführern – durch einen der Beschwerdeführer erschöpft ist (vgl. zur inhaltsgleichen Regelung in § 90 Abs. 2 S. 1 BVerfGG: BVerfGE 38, 105, 110; 51, 386, 395 f; 76, 1, 39). Ein derartiger Ausnahmefall liegt hier vor. In seiner die Beschlagnahme betreffenden Beschwerdeentscheidung hat sich das LG sowohl mit der von den Beschwerdeführern unter dem Gesichtspunkt der Verhältnismäßigkeit gerügten Beweiseignung der beschlagnahmten Patientenakten als auch – unter Bezugnahme auf seinen vorangegangenen Beschluß – mit dem Vorliegen eines die Beschlagnahme rechtfertigenden Anfangsverdachts auseinandergesetzt. Bei dieser Sachlage ist nicht zu erwarten, daß seine Entscheidung auf eine Beschwerde des Beschwerdeführers zu 1. im Ergebnis anders ausgefallen wäre. Da die eine Gemeinschaftspraxis betreibenden Beschwerdeführer durch die Beschlagnahme in gleicher Weise betroffen sind und die Verletzung derselben Grundrechte geltend machen, ist dem Sinn und Zweck des Erfordernisses der Rechtswegerschöpfung daher auch insoweit Genüge getan, als der Beschwerdeführer zu 1. die Gewährung verfassungsgerichtlichen Rechtsschutzes gegen die richterliche Bestätigung der Beschlagnahme begehrt.

Soweit sich die Beschwerdeführer mit ihrer Verfassungsbeschwerde auch gegen die Art und Weise des Vollzugs der Durchsuchung, insbesondere den Zeitpunkt der Durchsuchung, wenden, sind ihre Einwände allerdings mangels Erschöpfung des Rechtswegs unzulässig. Von der Möglichkeit, in diesem Zusammenhang einen Antrag auf gerichtliche Entscheidung nach §§ 23 ff EGGVG oder § 98 Abs. 2 S. 2 StPO analog zu stellen (vgl. *Kleinknecht/Meyer-Goßner* aaO, § 105 Rn. 17; BGHSt 44, 265 ff; BVerfGE 96, 44, 50), haben sie keinen Gebrauch gemacht. Die beanstandete Durchsuchungsmodalität ist auch nicht mit der strafprozessualen Beschwerde nach § 304 StPO angefochten worden. Die Begründungen der von beiden Beschwerdeführern eingelegten Beschwerden lassen nicht erkennen, daß die Beschwerdeführer eine richterliche Überprüfung auch der Wahl des Zeitpunkts der Durchsuchung begehrten. Das hat auch die zuständige Strafkammer nicht angenommen. Insoweit ist die Verfassungsbeschwerde daher unzulässig (vgl. BVerfGE 44, 353, 368; 96, 27, 44).

c) Die Tatsache, daß die zur Durchsuchung ergangenen gerichtlichen Entscheidungen mit der Durchsuchung der Wohn- und Geschäftsräume und der anschließenden Beschlagnahme der aufgefundenen Unterlagen bereits vollzogen sind (vgl. zur Beendigung des Vollzugs der Durchsuchung durch die Beschlagnahme: BGH – Ermittlungsrichter, Beschl. v. 3. 8. 1995 – StB 33/95 – NJW 1995, 3397), schließt ein Rechtsschutzbedürfnis der Beschwerdeführer an einer verfassungsgerichtlichen Überprüfung nicht aus. In Fällen besonders tiefgreifender und folgenschwerer Grundrechtseingriffe – wie der Wohnungsdurchsuchung – besteht auch nach vorangegangener fachgerichtlicher Prüfung ein Rechtsschutzbedürfnis für eine Entscheidung des Verfassungsgerichtshofs, wenn der behauptete Grundrechtsverstoß tatsächlich nicht mehr fortwirkt (vgl. Beschl. v. 11. 2. 1999 – VerfGH 25/97, 25 A/97 und 60/97 – StV 1999, 296 f mwN).

d) Unzulässig ist die Verfassungsbeschwerde, soweit sie auf eine Verletzung der allgemeinen Handlungsfreiheit (Art. 7 VvB) gestützt wird, mit der Begründung, die Durchsuchung und Beschlagnahme seien geeignet, im notwendigen Vertrauensverhältnis zwischen den Beschwerdeführern mit den Patienten Mißtrauen zu säen. Das Vertrauensverhältnis zwischen Arzt und Patient ist aus der Sicht der Beschwerdeführer ein Aspekt der Berufsausübung und damit von Art. 17 VvB geschützt. Als subsidiäres Grundrecht ist für die Anwendung des Art. 7 VvB insoweit kein Raum mehr, so daß seine Verletzung nicht einmal als möglich erscheint.

2. Soweit die Verfassungsbeschwerde danach zulässig ist, ist sie jedoch unbegründet. Die mit ihr angegriffenen gerichtlichen Entscheidungen halten einer verfassungsrechtlichen Prüfung stand.

Strafprozessuale Maßnahmen wie Durchsuchungen und Beschlagnahmen stellen ihrer Natur nach regelmäßig einen schwerwiegenden Eingriff in die grundrechtlich geschützte Lebenssphäre des Betroffenen dar. Durch die Anordnung der Durchsuchung und durch die richterliche Bestätigung der Beschlagnahme sind die Beschwerdeführer in ihrer Freiheit der Berufsausübung aus Art. 17 VvB betroffen. Diese Freiheit ist jedoch – wie ausgeführt – nicht schrankenlos gewährleistet. Schranken der grundrechtlichen Verbürgungen ergeben sich insbesondere aus den Vorschriften der Strafprozeßordnung, die mit Blick auf das rechtsstaatlich begründete Interesse an einer leistungsfähigen Strafjustiz und die unabweisbaren Bedürfnisse einer wirksamen Strafverfolgung (vgl. BVerfGE 19, 342, 347; 20, 45, 49) verfassungsrechtlich grundsätzlich unbedenklich sind (vgl. BVerfGE 77, 65, 76 ff). Die danach im grundrechtlichen Bereich vorzunehmende Abwägung der in Betracht kommenden Interessen erfordert, daß sich grundrechtsbezogene Eingriffe wie Durchsuchungen und Beschlagnahmen, wie alle Zwangsmaßnahmen im Strafverfahren (vgl. BVerfGE 27, 211, 219), im Rahmen des allgemeinen Rechtsgrundsatzes der Verhältnismäßigkeit halten (vgl. BVerfGE 20, 162, 186 f; 42, 212, 220; 44, 353, 373; 59, 95, 97). Dieser Grundsatz verlangt, daß die jeweilige strafprozessuale Maßnahme zur Erreichung des angestrebten Ziels geeignet und erforderlich sein muß und daß der mit ihr verbundene Eingriff nicht außer Verhältnis zur Bedeutung der Sache und zur Stärke des bestehenden Tatverdachts stehen darf (BVerfGE 27, 211, 219; 96, 44, 51; BVerfG, Beschl. v. 3. 9. 1991 – 2 BvR 279/90 – NJW 1992, 551, 552 mwN).

Unter Zugrundelegung dieses Maßstabs sind die angegriffenen gerichtlichen Entscheidungen verfassungsrechtlich nicht zu beanstanden. Sowohl die Anordnung der Durchsuchung als auch die richterliche Bestätigung der Beschlagnahme stehen mit dem Prinzip der Verhältnismäßigkeit in Einklang.

a) Der Erlaß einer Durchsuchungsanordnung setzt nach § 102 StPO voraus, daß die bis zu diesem Zeitpunkt ermittelten Tatsachen den Verdacht begründen, daß eine Straftat begangen worden ist und daß der Betroffene als Täter oder Teilnehmer in Betracht kommt (vgl. nur *Kleinknecht/Meyer-Goßner* aaO, § 102 Rn. 1; *Nack* in: Karlsruher Kommentar zur StPO, 4. Aufl. 1999, § 102 Rn. 1; BVerfG, Beschl. v. 23. 6. 1990 – 2 BvR 417/88 – NJW 1991, 690, 691; Beschl. v. 23. 3. 1994 – 2 BvR 396/94 – NJW 1994, 2079). Es müssen mithin zureichende tatsächliche Anhaltspunkte für eine strafbare Handlung vorliegen, vage Hinweise auf das Vorliegen einer Straftat oder bloße Vermutungen genügen nicht (*Kleinknecht/Meyer-Goßner* aaO, § 102 Rn. 3). Sowohl das AG als auch das LG in seiner hierzu ergangenen Beschwerdeentscheidung sind davon ausgegangen, daß die bis zum Erlaß des Durchsuchungsbeschlusses ermittelten Tatsachen den Verdacht begründen, die Beschwerdeführer hätten sich wegen des Ausstellens unrichtiger Gesundheitszeugnisse und des Verstoßes gegen § 92 Abs. 2 Nr. 2 AuslG strafbar gemacht. Die dagegen erhobenen Einwände der Beschwerdeführer greifen nicht durch.

Soweit Gegenstand einer Verfassungsbeschwerde gerichtliche Entscheidungen sind, besteht die Prüfungsbefugnis des Verfassungsgerichtshofs nur in engen Grenzen. Die Gestaltung des Verfahrens, die Feststellung und Würdigung des Sachverhalts, die

Auslegung des einfachen Rechts und seine Anwendung auf den einzelnen Fall sind Sache der dafür allgemein zuständigen Gerichte und insoweit der Nachprüfung durch den Verfassungsgerichtshof entzogen (Beschl. v. 30. 6. 1992 – VerfGH 9/92 – LVerfGE 1, 7, 8 f; st. Rspr.). Es ist nicht Aufgabe des Verfassungsgerichtshofs, gerichtliche Entscheidungen – ähnlich wie eine Rechtsmittelinstanz – in jeder Hinsicht auf ihre Übereinstimmung mit dem einfachen Recht zu kontrollieren. Der Verfassungsgerichtshof kann daher den von den Fachgerichten angenommenen Anfangsverdacht nur dann beanstanden, wenn sich sachlich zureichende und plausible Gründe für einen die Anordnung der Durchsuchung rechtfertigenden Tatverdacht nicht finden lassen (vgl. zum Bundesrecht BVerfG, NJW 1991, 690, 691; NJW 1994, 2079). Diese Voraussetzung ist vorliegend nicht erfüllt.

Strafprozessual kann sich ein Tatverdacht auf unterschiedliche Quellen – Zeugenaussagen, bereits abgeschlossene Verfahren etc. – gründen. Aus den beigezogenen Akten des Ermittlungsverfahrens ergibt sich, daß die bis zum Erlaß der Durchsuchungsanordnung ermittelten Erkenntnisse sowohl auf Aussagen eines ehemaligen Patienten der Beschwerdeführer beruhen, die Gegenstand eines zunächst eingestellten Ermittlungsverfahrens waren, als auch auf Hinweisen eines in den Akten namentlich nicht genannten „Hinweisgebers". Darüber hinaus sind die beim Polizeiärztlichen Dienst im Zusammenhang mit der Erstellung von Zweitgutachten angefertigten Unterlagen beschlagnahmt, sich auf Patienten der Beschwerdeführer beziehende Ausländerakten, Meldedateien und Kriminalakten ausgewertet und die mit der Zweitbegutachtung beim Polizeiärztlichen Dienst beschäftigte Psychologin als Zeugin vernommen worden. Soweit die Beschwerdeführer erhebliche Bedenken gegen die fachliche Eignung des Polizeiärztlichen Dienstes und die Aussagekraft der dort erstellten Gutachten geltend machen, ist mithin festzuhalten, daß sich der von den Gerichten bejahte Anfangsverdacht nicht allein auf Divergenzen zwischen den von den Beschwerdeführern ärztlich attestierten Behandlungsergebnissen und den Erkenntnissen der polizeiärztlichen Untersuchungen stützt. Es kann daher dahinstehen, ob derartige Divergenzen bereits für sich genommen geeignet gewesen wären, einen strafrechtlich relevanten Anfangsverdacht zu begründen. Dem in den Ermittlungsakten enthaltenen Zwischenbericht vom 23. 3. 2000 läßt sich entnehmen, daß sich – unabhängig von den polizeiärztlichen Unterlagen – Verdachtsmomente u. a. bereits aus den beigezogenen und ausgewerteten Ausländerakten ergeben haben. Dies war beispielsweise dann der Fall, wenn Patienten der Beschwerdeführer, denen eine kriegsbedingte posttraumatische Belastungsstörung bescheinigt worden war, schon vor Kriegsbeginn in die Bundesrepublik eingereist waren oder aufgrund ihrer Angaben vor der Ausländerbehörde oder im Rahmen von Asylverfahren davon auszugehen war, daß sie nicht mit dem Bürgerkrieg im ehemaligen Jugoslawien in Berührung gekommen waren. Bei dieser Sachlage waren für die Gerichte sachlich zureichende und plausible Gründe für die Annahme eines die Durchsuchung rechtfertigenden Anfangsverdachts gegeben. Da die Ermittlungen erst am Anfang standen, war eine – über eine Mindestanzahl hinausgehende – Bezifferung und genaue Konkretisierung bislang bekannter Verdachtsfälle verfassungsrechtlich ebensowenig geboten wie eine weitere Präzisierung der zu suchenden Unterlagen. Gemessen am Stand des Verfahrens sind die zu suchenden Gegenstände – Patientenkartei und Abrechnungsdaten – im Durchsuchungsbeschluß des AG Tiergarten in ausreichender Weise bezeichnet worden.

b) Die Durchsuchungsanordnung war auch verhältnismäßig.

Sie war geeignet, zur Klärung des Anfangsverdachts beizutragen. Die zu suchenden Unterlagen, insbesondere die Patientenakten, können nicht von vornherein als ungeeignet für den mit der Durchsuchung verfolgten Zweck der Ermittlung und Verfolgung möglicherweise strafbarer Handlungen angesehen werden. Aus ihnen können sich Anhaltspunkte für weitere Ermittlungen, insbesondere für weitergehende, über die bisher im Rahmen des Ermittlungsverfahrens untersuchten Verdachtsfälle hinaus vorliegende Fälle ergeben. Zusammen mit der Auswertung der Ausländerakten und der beim Polizeiärztlichen Dienst beschlagnahmten Unterlagen lassen sich aus den in den Patientenakten enthaltenen Angaben über Art und Dauer des Behandlungsverhältnisses, erstellte Diagnosen und eingeleitete Behandlungsmethoden ebenso wie aus den in den Unterlagen offensichtlich vorhandenen eigenen schriftlichen Aufzeichnungen der Patienten Schlüsse ziehen, die zur Be- oder Entlastung der Beschwerdeführer beitragen können. Derartige Angaben können Grundlage weiterer im Rahmen des Ermittlungsverfahrens durchzuführender Zeugenvernehmungen sein. Daß die Anordnung der Durchsuchung von vornherein nicht erfolgversprechend war, läßt sich daher nicht feststellen.

Die Durchsuchung war auch erforderlich. Zur Aufklärung des Verdachts, die Beschwerdeführer hätten in einer bisher nicht genau bestimmbaren Anzahl von Fällen unrichtige ärztliche Atteste ausgestellt, gab es kein milderes Mittel, durch das in gleich wirksamer Weise die in den Räumen der Beschwerdeführer befindlichen Beweismittel gesichert werden konnten. Da bei Erlaß des Durchsuchungsbeschlusses nicht sicher ausgeschlossen werden konnte, daß sich auch in der Privatwohnung der Beschwerdeführer die Gemeinschaftspraxis betreffende Unterlagen befanden, begegnet die Einbeziehung der Privaträume in die Durchsuchungsanordnung keinen durchgreifenden verfassungsrechtlichen Bedenken. Einwände sind von den Beschwerdeführern insoweit nicht erhoben worden; aus den Ermittlungsakten ergibt sich im übrigen, daß in der Privatwohnung der Beschwerdeführer die Praxis betreffende Computerprogramme und Disketten sichergestellt worden sind.

Schließlich stand die Durchsuchung nicht außer Verhältnis zur Bedeutung der Straftat und zur Stärke des insoweit bestehenden Tatverdachts. Die den Beschwerdeführern vorgeworfenen Straftaten weisen mit Blick auf die sich daraus ergebenden ausländerrechtlichen Folgerungen, insbesondere hinsichtlich der mit der ärztlichen Begutachtung zusammenhängenden Frage des Aufenthaltsstatus, einen Bezug zum Gemeinwohl auf. Sie berühren daher öffentliche Interessen und stellen sich schon deshalb als keineswegs belanglos dar. Auch der Grad des dem Ermittlungsverfahren zugrunde liegenden Tatverdachts ist nicht derart vage, daß er aus verfassungsrechtlicher Sicht ungeeignet wäre, eine Durchsuchung in dem hier vorliegenden Umfang zu rechtfertigen. Die Durchsuchung ist nicht losgelöst von einem konkreten Verdacht angeordnet worden; der dem Ermittlungsverfahren zugrunde liegende Tatverdacht stützt sich vielmehr auf konkrete Verdachtsmomente. Für die Strafverfolgungsbehörden lagen – wie ausgeführt – hinreichend konkrete Anhaltspunkte für das Vorliegen einer Straftat in einer nicht genau bestimmbaren Anzahl von Fällen vor, denen es nachzugehen galt. Demgegenüber können die mit der Durchsuchung verbundenen Beeinträchtigungen der Beschwerdeführer nicht als unangemessen intensiv angesehen werden. Die Durchsuchungsanordnung richtete sich nicht gegen die berufliche Tätigkeit der Beschwerdeführer als solche, sie betraf diese – außerhalb dieses Bereichs – in gleicher Weise wie jede andere Person, die von einer Durchsuchung betroffen ist. Bei dieser Sachlage läßt die vom Landgericht getroffene Feststellung, auch unter Berücksichtigung der beeinträchtigten verfassungsrechtlichen Rechtspositionen der Beschwerdeführer lägen genügende Anhaltspunkte für eine Durchsuchung vor, eine Verfehlung der von der Verfassung vorgegebenen Maßstäbe nicht erkennen. Einer weitergehenden Nachprüfung durch den Verfassungsgerichtshof ist die Abwägung zwischen Anlaß und Auswirkung des angeordneten Eingriffs entzogen (vgl. zum Bundesrecht BVerfGE 27, 211, 219; 77, 1, 59 f; Beschl. v. 23. 12. 1994 – 2 BvR 894/94 – NJW 1995, 2839, 2840).

c) Aus den dargelegten Gründen stehen auch die richterlich bestätigte Beschlagnahme und die in diesem Zusammenhang ergangene Beschwerdeentscheidung des LG mit dem Prinzip der Verhältnismäßigkeit in Einklang.

Gem. § 94 StPO sind Gegenstände, die als Beweismittel für die Untersuchung von Bedeutung sein können, zu beschlagnahmen, wenn sie nicht freiwillig herausgegeben werden. Da das strafrechtliche Ermittlungsverfahren zunächst auf einem Tatverdacht beruht, kommt es nicht darauf an, ob sie letztlich im Strafverfahren Verwendung finden. Die rechtsstaatlich geforderte umfassende Ermittlungstätigkeit (vgl. BVerfGE 29, 183, 194; 33, 367, 383; 77, 65, 76) bringt Nachforschungen mit sich, auch wenn sie später nicht zu einer Anklage oder Verurteilung führen sollte. Entscheidend ist daher nur die potentielle Bedeutung des zu beschlagnahmenden Materials (vgl. *Kleinknecht/ Meyer-Goßner* aaO, § 94 Rn. 6; *Nack* aaO, § 94 Rn. 7; BVerfGE 77, 1, 53; BVerfG, NJW 1995, 2839, 2840). Insofern kommt es nicht darauf an, ob sich aufgrund der beschlagnahmten Patientenakten, was von den Beschwerdeführern bestritten wird, der Verdacht des Ausstellens unrichtiger Gesundheitszeugnisse mit der für das Strafrecht erforderlichen Sicherheit bestätigen läßt.

Eine grundlegend fehlerhafte Einschätzung der Beweismitteleignung der beschlagnahmten Unterlagen liegt den angegriffenen Entscheidungen nicht zugrunde. In der für die verfassungsrechtliche Prüfung maßgeblichen Entscheidung des LG wird ausgeführt, daß nur Unterlagen über diejenigen Patienten der Beschwerdeführer beschlagnahmt worden sind, bei denen das Behandlungsverhältnis nach 1996 begonnen hat und die nach dem ersten Anschein aus dem ehemaligen Jugoslawien stammen. Die Annahme des LG, diese Unterlagen könnten für das weitere Verfahren von Bedeutung sein, ist verfassungsrechtlich nicht zu beanstanden. Auch wenn es, wie von den Beschwerdeführern vorgetragen, bisher an einer standardisierten Diagnostik und Behandlung posttraumatischer Belastungsstörungen fehlt, können sich aus den in den Patientenakten enthaltenen Aufzeichnungen, insbesondere den schriftlichen Berichten der Patienten zu etwaigen Kriegserlebnissen, Anhaltspunkte für weitere Ermittlungen ergeben. Insofern ist zu berücksichtigen, daß Gegenstand des weiteren Ermittlungsverfahrens nicht allein die beschlagnahmten Patientenakten sind; sie sollen vielmehr im Zusammenhang mit der weiteren Auswertung der Ausländerakten und der Unterlagen des Polizeiärztlichen Dienstes sowie möglichen Zeugenaussagen zur Feststellung von Widersprüchen und damit zur Klärung des Tatverdachts dienen. Die potentielle Beweiseignung der beschlagnahmten Unterlagen wird daher nicht dadurch in Frage gestellt, daß sich etwaige Widersprüche zwischen festgestellter Diagnose und ärztlich bescheinigtem Behandlungsergebnis nicht unmittelbar aus den in den Patientenakten enthaltenen schriftlichen Aufzeichnungen der Beschwerdeführer ergeben werden. Daß den beschlagnahmten Akten – neben anderen Beweismitteln – jeglicher Bezug zum Vorwurf des Ausstellens unrichtiger Gesundheitszeugnisse fehlt, läßt sich nicht feststellen.

Die Beschlagnahme war auch erforderlich. Zur Aufklärung des dem Ermittlungsverfahren zugrunde liegenden Verdachts gab es kein milderes Mittel, das den erstrebten Zweck der Beweissicherung in zumindest gleich wirksamer Weise erfüllt hätte. Soweit die Beschwerdeführer insbesondere mit Blick auf die Beschlagnahme der Originalunterlagen eine Verletzung ihrer grundrechtlich geschützten Berufsausübungsfreiheit rügen, ist dem Grundsatz der Erforderlichkeit dadurch Genüge getan, daß ihnen nach Angaben ihrer Verfahrensbevollmächtigten von der Staatsanwaltschaft angeboten worden ist, die für den weiteren Praxisbetrieb erforderlichen Unterlagen zu kopieren. Es kann daher dahinstehen, ob eine ersatzlose Beschlagnahme der ärztlichen Unterlagen angesichts der damit verbundenen Beeinträchtigungen der Beschwerdeführer in ihrer Berufsausübung und der Erfüllung ihrer ärztlichen Pflichten verfassungsrechtlich hätte Bestand haben können (vgl. *Wasmuth* Beschlagnahme von Patientenkarteien und Krankenscheinen, NJW 1989, 2297, 2299). Durch die Möglichkeit der Anfertigung von Fotokopien und ihrer Verwendung im weiteren Praxisbetrieb kann, wie der Verfassungsgerichtshof bereits im einstweiligen Anordnungsverfahren ausgeführt hat, einer weiteren Verunsicherung von Patienten und der Gefährdung der wirtschaftlichen Existenz der Beschwerdeführer entgegengewirkt werden. Dem Grundsatz der Erforderlichkeit ist damit in ausreichendem Maße Rechnung getragen.

Die Gerichte durften auch davon ausgehen, daß es nicht geboten war, die Beschlagnahme auf die im Durchsuchungsbeschluß des AG Tiergarten angeführten 14 Verdachtsfälle zu beschränken. Eine derartige stichprobenartige Auswahl und Überprüfung der im Durchsuchungsbeschluß nur als Mindestanzahl angeführten Fälle hätte nicht ausgereicht, um das ganze Ausmaß möglicherweise strafbaren Handelns und damit die Schwere des Tatvorwurfs zu ermitteln. Dabei kann dahinstehen, ob eine solche eingeschränkte Vorgehensweise dann geboten gewesen wäre, wenn auf diese Weise ein nur allgemeiner, vager Tatverdacht mit möglichst geringem Aufwand hätte ausgeräumt werden können (vgl. BVerfG, NJW 1995, 2839, 2840). Angesichts der in den Patientenakten enthaltenen Angaben über Anamnese, Diagnose und therapeutische Maßnahmen und dem insoweit grundrechtlich geschützten Geheimhaltungsinteresse der Patienten dürfte eine Beschlagnahme sämtlicher ärztlicher Unterlagen bei einem lediglich „einfachen" Anfangsverdacht, der sich noch nicht näher konkretisiert hat, zwar verfassungsrechtlichen Bedenken begegnen. So liegen die Dinge aber hier nicht. Nach den dem Verfassungsgerichtshof vorliegenden Ermittlungsakten lagen für die Gerichte – wie ausgeführt – sachlich zureichende und plausible Gründe für die Annahme eines Anfangsverdachts vor, der sich nicht auf die im Durchsuchungsbeschluß genannte Mindestanzahl von 14 Fällen beschränkte. Aus den im Verlauf des Ermittlungsverfahrens ausgewerteten Ausländerakten, den sichergestellten Unterlagen des Polizeiärztlichen Dienstes und der Befragung von Zeugen, darunter auch Patienten der Beschwerdeführer, ergaben sich vielmehr konkrete Anhaltspunkte für ein strafbares Verhalten in einer noch nicht genau bestimmbaren Anzahl von Fällen. Der dem Ermittlungsverfahren zugrunde liegende Anfangsverdacht gründet sich mithin nicht auf eine bloße Vermutung oder einen generell-abstrakten Erfahrungssatz, daß über die bisher konkretisierten Verdachtsfälle hinaus ein strafbares Verhalten auch in weiteren Fällen vorliege. Für die Strafverfolgungsbehörden lagen vielmehr durch Zeugenaussagen und Auswertung bislang herangezogener Akten untermauerte konkrete Anhaltspunkte vor, die sich in einzelnen Fällen bereits erhärtet hatten und denen es im Interesse einer wirksamen Strafverfolgung nachzugehen galt. Mit Blick auf den frühen Stand der Ermittlungen war es den Gerichten bei dieser Sachlage verfassungsrechtlich nicht aufgegeben, die Beschlagnahme schrittweise nur für einzelne Patientenakten zu bestätigen und Fälle auszuscheiden, bei denen sich nach näherer Prüfung der Tatverdacht nicht bestätigte. Insofern kann nicht unberücksichtigt bleiben, daß Zweck der – umfangreichen – Beschlagnahme auch die Beschaffung von Informationen war, um weitere Ermittlungen – etwa durch Auswertung der betreffenden Ausländerakten, der Akten des Polizeiärztlichen Dienstes oder Zeugenaussagen – anstellen zu können. Die Beschlagnahme der einen bestimmten Kreis von Patienten betreffenden Akten war daher erforderlich, um gezielt dem bisher vorliegenden, durch zureichende tatsächliche Anhaltspunkte erhärteten Anfangsverdacht nachzugehen und das Ausmaß und die Schwere des Tatvorwurfs abzuklären.

Auch eine geeignete und erforderliche Beschlagnahme kann verfassungsrechtlich unzulässig sein, wenn die Schwere des in ihr liegenden Eingriffs nicht mehr in einem angemessenen Verhältnis zu der Schwere des Tatvorwurfs, dem Grad des abzuklärenden Verdachts und zur Bedeutung des Beweisgegenstandes für das Verfahren steht (vgl.

BVerfG, NJW 1995, 2839, 2840). Dies trifft auf die vorliegende Beschlagnahme jedoch nicht zu. Wie bereits ausgeführt, kann der Grad des dem Ermittlungsverfahren zugrunde liegenden Verdachts und die Bedeutung des Tatvorwurfs, im Ergebnis ebenso wie bei der Anordnung der Durchsuchung, aus verfassungsrechtlicher Sicht nicht als ungeeignet angesehen werden, eine Beschlagnahme in dem hier vorliegenden Umfang zu rechtfertigen. Den beschlagnahmten Unterlagen kommt – als Grundlage weiterer Ermittlungen und zusammen mit anderen Beweismitteln – eine erhebliche Bedeutung im Verfahren zu. Da die für die Fortführung des Praxisbetriebs erforderlichen Patientenakten den Beschwerdeführern nicht vollständig und ersatzlos entzogen worden sind, ist die Beschlagnahme auf das erforderliche Maß beschränkt worden. Eine unmittelbare Beeinträchtigung der Beschwerdeführer in der Behandlung ihrer Patienten steht wegen der Möglichkeit der Anfertigung von Kopien nicht zu befürchten. Die mit der Herstellung und der Verwendung der Fotokopien noch einhergehenden Belastungen sind nicht geeignet, das rechtsstaatlich begründete Interesse an einer wirksamen Strafverfolgung zu überwiegen. Sie können daher zulässige und zur Prüfung des Tatverdachts erforderliche Ermittlungsmaßnahmen nicht hindern.

Die Kostenentscheidung beruht auf den §§ 33, 34 VerfGHG.

Dieser Beschluß ist unanfechtbar.

Sondervotum des Richters Dr. Groth

Ich vermag der Entscheidung der Mehrheit im Ergebnis und in der Begründung teilweise nicht zuzustimmen. Eine Durchsuchungs- und Beschlagnahmeanordnung, die Patientendaten betrifft, ist mit einem wesentlich schwereren Eingriff in das Grundrecht des Arztes aus Art. 17 VvB verbunden, als die Suche nach und die Beschlagnahme von sonstigen im Zusammenhang mit ärztlichen oder anderen beruflichen Tätigkeiten angefallenen Beweismitteln. Das Vertrauensverhältnis zwischen Arzt und Patient ist der Kernbestand der beruflichen Tätigkeit des Arztes. Wird dieses erheblich gestört, kann der Arzt seine berufliche Tätigkeit bezogen auf den betroffenen Patienten unter Umständen nicht fortsetzen. Geschieht dies – wie vorliegend – bei 578 Patienten, kann dies die berufliche Existenz insgesamt nachhaltig beeinträchtigen oder sogar gefährden.

Korrespondierend dazu ist der jeweils spiegelbildliche Eingriff in das informationelle Selbstbestimmungsrecht der Patienten zu berücksichtigen, der hinsichtlich der dokumentierten Krankengeschichte und aufgezeichneter Krankheitsbefunde den Kernbereich der menschlichen Persönlichkeit überhaupt, nämlich die körperliche und seelische Integrität dieser Patienten betrifft. Das objektive Gewicht dieses Eingriffs beeinflußt die Prüfung der Verhältnismäßigkeit auch zugunsten der Beschwerdeführer.

Dies führt dazu, daß ein so grobes Verdachtsraster, wie es hier der Auswahl der gesuchten und beschlagnahmten Unterlagen zugrunde lag, nämlich alle Behandlungsfälle nach 1996 von Personen, die nach dem ersten Anschein aus dem ehemaligen

Jugoslawien stammten, das Verhältnismäßigkeitsprinzip nicht wahrt. Würde man dieses Raster z. B. auf einen Fall übertragen, in dem ein konkreter Anfangsverdacht einiger unrichtiger ärztlicher Arbeitsunfähigkeitsbescheinigungen mit einer bestimmten Diagnose bestünde, wäre damit die Suche nach und Beschlagnahme von allen Unterlagen erwerbstätiger Patienten des betreffenden Arztes rechtfertigungsfähig. Eine solche Beschränkbarkeit der ärztlichen Berufsausübungsfreiheit gibt Art. 17 VvB nicht her.

Das Verhältnismäßigkeitsprinzip gebietet bei Eingriffen in den Kernbereich des ärztlichen Berufsausübungsgrundrechts, also in das Vertrauensverhältnis Arzt – Patient, daß hinsichtlich jedes konkret patientenbezogenen Beweismittels eine Einordnung in einen bereits anderweitig begründeten Anfangsverdacht möglich ist. Vorliegend waren ca. 270 Fälle ermittelt worden, in denen die Beschwerdeführer posttraumatische Belastungsstörungen als Folge traumatisierender Erlebnisse während des Krieges in Bosnien-Herzegowina bescheinigt hatten. Die Fälle konnten namentlich erfaßt werden. Für die Suche nach und Beschlagnahme von Beweismitteln, die andere Patienten betrafen – rechnerisch immerhin mehr als 300 zusätzliche Eingriffe – bestand keine zwingende Notwendigkeit. Wenn zu den Akten der Ausländerbehörde insoweit keine Gesundheitszeugnisse gelangt waren, ist nicht ersichtlich, weshalb sie zur weiteren Aufklärung eines auf diese Verwendungsform der Gesundheitszeugnisse gerichteten Anfangsverdachtes hätten hilfreich sein können. Dementsprechend ist nur hinsichtlich des danach verbleibenden, immer noch mit schwerwiegenden Eingriffsfolgen verbundenen, aber für die sachgerechte Durchführung des Strafverfahrens ausreichenden Aufklärungsbedarfs eine exekutivische und fachgerichtliche Einschätzungsprärogative begründet, die insoweit im Beschluß zu Recht hervorgehoben und zur Grundlage der zurückweisenden Entscheidung gemacht wird. Die Zurückweisung der Verfassungsbeschwerde hätte folgerichtig jedoch auf die Akten namentlich bereits anderweitig ermittelter Patienten begrenzt bleiben und im übrigen die angegriffenen letztinstanzlichen Beschlüsse aufheben müssen.

Nr. 2

Die Auffassung des Berufungsgerichts, die Entscheidung der Vorinstanz, daß eine hilfsweise aufgerechnete, die zugesprochene Klageforderung deckende Gegenforderung des Beklagten nicht bestehe, könne mit der Berufung zulässigerweise nur angegriffen werden, wenn zugleich ausreichende Berufungsgründe gegen die zugesprochene Klageforderung vorgebracht würden, entbehrt jeden sachlichen Grundes und ist deshalb schlechthin unhaltbar.

Verfassung von Berlin Art. 10 Abs. 1

Zivilprozeßordnung § 519

Beschluß vom 28. Juni 2001 – VerfGH 48/01, 48 A/01 –

in dem Verfahren über die Verfassungsbeschwerde und den Antrag auf Erlaß einer einstweiligen Anordnung des Herrn M M, Berlin

Verfahrensbevollmächtigter: Rechtsanwalt K-J G, Berlin

gegen

das Teilurteil des Landgerichts Berlin vom 20. März 2001 – 64 S 384/00 –

Beteiligte gem. § 53 Abs. 1 und 2 VerfGHG:
1. Der Präsident des Landgerichts Berlin,Tegeler Weg 17–21, 10589 Berlin
2. Firma W & Q GmbH i.L. & Co. G und T Betriebs KG i.Ko., vertreten durch die W & Q GmbH i. L., diese vertreten durch den Liquidator G S, Berlin

Entscheidungsformel:

Das Teilurteil des Landgerichts Berlin vom 20. März 2001 – 64 S 384/00 – verletzt den Beschwerdeführer in seinem Grundrecht aus Art. 10 Abs. 1 der Verfassung von Berlin, soweit die Berufung des Beschwerdeführers wegen eines Teilbetrages von 7 757,22 DM nebst 10 % Zinsen seit dem 9. September 1999 verworfen wurde. Es wird insoweit aufgehoben. Die Sache wird in diesem Umfang an das Landgericht Berlin zurückverwiesen.

Damit erledigt sich zugleich der Antrag auf Erlaß einer einstweiligen Anordnung.

Das Verfahren ist gerichtskostenfrei. Das Land Berlin hat dem Beschwerdeführer die notwendigen Auslagen zu erstatten.

Gründe:

I.

1. Der Beschwerdeführer war vom 15. 12. 1994 bis zum 14. 12. 1998 Mieter einer bei seinem Einzug nicht renovierten Ein-Zimmer-Wohnung mit Küche, Flur und Toilette mit Dusche in Berlin-Neukölln. Nach dem Mietvertrag war der Mieter verpflichtet, die Schönheitsreparaturen zu tragen, und zwar auf seine Kosten mindestens alle drei Jahre in Küche, Bad, Toilette und alle fünf Jahre in allen übrigen Räumen Schönheitsreparaturen fachmännisch ausführen zu lassen bzw. auszuführen. Falls das Mietverhältnis vor Eintritt der Verpflichtung zur Durchführung der Schönheitsreparaturen endete, sah der Mietvertrag die Verpflichtung des Mieters vor, die anteiligen

Kosten für die Schönheitsreparaturen aufgrund eines Kostenvoranschlags eines Maler-
fachbetriebs an den Vermieter nach Maßgabe einer Quotenklausel zu zahlen.
Mit der im Ausgangsverfahren erhobenen Klage vor dem AG Neukölln nahm die
Beteiligte zu 2. als Vermieterin den Beschwerdeführer nach Beendigung des Mietverhältnisses auf Zahlung von Mietzins und Nutzungsausfall in Höhe von insgesamt
5 279,86 DM, auf Betriebskostennachzahlung für das Jahr 1998 in Höhe von 175,49 DM
sowie auf Schadensersatz in Höhe von 16 996,05 DM wegen unterlassener Schönheitsreparaturen, jeweils zuzüglich Zinsen, in Anspruch. Gegen den Schadensersatzanspruch
machte der Beschwerdeführer u. a. geltend, hinsichtlich des Flures und des Zimmers
seien die Fristen für die Durchführung der Schönheitsreparaturen noch nicht abgelaufen
gewesen, so daß bei seinem Auszug keine Schönheitsreparaturen erforderlich gewesen
seien. Die Quotenklausel sei nach einem Rechtsentscheid des OLG Stuttgart vom
28. 8.1984 (WuM 1984, 266 f) unwirksam, wenn – wie hier – eine unrenovierte Wohnung
überlassen worden sei. Ferner erklärte der Beschwerdeführer hinsichtlich der mit der
Klage geltend gemachten Forderungen vorsorglich die Aufrechnung aus Gegen-
ansprüchen auf Kautionsrückzahlung von 1 899,87 DM sowie aus überzahlter Mieter
(§§ 812 ff BGB iVm § 5 WiStG) in Höhe von 13 873,66 DM.

Durch Urteil vom 8. 6. 2000 verurteilte das AG den Beschwerdeführer zur Zahlung
von 11 529,79 DM nebst Zinsen an die Beteiligte zu 2. und wies die Klage im übrigen
als unbegründet ab. Die Beteiligte zu 2. habe gegen den Beschwerdeführer Anspruch
auf Nachzahlung von Mietzins für November und Dezember 1998 in Höhe von
1 159,96 DM sowie auf Schadensersatz wegen unterlassener Schönheitsreparaturen in
Höhe von 9 481,60 DM für diese selbst, von 950 DM für die Schadensermittlung und
von 1 662,61 DM für Nutzungsausfall bis 15. 2. 1999, ferner einen Nachzahlungs-
anspruch von 175,49 DM aus der Betriebskostenabrechnung für 1998. Der gegen den
Schadensersatzanspruch erhobene Einwand des Beschwerdeführers, die Wohnung sei
bei seinem Einzug ebenfalls unrenoviert gewesen, sei unbeachtlich. Nach der höchst-
richterlichen Rechtsprechung sei ein Mieter nämlich auch dann verpflichtet, turnus-
gemäß Schönheitsreparaturen vorzunehmen, wenn er die Wohnung unrenoviert übernommen habe.

Gegen die sich daraus ergebende Gesamtforderung von 13 429,66 DM könne
der Beschwerdeführer lediglich mit einem restlichen Kautionsrückzahlungsanspruch
von 949,87 DM aufrechnen. Darüber hinaus sei der Schadensersatzanspruch der Beteiligten zu 2. bereits durch deren eigene Aufrechnung der Gutachterkosten gegen den
Kautionsrückzahlungsanspruch in Höhe von 950 DM erloschen. Weitere aufrechenbare Gegenansprüche ständen dem Beschwerdeführer nicht zu. Insbesondere könne
er nicht mit Rückzahlungsansprüchen aus § 812 Abs. 1 BGB aufrechnen. Er habe
nicht hinreichend dargelegt, daß die Mietzinsvereinbarung nach § 134 BGB iVm § 5
WiStG teilweise nichtig gewesen sei. Hierzu hätte er darlegen müssen, daß er sich vor
der Anmietung der streitbefangenen Wohnung ergebnislos um andere Wohnungen
bemüht habe.

Gegen dieses Urteil legten beide Parteien innerhalb der Berufungsfrist des § 516 ZPO Berufung ein. Während die Beteiligte zu 2. damit ihr weitergehendes Zahlungsbegehren in Höhe von 10 921,61 DM weiterverfolgte, begehrte der Beschwerdeführer die Abweisung der Klage, soweit ihr vom AG stattgegeben worden war. Zur Begründung nahm er innerhalb der Begründungsfrist auf sein gesamtes erstinstanzliches Vorbringen Bezug und trug u. a. vor, das AG habe nicht beachtet, daß hinsichtlich des Flurs und des einen Zimmers die Fristen zur notwendigen Schönheitsreparatur entsprechend dem Mietvertrag nicht abgelaufen gewesen seien, so daß bei Auszug hier keine Schönheitsreparaturen vorzunehmen gewesen seien. Insoweit wären lediglich Ansprüche aus der Quotenklausel gegeben, wobei nochmals auf den Rechtsentscheid des OLG Stuttgart vom 28. 8. 1984 verwiesen werde. Außerdem habe das AG verkannt, daß dem Beschwerdeführer aufrechenbare Gegenansprüche mit Rückzahlungsansprüchen aus § 812 Abs. 1 BGB zuständen. Entgegen der Ansicht des AG sei es nicht notwendig, daß der Mieter seine ergebnislosen Bemühungen um eine andere Wohnung substantiiert darlege und unter Beweis stelle. Lediglich vorsorglich trage er aber insoweit unter Beweisantritt vor, warum er 1994 gezwungen gewesen sei, sich eine neue Wohnung zu suchen, und daß er u. a. 14 im einzelnen bezeichnete Wohnungen besichtigt habe, die er jedoch aus verschiedenen, im einzelnen bezeichneten Gründen nicht habe mieten können. Auch im übrigen lägen die Voraussetzungen einer Mietpreisüberhöhung nach § 5 WiStG vor.

Durch Teilurteil vom 20. 3. 2001 gab das LG Berlin der Berufung der Beteiligten zu 2. hinsichtlich eines Teilbetrags von weiteren 2 580 DM nebst Zinsen statt, wies sie wegen weiterer Teilbeträge von insgesamt 9 657,99 DM als unzulässig bzw. unbegründet zurück und verwarf die Berufung des Beschwerdeführers wegen eines Teilbetrags von 7 757,22 DM nebst 10 % Zinsen seit dem 7. 6. 1999. Soweit der Beschwerdeführer sich gegen seine Verurteilung zur Zahlung von 9 481,60 DM Schadensersatz für nicht durchgeführte Schönheitsreparaturen und 175,49 DM Betriebskostennachzahlung für 1998 abzüglich des aufgerechneten Kautionsrückzahlungsanspruchs von 1 899,87 DM wende, sei seine Berufung gem. § 519 Abs. 2 ZPO unzulässig. Denn er setze sich weder mit der Verurteilung zur Zahlung der Betriebskosten 1998 noch zum Schadensersatz wegen nicht durchgeführter Schönheitsreparaturen mit dem angefochtenen Urteil auseinander; seine Berufungsbegründung enthalte nur Ausführungen zu § 5 WiStG und zur zulässigen Miethöhe. Der Beschwerdeführer habe damit die Berufung nicht ordnungsgemäß begründet, da er in seiner Berufungsbegründung zu den o. g. Streitgegenständen nichts ausführe. Denn bei einer Mehrheit mit der Berufung verfolgter Ansprüche bzw. der Abwehr derselben sei eine Begründung für jeden nötig.

2. Mit der am 12. 4. 2001 eingegangenen Verfassungsbeschwerde rügt der Beschwerdeführer eine Verletzung des Anspruchs auf rechtliches Gehör gem. Art. 15 Abs. 1 der Verfassung von Berlin – VvB – sowie eine Verletzung des Willkürverbots. Die Begründung, mit der das LG in dem angefochtenen Teilurteil die Zulässigkeit

seiner Berufung teilweise verneint habe, sei unzutreffend und unter keinem rechtlichen Gesichtspunkt vertretbar. Eine Auseinandersetzung mit der Betriebskostennachzahlung 1998 sei nicht geboten gewesen, da er sich nicht dem Rechtsgrund nach gegen die Zahlung wende, sondern der Ansicht sei, daß die in erster Instanz erklärte Aufrechnung greife. Der Einwand, daß er sich hinsichtlich des Schadensersatzanspruchs wegen der nicht durchgeführten Schönheitsreparaturen nicht mit dem Urteil auseinandergesetzt habe, sei falsch. Denn er habe in der Berufungsbegründung ausdrücklich darauf hingewiesen, daß nach seiner Rechtsauffassung dieser Anspruch hinsichtlich des Flurs und des Zimmers nicht bestehe. Im übrigen habe er sich ausdrücklich auf die Aufrechnungslage bezogen, die erstinstanzlich verneint worden sei. Hier habe er sich ausführlich mit der erstinstanzlichen Rechtsauffassung auseinandergesetzt, die die Aufrechnungslage mangels Darlegung der subjektiven Mangellage verneint habe. Die erstinstanzliche Aufrechnung auch in Form einer Hilfsaufrechnung sei ein rechtsgestaltender Akt, der nach ständiger Rechtsprechung in der zweiten Instanz nicht nochmals erklärt werden müsse. Im übrigen enthalte die Berufungsschrift die Bezugnahme auf das erstinstanzliche Vorbringen. Auch hierauf gehe das LG nicht ein. Da er die Abwehr verschiedener Ansprüche mit der Aufrechnung verfolgt habe, wäre es sinnwidrig, ihn zu zwingen, sich gegen Ansprüche zu wenden, deren Bestehen er nach dem erstinstanzlichen Urteil akzeptiere, und ihm anderenfalls seine berechtigten Einwendungen in Form der Aufrechnung abzuschneiden.

3. Gem. § 53 Abs. 1 und 2 VerfGHG ist dem Präsidenten des LG und der Klägerin des Ausgangsverfahrens Gelegenheit gegeben worden, sich zu der Verfassungsbeschwerde zu äußern. Der Präsident des LG hat mitgeteilt, der Vorsitzende der zuständigen Zivilkammer habe zu der Verfassungsbeschwerde wie folgt Stellung genommen:

Nach Auffassung der Kammer betreffe das – in der angefochtenen Entscheidung in Bezug genommene – Urteil des BGH vom 13. 11. 1997 – VII ZR 199/96 – (NJW 1998, 1081) auch den Fall, daß Verurteilung auf eine Forderung erfolge, gegen die – wie hier – subsidiär aufgerechnet werde. Auch in diesem Fall sei eine Auseinandersetzung mit den tragenden Gründen der angefochtenen Entscheidung insoweit notwendig, als die Verurteilung darauf gestützt sei. Denn die Aufrechnung sei erst subsidiär nach Prüfung der Begründetheit der Forderung zu prüfen. Aus der Berufungsbegründung gehe hervor, daß der Beschwerdeführer zunächst das Urteil des AG insoweit angreife, als die Forderung zugesprochen worden sei. Erst danach gehe er auf die zur Aufrechnung gestellte Forderung ein, so daß die Kammer von einer Hilfsaufrechnung ausgegangen sei. In diesem Fall müsse aber nach Auffassung der Kammer zunächst geprüft werden, ob die Auseinandersetzung mit der zugesprochenen Forderung ausreiche, um die Zulässigkeit der Berufung zu bejahen. Wenn dies – wie hier nach Auffassung der Kammer – nicht der Fall sei, sei die Berufung unabhängig von der hilfsweise zur Aufrechnung gestellten Forderung als unzulässig zu verwerfen. Eine Verletzung des rechtlichen Gehörs könne darin nicht gesehen werden. Die Terminsvertreterin des Beschwerdeführers in der mündlichen Verhandlung sei auch auf die daraus resultierenden Bedenken gegen die Zulässigkeit der Berufung hingewiesen worden.

II.

Die Verfassungsbeschwerde, mit der der Beschwerdeführer bei sachgerechter Auslegung seines Begehrens das Teilurteil des LG nur insoweit angreift, als es seine Berufung teilweise als unzulässig verworfen hat, ist zulässig und begründet. Insoweit verletzt das Teilurteil den Beschwerdeführer in seinem Grundrecht aus Art. 10 Abs. 1 VvB in seiner Ausprägung als Willkürverbot.

Soweit – wie hier – eine gerichtliche Entscheidung Gegenstand einer Verfassungsbeschwerde ist, besteht die Prüfungsbefugnis des Verfassungsgerichtshofs nur in engen Grenzen. Die Gestaltung des Verfahrens, die Feststellung und Würdigung des Sachverhalts, die Auslegung des einfachen Rechts und seine Anwendung auf den einzelnen Fall sind grundsätzlich Sache der dafür allgemein zuständigen Gerichte und insoweit der Nachprüfung durch den Verfassungsgerichtshof entzogen (vgl. Beschl. v. 30. 6. 1992 – VerfGH 9/92 – LVerfGE 1, 7, 8 f; st. Rspr.). Im Verfassungsbeschwerdeverfahren ist nur zu prüfen, ob das Gericht in der Verfassung von Berlin enthaltene Rechte des Beschwerdeführers verletzt hat. Ein solcher Verstoß liegt bei gerichtlichen Urteilen unter dem Gesichtspunkt des Willkürverbots des Art. 10 Abs. 1 VvB nicht schon dann vor, wenn die Rechtsanwendung Fehler enthält. Hinzukommen muß vielmehr, daß die Entscheidung sachlich schlechthin unhaltbar und deshalb objektiv willkürlich ist. Ohne daß es auf subjektive Umstände oder ein Verschulden des Gerichts ankäme, stellt eine derartige willkürliche Entscheidung einen Verstoß gegen das aus Art. 10 Abs. 1 VvB abzuleitende Verbot dar, offensichtlich unsachliche Erwägungen zur Grundlage einer staatlichen Entscheidung zu machen. Dies entspricht der ständigen Rechtsprechung des Bundesverfassungsgerichts zu dem mit Art. 10 Abs. 1 VvB inhaltsgleichen Art. 3 Abs. 1 GG (vgl. u. a. BVerfGE 58, 163, 167 f; 62, 189, 192; 71, 122, 136, 202, 205).

Gemessen an diesen Grundsätzen überschreitet die in dem angegriffenen Teilurteil enthaltene teilweise Verwerfung der Berufung des Beschwerdeführers als unzulässig die Grenze zur Willkür und kann daher verfassungsrechtlich keinen Bestand haben. Für die Auslegung und Anwendung des Verfahrensrechts, auf die das LG seine Entscheidung stützt, fehlt es an jeder nachvollziehbaren Begründung.

Das LG stellt in seinen Entscheidungsgründen zunächst in tatsächlicher Hinsicht darauf ab, daß der Beschwerdeführer sich in seiner Berufungsbegründung weder mit der Verurteilung zur Zahlung der Betriebskosten 1998 in Höhe von 175,49 DM noch zum Schadensersatz wegen nicht durchgeführter Schönheitsreparaturen in Höhe von 9 481,60 DM mit dem angefochtenen Urteil auseinandergesetzt habe. Soweit es um den Schadensersatz wegen nicht durchgeführter Schönheitsreparaturen geht, ist diese Darstellung offensichtlich unzutreffend. Der Beschwerdeführer hatte nämlich in der Berufungsbegründung hierzu ausdrücklich vorgetragen, das AG habe nicht beachtet, daß hinsichtlich des Flurs und des einzigen Zimmers, also des größten Teils seiner Mietwohnung, die Fristen zur notwendigen Schönheitsreparatur entsprechend dem Mietvertrag nicht abgelaufen gewesen seien, so daß er nicht verpflichtet gewesen sei, beim Auszug hier Schönheitsreparaturen vorzunehmen. Damit war insoweit auch der Schadensersatzanspruch wegen Verletzung dieser Verpflichtung dem Grunde nach bestritten. Auf der unzutreffenden Sachverhaltsdarstellung beruht auch die Entscheidung des LG. Es hat die Berufung in dem in Rede stehenden Umfang mangels ordnungsgemäßer Begründung verworfen, weil der Beschwerdeführer in seiner Berufungsbegründung zu den genannten Streitgegenständen **nichts** ausgeführt habe. Diese Entscheidung ist sachlich schlechthin unhaltbar und mithin objektiv willkürlich. Es ist nicht auszuschließen, daß das LG bei sachgerechter Würdigung des Sachverhalts zu einer anderen Entscheidung über die Zulässigkeit der Berufung des Beschwerdeführers hinsichtlich des den aufgerechneten Kautionsrückzahlungsanspruch übersteigenden Teils der in Rede stehenden Zahlungsansprüche der Beteiligten zu 2. gelangt wäre.

Unabhängig davon muß die Entscheidung des LG noch aus einem weiteren Grund als objektiv willkürlich angesehen werden. Wie sich aus der Stellungnahme des Vorsitzenden der zuständigen Zivilkammer ergibt, hat das LG nicht verkannt, daß der Beschwerdeführer sich in seiner Berufungsbegründung ausführlich mit der Ansicht des AG auseinandergesetzt hatte, die von ihm hilfsweise aufgerechneten Mietrückzahlungsansprüche wegen verbotener Mietpreisüberhöhung ständen ihm nicht zu. Es ist jedoch der Auffassung gewesen, die Entscheidung des AG, daß diese – die zugesprochene Klageforderung deckende – Gegenforderung nicht bestehe, könne mit der Berufung zulässigerweise nur angegriffen werden, wenn zugleich ausreichende Berufungsgründe gegen die zugesprochene Klageforderung vorgebracht würden. Diese Auffassung, die eine eingehende Auseinandersetzung mit der Rechtslage nicht erkennen läßt, entbehrt jeden sachlichen Grundes und ist deshalb schlechthin unhaltbar.

Gem. § 389 BGB bewirkt die Aufrechnung, daß die Forderungen, soweit sie sich decken, als in dem Zeitpunkt erloschen gelten, in welchem sie zur Aufrechnung geeignet einander gegenübergetreten sind. Hat der Beklagte die Aufrechnung einer Gegenforderung geltend gemacht, so ist gem. § 322 Abs. 2 ZPO die Entscheidung, daß die Gegenforderung nicht besteht, bis zur Höhe des Betrages, für den die Aufrechnung geltend gemacht worden ist, der Rechtskraft fähig. Um die unentbehrliche Klarheit über die Tragweite der Rechtskraft des Urteils für Klageforderung und Gegenforderung zu verbürgen, darf deshalb das Gericht eine im Rechtsstreit erklärte Hilfsaufrechnung erst berücksichtigen, wenn es die Hauptforderung, gegen die hilfsweise aufgerechnet wird, für begründet hält. Der sachliche Grund hierfür entfällt jedoch, wenn die erforderliche Klarheit über das Bestehen der Klageforderung bereits auf andere Weise hergestellt ist. Dies ist im der Dispositionsmaxime unterliegenden Zivilprozeß etwa dann der Fall, wenn der Beklagte die anspruchsbegründenden Behauptungen nicht mehr bestreitet und seine Verteidigung auf die Aufrechnung beschränkt (vgl. RGZ 167, 257,

258). Wurde in einem rechtskraftfähigen erstinstanzlichen Urteil – wie hier – die Klageforderung bejaht und die Gegenforderung verneint, ist die erforderliche Klarheit über
das Bestehen der Klageforderung erst recht erreicht, wenn der Beklagte seine Berufung
entsprechend einschränkt und sich nur gegen die Verneinung der Gegenforderung
wendet (vgl. BGHZ 53, 152, 155; 109, 179, 189; BGH, NJW-RR 1995, 240, 242; NJW
1996, 527; 1999, 2817, 2818). Denn ein Urteil, das über die Klageforderung und die
hilfsweise zur Aufrechnung gestellte Gegenforderung sachliche Entscheidungen trifft,
enthält insoweit zwei prozessual selbständige, jeweils rechtskraftfähiger Entscheidung
zugängliche Elemente des Streitstoffs.

Wird die Berufung gegen ein solches Urteil, wie das LG hier angenommen hat,
uneingeschränkt eingelegt, jedoch nur hinsichtlich eines der beiden Elemente begründet,
ist das Rechtsmittel allenfalls **für den nicht begründeten Teil** unzulässig (vgl. BGHZ
22, 272, 278 und st. Rspr.; *Müller-Rabe* NJW 1990, 283, 286; MünchKommZPO-*Rim-
melspacher* § 519 Rn. 40). Das in der angegriffenen Entscheidung erwähnte Urteil des
BGH vom 13. 11. 1997 (BGH, NJW 1998, 1081 f) bestätigt lediglich diese Rechtsfolge.
Ein sachlicher Grund dafür, den hier vom LG angenommenen Fall anders zu behandeln
als den Fall der auf die Aufrechnung beschränkten Verteidigung in erster Instanz oder den
Fall einer von vornherein auf die Aufrechnung beschränkten Berufungseinlegung ist auch
nicht erkennbar. Denn wenn das Berufungsgericht die Berufung hinsichtlich der dem
Kläger in erster Instanz zuerkannten Hauptforderung für unzulässig hält, verbleibt es
im Ergebnis bei der rechtskraftfähigen Feststellung der Begründetheit der Hauptforderung durch die Vorinstanz. Damit ist die Rechtsbedingung, unter der die hilfsweise
erklärte Aufrechnung und ihre gerichtliche Prüfung steht, ohne weiteres erfüllt.

Das angegriffene Teilurteil beruht danach, soweit es die Berufung des Beschwerdeführers verworfen hat, auf einem Verstoß gegen das Grundrecht des Beschwerdeführers aus Art. 10 Abs. 1 VvB. Einer Prüfung am Maßstab des Art. 15 Abs. 1 VvB
bedarf es unter diesen Umständen nicht. Nach § 54 Abs. 3 VerfGHG ist das angegriffene
Teilurteil insoweit aufzuheben und die Sache in entsprechender Anwendung des § 95
Abs. 2 2. HS BVerfGG an das LG zurückzuverweisen.

Die Kostenentscheidung beruht auf den §§ 33, 34 VerfGHG.

Dieser Beschluß ist unanfechtbar.

Nr. 3

**Die Regelungen der HundeVO Bln verstoßen auch insoweit nicht gegen
den Gleichheitssatz und den Grundsatz der Verhältnismäßigkeit, als sie bestimmte Pflichten der Hundehalter ausschließlich anknüpfend an die Rassezugehörigkeit der gehaltenen Hunde festlegen.**

Verfassung von Berlin Art. 7, 10 Abs. 1, 23 Abs. 1

Allgemeines Sicherheits- und Ordnungsgesetz § 55

Verordnung über das Halten von Hunden in Berlin

Urteil vom 12. Juli 2001 – VerfGH 152/00 –

in dem Verfahren über die Verfassungsbeschwerden

1. des Herrn Dr. P. B., Berlin
2. bis 35. pp

Verfahrensbevollmächtigter: Rechtsanwalt A. S., Berlin

gegen

§ 3 Abs. 1 iVm §§ 4, 5, 5a, 8 Abs. 2 Satz 2 und § 10 Abs. 1 der Verordnung über das Halten von Hunden in Berlin in der Fassung der Änderungsverordnung vom 4. Juli 2000 (GVBl. S. 365)

Beteiligte gem. § 53 Abs. 3 VerfGHG:
1. Präsident des Abgeordnetenhauses von Berlin, 10111 Berlin
2. Senat von Berlin, vertreten durch die Senatsverwaltung für Arbeit, Soziales und Frauen, Berliner Rathaus, 10173 Berlin

Verfahrensbevollmächtigte: Rechtsanwälte B., F., D., Berlin

Entscheidungsformel:

Die Verfassungsbeschwerden werden zurückgewiesen.
Das Verfahren ist gerichtskostenfrei.
Auslagen werden nicht erstattet.

Gründe:

I.

Die Beschwerdeführer wenden sich mit ihren Verfassungsbeschwerden unmittelbar gegen Änderungen der zum Schutz vor gefährlichen Hunden erlassenen landesrechtlichen Vorschriften, die insbesondere das Halten und Züchten unwiderleglich als gefährlich eingestufter Hunderassen betreffen.

1. Bis zum Erlaß der angegriffenen Änderungen galten nach § 3 der Verordnung über das Halten von Hunden in Berlin – HundeVO Bln – vom 5. November 1998 (GVBl. S. 326, 370) Hunde als gefährlich, wenn sie wiederholt in gefahrdrohender

Weise Menschen angesprungen (Nr. 1), wiederholt Wild, Vieh, Katzen oder Hunde gehetzt oder gerissen (Nr. 2), sich gegenüber Mensch oder Tier als bissig erwiesen hatten (Nr. 3) oder auf Angriffslust oder über das natürliche Maß hinausgehende Kampfbereitschaft, Schärfe oder andere in der Wirkung gleichstehende Zuchtmerkmale gezüchtet oder trainiert wurden (Nr. 4). Außerhalb des eingefriedeten Besitztums mußten gefährliche Hunde an der Leine und unter bestimmten Voraussetzungen mit einem beißsicheren Maulkorb geführt werden. Die zum Halten und Führen eines gefährlichen Hundes erforderliche Zuverlässigkeit und Sachkunde war auf Verlangen ggf. der zuständigen Behörde nachzuweisen.

Mit der Ersten Verordnung zur Änderung der Verordnung über das Halten von Hunden in Berlin vom 4. Juli 2000 (GVBl. S. 365) hat der Verordnungsgeber eine zwölf Rassen umfassende Liste unwiderleglich als gefährlich geltender Hunde eingeführt, für die außerhalb des eingefriedeten Besitztums ein Leinen- und Maulkorbzwang angeordnet wird. Für fünf Hunderassen sieht die Verordnung darüber hinaus eine Anzeige- und Kennzeichnungspflicht sowie ein Zuchtverbot vor. Verstöße gegen die genannten Verpflichtungen können als Ordnungswidrigkeit geahndet werden. Nach den am 6. Juli 2000 in Kraft getretenen Änderungen haben die einschlägigen Regelungen folgenden Wortlaut:

§ 3
Gefährliche Hunde

(1) Hunde folgender Rassen oder Gruppen von Hunden sowie deren Kreuzungen untereinander oder mit anderen Hunden sind auf Grund rassespezifischer Merkmale gefährlich:
1. Pit-Bull
2. American Staffordshire Terrier
3. Staffordshire Bullterrier
4. Bullterrier
5. Tosa Inu
6. Bullmastiff
7. Dogo Argentino
8. Dogue de Bordeaux
9. Fila Brasileiro
10. Mastin Espanol
11. Mastino Napoletano
12. Mastiff

(2) Als gefährliche Hunde im Sinne dieser Verordnung gelten darüber hinaus Hunde, die ... [der bisherige Text des § 3 ist als Absatz 2 übernommen worden].

§ 4
Führen gefährlicher Hunde

(1) Außerhalb des eingefriedeten Besitztums dürfen gefährliche Hunde nur vom Halter des Hundes oder einer anderen sachkundigen Person nach § 5 Abs. 4 Satz 1 geführt werden. Sie sind dabei an einer höchstens zwei Meter langen Leine zu führen. Gefähr-

liche Hunde nach § 3 müssen außerhalb des eingefriedeten Besitztums stets einen beißsicheren Maulkorb tragen.

(2) Die Anleinpflicht nach Absatz 1 Satz 1 gilt nicht in Hundeauslaufgebieten, wenn der Hund einen beißsicheren Maulkorb trägt.

§ 5
Zuverlässigkeit und Sachkundenachweis

(1) Wer einen gefährlichen Hund hält oder außerhalb eines eingefriedeten Besitztums führt, muß über die dafür erforderliche Zuverlässigkeit verfügen.

(2) Die erforderliche Zuverlässigkeit im Sinne des Absatzes 1 besitzen nicht Personen, die insbesondere wegen

1. einer vorsätzlichen Straftat mit Gewaltanwendung gegenüber Menschen, insbesondere wegen Raubes, Nötigung, Vergewaltigung, Zuhälterei, Land- oder Hausfriedensbruchs oder Widerstandes gegen die Staatsgewalt,

2. einer Straftat gegen das Tierschutzgesetz, das Bundesjagdgesetz oder das Waffengesetz rechtskräftig verurteilt worden sind und wenn seit dem Eintritt der Rechtskraft der letzten Verurteilung fünf Jahre noch nicht verstrichen sind.

(3) Die erforderliche Zuverlässigkeit besitzen in der Regel auch nicht Personen, die

1. alkoholkrank oder rauschmittelsüchtig sind oder

2. ...

(4) bis (6) ...

§ 5a
Anzeige- und Kennzeichnungspflicht

(1) Wer einen Hund nach § 3 Abs. 1 Nr. 1 bis 5 hält, muß der zuständigen Behörde unverzüglich unter Nachweis seine Personalien die Haltung sowie Rasse und Alter des Hundes anzeigen. Über die Anzeige erteilt die zuständige Behörde eine Bescheinigung.

(2) Innerhalb von acht Wochen nach der Anzeige hat der Halter der zuständigen Behörde

1. ein Führungszeugnis,

2. einen Nachweis seiner Sachkunde sowie

3. einen Nachweis, daß der Hund keine über das natürliche Maß hinausgehende Kampfbereitschaft, Angriffslust, Schärfe oder eine andere in der Wirkung vergleichbare Eigenschaft gegenüber Menschen oder Tieren aufweist,

beizubringen.

(3) Nach Vorlage der beizubringenden Unterlagen und wenn keine Tatsachen die Annahme rechtfertigen, daß von der Haltung des Hundes eine Gefahr für Leben oder Gesundheit von Menschen oder Tieren ausgeht, erteilt die zuständige Behörde eine Plakette. Liegen die Voraussetzungen für die Erteilung der Plakette nicht vor, untersagt die zuständige Behörde die Haltung des Hundes und ordnet seine Sicherstellung an. Die Plakette ist grün, kreisförmig und weist einen Durchmesser von 4 cm auf.

(4) Die Plakette ist am Halsband des Hundes zu befestigen, wenn der Hund außerhalb des eingefriedeten Besitztums geführt wird. Bis zur Erteilung der Plakette hat der Führer des Hundes die Bescheinigung über die Anzeige nach Absatz 1 mitzuführen und auf Verlangen vorzuzeigen.

§ 8
Abrichten und Züchten von Hunden

(1) ...

(2) Die Zucht, das Inverkehrbringen und der Erwerb von Hunden nach § 3 Abs. 2 Nr. 4 ist verboten. Die Zucht mit Hunden nach § 3 Abs. 1 Nr. 1 bis 5 ist verboten. ...

§ 10
Ausnahmeregelungen und Übergangsvorschrift

(1) Diese Verordnung gilt nicht für Diensthunde der Polizei, des Grenzschutzes, des Zolls, der Bundeswehr, der Rettungsdienste und des Katastrophenschutzes sowie für geprüfte Schutzhunde bei Wach- und Ordnungsdiensten.

(2) bis (5) ...

2. Die Beschwerdeführer sind Halter eines oder mehrerer Hunde, die unter § 3 Abs. 1 HundeVO Bln fallen. Mit Ausnahme der Beschwerdeführer zu 1., 5., 13., 29. und 32., die einen der in § 3 Abs. 1 Nr. 6 bis 12 HundeVO Bln aufgeführten Hunde halten, unterliegen sie der Anzeige- und Kennzeichnungspflicht nach § 5a Abs. 1 S. 1 der Verordnung. Mit ihren Verfassungsbeschwerden beantragen sie, § 3 Abs. 1 iVm §§ 4, 5, 5a, 8 Abs. 2 S. 2 und § 10 Abs. 1 HundeVO Bln in der Fassung der Änderungsverordnung vom 4. Juli 2000 für ungültig zu erklären.

Gerügt wird vorrangig eine Verletzung des Gleichheitssatzes. Die allein an die Rassezugehörigkeit eines Hundes anknüpfende Aufzählung als gefährlich geltender Hunde in § 3 Abs. 1 der Verordnung und die sich daraus für die betroffenen Hundehalter ergebenden Ge- und Verbote verstießen gegen Art. 10 Abs. 1 der Verfassung von Berlin – VvB – und das darin enthaltene Willkürverbot. Der in § 4 Abs. 1 vorgesehene generelle Leinen- und Maulkorbzwang verletze zudem – ebenso wie das Zuchtverbot in § 8 Abs. 2 S. 2 – das Eigentumsgrundrecht des Art. 23 Abs. 1 S. 1 VvB und die in Art. 7 VvB gewährleistete allgemeine Handlungsfreiheit; die Regelungen über den Nachweis der erforderlichen Zuverlässigkeit und Sachkunde (§§ 5, 5a) seien darüber hinaus nicht mit dem Rechtsstaatsprinzip vereinbar und verstießen, soweit die Vorlage eines polizeilichen Führungszeugnisses verlangt werde, gegen das Grundrecht der Beschwerdeführer auf informationelle Selbstbestimmung aus Art. 33 VvB.

Zur Begründung tragen die Beschwerdeführer im wesentlichen vor:

a) Die Verfassungsbeschwerden seien, da sämtliche Beschwerdeführer durch die Verordnung selbst, gegenwärtig und unmittelbar betroffen seien, zulässig. Aus den geänderten Bestimmungen ergäben sich allein aufgrund der Rassezugehörigkeit der von ihnen gehaltenen Hunde im einzelnen bestimmte Halterpflichten, ohne daß es insofern eines behördlichen Vollzugsaktes bedürfe.

Die Erschöpfung des Rechtswegs vor Erhebung der Verfassungsbeschwerde sei keinem der Beschwerdeführer zumutbar. Soweit auch in Fällen unmittelbarer Betroffenheit der Grundsatz der Subsidiarität der Verfassungsbeschwerde eingreife, werfe die geänderte Verordnung keine tatsächlichen oder rechtlichen Fragen auf, die vorab –

etwa im Wege einer vorbeugenden Feststellungsklage – durch die zuständigen Fachgerichte zu klären wären. Weder die angegriffene „Rasseliste" noch die sich daraus ergebenden Restriktionen für die betroffenen Hundehalter ließen den Behörden oder Gerichten einen ausfüllungsbedürftigen Gestaltungsspielraum. Die Beschwerdeführer könnten überdies nicht darauf verwiesen werden, gegen einzelne bußgeldbewehrte Vorschriften zu verstoßen, um auf diesem Wege eine Vorabklärung einzelner Vorschriften im Instanzenzug zu erreichen.

Ebensowenig sei es den Beschwerdeführern, deren Hunde erkrankt seien, zumutbar, eine Ausnahmegenehmigung vom allgemeinen Maulkorbzwang zunächst im behördlichen und einem sich ggf. anschließenden Verwaltungsstreitverfahren geltend zu machen. Die Verordnung sehe entsprechende Ausnahmen nicht vor, so daß auch insofern allein über die Frage der Verfassungsmäßigkeit der angegriffenen Norm zu befinden wäre.

Den Verfassungsbeschwerden komme zudem allgemeine Bedeutung zu. In den einzelnen Bundesländern seien in der Vergangenheit eine Vielzahl unterschiedlicher Hundeverordnungen und „Rasselisten" erlassen worden, die Gegenstand zahlreicher – divergierender – Gerichtsentscheidungen gewesen seien. Angesichts der aus fachwissenschaftlicher Sicht unhaltbaren Behauptung des Verordnungsgebers, Hunde bestimmter Rassen seien allein aufgrund ihrer Rassezugehörigkeit besonders gefährlich, bestehe ein allgemeines Interesse daran, möglichst bald zu sachgerechten und mit der Verfassung zu vereinbarenden Lösungen zum Schutz vor gefährlichen Hunden zu kommen.

b) Die in § 3 Abs. 1 der Verordnung enthaltene unwiderlegliche Vermutung, Hunde bestimmter Rassen oder Gruppen von Hunden sowie deren Kreuzungen untereinander oder mit anderen Hunden seien – im Gegensatz zu anderen Hunden – allein aufgrund ihrer Rassezugehörigkeit gefährlich, sei zu unbestimmt und mangels eines die Ungleichbehandlung rechtfertigenden Grundes willkürlich. Alle an diese Vermutung geknüpften Ge- und Verbote verletzten den Gleichheitssatz des Art. 10 Abs. 1 VvB.

aa) Soweit § 3 Abs. 1 HundeVO Bln zwölf einzelne Rassebezeichnungen aufführe, habe der Verordnungsgeber weder Rassedefinitionen noch verbindliche Rassestandards festgelegt. Die Regelung verstoße daher gegen das verfassungsrechtlich verankerte Bestimmtheitsgebot und sei von der Verordnungsermächtigung nicht gedeckt. Da eine Abgrenzung der Hunderassen untereinander nicht anhand objektiver Kriterien möglich sei, eröffne die Frage der Rassezugehörigkeit den zuständigen Behörden einen Beurteilungsspielraum. Insofern sei keineswegs sichergestellt, daß die in erster Linie zuständigen Amtstierärzte über ausreichende kynologische Kenntnisse verfügten, um eine zuverlässige Zuordnung vornehmen zu können. Bei den vorhandenen Zuchtstandards des Vereins für das Deutsche Hundewesen (VDH) handele es sich um Festlegungen eines privaten Vereins, die den Verordnungsgeber nicht davon entbinden könnten, die von ihm verwendeten Begriffe selbst zu definieren. So kenne der VDH beispielsweise für den unter § 3 Abs. 1 Nr. 1 der Verordnung aufgeführten Pit-Bull keine Rassestandards.

Soweit der Verordnungsgeber auch Halter aller Kreuzungen der von ihm aus-
gewählten Rassen untereinander und mit anderen Hunden bestimmten Restriktionen
unterwerfe, sei der genaue Normadressat der Vorschrift nicht hinreichend bestimmt.
Mangels jeglicher Einschränkung sei davon auszugehen, daß jede Kreuzung – auch
in der fünften, sechsten etc. Generation – von der Verordnung erfaßt werden solle.
Spätestens hieran offenbare sich die fehlende Sachkunde des Verordnungsgebers in
Hundefragen. Aus wissenschaftlicher Sicht sei es unmöglich, die Rassezugehörigkeit
eines Hundes unbekannter Abstammung eindeutig zu klären. Zudem sei es wissenschaftlich völlig ungeklärt, in welchem Verhältnis die Vererbung äußerer (phänotypischer) Merkmale zur Vererbung aggressiver Verhaltensweisen stehe. Dem Halter eines
Mischlings sei es daher – ebensowenig wie den mit dem Vollzug der Verordnung beauf-
tragten Polizeibeamten oder Amtstierärzten – möglich, sicher zu erkennen, ob er sich
an die besonderen „rassegebundenen" Halteranforderungen halten müsse.

bb) Die Auswahl der in § 3 Abs. 1 HundeVO Bln aufgenommenen Hunderassen
sei objektiv willkürlich. Mit der Einführung einer „Rasseliste" habe der Verordnungsgeber den ihm im Bereich der Gefahrenabwehr zustehenden Gestaltungsspielraum
überschritten. Für eine Ungleichbehandlung von Hundehaltern, die allein an die Rassezugehörigkeit des Hundes anknüpfe, fehle es an sachlichen Gründen. Nach gesicherten
kynologischen Erkenntnissen gebe es keine Hunderasse, die von Natur aus oder genetisch
besonders aggressiv veranlagt sei. Die Frage, inwieweit aggressive Verhaltensweisen
überhaupt vererbt werden könnten, sei wissenschaftlich noch nicht geklärt. Die
Gefährlichkeit eines Hundes könne daher nach übereinstimmenden fachwissenschaftlichen Aussagen nur anhand rasseneutraler Kriterien und jeweils für das einzelne
Hundeindividuum beurteilt werden. Sie sei in erster Linie eine Folge des Sozialisations-
prozesses und hänge davon ab, unter welchen Umständen und mit welchen Erfahrungen
ein Hund aufwachse. Sämtliche in § 3 Abs. 1 HundeVO Bln aufgeführten Hunderassen
seien bei vernünftiger Haltung „völlig normale Familienhunde". Sie wiesen keinerlei
Merkmale oder Eigenschaften auf, die anderen Hunden fehlten. Die angebliche besondere
„Beißkraft" sogenannter Kampfhunde sei „eine Erfindung des Volksmundes" und
wissenschaftlich in keiner Weise belegt.

Die besondere Gefährlichkeit der in der Verordnung genannten Hunderassen sei
auch empirisch nicht nachgewiesen. Aus den in der Amtlichen Begründung angeführten Statistiken über Beißvorfälle, die ohnehin nur bedingt aussagekräftig seien, gehe
keinesfalls hervor, daß die aufgeführten Hunderassen Menschen häufiger als andere
von der Verordnung nicht erfaßte Hunde gefährdet hätten. Vielmehr seien weitaus
häufiger Beißvorfälle mit den in Deutschland typischen Gebrauchshunden – Deutscher Schäferhund, Rottweiler und diverse Mischlinge – verzeichnet. Die durch die Verordnung inkriminierten Rassen seien dagegen teilweise überhaupt nicht statistisch erfaßt.

Soweit sich der Verordnungsgeber zur Begründung der angegriffenen Regelungen
auf die obergerichtliche Rechtsprechung zur Rechtmäßigkeit von Hundesteuersatzungen

bezogen habe, beruhe dies auf einer Verkennung fachwissenschaftlicher Erkenntnisse. Die den bisher ergangenen Entscheidungen zugrunde liegende Annahme, bei den erfaßten Hunderassen sei eine Zuchtauswahl getroffen worden, die besondere Angriffsbereitschaft, große Kampfkraft, Beschädigungswille ohne Hemmung, eine niedrige Reizschwelle und herabgesetzte Empfindlichkeit gegenüber Angriffen des Gegners fördern solle, werde von führenden Wissenschaftlern auf den Gebieten der Verhaltensforschung, Zoologie und Genetik einhellig verworfen. Abgesehen davon komme dem Gesetzgeber im Bereich des Steuerrechts ein weitergehender Spielraum zur Generalisierung und Typisierung zu als im Bereich der Gefahrenabwehr. Soweit zur Abwehr einer als regelungsbedürftig angesehenen abstrakten Gefahr in Grundrechte der Hundehalter eingegriffen werde, sei der Verordnungsgeber an den allgemeinen Grundsatz der Verhältnismäßigkeit gebunden. Notwendig seien insofern Überlegungen zur Geeignetheit, Erforderlichkeit und Angemessenheit der Regelungen, wolle sich der Verordnungsgeber nicht dem Vorwurf aussetzen, im Bereich der Gefahrenabwehr zu „experimentieren" und „die Gesundheit von Menschen aufs Spiel zu setzen".

Die Ungleichbehandlung gegenüber anderen, von der Verordnung nicht erfaßten Hunderassen lasse sich – entgegen der vom Verordnungsgeber in Bezug genommenen Rechtsprechung des Bayerischen Verfassungsgerichtshofs – auch nicht mit dem Hinweis darauf rechtfertigen, möglicherweise ebenso gefährliche Rassen wie Deutsche Dogge, Dobermann, Rottweiler, Boxer oder Deutscher Schäferhund genössen als traditionelle deutsche Gebrauchshunde eine höhere Akzeptanz in der Allgemeinheit. Dieser Gesichtspunkt habe mit den Grundsätzen der Gefahrenabwehr, die sich auf objektive Kriterien und nicht auf subjektive Einschätzungen stützen müsse, nichts zu tun. Ein innerer Zusammenhang zwischen den vorgefundenen Verschiedenheiten und der differenzierenden Regelung sei insofern nicht ersichtlich.

c) Der in § 4 Abs. 1 HundeVO Bln für alle als gefährlich geltenden Hunderassen angeordnete Leinen- und Maulkorbzwang greife darüber hinaus unverhältnismäßig in das Grundrecht der Beschwerdeführer aus Art. 7 und Art. 23 Abs. 1 S. 1 VvB ein. Soweit die Beschwerdeführer ihrer Anzeige- und Kennzeichnungspflicht nachgekommen seien und die grüne Plakette erhalten hätten, sei die Ungefährlichkeit ihrer Tiere und die zur Haltung erforderliche Zuverlässigkeit und Sachkunde behördlich anerkannt. Ein Leinen- und Maulkorbzwang sei in diesen Fällen weder erforderlich noch angemessen. Unabhängig davon stelle der generelle Leinen- und Maulkorbzwang weder eine geeignete noch eine erforderliche und angemessene Maßnahme dar, um Bißverletzungen vorzubeugen. Er führe vielmehr zu einer andauernden Bewegungsarmut der Hunde und einer damit verbundenen Senkung der Reizschwelle. Hunde, die ausschließlich an der Leine geführt würden und Begegnungen mit Artgenossen und Menschen nicht ausweichen könnten, seien in jedem Fall gefährlicher als Hunde, die sich ausreichend bewegen könnten. Die Anordnung in § 4 Abs. 1 der Verordnung könne

Aggressionen bei friedlichen Tieren auslösen, die ohne den Leinen- und Maulkorbzwang nicht auftreten würden. Insofern seien verstärkt gefährliche Bißvorfälle, insbesondere in den Familien der Halter, zu befürchten.

Als weniger einschneidende Maßnahme, die auch dem artgerechten Sozialverhalten der Tiere gerecht werde, komme allein die individuelle Beurteilung der Gefährlichkeit eines Hundes durch rasseunabhängige Kriterien in Betracht. Durch den generellen Zwang zum Tragen eines Maulkorbs werde das artgerechte Sozialverhalten in massiver, mit dem geltenden Tierschutzrecht nicht zu vereinbarender Weise eingeschränkt, ohne daß die individuelle Gefährlichkeit der Tiere dies im Interesse der Sicherheit von Menschen gebiete. Die Hunde sämtlicher Beschwerdeführer zeigten, seitdem sie einen Maulkorb tragen müßten, deutliche Verhaltensauffälligkeiten. Für alte und kranke Hunde könne das ständige Tragen eines Maulkorbs lebensbedrohlich sein; für die Hunde der Beschwerdeführer zu 11., 16. und 21. sei die Notwendigkeit einer Befreiung vom Maulkorbzwang bereits tierärztlich attestiert worden. Die Verordnung sehe eine solche Ausnahmemöglichkeit jedoch nicht vor und erweise sich schon deshalb als unverhältnismäßig.

d) Die Pflicht zur Vorlage eines polizeilichen Führungszeugnisses nach § 5a Abs. 2 Nr. 1 Hunde VO Bln stelle zudem einen schwerwiegenden Eingriff in das Grundrecht der Beschwerdeführer auf informationelle Selbstbestimmung dar. Einschränkungen dieses Grundrechts seien nach Art. 33 VvB nur aufgrund eines Gesetzes zulässig; die von der Verordnungsermächtigung nicht gedeckte Regelung des § 5a Abs. 2 Nr. 1 könne einen derart intensiven Grundrechtseingriff nicht rechtfertigen. Sie sei auch nicht geeignet, Beißverletzungen durch gefährliche Hunde zu verhindern. Der Zusammenhang zwischen der Rasse eines Hundes, dem Vorstrafenregister seines Halters und der Gefahr, die von dem Tier mutmaßlich ausgehe, sei konstruiert und gründe letztlich auf reinen Vorurteilen. Für die sonstigen Zuverlässigkeitskriterien des § 5 Abs. 2 und 3 der Verordnung gelte im Ergebnis dasselbe. Es gebe keinen Grund anzunehmen, daß es künftig weniger Beißvorfälle gebe, nur weil „nicht zuverlässige" Personen von der Haltung bestimmter Hunderassen ausgeschlossen würden.

e) Soweit § 5a Abs. 2 Nr. 2 HundeVO Bln von den Haltern der in § 3 Abs. 1 Nr. 1 bis 5 aufgeführten Hunderassen den Nachweis der Sachkunde verlange, werde die Sachkundeprüfung nach ständiger Verwaltungspraxis nicht von der zuständigen Behörde, sondern von privaten Dritten durchgeführt. Dies verstoße gegen das Rechtsstaatsprinzip. Der Verordnungsgeber sei nicht befugt, hoheitliche Aufgaben, die im Ergebnis dazu führen könnten, die Haltung des Tieres zu untersagen, auf private Dritte zu übertragen. Es fehle insofern an der für jedes staatliche Handeln erforderlichen demokratischen Legitimation. Dies gelte auch für den nach § 5a Abs. 2 Nr. 3 Hunde-VO Bln geforderten „Wesenstest", der ebenfalls nach nicht genauer bestimmten Kriterien von privaten Sachverständigen abgenommen werde.

f) Die Verpflichtung, die von der Verordnung erfaßten Hunde nach Beibringung der erforderlichen Unterlagen mit einer grünen Plakette zu kennzeichnen (§ 5 a Abs. 4 HundeVO Bln), sei zur Gefahrenabwehr nicht geeignet. Die Kennzeichnungspflicht treffe völlig friedfertige Hunde, deren Halter sowohl zuverlässig als auch sachkundig seien, und die nach der Verordnung ohnehin nur mit Leine und Maulkorb geführt werden dürften, bei denen mithin ein gefährlicher Zwischenfall mit der größtmöglichen Sicherheit ausgeschlossen sei.

g) Das Zuchtverbot in § 8 Abs. 2 S. 2 HundeVO Bln stelle einen unverhältnismäßigen Eingriff in das Eigentumsgrundrecht aller Halter der betroffenen Hunde dar. Es sei zum einen nicht belegt, daß ausgerechnet Hunde der in § 3 Abs. 1 Nr. 1 bis 5 genannten Rassen überproportional an Beißvorfällen beteiligt seien, zum anderen treffe das Zuchtverbot auch völlig friedfertige Tiere, die für die Weitergabe ihrer guten Eigenschaften verwendet werden könnten. Es sei ausreichend, die Zucht von Hunden zu verbieten, die sich als aggressiv erwiesen hätten.

§ 8 Abs. 2 S. 2 der Verordnung verletze zudem das Grundrecht auf freie Berufswahl aus Art. 17 VvB. Das Züchten von Hunden sei als Beruf anzusehen; die Beschwerdeführerin zu 6. wolle eine derartige Zucht mit ihrer Hündin aufbauen, was ihr bei Anwendung der Verordnung untersagt sei. Gründe, die diesen Eingriff zur Abwehr nachweisbarer oder höchstwahrscheinlicher schwerer Gefahren für ein überragend wichtiges Gemeinschaftsgut rechtfertigen könnten, seien nicht ersichtlich.

h) Die in § 10 Abs. 1 HundeVO Bln enthaltene Ausnahmevorschrift sei zu eng gefaßt. Sie verletze insbesondere den Beschwerdeführer zu 34. in seinem Recht auf Gleichbehandlung. Die von ihm gehaltenen Staffordshire Bullterrier-Hündinnen seien vielfach geprüft und als Therapiehunde, die seit Jahren bei der Arbeit mit behinderten Menschen, in Kinder- und Altenheimen eingesetzt würden, anerkannt. Ihre Ausbildung sei auf ein Höchstmaß an Toleranz und Friedfertigkeit angelegt; sie seien daher weder mehr noch weniger gefährlich als die von § 10 Abs. 1 erfaßten Hunde im Polizei- und Katastrophenschutzdienst. Für eine Ungleichbehandlung gegenüber anderen von der Verordnung ausgenommenen Hunden bestehe keinerlei sachlicher Grund.

3. Gem. § 53 Abs. 3 iVm § 44 VerfGHG ist dem Präsidenten des Abgeordnetenhauses von Berlin und dem Senat von Berlin Gelegenheit zur Stellungnahme gegeben worden. Der Senat von Berlin, vertreten durch die Senatsverwaltung für Arbeit, Soziales und Frauen, ist dem Verfahren nach § 53 Abs. 4 VerfGHG beigetreten und hat sich wie folgt geäußert:

a) Die Verfassungsbeschwerden seien mangels Erschöpfung des Rechtswegs unzulässig. Einer unmittelbaren Anrufung des Verfassungsgerichtshofs stehe der Grundsatz der Subsidiarität der Verfassungsbeschwerde entgegen. Die Aufklärung des Sachverhalts und die Klärung fachwissenschaftlicher Fragen durch Einholung eines von den Beschwerdeführern für geboten erachteten Sachverständigengutachtens sei Aufgabe der dafür allgemein zuständigen Fachgerichte. Den Beschwerdeführern sei es zumutbar, zunächst den ihnen offenstehenden Rechtsweg zu beschreiten. Eine Vorabentscheidung über die Verfassungsbeschwerden sei auch nicht wegen deren allgemeiner Bedeutung geboten. Den aufgeworfenen Fragen komme weder grundsätzliche verfassungsrechtliche Bedeutung zu, noch hätten die den Beschwerdeführern auferlegten Beschränkungen über den Einzelfall hinaus weitreichende Bedeutung. Die verfassungsgerichtliche Klärung könne sich ohnehin nur auf die angegriffene Verordnung, nicht aber auf den dem Abgeordnetenhaus von Berlin bereits vorliegenden Gesetzentwurf über das Halten und Führen von Hunden in Berlin beziehen; sie könne daher zwangsläufig nur begrenzte Bedeutung haben.

b) Die Verfassungsbeschwerden seien zudem unbegründet.

aa) Die Aufzählung unwiderleglich als gefährlich geltender Hunde in § 3 Abs. 1 HundeVO Bln verstoße nicht gegen den Gleichheitssatz des Art. 10 Abs. 1 VvB und das darin enthaltene Willkürverbot.

Die angegriffene Regelung halte sich im Rahmen des dem Verordnungsgeber im Bereich der Gefahrenabwehr zustehenden weiten Gestaltungsspielraums. Das Halten eines gefährlichen Hundes iSd § 3 Abs. 1 der Verordnung stelle weder ein personenbezogenes Kriterium dar noch werde durch die daran anknüpfenden Anforderungen an die Hundehaltung in schwerwiegender Weise in grundrechtlich geschützte Freiheiten der Beschwerdeführer eingegriffen. Soweit es – wie vorliegend – um die Abwehr von Gefahren für Leib und Leben von Menschen und Tieren gehe, sei der Verordnungsgeber nicht gehalten, „flächendeckend" sämtliche Hunderassen, von denen eine Gefahr ausgehen könne, im Rahmen einer entsprechenden Polizeiverordnung zu bekämpfen. Die durch den Gleichheitssatz gezogene Grenze sei erst dann überschritten, wenn sachliche Gründe für die Ungleichbehandlung völlig fehlten, die Unsachlichkeit der vom Verordnungsgeber getroffenen Regelung mithin evident sei. Die verfassungsgerichtliche Kontrolle könne sich nur auf die Einhaltung dieser äußersten Grenzen des normativen Ermessens beziehen.

Die Definition gefährlicher Hunde in § 3 Abs. 1 HundeVO Bln sei hinreichend bestimmt. Bei Rassehunden sei die Rassezugehörigkeit anhand anerkannter Rassestandards der Hundeverbände (u. a. Fédération Cynologique Internationale [FCI], VDH) ohne weiteres möglich und allgemein anerkannt. Die Zuordnung von Mischlingen der aufgelisteten Rassen sei auch bei unbekannter Herkunft der Elterntiere aufgrund phänotypischer Merkmale möglich. Es entspreche ständiger Verwaltungspraxis, nur Mischlinge der ersten Generation, d.h. unmittelbare Nachkommen eines Hundes der als gefährlich eingestuften Rassen, unter die Bestimmungen der Verordnung zu rechnen. Bei dem unter § 3 Abs. 1 Nr. 1 HundeVO Bln aufgeführten Pit-Bull handele es sich zwar nicht um eine von der FCI anerkannte Hunderasse, der VDH gehe jedoch ohne weiteres auch von der Bestimmbarkeit dieser Hunde aus. Die Kreuzung Pit-Bull werde als eine eindeutige Gruppe von Kampfhunden bezeichnet; einziges Ziel der Züchtung sei eine möglichst niedrige Aggressionsschwelle.

Die Behauptung der Beschwerdeführer, daß es keine Hunderasse gebe, die von Natur aus oder genetisch besonders aggressiv veranlagt sei, sei unzutreffend. Bei Rassen handele es sich um Teilpopulationen einer Art, die in der Haustierzucht durch künstliche Selektion – ausgehend von unterschiedlichen Zuchtzielen – entstanden seien. Die typischen Rasseunterschiede in der Hundezucht bezögen sich häufig auf das äußere Erscheinungsbild, könnten jedoch auch durch den Verwendungszweck der jeweiligen Rasse bestimmte Verhaltensweisen, wie etwa gesteigerte Aggressivität, umfassen. Es entspreche wissenschaftlichen Erkenntnissen, daß das Aggressionsverhalten eines Hundes durch die genetische Disposition der Rasse, der er angehöre, mitbestimmt werde. Ebenso wie körperliche Schäden gebe es auch Verhaltensmerkmale- und störungen, die genetisch fixiert seien. Anerkannt sei, daß es gewisse Rassen bzw. bestimmte Zuchtlinien gewisser Rassen gebe, bei denen durch einseitige, unbiologische Zuchtziele Extremformen hervorgebracht worden seien, deren Reizschwelle zur Auslösung aggressiven Verhaltens so weit gesenkt worden sei, daß diese Tiere immer als latent gefährlich bezeichnet werden müßten. Zu diesen Hunderassen, deren Aggressionsverhalten problematisch sei, zählten die sogenannten Kampfhunde. Das Züchten von Kampfhunden habe Hunde hervorgebracht, die – wie sonst keine andere Rasse – einer Zuchtauswahl auf starken „Kampftrieb" und „Mut" unterworfen worden seien. Zwar treffe es zu, daß Hunde auch allein durch falsche Behandlung, Vernachlässigung und konfliktreiche Umgebung, ohne genetische Veranlagung, verhaltensgestört werden könnten; gezielte künstliche Selektion habe jedoch, entsprechend dem „Gebrauch" einer Rasse, bestimmte angeborene Verhaltensweisen wie etwa Aggressivität gefördert und gehöre heute zum Standard bestimmter Rassen. Diese Rassen zeichneten sich durch eine genetische Disposition zu gesteigerter Aggressivität aus.

Im Unterschied zu den in § 3 Abs. 1 der Verordnung aufgelisteten Rassen lägen für die von Absatz 1 nicht erfaßten Hunderassen wie Deutsche Dogge, Dobermann, Rottweiler oder Deutscher Schäferhund keine entsprechenden wissenschaftlichen Aussagen über genetische Dispositionen vor. Hinzu komme ein völlig anderes Beißverhalten der Tiere. Zwar sei aufgrund der anatomischen und physiologischen Verhältnisse auch bei diesen Rassen von einer großen Beißkraft auszugehen; anders als bei den sog. Kampfhunden sei die Art des Beißens jedoch nicht dadurch gekennzeichnet, sich – ohne loszulassen – zu verbeißen und so schwerste Verletzungen zu verursachen. Im Vergleich zu den unwiderleglich als gefährlich eingestuften Rassen fehle zudem die sehr hohe Schmerztoleranz, die als eine der Ursachen für ungehemmtes Aggressionsverhalten anzusehen sei. Soweit sich die Beschwerdeführer zum Beleg einer willkürlichen Ungleichbehandlung gegenüber den angeführten traditionellen deutschen Gebrauchshunden auf die bisher in Deutschland erstellten Statistiken über Beißvorfälle beriefen, sei zu berücksichtigen, daß diese nur bedingt aussagekräftig seien. Den einschlägigen Erhebungen fehle insbesondere ein Bezug zur Gesamtpopulation der jeweiligen Rasse.

Abgesehen davon könnten die Beschwerdeführer, die möglicherweise gleich große Gefährlichkeit anderer Hunderassen unterstellt, aus dem Gleichheitssatz ohnehin keinen Anspruch auf Gleichbehandlung im Unrecht herleiten.

Zu den einzelnen in § 3 Abs. 1 der Verordnung aufgeführten Hunderassen sei zu bemerken:

Bei Pit-Bull, American Staffordshire Terrier, Staffordshire Bullterrier, Bullterrier und Tosa Inu (§ 3 Abs. 1 Nr. 1 bis 5) handele es sich um äußerst muskulöse, relativ schwere und kraftvolle Rassen bzw. Gruppen von Hunden. Die anatomische Beschaffenheit des Kopfes belege die große Beißkraft dieser Hunde, die ein erhöhtes Risiko schwerer Verletzungen nach sich ziehe. Der Ursprung dieser Rassen liege in der Verwendung für Hundekämpfe. Der bis in die Gegenwart reichende Mißbrauch als Kampfhund habe zur Herausbildung von Verhaltenseigenschaften wie hoher Angriffsbereitschaft, Mut, niedriger Reizschwelle, fehlender Beißhemmung und hoher Schmerztoleranz geführt, die ihre besondere Gefährlichkeit im Vergleich zu anderen Hunderassen begründeten. Die rassebedingte gesteigerte Aggressivität und Gefährlichkeit sei durch wissenschaftliche Untersuchungen belegt. Die abstrakte Gefahr, die von diesen Hunden ausgehe, rechtfertige unter dem Gesichtspunkt der Prävention und der Pflicht des Staates, durch geeignete Maßnahmen des Polizei- und Ordnungsrechts Leben und körperliche Unversehrtheit von Menschen und Tieren zu schützen, eine strengere Reglementierung.

Die Einstufung der in § 3 Abs. 1 Nr. 6 bis 12 aufgeführten, sämtlich zur Gruppe der Molosser gehörenden Rassen beruhe auf deren Charakterisierung durch Rassestandards, ihrer früheren Verwendung als Kampfhunde und ihrem bis heute reichenden Mißbrauch. Hunde dieser Rassen imponierten vor allem durch ihre Größe, Körperkraft und ihr zum Teil furchteinflößendes Erscheinungsbild. Die physischen Merkmale dieser Hunde könnten bei Beißvorfällen zu schweren Verletzungen führen. Auch bei diesen Rassen sei von einer genetischen Disposition zu gesteigerter Aggressivität und Gefährlichkeit auszugehen.

bb) Der für die genannten Hunderassen in § 4 Abs. 1 HundeVO Bln angeordnete generelle Leinen- und Maulkorbzwang verletze weder Art. 7 noch Art. 23 Abs. 1 S. 1 VvB.

Angesichts der rassebedingten Aggressivität der von § 3 Abs. 1 erfaßten Hunde sei der Leinen- und Maulkorbzwang geeignet, dem Risiko schwerer Verletzungen von Mensch oder Tier vorzubeugen. Untersuchungen belegten, daß unangeleinte Hunde häufiger Beißvorfälle verursachten als angeleinte Hunde. Dem Gesichtspunkt des Tierschutzes sei dadurch Genüge getan, daß es Maulkörbe gebe, die eine Wärmeabgabe mittels Hecheln zuließen. Im übrigen seien bei kranken Tieren Ausnahmeregelungen aus tierschutzrechtlichen Gründen möglich.

Die Regelung sei mit Blick auf die Unvorhersehbarkeit tierischen Verhaltens auch erforderlich. Die Annahme, ein bestandener Wesenstest nach § 5a Abs. 2 Nr. 3 der

Verordnung erlaube es, vom Leinen- und Maulkorbzwang abzusehen, übersehe, daß gerade die in einer Großstadt herrschenden Bedingungen vielfach zu Situationen führen könnten, in denen die beschriebenen rassebedingten Eigenschaften der Hunde aggressive Reaktionen auslösen könnten. Nur eine Leinen- und Maulkorbpflicht sei daher geeignet, unvorhersehbare Reaktionen der Hunde mit schwerwiegenden Folgen für Mensch und Tier zu verhindern. Die Praxis habe gezeigt, daß in den überwiegenden Fällen Hunde auffällig geworden seien, die sich bis dahin völlig unauffällig gezeigt hätten. Angesichts der zu verhindernden Gefahren seien die mit dem Leinen- und Maulkorbzwang verbundenen Einschränkungen zumutbar.

cc) Die in § 5a Abs. 2 Nr. 1 HundeVO Bln geregelte Vorlage eines polizeilichen Führungszeugnisses verletze nicht das Grundrecht der Beschwerdeführer auf informationelle Selbstbestimmung. Es handele sich insoweit um eine reine Obliegenheit; es bleibe letztlich der Entscheidung des jeweiligen Hundehalters überlassen, ob er seine Zuverlässigkeit nachweisen wolle oder nicht. Unabhängig davon halte sich die Regelung im Rahmen der polizei- und ordnungsrechtlichen Verordnungsermächtigung. Die Behauptung der Beschwerdeführer, die Vorlage eines polizeilichen Führungszeugnisses sei nicht geeignet, Bißverletzungen durch gefährliche Hunde zu verhindern, verkenne die bisher auf dem Gebiet der Hundehaltung gewonnenen Erkenntnisse, daß gerade die in § 3 Abs. 1 Nr. 1 bis 5 der Verordnung aufgeführten Hunde Tierhalter benötigten, die ihrer hohen Verantwortung gerecht würden. Begründete Zweifel bestünden aber bei solchen Haltern, die in der Vergangenheit wegen einer der in § 5 Abs. 2 Nr. 1 und 2 HundeVO Bln aufgeführten Straftaten rechtskräftig verurteilt worden seien.

dd) Die Tatsache, daß der ebenfalls als Obliegenheit ausgestaltete Nachweis der Sachkunde nach § 5a Abs. 2 Nr. 2 HundeVO Bln durch Vorlage einer erfolgreich abgelegten Sachkundeprüfung bei einem privaten Sachverständigen erbracht werden könne, sei eine geläufige Vorgehensweise im Verwaltungsrecht. Die diesbezüglichen Bedenken der Beschwerdeführer seien daher nicht gerechtfertigt. Dies gelte auch für die in § 5a Abs. 4 HundeVO Bln normierte Kennzeichnungspflicht. Die Kennzeichnung der betroffenen Hunde mit einer Plakette erleichtere die Überwachung der Vorgaben der Verordnung und erhöhe die Sicherheit der Bevölkerung. Sie sei daher zur Gefahrenabwehr geeignet und verletze die Beschwerdeführer nicht in ihren Grundrechten.

ee) Bei dem Zuchtverbot des § 8 Abs. 2 S. 2 HundeVO Bln handele es sich um einen typischen Ausdruck der Sozialbindung des Eigentums. Art. 23 Abs. 1 S. 1 VvB sei daher ebensowenig verletzt wie Art. 17 VvB, dessen Schutzbereich sich nicht auf die hier allein betroffene Freiheit der Berufsausübung erstrecke.

ff) Schließlich stelle es keinen Verstoß gegen den Gleichbehandlungsgrundsatz dar, daß die Ausnahmeregelung des § 10 Abs. 1 HundeVO Bln sich nicht auf sogenannte Therapiehunde beziehe. Abgesehen von dem insoweit bisher unsubstantiierten

Sachvortrag könne nicht jede vereinzelte Nutzung von Hunden zu bestimmten Zwecken eine Ausnahme rechtfertigen. Die Regelung stelle ersichtlich auf Hunde ab, die für öffentliche oder private Sicherheitszwecke benötigt würden. Daß in vergleichbarer Weise eine Ausnahmeregelung für „Therapiehunde" erforderlich sei, sei nicht ersichtlich.

II.

Die unmittelbar gegen die landesrechtlichen Vorschriften gerichteten Verfassungsbeschwerden sind im wesentlichen zulässig. Insbesondere steht einer sofortigen Sachentscheidung des Verfassungsgerichtshofs nicht der Grundsatz der Subsidiarität der Verfassungsbeschwerde entgegen.

1. Verfassungsbeschwerde gegen Akte der Rechtssetzung kann nur erheben, wer durch die angegriffenen Vorschriften selbst, gegenwärtig und unmittelbar in seinen Grundrechten betroffen ist (vgl. zum Bundesrecht BVerfGE 1, 97, 101; 86, 382, 386; st. Rspr.). Das Erfordernis der Selbstbetroffenheit setzt voraus, daß der Beschwerdeführer geltend machen kann, in einem seiner in der Verfassung von Berlin enthaltenen Rechte verletzt zu sein (§ 49 Abs. 1 VerfGHG). Soweit Gegenstand der Verfassungsbeschwerden auch die Regelungen in §§ 5a und 8 Abs. 2 S. 2 HundeVO Bln sind, trifft dies von vornherein nur auf die Beschwerdeführer zu, deren Hunde unter § 3 Abs. 1 Nr. 1 bis 5 der Verordnung fallen. Die Beschwerdeführer zu 1., 5., 13., 29. und 32. und die von ihnen gehaltenen Hunde unterliegen dagegen weder der Anzeige- und Kennzeichnungspflicht noch dem Zuchtverbot; ihre Verfassungsbeschwerden können sich daher nur auf die übrigen zur Entscheidung gestellten Vorschriften beziehen. Soweit die Hunde der Beschwerdeführer zu 15. und 22. mittlerweile verstorben sind, fehlt es an einer gegenwärtigen Selbstbetroffenheit; allein die Absicht, in Zukunft möglicherweise wieder einen der von der Verordnung erfaßten Hunde zu erwerben, reicht dafür nicht aus. Insoweit sind die Verfassungsbeschwerden mithin bereits unzulässig.

Die in § 5 Abs. 3 Nr. 2 iVm Abs. 4 bis 6 HundeVO Bln normierte Pflicht, nach Aufforderung der zuständigen Behörde (vgl. § 6 Abs. 1 iVm § 3 Abs. 2 Nr. 1 bis 3 HundeVO Bln) die erforderliche Sachkunde nachzuweisen, betrifft die Beschwerdeführer nicht unmittelbar. Insoweit sind die Verfassungsbeschwerden ebenfalls unzulässig. Die übrigen angegriffenen Regelungen betreffen die Beschwerdeführer dagegen jeweils unmittelbar. Sie wirken ohne einen vermittelnden Akt – insbesondere ohne einen Vollzugsakt der Exekutive – unmittelbar in den Rechtskreis der Beschwerdeführer ein (vgl. zum Erfordernis der Unmittelbarkeit: BVerfGE 16, 147, 158 f; 45, 104, 117; 90, 128, 135 f). Dies gilt sowohl für den nach der Verordnung für alle gesondert aufgelisteten Hunde geltenden Leinen- und Maulkorbzwang (§ 4 Abs. 1 und 2) als auch für die Anzeige- und Kennzeichnungspflicht nach § 5a. Das Nichtbeibringen der in § 5a

Abs. 2 Nr. 1 bis 3 HundeVO Bln genannten Unterlagen kann nach § 9 Abs. 1 Nr. 9 als Ordnungswidrigkeit geahndet werden. Es handelt sich daher nicht um eine bloße, die Rechtssphäre der Beschwerdeführer noch nicht berührende Obliegenheit (vgl. zur landesrechtlichen Regelung in Rheinland-Pfalz: RhPfVerfGH, Beschl. v. 20.11.2000 – VGH A 11/00 – NVwZ 2001, 193, 194), sondern um eine bußgeldbewehrte Rechtspflicht, die unmittelbar auf die Rechtsstellung der Beschwerdeführer einwirkt.

2. Soweit die Beschwerdeführer eine Verletzung des Gleichbehandlungsgrundsatzes aus Art. 10 Abs. 1 VvB und einen Eingriff in ihre Rechte aus Art. 7 und Art. 23 Abs. 1 S. 1 VvB rügen, genügt ihr Beschwerdevorbringen den Substantiierungsanforderungen der §§ 49 Abs. 1, 50 VerfGHG.

3. Die Verfassungsbeschwerden sind rechtzeitig innerhalb der Jahresfrist des § 51 Abs. 2 VerfGHG eingelegt worden. Dies gilt auch für die angegriffenen Regelungen in §§ 4 Abs. 1 S. 1 und 2, 4 Abs. 2, 5 Abs. 1, 2 und 3 Nr. 1 und 10 Abs. 1 HundeVO Bln, die vom Wortlaut her bereits in der ursprünglichen Verordnung enthalten waren. Denn mit der Neufassung des § 3 Abs. 1 der Verordnung hat sich ihr Anwendungsbereich erweitert. Sie gelten nunmehr für alle nach § 3 Abs. 1 vom Verordnungsgeber unwiderleglich als gefährlich eingestuften Hunde und entfalten damit erstmalig auch für die Beschwerdeführer Rechtswirkung. Die Rechtslage hat sich daher für die Beschwerdeführer durch den neuen gesetzgeberischen Akt – hier: die Erste Verordnung zur Änderung der Verordnung über das Halten von Hunden in Berlin vom 4. Juli 2000 – geändert; die insoweit mit Erlaß der Änderungsverordnung (neu) beginnende Jahresfrist ist gewahrt (vgl. zur inhaltsgleichen Regelung in § 93 Abs. 2 BVerfGG: BVerfGE 12, 10, 24; 45, 104, 119 f).

4. Der Grundsatz der Subsidiarität steht der Zulässigkeit der Verfassungsbeschwerden nicht entgegen. Dieser in § 49 Abs. 2 VerfGHG zum Ausdruck kommende Grundsatz findet auch bei Verfassungsbeschwerden Anwendung, die sich unmittelbar gegen Rechtsnormen richten (Urteil vom 31. Oktober 1996 – VerfGH 54/96 – LVerfGE 5, 49, 53; vgl. zum Bundesrecht BVerfGE 69, 122, 125 f; 74, 69, 74; 90, 128, 136 f). Er verpflichtet den jeweiligen Beschwerdeführer, mit seinem Anliegen vor einer Anrufung des Verfassungsgerichtshofs grundsätzlich die dafür allgemein zuständigen Gerichte zu befassen, um auf diese Weise eine Korrektur des geltend gemachten Verfassungsverstoßes zu erwirken oder eine Grundrechtsverletzung zu verhindern. Die für die Auslegung und Anwendung von Rechtsvorschriften im Einzelfall erforderliche Klärung tatsächlicher und einfachrechtlicher Fragen obliegt vorrangig den Fachgerichten. Auch in den Fällen, in denen ein fachgerichtlicher Rechtsschutz gegen die Norm selbst nicht eröffnet ist, kann der außerordentliche Rechtsbehelf der Verfassungsbeschwerde daher unzulässig sein, wenn der Beschwerdeführer in zumutbarer Weise wirkungsvollen Rechtsschutz durch Anrufung der Fachgerichte erlangen kann (vgl. BVerfGE 71, 305, 336 mwN).

Die Möglichkeit eines verwaltungsgerichtlichen Normenkontrollverfahrens ist den Beschwerdeführern vorliegend, da Berlin von der Ermächtigung in § 47 Abs. 1 Nr. 2 VwGO keinen Gebrauch gemacht hat, nicht eröffnet. Gegenüber den angegriffenen, ohne weiteres behördlichen Vollzugsakt eintretenden Rechtswirkungen der Verordnung – etwa der Anordnung des Leinen- und Maulkorbzwangs und der Anzeige- und Kennzeichnungspflicht – käme jedoch fachgerichtlicher Rechtsschutz in Form einer (vorbeugenden) Feststellungsklage nach § 43 Abs. 1 VwGO – mit dem zugehörigen einstweiligen Rechtsschutz – in Betracht (vgl. BVerwG, Urt. v. 9.12.1982 – 5 C 103/81 – NJW 1983, 2208; BVerwGE 80, 355, 362; *Kopp/Schenke* VwGO, 12. Aufl. 2000, § 43 Rn. 8; nach Auskunft des VG Berlin ist eine derartige negative Feststellungsklage dort bereits anhängig). Eine derartige Klagemöglichkeit bestünde auch, soweit sich insbesondere der Beschwerdeführer zu 34. gegen die – aus seiner Sicht unzureichende – Ausnahmeregelung in § 10 Abs. 1 der Verordnung wendet. Soweit die Beschwerdeführer zu 3., 11., 12., 16., 18. und 21. wegen der Erkrankung ihrer Hunde eine Ausnahme vom Maulkorbzwang verfassungsrechtlich für geboten erachten, könnten sie ihr Begehren im Wege der Verpflichtungsklage (§ 42 Abs. 1 VwGO) verfolgen. Auch wenn die Verordnung eine derartige Ausnahmegenehmigung nicht vorsieht, kann ihre Erteilung aus höherrangigem Recht, insbesondere tierschutzrechtlichen Gesichtspunkten, möglich und geboten sein. Soweit die Behörde nach § 5a Abs. 3 S. 2 HundeVO Bln die Haltung des Hundes untersagen und seine Sicherstellung anordnen kann, handelt es sich um eine ordnungsbehördliche Verfügung, gegen die mit der Anfechtungsklage nach § 42 Abs. 1 VwGO vorgegangen werden kann.

Die genannten Rechtsmittel ändern allerdings nichts an dem Risiko der Beschwerdeführer, daß sie bei Zuwiderhandlungen gegen die in der Verordnung normierten Halterpflichten wegen einer Ordnungswidrigkeit belangt werden können (vgl. § 9 Abs. 1 Nr. 5 bis 10 HundeVO Bln) und mit diesem Makel behaftet blieben, wenn der dann unter dem Gesichtspunkt der Subsidiarität der Verfassungsbeschwerde erforderlich werdende ordentliche Rechtsweg und eine nachfolgende Verfassungsbeschwerde nicht zum Erfolg führen würde. Das Risiko eines solchen Makels spricht unabhängig von den vorstehend dargestellten Möglichkeiten eines verwaltungsgerichtlichen Rechtsschutzes gegen die Annahme der Subsidiarität der Verfassungsbeschwerden. Letztlich bedarf jedoch weder diese Frage noch die weitergehende Frage, ob die Beschreitung des Verwaltungsrechtswegs den Beschwerdeführern unter dem Gesichtspunkt effektiven Rechtsschutzes zumutbar ist (vgl. zur Landeshundeverordnung Nordrhein-Westfalen, die – anders als die HundeVO Bln – für das Halten bestimmter Hunde eine Erlaubnispflicht vorsieht: BVerfG, Beschl. v. 18.8.2000 – BvR 1329/00 u.a. – NVwZ 2000, 1407, 1408), keiner abschließenden Entscheidung. Denn der Grundsatz der Subsidiarität der Verfassungsbeschwerde gilt nicht uneingeschränkt. Nach dem insoweit sinngemäß anwendbaren § 49 Abs. 2 S. 2 VerfGHG (vgl. Urt. v. 31.10.1996, aaO, 54) ist eine Entscheidung des Verfassungsgerichtshofs vor Erschöpfung des Rechtswegs möglich, wenn die Verfassungsbeschwerde von allgemeiner Bedeutung ist und die Erschöpfung des Rechtswegs auch im Hinblick auf den Sinn des Subsidiaritätsprinzips – eine vorherige Klärung der tatsächlichen und rechtlichen Fragen durch die Fachgerichte zu gewährleisten – nicht geboten ist (vgl. zum Bundesrecht BVerfGE 90, 128, 136 f). Diese Voraussetzungen sind vorliegend gegeben.

Die mit den Verfassungsbeschwerden angegriffenen Rechtsvorschriften betreffen eine Vielzahl von Hundehaltern. Eine Vorabentscheidung des Verfassungsgerichtshofs ist mithin geeignet, über den Einzelfall hinaus in einer großen Zahl gleichgelagerter Fälle Klarheit über die Rechtslage zu schaffen und eine Klärung der aufgeworfenen verfassungsrechtlichen Fragen in überschaubarem Zeitraum zu ermöglichen, ohne daß es der Ausschöpfung des unter Umständen langwierigen fachgerichtlichen Instanzenzuges bedarf (vgl. RhPfVerfGH, NVwZ 2001, 193, 194). Die danach anzunehmende allgemeine Bedeutung der Verfassungsbeschwerden ist im Ergebnis nicht dadurch in Frage gestellt, daß es sich bei der Verordnung – mit Blick auf den dem Abgeordnetenhaus von Berlin vorliegenden Entwurf eines Gesetzes über das Halten und Führen von Hunden in Berlin – möglicherweise um in absehbarer Zukunft auslaufendes Recht handelt. Denn abgesehen davon, daß im Rahmen des Gesetzgebungsverfahrens offensichtlich die Entscheidung des Verfassungsgerichtshofs abgewartet werden soll, sieht der bisher vorliegende Gesetzentwurf in § 4 Abs. 2 ebenfalls eine Auflistung als gefährlich eingestufter Hunderassen vor und unterwirft die betroffenen Hundehalter bestimmten Halteranforderungen. Sowohl auf Seiten der Betroffenen als auch auf Seiten des Landesgesetzgebers besteht mithin ein erhebliches Interesse an baldiger verfassungsrechtlicher Klärung.

Eine Vorklärung durch die Fachgerichte erscheint nicht zwingend geboten. Da das Vorliegen einer allgemeinen Bedeutung nur ein Moment im Rahmen der Abwägung für und wider eine sofortige Sachentscheidung des Verfassungsgerichtshofs ist (Urt. v. 31. 10. 1996, aaO, 54 f; ebenso zum Bundesrecht BVerfGE 86, 382, 388), kommt der fachgerichtlichen Vorklärung insbesondere dort Bedeutung zu, wo die Beurteilung der mit der Verfassungsbeschwerde erhobenen Rügen die Prüfung tatsächlicher oder einfachrechtlicher Fragen voraussetzt, für die das Verfahren vor den Fachgerichten besser geeignet ist (vgl. BVerfGE 86, 382, 387; 90, 128, 137 f). Eine derartige Klärung tatsächlicher oder einfachrechtlicher Fragen, auf die der Verfassungsgerichtshof für die Beurteilung der im Verfassungsbeschwerdeverfahren erhobenen Rügen angewiesen wäre, ist vorliegend von der vorherigen Durchführung eines Verwaltungsstreitverfahrens nicht zu erwarten. Soweit tatsächliche Fragen von Bedeutung sind, beziehen sie sich nicht auf die Ermittlung und Würdigung des Sachverhalts, sondern betreffen vorrangig die Entscheidungsgrundlagen und die Einschätzungen des Verordnungsgebers (vgl. BVerfGE 90, 128, 138).

III.

In der Sache können die Verfassungsbeschwerden jedoch keinen Erfolg haben. Die angegriffenen Regelungen halten einer verfassungsrechtlichen Prüfung insbesondere anhand des Gleichheitssatzes und des Grundsatzes der Verhältnismäßigkeit stand.

1. Die Beschwerdeführer sehen sich durch die Regelung in § 3 Abs. 1 HundeVO Bln und die sich daraus ergebenden Halteranforderungen vorrangig in ihrem Recht auf Gleichbehandlung aus Art. 10 Abs. 1 VvB verletzt. Mit ihrem Vorbringen, die Gefährlichkeit eines Hundes könne – entgegen der Einschätzung des Verordnungsgebers – nicht aufgrund rassespezifischer Merkmale, sondern nur für das einzelne Hundeindividuum bestimmt werden, können sie nicht durchdringen. Der Verordnungsgeber hat mit der Aufzählung unwiderleglich als gefährlich geltender Hunde in § 3 Abs. 1 HundeVO Bln die ihm durch den Gleichheitssatz gezogenen Grenzen seines Gestaltungsspielraums nicht überschritten.

a) Der allgemeine Gleichheitssatz, der in Art. 10 Abs. 1 VvB inhaltsgleich mit Art. 3 Abs. 1 GG verbürgt ist (vgl. Beschl. v. 12. 12. 1996 – VerfGH 38/96 – LVerfGE 5, 58, 60), verbietet, wesentlich Gleiches willkürlich ungleich oder wesentlich Ungleiches willkürlich gleich zu behandeln. Dem Gesetzgeber ist damit nicht jede Differenzierung verboten. Es ist vielmehr grundsätzlich Sache des Normgebers, diejenigen Sachverhalte auszuwählen, an die er dieselben Rechtsfolge knüpft, die er mithin im Rechtssinn als gleich ansehen will. Den ihm zustehenden Gestaltungsspielraum muß der Gesetzgeber allerdings sachgerecht ausüben. Was dabei in Anwendung des Gleichheitssatzes sachlich vertretbar oder sachfremd ist, läßt sich nicht abstrakt und allgemein feststellen, sondern immer nur in Bezug auf die Eigenart des konkreten Sachverhalts, der geregelt werden soll (vgl. BVerfGE 75, 108, 157; 90, 145, 196; 93, 319, 348 f.).

Je nach Regelungsgegenstand und Differenzierungsmerkmalen ergeben sich danach unterschiedliche Grenzen der gesetzgeberischen Gestaltungsfreiheit, die vom bloßen Willkürverbot bis zu einer strengen Bindung an Verhältnismäßigkeitserfordernisse reichen. Da der Grundsatz, daß alle Menschen vor dem Gesetz gleich sind, in erster Linie eine ungerechtfertigte Verschiedenbehandlung von Personen verhindern soll, unterliegt der Gesetzgeber bei einer Ungleichbehandlung von Personengruppen regelmäßig einer strengen Bindung (Beschl. v. 6. 10. 1998 – VerfGH 32/98 – LVerfGE 9, 45, 53; vgl. zum Bundesrecht BVerfGE 55, 72, 88; 88, 87, 96; 95, 267, 316; 99, 367, 388). Das gilt auch, wenn eine Ungleichbehandlung von Sachverhalten mittelbar eine Ungleichbehandlung von Personengruppen bewirkt (vgl. BVerfGE 89, 15, 22). Bei lediglich verhaltensbezogenen Unterscheidungen hängt das Maß der Bindung vor allem davon ab, inwieweit die Betroffenen in der Lage sind, durch ihr Verhalten die Verwirklichung der Merkmale zu beeinflussen, nach denen unterschieden wird (vgl. BVerfGE 55, 72, 89). Dem Gestaltungsspielraum des Gesetzgebers sind überdies um so engere Grenzen gesetzt, je stärker sich die Ungleichbehandlung von Personen oder Sachverhalten auf die Ausübung grundrechtlich geschützter Freiheiten nachteilig auswirken kann (vgl. BVerfGE 60, 123, 134; 82, 126, 146; 88, 87 96; 99, 367, 388; allgemein zur Entwicklung des Gleichheitssatzes in der Rechtsprechung des Bundesverfassungsgerichts *Gubelt* in: von Münch/Kunig, Grundgesetz-Kommentar, Bd. 1, 5. Aufl. 2000, Art. 3 Rn. 14).

Der unterschiedlichen Weite des gesetzgeberischen Gestaltungsspielraums entspricht eine abgestufte Kontrolldichte bei der verfassungsgerichtlichen Prüfung. Die vorliegend angegriffenen Regelungen der HundeVO Bln haben ihre Rechtsgrundlage in § 55 des Allgemeinen Gesetzes zum Schutz der öffentlichen Sicherheit und Ordnung in Berlin (ASOG Bln) vom 14. April 1992 (GVBl. S. 119). Danach kann der Senat von Berlin Rechtsverordnungen zur Abwehr von Gefahren für die öffentliche Sicherheit oder Ordnung iSd § 1 Abs. 1 ASOG Bln erlassen. Für den hier in Rede stehenden Bereich der traditionellen Gefahrenabwehr durch „Polizeiverordnung" ist über andere, inzwischen wesentlich differenzierter geregelte Bereiche des Ordnungsrechts hinausgehend festzustellen, daß in besonderer Weise das Opportunitätsprinzip gilt. Liegen die gesetzlichen Voraussetzungen für Maßnahmen der Gefahrenabwehr vor, kann der Verordnungsgeber im Rahmen seines Gestaltungs- und Ermessensspielraums grundsätzlich frei entscheiden, ob und welche Gefahren er mittels einer Verordnung zur Gefahrenabwehr bekämpfen will. Er ist, wenn er sich zum Eingreifen gegen eine Gefahrenquelle entschlossen hat, nicht allgemein verpflichtet, in gleicher Weise auch gegen andere, ähnlich gelagerte Gefahrenquellen vorzugehen (vgl. *Drews/Wacke/Vogel/Martens* Gefahrenabwehr, 9. Aufl. 1986, S. 370 ff; *Götz* Allgemeines Polizei- und Ordnungsrecht, 12. Aufl. 1995, Rn. 347 ff). Soweit der Verordnungsgeber den ihm zustehenden Gestaltungsspielraum sachgerecht ausübt, ist es nicht Aufgabe des Verfassungsgerichtshofs zu prüfen, ob jeweils die zweckmäßigste, vernünftigste oder gerechteste Lösung gewählt worden ist. Die dem Verordnungsgeber im Bereich der Gefahrenabwehr zuzubilligende Gestaltungsfreiheit ist zudem unter dem Blickwinkel des Gleichheitssatzes tendenziell um so größer, je schwerer der Schutzzweck der Regelung zu gewichten ist und je weniger empfindlich in die Grundrechte der Betroffenen eingegriffen wird (vgl. BayVerfGH, Entscheidung v. 12. 10. 1994 – Vf. 16-VII-92 u. a. – NVwZ-RR 1995, 262, 266).

Die Differenzierungsmerkmale, die den von den Beschwerdeführern angegriffenen Regelungen zugrunde liegen, sind darüber hinaus nicht personen-, sondern verhaltensbezogen. Die als verfassungswidrig beanstandete Ungleichbehandlung knüpft an die Haltung bestimmter – vom Verordnungsgeber aufgrund rassespezifischer Merkmale unwiderleglich als gefährlich eingestufter – Hunderassen an. Sie stellt die Halter von Hunden der in § 3 Abs. 1 aufgeführten Rassen schlechter als die Halter von Hunden, deren Gefährlichkeit nach § 3 Abs. 2 der Verordnung im Einzelfall individuell festgestellt werden muß. Eine Differenzierung nach personenbezogenen Merkmalen, bei der der Gesetzgeber einer besonders strengen Bindung unterliegen würde, liegt in dieser Ungleichbehandlung nicht. Die vom Verordnungsgeber vorgenommene Differenzierung knüpft vielmehr an eine unterschiedliche Behandlung von Sachverhaltsgruppen an. Die Auflistung der einzelnen Rassen, Kreuzungen und Gruppen von Hunden in § 3 Abs. 1 der Verordnung hat allerdings Einschränkungen der Haltung und Züchtung der genannten Hunde zur Folge, die die Beschwerdeführer in ihrem grundrechtlich geschützten Freiheitsbereich – insbesondere in ihrem Grundrecht der allgemeinen Handlungsfreiheit aus Art. 7 VvB – berühren. Die verfassungsgerichtliche Prüfung kann sich daher nicht auf eine bloße Willkürkontrolle beschränken, andererseits unterlag der Verordnungsgeber nicht den strengen Bindungen an Verhältnismäßigkeitserfordernisse. Es genügt vielmehr, daß die differenzierende Regelung auf hinreichend sachbezogenen, die ungleichen Rechtsfolgen nach Art und Gewicht rechtfertigenden Gründen beruht (vgl. zum Bundesrecht BVerfGE 88, 87, 97; 91, 389, 401; 93, 99, 111; 95, 217, 317; 99, 367, 389).

b) Bei Zugrundelegung dieses Prüfungsmaßstabs ist die Auflistung unwiderleglich als gefährlich geltender Hunde in § 3 Abs. 1 HundeVO Bln verfassungsrechtlich nicht zu beanstanden. Sie beruht auf hinreichend sachbezogenen, nach Art und Gewicht vertretbaren Gründen. Die an § 3 Abs. 1 HundeVO Bln anknüpfenden Halteranforderungen verletzen die Beschwerdeführer daher nicht in ihrem Grundrecht auf Gleichbehandlung.

aa) Daß von Hunden mit gesteigerter Aggressivität und Gefährlichkeit eine Gefahr für die öffentliche Sicherheit und Ordnung ausgeht, ist in Rechtsprechung und Literatur allgemein anerkannt (vgl. BayVerfGH, NVwZ-RR 1995, 262, 265 mwN). Kommt es zu Beißzwischenfällen mit solchen Hunden, besteht für die Opfer, zu denen gerade Kinder und ältere Menschen gehören, die Gefahr schwerer Verletzungen oder gar tödlicher Unfälle. Dieser abstrakten Gefahr, die von der Haltung gefährlicher Hunde ausgeht, kann der Verordnungsgeber im Rahmen einer Gefahrenabwehrverordnung, wie sie die vorliegend angegriffenen Regelungen darstellen, begegnen. Dabei dürfen die Anforderungen an die Wahrscheinlichkeit eines Schadenseintritts nicht überspannt werden. Da es um den Schutz von Leben und Gesundheit von Menschen und damit um den Schutz besonders hochwertiger Rechtsgüter geht, genügt für die Annahme einer abstrakten Gefahr bereits ein geringerer Grad der Wahrscheinlichkeit des Schadenseintritts (vgl. *Drews/Wacke/Vogel/Martens* aaO, S. 224, 496 mwN). Der dem Verordnungsgeber insoweit zustehende Prognosespielraum trägt dem staatlichen Schutzauftrag für die in Rede stehenden Rechtsgüter Rechnung. Das in Art. 8 Abs. 1 VvB ebenso wie in Art. 2 Abs. 2 GG geschützte Recht auf Leben und körperliche Unversehrtheit begründet seinem objektiv-rechtlichen Gehalt nach auch eine Pflicht des Staates, sich schützend und fördernd vor diese Rechtsgüter zu stellen und sie insbesondere vor rechtswidrigen Eingriffen anderer zu bewahren (vgl. zum Bundesrecht BVerfGE 56, 54, 73). In dem hier vorliegenden Bereich der vorbeugenden Gefahrenabwehr darf der Verordnungsgeber daher auch berücksichtigen, daß die gefahrlose Haltung von Hunden mit gesteigerter Aggressivität und Gefährlichkeit besondere Anforderungen an das Verantwortungsbewußtsein und die Befähigung der jeweiligen Halter stellt. Der in der Haltung solcher Hunde liegenden abstrakten Gefahrenquelle kann er durch sicherheitsrechtliche Vorschriften, die die Haltung zum Schutz der Allgemeinheit bestimmten Anforderungen unterwerfen, entgegentreten (vgl. OVG Bremen, Urt. v. 6.10.1992 – 1 N 1/92 – DÖV 1993, 576; Beschl. v. 21.9.2000 – 1 B

291/00 – NVwZ 2000, 1435, 1436; VGH Mannheim, Urt. v. 26. 4. 1999 – 1 S 2214/98 –
NVwZ 1999, 1016, 1017; VGH Kassel, Beschl. v. 8. 9. 2000 – 11 NG 2500/00 – NVwZ
2000, 1438, 1439).

bb) Aus verfassungsrechtlicher Sicht ist der Verordnungsgeber dabei nicht ver-
pflichtet, auf die besondere Gefährlichkeit des einzelnen Hundes abzustellen. Bei der
Hundehaltung handelt es sich gerade in einer Stadt wie Berlin, die bundesweit die höchste
Hundepopulation aufweist (vgl. *Caspar* Die neuen Regelungen des Bundes und der
Länder zum Schutz vor gefährlichen Hunden, DVBl. 2000, 1580, 1583), um eine
Massenerscheinung. In einem solchen Bereich ist der Verordnungsgeber, insbesondere
wenn es – wie vorliegend – um die Abwehr erheblicher Gefahren für höchste Rechtsgüter geht, zu typisierenden Regelungen befugt (vgl. BVerfGE 78, 214, 226 mwN).
Der Erlaß einer generell-abstrakten Gefahrenregelung setzt stets eine Abgrenzung
zwischen tatbestandlich relevanter und nicht mehr relevanter Gefährdung der zu
schützenden Rechtsgüter voraus. Gewisse Generalisierungen und Typisierungen sind
insoweit unumgänglich und können unter dem Gesichtspunkt der Verwaltungsvereinfachung und -praktikabilität namentlich dann gerechtfertigt sein, wenn eine Verfeine-
rung die Gefahr mangelnder Wirksamkeit der Regelung mit sich bringen kann.

Soweit sich ausschließlich verhaltensbezogene Regelungen, die erst bei erwiesener-
maßen aggressiven und auffällig gewordenen Hunden bzw. deren unzuverlässigen Haltern
ansetzten, in der Vergangenheit als unzureichend erwiesen haben, ist der Verordnungsgeber danach verfassungsrechtlich nicht gehindert, im Interesse einer effektiven Gefahrenabwehr eine typisierende und generalisierende Regelung in Gestalt einer Auflistung als
gefährlich anzusehender Rassen bzw. Gruppen von Hunden zu treffen. Der Verfassungsgerichtshof kann diese mit der Gefahrabschätzung verbundene Prognose des
Verordnungsgebers unter dem Blickwinkel des Gleichheitssatzes – wie ausgeführt –
nur dann beanstanden, wenn es an hinreichend sachbezogenen, die ungleichen Rechtsfolgen nach Art und Gewicht rechtfertigenden Gründen fehlt. Dies ist vorliegend nicht
der Fall. Die an rassespezifische Merkmale – als typisierte Ursache einer gesteigerten
Gefährlichkeit – anknüpfende Regelung in § 3 Abs. 1 HundeVO Bln beruht auf sachlichen Gründen, die im Interesse des Schutzes der Allgemeinheit die damit verbundenen Einschränkungen der Haltung dieser Tiere zu rechtfertigen vermögen.

Die Beschwerdeführer weisen zwar zutreffend darauf hin, daß in Fachkreisen
vielfach die Auffassung vertreten wird, eine bestimmte Rasse könne nicht pauschal als
besonders aggressiv oder gefährlich bezeichnet werden, da das Verhalten eines Hundes
nicht allein durch angeborene Eigenschaften, sondern auch durch Umweltfaktoren wie
Erziehung und Ausbildung sowie die Art der Haltung beeinflußt werde (vgl. *Eichelberger*
in: VDH – Hrsg. –, „Kampfhunde"? Gefährliche Hunde?, 5. Aufl. 2000, S. 8; *Feddersen-
Petersen*, ebd., S. 14; *Schöning* in: Deutsches Tierärzteblatt 1999, 674; *Hamann* NVwZ
1999, 964; *Karst*, NVwZ 1999, 244, 245; in diesem Sinne auch die von den Beschwerdeführern eingereichte Entschließung der Hauptversammlung des 22. Deutschen Tierärzte-

tages vom 24. März 2000). In der verwaltungsgerichtlichen Rechtsprechung sind entsprechende Regelungen daher teilweise als gleichheitswidrig beanstandet worden, da es keine Gründe für die Annahme einer höheren Aggressivität bestimmter Hunderassen gebe, die ausschließlich und durchgängig rassebedingt sei (vgl. VGH Mannheim, NVwZ 1992, 1105, 1108 sowie NVwZ 1999, 1016, 1018; OVG Bremen DÖV 1993, 576, 577).

Der Umstand, daß sich aggressive Verhaltensweisen nicht ausschließlich auf den Einfluß genetischer Dispositionen zurückführen lassen, sondern durch Umwelterfahrungen mit geprägt werden, vermag einen Gleichheitsverstoß indes nicht zu begründen. Der Einwand der Beschwerdeführer verkennt den dem Verordnungsgeber im Bereich der vorbeugenden Gefahrenabwehr zustehenden Gestaltungsspielraum. Der von ihm in Erfüllung entsprechender Verfassungspflichten zu bewirkende Schutz von Leben und Gesundheit von Menschen kann im Ergebnis nicht daran scheitern, daß es – wie von den Beschwerdeführern vorgetragen – bisher an hinreichend verläßlichen und aussagekräftigen wissenschaftlichen Untersuchungen darüber fehlt, inwieweit die Rasseanlagen eines Hundes, neben oder unabhängig von Umweltfaktoren und Erziehung, dessen gesteigerte Aggressivität und Gefährlichkeit begründen. Soweit es sich – wie vorliegend – um einen komplexen und in mancher Hinsicht noch nicht endgültig, jedenfalls nicht durch eindeutig objektivierbare Maßstäbe geklärten Sachverhalt handelt, ist dem Verordnungsgeber angesichts der auf dem Spiel stehenden Rechtsgüter ein Beurteilungsspielraum zuzubilligen, der verfassungsgerichtlich nicht darauf zu kontrollieren ist, ob mit Blick auf die Zweckbestimmung der Regelung eine optimale Lösung gefunden worden ist (vgl. BVerfGE 50, 290, 332 f; 88, 87, 97). Aus verfassungsrechtlicher Sicht ist der Verordnungsgeber danach schon dann zum Erlaß der angegriffenen Regelung berechtigt, wenn er aufgrund fachwissenschaftlicher Veröffentlichungen sachlich begründete Anhaltspunkte dafür hat, daß eine gesteigerte Gefährlichkeit auch rassebedingt sein kann.

In den einschlägigen, auch von den Beschwerdeführern angeführten kynologischen Veröffentlichungen wird insofern zugleich darauf verwiesen, daß der Hund bzw. sein Charakter und Verhalten nicht nur ein Produkt seiner Umwelt ist, sondern Untersuchungen zur genetischen Grundlage von Angst und Aggression gezeigt haben, daß in einzelnen Zuchtlinien bestimmte negativ auffällige Verhaltens- und Charakterkomponenten weitervererbt werden (vgl. *Schöning* aaO, S. 674). Dabei wird allgemein davon ausgegangen, daß Verhalten und Aggression von Hunden vererbbar und durch Züchtung beeinflußbar sind (vgl. *Eichelberger* Kampfhunde – Gefährliche Hunde, Deutsche Tierärztliche Wochenschrift 107/2000, 91 ff; *Stur* Stellungnahme zu Fragen zum Thema der besonderen Gefährlichkeit von Hunden auf Grund der Zugehörigkeit zu bestimmten Rassen, S. 2, 11). Es wird darauf verwiesen, daß Hunde zum einen zur Gefahr für Menschen werden, wenn sie falsch erzogen und durch ein gestörtes Mensch-Hund-Verhältnis „ungesteuert" aggressiv werden, daß es zum anderen aber auch gewisse Rassen bzw. bestimmte Zuchtlinien gewisser Rassen gibt, bei denen durch einseitige, unbiologische Zuchtziele Extremformen hervorgebracht worden sind, deren Reizschwelle zur Auslösung aggressiven Verhaltens so weit gesenkt wurde, daß diese Tiere immer als latent gefährlich bezeichnet werden müssen (vgl. *Feddersen-Petersen* Hundepsychologie, 1986, S. 72). Zu den Hunderassen, deren Aggressionsverhalten nicht ohne Problematik ist, werden „zweifellos" die sog. Kampfhunderassen gezählt (vgl. *Feddersen-Petersen*, aaO, S. 78). Bei Hunden dieser Rassen wird davon ausgegangen, daß sie „unbestritten" ein Potential zur Erzeugung des ‚gefährlichen' Hundes darstellen (vgl. *Eichelberger* aaO, S. 7); auch die Stellungnahme von *Unshelm* (in: VDH, aaO, S. 23) belegt, daß von einer überproportional häufigen, a priori aufgrund rassespezifischer Merkmale gesteigerten Gefährlichkeit bei bestimmten Hunden auszugehen ist.

Aus den fachwissenschaftlichen Aussagen (vgl. auch die Nachw. in BayVerfGH, NVwZ-RR 1995, 262, 265) ergibt sich danach mit hinreichender Deutlichkeit, daß sich die Züchtung verschiedener Hunderassen nicht nur auf die Ausbildung bestimmter körperlicher Merkmale, sondern auch psychischer Eigenschaften richtet, daß es „Aggressionszüchtungen" gibt und daß sich bestimmte Rassen hierfür besonders eignen. Bei dieser Sachlage ist die Entscheidung des Verordnungsgebers, rassespezifische Merkmale als eine der Ursachen gesteigerter Gefährlichkeit anzusehen, sachlich vertretbar und verfassungsrechtlich nicht zu beanstanden. Auch wenn Hunde aus anderen Gründen als ihrer Rassezugehörigkeit – etwa wegen falscher Behandlung oder Erziehung oder nicht artgerechter Haltung – aggressiv und gefährlich werden können, überschreitet er nicht den ihm im Bereich der vorbeugenden Gefahrenabwehr zustehenden Gestaltungsspielraum, wenn er nicht zugleich jegliche denkbare Ursache aggressiven Verhaltens in seine Regelung einbezieht. Aufgrund der ihm vorliegenden Erkenntnisse durfte der Verordnungsgeber von der besonderen Gefährlichkeit bestimmter Hunderassen ausgehen; er mußte bei seiner typisierenden Regelung nicht in Rechnung stellen, daß einzelne Hunde einer als gefährlich eingestuften Rasse diese Merkmale möglicherweise nicht aufweisen. Die darin liegende Benachteiligung der Halter im einzelnen aufgeführter Rassen beruht unter Berücksichtigung des Schutzzwecks der angegriffenen Regelungen auf hinreichend sachbezogenen Gesichtspunkten, die die damit verbundenen Einschränkungen der Haltung ihrer Art und ihrem Gewicht nach zu rechtfertigen vermögen (im Ergebnis ebenso BayVerfGH, NVwZ 1995, 262, 263; OVG Bremen, NVwZ 2000, 1435, 1436; zur Erhebung einer Kampfhundesteuer auch BVerwGE 110, 265, 273 f; OVG Lüneburg, NVwZ 1997, 816, 817; VGH München, NVwZ 1997, 819; OVG Koblenz, NVwZ 2001, 228, 229 f; vgl. aus der Literatur *Schmitt Glaeser/Horn* Die Rechtsprechung des Bayerischen Verfassungsgerichtshofs, BayVBl. 1996, 417, 419; *Hölscheidt* Kampfhunde als Rechtsproblem, NdsVBl. 2000, 1, 6; *Caspar* aaO, S. 1585 f).

Der Anregung der Beschwerdeführer, Beweis durch Einholung eines Sachverständigengutachtens darüber zu erheben, daß es keine rassespezifischen Merkmale gebe, die einen Hund zum „gefährlichen" Hund machten, war danach nicht nachzugehen. Da es – wie dargelegt – in der fachwissenschaftlichen Literatur eindeutige Hinweise darauf gibt, daß gewisse Hunderassen und Züchtungen gefährlicher sind als andere, kann der Verfassungsgerichtshof nicht über eine Beweisaufnahme eigene Bewertungen und Erkenntnisse an die Stelle der Beurteilung des Normgebers setzen. Selbst wenn einzelne Gutachter gegenteilige Auffassungen vertreten sollten, hätte dies nicht zur Folge, daß der Verordnungsgeber mit der Anknüpfung an rassespezifische Merkmale die ihm durch den Gleichheitssatz gesetzten Grenzen seiner Gestaltungsfreiheit überschritten hätte. Verfassungsrechtlich ist es ausreichend, wenn der Verordnungsgeber sich einen Überblick über die Fachmeinungen verschafft und dann der für seine Auffassung sprechenden Richtung folgt, solange diese vertretbar ist. Dies wird durch andere wissenschaftliche Stellungnahmen nicht ausgeschlossen und letztlich von den Verfassungsbeschwerden auch nicht begründet angegriffen.

cc) Der Einwand der Beschwerdeführer, der Verordnungsgeber habe es gleichheitswidrig unterlassen, über die im einzelnen aufgeführten Hunderassen hinaus noch andere, möglicherweise ebenso gefährliche Hunde – wie Deutsche Dogge, Dobermann, Rottweiler, Boxer oder Deutschen Schäferhund – in die Regelung des § 3 Abs. 1 HundeVO Bln aufzunehmen, kann den Verfassungsbeschwerden ebenfalls nicht zum Erfolg verhelfen (wie hier BayVerfGH, NVwZ-RR 1995, 262, 266; BVerwGE 110, 265, 276; OVG Koblenz, NVwZ 2001, 228, 230 f; a. A. VGH Mannheim, NVwZ 1992, 1105, 1107 f sowie NVwZ 1999, 1016, 1018; OVG Bremen, DÖV 1993, 576, 577 f; OVG Saarlouis, Urt. v. 1. 12. 1993 – 3 N 3/93 – OVGE 24, 412, 425). Bei der Feststellung einer gesteigerten Gefährlichkeit gewisser Hunderassen ist der Verordnungsgeber nicht auf bestimmte Methoden, Auswahlkriterien oder Erkenntnisquellen festgelegt. Die von ihm vorzunehmende Gefahrabschätzung kann auf empirischen Tatsachen wie etwa der Beißhäufigkeit, aber auch auf Art und Schwere der durch die jeweiligen Rassen hervorgerufenen Verletzungen sowie auf kynologischen Erkenntnissen über das Ausmaß der rassespezifischen Gefährlichkeit beruhen. Soweit die Beschwerdeführer in diesem Zusammenhang auf statistische Angaben über Beißvorfälle verweisen, ist der Verordnungsgeber daher nicht gehalten, derartige „Beiß-Statistiken" zur Grundlage seiner Entscheidung zu machen. Den bisher vorliegenden Statistiken kann ohnehin nur eine begrenzte Aussagekraft zugesprochen werden, da eine Zuordnung der registrierten Zwischenfälle zur Gesamtzahl der gehaltenen Hunde der jeweiligen Rassen nicht hergestellt wird. Ebensowenig wird nach den Ursachen und der Art und dem Ausmaß etwaiger Verletzungen unterschieden; eine flächendeckende Erfassung von Beißvorfällen ist nicht gewährleistet (vgl. *Schöning* aaO, S. 674, wonach von einer geschätzten Dunkelziffer in fast der doppelten Höhe aktenkundiger Zwischenfälle auszugehen ist).

Die § 3 Abs. 1 HundeVO Bln zugrunde liegende Annahme, die aufgeführten Hunderassen wiesen, insbesondere wegen ihrer Größe, Beißkraft sowie der Art ihres Beißens – verbunden mit ihrem ursprünglichen Verwendungszweck –, ein großes Potential zur Ausprägung der Eigenschaften eines gefährlichen Hundes auf, das sie von Hunden anderer, vergleichbar großer Rassen unterscheide, kann daher nicht mit dem Hinweis auf Statistiken über Beißvorfälle in Frage gestellt werden. Der Verordnungsgeber kann sich insofern vielmehr, wie ausgeführt, auf fachwissenschaftliche Veröffentlichungen stützen, die gerade bei den aufgeführten Rassen bzw. Gruppen von Hunden die Möglichkeit der Erzeugung eines „gefährlichen" Hundes hervorheben. Zu den gemeinsamen Wesensmerkmalen, die den als Kampfhunden bezeichneten Hunderassen danach zugeschrieben werden, gehören neben einer gesteigerten Aggressivität, geringen Schmerzempfindlichkeit und fehlenden Angst (vgl. Brockhaus-Enzyklopädie, 20. Aufl. 1997, Bd. 11, S. 414) insbesondere auch die fehlende Beherrschbarkeit dieser Hunde bei Aggressionsverhalten (vgl. *Wegner* Haltung von Kampfhunden, Dt. tierärztliche Wochenschrift 97/1990, 168 ff). Daß die Haltung derartiger Hunde regelmäßig besondere Anforderungen an den Menschen stellt und ihre Beherrschbarkeit, wenn ihr Aggressionsverhalten ausgelöst wird, nicht oder allenfalls eingeschränkt gewährleistet ist, begründet in erhöhtem Maße eine abstrakte Gefahr, daß es bei Beißzwischenfällen mit Hunden dieser Rassen zu schweren Verletzungen oder gar tödlichen Unfällen kommt.

Dieses besondere, den sog. Kampfhunderassen zukommende, Gefahrenpotential stellt unter Berücksichtigung des Schutzzwecks der angegriffenen Regelung einen sachgerechten Grund dar, der die Ungleichbehandlung gegenüber den von den Beschwerdeführern angeführten anderen Hunderassen zu rechtfertigen vermag. Da es sich bei den nicht in § 3 Abs. 1 HundeVO Bln aufgenommenen Hunden um in Deutschland seit jeher gezüchtete und gehaltene Hunderassen handelt, besteht bei Züchtern und Haltern dieser Hunde, worauf insbesondere der Bayerische Verfassungsgerichtshof und das Bundesverwaltungsgericht hingewiesen haben, ein größerer Erfahrungsschatz bezüglich des Charakters und des möglichen Verhaltens dieser Hunde. Wenn sie nicht durch falsche Haltung und/oder bewußte Abrichtung „scharf gemacht" werden, sind diese Hunde bei Aggressionsverhalten in der Regel für den Halter beherrschbar. Bei seiner im Rahmen der vorbeugenden Gefahrenabwehr anzustellenden Risikoabschätzung durfte der Verordnungsgeber daher den Gesichtspunkt, daß sie möglicherweise ebenfalls mit einem nicht zu unterschätzenden Aggressionspotential ausgestattet sind, geringer gewichten und dabei auch ihre lange Verwendung als Gebrauchs- und Schutzhunde und ihre größere Akzeptanz in der Bevölkerung berücksichtigen. Daß auch Hunde dieser Rassen, wenn sie auf Angriffslust oder über das natürliche Maß hinausgehende Kampfbereitschaft, Schärfe oder andere in der Wirkung gleichstehende Zuchtmerkmale gezüchtet oder trainiert werden, als gefährlich anzusehen sind und den im einzelnen normierten Halteranforderungen der Verordnung unterliegen, ist durch die Regelung in § 3 Abs. 2 HundeVO Bln sichergestellt. Die darin – gegenüber der unwiderleglichen Vermutung des § 3 Abs. 1 HundeVO Bln – liegende Ungleichbehandlung ist angesichts der geschützten Rechtsgüter und dem insoweit zuzubilligenden normativen Gestaltungs- und Prognosespielraum verfassungsrechtlich nicht zu beanstanden. Über andere Regelungsmöglichkeiten und deren gegebenenfalls höhere Effektivität hat der Verfassungsgerichtshof vorliegend nicht zu befinden.

dd) Die in § 3 Abs. 1 HundeVO Bln enthaltene Auflistung unwiderleglich als gefährlich eingestufter Hunde hält auch hinsichtlich der einzelnen konkret benannten Rassen bzw. Gruppen von Hunden einer verfassungsrechtlichen Überprüfung stand. Für den Verordnungsgeber lagen ausreichende sachlich begründete Anhaltspunkte vor, daß die – mit handelsüblichen Namen – aufgeführten Hunderassen aufgrund rassespezifischer Merkmale eine gesteigerte Gefährlichkeit aufweisen. Soweit die Beschwerdeführer die Bestimmtheit der Regelung insbesondere mit Blick auf den unter Nr. 1 aufgeführten Pit-Bull in Frage stellen, kann ihnen nicht gefolgt werden. Ob es sich bei den damit erfaßten Hunden um eine Rasse im zoologischen Sinne oder eine Kreuzung verschiedener Hunderassen handelt (vgl. *Eichelberger* in: VDH, aaO, S. 6, 14), kann dahinstehen, da in der kynologischen Fachliteratur zumindest von der Bestimmbarkeit dieser Hunde ausgegangen wird (vgl. die vom BayVerfGH angeführten Nachweise, NVwZ-RR 1995, 262, 267; sowie VGH Mannheim, NVwZ 1992, 1105, 1109).

Die Regelung genügt auch insoweit rechtsstaatlichen Anforderungen an eine ausreichende Normenklarheit, als sie Kreuzungen der aufgelisteten Rassen oder Gruppen von Hunden erfaßt. Nach dem Regelungszweck der Vorschrift, bestimmte Hunderassen wegen ihrer rassespezifischen Gefährlichkeit besonderen Halteranforderungen zu unterwerfen, werden ersichtlich nur solche Hunde erfaßt, bei denen die für die Aufzählung maßgeblichen Rassemerkmale noch signifikant in Erscheinung treten. Nach der Stellungnahme des Senats von Berlin sind dies nach ständiger Verwaltungspraxis nur Mischlinge der ersten Generation. Daß insoweit im Einzelfall eine Zuordnung durch sachverständige Amtstierärzte erforderlich sein mag, nimmt der Regelung nicht ihre hinreichende Bestimmtheit (im Ergebnis ebenso VGH Mannheim, NVwZ 1992, 1105, 1109).

Mit Ausnahme des Rhodesian Ridgeback stimmen die danach ausreichend gekennzeichneten, in § 3 Abs. 1 HundeVO Bln aufgeführten Hunderassen mit der bayerischen Kampfhundeliste überein, die Gegenstand der Entscheidung des Bayerischen Verfassungsgerichtshofs war. In dieser bereits mehrfach zitierten Entscheidung wird detailliert – unter Auswertung kynologischer Fachliteratur – zu den einzelnen Hunderassen Stellung genommen (NVwZ-RR 1995, 262, 267 f); auf diese Ausführungen nimmt der Verfassungsgerichtshof Bezug (vgl. auch OVG Lüneburg, NVwZ 1997, 816, 817). Daß die bayerische Regelung – anders als vorliegend – bei bestimmten Hunderassen von einer unwiderleglichen, bei anderen dagegen von einer widerleglichen Vermutung ausgeht, mindert die Aussagekraft der Darlegungen nicht. Der Bayerische Verfassungsgerichtshof hat wiederholt auf den Aspekt abgestellt, daß die aufgelisteten Rassen, selbst wenn sie zuweilen als ruhige oder gegenüber Menschen gutartige Tiere beschrieben werden, als schwer beherrschbar charakterisiert werden und aufgrund ihrer natürlichen Schärfe bei Fehlern in der Haltung eine erhebliche Gefahr für Menschen oder auch Tiere darstellen. Der Verordnungsgeber überschreitet daher nicht seinen mit der Typisierungsbefugnis einhergehenden Gestaltungsspielraum, wenn er angesichts der ihm vorliegenden Anhaltspunkte für eine gesteigerte Gefährlichkeit der in die Liste aufgenommenen Hunde und der tatsächlichen Schwierigkeiten, auf die die Beurteilung der potentiellen Gefährlichkeit eines Hundes stößt (vgl. *Feddersen-Petersen* in: VDH, aaO, S. 10; *Schöning* aaO, S. 678 ff), im Interesse einer praktikablen und effektiven Gefahrenabwehr den Gegenbeweis zu der rassespezifisch erhöhten Gefährlichkeit generell verwehrt und zu dem gesetzestechnisch gebräuchlichen Mittel der unwiderleglichen Vermutung greift. Dies berücksichtigt das Schleswig-Holsteinische Oberverwaltungsgericht nicht hinreichend, wenn es aus der unbestrittenen Tatsache, daß nicht von jedem einzelnen Tier der als gefährlich eingestuften Rasse eine konkrete Gefahr ausgeht, schlußfolgert, in einer abstrakt-generellen Regelung dürfte nicht an die Rassezugehörigkeit angeknüpft werden (Urt. v. 29. 5. 2001 – 4 K 8/00 –, UA S. 19 f).

Für die unter § 3 Abs. 1 Nr. 1, 2, 3 und 5 HundeVO Bln aufgeführten Rassen bzw. Gruppen sieht auch die bayerische Regelung eine unwiderlegliche Vermutung vor. Hinsichtlich des Bullterriers (§ 3 Abs. 1 Nr. 4), für den in Bayern eine widerlegliche Vermutung gilt, wird in der Fachliteratur im wesentlichen übereinstimmend – zumindest bei einem nicht unbeträchtlichen Teil der Züchtungen – eine genetische Hypertrophie des Aggressionsverhaltens festgestellt (vgl. die Nachw. in BayVerfGH, NVwZ-RR 1995, 262, 268 sowie *Feddersen-Petersen* Hundepsychologie, S. 78 ff). Seine Einordnung als abstrakt gefährlich ist sowohl vom Bundesverwaltungsgericht (BVerwGE 110, 265, 275 f) als auch – unter ausführlicher Bezugnahme auf einschlägige Veröffentlichungen – vom Niedersächsischen Oberverwaltungsgericht (NVwZ 1997, 816, 817) bestätigt worden. Das mittlerweile vom Bundesgesetzgeber erlassene Gesetz zur Bekämpfung gefährlicher Hunde vom 12. April 2001 (BGBl. I S. 530) sieht in § 2 Abs. 1 S. 1 ebenfalls ein Einfuhrverbot für Bullterrier (neben Pitbull-Terrier, American Staffordshire Terrier und Staffordshire Bullterrier) vor und zählt sie zu den gefährlichen Hunden iSd Begriffsbestimmung des § 1. Die Aufnahme dieser Rasse in die Liste unwiderleglich als gefährlich anzusehender Hunde kann daher verfassungsrechtlich nicht beanstandet werden.

In gleichem Maße unproblematisch erscheint die Aufnahme des Bullmastiff und des Fila Brasileiro (§ 3 Abs. 1 Nr. 6 und 9 HundeVO Bln). Die insoweit vom Bayerischen Verfassungsgerichtshof herangezogenen Veröffentlichungen belegen eine besondere Gefährlichkeit, die gerade bei Unzulänglichkeiten des Halters fatale Folgen haben kann; der Fila Brasileiro wird aufgrund seiner ausgeprägten natürlichen Schärfe und seiner niedrigen Reizschwelle als völlig ungeeignet für die Haltung in der Stadt beschrieben (vgl. zu letzterem auch OVG Lüneburg, NVwZ 1997, 816, 817).

Die von den Beschwerdeführern zu 13., 29. und 32. gehaltenen Hunde der Rassen Dogue de Bordeaux und Dogo Argentino (§ 3 Abs. 1 Nr. 7 und 8) werden ausweislich der vom Bayerischen Verfassungsgerichtshof erwähnten Literatur zwar durchaus als gutmütig, mitunter sogar als kinderliebe Familienhunde beschrieben, bei beiden Hunderassen wird zugleich aber hervorgehoben, daß sie schwer beherrschbar sind und bei

Fehlern in der Erziehung und Haltung eine erhebliche Gefahr darstellen. In dem hier vorliegenden Bereich der vorbeugenden Gefahrenabwehr erscheint ihre Einstufung als unwiderleglich gefährlich daher sachgerecht. Hunde der Rassen Mastin Espanol, Mastino Napoletano und Mastiff (§ 3 Abs. 1 Nr. 10 bis 12) werden von keinem der Beschwerdeführer gehalten. Nähere Angaben zu diesen Rassen sind im vorliegenden Verfassungsbeschwerdeverfahren daher nicht erforderlich.

ee) Der Verordnungsgeber war verfassungsrechtlich schließlich nicht gehindert, bei den unter § 3 Abs. 1 Nr. 1 bis 5 HundeVO Bln aufgeführten Rassen von einer besonderen Gefährlichkeit auszugehen und ihre Haltung, im Gegensatz zu den unter Nr. 6 bis 12 genannten Hunden, neben den allgemeinen Halteranforderungen einer Anzeige- und Kennzeichnungspflicht zu unterwerfen. Für diese Differenzierung lassen sich sachgerechte Gründe anführen. Die von der Senatsverwaltung genannten Veröffentlichungen belegen gerade bei diesen Rassen bzw. Gruppen – ausgehend von ihrem ursprünglichen Verwendungszweck für Hundekämpfe – eine bis heute vorhandene hohe Angriffsbereitschaft, niedrige Reizschwelle, fehlende Beißhemmung und hohe Schmerztoleranz. In der bereits erwähnten Stellungnahme von *Unshelm* (in: VDH, aaO, S. 23) wird insbesondere für die Rassen Pit-Bull, American Staffordshire Terrier, Staffordshire Bullterrier und Tosa Inu davon ausgegangen, daß eine a priori aufgrund rassespezifischer Merkmale gesteigerte Aggressivität und Gefährlichkeit überproportional häufig ist. Die dem in dieser Aufzählung nicht genannten Bullterrier zugeschriebenen Eigenschaften lassen seine Einstufung als besonders gefährlich ebenfalls als sachgerecht erscheinen. Mit Ausnahme des Tosa Inu ist auch der Bundesgesetzgeber bei diesen Hunden von einer gesteigerten, ein Einfuhrverbot rechtfertigenden Gefährlichkeit ausgegangen. Angesichts der Tatsache, daß es sich bei den besonders hervorgehobenen Rassen um die am weitesten verbreiteten und – wie nicht zuletzt das vorliegende Verfahren zeigt – auch in Berlin am häufigsten gehaltenen Kampfhunde handeln dürfte, ist die Anzeige- und Kennzeichnungspflicht in besonderem Maße geeignet, den zuständigen Behörden einen Überblick über die in der Stadt gehaltenen gefährlichen Hunde zu verschaffen und damit eine effektive Gefahrenabwehr zu ermöglichen.

2. Die an § 3 Abs. 1 HundeVO Bln anknüpfenden Einschränkungen der Haltung und Züchtung als gefährlich eingestufter Rassen bzw. Gruppen von Hunden sind auch mit Blick auf die weiteren Rügen der Beschwerdeführer verfassungsrechtlich nicht zu beanstanden.

a) Zur Verbesserung des vorbeugenden Schutzes vor den von gefährlichen Hunden ausgehenden Gefahren sieht § 4 Abs. 1 S. 2 und 3 HundeVO Bln vor, daß Hunde der in § 3 Abs. 1 aufgeführten Rassen bzw. Gruppen – ebenso wie Hunde, die nach § 3 Abs. 2 der Verordnung als gefährlich anzusehen sind – außerhalb des eingefriedeten Besitztums nur an einer Leine geführt werden dürfen und dabei stets einen beißsicheren Maulkorb tragen müssen. Der generelle Leinen- und Maulkorbzwang schränkt die Beschwerdeführer als Hundehalter in ihrer Handlungsfreiheit ein, er ist daher am Grundrecht der allgemeinen Handlungsfreiheit aus Art. 7 VvB zu messen. Art. 23 Abs. 1 VvB kommt dagegen entgegen der Ansicht der Beschwerdeführer nicht als Prüfungsmaßstab in Betracht, da durch die damit einhergehenden Beschränkungen des freien Umherlaufens von Hunden nicht in ihr Eigentumsgrundrecht eingegriffen wird.

Art. 7 VvB gewährleistet die allgemeine Handlungsfreiheit zwar – ebenso wie Art. 2 Abs. 1 GG – im umfassenden Sinne (vgl. zum Bundesrecht BVerfGE 6, 32, 36; st. Rspr.), die Reichweite des Grundrechtsschutzes kann jedoch nicht losgelöst von anderen, gleichfalls schutzwürdigen Interessen bestimmt werden. Schranken der grundrechtlichen Verbürgung ergeben sich nach dem Wortlaut des Art. 7 VvB insbesondere aus der verfassungsmäßigen (Rechts-)Ordnung und den Rechten anderer. Soweit der Normgeber danach zu Einschränkungen der allgemeinen Handlungsfreiheit befugt ist, müssen sich derartige Eingriffe allerdings im Rahmen des allgemeinen Rechtsgrundsatzes der Verhältnismäßigkeit halten (vgl. BVerfGE 80, 137, 153 mwN). Dieser Grundsatz verlangt, daß das gewählte Mittel zur Erreichung des angestrebten Ziels geeignet und erforderlich sein muß und daß der damit verbundene Eingriff in den grundsätzlichen Freiheitsanspruch des Bürgers nicht außer Verhältnis zu dem angestrebten Zweck stehen darf. Sind diese sich aus dem Grundsatz der Verhältnismäßigkeit ergebenden Voraussetzungen gewahrt, muß jedermann als gemeinschaftsbezogener und gemeinschaftsgebundener Bürger Einschränkungen seiner Handlungsfreiheit, die im überwiegenden Interesse der Allgemeinheit erfolgen, hinnehmen (vgl. BVerfGE 54, 143, 146 f).

Die angegriffene Regelung wird diesen Maßstäben gerecht; sie entspricht dem Grundsatz der Verhältnismäßigkeit.

Daß der generelle Leinen- und Maulkorbzwang geeignet ist, die in der Öffentlichkeit von gefährlichen Hunden ausgehenden abstrakten Gefahren für die Gesundheit und das Leben von Menschen zu verringern, kann nicht ernsthaft in Frage gestellt werden. Werden gefährliche Hunde an der Leine und mit Maulkorb geführt, können durch Anspringen oder Bisse verursachte Verletzungen vermieden werden. Durch die Pflicht zu Leine und Maulkorb wird darüber hinaus das subjektive Sicherheitsgefühl derjenigen Menschen erheblich gestärkt, die einen ihnen begegnenden Hund aufgrund seines sichtbaren Rassenmerkmals als „gefährlich" einstufen und dementsprechend in vielen Situationen bei einem oft nicht zu vermeidenden Näherkommen Angst entwickeln. Der Verordnungsgeber ist nicht gehindert, auf solche subjektive Befindlichkeiten Rücksicht zu nehmen, wenn sie in größerer Zahl auftreten und vertretbare Gründe haben. Der im generellen Leinen- und Maulkorbzwang liegende Eingriff in die Handlungsfreiheit der Beschwerdeführer ist auch erforderlich. Durch die unwiderlegliche Vermutung des § 3 Abs. 1 HundeVO Bln ist es den Beschwerdeführern zwar verwehrt, im Einzelfall durch einen sog. Wesenstest nachzuweisen, daß von den von ihnen gehaltenen Hunden keine Gefahr für Leben oder Gesundheit von Menschen oder Tieren ausgeht. Die Verordnung sieht auch nach Bestehen eines derartigen Wesenstests keine Ausnahmen vom Leinen- und Maulkorbzwang vor. Dies ist verfassungsrechtlich jedoch nicht zu beanstanden.

Mit der Regelung in § 4 Abs. 1 S. 2 und 3 HundeVO Bln wollte der Verordnungsgeber ausweislich der amtlichen Begründung den für notwendig erachteten präventiven Schutz der Bevölkerung vor gefährlichen Hunden verbessern. Er hat damit einen Zweck verfolgt, der sich unmittelbar aus seinem Schutzauftrag für die in Rede stehenden Rechtsgüter rechtfertigt und mit dem Hinweis auf die Rechte anderer in Art. 7 VvB vorgezeichnet ist. Ein milderes Mittel, mit dem dieser Zweck in gleich wirksamer, die Handlungsfreiheit der Beschwerdeführer weniger einschränkender Weise erreicht werden könnte, ist nicht ersichtlich. Die insoweit – gerade mit Blick auf den generellen Maulkorbzwang – in Teilen der verwaltungsgerichtlichen Rechtsprechung vertretene Auffassung, eine durch einen positiv verlaufenen Wesenstest widerlegbare Vermutung der Gefährlichkeit sei zur Gefahrenabwehr ausreichend, entsprechende Ausnahmen vom Maulkorbzwang seien daher geboten (vgl. OVG Bremen, NVwZ 2000, 1435, 1437; VGH Kassel, NVwZ 2000, 1438, 1439), erscheint nicht überzeugend. Sie wird schon im objektiven Bereich der bereits oben angesprochenen Unberechenbarkeit tierischen Verhaltens nicht gerecht. Nach dem Gutachten von *Feddersen-Petersen* (in: VDH, aaO, S. 10) ist die Beurteilung der potentiellen Gefährlichkeit eines Hundes, d. h. der Art und des Ausmaßes seiner Aggressivität in bestimmten Situationen, außerordentlich schwierig bis unmöglich. Die Beurteilung setzt voraus, daß ein Hund gut bekannt ist und seine Reaktionen in aggressiven Interaktionen mit Artgenossen und Menschen mehrfach beobachtet worden sind. Hervorgehoben wird, daß – selbst wenn diese Voraussetzungen beachtet sind – überraschende Umweltkonstellationen nicht vorhersehbare Reaktionen eines Hundes bewirken können. Auch ein bestandener Wesenstest kann mithin das Risiko spontaner und unkontrollierter Aggressionen nicht ausschließen. Gerade unter den besonderen Bedingungen einer Großstadt können solche überraschenden Umweltkonstellationen in vielfältiger Weise auftreten; das Zusammenleben von Menschen und Hunden auf engem Raum bedingt, daß sich typische Unfallsituationen (vgl. den Beitrag von *Stur* „Kampfhunde" – gibt's die?, S. 3) nicht vermeiden lassen (erwähnt wird etwa das Vorbeifahren an einem Hund mit dem Fahrrad). Angesichts des hohen Gefährdungspotentials, das den von § 3 Abs. 1 der Verordnung erfaßten Hunderassen zukommt und der in der Fachliteratur beschriebenen Problematik, die voraussichtliche Gefährlichkeit eines einzelnen Hundes zu beurteilen, vermögen Ausnahmen vom Leinen- und Maulkorbzwang nach bestandenem Wesenstest den präventiven Schutz der Allgemeinheit vor gefährlichen Hunden nicht in gleich wirksamer Weise zu gewährleisten. Hinzu kommt, daß die Verpflichtung zur Durchführung eines Wesenstestes selbst dann, wenn der Erfolg in sichtbarer Weise am Hund durch eine Plakette oder ähnliches dokumentiert würde, im Vergleich zum Vorhandensein von Leine und Maulkorb kaum geeignet sein dürfte, subjektive Beeinträchtigungen des Sicherheitsempfindens zurückzudrängen. Das Risiko spontaner und unkontrollierter Aggressionen vieler Hunde der als „gefährlich" eingestuften Rassen ist allgemein bekannt, und dementsprechend wäre das Vertrauen in einen in großer Zahl durchzuführenden Wesenstest nicht besonders hoch. Der Verordnungsgeber verstößt daher nicht gegen das Gebot der Erforderlichkeit, wenn er von derartigen Ausnahmeregelungen absieht.

Die Regelung ist schließlich auch in engerem Sinne verhältnismäßig. Der Einwand der Beschwerdeführer, durch den Leinen- und insbesondere den Maulkorbzwang werde die artgerechte Haltung der Hunde beeinträchtigt, weil sie durch die Beschränkung ihrer Bewegungsfreiheit und der mit dem Maulkorb einhergehenden Beeinträchtigung ihres Geruchssinns und ihrer Mimik nicht mehr in einer ihren Bedürfnissen entsprechenden Weise mit anderen Hunden in „Sozialkontakt" treten könnten, muß unter dem Gesichtspunkt der Verhältnismäßigkeit hinter dem Ziel des Schutzes von Leben und Gesundheit von Menschen vor besonders gefährlichen, mit einem erhöhten Aggressionspotential ausgestatteten Hunden zurücktreten. Die Beschwerdeführer als Halter von der Verordnung erfaßter Hunde müssen sich den höheren Rang der damit geschützten Rechtsgüter entgegenhalten lassen (vgl. zum Leinenzwang BayVerfGH, NVwZ-RR 1995, 262, 269). Die mit dem Leinen- und Maulkorbzwang verbundene Einschränkung ihrer Möglichkeit, ihre Hunde in der Öffentlichkeit frei umherlaufen zu lassen, ist Ausdruck ihrer Gemeinschaftsbezogenheit und -gebundenheit und der insoweit vom Verordnungsgeber zu berücksichtigenden legitimen und schutzwürdigen Interessen anderer. Auch wenn – wie von den Beschwerdeführern unter Hinweis auf entsprechende Gutachten vorgetragen – insbesondere mit der Maulkorbpflicht eine Beeinträchtigung des Sozialverhaltens und des Wohlbefindens der betroffenen Hunde verbunden ist, die u.U. sogar zu einer Steigerung der Aggressivität führen kann (vgl. auch OVG Lüneburg, Beschl. v. 31. 8. 2000 – 11 M 2876/00 – NVwZ 2000, 1440, 1441 f), durfte der Verordnungsgeber im Rahmen der von ihm vorzunehmenden Gefahrabschätzung dem Schutz von Leben und körperlicher Unversehrtheit von Menschen oberste Priorität einräumen. Eine Verfehlung des ihm aufgegebenen gerechten Ausgleichs zwischen den Interessen der betroffenen Hundehalter und dem Gemeinwohlbelang einer effektiven Gefahrenabwehr und dem Schutz der Rechtssphäre anderer kann hierin nicht gesehen werden. Da sich die Beeinträchtigungen der Hunde durch den Leinen- und Maulkorbzwang durch Gründe der vorbeugenden Gefahrenabwehr rechtfertigen, liegt insoweit weder ein Widerspruch zu Art. 31 Abs. 2 VvB noch zu den bundesrechtlichen Bestimmungen des Tierschutzgesetzes vor, die den Schutz von Tieren vor vermeidbaren Leiden vorsehen. Soweit insbesondere bei kranken Hunden zur Abwehr vermeidbarer Leiden Ausnahmen vom Maulkorbzwang aus Gründen der Verhältnismäßigkeit geboten sind, schließt die Verordnung derartige auf bundesrechtlichen Regelungen beruhende Ausnahmegenehmigungen nicht aus. Im übrigen haben die Beschwerdeführer nach § 4 Abs. 2 der Verordnung die Möglichkeit, ihre Hunde in Hundeauslaufgebieten auch ohne Leine auszuführen; der Maulkorbzwang wird davon allerdings nicht berührt.

b) Die in § 5 Abs. 1, 2 und 3 Nr. 1 der Verordnung normierten Anforderungen an die Zuverlässigkeit von Haltern gefährlicher Hunde sind verfassungsrechtlich ebenfalls nicht zu beanstanden.

Die Regelung soll den Gefahren begegnen, die durch die Unzuverlässigkeit von Hundehaltern entstehen, die – soweit hier von Belang – einen der in § 3 Abs. 1 der Verordnung aufgeführten Hunde halten. Sie dient damit unmittelbar der Gefahrenabwehr und ist durch die gesetzliche Ermächtigung in § 55 ASOG ebenfalls gedeckt. Die durch die Regelung bewirkte Beschränkung des Rechts zum Halten gefährlicher Hunde auf Personen, die weder wegen einer der aufgeführten Straftaten verurteilt noch alkoholkrank oder rauschmittelsüchtig sind, kann weder als ungeeignet noch als unverhältnismäßig angesehen werden. Über das Haltungsverbot des § 7 HundeVO Bln wird es den zuständigen Behörden vielmehr ermöglicht, den besonderen Gefahren, die sich aus dem Zusammentreffen unzuverlässiger Hundehalter und potentiell gefährlicher Hunde ergeben, zu begegnen und einen bestimmten Personenkreis, bei dem eine erhöhte Gefahr des Mißbrauchs der genannten Hunderassen besteht, von der Haltung als gefährlich eingestufter Hunde auszuschließen. Die Vorschrift bezieht damit auch die Halter in die der vorbeugenden Gefahrenabwehr dienenden Regelungen mit ein und trägt – im Sinne des Vortrags der Beschwerdeführer – der Tatsache Rechnung, daß die Gefährlichkeit eines Hundes neben rassespezifischen Merkmalen ursächlich auch durch das Verhalten des jeweiligen Halters bedingt sein kann.

c) Gegen die allgemeine Regelung der Anzeigepflicht in § 5a Abs. 1 der Verordnung haben die Beschwerdeführer, die einen der unter § 3 Abs. 1 Nr. 1 bis 5 fallenden Hunde halten, keine Einwände erhoben. Soweit sie sich gegen die Pflicht zur Beibringung eines Führungszeugnisses, eines Nachweises der Sachkunde und eines Attests über die „Ungefährlichkeit" ihres Hundes wenden (§ 5a Abs. 2 Nr. 1 bis 3), ist ihr Vorbringen nicht geeignet, eine Grundrechtsverletzung zu begründen.

Art. 33 S. 1 VvB, der dem Einzelnen das Recht gewährleistet, grundsätzlich selbst über die Preisgabe und Verwendung seiner persönlichen Daten zu bestimmen, wird durch die Auflage zur Beibringung eines Führungszeugnisses nicht verletzt. Den Beschwerdeführern ist zwar einzuräumen, daß durch die Ordnungswidrigkeitenregelung in § 9 Abs. 1 Nr. 9 und die in § 5a Abs. 3 S. 2 der Verordnung vorgesehene Möglichkeit der Behörde, die Haltung des Hundes zu untersagen und seine Sicherstellung anzuordnen, die betroffenen Hundehalter nicht „selbst", d.h. frei und unbeeinflußt über die Preisgabe ihrer persönlichen, im Führungszeugnis enthaltenen Daten bestimmen. Diese Einschränkung ihrer informationellen Selbstbestimmung ist jedoch verfassungsrechtlich nicht zu beanstanden, da sie auf einer hinreichenden gesetzlichen Grundlage beruht und im überwiegenden Allgemeininteresse erfolgt (Art. 33 S. 2 und 3 VvB).

Dabei kann dahin stehen, ob den Anforderungen des Gesetzesvorbehalts grundsätzlich durch eine Rechtsverordnung Genüge getan ist oder ob – möglicherweise abhängig von Art und Umfang der zu offenbarenden Daten – eine formelle gesetzliche Grundlage in Form eines Parlamentsgesetzes erforderlich ist (vgl. zum Bundesrecht *Murswiek* in: Sachs, Grundgesetz, 2. Aufl. 1999, Art. 2 Rn. 107; *Kunig* in: von Münch/ders., aaO, Art. 2 Rn. 42). Denn die Regelung des § 5a Abs. 2 Nr. 1 Hunde-VO Bln ist durch § 55 ASOG, wonach der Senat zum Erlaß von Rechtsverordnungen zur Abwehr von Gefahren für die öffentliche Sicherheit oder Ordnung ermächtigt ist, gedeckt. Diese gesetzliche Ermächtigungsgrundlage umfaßt auch die Befugnis, die zum Vollzug entsprechender Gefahrenabwehrregelungen erforderlichen Vorschriften zu erlassen. Soweit es im Interesse einer effektiven Gefahrenabwehr zu Vollzugszwecken notwendig ist, Auskünfte über personenbezogene Daten zu verlangen, die in öffentlichen Registern gespeichert sind, stellt mithin bereits § 55 ASOG die verfassungsrechtlich gebotene gesetzliche Grundlage dar. Aus der Tatsache, daß der nunmehr vorliegende Gesetzentwurf weitergehende Regelungen zum Datenschutz enthält, kann nicht gefolgert werden, daß die Anforderung eines Führungszeugnisses – begrenzt auf die Zweckbestimmung, die in § 5 Abs. 2 der Verordnung normierten Zuverlässigkeitsanforderungen zu prüfen – zuvor nicht zulässig war. Die darin liegende Bekanntgabe persönlicher Daten liegt mit Blick auf die besonderen Gefahren, die aus der Haltung eines gefährlichen Hundes durch unzuverlässige, wegen einer der aufgeführten Straftaten verurteilte Hundehalter erwachsen können, auch im überwiegenden Allgemeininteresse und belastet die Beschwerdeführer nicht unzumutbar.

Die in der Pflicht zur Beibringung eines Sachkundenachweises und eines Nachweises über die „Ungefährlichkeit" ihres Hundes liegende Einschränkung der allgemeinen Handlungsfreiheit der Beschwerdeführer begegnet ebenfalls keinen verfassungsrechtlichen Bedenken. Daß die Sachkundeprüfung und die Wesensprüfung nicht nur von den zuständigen Behörden – in der Regel den Veterinär- und Lebensmittelaufsichtsämtern der Bezirke – durchgeführt werden, sondern auch entsprechende Nachweise von anerkannten Verbänden oder privaten Sachverständigen anerkannt werden können (vgl. die Amtl. Begr. der Verordnung sowie die Antwort auf die Kleine Anfrage Nr. 14/888), ist aus rechtsstaatlichen Gründen nicht zu beanstanden. Die Behörde begibt sich damit, worauf in der amtlichen Begründung ausdrücklich hingewiesen wird, nicht ihrer Befugnis zu prüfen, ob diese Nachweise inhaltlich den Anforderungen an die Durchführung einer Sachkunde- und Wesensprüfung entsprechen und der Zweckbestimmung der Verordnung genügen. Die Prüfungstätigkeit anerkannter Verbände und privater Sachverständiger hat damit nur vorbereitenden und unterstützenden Charakter. Eine Übertragung hoheitlicher Aufgaben auf private Dritte, die einer gesetzlichen Legitimation bedürfte (vgl. zur Sachkundeprüfung OVG Münster, Beschl. v. 6. 3. 1997 – 5 B 3202/96 – NVwZ 1997, 806, 807), liegt entgegen der Ansicht der Beschwerdeführer nicht vor.

Bei der in § 5a Abs. 3 S. 1 und Abs. 4 S. 1 der Verordnung vorgesehenen Kennzeichnungspflicht mittels Plakette handelt es sich schließlich um eine zur Gefahrenabwehr geeignete und verhältnismäßige Maßnahme, die den darin liegenden – als geringfügig anzusehenden – Eingriff in das allgemeine Persönlichkeitsrecht der Beschwerdeführer zu rechtfertigen vermag. Die Kennzeichnung eines gefährlichen Hundes kann zwar der von ihm ausgehenden Gefahr nicht unmittelbar begegnen. Sie ermöglicht in Anbetracht der besseren Identifizierungsmöglichkeiten der Hunde und damit auch ihrer Halter aber eine wirksamere Kontrolle und kann somit eine verhaltenssteuernde Wirkung entfalten, die in der Verordnung normierten Halteranforderungen – insbesondere die Leinen- und Maulkorbpflicht – zu beachten (vgl. RhPfVerfGH, NVwZ 2001, 193, 194; OVG Frankfurt/Oder, Beschl. v. 20. 10. 2000 – 4 B 155/00.NE – NVwZ 2001, 223, 226). Sie ist daher durch überwiegende Interessen der Allgemeinheit gerechtfertigt.

d) § 8 Abs. 2 S. 2 der Verordnung sieht ein Zuchtverbot für die in § 3 Abs. 1 Nr. 1 bis 5 aufgeführten Hunde vor. Diese Regelung, die durch den erst am 1. September 2001 in Kraft tretenden § 11 der Tierschutz-Hundeverordnung vom 2. Mai 2001 (BGBl. I S. 838) derzeit noch nicht verdrängt wird, verletzt weder das Eigentumsgrundrecht der Beschwerdeführer, noch greift sie in unzulässiger Weise in die durch Art. 17 VvB geschützte Berufsfreiheit ein. Dabei kann dahin stehen, ob der Vortrag, die Beschwerdeführerin zu 6. wolle mit ihrer Hündin eine Zucht aufbauen, überhaupt – mit Blick auf Art. 17 VvB – den Anforderungen an einen hinreichend substantiierten Sachvortrag genügt. Denn die Eigentumsgewährleistung ist ebenso wie die Berufsfreiheit nicht schrankenlos gewährt. Soweit die Zucht nicht aus gewerblichen Gründen durchgeführt werden soll, handelt es sich bei dem Verbot der Züchtung bestimmter Hunderassen, bei denen – wie ausgeführt – hinreichende Anhaltspunkte für eine rassespezifisch erhöhte Gefährlichkeit vorliegen, um eine zulässige Inhaltsbestimmung des Eigentums, die den Grundsatz der Verhältnismäßigkeit wahrt. Im Ergebnis dasselbe gilt für Art. 17 VvB. Da die Hundezucht nicht insgesamt verboten wird, sondern nur die im einzelnen aufgeführten Hunderassen erfaßt, ist allein die Berufsausübung betroffen, die angesichts der in Rede stehenden Rechtsgüter durch vernünftige und verhältnismäßige Erwägungen des Gemeinwohls in verfassungsrechtlich nicht zu beanstandener Weise eingeschränkt wird (vgl. OVG Frankfurt/Oder, NVwZ 2001, 223, 225; *Caspar* DVBl. 2000, 1580, 1590).

e) Nach § 10 Abs. 1 der Verordnung gelten die von den Beschwerdeführern angegriffenen Regelungen nicht für die gesondert aufgeführten Diensthunde und Schutzhunde. Daß weitere Ausnahmen, etwa für die vom Beschwerdeführer zu 34. gehaltenen „Therapiehunde", nicht vorgesehen sind, ist entgegen dem Vorbringen der Beschwerdeführer verfassungsrechtlich nicht zu beanstanden. Der Verordnungsgeber ist mit Blick auf den Gleichheitssatz nicht verpflichtet, jede Form der privaten Nutzung der Hunde, mag ihr Einsatz auch im Interesse anderer liegen, durch eine Ausnahmeregelung zu privilegieren. Daß einzelne Hunde der in § 3 Abs. 1 der Verordnung aufgeführten Rassen bzw. Gruppen nicht die ihnen rassespezifisch zukommende Gefährlichkeit aufweisen, nimmt – wie ausgeführt – dem Verordnungsgeber nicht die ihm im Interesse einer effektiven Gefahrenabwehr zuzubilligende Typisierungsbefugnis und zwingt nicht zum Erlaß weitergehender genereller Ausnahmeregelungen. Der Verordnungsgeber konnte ohne Überschreitung seines Gestaltungsspielraums davon ausgehen, daß bei den von der Ausnahmeregelung erfaßten Hunden angesichts ihrer Zweckbestimmung und ihrer Verwendung durch die genannten Behörden und Institutionen eine Gefährdung der öffentlichen Sicherheit und Ordnung von vornherein auszuschließen ist, während dies in anderen Fällen privater Nutzung nicht in gleichem Maße der Fall ist.

Die Kostenentscheidung beruht auf den §§ 33, 34 VerfGHG.

Dieses Urteil ist unanfechtbar.

Nr. 4

1. Die Verfassung von Berlin enthält keine ungeschriebenen materiellen Tatbestandsvoraussetzungen für den Beschluß des Abgeordnetenhauses von Berlin über die vorzeitige Beendigung der Wahlperiode.

2. Art. 54 Abs. 2 VvB räumt dem Abgeordnetenhaus von Berlin Ermessen zu einer politischen Leitentscheidung über die vorzeitige Beendigung der Wahlperiode ein. Da die Verfassung von Berlin keine spezifischen materiellen Maßstäbe bzw. Richtlinien für die vorzeitige Beendigung der Wahlperiode enthält, kommen ein Ermessensfehlgebrauch bzw. eine Ermessensüberschreitung nur in Betracht, wenn die Entscheidung über die Verkürzung der Wahlperiode sich als willkürlich oder rechtsmißbräuchlich erweist.

Verfassung von Berlin Art. 54 Abs. 2

Grundgesetz Art. 28 Abs. 1, 68 Abs. 1

Beschluß vom 8. Oktober 2001 – 137A/01, 137/01, 139A/01, 139/01, 142A/01, 142/01

in den Organstreitverfahren sowie den Verfahren über den Antrag auf Erlaß einer einstweiligen Anordnung der Mitglieder des Abgeordnetenhauses von Berlin

1. Frau A S.
2. Herrn W-D Z.
3. Herrn H-L R.

Preußischer Landtag, 10111 Berlin

Verfahrensbevollmächtigter zu 1.: Rechtsanwalt Dr. K G., Berlin

gegen

das Abgeordnetenhaus von Berlin, vertreten durch seinen Präsidenten, 10111 Berlin

wegen der vorzeitigen Beendigung der 14. Wahlperiode des Abgeordnetenhauses von Berlin

Entscheidungsformel:

Die Verfahren werden unter dem führenden Aktenzeichen VerfGH 137 A/01, 137/01 zur gemeinsamen Entscheidung verbunden.
Die Anträge werden zurückgewiesen.
Damit erledigen sich zugleich die Anträge auf Erlaß einer einstweiligen Anordnung.
Das Verfahren ist gerichtskostenfrei.
Auslagen werden nicht erstattet.

Gründe:

I.

Nach Beendigung der Koalition von CDU und SPD sowie Abschluß einer Koalitionsvereinbarung zwischen SPD und Bündnis 90/Die Grünen, in der die Vorbereitung von Neuwahlen als „wichtigste Aufgabe" der neuen Koalition bezeichnet wurde, entzog das Abgeordnetenhaus von Berlin in seiner 29. Sitzung am 16. Juni 2001 dem Regierenden Bürgermeister sowie vier weiteren, der CDU angehörenden, Senatsmitgliedern gem. Art. 57 der Verfassung von Berlin (VvB) das Vertrauen und führte anschließend die Neuwahl des Regierenden Bürgermeisters sowie der Mitglieder des Senats durch (Abgeordnetenhausdrs. 14/1297 bis 14/1301, Plenarprotokoll 14/29). Am 12. Juli 2001 wurde auf Antrag aller im Abgeordnetenhaus vertretenen Fraktionen eine Entschließung über Neuwahlen in Berlin mit folgendem Wortlaut (Abgeordnetenhausdrs. 14/1450) angenommen:

„Die Bürgerinnen und Bürger haben einen Anspruch darauf, durch vorzeitige Neuwahlen darüber zu entscheiden, wem sie einen politischen Neuanfang in Berlin zutrauen. Grundvoraussetzung hierfür ist die Einigung der Fraktionen des Abgeordnetenhauses auf die vorzeitige Beendigung der 14. Wahlperiode und auf einen Wahltermin.
Über einen Antrag zur vorzeitigen Beendigung der 14. Wahlperiode gemäß Art. 54 Abs. 2 der Verfassung von Berlin wird das Abgeordnetenhaus in einer Sondersitzung am 1. September 2001 abstimmen.
Als Termin für die dann innerhalb von acht Wochen durchzuführenden Wahlen zum Abgeordnetenhaus von Berlin und zu den Bezirksverordnetenversammlungen schlägt das Abgeordnetenhaus den 21. Oktober 2001 vor."

Am 24. Juli 2001 stellten die Fraktionen schließlich folgenden Antrag (Abgeordnetenhausdrs. 14/1470):

„Das Abgeordnetenhaus wolle beschließen:
Gemäß Artikel 54 Abs. 2 VvB wird die 14. Wahlperiode vorzeitig beendet."

Das Abgeordnetenhaus von Berlin beschloß daraufhin am 1. September 2001 in namentlicher Abstimmung mit 143 gegen 9 Stimmen bei 3 Enthaltungen die vorzeitige

Beendigung der 14. Wahlperiode. Die Antragsteller stimmten gegen den Antrag. Noch am selben Tage setzte der Senat von Berlin auf Grund des § 33 Abs. 2 des Landeswahlgesetzes – LWG – den Wahltag für die Wahl zur 15. Wahlperiode des Abgeordnetenhauses von Berlin und für die Wahlen zu den Bezirksverordnetenversammlungen auf Sonntag, den 21. Oktober 2001 fest (vgl. auch Abgeordnetenhausdrs. 14/1500).

Mit ihren Anträgen wenden sich die Antragsteller gegen den Beschluß des Abgeordnetenhauses von Berlin vom 1.9.2001. Die Antragsteller machen geltend, als Abgeordnete von dem Beschluß unmittelbar betroffen zu sein, da sie ihre Lebensplanung auf eine fünfjährige Legislaturperiode ausgerichtet hätten. Der einzelne Abgeordnete sei befugt, die Verletzung jedes Rechts, das mit seinem Status als Abgeordneter verfassungsrechtlich verbunden sei, im eigenen Namen geltend zu machen und sich auf die Gewährleistung der Dauer der Wahlperiode zu berufen. Der Beschluß über die vorzeitige Auflösung der 14. Wahlperiode sei rechtsmißbräuchlich, willkürlich und damit verfassungswidrig. In Berlin sei derzeit ein mit guten Mehrheiten gewählter neuer, politisch handlungsfähiger Senat vorhanden. Da damit eine kontinuierliche parlamentarische Arbeit gesichert sei, komme eine Parlamentsauflösung nicht in Betracht. Die angestrebten Neuwahlen dienten nur dem Zweck, eine stabile politische Mehrheit aus opportunistischen und damit sachfremden Erwägungen zu beseitigen und durch eine neue Mehrheit zu ersetzen.

Die Antragsteller beantragen sinngemäß festzustellen,

daß der Beschluß des Abgeordnetenhauses von Berlin vom 1. September 2001 über die vorzeitige Beendigung der Wahlperiode Art. 54 Abs. 2 VvB verletzt.

Sie beantragen ferner, im Wege der einstweiligen Anordnung zu beschließen,

daß der Wahltermin vom 21. Oktober 2001 aufgehoben wird und angeordnet wird, bis zur Entscheidung in der Hauptsache die Wahlvorbereitungen für die Wahl zum Abgeordnetenhaus von Berlin am 21. Oktober 2001 einzustellen.

Der Antragsgegner beantragt sinngemäß,

die Anträge zurückzuweisen.

Er hält das Organstreitverfahren für unzulässig, weil der Antragsgegner nicht richtig bezeichnet worden sei. Im übrigen seien die Anträge unbegründet, denn der Beschluß des Abgeordnetenhauses über die vorzeitige Beendigung der Wahlperiode verstoße nicht gegen Verfassungsrecht.

Gem. § 38 Abs. 2 VerfGHG ist dem Senat von Berlin Gelegenheit gegeben worden, sich zu den Organstreitverfahren und den Anträgen auf Erlaß einer einstweiligen Anordnung zu äußern.

Der Verfassungsgerichtshof hat einstimmig beschlossen, ohne mündliche Verhandlung zu entscheiden (vgl. § 24 Abs. 1 VerfGHG).

II.

1. Die Anträge sind zulässig.

Nach § 14 Nr. 1 VerfGHG entscheidet der Verfassungsgerichtshof über die Auslegung der Verfassung von Berlin aus Anlaß von Streitigkeiten über den Umfang der Rechte und Pflichten eines obersten Landesorgans oder anderer Beteiligter, die durch die Verfassung von Berlin oder durch die Geschäftsordnung des Abgeordnetenhauses mit eigenen Rechten ausgestattet sind. Die Antragsteller sind beteiligtenfähig, weil sie in der Verfassung von Berlin mit eigenen Rechten ausgestattet sind (vgl. Art. 38 Abs. 4, 45, 51 VvB). Soweit die Antragsteller das Land Berlin als Antragsgegner bezeichnet haben, waren ihre Anträge im Hinblick auf § 36 iVm § 14 Nr. 1 VerfGHG als gegen das Abgeordnetenhaus von Berlin gerichtet auszulegen, denn die Antragsteller wenden sich mit ihren Begehren ersichtlich gegen den von diesem obersten Landesorgan getroffenen Beschluß über die vorzeitige Beendigung der Wahlperiode. Im übrigen hat die Antragstellerin zu 1. mit Schriftsatz vom 27. 9. 2001 klargestellt, daß sich ihr Antrag gegen den im Passivrubrum bezeichneten Antragsgegner richtet. Gem. § 37 Abs. 1 VerfGHG ist der Antrag nach § 14 Nr. 1 VerfGHG nur zulässig, wenn der Antragsteller geltend macht, daß er oder das Organ, dem er angehört, durch die Maßnahme oder Unterlassung des Antragsgegners in seinen ihm durch die Verfassung von Berlin übertragenen Rechten und Pflichten verletzt oder unmittelbar gefährdet ist. Die Antragsbefugnis setzt voraus, daß nach dem Vortrag der Antragsteller die Verletzung eigener Rechte zumindest möglich ist (Beschlüsse v. 22. 11. 1993 – VerfGH 18/93 – LVerfGE 1, 160, 165 und v. 8. 4. 1997 – VerfGH 78/96 – LVerfGE 6, 67, 74). Die Antragsteller sind in ihrer Rechtsstellung als Abgeordnete unmittelbar betroffen; sie können insoweit auch in eigenen Rechten verletzt sein.

Die in Art. 54 Abs. 1 S. 1 VvB festgelegte Dauer der Wahlperiode bringt nicht nur zum Ausdruck, in welchen Abständen die demokratische Legitimation der Volksvertretung erneuert werden muß. Die Festlegung der Wahlperiode auf fünf Jahre soll von Verfassungs wegen dem Abgeordnetenhaus als zentralem demokratischen Verfassungsorgan auch die wirksame und kontinuierliche Erfüllung seiner Aufgabe ermöglichen. An dieser Gewährleistung hat der Status des einzelnen Abgeordneten notwendigerweise Anteil. Eine mit den Bestimmungen der Verfassung unvereinbare Verkürzung würde zugleich in den in Art. 38 Abs. 4 VvB garantierten Abgeordnetenstatus eingreifen (vgl. zum Bundesrecht BVerfGE 62, 1, 32). Die Antragsfrist des § 37 Abs. 3 VerfGHG ist gewahrt.

2. Die Anträge sind jedoch unbegründet.

Das Abgeordnetenhaus von Berlin hat mit der Beschlußfassung über die vorzeitige Beendigung der Wahlperiode das Recht der Antragsteller, ihr Mandat bis zum Ablauf der Wahlperiode wahrzunehmen, nicht verletzt. Dieses Verfassungsrecht findet seine Grenze in Art. 54 Abs. 2 VvB. Danach kann das Abgeordnetenhaus mit einer Mehrheit von zwei Dritteln seiner Mitglieder eine vorzeitige Beendigung seiner Wahlperiode beschließen. Der angegriffene Beschluß des Antragsgegners erreicht dieses Quorum, denn dem Antrag auf vorzeitige Beendigung der Wahlperiode haben 143 der 169 Mitglieder des Abgeordnetenhauses zugestimmt.

Außer dem Erfordernis der Zweidrittelmehrheit wird die Befugnis des Antragsgegners zur vorzeitigen Beendigung der Wahlperiode nach dem Wortlaut des Art. 54 Abs. 2 VvB an keine weiteren Voraussetzungen geknüpft. Der Norm lassen sich auch keine ungeschriebenen Tatbestandsmerkmale entnehmen, die etwa die Befugnis zur vorzeitigen Beendigung der Wahlperiode davon abhängig machen könnten, daß eine politische Lage der Instabilität zwischen Parlament und Regierung besteht. Zwar hat das Bundesverfassungsgericht in seinem Urteil vom 16. 2. 1983 – 2 BvE 1, 2, 3, 4/83 – BVerfGE 62, 1, 44 zu Art. 68 Abs. 1 S. 1 GG festgestellt, daß diese die Auflösung des Bundestages nach negativer Beantwortung der Vertrauensfrage des Bundeskanzlers ermöglichende Norm über ihren Wortlaut hinaus fordere, daß eine Lage bestehe, in der es für diesen politisch nicht mehr gewährleistet sei, mit den im Parlament bestehenden Kräfteverhältnissen zu regieren. Eine Auflösung des Bundestags nach Art. 68 GG komme nur in Betracht, wenn die Handlungsfähigkeit des Bundeskanzlers so beeinträchtigt oder gelähmt sei, daß er eine vom stetigen Vertrauen der Mehrheit getragene Politik nicht sinnvoll zu verfolgen vermöge.

Diese Rechtsprechung des Bundesverfassungsgerichts läßt sich nicht auf die verfassungsrechtliche Lage in Berlin übertragen. Ein ungeschriebenes sachliches Tatbestandsmerkmal in dem vom Bundesverfassungsgericht für Art. 68 Abs. 1 S. 1 GG angenommenen Sinne (BVerfGE 62, 1, 44) ergibt sich für Art. 54 Abs. 2 VvB weder aus einer in dieser Bestimmung selbst angelegten Systematik noch aus ihrer Stellung im Verfassungsgefüge.

Zwar enthält Art. 54 Abs. 1 VvB eine Art. 39 Abs. 1 S. 1 GG vergleichbare Vorschrift über die Dauer der Wahlperiode, die nicht nur als eine wahltechnisch gemeinte Festlegung für die vom Demokratiegrundsatz geforderte periodische Erneuerung der Mandate der Volksvertreter zu verstehen ist, sondern daneben auch die Arbeitsfähigkeit des Parlaments in einer repräsentativen Demokratie sichern soll. Im Unterschied zum Grundgesetz, das in Art. 63 Abs. 4 S. 3 und in Art. 68 Abs. 1 S. 1 die Auflösung des Bundestages durch den Bundespräsidenten nur unter eng umgrenzten Voraussetzungen als Ausnahme von der Regel der vierjährigen Wahlperiode erlaubt (vgl. BVerfG, aaO, 44), sieht Art. 54 Abs. 2 VvB aber ausdrücklich ein nicht an materielle Voraussetzungen gebundenes Selbstauflösungsrecht des Abgeordnetenhauses vor und unterwirft damit die Dauer der Wahlperiode der alleinigen Entscheidung einer qualifizierten Mehrheit der Abgeordneten. Eine der Bestimmung des Art. 68 Abs. 1 S. 1 GG vergleichbare eigene Systematik, die schon durch das Erfordernis des Zusammenwirkens von drei aufgrund jeweils eigenständiger Beurteilung mitentscheidender Verfassungsorgane (Bundeskanzler, Bundestag, Bundespräsident) vornehmlich darauf angelegt ist, während der laufenden Wahlperiode eines Bundestages einem amtierenden Bundeskanzler zu ermöglichen, ausreichende parlamentarische Unterstützung zu gewinnen bzw. diese zu festigen, und damit zur politischen Stabilität im Verhältnis von Bundeskanzler und Bundestag beizutragen (BVerfGE 62, 1, 39 f), ist in Art. 54 Abs. 2 VvB nicht festzustellen. Als Regulativ gegen eine vorschnelle Auflösung des Abgeordnetenhauses von Berlin ist dort einzig das Erfordernis der Zweidrittelmehrheit verankert.

Aus der systematischen Einordnung des Art. 54 Abs. 2 VvB in das Verfassungsgefüge lassen sich keine Anhaltspunkte für ein ungeschriebenes Tatbestandsmerkmal der Norm herleiten. Zwar liegt nach Wortlaut und Stellung der Bestimmung innerhalb des Art. 54 VvB auf der Hand, daß es sich bei der vorzeitigen Beendigung der Wahlperiode um eine Ausnahme von der in Art. 54 Abs. 1 VvB enthaltenen Regel der fünfjährigen Wahlperiode handelt. Eine tatbestandliche Begrenzung der „Auflösungssituationen" ergibt sich aber aus dieser Einordnung nicht, zumal da als weitere Ausnahme vom Regelfall der fünfjährigen Wahlperiode in Art. 54 Abs. 3 VvB die Möglichkeit der vorzeitigen Beendigung der Wahlperiode durch Volksentscheid verankert wurde, die wesensmäßig nicht an materielle Voraussetzungen geknüpft ist. Die Aufnahme der Bestimmungen über die vorzeitige Beendigung der Wahlperiode in den die Volksvertretung betreffenden Abschnitt III der Verfassung von Berlin bietet im Gegensatz zur Einordnung der Auflösungstatbestände der Art. 63 Abs. 4 und 68 Abs. 1 GG in den Abschnitt über die Bundesregierung keinen Interpretationsansatz (vgl. hierzu BVerfGE 62, 1, 41) für das Erfordernis eines an das Verhältnis von Regierung und Parlamentsmehrheit anknüpfenden Auflösungstatbestandes.

Weder die Entwicklung des Selbstauflösungsrechts in der deutschen Verfassungsgeschichte noch die Entstehungsgeschichte des Art. 54 Abs. 2 VvB deuten darauf hin, daß die vorzeitige Beendigung der Wahlperiode durch das Abgeordnetenhaus nur bei Vorliegen bestimmter Auflösungsgründe zulässig sein soll. Das mittlerweile – wenn auch in unterschiedlichen Ausgestaltungen – in allen Bundesländern bestehende Selbstauflösungsrecht des Parlaments hat sich bereits ab 1919 zunehmend durchgesetzt (zur Entwicklung siehe *Umbach* Parlamentsauflösung in Deutschland, 1989, S. 338 ff, 405 ff). Die Parlamentsauflösung dient nicht mehr wie noch im Kaiserreich als Waffe im Konflikt der Exekutive mit dem Parlament, sondern diesem als Abhilfe im Fall der Arbeitsunfähigkeit und der mangelnden Legitimation durch die Wählerschaft (vgl. *Toews* Die Regierungskrise in Niedersachsen – 1969/70, AöR 96/1971, 354, 385 f). Im Unterschied hierzu kannte die Weimarer Reichsverfassung kein Auflösungsrecht des Parlaments. Nach Art. 25 Abs. 1 WRV konnte nur der Reichspräsident den Reichstag auflösen. Vor dem Hintergrund negativ eingeschätzter Erfahrungen mit dem Auflösungsrecht des Reichspräsidenten war der Parlamentarische Rat 1949 bestrebt, der Auflösung des Bundestages durch Art. 68 GG Grenzen zu setzen (vgl. *Umbach* aaO, S. 509 f).

Eine entsprechende Entwicklung hin zu einer Beschränkung des überkommenen Auflösungsrechts läßt sich hingegen für die Verfassung von Berlin nicht feststellen. In Art. 39 Abs. 1 der Verfassung von Berlin vom 1. Oktober 1950 wurde festgelegt, daß das Abgeordnetenhaus sich mit einer Mehrheit von zwei Dritteln der gewählten Mitglieder auflösen kann. Eine inhaltliche Beschränkung dieser Befugnis wurde weder in dem mit der Erarbeitung der Verfassung betrauten Verfassungsausschuß (vgl. das Protokoll der 20. Sitzung des Verfassungsausschusses am 24. September 1947 – Volksvertretung –, abgedr. bei *Reichhardt* (Hrsg.), Die Entstehung der Verfassung von Berlin, Bd. I, 1990, S. 829, 831, 847) noch in Zusammenhang mit den Änderungen dieser Bestimmung durch das Siebzehnte und das den Begriff der Auflösung durch den der vorzeitigen Beendigung der Wahlperiode ersetzende Zwanzigste Gesetz zur Änderung der Verfassung von Berlin gefordert. Aus der Entstehungsgeschichte der Verfassung von Berlin vom 23. November 1995, in die die Regelung des Art. 39 Abs. 2 VvB a. F. wortgleich als Art. 54 Abs. 2 VvB übernommen wurde, ergeben sich keine Anhaltspunkte für eine Auseinandersetzung mit diesem Thema.

Ferner herrscht im Schrifttum weitgehend Übereinstimmung darüber, daß die derzeit in allen Landesverfassungen enthaltenen Bestimmungen über das Selbstauflösungsrecht keine ungeschriebenen Tatbestandsmerkmale enthalten. Danach ist das Selbstauflösungsrecht an keine sachlichen Voraussetzungen gebunden (so *Schulze* in Simon/Franke/Sachs, Handbuch der Verfassung des Landes Brandenburg, 1994, § 11 Rn. 19; *Rupp-v. Brünneck/Konow* in Zinn/Stein, Verfassung des Landes Hessen, Stand Juni 1999, Art. 80 Anm. 1; *Linck* in Linck/Jutzi/Hopfe, Die Verfassung des Freistaats Thüringen, 1994, Art. 15 Rn. 14 f sowie *Meissner* in Degenhardt/Meissner, Handbuch der Verfassung des Freistaates Sachsen, 1997 § 10 Rn. 5) und steht seine Ausübung im freien politischen Ermessen (so *Neumann* Die Niedersächsische Verfassung, 3. Aufl. 2000, Art. 10 Rn. 3 sowie *ders.* Die Verfassung der Freien Hansestadt Bremen, 1996, Art. 78 Rn. 4; vgl. ferner *Glauben* in Grimm/Caesar, Verfassung für Rheinland-Pfalz, 2001, Art. 84 Anm. B.I., der auf das Fehlen verfassungsrechtlicher Kriterien für die Auflösungsentscheidung hinweist, aber eine Mißbrauchskontrolle für erforderlich hält). Soweit in Kommentierungen darauf hingewiesen wird, daß eine Auflösungsentscheidung bei unklaren oder knappen Mehrheitsverhältnissen (*Magen* in Pfennig/Neumann, Verfassung von Berlin, 3. Aufl. 2000, Art. 54 Rn. 8), „Ereignissen von besonderer politischer Tragweite" (*Landsberg/Goetz* Verfassung von Berlin, 1951, Art. 39 Erl. 1 S. 101), bei einer grundlegenden Veränderung der allgemeinen politischen Situation (*David* Verfassung der Freien und Hansestadt Hamburg, 1994, Art. 11 Rn. 3) oder allgemein in einer politischen Krise (*Meder* Die Verfassung des Freistaates Bayern, 4. Aufl. 1992) zu treffen ist, werden lediglich typische Auflösungslagen umschrieben. Eine Festlegung auf einen inhaltlich eingeschränkten Anwendungsbereich des Selbstauflösungsrechts läßt sich diesen Ausführungen ebenso wenig entnehmen wie solchen Stimmen, die zwar für einen zurückhaltenden Gebrauch des Selbstauflösungsrechts eintreten, aber in diesem Zusammenhang zugleich auf die in den jeweiligen Ländern bestehenden hohen formalen Voraussetzungen hinweisen, die einem Mißbrauch des Selbstauflösungsrechts entgegenständen (vgl. *Engelken* in Ergänzungsband zu Braun, Kommentar zur Verfassung des Landes Baden-Württemberg, 1997, Art. 43 Rn. 5 sowie *Wedemeyer* in Thiele/Pirsch/Wedemeyer, Die Verfassung des Landes Mecklenburg-Vorpommern, 1993, Art. 27 Rn. 6). Lediglich vereinzelt wird die Auffassung vertreten, das Selbstauflösungsrecht sei als ultima ratio anzusehen und komme nur als Lösungsmittel verfassungsrechtlicher Krisen in Betracht (so *Müller*, Verfassung des Freistaats Sachsen, 1993, zu Art. 58). Eine einschränkende Auslegung des Selbstauflösungsrechts des Art. 54 Abs. 2 VvB im Sinne der angeführten Rechtsprechung des Bundesverfassungsgerichts zu Art. 68 Abs. 1 S. 1 GG ist auch nicht im Hinblick auf Art. 28 Abs. 1 S. 1 GG gefordert, so daß offen bleiben kann, welche Bedeutung das bundesverfassungsrechtliche Homogenitätsgebot für die Auslegung und Anwendung von Bestimmungen der Verfassung von Berlin in einem Organstreitverfahren vor dem Verfassungsgerichtshof im Einzelnen hat. Dieses Gebot verlangt, daß die verfassungsmäßige Ordnung in den Ländern den Grundsätzen des republikanischen, demokratischen und sozialen Rechtsstaats im Sinne des Grundgesetzes entspricht. Art. 28 Abs. 1 GG will damit dasjenige Maß an struktureller Homogenität zwischen Gesamtstaat und Gliedstaaten gewährleisten, das für das Funktionieren eines Bundesstaates unerläßlich ist. Er will aber nicht für Uniformität sorgen; das Grundgesetz geht im Gegenteil von der grundsätzlichen Verfassungsautonomie der Länder aus (vgl. BVerfGE 36, 342, 360 ff; 64, 301, 317 mwN). Es fordert nur ein Mindestmaß an Homogenität, das inhaltlich in Art. 28 Abs. 1 GG bestimmt ist; dieser Zurückhaltung gegenüber den Landesverfassungen entspricht eine enge Interpretation von Art. 28 Abs. 1 GG (BVerfGE 90, 60, 85). Das Homogenitätserfordernis ist auf die dort genannten Staatsstruktur- und Staatszielbestimmungen und innerhalb dieser wiederum auf deren Grundsätze beschränkt. Die konkreten Ausgestaltungen, die diese Grundsätze im Grundgesetz gefunden haben, sind für die Landesverfassungen nicht verbindlich (BVerfGE 90, 60, 85). Nach der Rechtsprechung des Bundesverfassungsgerichts ist die Bestimmung der Regeln, nach denen sich die Bildung der Landesverfassungsorgane, ihre Funktionen und ihre Kompetenzen bemessen, ausschließlich Sache des jeweiligen Landes. Dazu gehören auch die Vorschriften, wann und unter welchen Voraussetzungen ein gewählter Landtag sein Ende findet (BVerfGE 1, 14, 34). So hat das Bundesverfassungsgericht die Einräumung eines Selbstauflösungsrechts des Landtages in der Vorläufigen Niedersächsischen Verfassung zu den Bestimmungen gezählt, bei denen das Land frei in der Ausgestaltung seiner Verfassung sei; diese und andere Divergenzen im Bundes- und Landesverfassungsrecht seien deshalb miteinander vereinbar, weil der „Ort" der divergierenden Vorschriften im Gefüge der Gesamtrechtsordnung ein verschiedener sei, sie also unabhängig voneinander in je verschiedenen Bereichen Geltung beanspruchen (BVerfGE 36, 342, 361 f). Hieraus folgt, daß es den Ländern unbenommen bleibt, ihren Parlamenten ein Selbstauflösungsrecht einzuräumen (vgl. *Tettinger* in v. Mangoldt/Klein/Starck, Grundgesetz, Bd. 2, 4. Aufl. 2000, Art. 28 Abs. 1 Rn. 48; *Dreier*, in ders. (Hrsg.), Grundgesetz, Bd. II, 1998, Art. 28 Rn. 62; *Nierhaus* in Sachs, Grundgesetz, 2. Aufl. 1999, Art. 28 Rn. 14; *Stern* in Bonner Kommentar, Stand: Mai 2001, Art. 28 Rn. 37; *Pieroth* in Jarass/Pieroth, Grundgesetz, 5. Aufl. 2000, Art. 28 Rn. 5; *Löwer* in v. Münch/Kunig, Grundgesetz,

Bd. 2, 5. Aufl. 2001, Art. 28 Rn. 15; *Vogelgesang* in Friauf/Höfling, Berliner Kommentar, Stand: Februar 2001, Art. 28 Rn. 31). Es ist verfassungsrechtlich nicht zu beanstanden, daß der Berliner Verfassungsgeber das dem Abgeordnetenhaus in Art. 54 Abs. 2 VvB zugebilligte Recht, die Wahlperiode vorzeitig zu beenden, nicht vom Vorliegen eines bestimmten Tatbestandes, etwa einer „Krisensituation", abhängig gemacht hat. Ein Verstoß gegen die in Art. 28 Abs. 1 S. 1 GG gewährleisteten Grundsätze des demokratischen Staates liegt nicht vor. Insbesondere wird die Unabhängigkeit der Abgeordneten nicht dadurch berührt, daß die Inanspruchnahme des Selbstauflösungsrechts die Kontinuität und Effektivität der parlamentarischen Arbeit beeinträchtigen kann.

Die dem Beschluß vom 1. September 2001 zugrunde liegende Ermessensentscheidung des Antragsgegners ist verfassungsrechtlich nicht zu beanstanden. Ist – wie dargelegt – die vorzeitige Beendigung der Wahlperiode nach Art. 54 Abs. 2 VvB nicht an bestimmte tatbestandliche Voraussetzungen gebunden, so bedeutet dies nicht, daß der Antragsgegner bei seinen Entscheidungen völlig frei von rechtlichen Begrenzungen ist. Art. 54 Abs. 2 VvB räumt ihm Ermessen zu politischen Leitentscheidungen ein (vgl. zum Bundesrecht: BVerfGE 62, 1, 51). Hierbei ist zu beachten, daß diese „hochpolitische Ermessensentscheidung" (vgl. *Herzog* in Maunz/Dürig, Grundgesetz, Bd. III, Stand: August 2000, Art. 68 Rn. 52 zur Auflösung des Bundestages durch den Bundespräsidenten) nicht mit der Kategorie des Verwaltungsermessens gleichgesetzt werden kann; denn das Abgeordnetenhaus muß bei diesem staatsleitenden Akt (vgl. *Schenke* in Bonner Kommentar, Stand: Mai 2001, Art. 68 Rn. 174 zum Ermessen des Bundespräsidenten bei der Entscheidung über die Auflösung des Bundestages) aus funktionellrechtlichen Gründen freier gestellt werden als die Verwaltungsermessen ausübende Exekutive. Mit der Einräumung eines allgemeinen Selbstauflösungsrechtes für das Abgeordnetenhaus als oberstes Verfassungsorgan und dessen Bindung an eine Zweidrittelmehrheit der Abgeordneten hat die Verfassung von Berlin die verfassungsgerichtliche Überprüfungsmöglichkeit weiter zurückgenommen als in den Bereichen von Rechtssetzung und Normvollzug; sie vertraut insoweit in erster Linie darauf, daß das hohe Quorum des Art. 54 Abs. 2 VvB die Gefahr einer mißbräuchlichen Ausübung des Selbstauflösungsrechtes mindert. Allein dort, wo verfassungsrechtliche Maßstäbe für politisches Verhalten normiert sind, kann der Verfassungsgerichtshof ihrer Verletzung entgegentreten (vgl. zum Bundesrecht BVerfGE 62, 1, 51). Da die Verfassung von Berlin keine spezifischen materiellen Maßstäbe bzw. Richtlinien für die vorzeitige Beendigung der Wahlperiode enthält, kommen ein Ermessensfehlgebrauch bzw. eine Ermessensüberschreitung nur in Betracht, wenn die Entscheidung über die Verkürzung der Wahlperiode sich als willkürlich (vgl. zur Geltung des rechtsstaatlichen Willkürverbots innerhalb des hoheitlichen Staatsaufbaus: BVerfGE 21, 362, 372; 23, 12, 24; 23, 353, 372 f; 25, 198, 205; 26, 228, 244; 34, 138, 146; 38, 225, 228; 56, 298, 313; ferner *Kunig* Das Rechtsstaatsprinzip, 1996, S. 181 f, 312 ff) oder rechtsmißbräuchlich (siehe *Glauben* in Grimm/Caesar, Verfassung für Rheinland-Pfalz, 2001, Art. 84 Anm. B. I.) erweist.

Unter Berücksichtigung dieser Grundsätze kann ein Ermessensfehler des Antragsgegners nicht festgestellt werden. Entgegen der Auffassung der Antragsteller liegen keine Gründe vor, die auf eine willkürliche oder rechtsmißbräuchliche Anwendung des Selbstauflösungsrechts durch den Antragsgegner schließen ließen. Für das Vorliegen eines Rechtsmißbrauchs bestehen keine Anhaltspunkte. Die Umstände, daß sich alle Fraktionen des Antragsgegners einschließlich der derzeitigen Opposition – unbeschadet voneinander abweichender Motivationslagen – in dem Willen zu vorzeitigen Neuwahlen einig sind und der beanstandete Beschluß mit einem noch deutlich über der Zweidrittelmehrheit liegenden Ergebnis gefaßt wurde, sprechen dafür, daß ein konkreter Mißbrauch nicht anzunehmen ist (vgl. BVerfGE 62, 1, 43 f). Auch ein Verstoß gegen das Willkürverbot liegt nicht vor. Soweit der Antragsgegner in dem auf Antrag aller Fraktionen gefaßten Beschluß vom 12. Juli 2001 eine vorzeitige Beendigung der Wahlperiode mit einem „Anspruch" des Volkes auf Entscheidung über einen „politischen Neuanfang" begründet hat, ist dies mit Sinn und Zweck des Art. 54 Abs. 2 VvB vereinbar. Die darin zum Ausdruck kommende Absicht des Antragsgegners, seiner von ihm als mangelhaft empfundenen Legitimation durch den Souverän im Wege einer Neuwahl abzuhelfen, ist als eine typische Funktion des Selbstauflösungsrechts anerkannt, seitdem dieses Institut in das Verfassungsrecht der Länder Eingang gefunden hat (vgl. *Höfling* Das Institut der Parlamentsauflösung in den deutschen Landesverfassungen, DÖV 1982, 889, 890; *Toews* aaO, S. 386; *Meissner* in Degenhardt/Meissner, Handbuch der Verfassung des Freistaates Sachsen, 1997, § 10 Rn. 5; *David* Verfassung der Freien und Hansestadt Hamburg, 1994, Art. 11 Rn. 3). Die Entscheidung über die vorzeitige Beendigung der 14. Wahlperiode hält sich demnach innerhalb der Variationsbreite der für die Selbstauflösung von Landesparlamenten verfassungsrechtlich vertretbaren Ermessenserwägungen. Es bestehen auch keine Anhaltspunkte dafür, daß mit dem Beschluß abweichend von dem ausdrücklich bekundeten Willen aller Fraktionen tatsächlich nicht ein Appell an das Volk zur Entscheidung über die nach Beendigung der Koalition aus CDU und SPD und Bildung eines „Übergangssenats" bestehenden politischen Alternativen für einen „Neuanfang" bezweckt war. Daß die Vorstellungen der Parteien über die insofern erstrebenswerten Mehrheitsverhältnisse im Abgeordnetenhaus von Berlin voneinander abweichen oder gar gegenläufig sind, liegt dabei in der Natur der Sache und hindert die Annahme eines hinsichtlich der „Zurückverweisung an den Souverän" (vgl. *Bull*, ZRP 1972, 201) bestehenden Konsenses nicht. Vor diesem Hintergrund ist die Behauptung der Antragsteller, der am 16. Juni 2001 gewählte Senat verfüge über eine stabile Mehrheit der Mitglieder des Antragsgegners, nicht geeignet, die Annahme eines Ermessensfehlers zu begründen, denn die vorzeitige Beendigung der Wahlperiode setzt – wie dargelegt – keine politische Lage voraus, in der es für den Regierenden Bürgermeister nicht mehr gewährleistet ist, mit den im Bereich des Antragsgegners bestehenden Kräfteverhältnissen weiterzuregieren. Deshalb braucht der Verfassungsgerichtshof der Frage, ob die Behauptung der Antragsteller zutrifft, nicht nachzugehen.

Schließlich war es auch weder sachfremd noch rechtsmißbräuchlich, daß der angegriffene Beschluß die auf eine fünf Jahre umfassende Wahlperiode abgestellte persönliche Lebensplanung der Antragsteller nicht berücksichtigt hat. Die Mandate der Antragsteller, deren Beteiligtenfähigkeit im Organstreitverfahren allein auf der Rechtsstellung als in der Verfassung von Berlin mit eigenen Rechten ausgestattete Abgeordnete beruht, waren von vornherein mit dem „Risiko" einer nach Art. 54 Abs. 2 VvB erfolgenden vorzeitigen Beendigung der Wahlperiode belastet.

Die Kostenentscheidung folgt aus §§ 33 f VerfGHG

Dieser Beschluß ist unanfechtbar.

Entscheidungen
des Verfassungsgerichts
des Landes Brandenburg

Die amtierenden Richterinnen und Richter des Verfassungsgerichts des Landes Brandenburg

Nr. 1

Überlastung des Gerichts kann im Land Brandenburg für die Frage, ob das Recht auf ein zügiges Verfahren vor Gericht (Art. 52 Abs. 4 LV) verletzt ist, nicht mehr von ausschlaggebender Bedeutung sein.*

Verfassung des Landes Brandenburg Art. 52 Abs. 4

Beschluß vom 28. März 2001 – VfGBbg 2/01 –

in dem Verfassungsbeschwerdeverfahren des Herrn M. wegen Feststellung einer Verletzung des Anspruchs auf ein zügiges Verfahren in der verwaltungsgerichtlichen Sache Az.: 3 K 5293/97 (Verwaltungsgericht P.)

Entscheidungsformel:

Die Verfassungsbeschwerde wird zurückgewiesen.

Gründe:

A.

Der Beschwerdeführer hat im August 1997 Klage beim OVG für das Land Brandenburg „wegen Nichterteilung des Staatsangehörigkeitsausweises mit der folgenden Einbürgerung" erhoben. Die Klage richtet sich „gegen die Landesregierung Brandenburg vertreten durch das Ministerium des Innern". Mit Beschluß vom 21. 10. 1997 hat das OVG den Rechtsstreit an das VG P. verwiesen. Am 30. 10. 1997 sind die Akten beim VG P. eingegangen. Unter dem 13. 1. 1998 hat das Ministerium des Innern als beklagte Behörde zu dem Verfahren Stellung genommen und beantragt, die Klage als unbegründet abzuweisen. In der Stellungnahme wird der zugrundeliegende Sachverhalt näher dargestellt. Dort heißt es u. a., der Beschwerdeführer habe bei dem Standesamt C. im Oktober 1995 einen Einbürgerungsantrag gestellt, in dem er geltend mache, eheliches Kind einer ehemals jugoslawischen Staatsangehörigen und eines deutschen Staatsangehörigen zu sein. Auf diese Aussage hin habe die Staatsangehörigkeitsbehörde der Stadt C. geprüft, ob der Beschwerdeführer nicht bereits gem. § 4 Staatsangehörigkeitsgesetz (StAG) durch Abstammung die deutsche Staatsangehörigkeit

---

* Nichtamtlicher Leitsatz

erworben habe und heute noch besitze, so daß der Einbürgerungsantrag gegenstandlos sei. Im Einvernehmen mit dem Beschwerdeführer sei vor diesem Hintergrund der Einbürgerungsantrag weder weiter geprüft noch an das für die Entscheidung letztlich zuständige Ministerium des Innern weitergeleitet worden. Der Beschwerdeführer habe sodann im November 1995 einen Formantrag auf Ausstellung eines Staatsangehörigkeitsausweises gestellt und erklärt, Unterlagen zum Beleg seiner ehelichen Abstammung und der deutschen Staatsangehörigkeit seines Vaters beibringen zu wollen. Weil er immer wieder Dokumente beigebracht habe, die geeignet erschienen, das Feststellungsverfahren vorwärts zu bringen, habe die Staatsangehörigkeitsbehörde der Stadt C. den Antrag auf Ausstellung des Staatsangehörigkeitsausweises bisher nicht beschieden. Aus demselben Grund sei auch das ausgesetzte Einbürgerungsverfahren nicht wieder aufgenommen worden. Die Erteilung eines Staatsangehörigkeitsausweises an einen Deutschen schließe dessen Einbürgerung grundsätzlich aus. Im übrigen seien die materiellen Voraussetzungen für eine Einbürgerung nach § 8 StAG nicht erfüllt. Die Einbürgerungs- und Staatsangehörigkeitsakte ist am 8.4.1998 nachgereicht worden.

Der Vorsitzende der 3. Kammer des VG P. hat dem Beschwerdeführer durch Verfügung vom 19.5.1998 mitgeteilt, daß beabsichtigt sei, alsbald einen Termin zur mündlichen Verhandlung anzuberaumen. Voraussetzung hierfür sei, daß er seine vollständige Wohnanschrift angebe. Ansonsten käme eine Abweisung durch Gerichtsbescheid ohne mündliche Verhandlung in Betracht. Der Beschwerdeführer wurde aufgefordert, binnen zwei Wochen die erforderlichen Angaben zu machen, zur Klageerwiderung Stellung zu nehmen und es zu unterlassen, nicht zum Verfahren gehörende Sendungen unfrankiert an das VG zu schicken. Mit Schreiben vom 25.5.1998 hat der Beschwerdeführer seine Wohnanschrift, unter der er gemeldet sei, daneben eine Betriebsanschrift und eine postlagernde Postanschrift angegeben. Er betrachte seine deutsche Abstammung als nachgewiesen.

II.

Mit der am 15.1.2001 bei Gericht eingegangenen Verfassungsbeschwerde rügt der Beschwerdeführer die lange Dauer des verwaltungsgerichtlichen Verfahrens.

III.

Der Präsident des VG P. hat zu der Verfassungsbeschwerde Stellung genommen. Er bedauert die lange Verfahrensdauer verwaltungsgerichtlicher Verfahren; das VG bemühe sich nach Kräften um Verbesserung dieser Situation. Zugleich wird die dienstliche Äußerung der Vorsitzenden Richterin der 3. Kammer, die gleichzeitig Berichterstatterin ist, mitgeteilt. Danach sei im vorliegenden Fall bislang ein Termin zur mündlichen Verhandlung nicht anberaumt worden, da in der 3. Kammer viele wesentlich ältere und nicht weniger dringliche Streitsachen (insbesondere Asylverfahren aus den Jahren 1994 bis 1996) anhängig seien, die aus Gründen der Gleichbehandlung vorrangig zu fördern seien. Es sei daher derzeit nicht abzusehen, wann die Sache entschieden werde.

B.

Die Verfassungsbeschwerde ist zulässig, hat jedoch in der Sache selbst keinen Erfolg. Die Dauer des Verfahrens vor dem VG P. verletzt nach Lage des Falles noch nicht das Grundrecht des Beschwerdeführers auf ein zügiges Verfahren aus Art. 52 Abs. 4 Verfassung des Landes Brandenburg (Landesverfassung – LV –).

Art. 52 Abs. 4 LV greift den bereits im Rechtsstaatsprinzip angelegten Grundsatz des effektiven Rechtsschutzes auf und verdichtet ihn zu einem Grundrecht des Bürgers auf ein zügiges Verfahren. Der Anspruch auf ein zügiges Verfahren gewährleistet, daß der ein Gericht anrufende Bürger in angemessener Zeit eine Entscheidung erlangt (vgl. Verfassungsgericht des Landes Brandenburg, Beschl. v. 19. 5. 1994 – VfGBbg 6/93, 6/93 EA –, LVerfGE 2, 105, 112). Die angemessene Verfahrensdauer läßt sich aber nicht generell und abstrakt, sondern nur nach den besonderen Umständen des einzelnen Falles bemessen (vgl. Verfassungsgericht des Landes Brandenburg, Beschl. v. 14. 7. 1994 – VfGBbg 3/94 –, LVerfGE 2, 115, 116 und Beschl. v. 19. 1. 1995 – VfGBbg 9/94 –, LVerfGE 3, 129, 133). Auch nach Bundesverfassungsrecht hängt die Konkretisierung des auch dort der Sache nach geltenden Anspruchs auf ein zügiges Verfahren vor Gericht von den konkreten Umständen des Einzelfalls ab (vgl. BVerfGE 55, 349, 369; 60, 253, 269; BVerfG, NJW 1997, 2811 mwN; NJW 2000, 797).

Bei der Bewertung der tatsächlichen Verfahrensdauer ist hier zunächst das eigene prozessuale Verhalten des Beschwerdeführers zu berücksichtigen. Zwar hat der Beschwerdeführer keine Anträge – etwa auf Aussetzung des Verfahrens – gestellt, die zu einer Verzögerung beigetragen hätten (vgl. für einen solchen Fall Verfassungsgericht des Landes Brandenburg, Beschl. v. 19. 1. 1995 – LVerfGE 3, 129, 133). Der Beschwerdeführer hat jedoch mehrfach – teils unfrankiert – Schriftstücke zu den Akten gereicht, die mit dem Ausgangsverfahren in keinem Zusammenhang stehen und dadurch den Arbeitsaufwand – wenn auch nicht massiv – erhöht.

Die Situation des angerufenen Fachgerichts ist hingegen verfassungsrechtlich nicht mehr zu berücksichtigen. Dies galt nur für die Phase der – inzwischen abgeschlossenen – Umstrukturierung der Justizorganisation in Brandenburg (vgl. dazu Verfassungsgericht des Landes Brandenburg, Beschl. v. 19. 1. 1995 – VfGBbg 9/94 –, LVerfGE 3, 129, 133). Soweit heute die Ausstattung der Verwaltungsgerichtsbarkeit im Land Brandenburg nicht mit der Zahl der zu erledigenden Verfahren Schritt halten sollte und es deshalb zu erheblichen Verfahrensrückständen kommt, kann dies für die Frage, ob das Recht auf ein zügiges Verfahren vor Gericht verletzt ist, nicht mehr von ausschlaggebender Bedeutung sein. Eine chronische Überlastung der Gerichte vermag eine überlange Verfahrensdauer nicht zu rechtfertigen (vgl. EGMR, NJW 2001, 213, 214 mwN). Vielmehr fordert das Rechtsstaatsprinzip eine funktionsfähige Rechtspflege, zu der auch eine angemessene Personalausstattung der Gerichte gehört (vgl. BVerfG, NJW 2000, 797, st. Rspr.).

Feste Grundsätze, die besagen, ab wann von einer überlangen, die Rechtsgewährung unangemessen verzögernden Verfahrensdauer auszugehen ist, gibt es nicht. Es kommt vielmehr auf eine Abwägung im Einzelfall an, die anhand der allgemeinen von der verfassungsgerichtlichen Rechtsprechung entwickelten Kriterien vorzunehmen ist (vgl. BVerfG, NJW 1997, 2811, 2812 mwN). Danach verletzt ein Untätigbleiben des Gerichts das Recht auf ein zügiges Verfahren etwa dann, wenn es dadurch zu einer faktischen (Vor-)Entscheidung kommt (vgl. BVerfG, NJW 1997, 2811, 2812 sowie NJW 2001, 961 für ein Verfahren vor dem Vormundschaftsgericht) oder die Verfahrensdauer aus anderen Gründen objektiv unangemessen ist (vgl. BVerfG, NJW 2000, 797 und auch BVerfG, NJW 2001, 214, 215 f). Hieran gemessen erscheint das Ausgangsverfahren nicht als so dringlich, daß die bisherige Dauer bereits das Recht des Beschwerdeführers auf ein zügiges Verfahren verletzen würde. Zwar ist für den Beschwerdeführer die Klärung seiner Staatsangehörigkeit emotional wie auch aus Gründen der Lebensplanung und Rechtssicherheit von einfühlbarer Bedeutung. Es ist jedoch nicht ersichtlich, daß die Situation des schwebenden Verfahrens gravierende Auswirkungen auf sein tägliches Leben hat oder zu einer faktischen (Vor-)Entscheidung des zugrundeliegenden Rechtsstreits führt. Es gibt insbesondere keinen Hinweis darauf, daß der Beschwerdeführer etwa von einer Abschiebung bedroht wäre. Vielmehr ist es so, daß eine Abschiebung nicht in Frage steht, gerade weil die Staatsangehörigkeit des Beschwerdeführers ungeklärt ist. Daß er aus anderen Gründen umgehend eine Bescheinigung über seine Staatsangehörigkeit benötigen würde, ist ebenfalls nicht ersichtlich. Vor diesem Hintergrund verletzt die Verfahrensdauer vor dem VG P. von bis jetzt 3 Jahren und 5 Monaten noch nicht das Recht des Beschwerdeführers aus Art. 52 Abs. 4 LV auf ein zügiges Verfahren.

Nr. 2*

1. Zur Frage von Sachaussprachen im Landtag zu Angelegenheiten, für die in der Sache selbst der Bund und nicht das Land zuständig ist.

2. Zur Frage einer Verletzung des Rederechts des Abgeordneten durch den Landtagspräsidenten.

* Abdruck auch in: DÖV 2001, 559 ff; DVBl. 2001, 1146 ff; NVwZ-RR 2001, 490 ff.

Verfassung des Landes Brandenburg Art. 55 Abs. 2; 56 Abs. 2; 67

Geschäftsordnung des Landtags Brandenburg

Beschluß vom 28. März 2001 – VfGBbg 46/00 –

in dem Organstreitverfahren

1. der Fraktion der Deutschen Volksunion im Landtag Brandenburg, vertreten durch die Vorsitzende Liane Hesselbarth
2. des Abgeordneten Sigmar-Peter Schuldt

– Antragsteller –

gegen

1. den Landtag Brandenburg, vertreten durch den Präsidenten des Landtags
2. den Präsidenten des Landtags Brandenburg

– Antragsgegner –

Entscheidungsformel:

1. Der Antrag zu 1. wird als unbegründet, der Antrag zu 4. als unzulässig zurückgewiesen.

2. Hinsichtlich der Anträge zu 2. und 3. wird das Verfahren eingestellt.

Gründe:

A.

I.

Die Antragstellerin zu 1. brachte mit Datum vom 19. Mai 2000 folgenden Antrag in den Landtag ein:

„Abschaffung der staatlichen Parteienfinanzierung

Der Landtag möge beschließen:
Die Landesregierung wird aufgefordert, im Bundesrat eine Gesetzesinitiative einzubringen mit dem Ziel, die in den §§ 18 ff ParteiG geregelte staatliche Finanzierung der politischen Parteien abzuschaffen.

Begründung:
Politische Parteien haben zwar eine hohe verfassungsrechtliche Stellung. Aus Art. 21 GG ergibt sich aber keinesfalls zwingend eine staatliche Finanzierung. Die jetzige

Form der Staatsfinanzierung verstößt gegen den Gleichheitsgrundsatz. Im übrigen hat die Staatsfinanzierung dazu beigetragen, daß die ehrenamtliche Tätigkeit Schaden genommen hat. Obwohl im ersten Deutschen Bundestag mehr Parteien vertreten waren als heute, war das damalige Parlament außerordentlich leistungsfähig. Eine staatliche Finanzierung gab es damals noch nicht. Durch die staatliche Finanzierung wird nahezu verhindert, daß neue politische Kräfte parlamentarischen Einfluß gewinnen. Dies ist demokratiefeindlich."

Die Landtagsverwaltung verteilte diesen Antrag am 22. 5. 2000 als Drucksache 3/1182 an die Fraktionen und Abgeordneten. Der Antrag wurde als Tagesordnungspunkt 9 in den Entwurf der Tagesordnung zur 17. Sitzung des Landtags Brandenburg am 23. 6. 2000 aufgenommen.

Unmittelbar nach Beginn der Landtagssitzung am 23. 6. 2000 stellte ein Abgeordneter auf die Frage des Präsidenten, ob es Bemerkungen zur Tagesordnung gebe, den Antrag, den streitgegenständlichen Antrag der Antragstellerin von der Tagesordnung abzusetzen. Das Thema des Antrags sei zwar hochinteressant, aber Aufgabe des Deutschen Bundestags. Daraufhin erhielt der Antragsteller zu 2. das Wort. Er vertrat die Ansicht, daß die Absetzung des Antrags gegen die Verfassung des Landes Brandenburg und gegen die Geschäftsordnung des Landtags verstoße. Als er einen der Väter des Grundgesetzes zitierte, wurde er von dem Antragsgegner zu 2. mit der Bemerkung unterbrochen, der Herr gehöre nicht zum Landtag Brandenburg, insofern könne man auf seine Aussage verzichten. Der Antragsteller zu 2. setzte das begonnene Zitat fort. Später machte der Antragsgegner zu 2. darauf aufmerksam, daß die Redezeit von 3 Minuten abgelaufen sei. Der Antragsteller zu 2. beendete daraufhin mit den Worten „Danke, Herr Präsident" seinen Redebeitrag. Nachdem ein weiterer Abgeordneter gesprochen hatte, wurde über den Geschäftsordnungsantrag abgestimmt. Der Landtag stimmte mehrheitlich für die Absetzung des Antrags der Antragstellerin von der Tagesordnung.

In seiner 13. Sitzung am 11. 10. 2000 setzte das Landtagspräsidium den streitgegenständlichen Beratungsantrag auf die Tagesordnung der 22. Sitzung des Landtags Brandenburg am 18. 10. 2000. Der Antrag der DVU-Fraktion „Abschaffung der staatlichen Parteienfinanzierung" wurde nunmehr inhaltlich beraten. Der Abgeordnete Firneburg begründete den Antrag der DVU-Fraktion. Im Anschluß daran nahm ein Abgeordneter einer der Koalitionsfraktionen, ein weiterer aus der Fraktion der PDS Stellung. In der nach Beendigung der Aussprache durchgeführten Abstimmung wurden sowohl die Überweisung des Antrags der Antragstellerin an den Hauptausschuß als auch der Antrag selbst mehrheitlich abgelehnt.

II.

Mit dem am 7. 9. 2000 bei Gericht eingegangenen Antrag auf Durchführung eines Organstreitverfahrens rügen die Antragsteller die Verletzung ihrer Rechte aus Art. 55 Abs. 2, 56 Abs. 2 und 67 Abs. 1 Verfassung des Landes Brandenburg (Landesverfassung – LV).

1. a. Die Antragstellerin sieht ihre Rechte aus Art. 55 Abs. 2 und 67 Abs. 1 LV durch die Absetzung ihres Antrags von der Tagesordnung der Plenarsitzung des Landtags am 23. 6. 2000 verletzt. Eine solche „Absetzung von der Tagesordnung" sei weder in der Landesverfassung noch in der Geschäftsordnung des Landtags vorgesehen. Zwar enthielten §§ 17 ff Geschäftsordnung des Landtags Brandenburg (GeschOLT) keine Verpflichtung, daß sich das Plenum mit Anträgen und/oder Gesetzesinitiativen auch inhaltlich befassen müsse. Eine solche Verpflichtung ergebe sich aber aus Art. 67 Abs. 1 und 55 Abs. 2 LV sowie aus den elementaren Grundregeln der Demokratie.

b. Die Absetzung des Antrags verletze das Recht der Opposition auf Chancengleichheit. Art. 55 Abs. 2 LV schütze nicht nur die Opposition als solche, sondern bei mehreren Oppositionsfraktionen im Landtag auch jede einzelne dieser Oppositionsfraktionen. Die Mitwirkung einer Fraktion an der parlamentarischen Willensbildung iSv Art. 67 Abs. 1 LV sei von vornherein undenkbar, wenn ordnungsgemäß eingebrachte sowie im Einklang mit der Verfassung des Landes und des Bundes stehende Anträge oder Gesetzesinitiativen einer Minderheitsfraktion von den Mehrheitsfraktionen im Landtag einfach von der Tagesordnung abgesetzt werden könnten und so im Plenum des Landtags inhaltlich nicht behandelt und entschieden würden. Zugleich verstoße dies gegen elementare Grundprinzipien der parlamentarischen Demokratie, deren wesentlicher Bestandteil eine funktionierende Opposition sei. Es könne nicht länger angehen, daß eine Mehrheit des Landtags nach ihrem Belieben Anträge der Opposition von der Tagesordnung streiche. Die inhaltliche Erörterung von formell ordnungsgemäß eingebrachten Oppositionsanträgen im Plenum des Landtags müsse obligatorisch sein. Die Fragen nach der Zuständigkeit des Landtags und der Zweckmäßigkeit eines Antrags gehörten eindeutig in die inhaltliche Debatte über den Antrag und müßten in der Geschäftsordnungsdebatte außen vor bleiben.

c. Die Mehrheit des Plenums habe sich bei der Absetzung des Antrags von der Tagesordnung von sachfremden Kriterien leiten lassen. Der Landtag habe die Möglichkeit, die Landesregierung aufzufordern, eine Bundesratsinitiative mit dem Inhalt einer Änderung des Parteiengesetzes einzubringen. Die Länder wirkten ihrerseits nach Art. 50 GG bei der Gesetzgebung und Verwaltung des Bundes und in Angelegenheiten der Europäischen Union mit. Dem Landtag sei daher unbenommen, auch Bundes- und Europaangelegenheiten und entsprechende Initiativen zu beraten. Bei der staatlichen Parteienfinanzierung handele es sich zudem um ein aktuelles und brisantes Thema, das in der Öffentlichkeit diskutiert werde.

d. Das Rechtsschutzinteresse sei gegeben. Insbesondere bestehe nach wie vor Wiederholungsgefahr. Beispielsweise sei die LT-Drs. 3/625 („Bundesratsinitiative zur Aufhebung der Sanktionen der EU gegen Österreich") von der Tagesordnung der Plenarsitzung vom 23. 2. 2000 abgesetzt worden. Auch habe das Landtagspräsidium den streitgegenständlichen Antrag nur „um des Friedens unter den Fraktionen willen" und nicht in Anerkenntnis einer Rechtspflicht auf die Tagesordnung der 22. Plenarsitzung gesetzt. Daneben bestehe mit Blick auf die in Rede stehenden Verfassungsverstöße und das gefährdete Ansehen der Antragsteller in der Öffentlichkeit ein Rehabilitationsinteresse. Die Antragsteller seien auf eine faire und gleichberechtigte Behandlung durch die Antragsgegner angewiesen.

2. Der Antragsteller zu 2. fühlt sich durch das Verhalten des Antragsgegners zu 2. in der Plenardebatte vom 23. 6. 2000 in seinem Rederecht aus Art. 56 Abs. 2 LV iVm §§ 25 Abs. 1; 27 und 28 Abs. 1 GeschOLT verletzt. Er sei nicht nur daran gehindert worden, inhaltlich zu dem – abgesetzten – Antrag Stellung zu nehmen, ihm sei darüber hinaus die Möglichkeit genommen worden, seine Redezeit zur Geschäftsordnung – 3 Minuten – auszuschöpfen. Er sei zweimal von dem Antragsgegner zu 2. unterbrochen worden und habe seine Ausführungen nach 2 Minuten vorzeitig beenden müssen. Der Antragsgegner zu 2. habe ihm das Wort entzogen. Nach §§ 25 Abs. 1 und 28 Abs. 1 GeschOLT habe ihm nicht eine Redezeit von höchstens 3 Minuten, sondern von mindestens 3 Minuten zugestanden. Gehe man von einer Höchstdauer von 3 Minuten aus, stehe die Redezeit im Belieben des Antragsgegners zu 2., der willkürlich ihre Dauer festlegen könne. Es müsse im Ermessen des Abgeordneten liegen, ob er die ihm nach der Geschäftsordnung jeweils zustehende Höchstredezeit ausschöpfe. Dem Antragsteller zu 2. könne nicht das Rechtsschutzbedürfnis abgesprochen werden. Als Redner im Landtagsplenum stehe er im Blickpunkt der Öffentlichkeit; ihm könne nicht zugemutet werden, den offenen Konflikt mit dem Landtagspräsidenten zu suchen. Fragen der Zumutbarkeit und der Wahrung berechtigter Interessen sprächen für eine Austragung des Konflikts unter Ausschluß der Öffentlichkeit.

Die Antragsteller haben zunächst folgende Anträge gestellt:

1. festzustellen, daß die Absetzung des Antrags der Fraktion der Antragstellerin zu 1. im Landtag Brandenburg mit dem Titel „Abschaffung der staatlichen Parteienfinanzierung", LT-Drucksache 3/1182, von der Tagesordnung der 17. Sitzung des Landtags Brandenburg am 23. Juni 2000 gegen die brandenburgische Landesverfassung verstößt,

2. den Antragsgegner zu 2. dazu zu verpflichten, den Antrag der Fraktion der Antragstellerin zu 1. mit dem Titel „Abschaffung der staatlichen Parteienfinanzierung", LT-Drucksache 3/1182, auf die Tagesordnung der nächsten Landtagssitzung zu setzen,

3. den Antragsgegner zu 2. dazu zu verpflichten, der Antragstellerin zu 1. und dem Antragsteller zu 2. zur Begründung des Antrags mit dem Titel „Abschaffung der staatlichen Parteienfinanzierung", LT-Drucksache 3/1182, und in der Aussprache über diesen Antrag gemäß Anlage 4 der Geschäftsordnung des Landtags Brandenburg das Wort zu erteilen,

4. festzustellen, daß die in der Sitzung des Landtags Brandenburg vom 23. Juni 2000 durch den Antragsgegner zu 2. erfolgte zweimalige Unterbrechung der Aus-

führungen des Antragstellers zu 2. zur Geschäftsordnung des Landtags Brandenburg und die Wortentziehung gegen die brandenburgische Landesverfassung verstoßen hat.

Die Anträge zu 2. und 3. sind inzwischen übereinstimmend für erledigt erklärt worden.

Die Antragsgegner beantragen,

die verbliebenen Anträge zurückzuweisen.

Zur Begründung führen sie folgendes aus:

1. Für den Antrag zu 1. bestehe kein Rechtsschutzbedürfnis; eine Wiederholungsgefahr sei nicht gegeben. Jedenfalls sei der Antrag unbegründet.

a. Die von den Antragstellern gerügten Rechte auf Chancengleichheit der Opposition (Art. 55 Abs. 2 S. 1 LV) sowie die „elementaren Grundregeln der Demokratie" träten hinter dem speziell geregelten Initiativrecht aus Art. 56 Abs. 2 S. 1 LV zurück. Die Entscheidung des Landtags, den streitbefangenen Antrag von der Tagesordnung der Parlamentssitzung am 23. 6. 2000 abzusetzen, verletze nicht das Recht der Antragsteller, im Landtag Anträge zu stellen. Zwar gehöre zum Initiativrecht grundsätzlich auch die Möglichkeit, den jeweiligen Antrag im Plenum in der Sache beraten zu können. Dieses Erörterungsrecht finde jedoch seine verfassungsrechtliche Grenze in der Pflicht des Plenums, die eigenen Zuständigkeiten zu wahren. Der Landtag müsse das Recht haben, eine über die Erörterung der eigenen Zuständigkeit hinausgehende inhaltliche Befassung abzulehnen, wenn er tatsächlich nicht zuständig ist.

In bezug auf den Antragsgegenstand – Abschaffung der Parteienfinanzierung – bestehe eine Zuständigkeit des Landtags Brandenburg erkennbar nicht. Unabhängig von der Ländermitwirkung im Bundesrat ziele der Antrag auf die Streichung der §§ 18 ff Parteiengesetz (ParteiG). Eine dementsprechende Zuständigkeit fehle dem Landesparlament offenkundig. Ein Landesparlament dürfe sich möglicherweise dann mit bundespolitischen Themen befassen, wenn das jeweilige Bundesland in besonderer Weise hiervon betroffen sei. Dies sei bei der Parteienfinanzierung nicht der Fall. Keinesfalls habe sich die Landtagsmehrheit von „sachfremden Erwägungen" leiten lassen. Ebensowenig spielten „unbequeme politische Auffassungen" von Seiten der Opposition eine Rolle. So sei beispielsweise eine Bundesratsinitiative der Antragstellerin zu 1. zur Abschaffung der Ökosteuer behandelt worden. Solche Beispiele ließen sich beliebig erweitern.

b. Jedenfalls sei eine Verletzung des Initiativrechts der Antragsteller deshalb nicht gegeben, weil sich der Landtag in seiner 22. Sitzung am 18. 10. 2000 mit dem Antrag sachlich auseinandergesetzt habe. Hervorzuheben sei hierbei, daß das Motiv des Parlaments nicht darin gelegen habe, einen Verfassungsverstoß nachträglich zu „heilen". Die Entscheidung des Landtags, den streitbefangenen Antrag erneut auf die

Tagesordnung zu setzen, sei vielmehr erfolgt, weil man sich zuvor der vom Präsidenten in der Sitzung des Präsidiums am 11. 10. 2000 vertretenen Auffassung angeschlossen habe und im Interesse einer fortdauernden, sachgerechten Parlamentsarbeit nicht den Eindruck habe aufkommen lassen wollen, daß Abgeordnetenrechte beschränkt würden.

2. Der Antrag zu 4. sei schon unzulässig, jedenfalls aber unbegründet. Auch wenn man davon ausgehe, daß die tatsächliche Redezeit des Antragstellers zu 2. in der Sitzung vom 23. 6. 2000 weniger als 3 Minuten betragen habe, fehle dem vorliegenden Antrag das Rechtsschutzbedürfnis. Abgesehen davon, daß es sich ausweislich des Plenar-protokolls nicht um eine Wortentziehung gehandelt habe, die eine Mahnung und eine ausdrückliche Entscheidung des Präsidenten voraussetze (§ 28 Abs. 2 GeschOLT), hätte der Antagsteller zu 2. auf schnellerem und einfacherem Wege die Einhaltung der ihm zur Verfügung stehenden Redezeit erreichen können. Es wäre ein Leichtes für ihn gewesen, den Präsidenten in der Plenarsitzung darauf hinzuweisen, daß seiner Auf-fassung nach erst zwei Minuten verstrichen gewesen seien. Wenn sich der Antragsteller zu 2. jedoch rügelos auf die Hinweise des Präsidenten eingelassen und sich sogar noch beim Präsidenten bedankt habe, sei ein Rechtsschutzbedürfnis für die Anrufung des Verfassungsgerichts nicht erkennbar. Selbst wenn man dem nicht folgen wolle, sei der Feststellungsantrag unbegründet, weil dem Antragsteller zu 2. eine Redezeit von drei Minuten zur Verfügung gestanden habe. Bei der in § 27 Abs. 2 GeschOLT genannten Redezeit handele es sich nicht um eine Mindestredezeit. Die Vorschrift bestimme, daß Bemerkungen zur Geschäftsordnung u.a. „nicht länger als drei Minuten dauern" dürften. Damit sei in der Geschäftsordnung keine Mindestzeit enthalten, nach der ein Redner zur Geschäftsordnung mindestens drei Minuten sprechen dürfe. Die Drei-Minuten-Grenze sei vielmehr eine Obergrenze.

III.

Die Landesregierung hat gem. § 37 Abs. 2 Verfassungsgerichtsgesetz Branden-burg (VerfGGBbg) von dem Organstreitverfahren Kenntnis erhalten.

B.

I.

Das Verfassungsgericht hat einstimmig eine mündliche Verhandlung für nicht erforderlich gehalten (vgl. § 22 Abs. 1 VerfGGBbg).

II.

1. Der Antrag zu 1. gegen den Landtag ist im Organstreitverfahren gem. Art. 113 Nr. 1 LV, §§ 12 Nr. 1; 35 ff VerfGGBbg zulässig.

a. Als Fraktion des Landtags ist die Antragstellerin durch die Landesverfassung mit eigenen Rechten ausgestattet (vgl. Art. 67 Abs. 1 LV) und deshalb im Organstreitverfahren beteiligtenfähig (so bereits Verfassungsgericht des Landes Brandenburg, Urt. v. 20. 6. 1996 – 14/96 EA –, LVerfGE 4, 190, 195; vgl. auch BVerfG, NJW 1986, 907). Sie ist ferner antragsbefugt iSd § 36 Abs. 1 VerfGGBbg; sie macht geltend, durch die Ablehnung der inhaltlichen Beratung ihres Initiativantrags unter anderem in ihrem Recht aus Art. 56 Abs. 2 S. 1, 67 Abs. 1 S. 2 LV auf Stellung von Anträgen im Landtag verletzt zu sein.

b. Dem Antrag zu 1. fehlt nicht das notwendige Rechtsschutzbedürfnis. Insbesondere ist das Rechtsschutzbedürfnis nicht deshalb entfallen, weil der streitgegenständliche Antrag in der Landtagssitzung vom 18. 10. 2000, möglicherweise unter dem Druck des vorliegenden Verfahrens, dann doch noch beraten worden ist. Das Rechtsschutzbedürfnis entfällt nicht allein durch das Nachholen der zuvor abgelehnten Handlung. Darüber hinaus wäre vielmehr erforderlich, daß zum Ausdruck kommt, daß die zunächst erfolgte Ablehnung eine verfassungsrechtlich geschützte Position des Antragstellers verletzt habe (vgl. dazu Verfassungsgericht des Landes Brandenburg, Beschl. v. 16. 11. 2000 – VfGBbg 31/00 –, 10 f des Umdrucks). Allenfalls dann könnte davon ausgegangen werden, daß sich auch in Zukunft Gleichartiges nicht wiederholen werde. Die in der Antragserwiderung enthaltenen Ausführungen lassen jedoch nicht den Schluß zu, daß eine Absetzung ähnlich gelagerter Beratungsanträge der Antragstellerin von der Tagesordnung nicht mehr vorkommen wird. Das Rechtsschutzbedürfnis besteht somit fort.

2. Die Anträge zu 2. und 3. sind übereinstimmend für erledigt erklärt. Insoweit ist das Verfahren einzustellen (vgl. § 13 VerfGGBbg iVm § 92 Abs. 3 VwGO analog).

3. Der Antrag zu 4. ist unzulässig.

a. Zwar ist der einzelne Abgeordnete im Organstreitverfahren beteiligtenfähig, wenn er geltend macht, in ihm aufgrund seines Abgeordnetenstatus zustehenden Rechten verletzt zu sein. Nach Art. 56 Abs. 2 S. 1 LV, § 25 Abs. 1 S. 1 GeschOLT hat jeder Abgeordnete das Recht, im Landtag das Wort zu ergreifen. Der Antragsteller zu 2. macht hier somit ein Recht geltend, das sich aus seiner organschaftlichen Stellung als Abgeordneter ergibt (vgl. BVerfGE 90, 286, 342 mwN). Der Präsident des Landtags ist ebenfalls in der Landesverfassung (vgl. Art. 69 Abs. 4 LV) und in der Geschäftsordnung des Landtags mit eigenen Rechten ausgestattet. Ferner stehen der Antragsteller zu 2. und Antragsgegner zu 2. in einem verfassungsrechtlichen Rechtsverhältnis zueinander. Sie streiten um den Umfang der Rechte und Pflichten des Präsidenten einerseits und des Abgeordneten andererseits.

b. Eine Verletzung des Antragstellers zu 2. in seinen Abgeordnetenrechten ist jedoch, soweit es um die von dem Antragsteller zu 2. als Unterbrechung bezeichneten

Bemerkungen des Antragsgegners zu 2. in der Sitzung vom 23. 6. 2000 geht, von vornherein nicht zu erkennen. Damit ist der Antragsteller zu 2. in dieser Hinsicht nicht antragsbefugt.

aa. Freilich kann ein Abgeordneter im verfassungsrechtlichen Organstreitverfahren geltend machen, seine Redefreiheit werde durch eine Ordnungsmaßnahme des Präsidenten eingeschränkt (vgl. BVerfG, NJW 1982, 2233 mwN). Bei den hier streitgegenständlichen Bemerkungen des Landtagspräsidenten handelt es sich jedoch nicht um Ordnungsmaßnahmen iSd §§ 33 ff GeschOLT. Ausweislich des Plenarprotokolls hat der Präsident den Antragsteller zu 2. weder zur Sache verwiesen noch ermahnt oder gerügt. Das Wort hat er ihm ebenfalls nicht entzogen. Die erste Bemerkung des Präsidenten fiel, nachdem der Antragsteller zu 2. über Ausführungen zur Geschäftsordnung hinausgehend unter Wiedergabe von Äußerungen eines der Väter des Grundgesetzes in der Sache selbst zum Thema „Parteienfinanzierung" sprach. Der Landtagspräsident hat dies zum Anlaß genommen für eine kurze Bemerkung dahingehend, daß ihm – gemeint war erkennbar: im Rahmen der Geschäftsordnungsdebatte – eine Wiedergabe von Äußerungen eines der Väter des Grundgesetzes, der nicht zum Landtag gehöre, verzichtbar erscheine. Der Landtagspräsident hat aber nicht einen Verweis oder eine Rüge ausgesprochen und den Antragsteller zu 2. in seinen Ausführungen fortfahren lassen. Ähnliches gilt für die zweite Bemerkung des Landtagspräsidenten, mit der er auf den Ablauf der Redezeit hinwies. Auch hier hat er keine Konsequenzen gezogen oder angekündigt. Es wäre dem Antragsteller zu 2. möglich gewesen, weiterzureden. Statt dessen hat er von sich aus mit einem „Danke, Herr Präsident" seinen Redebeitrag beendet.

bb. Es kann letztlich dahinstehen, ob nicht auch Unterbrechungen eines Redebeitrags eines Abgeordneten durch den Parlamentspräsidenten, etwa in Form eines wiederholten Dazwischenredens oder mehrfacher kommentierender Bemerkungen, ein solches Ausmaß annehmen können, daß sie sich als Störung der freien Rede und damit als unzulässiger Eingriff in das Rederecht des Abgeordneten darstellen. Denn diese Grenze ist hier offensichtlich nicht erreicht. Der Landtagspräsident hat hier im Rahmen einer Geschäftsordnungsdebatte durch seine erste Bemerkung erkennbar einem Ausufern in die Sache hinein entgegengesteuert. Sitzungsleitende Bemerkungen dieser Art sind – unter der Voraussetzung, daß der Hinweis kein über die Sitzungsleitung hinausgehendes eigenständiges Gewicht erlangt – von dem Abgeordneten im Parlament hinzunehmen. Auch die zweite Bemerkung des Landtagspräsidenten, daß die (für Geschäftsordnungsbeiträge geltende) Redezeit von 3 Minuten abgelaufen sei, stellt sich ihrer Art nach selbst für den Fall, daß die Redezeit in Wahrheit nicht voll ausgeschöpft war, von vornherein nicht als verfassungswidrige Beschränkung des Rederechts des Abgeordneten dar, jedenfalls so lange als nicht Konsequenzen in Form von Ordnungsmaßnahmen oder gar Wortentzug gezogen oder angekündigt werden. Eine derartige Querele „um Minutenbruchteile" gehört in dieser Phase nicht vor das Verfassungsgericht, sondern ist zunächst an Ort und Stelle parlamentarisch auszutragen. Es ist dem Abgeordneten unbenommen, den Ablauf der Redezeit in Zweifel zu ziehen, mit seinen Ausführungen fortzufahren und es notfalls auf eine Mahnung oder einen Wortentzug (vgl. § 28 Abs. 2 GeschOLT) ankommen zu lassen. Wenn es so weit kommt, mag er sich dieserhalb an das Verfassungsgericht wenden.

III.

Der Antrag zu 1. ist unbegründet. Der Beschluß des Landtagsplenums vom 23. 6. 2000, den streitgegenständlichen Antrag von der Tagesordnung abzusetzen, verletzt nicht die Rechte der Antragstellerin aus Art. 56 Abs. 2 S. 1, 67 Abs. 1 S. 2 LV.

1. Nach Art. 56 Abs. 2 S. 1 LV haben die Abgeordneten u. a. das Recht, im Landtag Anträge zu stellen. Die Fraktionen bestehen aus Abgeordneten; sie wirken gem. Art. 67 Abs. 1 S. 2 LV mit eigenen Rechten und Pflichten als selbständige und unabhängige Gliederungen an der Arbeit des Landtags mit und unterstützen die parlamentarische Willensbildung. Daraus folgt, daß eine Fraktion ebenso wie der einzelne Abgeordnete das Recht hat, Anträge in den Landtag einzubringen. Dies bestätigt sich in der Geschäftsordnung des Landtags, indem § 52 Abs. 1 S. 1 GeschOLT bestimmt, daß Gesetzentwürfe, Anträge und Entschließungsanträge u. a. von jedem Abgeordneten und einer Fraktion eingebracht werden können. Wesentlicher Teil des verfassungsrechtlich verankerten Initiativrechts ist die Möglichkeit, den Adressaten der Initiative – das Plenum – zu erreichen und den jeweiligen Antrag dort zu beraten (Verfassungsgericht des Landes Brandenburg, Urt. v. 28. 1. 1999 – VfGBbg 2/98 –, DVBl. 1999, 708, 709).

2. Grundsätzlich gehört es auch zum Initiativrecht der Antragstellerin, den jeweiligen Antrag im Plenum in der Sache beraten zu können. Jedoch findet dieses Erörterungsrecht seine verfassungsrechtliche Grenze in der Pflicht des Plenums, die eigenen Zuständigkeiten zu wahren. Insoweit stehen sich das Antragsrecht aus Art. 56 Abs. 2 S. 1 LV und die Bindung des Landtags an den eigenen Kompetenzrahmen gem. Art. 2 Abs. 5 S. 2 LV gegenüber. In einer solchen Situation muß der Landtag entscheiden können, eine weitergehende als die auf die Erörterung der eigenen Zuständigkeit beschränkte inhaltlich Befassung abzulehnen, wenn er tatsächlich nicht zuständig ist (Verfassungsgericht des Landes Brandenburg, Urt. v. 28. 1. 1999 – VfGBbg 2/98 –, DVBl. 1999, 708, 710). Der Landtag kann nicht darauf verwiesen werden, die Erörterung seiner eigenen Zuständigkeit ausschließlich im Rahmen der inhaltlichen Debatte über den jeweiligen Antrag durchzuführen. Das Plenum hat vielmehr das Recht, die Diskussion über die eigene Zuständigkeit in eine Geschäftsordnungsdebatte vorzuverlagern und eine Sachdebatte als Ergebnis dieser Diskussion endgültig abzulehnen, wenn die Angelegenheit nicht in die Kompetenz des Landtags fällt. Dies gilt auch dann, wenn der umstrittene Beratungsgegenstand bereits auf der Tagesordnung steht und es

nicht um die Aufnahme eines Antrags in die Tagesordnung der laufenden Sitzung geht (ein solcher Fall lag dem Urteil des Gerichts vom 28. 1. 1999, aaO, zugrunde).

3. Hiernach durfte es der Landtag ablehnen, den streitgegenständlichen Antrag in der Sache selbst zu beraten.

a. Der Antrag der Antragstellerin zu 1. vom 19. 5. 2000, LT-Drs. 3/1182, zielt auf die Abschaffung der staatlichen Parteienfinanzierung. Die gesetzliche Regelung der staatlichen Parteienfinanzierung fällt aber nicht in den Kompetenzbereich des Landes, sondern in die ausschließliche Gesetzgebungskompetenz des Bundes. Dies ergibt sich aus Art. 21 Abs. 3 GG. Art. 21 Abs. 1 betrifft unmittelbar in Satz 4 und mittelbar in den Sätzen 1 und 3 die finanziellen Verhältnisse der Parteien als Gegenstand einer Regelung durch Bundesgesetz nach Abs. 3 (vgl. BVerfGE 3, 383, 404; 20, 56, 115; 24, 300, 353).

b. Auch die Einleitung des streitgegenständlichen Antrags mit der Wendung: „Der Landtag möge beschließen: Die Landesregierung wird aufgefordert, im Bundesrat eine Gesetzesinitiative einzubringen mit dem Ziel, die in §§ 18 ff ParteiG geregelte staatliche Finanzierung der politischen Parteien abzuschaffen", führt hier nicht dazu, daß der Antrag in der Sache selbst im Landtag beraten werden mußte. Das Landesverfassungsgericht hat in seinem Urteil vom 28. 1. 1999 in einem obiter dictum ausgeführt, daß sich das Landesparlament „unter bestimmten Voraussetzungen" auch mit bundespolitischen Themen befassen dürfe und im Rahmen der ihm obliegenden Kontrolle der Landesregierung auf deren Verhalten im Bundesrat „in gewissem Umfange" Einfluß nehmen und auf diesem Wege (mittelbar) auch Bundesangelegenheiten erörtern könne (aaO, 710 f). Wann derartige Voraussetzungen für eine Befassung des Landtags mit Bundesangelegenheiten anzunehmen sind, hatte das Gericht nicht zu entscheiden. Auch der hier vorliegende Fall gibt hierzu keinen Anlaß. Jedenfalls liegt nämlich eine Verpflichtung des Landtags dann nicht vor, wenn die Einkleidung als Aufforderung zu einer Bundesratsinitiative sich lediglich als landespolitische Hülle für ein bundespolitisches Anliegen darstellt. So liegt es hier. Die Art und Weise der Parteienfinanzierung berührt nicht spezifische Interessen des Landes Brandenburg. Die mittelbaren Auswirkungen, etwa auf das demokratische Klima oder auch haushaltswirtschaftlicher Art, betreffen alle Bundesländer gleichermaßen. Auch die Antragstellerin selbst legt einen besonderen Landesbezug nicht dar. Wie die Antragsbegründung erkennen läßt, sucht sie vielmehr ganz allgemein ein bundespolitisches Thema im Landtag zur Sprache zu bringen. Der parlamentarische Antragsteller muß sich in einem solchen Fall ggf. damit begnügen, daß der Antrag mitsamt seiner Begründung – immerhin – als Parlamentsdrucksache verteilt, auf die Tagesordnung gesetzt und unter dem Gesichtspunkt der Zuständigkeitsabgrenzung zwischen Bund und Ländern (nur) in einer Geschäftsordnungsdebatte behandelt wird.

4. Soweit sich die Antragstellerin auch auf das Recht auf Chancengleichheit der Opposition (Art. 55 Abs. 2 S. 2 LV) und das Recht auf Schutz der parlamentarischen Minderheit beruft, kommt diesen Rechten gegenüber dem Initiativrecht aus Art. 56

Abs. 2 S. 1 LV hier keine weitergehende Bedeutung zu. Bezogen auf die Parlamentsarbeit konkretisiert sich der parlamentarische Minderheitenschutz und die Chancengleichheit der Opposition darin, daß jeder Abgeordnete ohne Rücksicht auf Fraktions-
zugehörigkeit das Recht hat, Anträge zu stellen. Der allgemeine Grundsatz der
Chancengleichheit und des Schutzes der parlamentarischen Minderheit tritt dahinter
zurück (vgl. Verfassungsgericht des Landes Brandenburg, Urt. v. 28. 1. 1999 – VfGBbg
2/98 –, DVBl. 1999, 708, 710). Auch soweit die Antragstellerin auf die frühere
Behandlung von Beratungsgegenständen mit bundesrechtlichen Bezügen im Landtag
verweist, ergibt sich daraus unter dem Gesichtspunkt der Chancengleichheit kein
Anspruch auf eine inhaltliche Aussprache im Landtag in Fällen wie dem hier zugrundeliegenden. Der Grundsatz der Chancengleichheit im Parlament schließt es nicht ein,
angesichts eventueller früherer Kompetenzüberschreitungen durch den Landtag neuer-
lich Kompetenzüberschreitungen verlangen zu können (vgl. Verfassungsgericht des
Landes Brandenburg, Urt. v. 28. 1. 1999 – VfGBbg 2/98 –, DVBl. 1999, 708, 711).

C.

Die Entscheidung ist mit acht Stimmen gegen eine ergangen.

Nr. 3*

**Berücksichtigung des Anspruchs auf rechtliches Gehör und auf ein faires
Verfahren vor Gericht bei der Entscheidung über die Zulässigkeit einer
Nichtigkeitsklage.****

Verfassung des Landes Brandenburg Art. 52 Abs. 3 und 4

Zivilprozeßordnung § 579 Abs. 1 Nr. 4 Abs. 2

Beschluß vom 17. Mai 2001 – VfGBbg 4/01 –

in dem Verfassungsbeschwerdeverfahren des Herrn J. gegen die Entscheidungen des
Kreisgerichts F. vom 19. Mai 1993 – 25 C 137/92 –, des Landgerichts F. vom 15. Oktober
1998 – 15 S 262/96 – sowie gegen die Entscheidungen des Amtsgerichts F. vom 2. Juni
1999 – 2.5 C 1581/98 – und des Landgerichts F. vom 28. September 2000 – 15 S
264/99 –

---

* Die Entscheidung ist im Volltext abgedruckt im Supplementband Brandenburg zu LVerfGE
  12 (Suppl. Bbg. zu Bd. 12), S. 27 ff, hrsg. vom Verfassungsgericht des Landes Brandenburg
  (Adresse s. Anhang) und dort gegen Gebühr erhältlich.
** Nichtamtlicher Leitsatz

Entscheidungsformel:

1. Das Urteil des Landgerichts F. vom 28. September 2000 (15 S 264/99) verletzt in der Anwendung des § 579 Abs. 1 Nr. 4 Zivilprozeßordnung den Beschwerdeführer in seinem Grundrecht auf rechtliches Gehör und faires Verfahren (Art. 52 Abs. 3 und 4 Verfassung des Landes Brandenburg). Das Urteil wird aufgehoben. Das Nichtigkeitsverfahren wird an das Landgericht F. zurückverwiesen.

2. Das Land Brandenburg hat dem Beschwerdeführer die in dem Verfassungsbeschwerdeverfahren entstandenen notwendigen Auslagen zu erstatten.

Nr. 4

Grundsätzlich kein Rechtsschutzinteresse für Verfassungsbeschwerdeverfahren gegen eine Gerichtsentscheidung nach Erledigung der Hauptsache.*

Verfassung des Landes Brandenburg Art. 6 Abs. 2

Verfassungsgerichtsgesetz Brandenburg § 45 Abs. 1

Beschluß vom 28. Juni 2001 – VfGBbg 13/01 –

in dem Verfassungsbeschwerdeverfahren des Herrn M. gegen das Urteil des Amtsgerichts P. vom 15. August 2000 (29 C 201/00) und gegen das Urteil des Landgerichts P. vom 28. Februar 2001 (2 S 17/00)

Entscheidungsformel:

1. Die Verfassungsbeschwerde wird verworfen.

2. Der Antrag auf Prozeßkostenhilfe wird zurückgewiesen.

Gründe:

I.

Der Beschwerdeführer ist Gemeindevertreter der zum Amt G. gehörenden Gemeinde K. Auf der Tagesordnung der Sitzung des Amtsausschusses vom 13. 3. 2000 stand die Wiederwahl des Amtsdirektors. Unter dem 23. 2. 2000 richtete der Beschwerde-

* Nichtamtlicher Leitsatz

führer einen „offenen Brief" an die Gemeindevertreter im Amt Groß Kreutz, in dem er sich mit der Amtsführung des Amtsdirektors auseinandersetzte und die Gemeindevertreter aufforderte, auf eine Ausschreibung der Amtsdirektorenstelle hinzuwirken. Der Amtsdirektor stellte darauf unter dem 8.3.2000 einen Antrag auf Erlaß einer einstweiligen Verfügung auf Unterlassung von insgesamt sechs in dem „offenen Brief" enthaltenen Äußerungen. Mit Beschluß vom 9.3.2000 untersagte das AG dem Beschwerdeführer – wegen Dringlichkeit der Sache ohne mündliche Verhandlung – im Wege der einstweiligen Verfügung, wörtlich oder sinngemäß fünf dieser Äußerungen – Nr. 1 und 3 bis 6 – aufzustellen und/oder zu verbreiten. Nach seiner Wiederwahl am 13.3.2000 erklärte der Amtsdirektor die Hauptsache für erledigt. Ungeachtet dessen erhob der Beschwerdeführer Widerspruch gegen die einstweilige Verfügung. Mit Urteil vom 15.8.2000 hob das AG die einstweilige Verfügung zu zwei der verfahrensgegenständlichen Äußerungen – Nr. 3 und 4 – auf und wies den Antrag auf Erlaß einer einstweiligen Verfügung insoweit zurück. Im übrigen stellte das AG fest, daß die Hauptsache erledigt sei. Gegen dieses Urteil legte der Beschwerdeführer Berufung ein. Das LG wies die Berufung mit Urteil vom 28.2.2001 zurück und änderte auf die Anschlußberufung des Verfügungsklägers das Urteil des AG teilweise dahingehend ab, daß die Hauptsache auch zu den Äußerungen Nr. 3 und 4 mit der Wiederwahl des Amtsdirektors erledigt, bis dahin aber zulässig und begründet gewesen sei.

Mit seiner am 27.4.2001 bei Gericht eingegangenen Verfassungsbeschwerde wendet sich der Beschwerdeführer gegen das Urteil des LG. Er rügt die Verletzung seines Grundrechts auf freie Meinungsäußerung aus Art. 19 Abs. 1 Verfassung des Landes Brandenburg (Landesverfassung – LV). Das landgerichtliche Urteil führe dazu, daß er bei der Ausübung seiner ehrenamtlichen Tätigkeit als Gemeindevertreter künftig nicht mehr in der Lage sei, seine Meinung frei zu äußern. Er habe vielmehr zu befürchten, bei kontroversen Meinungsäußerungen mit einstweiligen Verfügungen konfrontiert zu werden. AG und LG hätten sich nicht mit seinem Vorbringen auseinandergesetzt, daß sein Recht auf freie Meinungsäußerung beeinträchtigt worden sei. Er habe im politischen Meinungskampf auf kommunaler Ebene gehandelt.

Der Verfügungskläger des Ausgangsverfahrens hat zu dem Verfassungsbeschwerdeverfahren Stellung genommen und hält die Verfassungsbeschwerde für unzulässig.

II.

Die Verfassungsbeschwerde ist als unzulässig zu verwerfen. Sie ist jedenfalls deshalb unzulässig, weil dafür kein Rechtsschutzbedürfnis anzuerkennen ist.

Die Zulässigkeit einer Verfassungsbeschwerde setzt voraus, daß ein Rechtsschutzbedürfnis für die Aufhebung des angegriffenen Hoheitsaktes oder – in bestimmten Fällen – jedenfalls für die Feststellung seiner Verfassungswidrigkeit besteht (BVerfGE 50, 244, 247). Das Rechtsschutzinteresse an der Aufhebung einer gerichtlichen Entscheidung entfällt aber, wenn davon keine nachteiligen Folgen mehr ausgehen (vgl. BVerfGE 33, 247, 255). Dabei reicht die allein in der Kostenentscheidung liegende Beschwer für die Anrufung des Verfassungsgerichts nach der Rechtsprechung des Bundesverfassungsgerichts, der das erkennende Gericht folgt, grundsätzlich nicht aus (s. BVerfGE aaO, 256). Demzufolge war hier die Verfassungsbeschwerde zu verwerfen.

Das zugrundeliegende Verfahren auf Erlaß einer einstweiligen Verfügung hat sich mit der Wiederwahl des Amtsdirektors erledigt, weil danach keine Veranlassung mehr bestand, im Wege einer einstweiligen Verfügung eine vorläufige gerichtliche Entscheidung zu treffen und in diesem Sinne der für den Erlaß einer einstweiligen Verfügung erforderliche sog. Verfügungsgrund entfiel. Eine Entscheidung in der Sache selbst beinhaltet das Berufungsurteil gerade nicht: Der Tenor des Urteils enthält eben nicht das Verbot, bestimmte Äußerungen abzugeben. Soweit sich das LG in den Entscheidungsgründen auf den Standpunkt stellt, daß der Antrag auf Erlaß einer einstweiligen Verfügung zu den Äußerungen zu Nr. 1 und 3 bis 6 zulässig und begründet gewesen sei, entfaltet dies für den Beschwerdeführer nur noch insoweit nachteilige Folgen, als ihm auf dieser Grundlage 5/6 der Kosten des Rechtsstreits auferlegt worden sind.

Dem Urteil des LG kommt – entgegen der Ansicht des Beschwerdeführers – auch keine faktische Wirkung dahingehend zu, daß er für die Zukunft „mundtot" gemacht werde. Gegenstand des Ausgangsverfahrens war der „offene Brief" des Beschwerdeführers, der ersichtlich in unmittelbarem zeitlichen und sachlichen Zusammenhang mit der anstehenden Wiederwahl des Verfügungsklägers als Amtsdirektors stand. Mit der Wiederwahl des Amtsdirektors hat sich das Ausgangsverfahren erledigt. Verallgemeinerungsfähige Aussagen zur Reichweite und zu den Grenzen der Äußerungsfreiheit des Beschwerdeführers in anderen Zusammenhängen ergeben sich aus dem Berufungsurteil nicht. Daß das auch der Verfügungskläger des Ausgangsverfahrens so sieht, bestätigt sich darin, daß er unmittelbar nach seiner Wiederwahl das Verfahren in der Hauptsache für erledigt erklärt hat. Er hat damit seinerseits zu erkennen gegeben, daß es ihm nicht darum gegangen sei, den Beschwerdeführer ganz allgemein an kritischen Bemerkungen zu hindern.

III.

Der Antrag auf Gewährung von Prozeßkostenhilfe ist zufolge § 48 S. 1 Verfassungsgerichtsgesetz Brandenburg iVm § 114 Zivilprozeßordnung zurückzuweisen, weil die Verfassungsbeschwerde aus den vorstehenden Gründen keinen Erfolg haben konnte.

Nr. 5

1. Um „dieselbe Sache" iSd § 45 Abs. 1 VerfGGBbg handelt es sich nur dann, wenn gegen dasselbe staatliche Handeln von demselben Beschwerdeführer Verfassungsbeschwerde zum Bundesverfassungsgericht erhoben (worden) ist oder wird.

2. Keine Beschwerdebefugnis für eine Verfassungsbeschwerde bereits gegen die Zulassung des Rahmenbetriebsplans nach dem Bundesberggesetz.

Verfassung des Landes Brandenburg Art. 6 Abs. 1; 8 Abs. 1 S. 1; 17 Abs. 1; 41 Abs. 1 S. 1

Verfassungsgerichtsgesetz Brandenburg § 45 Abs. 1

Beschluß vom 28. Juni 2001 – VfGBbg 44/00 –

in dem Verfassungsbeschwerdeverfahren

1. des Herrn N.
2. der Frau N.

gegen die Zulassung des Rahmenbetriebsplans zu dem Vorhaben „Weiterführung des Tagebaus Jänschwalde 1994 bis Auslauf" durch Bescheid des Oberbergamts des Landes Brandenburg vom 14. März 1994, gegen das Urteil des VG C. vom 17. Dezember 1998 (5 K 488/94, 5 K 493/94, 5 K 482/94) und gegen den Beschluß des Oberverwaltungsgerichts für das Land Brandenburg vom 17. Juli 2000 (4 A 94/99)

Entscheidungsformel:

Die Verfassungsbeschwerde wird verworfen.

Gründe:

A.

Die Verfassungsbeschwerde richtet sich gegen die Zulassung des Rahmenbetriebsplans „Weiterführung des Tagebaus Jänschwalde 1994 bis Auslauf" durch Bescheid des Oberbergamts des Landes Brandenburg vom 14. 3. 1994, der die vollständige Abbaggerung des Ortsteils H. der Gemeinde J. vorsieht. Die Beschwerdeführer sind Einwohner des Ortsteils und Eigentümer verschiedener Grundstücke in der Gemarkung H.

I.

Gegen die Zulassung des Rahmenbetriebsplans erhoben die Beschwerdeführer sowie 37 weitere natürliche und juristische Personen Klage vor dem VG. Mit Urteil vom 17. 12. 1998 wies das VG die Klagen ab. Die Klagen der Beschwerdeführer seien bereits unzulässig. Da die Vorschriften des Bundesberggesetzes über die Zulassung von Betriebsplänen keinen Drittschutz vermittelten, fehle den Beschwerdeführern die Klagebefugnis iSv § 42 Abs. 2 VwGO. Mit der Zulassung eines bergrechtlichen Rahmenbetriebsplans werde noch nicht über die Zulässigkeit der Inanspruchnahme einzelner Grundstücke entschieden. Der Eigentümer könne die Rechtmäßigkeit einer bergbaulichen Maßnahme, für die sein Grundstück in Anspruch genommen werde, uneingeschränkt in dem nachfolgenden bergrechtlichen Grundabtretungsverfahren zur Überprüfung stellen. Eine präjudizierende Wirkung gehe insoweit von der Betriebsplanzulassung nicht aus.

Die Beschwerdeführer sowie fünf weitere natürliche Personen beantragten die Zulassung der Berufung gegen das Urteil des VG. Das OVG für das Land Brandenburg wies diesen Antrag mit Beschluß vom 17. 7. 2000 zurück, da von den Antragstellern keine ernstlichen Zweifel an der Richtigkeit der verwaltungsgerichtlichen Entscheidung aufgezeigt worden seien. Nach der Rechtsprechung des Bundesverwaltungsgerichts seien Grundstückseigentümer, deren Grundstücke von dem Vorhaben erfaßt würden, auf das Grundabtretungsverfahren verwiesen. Der Einwand, der Rechtsschutz im Grundabtretungsverfahren komme zu spät und sei deshalb nicht mehr effektiv, greife nicht durch. Zwar entfalte der Rahmenbetriebsplan nach der Rechtsprechung eine Indizwirkung, was die Sachgerechtigkeit des Vorhabens und die Vereinbarkeit mit dem Bergrecht angehe. Unbeschadet dessen komme dem Rahmenbetriebsplan keine rechtliche Bindung zu. Der Betroffene könne die Rechtmäßigkeit der bergbaulichen Maßnahme, für die sein Grundstück in Anspruch genommen werde, uneingeschränkt im bergrechtlichen Grundabtretungsverfahren zur Überprüfung stellen. Auch soweit die Antragsteller für die Klagebefugnis auf ihre psychische Gesundheit abstellten, ergäben sich keine Zweifel an der Richtigkeit des verwaltungsgerichtlichen Urteils. Rechtsrelevante psychische Belastungen durch die Betriebsplanzulassung seien nach der Art der geltend gemachten Beeinträchtigungen nicht hinreichend greifbar.

II.

Mit der am 4. 9. 2000 bei Gericht eingegangenen Verfassungsbeschwerde rügen die Beschwerdeführer die Verletzung ihrer Rechte aus Art. 41 Abs. 1 S. 1, 17 Abs. 1, 8 Abs. 1 S. 1 und 6 Abs. 1 Verfassung des Landes Brandenburg (LV).

1. Die Beschwerdeführer machen geltend, daß durch die fortschreitenden Planungen sowohl des Bergbauunternehmens als auch der staatlichen Stellen vollendete

Tatsachen geschaffen würden und Druck auf sie ausgeübt werde. Dementsprechend habe das Bergbauunternehmen, die LAUBAG, die von der Umsiedlung Betroffenen bereits aufgefordert, sich für den Erwerb von Grundstücken an dem Wiederansiedlungsstandort vormerken zu lassen. Der Erwerb eines neuen Grundstücks sei ihnen aber nur nach Aufgabe des Eigentums in Horno möglich.

2. Zu den von ihnen als verletzt gerügten Grundrechten kritisieren die Beschwerdeführer, daß eine inhaltliche Auseinandersetzung mit diesen ihren Grundrechten in den angegriffenen Hoheitsakten gänzlich unterblieben sei. Weder das VG noch das OVG habe sich mit Wesen, Umfang und Reichweite der genannten Grundrechte auseinandergesetzt. Die Zulassung des Rahmenbetriebsplans stelle die grundsätzliche hoheitliche Entscheidung über die Vorhabensdurchführung in den in dem Zulassungsbescheid genannten räumlichen Grenzen dar. Sie sei hier in Kenntnis dessen getroffen worden, daß damit die Inanspruchnahme von – auch mit Wohnhäusern Privater bebauten – Grundstücken verbunden sei. Die sich aus dem Verwaltungsakt ergebende grundsätzliche Durchführbarkeit des Vorhabens aus rechtlicher Sicht betreffe auch die Rechtspositionen der Beschwerdeführer. Treffe ein Hoheitsträger eine derart weitreichende Entscheidung, dürfe er die Grundrechte der Menschen im Tagebaugebiet nicht unberücksichtigt lassen. Nach der Rechtsprechung des Bundesverwaltungsgerichts sei bereits im Rahmen der Vorschriften des Bundesberggesetzes – vor allem §§ 48 Abs. 2 S. 1 und 55 Abs. 1 S. 1 Nr. 3 Bundesberggesetz (BBergG) – den Grundrechten Dritter Rechnung zu tragen.

a) Die Zulassung des Rahmenbetriebsplans verletze das Recht der Beschwerdeführer auf Eigentum aus Art. 41 Abs. 1 S. 1 LV. Das Recht auf Eigentum schließe das Recht auf effektive und inhaltliche Überprüfung eigentumsbeeinträchtigender Maßnahmen ein. Etwas anderes gelte hier auch nicht deswegen, weil das Bundesberggesetz für die Durchführung der konkreten Maßnahmen eine weitere Entscheidung der Behörden im bergrechtlichen Grundabtretungsverfahren gemäß §§ 77 ff BBergG vorsehe. Aufgrund der Tragweite der mit der Rahmenbetriebsplanzulassung ergangenen staatlichen Entscheidung über die Zulässigkeit des Vorhabens werde ihnen die Wahrnehmung ihrer aus dem Grundrecht abgeleiteten Befugnisse jedenfalls erheblich erschwert und letztlich unmöglich gemacht. Die Schaffung einer Genehmigungslage des Tagebaus, welcher sie sich nicht mehr erwehren könnten und welche sie dazu nötige, ihr Eigentum aufzugeben, stelle bereits einen Eingriff in Art. 41 Abs. 1 LV dar. Es sei ihnen nicht zuzumuten, auf das Grundabtretungsverfahren zu warten. Vielmehr müsse ihnen zugestanden werden, schon jetzt dem zu befürchtenden Verlust ihres Eigentums entgegenzutreten. Die Vorhabenszulassung in Gestalt des Rahmenbetriebsplans laufe aus ihrer Sicht auf eine endgültige Entscheidung zur Inanspruchnahme ihrer Grundstücke hinaus: Sie sähen sich praktisch gezwungen, ihre Grundstücke vor der Durchführung des Grundabtretungsverfahrens aufzugeben. Art. 41 Abs. 1 LV schütze aber den Bestand und nicht nur den Wert des Grundeigentums. Der Schutz der

Grundrechte der im Abbaugebiet lebenden Menschen müsse deshalb schon in der Phase der Betriebsplanzulassung angesiedelt sein.

b) Die Zulassung des Rahmenbetriebsplans verletze die Beschwerdeführer ferner in ihrem Recht aus Art. 17 Abs. 1 LV. Das damit geschützte Recht auf Freizügigkeit schließe anerkanntermaßen das Recht ein, einen bestimmten Ort nicht (dauerhaft) verlassen zu müssen. Dieses Bleiberecht werde verletzt, wenn der weitere Aufenthalt an einem bestimmten Ort aufgrund hoheitlicher Maßnahmen beeinträchtigt werde. Die Zulassung des Rahmenbetriebsplans stelle eine solche hoheitliche Maßnahme dar. Mit diesem Hoheitsakt werde für die in dem betroffenen Gebiet lebenden Menschen klargestellt, daß dem Vorhaben einschließlich der Inanspruchnahme ihres Wohnorts keine überwiegenden öffentlichen Interessen entgegenstünden. Ihnen stehe kein Rechtsschutz gegen den Zwang zur Umsiedlung zu Gebote. Bereits die Zulassung des Rahmenbetriebsplans wirke auf sie ein, ihren Heimatort zu verlassen und sich an einem anderen Ort neu anzusiedeln.

c) Die Zulassung des Rahmenbetriebsplans verletze die Beschwerdeführer weiter in ihrem Grundrecht auf körperliche Unversehrtheit (Art. 8 Abs. 1 S. 1 LV). Die ständige Sorge um ihre weitere Existenz in dem angestammten Zuhause sowie der immer größer werdende Druck, unfreiwillig Planungen für eine eventuelle Umsiedlung in Angriff zu nehmen, sowie die damit einhergehenden persönlichen, familiären und seelischen Belastungen seien geeignet, sie krank zu machen. Hinzu komme die Unklarheit darüber, ob eine Inanspruchnahme ihres Wohnorts und ihres Grundeigentums nun „rechtmäßig" sei oder nicht. Die mit der staatlichen Feststellung der Zulässigkeit des in dem Rahmenbetriebsplan umschriebenen Vorhabens einhergehenden psychischen Belastungen wirkten sich auch körperlich aus. Die Situation belaste die Beschwerdeführer in ihrem täglichen Leben und wirke sich in ihrem Stoffwechselkreislauf und in Schlafstörungen aus.

d) Schließlich seien die Beschwerdeführer in ihrem Grundrecht auf Gewährleistung effektiven Rechtsschutzes (Art. 6 Abs. 1 LV) verletzt. Das bergrechtliche Grundabtretungsverfahren berücksichtige nicht die von der Tagebaudurchführung betroffenen Grundrechte aus Art. 17 Abs. 1 und Art. 8 Abs. 1 S. 1 LV und halte auch für das Grundrecht auf Eigentum (Art. 41 Abs. 1 LV) keinen ausreichenden Schutz bereit. Die in Frage stehenden Folgen des Tagebaus für die Beschwerdeführer seien bei keiner der bisher ergangenen Entscheidungen geprüft worden. Aus dem Anspruch der Beschwerdeführer aus Art. 6 Abs. 1 LV auf wirksame Kontrolle des sie beeinträchtigenden Verwaltungshandelns ergäben sich Vorwirkungen auf das Verwaltungsverfahren. Der Rechtsschutz der Beschwerdeführer sei in das Vorhabenszulassungsverfahren zu integrieren.

III.

Das OVG für das Land Brandenburg und das Landesbergamt Brandenburg haben von einer Stellungnahme abgesehen.

IV.

Die Landesregierung hat zu dem Verfahren Stellung genommen. Sie ist der Ansicht, daß die Verfassungsbeschwerde unzulässig sei.

1. Der Zulässigkeit der Verfassungsbeschwerde stehe zwar nicht entgegen, daß die Verletzung von Landesgrundrechten bei der Durchführung eines bundesrechtlich – durch die VwGO – geordneten Verfahrens gerügt werde. Bei der Auslegung und Anwendung der bundesrechtlich geregelten Berufungszulassungsgründe nach § 124 Abs. 2 Nrn. 1 bis 3 VwGO bestehe Raum für eine Überprüfung am Maßstab der als verletzt gerügten Landesgrundrechte.

2. In bezug auf Art. 41 Abs. 1 S. 1, 17 Abs. 1, 8 Abs. 1 S. 1 und 6 Abs. 1 LV fehle den Beschwerdeführern jedoch die Beschwerdebefugnis. Weder die gerichtlichen Entscheidungen noch die behördliche Zulassung des Rahmenbetriebsplans griffen in die Grundrechte der Beschwerdeführer ein. Ebensowenig stellten sie eine einem Eingriff gleichkommende Grundrechtsgefährdung dar. Der hier zugrundeliegende fakultative Rahmenbetriebsplan stecke nur den Rahmen ab, innerhalb dessen einzelne Vorhaben in der Zukunft durchgeführt werden dürften. Das Bundesverwaltungsgericht messe dem Rahmenbetriebsplan nicht den Charakter eines den Unternehmer berechtigenden Vorbescheids zu.

a) Über die tatsächliche Inanspruchnahme von Grundstücken werde erst und ausschließlich im Rahmen des als Enteignungsverfahren ausgestalteten Grundabtretungsverfahrens nach dem Bundesberggesetz entschieden. Weder aus dem Haupt- noch aus dem Rahmenbetriebsplan ergebe sich eine eigentumsrelevante Eingriffswirkung. Damit unterscheide sich das Betriebsplanzulassungsverfahren vom Planfeststellungsverfahren. Eine Eingriffswirkung der Zulassung des Rahmenbetriebsplans lasse sich auch nicht damit begründen, daß der im Grundabtretungsverfahren angesiedelte Rechtsschutz zu spät komme. Der Bergbauunternehmer trage das ganze wirtschaftliche Risiko dafür, daß das bergbauliche Vorhaben am Ende noch an den Voraussetzungen für die Zulässigkeit der Grundabtretung scheitere.

b) Wenn schon die Zulassung des Rahmenbetriebsplans keine Rechtsverletzung der Beschwerdeführer begründe, scheide auch eine Verletzung des Art. 6 Abs. 1 LV aus, der – ebenso wie Art. 19 Abs. 4 Grundgesetz (GG) – subjektive Rechte voraussetze und nicht erst begründe.

c) Was Art. 8 Abs. 1 S. 1 LV angehe, lägen die von den Beschwerdeführern behaupteten Beeinträchtigungen außerhalb des Schutzbereichs von Art. 8 Abs. 1 S. 1

LV. Dieses Grundrecht schütze den Einzelnen zwar nicht nur vor körperlichen, sondern auch vor damit vergleichbaren psychischen Beeinträchtigungen. Für die mit einer Umsiedlung an einen anderen Ort einhergehenden Belastungen fehle es jedoch bei der gebotenen objektivierten Betrachtung an hinreichend faßbaren und Krankheitswert erreichenden psychischen Auswirkungen.

d) Soweit sich die Beschwerdeführer auf das Grundrecht der Freizügigkeit aus Art. 17 Abs. 1 LV beriefen, stehe der Zulässigkeit schon der Grundsatz der Subsidiarität der Verfassungsbeschwerde entgegen. Eine Verfassungsbeschwerde sei im Sinne materieller Subsidiarität unzulässig, wenn es der Beschwerdeführer unterlassen habe, Einwände und Gesichtspunkte, die er im späteren Verfassungsbeschwerdeverfahren vorbringe, im vorausgegangenen Rechtsbehelfsverfahren geltend zu machen. Hier aber hätten die Beschwerdeführer, wie das OVG festgestellt habe, die von ihnen gerügte Verletzung des Art. 17 LV nicht fristgerecht im Rahmen des Antrags auf Zulassung der Berufung geltend gemacht.

V.

Die L-AG hat ebenfalls Stellung genommen. Sie macht ergänzende Angaben zum Stand der Verhandlungen zwischen dem Ortsbeirat von Horno und der L-AG über die Umsiedlung der Bewohner. In rechtlicher Hinsicht hält sie die Verfassungsbeschwerde für unzulässig, hilfsweise für unbegründet.

1. Das Beschwerdebegehren sei in seinem Kern auf Fragen der Auslegung und Anwendung materiellen Bundesrechts gerichtet. Nach Art. 31 GG unterfalle aber die Auslegung und Anwendung materiellen Bundesrechts nicht der Prüfung durch die Landesverfassungsgerichte. Materielles Bundesrecht sei unabhängig von möglichen Besonderheiten des jeweiligen Landesverfassungsrechts bundeseinheitlich auszulegen und anzuwenden.

2. Weiter stehe der Zulässigkeit der Verfassungsbeschwerde entgegen, daß in derselben Sache Verfassungsbeschwerde beim Bundesverfassungsgericht erhoben worden sei.

3. Schließlich fehle es an der erforderlichen Beschwerdebefugnis. Die Zulassung des Rahmenbetriebsplans sowie die diesbezüglichen Entscheidungen des VG und des OVG für das Land Brandenburg seien nicht geeignet, die Beschwerdeführer in ihren Grundrechten auf Eigentum, Freizügigkeit, Leben und Unversehrtheit sowie effektiven Rechtsschutz zu verletzen. Die Zulassung bergrechtlicher Rahmenbetriebspläne entfalte keine Gestattungswirkung. Die Rahmenbetriebsplanzulassung sei nach ihrer spezifischen Rechtswirkung, die sich aus ihrer Einbettung in das aus Rahmen-, Haupt- und Sonderbetriebsplänen bestehende Zulassungssystem des Bergrechts ergebe, auch nicht mit enteignungsrechtlichen Vorwirkungen verbunden. Die in der Rechtsprechung

entwickelten Ansätze für einen partiellen Drittschutz bei der bergrechtlichen Betriebsplanzulassung seien hier nicht einschlägig. Sowohl die behördliche Zulassung des Rahmenbetriebsplans als auch das Urteil des VG vom 17. 12. 1998 und der Beschluß des OVG für das Land Brandenburg vom 17. 7. 2000 hätten die höchstrichterliche Rechtsprechung rechtsfehlerfrei berücksichtigt.

4. Jedenfalls sei die Verfassungsbeschwerde unbegründet. Das Eigentum werde verfassungsrechtlich nur im Rahmen der durch den Gesetzgeber bestimmten Inhalte und Schranken gewährleistet. Träfen unterschiedliche Raumnutzungsansprüche aufeinander, sei es Sache des Gesetzgebers, diese sowohl materiell oder auch prozedural zu ordnen. Der Bundesgesetzgeber habe durch das Bundesberggesetz in verfassungsrechtlich nicht zu beanstandender Weise die Gewinnung heimischer Bodenschätze geregelt.

VI.

Mit Beschluß vom 16. 11. 2000 hat das erkennende Gericht das vorliegende Verfahren bis zu einer Entscheidung des Bundesverfassungsgerichts über eine gleichartige Verfassungsbeschwerde ausgesetzt, die andere Beschwerdeführer vor dem Bundesverfassungsgericht erhoben haben. Mit Beschluß vom 5. 2. 2001 hat das Bundesverfassungsgericht die dorthin eingelegte Verfassungsbeschwerde nicht zur Entscheidung angenommen, weil sie unzulässig sei (1 BvR 1919/00).

B.

Die Verfassungsbeschwerde ist unzulässig.

I.

Der Zulässigkeit der Verfassungsbeschwerde steht allerdings nicht entgegen, daß vier andere Beschwerdeführer gegen die auch vorliegend angegriffenen Hoheitsakte – den Zulassungs-Bescheid zum Rahmenbetriebsplan „Weiterführung des Tagebaus Jänschwalde 1994 bis Auslauf", das Urteil des VG vom 17. 12. 1998 (5 K 488/94, 5 K 493/94 und 5 K 482/94) und den Beschluß des OVG für das Land Brandenburg vom 17. 7. 2000 (4 A 94/99) – Verfassungsbeschwerde zum Bundesverfassungsgericht erhoben haben. § 45 Abs. 1 Verfassungsgerichtsgesetz Brandenburg (VerfGGBbg), wonach eine Verfassungsbeschwerde zum Verfassungsgericht des Landes Brandenburg nur eingelegt werden kann „soweit nicht in derselben Sache Verfassungsbeschwerde zum Bundesverfassungsgericht erhoben ist oder wird", greift hier nicht ein. Um dieselbe Sache iSd § 45 Abs. 1 VerfGGBbg handelt es sich nur bei demselben Verfahrensgegenstand („Streitgegenstand") zu dem – auch – das Verfahrensrechtsverhältnis zwischen den Beteiligten gehört. Folglich geht es iSv § 45 Abs. 1 VerfGGBbg nur

dann um dieselbe Sache, wenn dasselbe staatliche Handeln von demselben Beschwerdeführer sowohl vor dem Landesverfassungsgericht als auch vor dem Bundesverfassungsgericht angegriffen wird. § 45 Abs. 1 VerfGGBbg räumt dem Beschwerdeführer
ein Wahlrecht zwischen der Anrufung des Bundesverfassungsgerichts und des Landesverfassungsgerichts ein (so bereits – unter Hinweis auch auf die vergleichbare Rechtslage in Berlin – Verfassungsgericht des Landes Brandenburg, Beschl. v. 16. 12. 1999 –
VfGBbg 33/99, 33/99 EA – LVerfGE 10, 254, 255). Dieses Wahlrecht steht dem
jeweiligen Beschwerdeführer jeweils für sich zu. Sind von demselben Hoheitsakt
mehrere Personen betroffen, hat jeder einzelne von ihnen die Möglichkeit, eine Verfassungsbeschwerde entweder zum Bundes- oder zum Landesverfassungsgericht zu
erheben. Es kann nicht in der Hand eines einzelnen Betroffenen liegen, dadurch, daß
er sich an das Bundesverfassungsgericht wendet, eine Vielzahl anderer Betroffener
um ihr landesverfassungsrechtlich gewährleistetes Recht zu bringen, Verfassungsbeschwerde zum Landesverfassungsgericht zu erheben.

II.

Es kann dahinstehen, ob die Verfassungsbeschwerde unzulässig ist, soweit sich
die Beschwerdeführer – jedenfalls auch – gegen die vom Oberbergamt des Landes
Brandenburg, vom VG und vom OVG für das Land Brandenburg vorgenommene
Auslegung und Anwendung des Bundesberggesetzes wenden. Das Bundesverfassungsgericht hat bisher offengelassen, ob die Landesverfassungsgerichte befugt sind, die
Auslegung materiellen Bundesrechts durch Gerichte und Behörden des Landes an den
Grundrechten der Landesverfassung zu messen (s. BVerfGE 96, 345 ff). Die Frage
bedarf auch vorliegend keiner Entscheidung, weil die Verfassungsbeschwerde jeden-
falls aus den nachfolgenden Gründen unzulässig ist.

III.

Die Verfassungsbeschwerde ist unzulässig, weil die Beschwerdeführer nicht
beschwerdebefugt sind. Nach Lage des Falles scheidet aus, daß sie durch die angegriffenen Verwaltungs- und Gerichtsentscheidungen in durch die Landesverfassung
verbürgten Grundrechten verletzt werden. Im einzelnen:

1. Die den Gegenstand der angegriffenen verwaltungsgerichtlichen Entscheidungen bildende Zulassung des Rahmenbetriebsplans stellt sich ihrer Rechtsnatur nach
nicht als Verletzung der Beschwerdeführer in ihrem Grundrecht aus Art. 8 Abs. 1 LV dar.

a) Soweit Art. 8 Abs. 1 LV – insoweit entsprechend dem Grundrecht auf körperliche Unversehrtheit nach Art. 2 Abs. 2 S. 1 GG – Beeinträchtigungen der Gesundheit
und der körperlichen Integrität betrifft (vgl. – zu Art. 2 GG – *Murswiek* in: Sachs, GG,
2. Aufl. 1999, Art. 2 Rn. 147 ff), sind derartige Auswirkungen auf die körperliche

Unversehrtheit von Einwohnern des Ortsteils Horno mit der Umsiedlung – wie das Gericht bereits in seinem Urteil vom 18. 6. 1998 (LVerfGE 8, 97, 163) dargelegt hat – grundsätzlich nicht verbunden. Es ergibt sich keine Veranlassung, das für den Fall der Beschwerdeführer anders zu sehen. Was sie in diesem Zusammenhang vorbringen, ist – und das gilt auch für etwaige Schlafstörungen und Auswirkungen auf den Stoffwechselkreislauf – gegebenenfalls psychisch, nicht physisch bedingt.

b) Freilich ist Art. 8 Abs. 1 LV, wie das erkennende Gericht in dem genannten Urteil ausgeführt hat, nicht auf die körperliche Unversehrtheit beschränkt. Vielmehr umfaßt die Verfassungsbestimmung – entsprechend den in der Rechtsprechung des Bundesverfassungsgerichts anerkannten Schutzwirkungen des Art. 2 Abs. 2 S. 1 GG (vgl. etwa BVerfGE 56, 54, 73) – gegebenenfalls auch psychische Beeinträchtigungen, die nach Art und Schwere mit Eingriffen in die körperliche Integrität vergleichbar sind (vgl. LVerfGE aaO, 163 sowie Sachs in: Simon/Franke/Sachs, Handbuch der Verfassung des Landes Brandenburg, 1994, § 5 Rn. 31). Die mit einer Umsiedlung bezeichnenderweise verbundenen psychischen Belastungen liegen jedoch außerhalb des Schutzbereichs von Art. 8 Abs. 1 LV. In dem Urteil des erkennenden Gerichts vom 18. 6. 1998 heißt es dazu (aaO):

> „Art. 8 Abs. 1 LV beinhaltet jedoch kein Grundrecht gegen jegliche Beeinträchtigungen der psychischen Befindlichkeit, sondern will den Einzelnen vor solchen staatlichen Eingriffen schützen, die zwar nicht unmittelbar körperlicher Natur sind, in ihren psychischen Auswirkungen aber vergleichbar sind. Hinreichend faßbare und Krankheitswert erreichende psychische Verletzungen sind aber auch bei Hinzunahme des sorbenbezogenen Hintergrundes mit der Inanspruchnahme des Gebietes der Gemeinde Horno nicht verbunden. Der durch die gesetzgeberische Entscheidung vorgezeichnete Verlust der vertrauten Umgebung und der Umzug zu dem einige Kilometer entfernten Umsiedlungsort oder auch – je nach Wahl – an einen anderen Ort ist für die Einwohner der Gemeinde Horno gewiß belastend. Die Belastung geht aber nicht objektivierbar über dasjenige hinaus, was allgemein mit einem Wohnortwechsel verbunden ist. Sie liegt ihrer Art nach außerhalb des Schutzbereichs des Art. 8 Abs. 1 LV."

Das erkennende Gericht hält hieran fest. Das Vorbringen der Beschwerdeführer in dem vorliegenden Verfahren gibt zu einer abweichenden Beurteilung keinen Anlaß.

2. Auch eine Verletzung des Grundrechts auf Freizügigkeit gem. Art. 17 Abs. 1 LV bzw. des damit korrespondierenden Bleiberechts scheidet hier von vornherein aus. In seinem Urteil vom 18. 6. 1998 hat sich das Gericht grundsätzlich auf den Standpunkt gestellt, daß Eingriffe des Staates, die für bestimmte Bereiche eine bestimmte Nutzung erzwingen, das Grundrecht aus Art. 17 Abs. 1 LV nicht berühren. Es heißt dort (aaO, 164 mwN):

> „Das Grundrecht auf Freizügigkeit aus Art. 17 Abs. 1 LV wird durch die angegriffene Entscheidung nicht verletzt. Das gegenüber der allgemeinen Handlungsfreiheit aus Art. 10 LV insoweit speziellere Grundrecht gewährleistet die Freiheit, unbehindert

durch die Staatsgewalt an jedem Ort innerhalb des Landes Aufenthalt und Wohnsitz zu nehmen. Es umfaßt auch die ‚negative' Freiheit, an einem freigewählten Wohnort zu verbleiben. Indessen wird das Grundrecht auf Freizügigkeit nur durch direkte staatliche Eingriffe in das Grundrecht verletzt, d. h. bei Eingriffen, deren Regelungsgegenstand auf die Beschränkung der Freizügigkeit gerichtet ist, nicht aber bei Eingriffen, die für bestimmte Bereiche eine bestimmte Nutzung erzwingen."

Soweit in der Literatur vereinzelt vertreten wird, daß sich „die objektiv wertsetzende Funktion" des Grundrechts auf Freizügigkeit auch auf planerische Entscheidungsprogramme auswirken und diesbezüglich Ermessensspielräume begrenzen könne, insbesondere sofern damit faktische Vorgaben für die (künftige) Inanspruchnahme von Freizügigkeitsrechten verbunden seien, etwa indem sie Siedlungsstrukturen nachhaltig beeinträchtigen, also „faktisch" zum Abzug nötigen (so *Kunig* in: von Münch/ Kunig (Hrsg.), GG, Bd. 1, 5. Aufl. 2000, Art. 11 Rn. 19 a. E., mwN), sieht sich das erkennende Gericht nicht veranlaßt, von der wiedergegebenen Rechtsprechung abzuweichen. Das Gericht hält vielmehr nach Überprüfung daran fest, daß staatliche Entscheidungen und Planungen, die für ein bestimmtes Gebiet eine Nutzung vorsehen, die der Besiedlung dieses Gebietes entgegensteht, nicht den Schutzbereich des Art. 17 Abs. 1 LV berühren (vgl. idS zu Art. 11 Abs. 1 GG: *Gusy* in: von Mangoldt/Klein/Strack, GG, Bd. 1, 4. Aufl. 1999, Art. 11 Rn. 29 mwN und Rn. 49; *Pernice* in: Dreier (Hrsg.), GG, Bd. 1, 1996, Art. 11 Rn. 20; *Jarass* in: Jarass/Pieroth, GG, 5. Aufl. 2000, Art. 11 Rn. 7).

3. Weiter greift die Zulassung des Rahmenbetriebsplans nach der Art dieser Verwaltungsentscheidung und ihrer Stellung im bergrechtlichen Zulassungssystem auch nicht in das durch Art. 41 Abs. 1 LV geschützte Eigentum an dem von der Abbaggerung betroffenen Grund und Boden samt aufstehenden Gebäuden ein. Bereits in seinem Urteil vom 18. 6. 1998 hat das erkennende Gericht ausgeführt (LVerfGE 8, 97, 165):

> „Der konkrete Ausgleich zwischen den Interessen der Oberflächeneigentümer, den ihrerseits eigentumsrechtlich geschützten Rechten des Bergbautreibenden und dem öffentlichen Interesse an der Gewinnung von Braunkohle findet erst im Rahmen der bergrechtlichen Entscheidungen statt. Der Eingriff in das Eigentumsrecht aus Art. 41 Abs. 1 LV liegt dabei erst in der bergrechtlichen Grundabtretung nach §§ 77 ff BBergG. Dort können die Oberflächeneigentümer die Rechtmäßigkeit der Maßnahme, für die ihr Grundstück in Anspruch genommen werden soll, zur Überprüfung stellen (BVerwG, NVwZ 1991, 992). Selbst die Betriebsplanzulassung ist noch kein unmittelbarer Eingriff (BVerwG, aaO; BVerwGE 87, 241)."

Die Frage einer eigentumsrechtlich relevanten Vorwirkung, wie sie sich auch in der damaligen Entscheidung im Hinblick auf Art. 2 § 1 Brandenburgisches Braunkohlengrundlagengesetz (BbgBkGG) stellte, hat das Gericht (aaO) offengelassen und kann sie gleichermaßen auch vorliegend offenlassen,

„weil Inhalt und Schranken des Eigentums der Bestimmung durch die Gesetze unterliegen (Art. 41 Abs. 1 S. 1 LV), das Eigentum dem Wohle der Allgemeinheit zu dienen hat (Art. 41 Abs. 2 S. 2 LV) und eine Enteignung zum Wohle der Allgemeinheit (durch Gesetz oder aufgrund eines Gesetzes und bei gleichzeitiger Regelung der Entschädigung, Art. 41 Abs. 4 LV) sowie speziell zur Gewinnung von Bodenschätzen eine Überführung in Gemeineigentum ‚oder in andere Eigentumsformen' zum Wohle der Allgemeinheit (gegen Entschädigung) landesverfassungsrechtlich zulässig ist (Art. 41 Abs. 5 LV). Von daher ist der gesetzgeberische Zugriff auf das Gemeindegebiet Horno für den Braunkohlentagebau auch gemessen an Art. 41 LV vertretbar. Er ist, soweit man eine in den Schutzbereich des Art. 41 LV fallende Vorwirkung annimmt, zum Wohle der Allgemeinheit und als Konsequenz der Situationsgebundenheit der betreffenden Fläche in einem Gebiet mit Braunkohlevorkommen zulässig. Die gesetzliche Regelung der bergrechtlichen Grundabtretung ist eine nach Art. 14 Abs. 3 GG zusätzliche Beschränkung der Bestandsgarantie des Eigentums im Wege der Enteignung (vgl. BVerwGE 87, 241). Entsprechendes gilt für den Eigentumsschutz des Art. 41 LV."

Diese Ausführungen gelten auch für die hier zugrundeliegende Situation. Zwar geht es nicht mehr nur um eine landesplanerische Grundentscheidung, sondern bereits um die Zulassung des Rahmenbetriebsplans. Es bleibt jedoch dabei, daß ein Eingriff in das durch Art. 41 Abs. 1 LV geschützte Eigentumsrecht erst mit dem bergrechtlichen Grundabtretungsverfahren nach §§ 77 ff BBergG erfolgt. Das Vorbringen der Beschwerdeführer gibt dem Gericht keinen Anlaß, schon in der Zulassung des Rahmenbetriebsplans einen Eingriff in das Grundrecht der Beschwerdeführer aus Art. 41 Abs. 1 LV oder eine eingriffsgleiche Gefährdung dieses Grundrechts zu sehen. Nach Bundesbergrecht geht von der Zulassung des Rahmenbetriebsplans im Verhältnis zu den einzelnen Grundeigentümern keine gestattende Wirkung aus. Der Bergbauunternehmer erlangt noch nicht die Befugnis, unter Inanspruchnahme fremden Grund und Bodens mit der Förderung von Braunkohle zu beginnen. Nach der gefestigten Rechtsprechung des Bundesverwaltungsgerichts ist nach gesetzlicher Ausgestaltung des Betriebsplanverfahrens im Bundesberggesetz die Zulassung des Rahmenbetriebsplans nicht etwa als verselbständigte vorläufige Abbaugestattung einzuordnen (vgl. BVerwGE 89, 246, 253). Der Rahmenbetriebsplan hat weder die Funktion einer ersten Teilgenehmigung wie im Immissionsschutz- oder Atomrecht noch die Funktion eines Konzept- oder Standortvorbescheids. Mit ihm wird nicht einmal abschließend über das Vorliegen einzelner Zulässigkeitsvoraussetzungen nach § 55 Abs. 1 BBergG entschieden. Vielmehr ist über das Vorliegen dieser Voraussetzungen erst im Rahmen der Haupt- und Sonderbetriebspläne zu entscheiden. Nach der Rechtsprechung des Bundesverwaltungsgerichts hat die Rahmenbetriebszulassung allein Aufsichts- und Steuerungsfunktion: Mit Hilfe eines Rahmenbetriebsplans soll es der Bergbehörde ermöglicht werden, die längerfristige Entwicklung des Betriebs zu überblicken und dafür einen Rahmen abzustecken, der den Bergbauunternehmer bindet, ihn aber nicht nach Art eines Vorbescheids berechtigt (vgl. BVerwGE aaO, 253 f). Die Zulassung eines

Rahmenbetriebsplans hat in diesem Sinne – in bezug auf die Rechtmäßigkeit der in ihm enthaltenen „allgemeinen Angaben" – nur feststellende und noch keine gestattende Wirkung. Mit der Ausführung von Arbeiten darf auf seiner Grundlage nicht begonnen werden. Ein Eingriff in fremde Rechte wird mit der Zulassung eines Rahmenbetriebsplans nicht eröffnet (vgl. BVerwG DVBl. 1996, 253, 257). Vorliegend kommt hinzu, daß es sich um einen „fakultativen" Rahmenbetriebsplan nach § 52 Abs. 2 Nr. 1 BBergG und nicht um einen „obligatorischen" Rahmenbetriebsplan nach § 52 Abs. 2a BBergG handelt. Die Genehmigung eines solchen fakultativen Rahmenbetriebsplans erfolgt – anders als bei einem „obligatorischen" Rahmenbetriebsplan – nicht im Wege eines Planfeststellungsverfahrens nach § 57a BBergG, so daß die mit einem Planfeststellungsbeschluß verbundene Konzentrationswirkung gerade nicht eintritt.

Nach alledem ist die Zulassung des Rahmenbetriebsplans nach ihrer Funktion und Stellung im bergrechtlichen Zulassungssystem nicht geeignet, in das Eigentumsrecht der Beschwerdeführer einzugreifen. Soweit die Beschwerdeführer geltend machen, als Folge der mit der Zulassung des Rahmenbetriebsplans verbundenen Vorhabensgenehmigung seien sie gezwungen, ihre Grundstücke vor der Durchführung des Grundabtretungsverfahrens aufzugeben, trifft das in dieser Form rechtlich nicht zu. Das Gericht verkennt nicht, daß der drohende Verlust des angestammten Hauseigentums einen tiefgreifenden Einschnitt für die Beschwerdeführer darstellt und die fortschreitende bergrechtliche und landesplanerische Umsetzung des Tagebaus Jänschwalde Druck auf sie ausübt, die Möglichkeit einzukalkulieren, künftig außerhalb des Ortsteils Horno leben zu müssen. Derartige Vorwirkungen können es aber nicht rechtfertigen, der Zulassung des Rahmenbetriebsplans eine Rechtswirkung zuzuerkennen, die ihr nach dem System des Bundesbergrechts eben nicht zukommt. Mit dem Tagebau darf auf der Grundlage des Rahmenbetriebsplans noch nicht begonnen werden und für die Inanspruchnahme fremden Grundeigentums ist mit dem Grundabtretungsverfahren nach §§ 77 ff BBergG ein Enteignungsverfahren vorgesehen, das den Anforderungen des Art. 14 Abs. 3 GG bzw. Art. 41 Abs. 3 LV entspricht und Gelegenheit gibt, die Rechtmäßigkeit der Inanspruchnahme des Grundeigentums der Beschwerdeführer zu prüfen. Die Zulassung des Rahmenbetriebsplans stellt das Grundrecht auf Eigentum als solches noch nicht in Frage.

4. Eine Verletzung des Rechts der Beschwerdeführer auf effektiven Rechtsschutz aus Art. 6 Abs. 1 LV scheidet ebenfalls aus. Wegen der begrenzten und Schutzgüter des Einzelnen noch nicht erfassenden Wirkung des Rahmenbetriebsplans war in dem diesbezüglichen Zulassungsverfahren und dem anschließenden Verwaltungsrechtsweg eine die Grundrechte der Beschwerdeführer einschließende Prüfung nicht erforderlich (vgl. auch BVerwGE 89, 246, 255 f). Für die Prüfung einer Verletzung von Grundrechten der Beschwerdeführer, insbesondere ihres Eigentumsrechts, besteht nachfolgend im Grundabtretungsverfahren ausreichend Gelegenheit. Die verwaltungsgerichtliche Überprüfung der Grundabtretungsbeschlüsse gewährleistet einen um-

fassenden gerichtlichen Schutz der Rechte der betroffenen Grundeigentümer (vgl. –
zur umfassenden Prüfung der Rechtmäßigkeit eines Grundabtretungsbeschlusses
unabhängig von zugelassenen Rahmen- und Hauptbetriebsplänen – OVG für das Land
Brandenburg, LKV 2001, 172 ff).

Nr. 6*

**1. Der Ausschluß von Volksinitiativen „zum Landeshaushalt" gemäß
Art. 76 Abs. 2 LV erfaßt nach seinem Sinn und Zweck auch – aber auch erst –
solche Initiativen, die zu gewichtigen staatlichen Ausgaben führen und sich
unter Berücksichtigung der Auswirkungen auf das Gesamtgefüge des Haushalts und der weiteren Umstände des Falles als wesentliche Beeinträchtigung
des parlamentarischen Budgetrechts darstellen.**

**2. Wann eine Volksinitiative in diesem Sinne zu gewichtigen staatlichen
Ausgaben führt und sich unter Berücksichtigung der Auswirkungen auf das
Gesamtgefüge des Haushalts und der weiteren Umstände des Falles als wesentliche Beeinträchtigung des parlamentarischen Budgetrechts darstellt, läßt sich
nicht allgemein und pauschal beantworten, sondern hängt von einer wertenden
Gesamtbetrachtung ab. Dabei kann auch – und nicht zuletzt – ins Gewicht
fallen und ggfs. den Ausschlag geben, ob die Volksinitiative in engem sachlichem
und zeitlichem Zusammenhang mit einer konkreten haushaltspolitischen Entscheidung des Parlaments steht und sich den Umständen nach erkennbar
gegen eine bewußte Entscheidung des Haushaltsgesetzgebers richtet.**

Verfassung des Landes Brandenburg Art. 2 Abs. 4 S. 1; Art. 76 Abs. 1 S. 1, Abs. 2;

Art. 97 Abs. 3

Volksabstimmungsgesetz §§ 5 Abs. 2; 9 Abs. 6 S. 1; 11

Urteil vom 20. September 2001 – VfGBbg 57/00 –

in dem verfassungsgerichtlichen Verfahren der Volksinitiative „Für unsere Kinder –
Volksinitiative zur Sicherung des Rechtsanspruchs aller Kinder auf Erziehung, Bildung,
Betreuung und Versorgung in Kindertagesstätten" wegen Antrages gemäß § 11 des
Gesetzes über das Verfahren bei Volksinitiativen, Volksbegehren und Volksentscheid
(Volksabstimmungsgesetz – VAGBbg)

* Abdruck auch in: LKV 2002, 77 ff; BayVBl 2002, 305 (nur LS); DVBl. 2001, 1777 (nur LS); NJ
  2002, 86 (nur LS); NVwZ 2002, 598 (nur LS).

beteiligt:

Landtag Brandenburg, vertreten durch den Präsidenten

weiter beteiligt:

Landesregierung Brandenburg, vertreten durch das Ministerium der Justiz und für Europaangelegenheiten

Entscheidungsformel:

Der Antrag wird zurückgewiesen.

Gründe:

A.

Gegenstand des Verfahrens ist die Frage, ob die Volksinitiative „Für unsere Kinder – Volksinitiative zur Sicherung des Rechtsanspruchs aller Kinder auf Erziehung, Bildung, Betreuung und Versorgung in Kindertagesstätten" zulässig ist.

I.

In der bis zum 30. Juni 2000 geltenden Fassung lautete § 1 des Zweiten Gesetzes zur Ausführung des Achten Buches Sozialgesetzbuches – Kinder- und Jugendhilfe – Kindertagesstättengesetz (Kita-Gesetz) wie folgt:

§ 1
Rechtsanspruch
Alle Kinder bis zum Ende des Grundschulalters haben einen Rechtsanspruch auf Erziehung, Bildung, Betreuung und Versorgung in Kindertagesstätten und Tagespflegestellen nach Maßgabe dieses Gesetzes.

Am 22. März 2000 brachte die Landesregierung den Entwurf eines Gesetzes zur Beseitigung des strukturellen Ungleichgewichts im Haushalt (Haushaltsstrukturgesetz 2000) im Landtag ein (LT-Drs. 3/810), der in Art. 3 Änderungen des Kindertagesstättengesetzes enthielt. Danach sollte § 1 Kita-Gesetz folgende Fassung erhalten:

§ 1
Rechtsanspruch
(1) Die Kindertagesbetreuung gewährleistet die Vereinbarkeit von Familie und Beruf und dient dem Wohl und der Entwicklung der Kinder.
(2) Kinder vom vollendeten zweiten Lebensjahr bis zur Versetzung in die fünfte Schuljahrgangsstufe haben einen Rechtsanspruch auf Erziehung, Bildung, Betreuung und Versorgung in Kindertagesstätten. Kinder bis zum vollendeten zweiten Lebensjahr und Kinder der fünften und sechsten Schuljahrgangsstufe haben einen Rechts-

anspruch, wenn ihre familiäre Situation, insbesondere die Erwerbstätigkeit, die Erwerbssuche, die Aus- und Fortbildung der Eltern oder ein besonderer Erziehungsbedarf Tagesbetreuung erforderlich macht.

(3) Der Anspruch nach Absatz 2 ist für Kinder im Alter bis zur Einschulung mit einer Mindestbetreuungszeit von sechs Stunden und für Kinder im Grundschulalter mit einer Mindestbetreuungszeit von vier Stunden erfüllt. Längere Betreuungszeiten sind zu gewährleisten, wenn die familiäre Situation des Kindes dies erforderlich macht. Für Kinder bis zur Vollendung des zweiten Lebensjahres kann der Anspruch vorrangig durch Tagespflege erfüllt werden.

In der Begründung des Gesetzentwurfs wird zu den „Schwerpunkten des Haushaltsstrukturgesetzes" folgendes ausgeführt (LT-Drs. 3/810, S. 33):

> „Das Haushaltsstrukturgesetz soll die mittelfristige Konsolidierung des Landeshaushalts ermöglichen, insbesondere den Spielraum für die Rückführung der jährlichen Nettoneuverschuldung auf 625 Mio DM (2000), auf 275 Mio DM (2001) und auf Null ab 2002 schaffen. Dafür ist eine Vielzahl aufeinander abgestimmter Maßnahmen vorgesehen, die aus zwei Blöcken bestehen: zum einen verbindliche Vorgaben für den Abbau von Stellen und die Reduzierung der Personalausgaben, zum andern die Änderung von Fachgesetzen, um rechtliche Verpflichtungen des Landes zu reduzieren und um organisatorische Veränderungen bei Einrichtungen des Landes einzuleiten, die längerfristig die wirtschaftliche Aufgabenerledigung fördern und dadurch mittelbar zur Entlastung des Landeshaushalts beitragen."

Die „aus dem Haushaltsstrukturgesetz erwarteten haushaltsmäßigen Auswirkungen" werden in einer tabellarischen Übersicht zu dem Stichwort „Kindertagesstätten" mit 25 Mio DM im Jahr 2000 und mit 68 Mio DM in den Jahren 2001 bis 2004 beziffert (LT-Drs. 3/810, S. 35).

Der am 12. 4. 2000 in erster Lesung beratene Gesetzentwurf wurde am 21. 6. 2000 vom Landtag beschlossen und am 28. 6. 2000 im Gesetz- und Verordnungsblatt für das Land Brandenburg verkündet. Seit dem 1. 7. 2000 hat § 1 Kita-Gesetz auf Grund der Änderung durch Art. 3 Nr. 1 Haushaltsstrukturgesetz 2000 (GVBl. I S. 90) folgende Fassung:

§ 1
Rechtsanspruch

(1) Die Kindertagesbetreuung gewährleistet die Vereinbarkeit von Familie und Beruf und dient dem Wohl und der Entwicklung der Kinder.

(2) Kinder vom vollendeten zweiten Lebensjahr bis zur Versetzung in die fünfte Schuljahrgangsstufe haben einen Rechtsanspruch auf Erziehung, Bildung, Betreuung und Versorgung in Kindertagesstätten. Kinder bis zum vollendeten zweiten Lebensjahr und Kinder der fünften und sechsten Schuljahrgangsstufe haben einen Rechtsanspruch, wenn ihre familiäre Situation, insbesondere die Erwerbstätigkeit, die häusliche Abwesenheit wegen Erwerbssuche, die Aus- und Fortbildung der Eltern oder ein besonderer Erziehungsbedarf Tagesbetreuung erforderlich macht.

(3) Der Anspruch nach Absatz 2 ist für Kinder im Alter bis zur Einschulung mit einer Mindestbetreuungszeit von sechs Stunden und für Kinder im Grundschulalter mit

einer Mindestbetreuungszeit von vier Stunden erfüllt. Längere Betreuungszeiten sind zu gewährleisten, wenn die familiäre Situation des Kindes, insbesondere die Erwerbs-tätigkeit, die häusliche Abwesenheit wegen Erwerbssuche, die Aus- und Fortbildung der Eltern oder ein besonderer Erziehungsbedarf, dies erforderlich macht. Für Kinder bis zur Vollendung des zweiten Lebensjahres kann der Anspruch vorrangig durch Tagespflege erfüllt werden.

Am 1. 5. 2000 hat die Antragstellerin, wie sie in der mündlichen Verhandlung unwidersprochen klargestellt hat, begonnen, Unterschriften für einen eigenen Gesetz-entwurf zur Änderung des § 1 Kita-Gesetz zu sammeln. Der Entwurf der Antragstel-lerin sieht folgende Fassung der Vorschrift vor:

§ 1
Rechtsanspruch

(1) Alle Kinder bis zum Ende der Grundschulzeit haben einen Rechtsanspruch auf Erziehung, Bildung, Betreuung und Versorgung in einer wohnortnahen Kindertages-stätte. Das Angebot in Kindertagesstätten kann durch Tagespflege ergänzt werden.
(2) Der Rechtsanspruch schließt Betreuungszeiten ein, die am Kindeswohl orientiert sind. Die Betreuungszeiten haben
– den Lebensrhythmus der Kinder,
– die Vereinbarkeit von Familie und Beruf,
– die Arbeitszeiten der Eltern im Einzugsbereich der Kindertagesstätte,
– die Bedürfnisse der Eltern der aufzunehmenden Kinder und
– die Schul- und Ferienzeiten
zu berücksichtigen.

In der ebenfalls auf den Unterschriftsbögen abgedruckten Begründung wird u. a. ausgeführt:

„Der Gesetzentwurf richtet sich gegen alle Versuche, die Betreuungsansprüche von Kindern erheblich zu reduzieren und bestimmte Gruppen von Kindern aus der Betreuung in einer Kindertagesstätte auszuschließen. Er stellt zugleich ein klares Votum gegen die Absenkung der Qualität der Erziehungs- und Bildungsarbeit in den Kindertagesstätten dar."

Am 13. 7. 2000 legten die Vertreter der Antragstellerin dem Präsidenten des Landtages den Gesetzentwurf und die dafür gesammelten 147 358 Unterschriften vor. Mit Schreiben vom 4. 8. 2000 teilte der Landeswahlleiter dem Präsidenten des Land-tages mit, daß die Prüfung der förmlichen Voraussetzungen nach § 6 Abs. 1 bis 3 VAGBbg ergeben habe, daß von den ausgezählten 34 843 Eintragungen 29 979 Ein-tragungen vollständig den gesetzlichen Anforderungen entsprächen.

Im Anschluß an eine Sachverständigenanhörung zu der Frage der Zulässigkeit der Volksinitiative gem. Art 76 Abs. 2 LV faßte der Hauptausschuß des Landtages in seiner Sitzung vom 12. 10. 2000 gem. § 9 Abs. 6 VAGBBg den Beschluß: „Die Volks-initiative ist nach § 5 Volksabstimmungsgesetz unzulässig." Der Präsident des Land-tages gab den Vertretern der Antragstellerin den Beschluß mit Schreiben vom 19. 10. 2000 bekannt und reichte die Unterschriftenlisten zurück.

II.

Gegen die Entscheidung des Hauptausschusses des Landtages Brandenburg vom 12. 10. 2000 haben die Vertreter der Antragstellerin am 17. 11. 2000 gem. § 11 VAGBbg das Verfassungsgericht des Landes Brandenburg angerufen. Sie halten die Anforderungen des § 5 VAGBbg für erfüllt. Es handele sich insbesondere nicht um eine Volksinitiative zum Landeshaushalt iSv Art. 76 Abs. 2 LV. Entgegen der in dem Beschluß vom 12. 10. 2000 zum Ausdruck kommenden Auffassung des Hauptausschusses seien Initiativen „zum Landeshaushalt" iSv Art. 76 Abs. 2 LV nur solche Volksinitiativen, die direkt auf die Änderung oder Ergänzung des Landeshaushalts abzielten. Im Vergleich zu den Finanzvorbehalten anderer Landesverfassungen sei die Formulierung „Initiativen zum Landeshaushalt" enger. Überdies ließe sich der gesonderte Ausschluß von Regelungen zu Versorgungsbezügen und Abgaben nicht erklären, wenn schon durch die Unzulässigkeit von Initiativen zum Landeshaushalt sämtliche Gesetzesinitiativen mit finanziellen Auswirkungen ausgeschlossen wären. Daß der parlamentarische Gesetzgeber im Vergleich zu dem gesetzgebenden Volk eher zu einer sachgerechten und einen angemessenen Ausgleich von Einnahmen und Ausgaben herstellenden Entscheidung in der Lage sei, gelte nur, soweit es direkt um den Landeshaushalt gehe. Aus der Budgethoheit könne nicht auf einen allgemeinen Vorrang des parlamentarischen Gesetzgebers vor dem Volk als weiterem Gesetzgebungsorgan geschlossen werden. Der Landesverfassungsgeber habe sich – was auch in den im Vergleich zu den Regelungen anderer Bundesländer erheblich niedrigeren Quoren zum Ausdruck komme – bewußt für eine Verstärkung von Elementen direkter Demokratie entschieden. Dieses Ziel werde bei übermäßig weiter Auslegung der Ausnahmebestimmung konterkariert. Die Rechtsprechung des Bayerischen Verfassungsgerichtshofes sei insoweit wegen des Fehlens eines Quorums in der Verfassung des Freistaates Bayern nicht übertragbar. Bei der vorliegenden Volksinitiative handele es sich zudem um eine Frage, die keinen besonderen Sachverstand erfordere und die die Gesamtheit beurteilen könne. Weiter gehe es um die Gewährleistung des in Art. 27 Abs. 7 LV geschützten Grundrechts jedes Kindes auf Versorgung in einer Kindertagesstätte, gegen das die geltende Fassung des Kindertagesstättengesetzes verstoße. Diene eine Volksinitiative der Sicherung eines in der Verfassung normierten Grundrechts, seien an die Zurückweisung als unzulässig besonders hohe Anforderungen zu stellen. Da die Landesverfassung durch Volksentscheid angenommen worden sei, dürfe ihre Ausfüllung durch das Volk nur in Ausnahmefällen als unzulässig zurückgewiesen werden. Hinzu komme, daß die Zulässigkeit der Volksinitiative zunächst nur einen Anspruch auf inhaltliche Auseinandersetzung zur Folge habe. Ihrer Verantwortung für die politisch-inhaltliche Auseinandersetzung mit dem Anliegen der Volksinitiative dürften sich die Mehrheit des Landtages und die Landesregierung nicht durch die Behandlung der Volksinitiative als unzulässig entziehen. Zu berücksichtigen sei auch, daß ein durch Volksgesetzgebung zustande gekommenes Gesetz durch den parlamentarischen Gesetzgeber wieder geändert oder aufgehoben werden könne, um vermeintlich untragbare finanzielle Folgen zu verhindern. Die vorliegende Volksinitiative sei im übrigen auch bei einer weiten, nämlich Vorhaben mit mittelbaren Haushaltsauswirkungen einbeziehenden Auslegung des Art. 76 Abs. 2 LV zulässig, da es sich nicht – im Sinne der Rechtsprechung anderer Landesverfassungsgerichte und des Bundesverfassungsgerichts – um eine „wesentliche" Beeinträchtigung des Budgetrechts handele bzw. das Gleichgewicht des Gesamthaushalts nicht gestört werde. Das Bundesverfassungsgericht habe einen solchen Fall in seinem – die Regelung in Schleswig-Holstein betreffenden – Beschluß vom 3. 7. 2000 bei einer prozentualen Belastung des Haushalts von 0,5 bis 0,7 % angenommen. Demgegenüber entspreche die von der Landesregierung unterstellte Belastung des Landeshaushalts mit 34 Mio. DM im laufenden und mit jeweils 48 Mio. DM in den Folgejahren lediglich 0,2 % bzw. 0,25 % des Budgets. Überdies seien die Berechnungen der Landesregierung zweifelhaft, da zwischen den durch die Einschätzung des Rechtsanspruchs bewirkten Einsparungen und den ausschließlich auf dem Rückgang der Zahl der Kinder beruhenden Minderbelastungen in Höhe von 20 Millionen DM nicht ausreichend unterschieden werde. Die Volksinitiative betreffe auch schon deshalb nicht den Haushalt des Landes, weil im Erfolgsfall nach den Regelungen des Kita-Gesetzes nicht das Land, sondern lediglich die Kommunen verpflichtet seien, den erhöhten Aufwand mit Hilfe der Kinderkostenpauschale, durch Elternbeiträge und über andere Einnahmen zu finanzieren. Wie er den nach Art. 97 Abs. 3 LV gebotenen Ausgleich für die Gemeinden schaffe, stehe dem Gesetzgeber frei. Ob die Volksinitiative in unmittelbarem Zusammenhang mit einer konkreten Entscheidung des Haushaltsgesetzgebers stehe, könne nicht ausschlaggebend sein. Es könne einer Volksinitiative auch nicht verwehrt sein, schon vor einer Entscheidung des Gesetzgebers, d. h. ohne die Folgen dieser Entscheidung abzuwarten, auf den Plan zu treten und eine abweichende Regelung zu verfolgen. Schließlich sei auch das sonstige Haushaltsgebaren des Landtages zu berücksichtigen. Er verzichte faktisch auf seine Budgethoheit, indem er im Haushaltsjahr 2000 über- und außerplanmäßige Ausgaben in Höhe von 135 Mio DM bzw. 0,7 % des Gesamthaushalts hingenommen und der Regierung globale Minderausgaben auferlegt bzw. zugestanden habe. Weiter entstünden regelmäßig ungeplante Mehrausgaben wie beispielsweise durch den kreditfinanzierten Kauf von Grundstücken im Bereich des geplanten Flughafens Schönefeld, für den das Land inzwischen über 700 Mio DM aufgewendet habe. Der Landesrechnungshof weise regelmäßig auf erhebliche Verstöße gegen das Prinzip des sparsamen Umgangs mit Haushaltmitteln hin. Schließlich sei zu berücksichtigen, daß die Volksinitiative Gemeinwohlbelange verfolge.

Die Antragstellerin beantragt,

> unter Aufhebung des Beschlusses des Hauptausschusses des Landtages vom 12. 10. 2000 festzustellen, daß die Volksinitiative „Für unsere Kinder – Volksinitiative zur Sicherung des Rechtsanspruchs aller Kinder auf Erziehung, Bildung, Betreuung und Versorgung in Kindertagesstätten" mit der Verfassung des Landes Brandenburg vereinbar und zulässig ist.

III.

Der Landtag und die Landesregierung haben Gelegenheit zur Äußerung erhalten. Sie halten den Antrag für unbegründet.

1. Nach Auffassung des Landtages schließt das Verbot von Volksinitiativen zum Haushalt des Landes gem. Art. 76 Abs. 2 LV alle Initiativen für Gesetze aus, die gewichtige staatliche Einnahmen oder Ausgaben zur Folge haben und damit gegebenenfalls den Haushalt des Landes wesentlich beeinflussen. Die von der Volksinitiative angestrebte Änderung des Kindertagesstättengesetzes führe zu Mehraufwendungen, welche eine bewußte Haushaltsentscheidung des Landtages konterkariere, zu einer Neuordnung des Gesamtgefüges des Haushalts zwinge und damit das Budgetrecht des Landtages wesentlich beeinträchtige. Die in der Entscheidung des Bundesverfassungsgerichts vom 3. 7. 2000 – 2 BvK 3/98 – zur Auslegung der praktisch identischen Vorschrift des Art. 41 Abs. 2 der Verfassung des Landes Schleswig-Holstein (im folgenden: SchlHVerf) entwickelten, der übereinstimmenden Rechtsprechung anderer Landesverfassungsgerichte entsprechenden Grundsätze seien auf die brandenburgische Verfassung übertragbar. Art. 76 Abs. 2 LV sei dem Haushaltsvorbehalt des Art. 41 Abs. 2 SchlHVerf inhaltlich und sprachlich nachgebildet.

Da die Landesverfassung in Art. 101 bis 103 den Landeshaushalt im technischen Sinne als „Haushaltsplan" bezeichne, sei der Ausschluß von Initiativen „zum Landeshaushalt" nach Art. 76 Abs. 2 LV schon seinem Wortlaut nach weiter und ziele auf das Gesamtgefüge der Einnahmen und Ausgaben des Staates ab. Anderenfalls bleibe Art. 76 Abs. 2 LV ohne nennenswerte praktische Bedeutung. Daß es für den Volksgesetzgeber an einer Art. 104 LV entsprechenden Regelung („Beschlüsse des Landtags, welche Ausgaben mit sich bringen, müssen bestimmen, wie diese Ausgaben gedeckt werden") fehle, mache nur Sinn, wenn ausgabenwirksame Beschlüsse dem Volksgesetzgebungsverfahren entzogen seien. Ein in diesem Sinne weites Verständnis des Art. 76 Abs. 2 LV entspreche auch der historischen Entwicklung des Volksinitiativrechts in Deutschland und in den Bundesländern. Hätte der Verfassunggeber in Brandenburg mit dieser auf den Haushaltsvorbehalt des Art. 73 Abs. 4 der Weimarer Reichsverfassung (WRV) zurückgehenden Tradition und Verfassungsentwicklung brechen und das Initiativrecht wesentlich erweitern wollen, hätte er nicht an die vorgefundenen Formulierungen anknüpfen dürfen. Der Haushaltsvorbehalt solle nach seinem Sinn und Zweck die Budgethoheit des Landtags und die Leistungsfähigkeit des Staates und seiner Verwaltung sichern. Nur in dem formalisierten Prozeß der parlamentarischen (Haushalts-)Gesetzgebung könne die Vielzahl divergierender Interessen sachgerecht abgewogen werden. Anders als der parlamentarische Gesetzgeber könne der Volksgesetzgeber keine komplexen Verteilungserwägungen anstellen, sondern immer nur über einen konkreten Vorschlag entscheiden. Angesichts des komplizierten Haushaltsgeflechts sei es für den Volksgesetzgeber schwierig, die finanzielle Tragweite isoliert vorgelegter gesetzgeberischer Entscheidungen zu ermessen. Der Haushaltsgesetzgebung seien durch haushaltswirksame Vorfestlegungen in Bundesgesetzen, durch Personalkosten, sozialstaatliche Leistungsgesetze, vertragliche Verpflichtungen und Staatsverschuldung Grenzen gezogen. Dem parlamentarischen Gesetzgeber obliege es nach Art. 109 Abs. 2 GG iVm Art. 101 Abs. 1 LV, den Erfordernissen des gesamtwirtschaftlichen Gleichgewichts Rechnung zu tragen. Zudem habe er die Vorgaben des Haushaltsgrundsätzegesetzes, des Stabilitätsgesetzes sowie der Art. 101 bis 107 LV zu beachten. Dies dürfe nicht durch einzelne, ausgabenwirksame Volksinitiativen durchkreuzt werden. Der parlamentarische Gesetzgeber dürfe auch nicht auf die Möglichkeit verwiesen werden, ein durch Volksgesetzgebung zustande gekommenes haushaltswirksames Gesetz zu ändern oder aufzuheben, da ein solches Verfahren zu einer „Chaotisierung des Verfassungslebens" führen würde. Der Geltungsanspruch des Art. 76 Abs. 2 LV werde durch Art. 27 LV nicht relativiert. Trotz der Beschränkung auf nicht wesentlich haushaltswirksame Gesetze laufe das Volksinitiativrecht nicht leer, da etwa Fragen der Kommunalverfassung, der Eingriffsbefugnisse auf dem Gebiet der öffentlichen Sicherheit oder der Ausgestaltung des Schulwesens zulässige Gegenstände einer Volksinitiative seien. Im übrigen blieben Volksinitiativen denkbar, die sich – ohne Gesetzentwurf – ergebnisoffen darauf beschränkten, den Landtag mit dieser oder jener Angelegenheit zu befassen.

Die angestrebte Änderung des Kita-Gesetzes beeinflusse den Haushalt wesentlich. Aus den Gesetzesmaterialien zum Haushaltsstrukturgesetz 2000 ergebe sich, daß man im Landtag, insoweit übereinstimmend, davon ausgegangen sei, daß eine Neuregelung des Kita-Gesetzes gemäß Art. 3 Nr. 1 Haushaltsstrukturgesetz 2000 zu Haushaltsentlastungen von 25 Mio. DM im Jahr 2000 und von jeweils 68 Mio. DM in den Folgejahren führe. Da die Volksinitiative darauf abziele, den früheren Rechtszustand wiederherzustellen, bedeute sie dementsprechend für die Zukunft jährliche Mehrausgaben, deren Höhe entsprechend der Prognose der Landesregierung nunmehr auf ca. 34 Mio. DM im Jahr 2001 und auf ca. 48 Mio. DM in den Folgejahren zu veranschlagen sei. Die jährliche prozentuale Mehrbelastung ab 2002 liege deutlich über derjenigen in dem vom Bundesverfassungsgericht entschiedenen Fall aus Schleswig-Holstein, der eine jährliche Mehrbelastung von 32,83 Mio. DM bei einem Gesamtetat von ca. 18 Mrd. DM betroffen habe. Die anfallenden Mehraufwendungen ließen sich nicht über die Mobilisierung von Reserven verwirklichen, sondern erforderten eine Neugewichtung und Umgestaltung des Haushalts. Im Land Brandenburg seien ca. 98,6% des Landeshaushaltsplans durch gesetzliche Bestimmungen, Personal- und Sachmittelbindungen sowie lang- und mittelfristige Bindungen innerhalb von gemeinsam mit dem Bund getragenen Verpflichtungen aus Förderprogrammen finanziell gebunden. Die von der Antragstellerin angestrebte Gesetzesänderung habe dauerhafte Auswirkungen und löse langfristige finanzielle Bindungen aus. Die Haushaltsbezogenheit der Volksinitiative bestätige sich auch darin, daß die von ihr angestrebte erneute Änderung des § 1 Kita-Gesetz auf eine Revision des der Haushaltskonsolidierung dienenden Haushaltsstrukturgesetzes 2000 vom 28.6.2000 in einem wesentlichen

Punkt hinauslaufe, der Gegenstand intensiver und kontroverser parlamentarischer Debatten gewesen sei. Schließlich sei zu befürchten, daß eine Zulassung der vorliegenden haushaltswirksamen Volksinitiative anderweitige Volksinitiativen zur Durchsetzung von Sonderinteressen zur Folge haben werde.

2. Auch nach Auffassung der Landesregierung hindert das in Art. 76 Abs. 2 LV und § 5 Abs. 2 VAGBbg enthaltene Verbot von „Initiativen zum Landeshaushalt" Initiativen für Gesetze, die gegebenenfalls gewichtige staatliche Einnahmen oder Ausgaben auslösen und damit den Haushalt des Landes wesentlich beeinflussen. Dieses – der Rechtsprechung anderer Landesverfassungsgerichte entsprechende – Normverständnis folge schon aus der sprachlichen Fassung. Mit dem Begriff „Landeshaushalt" übernehme Art. 76 Abs. 2 LV gerade nicht die in Art. 101 ff LV verwendeten Begriffe „Haushaltsplan" und „Haushaltsgesetz". Die voneinander abweichenden sprachlichen Fassungen vergleichbarer Bestimmungen anderer Landesverfassungen hätten einer einmütigen verfassungsgerichtlichen Rechtsprechung nicht entgegengestanden. Schon zur Zeit der Weimarer Reichsverfassung habe sich das Verständnis durchgesetzt, daß der Begriff „Haushaltsplan" alle Gesetze umfasse, die den Staatshaushalt wesentlich beeinflussen. Die Entstehungsgeschichte des Art. 76 Abs. 2 LV biete keinen Anhalt für ein hiervon abweichendes engeres Verständnis des Haushaltsvorbehalts. Da die Reichweite des Vorbehalts nicht Gegenstand kontroverser Beratung gewesen und eine enge Anknüpfung an die schleswig-holsteinischen Regelungen zu erkennen sei, könnten die dortigen Verfassungsmaterialien ergänzend herangezogen werden. Hiernach sei der Haushaltsvorbehalt in der Budgethoheit des Parlaments und der Notwendigkeit, die Leistungsfähigkeit des Staates und seiner Verwaltung zu gewährleisten, begründet.

Systematisch bestätige sich diese Auslegung in dem Zusammenwirken von Art. 2 Abs. 4 S. 1, 75, 76 Abs. 2 und 101 ff LV. Bei einer Beschränkung auf den in Form des Haushaltsgesetzes festgestellten Haushaltsplan komme dem Haushaltsvorbehalt keine eigenständige Bedeutung zu, da der Haushaltsplan schon wegen seiner Komplexität als tauglicher Gegenstand der Volksgesetzgebung ausscheide. Auch daß Art. 104 LV zwar den Landtag, nicht aber Volksinitiativen zur Bestimmung der zur Ausgabendeckung erforderlichen Maßnahmen verpflichte, spreche dafür, daß eine haushaltsrelevante Volksgesetzgebung durch Art. 76 Abs. 2 LV ausgeschlossen sei. Die Landesverfassung weise auch keine gegenüber anderen Bundesländern im Ergebnis stärker ausgeprägte plebiszitäre Grundtendenz auf; den vergleichsweise niedrigen Quoren stünden kürzere Eintragungsfristen, ein Beteiligungsquorum für den Volksentscheid und das Fehlen einer Kostenerstattungsregelung gegenüber.

Der in Art. 109 Abs. 2 GG auch den Ländern auferlegten Pflicht zur Wahrung des gesamtwirtschaftlichen Gleichgewichts könne der Landtag als Inhaber des Budgetrechts nicht genügen, wenn im Wege der Volksgesetzgebung Gesetze initiiert werden könnten, die auf den Gesamtbestand des Haushalts Einfluß nehmen, damit dessen

Gleichgewicht stören und gegebenenfalls zu einer Neuordnung des Gesamtgefüges des Haushalts zwingen. Als finanzschwaches Land sei Brandenburg verpflichtet, eine sparsame Haushaltspolitik zu betreiben und seine finanzpolitischen Prioritäten so auszurichten, daß die Solidarität des Bundes und der finanzstärkeren Länder im System des bundesstaatlichen Finanzausgleichs nicht unangemessen in Anspruch genommen werde. Notwendigkeit und Ausmaß der hieraus folgenden Verpflichtung zu Einschnitten auch in soziale Leistungen zu beurteilen, sei dem parlamentarischen Gesetzgeber vorzubehalten. Dieser habe Einnahmen und notwendige Ausgaben insgesamt im Blick, könne sie unter Beachtung der haushaltsrechtlichen Vorgaben und des Vorbehalts des Möglichen sowie eines von ihm demokratisch zu verantwortenden Gesamtkonzepts in eine sachgerechte Relation zueinander setzen und sei für den Ausgleich von Einnahmen und Ausgaben verantwortlich. Es sei auch nicht hinnehmbar, den Landtag auf die – zumindest politisch unsichere – Option zu verweisen, ein durch Volksentscheid zustande gekommenes haushaltswirksames Gesetz wieder zu ändern. Eine weite Auslegung des Haushaltsvorbehalts habe nicht zur Folge, daß die Volksgesetzgebung leerlaufe. Neben Gesetzen mit zu vernachlässigenden geringfügigen finanziellen Auswirkungen verblieben etwa Fragen nach der Reichweite staatlicher Eingriffsbefugnisse auf dem Gebiet der öffentlichen Sicherheit und Ordnung sowie der Ausgestaltung der Kommunalverfassung. Daß der vorliegende Gesetzentwurf den materiellen Regelungsbereich des Art. 27 Abs. 7 LV betreffe, sei – unbeschadet der Qualifizierung als Leistungsgrundrecht oder Staatsziel – nicht maßgeblich, da auch der darin verankerte Anspruch unter dem Vorbehalt des Gesetzes stehe.

Durch die mit dem Gesetzentwurf angestrebte Erweiterung des Rechtsanspruchs auf Erziehung, Bildung, Betreuung und Versorgung in Kindertagesstätten und die damit einhergehenden höheren Kosten für das pädagogische Personal entstünden dem – insoweit gegenüber den Gemeinden gemäß Art. 97 Abs. 3 LV ausgleichspflichtigen – Land nach den Berechnungen des Fachressorts Mehrkosten in Höhe von mehr als 48 Mio. DM jährlich, für das Jahr 2001 – wegen der vom Land geleisteten Ausgleichszahlungen für umstellungsbedingte Kita-Mehrkosten – in Höhe von mehr als 34 Mio. DM. Die prognostizierten finanziellen Auswirkungen ergäben sich aus einer höheren Versorgungsquote für Kinder im Krippen- und Hortalter, aus durchschnittlich längeren Betreuungszeiten und als Folge einer geringeren Inanspruchnahme alternativer Angebote vor allem bei den jüngsten und ältesten Altersgruppen. Hinzu komme die nur grob abschätzbare Entwicklung der Sachkosten. Unter Berücksichtigung der konkreten Haushalts- und Finanzlage handele es sich bereits um eine Größenordnung, durch die der Gesamthaushalt gegebenenfalls aus dem Gleichgewicht gerate. Gemessen an dem Volumen des Gesamthaushalts 2001 von 19,144 Mrd. DM mache die zusätzliche Belastung von 34 Mio. DM einen Anteil von 0,18 % aus. In der mittelfristigen Finanzplanung für die nachfolgenden Jahre ergebe sich bei angenommenem gleichbleibendem Haushaltsvolumen und einer dann auf mindestens 48 Mio. DM steigenden Mehrbelastung ein Anteil von 0,25 %. Die dem Haushalt zugrunde liegenden Annahmen seien zudem durch Mindereinnahmen wegen des zum 1. Januar 2001 in Kraft getretenen Steuersenkungsgesetzes und der Erhöhung des aufgrund gesetzlicher Verpflichtungen zusätzlich zu finanzierenden Bedarfs bereits überholt. Wegen der prekären Haushalts- und Finanzlage verfüge das Land weder im Einzel- noch im Gesamtetat über finanzielle Spielräume. Eine zusätzliche Mehrbelastung sei nur durch eine weitere Erhöhung der Nettokreditaufnahme zu finanzieren und würde damit die begonnene Haushaltskonsolidierung gefährden und weiter verzögern

B.

I.

Der Antrag ist nach § 12 Nr. 9 Verfassungsgerichtsgesetz Brandenburg (VerfGGBbg) iVm § 11 VAGBbg zulässig. Gem. § 11 VAGBbg können die Vertreter einer Volksinitiative binnen eines Monats nach Bekanntgabe der Entscheidung das Verfassungsgericht des Landes anrufen, wenn der Landtag die Beratung des Anliegens als Volksinitiative ablehnt, weil der Hauptausschuß die gesetzlichen Voraussetzungen für die Zulässigkeit einer Volksinitiative nicht für erfüllt hält. Die einmonatige Antragsfrist ist gewahrt.

II.

Der Antrag ist nicht begründet.

Der Beschluß des Hauptausschusses des Landtages vom 12. 10. 2000, mit dem die Volksinitiative nach § 5 VAGBbg für unzulässig erklärt worden ist, bleibt im Rahmen der Verfassung. Die in § 5 VAGBbg geregelten inhaltlichen Voraussetzungen für die Zulässigkeit einer Volksinitiative liegen nicht vor. Es handelt sich iSv Art. 76 Abs. 2 LV, § 5 Abs. 2 VAGBbg um eine „Volksinitiative zum Landeshaushalt", wie sie nach diesen Bestimmungen nicht zulässig ist. Zwar werden durch die angestrebte Regelung weder der Wortlaut des Haushaltsgesetzes noch der Haushaltsplan geändert. Art. 76 Abs. 2 LV erfaßt jedoch auch solche Regelungen, die zu gewichtigen staatlichen Ausgaben (oder Minderausgaben) führen und sich unter Berücksichtigung der Auswirkungen auf das Gesamtgefüge des Haushalts und der weiteren Umstände des Falles als wesentliche Beeinträchtigung des parlamentarischen Budgetrechts darstellen (vgl. hierzu unter 1). Das ist hier der Fall, weil die von der Volksinitiative angestrebte Ausdehnung des Rechtsanspruchs auf Erziehung, Bildung, Betreuung und Versorgung in einer Kindertagesstätte zu im Haushaltsplan nicht vorgesehenen gewichtigen staatlichen Mehrausgaben führen und konkret einer in Wahrnehmung der Budgethoheit getroffenen haushaltspolitischen Entscheidung des Landtags zuwiderlaufen würde (vgl. hierzu unter 2).

1. Die das Recht zu Volksinitiativen einschränkende Formulierung „Initiativen zum Landeshaushalt" in Art. 76 Abs. 2 LV, deren begriffliche (hierzu unter a), historische (b) und systematische (c) Auslegung nicht zu einem eindeutigen Ergebnis führt,

erfaßt nach Sinn und Zweck auch solche Initiativen, die – ohne Haushaltsgesetz und Haushaltsplan unmittelbar zu berühren – auf den Gesamtbestand des Haushalts Einfluß nehmen und sich als wesentliche Beeinträchtigung des Budgetrechts des Parlaments darstellen (d).

a) Entgegen der Auffassung von Landtag und Landesregierung spricht nicht schon die sprachliche Fassung („Initiativen zum Landeshaushalt") für die Erstreckung des Haushaltsvorbehalts auch auf solche Gesetze, die den Landeshaushalt auch nur mittelbar beeinflussen (ebenso BVerfGE 102, 176, 185, zum Verbot von Volksinitiativen über den Haushalt des Landes gem. Art. 41 Abs. 2 SchlHVerf). Daraus, daß der in Art. 76 Abs. 2 LV verwendete Begriff „Landeshaushalt" sich von den in den Bestimmungen der Art. 101 ff LV über das Finanzwesen enthaltenen Begriffen „Haushaltsplan" und „Haushaltsgesetz" unterscheidet, ergibt sich nichts Zwingendes. In der haushaltsrechtlichen Terminologie wird „Haushalt" als die Bestandteile Haushaltsgesetz und Haushaltsplan umfassender Oberbegriff verstanden (vgl. etwa § 30 Landeshaushaltsordnung – LHO). Der bloße Wortlaut des Art. 76 Abs. 2 LV ergibt hiernach lediglich, daß Initiativen zum Landeshaushalt jedenfalls dann unzulässig sind, wenn sie entweder den Haushaltsplan als Gegenüberstellung von Einnahmen und Ausgaben für eines oder mehrere Haushaltsjahre (vgl. *Kisker* in: Isensee/Kirchhof (Hrsg.), Handbuch des Staatsrechts IV § 89 Rn. 22) oder das den Haushaltsplan feststellende und gegebenenfalls den Umgang mit den vorgesehenen Einnahmen und Ausgaben im einzelnen regelnde Haushaltsgesetz (vgl. *Kisker* aaO, Rn. 29) zum Gegenstand haben. Eher gegen ein über diesen Wortsinn hinausgehendes Verständnis von „Landeshaushalt" spricht auch, daß – wie die in den Haushaltsvorbehalten anderer Landesverfassungen verwendeten Formulierungen „Finanzfragen" (vgl. Art. 68 Abs. 1 S. 4 der Verfassung für das Land Nordrhein-Westfalen, Art. 109 Abs. 3 S. 3 der Verfassung für Rheinland-Pfalz) oder „finanzwirksame Gesetze" (vgl. Art. 99 Abs. 1 S. 3 der Verfassung des Saarlandes) zeigen – eine über Haushaltsplan und Haushaltsgesetz hinaus auch andere Gesetze erfassende Formulierung möglich gewesen wäre (vgl. *Heussner* Volksgesetzgebung in den USA und in Deutschland, 1994, S. 189; *Fessmann* BayVBl. 1976, 389, 390 f).

Andererseits schließt die Formulierung „Initiativen zum Landeshaushalt" eine Interpretation, die auch eine mittelbare Beeinflussung des Landeshaushalts der Volksgesetzgebung entzieht, aber auch nicht aus. Über das klassische konstitutionelle Budgetrecht hinaus wird Haushaltsgewalt nach heutiger Auffassung auch im Rahmen der allgemeinen Gesetzgebung ausgeübt (vgl. *Heun* in: Dreier (Hrsg.), Grundgesetz-Kommentar, Bd. 3, 2000, Rn. 23 vor Art. 104a). Schon aus diesem Grund kommt auch eine solche gesetzgeberische Entscheidungen einschließendes Verständnis des Begriffs „Landeshaushalt" in Betracht. Ob bei Art. 76 Abs. 2 LV eine weitere oder engere Auslegung angezeigt ist, ist hiernach anhand weiterer Auslegungsmethoden zu ermitteln (vgl. *Birk/Wernsmann* DVBl. 2000, 669, 670).

b) Auch die Entstehungsgeschichte führt für die Auslegung des Art. 76 Abs. 2 LV nicht zu einem eindeutigen Ergebnis.

Entgegen der Auffassung des Landtages und der Landesregierung kann in diesem Zusammenhang nicht maßgeblich sein, welche Gesetzesvorhaben nach der Verfassungsrechtslage anderer Bundesländer oder gar zur Zeit der Weimarer Reichsverfassung dem Haushaltsvorbehalt unterfallen oder unterfielen. Es mag zutreffen, daß der Begriff des Haushaltsplans iSv Art. 73 Abs. 4 WRV in der Praxis überwiegend weit ausgelegt und dahin verstanden wurde, daß er jedes Gesetzesvorhaben erfaßte, das wegen der damit verbundenen Einnahmen oder Ausgaben den Staatshaushalt wesentlich beeinflußte (vgl. hierzu BVerfGE 102, 176, 185, mit Hinweis u. a. auf *Anschütz* Die Verfassung des Deutschen Reiches vom 11. 8. 1919, 14. Aufl. 1933, Art. 73 Anm. 10). Die herrschende Meinung der Weimarer Zeit fand freilich nicht etwa bruchlos ihre Fortsetzung in den seit 1946 geschaffenen Länderverfassungen. So hat bereits der Bayerische Verfassungsgerichtshof hervorgehoben, die Entstehungsgeschichte der vergleichbaren Regelung in Art. 73 der Verfassung des Freistaates Bayern ergebe eher Anhaltspunkte dafür, daß diese Verfassungsnorm restriktiv auszulegen sei. Man habe sich bewußt auf den „Staatshaushalt" beschränkt. Gesetze wie z. B. Abgabengesetze, Besoldungsordnungen und Finanzgesetze sollten von Art. 73 nicht ohne weiteres erfaßt werden (vgl. BayVerfGH, Entscheidung v. 15. 12. 1976 – Vf. 56-IX-76 –, BayVBl 1977, 143, 149).

Landtag und Landesregierung weisen indes zutreffend darauf hin, daß die Entstehungsgeschichte des Ausschlusses von „Volksinitiativen über den Haushalt des Landes" in der 1990 aufgenommenen Vorschrift der Verfassung des Landes Schleswig-Holstein, die der Regelung in Brandenburg als Vorbild gedient hat (vgl. hierzu sogleich), eine ausdehnende Auslegung nahelegt. Wegen der Budgethoheit des Parlaments und im Interesse der Leistungsfähigkeit des Staates und seiner Verwaltung sollten nach Auffassung des dortigen Landtags-Sonderausschusses Entscheidungen „über den Haushalt" sowie über Dienstbezüge, Steuern, Abgaben und Gebühren nicht zum Gegenstand eines Volksentscheids gemacht werden dürfen (vgl. hierzu im einzelnen die Darstellung in dem Beschluß des Bundesverfassungsgerichts vom 3. 7. 2001, aaO, 185 f).

Für eine bewußte Anknüpfung an die Regelung in Schleswig-Holstein durch den Brandenburgischen Verfassunggeber spricht der Gang der Beratungen im Unterausschuß II des Verfassungsausschusses. Über den Komplex Volksgesetzgebung beriet der Unterausschuß erstmals in seiner 7. Sitzung vom 22. 4. 1991 (vgl. Dokumentation der Verfassung des Landes Brandenburg, Bd. 2, 1993, S. 900 ff). Nachdem die Einführung eines aus Volksinitiative, Volksbegehren und Volksentscheid bestehenden dreistufigen Verfahrens grundsätzlich befürwortet worden war, sprach sich der Ausschuß auf der Grundlage eines von Frau Dr. Harcke unterbreiteten – und ausdrücklich an die Verfassung von Schleswig-Holstein angelehnten – Formulierungsvorschlages der Fraktion PDS-LL für folgende Fassung aus:

„Die Bürger haben das Recht, den Landtag im Rahmen seiner Zuständigkeit mit bestimmten Gegenständen der politischen Willensbildung zu befassen. Gegenstand der Initiative kann auch ein Gesetzentwurf sein. Eine Initiative muß von mindestens 25 000 Stimmberechtigten unterzeichnet sein. Ihre Vertreter haben das Recht auf Anhörung."

Für Absatz 2 lag zunächst folgender Formulierungsvorschlag vor:

„Initiativen über den Haushalt des Landes, über Dienst- und Versorgungsbezüge, über öffentliche Abgaben sowie über Personalentscheidungen sind unzulässig."

Gegenstand der sich anschließenden Beratung hierzu war ausweislich des Protokolls lediglich die – schließlich mehrheitlich bejahte – Frage, ob Personalentscheidungen aus dem Initiativrecht herausgenommen werden sollten. Der Ausschluß der Initiativen über den Haushalt des Landes wurde nicht diskutiert. Schließlich verständigte man sich auf folgenden Text:

„Initiativen über den Haushalt des Landes, über öffentliche Abgaben und zu Personalentscheidungen sind unzulässig."

In der 13. Sitzung des Unterausschusses II am 4. 12. 1991 wurde die Vorschrift – damals noch als Art. 78 – erneut beraten (vgl. Dokumentation der Verfassung des Landes Brandenburg, Bd. 2, 1993, S. 996 ff). Im Zusammenhang mit der in mehreren Zuschriften geforderten Streichung des Art. 78 Abs. 2 plädierten die Ausschußmitglieder Merkel und Prof. Dr. Finkelnburg dafür, „in Artikel 78 einen sehr weiten Rahmen zu setzen, dagegen in der Phase des Volksbegehrens eindeutige Schranken zu bestimmen". Das Ausschußmitglied Muschalla trat dem entgegen und sprach sich dafür aus, an Art. 78 Abs. 2 nichts zu verändern, „weil sonst das abgestimmte System ins Wanken gerate". Dieser Auffassung folgte sodann die Mehrheit des Ausschusses (vgl. aaO, S. 998). Die dahingehende Mehrheitshaltung im Unterausschuß wurde in der Folgezeit nicht mehr in Frage gestellt. Soweit während der ersten Lesung des Entwurfs der Landesverfassung am 19. 12. 1991 von mehreren Rednern die Regelungen zur Volksgesetzgebung als im Vergleich zu den Verfassungen der alten Bundesländer besonders weitreichend gewürdigt wurden, handelt es sich um allgemein gehaltene Bemerkungen ohne spezifischen Bezug zur Reichweite des Haushaltsvorbehalts.

Daß – abgesehen von den wiedergegebenen Erwägungen zur einheitlichen Gestaltung der Schrankenbestimmungen in allen drei Stufen der Volksgesetzgebung im Unterausschuß II des Verfassungsausschusses – Inhalt und Reichweite des Haushaltsvorbehalts gar nicht in das Blickfeld des Unterausschusses II geraten, geschweige denn ausführlich beraten worden waren, bestätigt sich in einzelnen Redebeiträgen während der ersten Lesung des Entwurfs der Landesverfassung am 19. 12. 1991. So räumte der Abgeordnete Pracht (F.D.P.), selbst Mitglied des Unterausschusses, während der ersten Lesung des Verfassungsentwurfs im Landtag ein (Plenarprotokoll 1/34, S. 2515): „Und eines haben wir bislang alle viel zuwenig beachtet: die finanziellen Konsequenzen von

Volksinitiative, -begehren und -entscheid." Der Abgeordnete Nooke (Bü 90) teilte diese Einschätzung mit den Worten (aaO, S. 2518): „Über die Finanzen bei einem solchen Volksentscheid wird zu reden sein, da hat Herr Pracht völlig recht." Der Finanzvorbehalt wurde dann aber – wie die gesamte Regelung des Art. 76 Abs. 2 – auch im weiteren Verfassungsgebungsverfahren nicht mehr eingehender beraten. Änderungsanträge im Verfassungsausschuß II des Landtages, die letztlich erfolglos blieben, betrafen lediglich die Verminderung (PDS-LL) bzw. Erhöhung (CDU) der vorgesehenen Quoren sowie die Beschränkung des Rechts zur Volksinitiative auf Deutsche (F.D.P.) (vgl. Dokumentation der Verfassung des Landes Brandenburg, Bd. 3, 1993, S. 617 f, 634 f). Während der zweiten und dritten Lesung des Verfassungsentwurfs im Landtag am 25. 3. 1992 und 14. 4. 1992 wurden die formalen Anforderungen an Volksinitiativen lediglich im Hinblick auf die vorgesehenen Quoren kontrovers diskutiert. Die inhaltlichen Schranken wurden nicht erörtert.

Insgesamt ergeben die Verfassungsmaterialien hiernach, daß der Verfassunggeber sich zwar an der Formulierung des Haushaltsvorbehalts in der Verfassung des Landes Schleswig-Holstein orientiert, sich jedoch über die damit verbundenen Auslegungsfragen keine Gedanken gemacht und dementsprechend zu den Grenzen der Zulässigkeit finanzwirksamer Volksgesetzgebungsinitiativen keine bestimmte Haltung eingenommen hat. Insgesamt kann demnach der Entstehungsgeschichte der Vorschrift weder die von Landtag und Landesregierung unterstellte Anknüpfung an die auf den Haushaltsvorbehalt des Art. 73 Abs. 4 WRV zurückgehende Verfassungtradition noch der von der Antragstellerin unterstellte bewußte Bruch mit dieser Tradition entnommen werden. Die im Verlauf der Verfassunggebung unter den Beteiligten ersichtlich vorherrschende Empfindung einer besonders plebiszitfreundlichen Tendenz der brandenburgischen Regelungen beruht eher auf den vergleichsweise niedrigen Quoren und nicht auf einer bewußt vorgenommenen Beschränkung des Anwendungsbereichs des Haushaltsvorbehalts.

c) Bei der systematischen Auslegung des Art. 76 Abs. 2 LV halten sich die für und gegen eine enge Auslegung des Haushaltsvorbehalts sprechenden Gründe letztlich die Waage.

aa) (1) Allerdings weist die Antragstellerin unter systematischen Gesichtspunkten, zunächst einleuchtend, darauf hin, daß der gesonderte Ausschluß von Volksinitiativen zu Dienst- und Versorgungsbezügen, Abgaben und Personalentscheidungen in Art. 76 Abs. 2 LV weitgehend seinen Sinn verlöre, wenn ohnehin sämtliche Gesetzesinitiativen mit mittelbaren finanziellen Auswirkungen als unzulässig ausgeschlossen wären (vgl. *Birk/Wernsmann* DVBl. 2000, 669, 670, 671). Andererseits lassen sich diese besonders genannten Materien auch als exemplifizierende Aufzählung oder auch als Fallgruppen begreifen, bei denen es gfls. auf das Ausmaß der haushaltsmäßigen Auswirkungen von vornherein gar nicht mehr ankommt. Von daher ergibt sich auch insoweit nichts Zwingendes.

(2) Entgegen der Auffassung der Antragstellerin läßt sich für eine enge Auslegung des Art. 76 Abs. 2 LV auch nichts daraus herleiten, daß eine zulässige Volksinitiative zunächst nur eine inhaltliche Auseinandersetzung mit dem Anliegen der Volksinitiative im Landtag zur Folge hat und auch für den Fall, daß sich der Landtag dem Anliegen verschließt, nicht etwa automatisch in einen Volksentscheid mündet. Die Volksinitiative hat unter diesem Gesichtspunkt in der Tat Berührungspunkte mit einer – lediglich eine qualifizierte Befassungspflicht des Landtages auslösenden – Sammel- oder Massenpetition (vgl. *v. Brünneck/Epting* in: Simon/Franke/Sachs, Handbuch der Verfassung des Landes Brandenburg, 1994, § 22 Rn. 11; *Berlit* KritV 1993, 318, 329, 354; *Kühne* NdsVBl. 1995, 25, 26), die vor allem dadurch wirkt, daß das Parlament unter einen erhöhten Legitimationsdruck gesetzt und einer erhöhten Begründungslast unterworfen wird (vgl. *Preuß* ZRP 1993, 131, 137). Dieses Element der Volksinitiative wird etwa auch in den Redebeiträgen der Abgeordneten Frau Stobrawa (PDS-LL) und Nooke (Bü 90) in der 2. Lesung des Verfassungsentwurfs im Landtag am 25. 3. 1992 aufgegriffen (Plenarprotokoll 1/42, S. 3103 bzw. S. 3107). Es bietet auch eine Erklärung dafür, daß das Recht zur Beteiligung an einer Volksinitiative in Art. 76 Abs. 1 S. 1 LV nicht nur wahlberechtigten Deutschen, sondern – was bei Teilhabe an staatlichen Entscheidungen verfassungsrechtlich problematisch wäre – allen Einwohnern eingeräumt wird.

Unbeschadet dessen spricht die konkrete Ausgestaltung der Art. 76 bis 78 LV für eine einheitliche Auslegung der Ausschlußgründe des Art. 76 Abs. 2 LV auf allen drei Stufen der Volksgesetzgebung. Volksbegehren und Volksentscheid können nicht isoliert, sondern nur über den Weg einer Volksinitiative in Gang gesetzt werden. Bei der Volksinitiative handelt es sich – jedenfalls *auch* – um ein besonderes „Zulassungsverfahren" für Volksbegehren und Volksentscheid. Insofern unterscheidet sich die Landesverfassung von anderen Landesverfassungen, die die Volksinitiative nicht als obligatorische erste Stufe für die Durchführung eines Volksbegehrens und eines Volksentscheids sehen, sondern die Möglichkeit einräumen, unmittelbar mit dem Volksbegehren zu beginnen (vgl. etwa Art. 108 a, 109 der Verfassung für Rheinland-Pfalz in der Fassung des Gesetzes vom 8. 3. 2000). Im Land Brandenburg dagegen sind Volksinitiativen, Volksbegehren und Volksentscheid als drei Stufen der Volksgesetzgebung aufeinander bezogen. Ausschlußgründe für Volksbegehren und Volksentscheide sind in Art. 77 und 78 LV nicht gesondert geregelt. Maßstab für die inhaltliche Zulässigkeit ist einheitlich Art. 76 Abs. 2 LV. Ist eine Volksinitiative, die einen Gesetzentwurf beinhaltet, inhaltlich zulässig, gilt das auch für ein etwa nachfolgendes Volksbegehren und den Volksentscheid. Daß der Verfassunggeber eine einheitliche Auslegung der Ausschlußgründe auf allen Stufen des Volksgesetzgebungsverfahrens bewußt angestrebt hat, bestätigt sich, wie bereits dargelegt (s. hierzu vorstehend zu lit. b) in der Entstehungsgeschichte des Art. 76 Abs. 2 LV. Ausweislich des bereits zitierten Protokolls der 13. Sitzung des Unterausschusses II am 4. 12. 1991 wurde der Vorschlag der Ausschußmitglieder Merkel und Prof. Dr. Finkelnburg, für die Volksinitiative „einen sehr weiten Rahmen zu setzen, dagegen in der Phase des Volksbegehrens eindeutige Schranken zu bestimmen", mehrheitlich bewußt nicht aufgegriffen.

Es kommt hinzu, daß eine umfassende Überprüfung der inhaltlichen Zulässigkeit bereits auf der Ebene der Volksinitiative dazu beitragen kann, den mit der Durchführung von Volksbegehren und Volksentscheid verbundenen organisatorischen und finanziellen Aufwand zu vermeiden, wenn sie gegen das Grundgesetz oder die Landesverfassung verstößt (vgl. Bayerischer Verfassungsgerichtshof, Entscheidung v. 27. 3. 1990 – Vf. 123-IX-89 –, BayVBl. 1990, 367, 368). Die nachträgliche Verwerfung eines durch Volksentscheid zustandegekommenen Gesetzes durch das Verfassungsgericht wäre für den direktdemokratischen Ansatz im Zweifel abträglicher als eine Feststellung der verfassungsrechtlichen Unzulässigkeit bereits im Stadium der Volksinitiative (vgl. *Degenhart* Der Staat 31/1992, 77, 93 f).

Die einheitliche Anwendbarkeit des Haushaltsvorbehalts auf allen drei Stufen der Volksgesetzgebung schließt allerdings Volksinitiativen nicht aus, die keinen Gesetzentwurf beinhalten, sondern dem Landtag, wie nach Art. 76 Abs. 1 S. 1 LV zulässig, im Rahmen seiner Zuständigkeit in anderer Weise einen Gegenstand der politischen Willensbildung unterbreiten. Je nach Art und Fassung einer solchen Volksinitiative kann hierbei der Funktionszusammenhang als Teil und Vorstufe der Volks„gesetzgebung" zurück- und das Massenpetitionselement in den Vordergrund treten.

(3) Letztlich spricht – für Volksinitiativen, die einen Gesetzentwurf unterbreiten – auch Art. 104 LV eher gegen eine enge Auslegung des Haushaltsvorbehalts in Art. 76 Abs. 2 LV, wie sie die Antragstellerin befürwortet. Nach dieser Verfassungsbestimmung müssen sich Beschlüsse des *Landtages*, welche Ausgaben mit sich bringen, zugleich darüber verhalten, wie diese Ausgaben gedeckt werden sollen. Für Volksinitiativen, Volksbegehren und Volksentscheid hat der Verfassunggeber dergleichen nicht vorgesehen. Diese unterschiedliche Behandlung könnte dafür sprechen, durch Volksinitiative eingebrachte Gesetzentwürfe und andere Vorlagen, die Ausgaben mit sich bringen, als bereits durch Art. 76 Abs. 2 LV ausgeschlossen anzusehen.

bb) Auf der anderen Seite vermag sich das erkennende Gericht für die Verfassungsrechtslage im Land Brandenburg aber auch nicht uneingeschränkt der Auffassung des Bundesverfassungsgerichts und anderer Landesverfassungsgerichte zu den Haushaltsvorbehaltsklauseln in anderen Landesverfassungen anzuschließen, daß aus systematischen Erwägungen grundsätzlich eine ausdehnende Auslegung des Haushaltsvorbehalts angezeigt sei und der Haushaltsvorbehalt bei Auswirkungen auf den Haushalt im Zweifel greife.

Die Verfassungsrechtslage in Brandenburg ist vielmehr offener: Für das Land Brandenburg trifft es nicht zu, daß der Haushaltsvorbehalt einen eigenständigen Gehalt vollständig verlöre, wenn man ihn auf die förmliche Haushaltsgesetzgebung beschränken würde (vgl. BVerfG, aaO, 187, zum Verbot von Volksinitiativen über den

Haushalt des Landes gem. Art. 41 Abs. 2 SchlHVerf). Anders als Art. 50 SchlHVerf schließt nicht bereits Art. 101 LV eine Volksgesetzgebung zur Aufstellung und Feststellung des Landeshaushalts zwingend aus. Daß Haushaltsplan und Haushaltsgesetz schon von der Kompliziertheit der Materie her gesehen nicht Gegenstand einer Volksinitiative sein könnten (vgl. BayVerfGH, BayVBl. 1977, 143, 149, BremStGH, Urt. v. 17. 6. 1997 – St 7/96 -, LVerfGE 6, 123, 147), erscheint nur bedingt stichhaltig. Der – wegen der Grundsätze der Vollständigkeit und Einheit (vgl. § 11 LHO) prinzipiell nicht teilbare – Haushaltsplan als solcher mag zwar in der Tat in praxi für die Volksgesetzgebung ungeeignet sein. Volksinitiativen können sich jedoch nach Art. 76 Abs. 1 S. 1 LV – auch außerhalb von Gesetzentwürfen – allgemein auf Gegenstände der politischen Willensbildung erstrecken. Von daher wäre es ohne den Haushaltsvorbehalt in Art. 76 Abs. 2 LV jedenfalls denkbar, daß eine Volksinitiative etwa einen einzelnen Haushaltsansatz im laufenden Haushaltsverfahren beträfe; so könnte z. B. eine Ergänzungsvorlage zu dem dem Parlament vorgelegten Haushaltsentwurf eingebracht werden (vgl. § 32 LHO). Art. 76 Abs. 2 LV würde mithin nicht funktionslos, wenn man den Haushaltsvorbehalt lediglich auf die förmliche Haushaltsgesetzgebung bezöge.

Soweit geltend gemacht wird, daß jegliche, in wesentlicher Weise haushaltswirksame, Volksgesetzgebung in das austarierte Zusammenwirken von Regierung und Landtag bei der Aufstellung und Feststellung des Haushalts und damit in die so geartete Verantwortung für das Budget eingreife (vgl. BVerfGE 102, 187), ergeben sich hieraus ebenfalls keine zwingenden Gesichtspunkte für eine ausdehnende Auslegung des Haushaltsvorbehalts. Vielmehr hat die Auslegung davon auszugehen, daß der Landesverfassungsgeber Landtag und Volksentscheid als prinzipiell gleichberechtigte Gesetzgeber anerkennt (vgl. Art. 2 Abs. 4 S. 1 LV). Reibungsverluste und Koordinationsschwierigkeiten im Verhältnis von Exekutive und Legislative, die sich aus der Zulassung der Volksgesetzgebung ergeben, sind daher grundsätzlich hinzunehmen und können es nicht rechtfertigen, die Volksgesetzgebung durch eine zu weit greifende Auslegung des Haushaltsvorbehalts zurückzudrängen und ihr auf diesem Wege gleichsam „die Zähne zu ziehen".

Freilich ist anzuerkennen, daß die parlamentarische Haushaltsgesetzgebung für die Austarierung divergierender Interessen funktional besser geeignet ist als das auf einen konkreten Vorschlag ohne Abänderungsmöglichkeit konzentrierte Volksgesetzgebungsverfahren. Dies schließt jedoch nicht aus, daß das Parlament bei der Haushaltsfeststellung finanzielle Auswirkungen, die sich aus vom Volk beschlossenen Gesetzen ergeben, ebenso beachten muß, wie es die – in den Stellungnahmen von Landtag und Landesregierung besonders aufgeführten – anderweitigen haushaltswirksamen Vorfestlegungen zu beachten hat, die gegebenenfalls den Handlungsspielraum der Haushaltsgesetzgebung beschränken. Unbeschadet dessen bleibt es dabei, daß sich der Anwendungsbereich des Haushaltsvorbehalts auch unter systematischen Gesichtspunkten jedenfalls nicht sicher bestimmen läßt.

d) Da Wortlaut, Entstehungsgeschichte und Systematik mithin zu keinem eindeutigen Ergebnis führen, ist die Reichweite von Art. 76 Abs. 2 LV teleologisch abzugrenzen. Danach würde eine auf Haushaltsplan und Haushaltsgesetz im technischen Sinne beschränkte Auslegung dem Sinn und Zweck des Art. 76 Abs. 2 LV nicht gerecht. Mit Blick auf den Gesamtzusammenhang der Landesverfassung erfaßt Art. 76 Abs. 2 LV vielmehr auch – aber auch *erst* – solche finanzwirksamen Regelungen, die zu gewichtigen staatlichen Ausgaben (oder Minderausgaben) führen und sich unter Berücksichtigung der Auswirkungen auf das Gesamtgefüge des Haushalts und der weiteren Umstände des Falles als wesentliche Beeinträchtigung des Budgetrechts des Parlaments darstellen; dabei kann im Rahmen einer wertenden Gesamtbetrachtung neben Art und Dauer der finanziellen Belastung nicht zuletzt Bedeutung erlangen, ob die Volksinitiative in engem sachlichen und zeitlichen Zusammenhang mit einer konkreten haushaltspolitischen Entscheidung des Parlaments steht.

aa) Eine Auslegung des Art. 76 Abs. 2 LV dahin, daß finanzwirksame Regelungen von dem Haushaltsvorbehalt generell nicht erfaßt werden, verbietet sich nach Sinn und Zweck der Regelung.

(1) Zweck der Beschränkung der Volksgesetzgebung durch Art. 76 Abs. 2 LV ist die Sicherung der Budgethoheit des Landtages (vgl. BVerfGE 102, 187). Sie kann durch die Kosten, die ein im Wege des Volksentscheides angenommenes Gesetz zur Folge hat, beeinträchtigt werden.

Freilich beinhaltet das Budgetrecht des Parlaments zunächst nur, daß alle Einnahmen und Ausgaben des Staates in den vor Beginn des Rechungsjahres durch formelles Gesetz festgestellten Haushaltsplan eingestellt werden. Historisch zielt dieses Recht des Parlaments auf Machtbegrenzung und Kontrolle der Regierung; es geht auf die konstitutionalistische Konfliktlage zwischen Monarch und Parlament im 19. Jahrhundert zurück. Der Durchbruch der Budgethoheit des Parlaments wird in Deutschland durch Art. 99 der revidierten preußischen Verfassung vom 31. Januar 1850 markiert (vgl. *Kisker* in: Isensee/Kirchhof (Hrsg.), Handbuch des Staatsrechts II § 89 Rn. 5; *Stern*, Staatsrecht II, § 45 III 2, S. 1067; *Heun* in: Dreier (Hrsg.), Grundgesetz-Kommentar, Bd. 3, 2000, Rn. 1 zu Art. 100). Art. 69 der Reichsverfassung von 1871, Art. 85 WRV und Art. 110 GG folgen – ebenso wie die Verfassungen der Bundesländer – diesem Vorbild. Allerdings hat das Budgetrecht im Zuge der Entwicklung zu einem rein parlamentarischen Regierungssystem einen Funktionswandel erfahren. Die Bewältigung des Machtkonflikts zwischen Legislative und Exekutive ist gegenüber der umfassenden Steuerungsfunktion in den Hintergrund getreten (vgl. *Heun* in: Dreier (Hrsg.), Grundgesetz-Kommentar, Bd. 3, 2000, Rn. 5 und 23 vor Art. 104a, Rn. 1 f zu Art. 110). Durch die mit der Budgetbewilligung verbundene Entscheidung über die Prioritäten und durch die Verteilungsentscheidungen im einzelnen erlangen die Regierung und die sie tragende parlamentarische Mehrheit ihr wirtschafts- und sozialpolitisches Profil (BVerfGE 79, 311, 329). Schutzgegenstand des Budgetrechts ist nach heutiger Verfassungsrechtslage auch das Recht der parlamentarischen Mehrheit und der von ihr getragenen Regierung, ihr politisches Programm, das mit der Wahl eine demokratische Legitimation erhalten hat, in Gestalt des – in der Regel in komplizierten politischen Aushandlungsprozessen erreichten – Haushaltsplans zu verwirklichen (vgl. die abweichende Meinung der Richter Preuß und Rinken zu dem Urteil des BremStGH, LVerfGE 8, 203, 217, 221). Unter Berücksichtigung dieses „Verfassungswandels" (vgl. zu diesem Begriff *Badura* in: Isensee/Kirchhof (Hrsg.), Handbuch des Staatsrechts VII § 160 Rn. 13 ff) wird das Budgetrecht des Parlaments auch dann berührt, wenn sein finanzieller Spielraum durch vom Volk beschlossene Gesetze mit weitreichenden finanziellen Auswirkungen eingeengt wird. Von daher besteht der Zweck eines die Volksgesetzgebung begrenzenden Haushaltsvorbehalts auch darin, Volksbegehren und Volksentscheide mit Kostenauswirkungen jedenfalls von einer gewissen haushaltswirtschaftlichen Schwelle an zu unterbinden und derartige Entscheidungen dem parlamentarischen Gesetzgeber vorzubehalten, dessen Aufgabe und Verantwortung es ist, sämtliche Einnahmen und notwendigen Ausgaben unter Beachtung der Vorgaben der Verfassung, insbesondere der in jedem Fall und vorrangig zu beachtenden Grundrechte der Bürger, aber auch der sogenannten Staatszielbestimmungen, und des Vorbehalts des Möglichen im Rahmen eines von ihm zu entwickelnden Gesamtkonzepts in eine sachgerechte Relation zueinander zu setzen und – etwa durch höhere Kreditaufnahmen oder durch Steuererhöhungen – für den Ausgleich von Einnahmen und Ausgaben zu sorgen (vgl. in diesem Sinne BayVerfGH, Entscheidung v. 17. 11. 1994 – Vf. 96 und 97-IX-94 –, DVBl. 1995, 419, 425; BremStGH, Urt. v. 17. 6. 1997 – St 7/96 –, LVerfGE 6, 123, 146 f; Urt. v. 11. 5. 1998 – St 3/97 –, LVerfGE 8, 203, 214; abweichend *Schweiger* in: Nawiasky/Schweiger/ Knöpfle (Hrsg.), Die Verfassung des Freistaates Bayern, Stand Juli 2000, Rn. 6 f zu Art. 73). Hiernach sind auch solche Initiativen des Volksgesetzgebers unzulässig, die unter Berücksichtigung der Auswirkungen auf das Gesamtgefüge des Haushalts (und gegebenenfalls der weiteren Umstände des Falles) eine wesentlichen Beeinträchtigung des Budgetrechts des Parlaments darstellen.

(2) Das erkennende Gericht folgt damit aber nicht etwa zugleich der Auffassung, daß der Zweck des Haushaltsvorbehalts (auch) darin bestehe, die Leistungsfähigkeit des Staates und seiner Verwaltung vor Eingriffen durch den Volksgesetzgeber zu sichern (so aber BVerfGE 102, 187). Die Leistungsfähigkeit des Staates und seiner Verwaltung als solche hat mit dem Budgetrecht des Parlaments nicht unmittelbar zu tun und kann auch durch Entscheidungen des parlamentarischen Gesetzgebers selbst in Mitleidenschaft gezogen werden. Es kann nicht ohne weiteres unterstellt werden, daß allein der parlamentarische Gesetzgeber, nicht aber der Volksgesetzgeber in der Lage wäre, einen verantwortungsbewußten, die Grenzen der Leistungsfähigkeit des Staates berücksichtigenden Ausgleich zwischen Einnahmen und Ausgaben herzustellen. Auch Parlamente sind durchaus der Versuchung einer das staatswirtschaftliche Leistungs-

vermögen überfordernden Bewilligungspolitik ausgesetzt (vgl. *Fischer-Menshausen* in: v. Münch/Kunig (Hrsg.), Grundgesetz-Kommentar, Bd. 3, 3. Aufl. 1996, Rn. 2 zu Art. 113; *Kisker* in: Isensee/Kirchhof (Hrsg.), Handbuch des Staatsrechts IV § 89 Rn. 9, 35, 48). Die Staatspraxis hat vielfach vor Augen geführt, daß die Haushaltsgesetzgebung durch den parlamentarischen Gesetzgeber keineswegs gewährleistet, daß sich das Gemeinwohl gegenüber Partikularinteressen durchsetzt und die Ausweitung der Staatsausgaben zu Lasten späterer Generationen wirksam begrenzt wird (vgl. *Degenhart* Der Staat 31/1992, 77, 84; *Birk/Wernsmann* DVBl. 2000, 669, 671; *Kirchhof* in: Isensee/Kirchhof (Hrsg.), Handbuch des Staatsrechts IV § 88 Rn. 104). Bezeichnenderweise bedürfen, offenbar aus solchen Gründen, nach der – rechtspolitisch allerdings umstrittenen (vgl. hierzu etwa *Stern* Staatsrecht II, § 49 IV 6, S. 1223) – Regelung des Art. 113 Abs. 1 GG ausgabenerhöhende und einnahmemindernde Gesetze der Zustimmung der Bundesregierung. Soweit Landtag und Landesregierung geltend machen, daß der Haushaltsvorbehalt im Hinblick darauf weit auszulegen sei, daß die Leistungsfähigkeit von Staat und Verwaltung beim parlamentarischen Gesetzgeber besser aufgehoben sei als beim Volksgesetzgeber, kann auch dem jedenfalls in dieser Allgemeinheit nicht gefolgt werden. Es kommt durchaus vor, daß gerade der Volksgesetzgeber der Ausgabenfreudigkeit des Parlaments entgegentritt oder kostensenkend wirkt. So hat es im Jahre 1979 in Kalifornien eine erfolgreiche Initiative zur Begrenzung des Wachstums der Staatsausgaben gegeben (vgl. *Heussner* Volksgesetzgebung in den USA und Deutschland, 1994, S. 198 und 509). Im Freistaat Bayern hat der Volksgesetzgeber jedenfalls auch unter Kostengesichtspunkten den Senat abgeschafft.

(3) Nicht uneingeschränkt gefolgt werden kann auch der Einschätzung, dem Volksgesetzgeber fehle grundsätzlich der Sachverstand für die Beurteilung der finanziellen Tragweite gesetzgeberischer Entscheidungen (vgl. v. *Danwitz* DÖV 1992, 601, 603, 607). Es trifft zwar zu, daß haushaltswirksame Entscheidungen komplex und schwierig sind. Ähnliches gilt jedoch gleichermaßen für viele andere Regelungsgegenstände – etwa im Bereich des Umwelt- und Technikrechts – (vgl. v. *Danwitz* DÖV 1992, 601, 607), ohne daß der Verfassunggeber Anlaß gesehen hätte, diesbezügliche Volksinitiativen auszuschließen. Die im verfassungsrechtlichen Schrifttum gegen plebiszitäre Entscheidungen laut gewordene Befürchtung einer Überforderung der Bevölkerung durch Spezialität, Vielschichtigkeit und Kompliziertheit der im modernen Staatswesen zu bewältigenden Fragen (vgl. *Krause* in: Handbuch des Staatsrechts II § 39 Rn. 25), hat der Verfassunggeber in Brandenburg offensichtlich nicht geteilt, so daß sich hieraus für die Frage einer weiteren oder engeren Auslegung des Haushaltsvorbehalts in Art. 76 Abs. 2 LV nichts Entscheidendes gewinnen läßt. Im übrigen sind selbst den Haushalt im engeren Sinne betreffende Fragen in Deutschland nicht ausnahmslos als für eine Volksgesetzgebung ungeeignet gehalten worden. Nach Art. 73 Abs. 4 WRV konnte der Reichspräsident einen Volksentscheid auch über den Haushaltsplan, über Abgabengesetze und Besoldungsordnungen veranlassen (vgl. *Birk/Wernsmann* DVBl. 2000, 669, 670).

(4) Das erkennende Gericht teilt für die Verhältnisse im Land Brandenburg auch nicht die mehrfach vor allem vom Bayerischen Verfassungsgerichtshof geäußerte Auffassung, mit Hilfe des Finanzvorbehalts gelte es, einem Mißbrauch der Volksgesetzgebung zu begegnen, weil die Gefahr bestehe, daß Interessengruppen von ihnen vertretenen Bürgern durch Volksbegehren Sondervorteile verschafften (BayVerfGH, BayVBl. 1977, 143, 149 = DVBl. 1995, 419, 426 = NVWZ-RR 2000, 401, 404; vgl. auch *Krause* in: Isensee/Kirchhof (Hrsg.), Handbuch des Staatsrechts II § 39 Rn. 26; *Isensee* DVBl. 2001, 1161, 1164). Die Besorgnis mangelnden Gemeinwohlsinns des Volksgesetzgebers kann sich nicht auf konkrete Erfahrungen stützen (vgl. *Sieckmann* in: Neumann/von Raumer (Hrsg.), Die verfassungsrechtliche Ausgestaltung der Volksgesetzgebung, 1999, S. 181, 185) und erscheint in dieser pauschalen Form jedenfalls unter den im Land Brandenburg geltenden Bedingungen nicht begründet. Zwar mag es bei Gesetzesinitiativen mit finanziellen Vorteilen für Interessengruppen in der Tat gelingen, aus diesem Kreise die für die Gesetzesinitiative erforderliche Zahl von Unterschriften zu erhalten. Spätestens auf der Ebene des Volksentscheids wird jedoch durch das Mehrheitserfordernis sowie das jedenfalls im Land Brandenburg nach Art. 78 Abs. 2 LV geltende weitere Erfordernis, daß mindestens ein Viertel der Stimmberechtigten dem Gesetzentwurf zustimmen muß, verhindert, daß eine kleine Gruppe ihre Sonderinteressen gegen den Willen der Mehrheit der Staatsbürger durchsetzt. In dieser Weise ist hinreichend vorgesorgt, daß Initiativen eigennützig Interessierter keinen Erfolg haben (vgl. *Pestalozza* Der Popularvorbehalt, 1981, S. 28). Insofern unterscheidet sich die Verfassungsrechtslage in Brandenburg von derjenigen etwa im Freistaat Bayern, wo für das Zustandekommen eines Gesetzes im Wege des Volksentscheids kein qualifiziertes Zustimmungsquorum gilt. Unabhängig davon wird spätestens im Stadium des Volksentscheids den Stimmberechtigten das Bewußtsein dafür zu vermitteln sein, daß Wohltaten für eine einzelne Gruppe durch Einnahmeerhöhungen oder Abstriche in anderen Bereichen finanziert werden müssen (vgl. *Berlit* KritV 1993, 318, 358). Darüber hinaus wird durch die dem Landtag nach Art. 78 Abs. 1 S. 2 LV eröffnete Möglichkeit, einen Alternativentwurf in den Volksentscheid einzubringen, der Gefahr irrationaler und gemeinwohlferner plebiszitärer Entscheidungsprozesse entgegengewirkt; es spricht wenig dafür, daß die Stimmberechtigten sich einem plausiblen und von parlamentarischem Sachverstand getragenen Alternativentwurf von vornherein verschließen würden (vgl. *Degenhart* Der Staat 31/1992, 77, 95). Äußerstenfalls bliebe dem Landtag die Möglichkeit, ein finanzwirksames Volksgesetz wieder aufzuheben oder zu ändern (vgl. *Fessmann* BayVBl. 1976, 389, 392; *Pestalozza* aaO, S. 28; *Heussner* aaO, S. 184; *Neumann* in: ders./von Raumer (Hrsg.), Die verfassungsrechtliche Ausgestaltung der Volksgesetzgebung, 1999, S. 17, 53). Zu der in der Stellungnahme des Landtages befürchteten „Chaotisierung des Verfassungslebens" wird dies schon deshalb nicht führen, weil es unter den Vorkehrungen der brandenburgischen Landesverfassung nicht gerade an der Tagesordnung sein wird, daß ein Volksentscheid zum Ziele führt. Und wo er zum Ziele führt, wird wiederum nur ausnahmsweise Veranlassung für eine Korrektur durch den parlamentarischen Gesetzgeber bestehen.

Soweit der Bayerische Verfassungsgerichtshof ferner die Gefahr sieht, daß gegebenenfalls ein Teil des Volkes zu Ungunsten eines anderen Teils über die Verteilung von Steuermitteln oder wirtschaftlichen Lasten entscheide, besonders, wenn der belastete Teil des Volkes eine Minderheit darstelle oder wenn der Mehrheit des Volkes die betreffende Frage z. B. wegen persönlicher Nichtbetroffenheit gleichgültig sei (BayVerfGH, Entscheidung v. 31. 3. 2000 – Vf. 2-IX-00 –, = NVwZ-RR 2000, 401, 404, mwN; vgl. auch *Isensee* aaO), ist auch dies nicht volksgesetzgebungsspezifisch. Daß sich Mehrheitsentscheidungen zu Lasten einer Minderheit auswirken können, ist kein Sonderproblem der Volksgesetzgebung, sondern liegt im Prinzip der Mehrheitsentscheidung begründet, auf dem die Demokratie als Staats- und Regierungsform beruht (vgl. *Böckenförde* in: Isensee/Kirchhof (Hrsg.), Handbuch des Staatsrechts I § 22 Rn. 52), und ist hinzunehmen, solange die Grundrechte der Minderheit gewahrt und die Bedingungen für die legitimierende Kraft des Mehrheitsprinzips, d. h. insbesondere die demokratischen Freiheitsrechte und die Gleichheit der politischen Mitwirkungsrechte (vgl. *Böckenförde* aaO, Rn. 54), unangetastet bleiben. Die Durchsetzung von Partikularinteressen ist gleichermaßen auch im parlamentarischen Gesetzgebungsverfahren denkbar und kommt in der Praxis – insbesondere im Steuerrecht – durchaus vor (vgl. bereits oben zu (2.) sowie *Sieckmann* in: Neumann/von Raumer (Hrsg.), Die verfassungsrechtliche Ausgestaltung der Volksgesetzgebung, 1999, S. 181, 185).

(5) Damit verbleibt als eigentlicher Grund für eine auch andere (finanzwirksame) Gesetze als förmliche Haushaltsgesetze einschließende Auslegung des Haushaltsvorbehalts des Art. 76 Abs. 2 LV letztlich allein, daß anderenfalls im praktischen Ergebnis – je nach Art und Finanzvolumen des betreffenden anderweitigen (finanzwirksamen) Gesetzes und seiner Auswirkungen auf das Gesamtgefüge des Haushalts – die Budgethoheit des Landtages, d. h. das Recht der parlamentarischen Mehrheit auf Kontrolle und Gestaltung der Einnahmen und Ausgaben des Landes, unterlaufen werden könnte.

bb) Unbeschadet dessen dürfen angesichts der in Art. 2 Abs. 4 S. 1 LV grundsätzlich anerkannten Gleichrangigkeit von parlamentarischem Gesetzgeber und Volksgesetzgeber die inhaltlichen Zulässigkeitsschranken für die Volksgesetzgebung nicht – durch eine allzu weite Auslegung des Haushaltsvorbehalts – derart verengt werden, daß die Volksgesetzgebung ihre praktische Bedeutung verliert. Bei einer Beschränkung auf Gesetze und andere Vorlagen ohne (nennenswerte) Haushaltsauswirkungen liefe zwar das Recht zur Volksinitiative, auch soweit eine Volksinitiative einen Gesetzentwurf enthalten kann (Art. 76 Abs. 1 S. 2 LV), nicht völlig leer (so aber wohl noch *v. Brünneck/ Epting* in: Simon/Franke/Sachs (Hrsg.), Handbuch der Verfassung des Landes Brandenburg, 1994, § 22 Rn. 15). Landtag und Landesregierung weisen unter Bezugnahme auf die Ausführungen des Bundesverfassungsgerichts in dem Beschluß vom 3. 7. 2000 darauf hin, daß hiernach z. B. Regelungen zu Fragen der Kommunalverfassung, der Eingriffsbefugnisse auf dem Gebiet der öffentlichen Sicherheit und der Ausgestaltung des Schulwesens ohne (nennenswerte) Kostenauswirkungen denkbar und so

der Volksinitiative zugänglich blieben. Das Volksinitiativrecht wäre jedoch in An-
betracht der „nahezu universalen Haushaltsrelevanz aller staatlichen Entscheidungen"
(*Heun* in: Dreier (Hrsg.), Grundgesetz-Kommentar, Bd. 3, 2000, Rn. 23 vor Art. 104a;
vgl. auch *Stern* Das Staatsrecht der Bundesrepublik Deutschland, Bd. II, 1980, § 50 II 4,
S. 1238; *Birk/Wernsmann* DVBl. 2000, 669, 670) stark eingeschränkt. Ein erheblicher
Teil von Volksinitiativen fiele unter Berufung auf den Haushaltsvorbehalt schon der
Zulässigkeitsüberprüfung durch den Hauptausschuß (§ 9 Abs. 6 S. 1 VAGBbg) zum
Opfer und würde damit schon in dieser Phase der inhaltlichen Erörterung im Parlament entzogen. Die fruchtbare Möglichkeit, im Rahmen der inhaltlichen Befassung mit
dem Gegenstand der Volksinitiative neue Ansätze aufzugreifen und auf ihre Verträg-
lichkeit mit den eigenen Vorstellungen und der Haushaltslage zu überprüfen, ginge
weitgehend verloren. Dadurch würde die von der Landesverfassung gewollte
grundsätzliche Gleichberechtigung der Gesetzesinitiativen des Parlaments und des
Volkes in Frage gestellt (vgl. *Schweiger* in: Nawiasky/Schweiger/Knöpfle (Hrsg.), Die
Verfassung des Freistaates Bayern, Stand Juli 2000, Rn. 5 zu Art. 73). Vor diesem
Hintergrund darf eine allzu weite Auslegung des Haushaltsvorbehalts nicht dazu
führen, daß die Bürger von der Wahrnehmung ihres Volksinitiativrechtes nach Art. 76
Abs. 1 S. 1 LV abgeschreckt und davon abgehalten werden, dem Landtag bestimmte
Gegenstände der politischen Willensbildung, auch als Gesetzentwurf, zu unterbreiten.
    Eine Volksinitiative, die gegebenenfalls Auswirkungen auf die Haushaltslage hat, darf
aus diesen Gründen nur für den Fall als unzulässig behandelt werden, daß sie zu
gewichtigen staatlichen Ausgaben (oder Minderausgaben) führt und sich unter Berücksichtigung der Auswirkungen auf das Gesamtgefüge des Haushalts und der weiteren
Umstände des Falles als eine wesentliche Beeinträchtigung des Budgetrechts des Landtags darstellt. Ist das nicht feststellbar, ist die Volksinitiative gemessen an Art. 76 Abs. 2
LV zulässig und hat sich daher der Landtag politisch damit auseinanderzusetzen. Nur
in Fällen, in denen die Unvereinbarkeit mit einer vom Gesetzgeber in Wahrnehmung
seines Budgetrechts getroffenen Entscheidung greifbar ist, darf die politische Auseinandersetzung aus Gründen des Haushaltsvorbehalts verweigert werden.
    Wann eine Volksinitiative in diesem Sinne zu gewichtigen staatlichen Ausgaben
(oder Minderausgaben) führt und sich unter Berücksichtigung der Auswirkungen auf
das Gesamtgefüge des Haushalts und der weiteren Umstände des Falles als wesentliche
Beeinträchtigung des parlamentarischen Budgetrechts darstellt, läßt sich nicht allgemein und pauschal beantworten, sondern hängt von einer wertenden Gesamtbetrachtung ab. Für die Frage, ob sich haushaltswirtschaftlich gewichtige Ausgaben
(oder Minderausgaben) mit Auswirkungen auf das Gesamtgefüge des Haushalts ergeben,
kommt es außer auf die Beträge als solche auf Art und Dauer der finanziellen Belastung an (vgl. BVerfGE 102, 190; ähnlich BayVerfGH, DVBl. 1995, 419, 425f;
BremStGH, LVerfGE 6, 123, 149; NRWVerfGH, NVwZ 1982, 188, 189). Für eine
diesbezügliche wertende Gesamtbeurteilung kann etwa auch der Prozentwert, den der
Kostenaufwand der von der Volksinitiative angestrebten Regelung im Verhältnis zum

Gesamthaushalt oder zur „freien Spitze" der nicht bereits gesetzlich oder anderweitig gebundenen Mittel oder auch zum jeweils betroffenen Einzelhaushalt ausmacht, von symptomatischer Bedeutung sein. Solche Prozentsätze sind jedoch nicht für sich allein ausschlaggebend. Ferner können Sachgehalt und Wertigkeit des Anliegens der Volksinitiative Berücksichtigung verdienen, weil für die Kosten/Nutzen-Relation gegebenenfalls auch inhaltliche Momente eine Rolle spielen. Darüber hinaus kann bei der Gesamtbetrachtung auch – und nicht zuletzt – ins Gewicht fallen, ob die Volksinitiative in einem engen sachlichen und zeitlichen Zusammenhang mit einer konkreten haushaltspolitischen Entscheidung des Parlaments steht und sich den Umständen nach erkennbar gerade gegen eine bewußte Entscheidung des Haushaltsgesetzgebers richtet und unter diesem Gesichtspunkt die parlamentarische Budgetverantwortung in Frage stellt.

2. Hieran gemessen handelt es sich bei dem von der Antragstellerin eingebrachten Entwurf eines Gesetzes zur Änderung von § 1 Kita-Gesetz nach Lage des Falles um eine Gesetzesinitiative, die zu gewichtigen staatlichen Mehrausgaben führt und sich darüber hinaus nach Lage des Falles als wesentliche Beeinträchtigung des Budgetrechts des Parlaments darstellt.

a) Der von der Antragstellerin angestrebte erweiterte Rechtsanspruch auf Erziehung, Bildung, Betreuung und Versorgung in einer wohnortnahen Kindertagesstätte würde gewichtige staatliche Ausgaben auslösen. Es würde sich dabei, vor allem wegen des auf Dauer benötigten zusätzlichen Personals, um langfristige haushaltswirtschaftliche Bindungen handeln. Insgesamt geht es bei den im Raum stehenden Mehraufwendungen in der Größenordnung von – nach den Angaben des Landtages und der Landesregierung – ca. 34 Mio. DM im Jahr 2001 und jeweils ca. 48 Mio. DM für die folgenden Jahre bei einem Haushaltsvolumen von ca. 19 Mrd. DM um eine durchaus beträchtliche finanzielle Belastung.

Dabei kann es entgegen der Auffassung der Antragstellerin nicht ausschlaggebend darauf ankommen, daß bei einem Erfolg der Volksinitiative nach den Regelungen des Kita-Gesetzes nicht unmittelbar der Haushalt des Landes betroffen wäre, sondern die Pflicht zur Finanzierung des erhöhten Aufwands zunächst die Kommunen träfe. Denn das Land wäre nach Art. 97 Abs. 3 S. 2 und 3 LV verpflichtet, Festlegungen über die Deckung der durch die Erweiterung des Rechtsanspruchs auf einen Kita-Platz zusätzlich entstehenden Kosten zu treffen und für die Mehrbelastung der Gemeinden einen entsprechenden finanziellen Ausgleich zu schaffen. Auch eine Erhöhung des Standards einer bereits durch die Gemeinden wahrgenommenen Aufgabe, wie sie hier in Frage steht, wirkt sich als hinzukommende und damit als „neue öffentliche Aufgabe" iSv Art. 97 Abs. 3 S. 2 LV aus (so auch Nr. 2 der als „Auslegungshilfe" verabschiedeten Entschließung des Landtages Brandenburg vom 18. 3. 1999 zu dem Gesetz zur Änderung der Verfassung des Landes Brandenburg und des Verfassungsgerichtsgesetzes, LT-Drs. 2/6179-B). Entgegen der in der mündlichen Verhandlung von Seiten der

Antragstellerin geäußerten Auffassung kann sich der Landesgesetzgeber seiner durch das Konnexitätsprinzip der Landesverfassung vorgegebenen finanziellen Ausgleichspflicht auch nicht etwa einfach dadurch entledigen, daß er den Kommunen die Erschließung zusätzlicher eigener Einnahmequellen ermöglicht. Zwar ist der Gesetzgeber bei der Einzelausgestaltung des finanziellen Ausgleichs für die Kosten übertragener Aufgaben weitgehend frei (vgl. Verfassungsgericht des Landes Brandenburg, Urt. v. 18. 12. 1997 – VfGBbg 47/96 –, LVerfGE 7, 144, LS 4, zu Art. 97 Abs. 3 S. 1 LV a. F.). Möglicherweise braucht der Ausgleich, etwa bei – typisierend betrachtet – kommunalpolitischem Interesse der Kommunen an der Übernahme der Aufgabe unter dem Gesichtspunkt der Bürgerbetreuung „vor Ort" – auch nicht notwendig bei 100 % zu liegen (vgl. aaO, 162 sowie VerfGH NRW, NVwZ 1997, 793, 794, SachsAnhVerfG, NVwZ-RR 1999, 96, 98 einerseits und SächsVerfGH, LKV 2001, 223, 224 f andererseits). Ferner mag bis zu einem gewissen Grade auch die gleichzeitige Rückführung anderweitiger Aufgaben oder Standards oder die Eröffnung neuer Einnahmen (Gebühren) zu einem „entsprechenden finanziellen Ausgleich" iSv Art. 97 Abs. 3 S. 3 LV beitragen können (in diesem Sinne LT-Drs. 2/6179-B, Nr. 5). In jedem Fall bedarf es aber einer Entscheidung des (Haushalts-)Gesetzgebers über eine den Mehrkosten effektiv und realistisch Rechnung tragende Ausgleichsregelung. Sie würde hier nach der Einschätzung des Gerichts angemessenerweise in einer jedenfalls den Großteil der Mehrausgaben abdeckenden Erstattung bzw. Erhöhung der Mittelzuweisungen zu bestehen haben.

Eine Belastung des Landeshaushalts in einer nach der Einschätzung des Gerichts in etwa an die genannten Beträge heranreichenden Größenordnung braucht allerdings für sich allein, etwa bei einer beträchtlichen „freien Spitze", noch nicht stets und unter allen Umständen unter den Haushaltsvorbehalt des Art. 76 Abs. 2 LV zu fallen. Auch daß die jährliche prozentuale Mehrbelastung nach der – gegenüber der ursprünglichen Einschätzung des Landtages vorsichtigeren – Prognose der Landesregierung immerhin für das Jahr 2001 bei ca. 0,18 bzw. ab 2002 – gemessen am derzeitigen Haushaltsvolumen – bei ca. 0,25 und damit noch über derjenigen in dem vom Bundesverfassungsgericht entschiedenen Fall aus Schleswig-Holstein läge, bei dem das Bundesverfassungsgericht eine jährliche Haushaltsmehrbelastung von 32,82 Mio. DM bei einem Gesamtetat von ca. 18 Mrd. DM zugrunde gelegt hat (vgl. BVerfGE 102, 190 f), kann für sich allein nicht den Ausschlag geben. Es kommt daher für die hier zu treffende Entscheidung letztlich auch nicht darauf an, ob das Bundesverfassungsgericht bei seiner Entscheidung versehentlich eine höhere prozentuale Mehrbelastung als in dem damaligen Fall tatsächlich in Frage stehend angenommen hat und die – von der Antragstellerin mehr oder weniger pauschal bestrittenen – zahlenmäßigen Angaben der Landesregierung in jeder Hinsicht einer Überprüfung standhalten würden. Im Gesetzgebungsverfahren zum Haushaltsstrukturgesetz 2000 bestand jedenfalls Einigkeit, daß durch die Einschränkung des Rechtsanspruchs auf einen Kita-Platz Einsparungen von 25 Mio. DM im Jahr 2000 und von sogar 68 Mio. im Jahr 2001 erzielt würden. Daß diese Größenordnung im Landtag nicht umstritten war, bestätigt sich darin, daß auf der Grundlage dieser Zahlen auch die Fraktion der PDS als parlamentarische Opposition parallel zu ihrem – mit der vorliegenden Volksinitiative inhaltlich übereinstimmenden – Änderungsantrag zu Art. 3 Abs. 1 Haushaltsstrukturgesetz 2000 in der Sitzung des Ausschusse für Haushalt und Finanzen am 29. 5. 2000 einen Änderungsantrag zum Haushaltsentwurf 2000/2001 mit dem Ziel einer Erhöhung der Zuweisungen an die Gemeinden zur Förderung von Kindertagesstätten in eben dem genannten Umfang eingebracht hat (vgl. Ausschußprotokoll 3/126). Letzten Endes gilt auch für den Prozentsatz, den die hier in Frage stehenden prozentualen Mehrbelastungen – ausgehend von der vorsichtigeren Prognose der Landesregierung – im Verhältnis zur „freien Spitze" der nicht bereits gesetzlich oder anderweitig gebundenen Mittel ausmachen, nämlich 12,3 v. H. für 2001, danach 17,4 v. H., und den Prozentsatz im Verhältnis zu der Gesamtsumme der Ausgaben im Einzelplan des Ministeriums für Bildung, Jugend und Sport (im Jahr 2001 ca. 2,478 Mrd. DM), nämlich 1,4 v. H. für 2001, danach 1,9 v. H., daß diese Zahlenwerte für sich allein nichts Zwingendes besagen, sondern lediglich – weitere – Gesichtspunkte darstellen, die gfls. im Rahmen einer Gesamtabwägung mit zu bedenken sind. Gleiches gilt für die Steigerungsrate um 13,49 v. H., die sich (bei voller Abdeckung über den Landeshaushalt) für 2001 gegenüber dem im Haushaltsplan 2000/2001 für Zuweisungen an Gemeinden (Gemeindeverbände) zur Förderung von Kindertagesbetreuung angesetzten Betrag von 252 Mio. DM für 2001 ergeben würde.

b) Ob die hier bisher in den Blick genommenen finanziellen Größenordnungen in ihren Auswirkungen auf das Haushaltsgefüge, ob also die hier in Rede stehenden sich je nach Bezugswert ergebenden Prozentsätze jeweils für sich oder in ihrer Gesamtheit bereits ausreichen würden, das parlamentarische Budgetrecht als wesentlich beeinträchtigt und damit die Volksinitiative als unzulässig anzusehen, bedarf nach Lage des Falles keiner abschließenden Entscheidung. Das erkennende Gericht legt sich deshalb in dieser Hinsicht aus Anlaß des vorliegenden Falles nicht fest. Denn das Budgetrecht des Landtags erscheint durch die entstehenden staatlichen Mehrausgaben mit ihren Auswirkungen auf den Landeshaushalt jedenfalls bei Mitberücksichtigung der weiteren Umstände des Falles greifbar und wesentlich beeinträchtigt. Es tritt nämlich ausschlaggebend hinzu, daß hier unübersehbar ein enger zeitlicher und sachlicher Zusammenhang mit einer bewußten haushaltspolitischen Entscheidung besteht, die der Landtag mit dem Haushaltsstrukturgesetz 2000 vom 28. 6. 2000 eben auch durch die Einschränkung des Rechtsanspruchs auf einen Kindertagesstättenplatz in dem Bemühen getroffen hat, die Haushaltsprobleme des Landes in den Griff zu bekommen. An dem wesentlich haushaltspolitischen Charakter der im Rahmen des Haushaltsstrukturgesetzes 2000 erfolgten Änderung des Kita-Gesetzes besteht für das erkennende Gericht kein Zweifel. Ausweislich der Begründung des Gesetzentwurfs der Landesregierung hat das Haushaltsstrukturgesetz 2000 erklärtermaßen zum Ziel, mittelfristig die Konsolidierung des Landeshaushalts voranzubringen und in diesem Sinne den Spielraum für eine Rückführung der jährlichen Nettoneuverschuldung zu erweitern. Hierzu soll auch die Änderung von Fachgesetzen beitragen, indem dort Leistungen eingeschränkt werden, um rechtliche Verpflichtungen des Landes zu reduzieren und organisatorische Veränderungen einzuleiten mit dem Ziel, längerfristig eine wirtschaftlichere Aufgabenerledigung zu fördern und dadurch mittelbar zur Entlastung des Landeshaushalts beizutragen (vgl. LT-Drs. 3/810, S. 33). Die aus diesem Anlaß vorgenommenen Änderungen des Kita-Gesetzes beinhalten zwar auch über dieses Einsparvorhaben als solches hinausgehende Strukturveränderungen wie etwa die Begründung der Leistungsverpflichtung der Wohnortgemeinde oder die Ersetzung der Platzbezuschussung durch eine Kinderkostenpauschale. Ausgangspunkt und Kern der Gesetzesänderung ist jedoch die Reduzierung des Betreuungsumfangs, um auf diesem Wege vor allem die Personalkosten – durch Verringerung des Personalaufwandes – zu senken. Durch die Beschränkung des Rechtsanspruchs auf einen Kindertagesstättenplatz sollen die Kommunen die Möglichkeit erhalten, die Kürzung der Landeszuschüsse belastungsneutral zu kompensieren (vgl. *Diskowski/Liesegang* Kindertagesstätten in Brandenburg, 11. Lieferung 2001, Einführung Kita-Gesetz, S. 2). Der Gesetzgeber hat sich dabei in einer auch von weiten Teilen der Koalitionsfraktionen als schmerzhaft empfundenen Entscheidung mehrheitlich auf den Standpunkt gestellt, daß der Rechtsanspruch auf einen Kita-Platz in dem früheren Umfang aus hauhaltswirtschaftlichen Gründen nicht mehr aufrechtzuerhalten sei. Der parlamentarische Gesetzgeber würde unter diesen Umständen bei einer Veränderung des Kita-Gesetzes, wie sie die Volksinitiative anstrebt, nicht nur faktisch zu einer Korrektur einzelner Haushaltsansätze gezwungen. Es müßte vielmehr eine haushaltswirtschaftliche Grundentscheidung revidieren.

Unabhängig davon, ob die Angaben der Landesregierung und des Landtages, wonach derzeit ca. 98,6 % des Landeshaushaltsplans durch gesetzliche Bestimmungen, Personal- und Sachmittelbindungen sowie lang- und mittelfristige Bindungen im Rahmen von gemeinsam mit dem Bund getragenen Verpflichtungen aus Förderprogrammen finanziell gebunden sind, in vollem Umfange zutreffen, ist jedenfalls unverkennbar, daß der Handlungsspielraum des Haushaltsgesetzgebers derzeit erheblich eingeschränkt ist. Dieser Spielraum würde durch die Festlegung von Finanzmitteln in einer Größenordnung, wie sie hier in Frage steht, spürbar weiter eingeengt. Es kommt hinzu, daß – auch als Folge der steuerrechtlichen Änderungen auf Bundesebene – weitere Mindereinnahmen zu vergegenwärtigen sind, die bereits einen Nachtragshaushalt erforderlich gemacht haben (vgl. Nachtragshaushaltsgesetz vom 29. 5. 2001, GVBl. I, S. 54). Eine Wiedergewinnung haushaltspolitischen Handlungsspielraums durch Erhöhung der Einnahmen ist zwar abstrakt denkbar, konkret jedoch unter Berücksichtigung der derzeitigen Haushalts- und Finanzlage des Landes nicht realistisch. Eine Erhöhung der Nettokreditaufnahme würde der Haushaltskonsolidierung, für die sich der parlamentarische Gesetzgeber in Ausübung seiner Budgethoheit entschieden hat und in die sich die durch das Haushaltsstrukturgesetz erfolgte Änderung des Kita-Gesetzes einfügt, zuwiderlaufen. Insgesamt stellt die Volksinitiative eine Reaktion auf eine bewußte haushaltspolitische Entscheidung des Parlaments dar.

Unerheblich ist, daß mit der Sammlung der Unterschriften zur Unterstützung der Volksinitiative nicht erst im Anschluß an den Gesetzesbeschluß begonnen worden ist, sondern – nach den Angaben der Antragstellerin in der mündlichen Verhandlung – bereits am 1. 5. 2000, d. h. in das noch laufende Gesetzgebungsverfahrens hinein. Unbeschadet dessen ist unverkennbar, daß sich die Volksinitiative von Beginn an auf die sich zu diesem Zeitpunkt bereits abzeichnende Entscheidung des Haushaltsgesetzgebers auf der Grundlage des am 22. 3. 2001 eingebrachten Gesetzentwurfs der Landesregierung bezogen hat. Dies ist nach Art und Inhalt der damaligen – und weiter andauernden – öffentlichen Auseinandersetzung gleichsam gerichtsbekannt und bestätigt sich darin, daß sich der Gesetzentwurf der Volksinitiative ausweislich der auf den Unterschriftsbogen abgedruckten Begründung gegen „alle Versuche" richtet, die Betreuungsansprüche von Kindern erheblich zu reduzieren und bestimmte Gruppen von Kindern aus der Betreuung in einer Kindertagesstätte auszuschließen. Eben dies aber war – in seinem hier betroffenen Teil – die Zielrichtung des in Gang befindlichen Gesetzgebungsverfahrens zum Haushaltsstrukturgesetz, welches von Anfang an als Artikel 3 des Gesetzentwurfs eine dahingehende Änderung des § 1 des Kita-Gesetzes beinhaltete. Tatsächlich deckt sich denn auch der Gesetzentwurf der Volksinitiative mit einem im Gesetzgebungsverfahren zum Haushaltsstrukturgesetz 2000 von der Fraktion der PDS eingebrachten und in der Sitzung des Ausschusses für Bildung, Jugend und Sport vom 25.5.2000 mehrheitlich abgelehnten Änderungsantrag nahezu wörtlich (vgl. Ausschußprotokoll 3/162). Daß der Gesetzentwurf der Volksinitiative in eine sich anbahnende gesetzgeberische haushaltspolitische Entscheidung hinein erfolgte und dem Haushaltsgesetzgeber gewissermaßen in den Arm zu fallen versuchte, führt um so deutlicher vor Augen, daß hier die verfahrensgegenständliche Volksinitiative die Budgethoheit des Parlaments nicht zu respektieren gedachte.

Nach alledem richtet sich die Volksinitiative gezielt gegen eine vom Landtag in Ausübung seiner Budgethoheit getroffene haushaltspolitische Entscheidung. Damit handelt es sich – unter Mitberücksichtigung der gewichtigen Kostenauswirkungen – um eine wesentliche Beeinträchtigung des Budgetrechts des Parlaments und hat deshalb der Haushaltsvorbehalt des Art. 76 Abs. 2 LV nach seinem Sinn und Zweck Platz zu greifen. Auf den von der Antragstellerin in diesem Zusammenhang geltend gemachten Umstand, daß die Budgethoheit des Landtages im Ergebnis ja auch durch über- und außerplanmäßige Ausgaben und die Zulassung globaler Minderausgaben beeinträchtigt werde, kommt es nicht an. Für eine „Verwirkung" des Budgetrechts des Landtages aufgrund etwaiger anderweitiger Bedenklichkeiten bei Aufstellung und Vollzug des Haushalts ist verfassungsrechtlich kein Raum.

c) Der spezifisch haushaltpolitische und budgetrechtsrelevante Charakter gerade der hier in Frage stehenden Gesetzes-Volksinitiative zeigt sich im übrigen auch eben darin, daß der Landtag für den Fall, daß er die von der Antragstellerin angestrebte Änderung des § 1 des Kita-Gesetzes vornehmen wollte, für die sich ergebende Mehrbelastung der Kommunen gemäß Art. 97 Abs. 3 S. 3 LV einen angemessenen finanziellen Ausgleich schaffen, d.h. haushaltswirtschaftlich und somit als Haushaltsgesetzgeber reagieren müßte.

3. Entgegen der in der mündlichen Verhandlung geäußerten Besorgnis bleibt für Volksinitiativen bei der hier vorgenommenen Auslegung durchaus Raum. So bleiben Volksinitiativen unberührt, die entweder gar keine oder jedenfalls keine „gewichtigen" staatlichen Ausgaben (oder Minderausgaben) zur Folge haben. Zu der Frage, ab wann sich „gewichtige" staatliche Mehrausgaben (oder Minderausgaben) wegen der Auswirkungen auf das Gesamtgefüge des Haushalts zugleich als „wesentliche" Beeinträchtigung des parlamentarischen Budgetrechts darstellen und deshalb der Haushaltsvorbehalt eingreift, hat sich das Gericht durch die hier getroffene Entscheidung nicht festgelegt. Auf diese Frage kam es vorliegendenfalls deshalb nicht an, weil sich eine solche „wesentliche" Beeinträchtigung des Budgetrechts jedenfalls aus einem offensichtlichen sachlichen und zeitlichen Zusammenhang mit einer bewußten haushaltspolitischen Entscheidung des Landtags ergibt, die die Volksinitiative durch den von ihr vorgelegten Gesetzentwurf gezielt rückgängig zu machen versucht hat. Im übrigen bleibt es unbenommen, auf der Grundlage von Art. 76 Abs. 1 S. 1 LV dem Landtag (im Rahmen seiner Zuständigkeit), sei es auch unter Hinweis auf eine veränderte Sach- oder Finanzlage oder auch auf nicht oder nicht so vorhergesehene Probleme, einen Gegenstand der politischen Willensbildung zu unterbreiten und ihn auf diesem Wege zu welcher Frage auch immer (lediglich) zu (erneuter) Befassung und Prüfung zu veranlassen. Dies findet Niederschlag in der Landesverfassung selbst insofern, als es dort in Art. 76 Abs. 1 S. 2 heißt, daß die Volksinitiative „auch" einen – ausformulierten – Gesetzentwurf einbringen könne. Daraus ergibt sich, daß es auch Volksinitiativen geben kann, die lediglich eine erneute (ergebnisoffene) Befassung des Landtags erzwingen (und deshalb auch nicht das Budgetrecht des Landtags beeinträchtigen können). Die Betreiber einer Volksinitiative haben es hiernach in der Hand, durch eine geeignete Ausgestaltung der Volksinitiative eine (erneute) Befassung des Landtags zu erreichen, ohne daß sich die Frage des Haushaltsvorbehalts stellt.

4. Soweit die Antragstellerin geltend macht, daß es ihr um die Gewährleistung des in Art. 27 Abs. 7 LV geschützten Grundrechts jedes Kindes auf Erziehung, Bildung, Betreuung und Versorgung in einer Kindertagesstätte gehe, kann hier dahinstehen, ob es sich bei Art. 27 Abs. 7 LV um ein „echtes" Grundrecht handelt bzw. wie weit der einfachgesetzliche Gestaltungsspielraum geht (Anspruch „nach Maßgabe des Gesetzes") oder diese Verfassungsbestimmung etwa nur eine sogenannte Staatszielbestimmung ist und für diesen Fall lediglich eine objektivrechtliche Verpflichtung des

Staates begründet, sein Handeln an dem betreffenden Staatsziel auszurichten (vgl. Verfassungsgericht des Landes Brandenburg, Urt. v. 18. 6. 1998 – VfGBbg 27/97 –, LVerfGE 8, 97, 127 f). Fragen dieser Art gehören nicht in das Verfahren zur Überprüfung der Zulässigkeit einer Volksinitiative (im vorliegenden Fall am Maßstab des Haushaltsvorbehalts), sondern gegebenenfalls in das Normenkontroll-, u. U. auch in ein Verfassungsbeschwerdeverfahren.

C.

Diese Entscheidung ist mit 6 gegen 2 Stimmen ergangen.

Sondervotum der Richterin Dr. Jegutidse und des Richters Havemann

Entgegen der Mehrheitsmeinung ist die Volksinitiative „Für unsere Kinder – Volksinitiative zur Sicherung des Rechtsanspruchs aller Kinder auf Erziehung, Bildung, Betreuung und Versorgung in Kindertagesstätten" zulässig. Es handelt sich nicht um eine gem. Art. 76 Abs. 2 LV unzulässige Initiative zum Landeshaushalt (dazu unter 1.). Auch aus dem engen sachlichen und zeitlichen Zusammenhang der Volksinitiative mit einer konkreten haushaltspolitischen Entscheidung des Parlaments ergibt sich keine wesentliche Beeinträchtigung des parlamentarischen Budgetrechts (dazu unter 2.).

1. Unter Landeshaushalt ist in Art. 76 Abs. 2 LV nur das Haushaltsgesetz und der Haushaltsplan des Landes zu verstehen. Die hier im Wege der Volksgesetzgebung initiierten Regelungen sind nicht Regelungen des Haushaltsgesetzes oder des Haushaltsplanes, deshalb handelt es sich nicht um eine gem. Art. 76 Abs. 2 LV unzulässige Initiative zum Landeshaushalt.

a) Art. 76 Abs. 2 LV ist nach Wortlaut und Systematik eng auszulegen.

aa) Art. 76 Abs. 2 LV regelt abschließend und nicht nur beispielhaft die unzulässigen Volksinitiativen.

(1) Art. 76 Abs. 2 LV nennt, bezogen auf das Recht der Einwohner des Landes Brandenburg aus Art. 76 Abs. 1 LV, Gesetzesentwürfe einzubringen, mehrere Einschränkungen. Dabei werden abschließend und nicht nur beispielhaft die unzulässigen Initiativen aufgezählt. Dies sind Initiativen zum Landeshaushalt, zu den Dienst- und Versorgungsbezügen, zu Abgaben und zu Personalentscheidungen. Daß diese Aufzählung des Verfassungsgebers abschließend und nicht nur beispielhaft ist, folgt aus dem Wortlaut der Norm. Die Verfassung zählt den Landeshaushalt, die Dienst- und Versorgungsbezüge, die Abgaben und die Personalentscheidungen, nur durch Komma und das Bindewort „und" getrennt, als selbständig nebeneinander stehende Gegenstände auf, so daß für die Annahme einer offenen Enumeration kein Raum ist.

Folgt man der Mehrheitsmeinung, hätte Art. 76 Abs. 2 LV lauten müssen: „Initiativen zum Landeshaushalt, insbesondere zu den Dienst- und Versorgungsbezügen und zu den Abgaben, sowie zu Personalentscheidungen sind unzulässig."

(2) Hinzu kommt, daß der Ausschluß von Volksinitiativen zu Personalentscheidungen kein Beispiel für den Ausschluß von Initiativen zum Landeshaushalt ist. Bei Personalentscheidungen sind Fälle denkbar, in denen solche Entscheidungen keine mittelbaren finanziellen Auswirkungen haben.

bb) Weil mit der Aufzählung in Art. 76 Abs. 2 LV abschließend geregelt ist, welche Volksinitiativen unzulässig sind, läßt sich entgegen der Mehrheitsmeinung auch der Anwendungsbereich des Haushaltsvorbehalts unter systematischen Gesichtspunkten sicher bestimmen.

(1) Würde der Begriff Landeshaushalt auf sämtliche Gesetzesinitiativen mit mittelbaren finanziellen Auswirkungen ausgedehnt werden, wäre der gesonderte Ausschluß von Initiativen zu Dienst- und Versorgungsbezügen oder zu Abgaben überflüssig, weil die finanziellen Auswirkungen solcher Initiativen auf der Hand liegen.

(2) Werden aber Gesetzesinitiativen mit unmittelbaren finanziellen Auswirkungen nur in den in Art. 76 Abs. 2 LV abschließend aufgeführten Fällen unzulässig, ist es sinnwidrig, Regelungen, die nur mittelbare finanzielle Auswirkungen haben, als unzulässige Volksinitiativen zum Landeshaushalt zu klassifizieren. Unzulässig können Volksinitiativen zum Landeshaushalt deshalb nur dann sein, wenn sie direkt darauf abzielen, das Haushaltsgesetz bzw. den Haushaltsplan zu verändern, nicht aber schon in all den Fällen, in denen die initiierte Regelung auch finanzielle Folgen hat.

Wenn es sich aber bei einer Volksinitiative – wie hier – nicht um eine Initiative zum Landeshaushalt, bestehend aus dem Haushaltsgesetz und der Haushaltsplan des Landes, zu den Dienst- und Versorgungsbezügen, Abgaben und Personalentscheidungen handelt, ist die Initiative zulässig.

b) Eine weite Auslegung des Haushaltsvorbehalts in Art. 76 Abs. 2 LV verstößt gegen Art. 2 Abs. 4 S. 1 der Landesverfassung.

aa) Die in Art. 2 Abs. 4 S. 1 LV als Verfassungsgrundsatz geregelte Gleichrangigkeit von parlamentarischem Gesetzgeber und Volksgesetzgeber gebietet es, die inhaltlichen Zulässigkeitsschranken für die Volksgesetzgebung nicht durch eine weite Auslegung des Haushaltsvorbehalts derartig zu verengen, daß die Volksgesetzgebung ihre praktische Bedeutung verliert und die Einwohner des Landes Brandenburg davon abgehalten werden, dem Landtag bestimmte Gegenstände der politischen Willensbildung, auch als Gesetzentwurf, zu unterbreiten.

Eine Interpretation des Haushaltsvorbehaltes, die dazu führt, daß Volksinitiativen nur in den Fällen zulässig sein sollen, in denen sie keine oder nur unwesentliche finanzielle Auswirkungen haben, verstößt gegen den Verfassungsgrundsatz der Gleichrangigkeit von parlamentarischem und Volksgesetzgeber.

bb) Die von der Mehrheit vorgenommene weite und unbestimmte Auslegung des Haushaltsvorbehalts kann dazu führen, daß die Bürger von der Wahrnehmung ihres Volksinitiativrechts künftig abgeschreckt werden – eine Befürchtung, die die Mehrheit in der Entscheidung zwar angesprochen, aber nicht ausgeräumt hat. Volksinitiativen sind danach nur noch in für den Bürger schwer zu ermittelnden Ausnahmefällen zulässig, zumal sich in der Mehrheitsentscheidung bei den in Blick zu nehmenden finanziellen Größenordnungen keine Festlegung findet.

cc) Entgegen der Mehrheitsmeinung dürfen wegen der Gleichrangigkeit von Volksgesetzgebung und parlamentarischer Gesetzgebung Sachgehalt und Wertigkeit einer Volksinitiative keine Rolle bei der Beurteilung ihrer Zulässigkeit spielen. Insoweit ist der Volksgesetzgeber – wie der parlamentarische Gesetzgeber – nur an den Maßstäben der Landesverfassung überprüfbar.

dd) Den Gefahren für das Verfassungsleben (Stichwort „Chaotisierung"), die aus einem engen Verständnis des Haushaltsvorbehaltes folgen könnten, und die die Mehrheit ihrerseits mit einer weiten Anwendung des Haushaltsvorbehaltes ausräumen will, begegnet der Verfassunggeber mit Art. 78 LV. Er hat entsprechend dem Grundsatz der Gleichrangigkeit von Volks- und parlamentarischem Gesetzgeber für den Konflikt zwischen ihnen ein Verfahren vorgesehen. Danach hätte der Landtag bei konkurrierenden Gesetzentwürfen seinen Entwurf mit zum Volksentscheid zu stellen. Mit der Verfassungsänderung vom 7. 04. 1999 wurde an diesem Verfahren festgehalten. Darüber hinaus wurde der Landtagspräsident verpflichtet, die Gesetzentwürfe und Vorlagen zu veröffentlichen.

2. Das Budgetrecht des Landesparlamentes wird nicht beeinträchtigt, wenn der Haushaltsvorbehalt auf den Haushaltsplan und das Haushaltsgesetz beschränkt bleibt. Die von der Mehrheit aus dem Budgetrecht des Parlamentes gewonnene weite Interpretation und Anwendung des Haushaltsvorbehaltes enthält zudem keinen hinreichend bestimmten verfassungsrechtlichen Maßstab, an dem der Volksgesetzgeber sein Handeln ausrichten kann. Das in der Mehrheitsentscheidung angewandte Kriterium des engen sachlichen und zeitlichen Zusammenhangs zwischen der Volksinitiative und der Entscheidung des Parlaments, aus dem die Unzulässigkeit der Volksinitiative hergeleitet wird, führt letztlich dazu, daß der parlamentarische Gesetzgeber dem Volksgesetzgeber seine verfassungsrechtliche Gesetzgebungskompetenz verfassungswidrig entzieht.

a) Da bereits die systematische Auslegung des Art. 76 Abs. 2 LV zu einem eindeutigen Ergebnis führt, ist die teleologische Abgrenzung der Reichweite des Haushaltsvorbehaltes, wie die Mehrheit sie vornimmt, nicht mehr erforderlich. Auch folgt aus dem Zweck des Haushaltsvorbehalts, die Budgethoheit des Landtages zu sichern, nicht, daß der Haushaltsvorbehalt alle finanzwirksamen Regelungen erfaßt.

aa) Die Parlamentshoheit, über das Budget zu beschließen, ist lediglich eine formelle Gesetzgebungskompetenz. Es ist unbestritten, daß die durch materielles Recht begründeten finanzwirksamen Ansprüche die parlamentarische Entscheidung über das Budget vorprägen. Die vom materiellen Gesetzgeber im Rahmen seiner Kompetenzordnung geschaffenen finanzwirksamen Ansprüche werden deshalb in die Haushaltsentscheidung eingestellt (vgl. dazu *Maunz* in Maunz/Dürig, Grundgesetzkommentar, Art. 110, Rn. 13). Der Landtag kann nicht im Rahmen seiner Budgethoheit materiellrechtlich begründete finanzwirksame Ansprüche verändern. Nur im Rahmen seiner eigenen verfassungsrechtlichen materiellrechtlichen Kompetenzen kann er materiellrechtliche Ansprüche gesetzlich neu regeln. Bis auf die Ausnahmen in Art. 76 Abs. 2 LV hat er dabei nach Art 76 Abs.1 dieselben Kompetenzen wie der Volksgesetzgeber. Aus der Budgethoheit des Landtages, als einem Recht des Parlamentes gegenüber der Exekutive, folgt deshalb kein Recht zum Kompetenzentzug gegenüber dem Volksgesetzgeber.

Hier verkürzt der parlamentarische Gesetzgeber aus Motiven der Haushaltskonsolidierung unter anderem materiellrechtliche Ansprüche im Kindertagesstättengesetz, ohne daß damit eine Änderung des Haushaltsplanes und das Haushaltsgesetzes verbunden wäre. Die Mehrheit sieht fälschlicherweise bereits im haushaltspolitischen Motiv des parlamentarischen Gesetzgebers eine Inanspruchnahme der Budgethoheit des Parlaments. Tatsächlich aber nimmt der parlamentarische Gesetzgeber hier eine ihm zustehende materiellrechtliche Kompetenz, die in gleicher Weise der Volksgesetzgeber hat, wahr. Die weite Interpretation des Haushaltsvorbehaltes unter Berufung auf das parlamentarische Budgetrecht entzieht dem Volksgesetzgeber eine verfassungsrechtliche Kompetenz und begründet einen weitgehenden Vorrang des parlamentarischen Gesetzgebers gegenüber dem Volksgesetzgeber, der den Verfassungsgrundsatz der Gleichrangigkeit beider Gesetzgeber verletzt. Nur noch der parlamentarische Gesetzgeber hätte dann materiellrechtliche Kompetenzen, die finanzwirksame Ansprüche begründen.

bb) So geben denn auch die Länder Baden-Württemberg, Bremen und Hessen, die den Haushaltsvorbehalt auf den Haushaltsplan bzw. das Staatshaushaltsgesetz beschränken, die Budgethoheit des Parlaments nicht auf. Auch unter diesem Gesichtspunkt kann die Mehrheitsmeinung nicht überzeugen.

b) Die Mehrheit hält zwar nicht alle Initiativen für unzulässig, die finanzwirksam sind, sondern nur solche, die zu gewichtigen staatlichen Ausgaben (oder Minderausgaben) führen und sich unter Berücksichtigung der Auswirkungen auf das Gesamtgefüge des Haushalts und der weiteren Umstände des Falles als eine wesentliche Beeinträchtigung des Budgetrechts des Landtags darstellen. Sie bestimmt aber keinen nachvollziehbaren Maßstab für die Grenzziehung zwischen zulässigen und unzulässigen Initiativen.

aa) Anders als das Bundesverfassungsgericht, das im Beschluß des Zweiten Senats vom 3.7.2000 (BVerfGE 102, 176 ff) eine Volksinitiative unter Berücksichtigung der schwierigen Haushaltslage des Landes Schleswig-Holstein erst ab einem bestimmten Prozentsatz des Gesamthaushalts für unzulässig hält, findet sich in der in dieser Sache vorliegenden Mehrheitsentscheidung hierzu keine konkrete Angabe. Dennoch kommt die Mehrheit zu dem nicht nachvollziehbaren Schluß, der von den Antragstellern angestrebte erweiterte Rechtsanspruch auf Erziehung, Bildung, Betreuung und Versorgung in einer wohnortnahen Kindertagesstätte würde gewichtige staatliche Ausgaben auslösen. Daß es sich bei Mehraufwendungen in der Größenordnung von – nach den Angaben des Landtages und der Landesregierung – ca. 34 Mio. DM im Jahr 2001 und jeweils ca. 48 Mio DM für die folgenden Jahre bei einem Haushaltsvolumen von ca. 19 Mrd. DM, also weniger als 0,5 v. H. des Etats, bereits um gewichtige staatliche Ausgaben handelt, ist nicht nachvollziehbar. Hinzu kommt, daß sich die genannten Beträge weiter reduzieren dürften, da der Landeshaushalt bei einem Erfolg der Volksinitiative nur mittelbar betroffen wäre. Das in der Landesverfassung vorgegebene Konnexitätsprinzip erfordert nicht, daß das Land zu 100% einen finanziellen Ausgleich für die betroffenen Kommunen zu schaffen hat. Der Ausgleich muß lediglich angemessen sein.

Darüber hinaus greifen die auf den ersten Blick einleuchtenden, wenngleich von der Antragstellerin bestrittenen Berechnungen der Verfahrensbeteiligten zu kurz. Der Rechtsanspruch, um den es in der Volksinitiative geht, dürfte langfristig gesehen auch zu Einnahmen und Minderausgaben auf anderen Gebieten führen, die in keiner der dem Gericht vorgelegten Berechnungen Berücksichtigung gefunden haben. Es liegt auf der Hand, daß die beschäftigungs- und bildungspolitischen Folgen des mit der Volksinitiative verfolgten Rechtsanspruchs zweifelsohne auch positive Auswirkungen auf die Einnahmen- und Ausgabensituation des Landes haben dürften.

bb) Auch das Argument, das Gesamtgefüge des Haushalts könne möglicherweise bei einem Erfolg des Volksinitiative gestört sein, überzeugt nicht. Schließlich gerät das Gesamtgefüge des Haushalts auch nicht aus dem Gleichgewicht, wenn gem. § 6 Haushaltsgesetz 2000/2001 iVm § 37 Abs. 1 Landeshaushaltsordnung über- und außerplanmäßige Ausgaben bis zu einer Größenordnung von jeweils 15 Mio. DM nur der Einwilligung des Ministeriums der Finanzen, nicht aber des Parlaments bedürfen. Nach den in der mündlichen Verhandlung unwidersprochen gebliebenen Angaben der Antragstellerin beliefen sich diese Ausgaben allein im Haushaltsjahr 2000 auf rund 135 Mio. DM. In Anbetracht dieser Beträge erscheint es weder sachgerecht noch verhältnismäßig, bei der Volksinitiative einen Maßstab anzulegen, der weit unter dem Spielraum liegt, den der Haushaltsgesetzgeber der Landesregierung zugebilligt hat.

cc) Nachdem die Mehrheit zu dem überraschenden Schluß kommt, die Volksinitiative würde im Falle ihres Erfolgs zu gewichtigen staatlichen Ausgaben führen, sich aber hinsichtlich der Frage, ob dadurch das Gesamtgefüge des Haushalts gestört wäre, nicht festlegt, wird aus den weiteren Umständen des Falles auf eine wesentliche Beeinträchtigung des Budgetrechts des Landtags geschlossen.

Letztlich baut die Mehrheit hiermit – anders als das Bundesverfassungsgericht – eine zusätzliche Hürde auf. Ausschlaggebend dafür soll sein, daß ein enger zeitlicher und sachlicher Zusammenhang zwischen der Volksinitiative und dem Haushaltsstrukturgesetz 2000 vom 28.6.2000 besteht. Dabei soll selbst unerheblich sein, daß mit der Sammlung der Unterschriften zur Unterstützung des Volksinitiative bereits vor der Verabschiedung des Haushaltsstrukturgesetzes, das den Rechtsanspruch auf Erziehung, Bildung, Betreuung und Versorgung in Kindertagesstätten gegenüber der bis dahin bestehenden Gesetzeslage einschränkte, begonnen wurde. Dieser Logik folgend würden unter den Vorbehalt des Art. 76 Abs. 2 LV auch Initiativen zu einem noch nicht existenten Landeshaushalt fallen, der zudem in einem weiten Sinne verstanden wird.

Mit dem Kriterium des zeitlichen Zusammenhangs grenzt die Mehrheit die Gegenstände der Volksinitiative unzumutbar ein. Im Zweifel umfaßt dieses Kriterium den Zeitraum der Gesetzesdebatte, der Annahme und Durchführung des Gesetzes, der parlamentarischen Diskussion von erforderlich werdenden Gesetzesänderungen, ihrer Annahme sowie Durchführung. Damit wäre dieser Gegenstand der Gesetzgebung der Volksinitiative auf Dauer entzogen.

dd) Bezogen auf die Volksinitiative zum Kindertagesstättengesetz folgt aus der Logik der Mehrheitsmeinung, wonach in der mit Haushaltsstrukturgesetz beschlossenen Änderung des Kindertagesstättengesetzes eine haushaltspolitische Grundentscheidung im Sinne des Art. 76 Abs. 2 LV zu sehen ist, daß jede künftige Volksinitiative, die auf dessen Änderung gerichtet ist, unzulässig wäre. Dieser Zusammenhang könnte dann – entgegen der Mehrheitsmeinung – auch nicht durch Zeitablauf oder eine veränderte Sach- oder Finanzlage des Landes aufgehoben werden, weil jedenfalls der enge sachliche Zusammenhang bei einer solchen haushaltspolitischen Grundentscheidung, solange diese in Kraft ist, fortgilt. Was eine geänderte Sachlage ist, die eine Volksinitiative zum selben Gegenstand erlaubt, bleibt in der Mehrheitsentscheidung unbestimmt.

Gegenstand einer künftigen Volksinitiative könnte nur noch das wesentlich schwächere Recht sein, dem Landtag den Gegenstand „Erziehung, Bildung, Betreuung und Versorgung in Kindertagesstätten" der politischen Willensbildung zu unterbreiten. Die plebiszitäre Gesetzgebungskompetenz ist damit von Anbeginn und auf Dauer verfassungswidrig entzogen.

ee) Das hier angewendete Kriterium für die Unzulässigkeit der Volksinitiative kann künftig bei jeder Volksinitiative wegen des engen sachlichen und zeitlichen Zusammenhangs mit einem laufenden finanzwirksamen Gesetzgebungsverfahren zur Anwendung kommen. Es läge in der Hand der Landesregierung und aller anderen Inhaber des Gesetzgebungsinitiativrechts, durch Einbringung eines eigenen Gesetzesentwurfs zum selben finanzwirksamen Gegenstand eine Volksinitiative unzulässig werden zu lassen.

Nr. 7*

Das Rechtsstaatsprinzip erfordert bei einer Beschlagnahme von äußerlich zusammengehörenden Schriftstücken nicht notwendig eine Kennzeichnung der einzelnen Schriftstücke in dem Sicherstellungsprotokoll; eine Kennzeichnung „1 Hülle mit versch. Schreiben (betr. Werk G.)" oder „1 Tüte mit div. Schriftstücken" kann genügen.*

Verfassung des Landes Brandenburg Art. 10 iVm Art. 2 Abs. 5

Strafprozeßordnung § 98 Abs. 2

Beschluß vom 15. November 2001 – VfGBbg 25/01 –

in dem Verfassungsbeschwerdeverfahren des Herrn T. gegen die Beschlagnahmeanordnung der Staatsanwaltschaft C. vom 20. Dezember 2000 – E 90/00 –, den Beschluß des Amtsgerichts C. vom 04. Januar 2001 – 70 Gs 1265/00 – und den Beschluß des Landgerichts C. vom 19. Juni 2001 – 26 Qs 191/01 –

Entscheidungsformel:

Die Verfassungsbeschwerde wird zurückgewiesen.

Nr. 8

Zu den verfassungsrechtlichen Voraussetzungen für die Anordnung einer DNA-Erfassung.*

Grundgesetz Art. 1; 2 Abs. 1

Verfassung des Landes Brandenburg Art. 7 Abs. 1; 10; 11 Abs. 1 und 2

Strafprozeßordnung § 81g Abs. 1

Beschluß vom 15. November 2001 – VfGBbg 49/01, 49/01 EA –

in dem Verfassungsbeschwerdeverfahren des Herrn S. gegen den Beschluß des Amtsgerichts Eberswalde vom 2. April 2001 – 1 Ls 256 Js 21155/00 DNA (44/00) – und

* Die Entscheidung ist im Volltext abgedruckt im Supplementband Brandenburg zu LVerfGE 12 (Suppl. Bbg. zu Bd. 11), S. 124 ff, hrsg. vom Verfassungsgericht des Landes Brandenburg (Adresse s. Anhang) und dort gegen Gebühr erhältlich.
** Nichtamtlicher Leitsatz

den Beschluß des Landgerichts Frankfurt (Oder)vom 11. September 2001 – 21 Qs 111/01 – betreffend die Anordnung der Entnahme von Körperzellen und ihrer molekulargenetischen Untersuchung zur Feststellung des DNA-Identifizierungsmusters

Entscheidungsformel:

Die Beschlüsse des Amtsgerichts E. vom 2. April 2001 – 1 Ls 256 Js 21155/00 DNA (44/00) – sowie des Landgerichts Frankfurt (Oder) vom 11. September 2001 – 21 Qs 111/01 – verletzen den Beschwerdeführer in seinem Recht aus Art. 11 Abs. 1 der Verfassung des Landes Brandenburg.

Die Beschlüsse werden aufgehoben. Die Sache wird zur erneuten Entscheidung an das Amtsgericht E. zurückverwiesen.

Das Land Brandenburg hat dem Beschwerdeführer die notwendigen Auslagen zu erstatten.

Gründe:

A.

Die Verfassungsbeschwerde betrifft die Anordnung der Entnahme von Körperzellen und ihrer molekulargenetischen Untersuchung zur Feststellung des DNA-Identifizierungsmusters.

I.

Der 1978 geborene Beschwerdeführer wird ausweislich der Anklageschrift der Staatsanwaltschaft F. vom 2. November 2000 beschuldigt, u. a. eine gemeinschaftliche gefährliche Körperverletzung begangen und eine weitere gemeinschaftliche Körperverletzung versucht zu haben. Ihm wird zur Last gelegt, im Anschluß an eine Demonstration am 3. 6. 2000 in E. an gewalttätigen Ausschreitungen einer Gruppe von ca. 50 bis 60 gewaltbereiten, der linksextremistischen Szene zugehörigen Personen beteiligt gewesen zu sein. Im Verlauf der Gewalthandlungen, bei denen auch Steine und Flaschen gegen Gebäude und wiederholt in Richtung der eingesetzten Polizeikräfte geworfen worden seien, habe der Beschwerdeführer einen Stein in die hintere Fensterscheibe des Jugendklubs geworfen. Im weiteren Verlauf der Ausschreitungen sei der zur Begleitung des Demonstrationszuges eingesetzte Polizeibeamte D. von einem unbekannt gebliebenen Mittäter durch einen gegen die eingesetzten Polizeikräfte gerichteten Steinwurf am rechten Oberschenkel verletzt worden und habe sich hierdurch ein Hämatom zugezogen. Der Beschwerdeführer habe die Verletzungen des Polizeibeamten, mögliche Körperverletzungen weiterer Personen sowie die Sachbeschädigungshandlungen anläßlich der Ausschreitungen billigend in Kauf genommen.

Durch Beschluß vom 2.4.2001 – 1 Ls 256 Js 21155/00 DNA (44/00) – hat das AG E. angeordnet, dem Beschwerdeführer Körperzellen zu entnehmen, um die molekulargenetische Untersuchung zur Feststellung des DNA-Identifizierungsmusters durchzuführen. Der Beschwerdeführer sei einer Straftat von erheblicher Bedeutung, nämlich eines Vergehens der gemeinschaftlichen gefährlichen Körperverletzung sowie der versuchten gemeinschaftlichen gefährlichen Körperverletzung und damit einer Katalogtat gem. § 81g Abs. 1 StPO dringend verdächtig. Es bedürfe daher der Anordnung nach § 81g (iVm § 81 f) StPO zum Zweck der Identitätsfeststellung in künftigen Strafverfahren. Es bestehe Grund zu der Annahme, daß gegen den Beschwerdeführer künftig erneut Strafverfahren wegen einer Straftat von erheblicher Bedeutung im Sinne des § 81g StPO zu führen seien. Dies ergebe sich insbesondere aus der Art und Ausführung der hier zugrunde liegenden Tat, hinsichtlich derer auf die Anklage der Staatsanwaltschaft F. vom 2.11.2000 verwiesen werde, aber auch aus der Persönlichkeit des Beschwerdeführers. Dieser sei der linksextremistischen Szene zugehörig und in der Vergangenheit bereits zumindest einmal einschlägig strafrechtlich in Erscheinung getreten. Am 5.3.1998 habe das AG E. ein Verfahren wegen gefährlicher Körperverletzung nach Erbringung von Arbeitsleistungen gem. § 47 Abs. 1 Nr. 3 JGG eingestellt. Die Gesamtumstände ergäben die Prognose, daß der Beschwerdeführer auch künftig gleichgelagerte Straftaten begehen werde.

Die Beschwerde gegen den Beschluß des AG hat das LG F. durch Beschluß vom 11.9.2001 – 21 Qs 111/01 – „aus den zutreffenden Gründen des angefochtenen Beschlusses", die auch durch das Beschwerdevorbringen nicht entkräftet würden, als unbegründet verworfen.

II.

Mit seiner am 22.10.2001 eingegangenen Verfassungsbeschwerde rügt der Beschwerdeführer eine Verletzung seines Grundrechts auf informationelle Selbstbestimmung aus Art. 10 und 7 Abs. 1 der Verfassung des Landes Brandenburg (LV) sowie einen Verstoß gegen das „allgemeine Willkürverbot". Die Anordnung einer molekulargenetischen Untersuchung gem. § 81g StPO könne sich nicht auf eine Prognose stützen, die einen Eingriff in das Recht auf informationelle Selbstbestimmung als zulässig erscheinen lasse. Der angefochtene Beschluß des AG E., den das LG F. unter Bezugnahme auf die „zutreffenden Gründe" bestätigt habe, erschöpfe sich in einer bloßen Aufzählung von Tatsachen und Tatsachenbehauptungen und beziehe sich dabei weitgehend auf Informationen aus dem abgeschlossenen Ermittlungsverfahren, ohne eine einzelfallbezogene Prüfung der Erheblichkeit vorzunehmen. Die Ausführungen zur Persönlichkeit des Beschwerdeführers könnten den Anforderungen an eine Negativprognose nicht standhalten. Die Einbeziehung des einschlägigen strafrechtlichen Vorverhaltens erfolge ohne jegliche Beachtung und Auswertung von Tatumständen. So seien weder Aussagen zur Bedeutung der Tat getroffen noch der Tatsache Rechnung getragen worden, daß der Beschwerdeführer zum Zeitpunkt des relevanten Verhaltens noch nicht 18 Jahre alt gewesen und nach Erbringung von Arbeitsleistungen von der Verfolgung abgesehen worden sei. Ebenso finde die Tatsache, daß der Beschwerdeführer seit 4 Jahren nicht mehr strafrechtlich relevant aufgefallen sei, keine Erwähnung in der Prognose. Die Feststellungen zur Mitgliedschaft in der linksextremistischen Szene zögen die Gerichte offenbar lediglich aus der Tatsache der Teilnahme des Beschwerdeführers an der Demonstration vom 3.6.2000 und dem hier in Rede stehenden Tatvorwurf. Auch die besonderen Umstände der Anlaßtat seien nicht berücksichtigt worden. Wie aus der Anklageschrift hervorgehe, seien die Straftaten unmittelbar im Anschluß an einen Gedenkmarsch für einen bei einer Auseinandersetzung mit einem rechtsextremistischen Jugendlichen zu Tode gekommenen linken Jugendlichen erfolgt. Der hinsichtlich des eingeräumten strafrechtlichen Verhaltens in bezug auf den Steinwurf beim Beschwerdeführer vorherrschenden Gemütsverfassung und Motivation, nämlich Wut und Trauer um einen verlorenen Freund, trügen die Entscheidungsgründe keine Rechnung.

III.

Das LG F., das AG E. und die Staatsanwaltschaft F. haben Gelegenheit zur Stellungnahme erhalten.

Das AG E. tritt den Ausführungen der Verfassungsbeschwerde bei. Die Begründung in dem Beschluß vom 2.4.2001 sei nicht ausreichend. Zwar liege eine Katalogtat nach §§ 81g StPO iVm § 2 DNA-Identitätsfeststellungsgesetz vor, wobei freilich berücksichtigt werden müsse, daß der Beschwerdeführer zum Tatzeitpunkt am 10.5.1996 erst 17 Jahre alt gewesen sei. Zu der weiterhin erforderliche Wiederholungsgefahr seien jedoch keine ausreichenden Feststellungen getroffen. Es fehle möglicherweise an ausreichenden Feststellungen über die Art und Ausführung der Tat. Zur Persönlichkeit des Täters fehle es an nachprüfbaren Erkenntnissen. Ein entwicklungspsychologisches Gutachten oder Berichte der Jugendgerichtshilfe lägen nicht vor.

Nach Ansicht der Staatsanwaltschaft F. sind Grundrechte des Beschwerdeführers nicht verletzt. Das AG habe eine auf den Einzelfall bezogene Entscheidung getroffen, die sich auf tragfähige Gründe stütze. Bei den inkriminierten Taten habe es sich nicht um spontane Handlungen, sondern nach dem Ergebnis der Ermittlungen um geplante, fast eine Stunde andauernde Angriffe gegen die öffentliche Sicherheit und Ordnung gehandelt, und der Angeklagte sei bereits zumindest einmal einschlägig strafrechtlich in Erscheinung getreten. Die Anlaßtat habe den Rechtsfrieden in E. empfindlich gestört und sei geeignet gewesen, das Gefühl der Rechtssicherheit der Bevölkerung erheblich zu beeinträchtigen. Unter diesen Umständen sei die Negativprognose ungeachtet dessen gerechtfertigt, daß der Beschwerdeführer seither nicht durch weitere Straftaten aufgefallen sei.

B.

Die Verfassungsbeschwerde hat Erfolg.

I.

Die Verfassungsbeschwerde ist zulässig.

1. Die Beschwerdebefugnis ist auch insoweit gegeben, als eine Verletzung des Grundrechts auf informationelle Selbstbestimmung in Frage steht. Ein dieses Grundrecht beeinträchtigendes Verhalten ist hinreichend dargelegt (vgl. Art. 6 Abs. 2 LV, §§ 45 Abs. 1, 46 Verfassungsgerichtsgesetz Brandenburg – VerfGGBbg –). Dabei ist unschädlich, daß der Beschwerdeführer nicht die spezielle Regelung des Art. 11 LV, sondern nur Art. 10 iVm Art. 7 Abs. 1 LV ausdrücklich genannt hat. Das in Art. 11 LV gewährleistete Landesgrundrecht auf informationelle Selbstbestimmung stimmt inhaltlich mit dem vom Bundesverfassungsgericht in Ermangelung einer speziellen Regelung im Grundgesetz aus Art. 2 Abs. 1 iVm Art. 1 Abs. 1 GG hergeleiteten Grundrecht überein.

2. Der Zulässigkeit der Verfassungsbeschwerde steht auch nicht entgegen, daß mit ihr die Verletzung von Landesgrundrechten im Rahmen eines bundesrechtlich – durch die StPO – geordneten Verfahrens gerügt wird. Die insoweit durch die Rechtsprechung des Bundesverfassungsgerichts (vgl. BVerfGE 96, 345, 372), der sich das erkennende Gericht angeschlossen hat (Beschl. v. 16.4.1998 – VfGBbg 1/98 –, LVerfGE 8, 82, 84 f), aufgestellten Voraussetzungen sind hier gegeben: Es geht nicht um materielles Bundesrecht, sondern um die Anwendung von (Bundes-)Verfahrensrecht. Eine Rechtsschutzalternative zu der Verfassungsbeschwerde besteht nicht. Die behauptete Beschwer des Beschwerdeführers beruht auf der Entscheidung eines Gerichts des Landes Brandenburg; ein Bundesgericht war nicht befaßt. Das der Sache nach als verletzt gerügte Landesgrundrecht auf informationelle Selbstbestimmung (Art. 11 LV) ist inhaltsgleich mit dem entsprechenden aus Art. 2 Abs. 1 iVm Art. 1 Abs. 1 GG abgeleiteten Grundrecht des Grundgesetzes. Seine Anwendung führt für den vorliegenden Fall zu demselben Ergebnis.

II.

Die Verfassungsbeschwerde ist begründet.

1. Die angegriffenen Entscheidungen verletzen den Beschwerdeführer in seinem durch Art. 11 LV geschützten Grundrecht auf informationelle Selbstbestimmung.

a) Nach Art. 11 Abs. 1 LV hat jeder das Recht, über die Preisgabe und Verwendung seiner persönlichen Daten selbst zu bestimmen, auf Auskunft über die Speicherung seiner persönlichen Daten und auf Einsicht in Akten und sonstige amtliche

Unterlagen, soweit sie ihn betreffen und Rechte Dritter nicht entgegenstehen. Daten dürfen nur mit freiwilliger und ausdrücklicher Zustimmung des Berechtigten erhoben, gespeichert, verarbeitet, weitergegeben oder sonst verwendet werden. Dementsprechend umfaßt das Grundrecht auf informationelle Selbstbestimmung die aus dem Gedanken der Selbstbestimmung folgende Befugnis des einzelnen, grundsätzlich selbst darüber zu entscheiden, wann und innerhalb welcher Grenzen er einen persönlichen Lebenssachverhalt offenbart und wie mit seinen personenbezogenen Daten verfahren wird (vgl. Verfassungsgericht des Landes Brandenburg, Urt. v. 30. 6. 1999 – VfGBbg 3/98 –, LVerfGE 10, 157, 161 f unter Bezugnahme auf BVerfGE 65, 1, 42 ff). Einschränkungen dieses Grundrechts sind nach Art. 11 Abs. 2 S. 1 LV nur im überwiegenden Allgemeininteresse durch Gesetz oder aufgrund eines Gesetzes im Rahmen der darin festgelegten Zwecke zulässig. Dabei ist – wie sich von selbst versteht – zugleich der Grundsatz der Verhältnismäßigkeit zu wahren.

Gem. § 81g Abs. 1 StPO dürfen dem Beschuldigten, der einer Straftat von erheblicher Bedeutung, insbesondere eines Verbrechens, eines Vergehens gegen die sexuelle Selbstbestimmung, einer gefährlichen Körperverletzung, eines Diebstahls in besonders schwerem Fall oder einer Erpressung verdächtig ist, Körperzellen entnommen und zur Feststellung des DNA-Identifizierungsmusters molekulargenetisch untersucht werden, wenn wegen der Art oder Ausführung der Tat, der Persönlichkeit des Beschuldigten oder sonstiger Erkenntnisse Grund zu der Annahme besteht, daß gegen ihn künftig erneut Strafverfahren wegen einer der vorgenannten Straftaten zu führen sind. Bei der Anwendung und Auslegung dieser bundesrechtlichen Regelung, die das Bundesverfassungsgericht für mit dem Grundgesetz vereinbar befunden hat (vgl. BVerfG, NJW 2001, 879 ff), haben die Gerichte die Bedeutung und Tragweite des Rechts auf informationelle Selbstbestimmung sorgfältig und sensibel in Rechnung zu stellen. Notwendig für die Anordnung der DNA-Identitätsfeststellung ist, daß der Beschuldigte einer Straftat von erheblicher Bedeutung verdächtig ist, wobei das Vorliegen einer der in § 81g Abs. 1 StPO als Regelbeispiele genannten Straftatbestände für sich allein nicht genügt und von einer einzelfallbezogenen Prüfung der Erheblichkeit der Straftat nicht entbinden kann. Gibt es Hinweise auf Umstände, die den Charakter der konkret angeklagten Straftat als „Straftat von erheblicher Bedeutung" in Frage stellen, muß sich die Entscheidung damit im Einzelnen auseinandersetzen (BVerfG, NJW 2001, 2320, 2321). Darüber hinaus muß wegen der Art und der Ausführung der Tat, der Persönlichkeit des Beschuldigten oder sonstiger Erkenntnisse Grund zu der Annahme bestehen, daß gegen ihn künftig erneut Strafverfahren wegen Straftaten von erheblicher Bedeutung zu führen sind. Die damit zu treffende Prognoseentscheidung setzt von Verfassungs wegen eine hierauf bezogene zureichende Sachaufklärung, insbesondere durch Beiziehung der verfügbaren Straf- und Vollstreckungsakten, des Bewährungshefts und zeitnaher Auskünfte aus dem Bundeszentralregister, voraus (BVerfG, NJW 2001, 879, 881, sowie NJW 2001, 2320, 2321). Diese durch das Bundesverfassungsgericht aus dem hohen Stellenwert des Grundrechts auf informationelle Selbstbestimmungsrecht für die Auslegung des § 81 g Abs. 1 StPO hergeleiteten Vorgaben gelten gleichermaßen für Art. 11 LV.

b) Die hier zugrundeliegende Anordnung der Entnahme von Körperzellen und ihrer molekulargenetischen Untersuchung zur Feststellung des DNA-Identifizierungsmusters wird diesen verfassungsrechtlichen Anforderungen nicht gerecht.

Schon die Qualifizierung der Anlaßtat als Straftat von erheblicher Bedeutung durch das AG erscheint nach Lage des Falles allzu schematisch. Die Entscheidungsgründe enthalten keine Ausführungen zu der Frage, ob sich möglicherweise Veranlassung zu einer von der Regel abweichenden Beurteilung ergibt. Daß dem Beschwerdeführer in der Anklageschrift vom 2. 11. 2000 nicht zur Last gelegt wird, eigenhändig Steine in Richtung der Polizeibeamten geworfen zu haben, hätte eine genauere Auseinandersetzung mit Art und Maß der dem Beschwerdeführer vorgeworfenen objektiven Tatbeteiligung nahegelegt. Auch hätte die Begründung nach Lage des Falles näher auf den sich nach dem bisherigem Ermittlungsstand abzeichnenden Grad der persönlichen Schuld des Beschwerdeführers eingehen müssen. Dabei hätte es nahegelegen, neben dem – sich auch aus der in Bezug genommenen Anklageschrift nicht im einzelnen ergebenden – konkreten Demonstrationsverlauf vor Beginn der gewalttätigen Auseinandersetzungen auch die Ereignisse in den Blick zu nehmen, die Auslöser für die Demonstration waren. Da sich die Demonstrationsteilnehmer ausweislich der Anklageschrift zum Gedenken an ein ihnen nahestehendes Opfer rechtsextremistischer Gewalt versammelt hatten, scheint es jedenfalls denkbar, daß sich der Beschwerdeführer zum Tatzeitpunkt in einer von Wut und Trauer geprägten psychischen Ausnahmesituation befunden hat, seine Beteiligung an der gewalttätigen Demonstration daher nicht Ausdruck einer die körperliche Unversehrtheit anderer mißachtenden Grundeinstellung ist und von daher Rückschlüsse auf die Begehung weiterer einschlägiger Straftaten nicht uneingeschränkt zuläßt. Zu diesen Anhaltspunkten für eine von der Regelwirkung des § 81g Abs. 1 StPO abweichende Beurteilung verhalten sich die angegriffenen Beschlüsse ebensowenig wie zu den Gesichtspunkten, die die Staatsanwaltschaft aus ihrer Sicht in ihrer Stellungnahme zu der hier zugrundeliegenden Verfassungsbeschwerde geltend macht. Dies läßt darauf schließen, daß AG und LG unter Verkennung der verfassungsrechtlichen Anforderungen davon ausgegangen sind, daß das Vorliegen eines Regelbeispiels iSv § 81g Abs. 1 StPO von einer Prüfung der Erheblichkeit der Straftat entbindet.

Auch zur Frage der sog. Negativprognose („Grund zu der Annahme" künftiger Strafverfahren wegen einschlägiger Straftaten) erscheinen hier die von Verfassungs wegen an eine Gefahrenprognose zu stellenden Anforderungen nicht hinreichend beachtet. Die Begründung des Beschlusses des AG, auf die das LG lediglich Bezug nimmt, läßt nicht ausreichend erkennen, daß wegen der Art und der Ausführung der Tat, der Persönlichkeit des Beschuldigten oder sonstiger Erkenntnisse Grund zu der Annahme besteht, daß gegen ihn künftig erneut Strafverfahren wegen Straftaten von erheblicher Bedeutung zu führen sind. Diesbezüglich fehlt es bereits an einer zureichenden Sachaufklärung. Das AG hat ausschließlich auf die Anklageschrift vom 2.12.2000 Bezug genommen und sich zu den Hintergründen des früheren Strafverfahrens wegen gefährlicher Körperverletzung, das das AG E. nach Erbringung von Arbeitsleistungen gem. § 47 Abs. 1 Nr. 3 JGG eingestellt hat, keinen eigenen Eindruck – etwa durch Beiziehung der verfügbaren Strafakten – verschafft. Hierzu aber hätte angesichts des offenbar eher geringen – nämlich den Verzicht auf ein Urteil rechtfertigenden – Schuldgehalts der vorangegangenen Straftat Veranlassung bestanden. Auch die pauschale Einschätzung des Beschwerdeführers als „der linksextremistischen Szene zugehörig" folgt lediglich der entsprechenden Feststellung in der Anklageschrift und läßt nicht erkennen, worauf diese Erkenntnis des Gerichts beruht. Der Beschwerdeführer selbst hatte in dem der Außervollzugsetzung des Haftbefehls vorangegangenen Haftprüfungstermin vom 15.6.2000 angegeben, seit ca. zwei bis zweieinhalb Jahren keine politische Meinung mehr zu haben und zu der verfahrensgegenständlichen Demonstration mit zwei Freunden „eigentlich einfach mitgelaufen" zu sein. Irgendwelche Auskünfte hat das AG in dieser Hinsicht nicht eingeholt. Selbst eine Auskunft aus dem Bundeszentralregister hat das AG ausweislich der Verfahrensakten erst angefordert, als der angegriffene Beschluß bereits unterschrieben war.

Weiter sind auch die bereits in den Verfahrensakten vorhandenen Erkenntnisse nicht in ausreichender Weise in die Gesamtwürdigung einbezogen worden. Eine nähere Würdigung der Persönlichkeit des Beschwerdeführers unter Berücksichtigung auch entlastender Gesichtspunkte wird in der Begründung des Amtsgerichts nicht vorgenommen. Zu den beruflichen und privaten Lebensumständen und Bindungen enthält der Beschluß keine Ausführungen. Auch der Umstand, daß die letzte einschlägige Straftat des Beschwerdeführers längere Zeit zurückliegt und sich der Beschwerdeführer zu dieser Zeit noch im Heranwachsendenalter befand, findet in der Begründung keine Berücksichtigung, obwohl dies der Annahme einer durch Straftaten iSd § 81g Abs. 1 StPO geprägten „kriminellen Karriere" eher entgegenstehen könnte.

Der die Beschwerde verwerfende Beschluß des LG F. vom 11.9.2001 verweist lediglich auf die Gründe des Beschlusses des AG und unterliegt damit den nämlichen verfassungsrechtlichen Beanstandungen. Auf die zur Begründung der Beschwerde mit Schreiben des Verteidigers des Beschwerdeführers vom 18.7.2001 vorgetragenen Gesichtspunkte ist das LG nicht näher eingegangen. Ebensowenig hat der Umstand Berücksichtigung gefunden, daß der Haftbefehl zwischenzeitlich durch Beschluß des AG E. vom 16.8.2001 aufgehoben worden war.

2. Da die Verfassungsbeschwerde schon wegen der Verletzung des durch Art. 11 LV geschützten Grundrechts auf informationelle Selbstbestimmung begründet ist, bedarf die Frage, ob die angegriffenen Entscheidungen auch gegen Verfahrensgrundrechte verstoßen, keiner Entscheidung.

III.

Die angegriffenen Beschlüsse sind nach § 50 Abs. 3 VerfGGBbg aufzuheben. Die Sache wird an das AG E. zur erneuten Entscheidung zurückverwiesen, die zugleich Gelegenheit gibt, auch die von der Staatsanwaltschaft in dem vorliegenden Verfahren geltend gemachten Gesichtspunkte mit zu prüfen.

IV.

Die Entscheidung über die Erstattung der Auslagen beruht auf § 32 Abs. 7 VerfGGBbg.

V.

Das Verfahren über den Antrag auf Erlaß einer einstweiligen Anordnung war gem. § 13 Abs. 1 VerfGGBbg iVm § 92 Abs. 3 S. 1 VwGO einzustellen, nachdem der Beschwerdeführer den Antrag mit Schreiben vom 1. 11. 2001 zurückgenommen hat.

Nr. 9*

Verletzung des Anspruchs auf rechtliches Gehör im Falle einer verwaltungsgerichtlichen Kostenentscheidung ohne vorherige Gelegenheit zur Stellungnahme für den nach § 65 Abs. 2 VwGO notwendig Beigeladenen.**

Verfassung des Landes Brandenburg Art. 52 Abs. 3

Verwaltungsgerichtsordnung § 65 Abs. 2; § 162 Abs. 3

Beschluß vom 20. Dezember 2001 – VfGBbg 28/01 –

in dem Verfassungsbeschwerdeverfahren des L-Stiftes gegen den Beschluß des Verwaltungsgerichts P. vom 9. Juli 2001 – 3 K 1992/98 –

Entscheidungsformel:

1. Der Beschluß des VG P. vom 9. 7. 2001 – 3 K 1992/98 – verletzt das Recht auf rechtliches Gehör (Art. 52 Abs. 3 Verfassung des Landes Brandenburg) und wird aufgehoben. Die Sache wird zur erneuten Entscheidung an das VG P. zurückverwiesen.

* Die Entscheidung ist im Volltext abgedruckt im Supplementband Brandenburg zu LVerfGE 12 (Suppl. Bbg. zu Bd. 12), S. 146 ff, hrsg. vom Verfassungsgericht des Landes Brandenburg (Adresse s. Anhang) und dort gegen Gebühr erhältlich.
** Nichtamtlicher Leitsatz

2. Das Land Brandenburg hat dem Beschwerdeführer die in dem Verfassungs-beschwerdeverfahren entstandenen notwendigen Auslagen zu erstatten.

Nr. 10*

Zur Frage einer Verletzung der Eigentumsgarantie bei Abweisung einer Klage auf Entschädigung wegen Beeinträchtigung des Fischerei- bzw. Fischerei-pachtrechts durch eine Bootssteganlage eines Sportvereins.**

Grundgesetz Art. 3 Abs. 1; 14 Abs. 1

Verfassung des Landes Brandenburg Art. 5 Abs. 3; 12 Abs. 1 S. 1; 41 Abs. 1;
42 Abs. 1, 43 Abs. 1 und 2; 49 Abs. 1

Bürgerliches Gesetzbuch § 823 Abs. 1

Brandenburgisches Fischereigesetz §§ 11; 27 Abs. 2; 34; 35; 44 Abs. 4

Binnenfischereiordnung der DDR § 10

Beschluß vom 20. Dezember 2001 – VfGBbg 32/01 –

in dem Verfassungsbeschwerdeverfahren der Fischereischutzgenossenschaft X. e.G., vertreten durch den Vorsitzenden und den stellvertretenden Vorsitzenden gegen die Urteile des Landgerichts P. vom 26. Januar 1998 – 32 O 533/97 – und des Branden-burgischen Oberlandesgerichts vom 19. Juli 2001 – 5 U 81/98 –

Entscheidungsformel:

Die Verfassungsbeschwerde wird zurückgewiesen.

---

* Die Entscheidung ist im Volltext abgedruckt im Supplementband Brandenburg zu LVerfGE 12 (Suppl. Bbg. zu Bd. 12), S. 158 ff, hrsg. vom Verfassungsgericht des Landes Brandenburg (Adresse s. Anhang) und dort gegen Gebühr erhältlich.
** Nichtamtlicher Leitsatz

Nr. 11*

Keine Verletzung des Willkürverbots durch Nicht-Zubilligung einer zusätzlichen Wartefrist bei Vollstreckung aus einem Kostenfestsetzungsbeschluß gegen einen Zweckverband.**

Grundgesetz Art. 3 Abs. 1

Verfassung des Landes Brandenburg Art. 5 Abs. 3; 12 Abs. 1; 52 Abs. 3

Verwaltungsgerichtsordnung §§ 161 Abs. 2, 170 Abs. 2

Beschluß vom 20. Dezember 2001 – VfGBbg 51/01 –

in dem Verfassungsbeschwerdeverfahren des Zweckverbandes X gegen den Beschluß des Verwaltungsgerichts vom 17. August 2001 – 5 M 5/01 –

Entscheidungsformel:

Die Verfassungsbeschwerde wird zurückgewiesen.

Nr. 12*

Unzulässigkeit der Verfassungsbeschwerde gegen Zurückweisung eines Ablehnungsgesuchs in einer vermögensrechtlichen Streitigkeit bei Rügbarkeit im Revisionsverfahren.**

Verfassung des Landes Brandenburg Art. 6 Abs. 2 S. 1

Verfassungsgerichtsgesetz Brandenburg §§ 45 Abs. 1, Abs. 2 S. 1; 46

Verwaltungsgerichtsordnung §§ 49 Nr. 2; 132; 135; 138 Nr. 1; 146 Abs. 2

Vermögensgesetz § 37 Abs. 2 S. 1

Gerichtsverfassungsgesetz § 17a Abs. 2 S. 1

* Die Entscheidung ist im Volltext abgedruckt im Supplementband Brandenburg zu LVerfGE 12 (Suppl. Bbg. zu Bd. 12), S. 172 ff (Nr. 11) bzw. S. 181 (Nr. 12), hrsg. vom Verfassungsgericht des Landes Brandenburg (Adresse s. Anhang) und dort gegen Gebühr erhältlich.
** Nichtamtlicher Leitsatz

Beschluß vom 20. Dezember 2001 – VfGBbg 61/01 –

in dem Verfassungsbeschwerdeverfahren des Herrn S. gegen den Beschluß des Verwaltungsgerichts P. vom 21. November 2001 – 1 K 585/97 –

Entscheidungsformel:

Die Verfassungsbeschwerde wird verworfen.

Entscheidungen
des Hamburgischen Verfassungsgerichts

Die amtierenden Richterinnen und Richter des Hamburgischen Verfassungsgerichts

Wilhelm Rapp, Präsident
Dr. Hans-Jürgen Grambow
Dr. Jürgen Gündisch
Helmut Raloff
Dr. Inga Schmidt-Syaßen
Klaus Seifert
Ingrid Teichmüller
Dr. Jürgen Westphal
Hannelore Wirth-Vonbrunn

Nr. 1

1. a. Dem Art. 6 Abs. 2 HV ist der ungeschriebene Landesverfassungssatz zu entnehmen, daß über den Anwendungsbereich dieser Vorschrift hinaus der Grundsatz der unmittelbaren Wahl sowie das Prinzip der Personenwahl für sonstige demokratische Wahlen politischer Art, für die das Land Hamburg die Regelungskompetenz hat, gelten (so schon für die Grundsätze der Allgemeinheit und Gleichheit des aktiven und passiven Wahlrechts, Urt. des HVerfG v. 3. 4. 1998, LVerfGE 8, 227, 238).

b. Dieser ungeschriebene Landesverfassungssatz ist auch auf die Wahl zu den Bezirksversammlungen anwendbar.

2. Die Regelung des § 39 Abs. 1 S. 2 BezWG verstößt weder gegen den Grundsatz der unmittelbaren Wahl noch gegen das Prinzip der Personenwahl, soweit bei dem Verlust der Mandatsanwartschaft für das Ausscheiden aus der Partei auf die freiwillige Beendigung der Mitgliedschaft abgestellt wird.

Hamburgische Verfassung Art. 6 Abs. 2

Gesetz über die Wahl zu den Bezirksversammlungen § 39 Abs. 1 S. 2

Urteil des Hamburgischen Verfassungsgerichts vom 2. Juli 2001 – HVerfG 3/00 –

Entscheidungsformel:

Die Beschwerde gegen den Beschluß der Bürgerschaft vom 15. November 2000 wird zurückgewiesen.

Tatbestand:

Der Beschwerdeführer wendet sich gegen den Beschluß der Bürgerschaft vom 15. November 2000, mit dem sein Einspruch gegen die Entscheidung des Bezirkswahlleiters des Bezirksamts Hamburg-Nord, die den Ersatz eines ausgeschiedenen Bezirksabgeordneten betraf, zurückgewiesen worden ist.

Bei der Wahl vom 21. September 1997 war der Beschwerdeführer als auf Platz 12 kandidierender Bewerber des Bezirkswahlvorschlags der Partei „BÜNDNIS 90/DIE GRÜNEN, Landesverband Hamburg, Grün-Alternative-Liste (GRÜNE/GAL)" – Amtl. Anz. 1997, 2737, 2749 – zur Bezirksversammlung Hamburg-Nord benannt worden. Nach dem Stimmenanteil der Partei BÜNDNIS 90/DIE GRÜNEN bei der Bezirksversammlungswahl wurden 10 Bewerber als gewählte Bezirksabgeordnete ermittelt – Amtl. Anz. 1997, 2737, 2749 –. Mit Schreiben vom 30. 5. 1999 erklärte der Beschwerdeführer gegenüber dem Kreisvorstand seinen Austritt aus der Partei BÜNDNIS 90/DIE GRÜNEN. Die Bewerberin auf Platz 13 des Bezirkswahlvorschlags der Partei BÜNDNIS 90/DIE GRÜNEN zur Bezirksversammlung Hamburg-Nord war bereits mit Schreiben vom 19. 5. 1999 an den Kreisvorstand aus dieser Partei ausgetreten. Der Bezirksabgeordnete der Partei BÜNDNIS 90/DIE GRÜNEN, B., legte mit Schreiben vom 20. 3. 2000 sein Mandat zum 16. 4. 2000 nieder. Schon vor diesem Zeitpunkt war die auf Platz 11 des Bezirkswahlvorschlags der Partei BÜNDNIS 90/DIE GRÜNEN kandidierende Bewerberin W. aufgrund der Entscheidung des Bezirkswahlleiters vom 4. 1. 2000 in die Bezirksversammlung nachgerückt. Nach der Mandatsniederlegung durch Herrn B. erklärte der Bezirkswahlleiter nunmehr den auf Platz 14 des Bezirkswahlvorschlags der Partei BÜNDNIS 90/DIE GRÜNEN genannten Bewerber K. unter dem 26. 4. 2000 für gewählt. Dieser nahm die Wahl mit Erklärung vom 27. 4. 2000, eingegangen beim Bezirksamt Hamburg-Nord am 2. 5. 2000, an. Der Mandatswechsel wurde im Amtlichen Anzeiger vom 19. 5. 2000 (S. 1650) bekannt gemacht.

Der Bezirkswahlleiter des Bezirksamtes Hamburg-Nord teilte dem Beschwerdeführer mit Schreiben vom 27. 4. 2000 mit, daß er als auf Platz 12 des Bezirkswahlvorschlags der Partei BÜNDNIS 90/DIE GRÜNEN kandidierender Bewerber bei der Wiederbesetzung nicht berücksichtigt werden könne. Er habe geprüft, ob der Beschwerdeführer als nachzuberufender Bewerber seit dem Zeitpunkt der Aufstellung des Wahlvorschlags aus der Partei, die ihn aufgestellt habe, ausgeschieden sei, wie die Vorschrift des § 39 Abs. 1 S. 2 des Gesetzes über die Wahl zu den Bezirksversammlungen iFv 22. 7. 1986 (GVBl. S. 230, m. sp. Änd.) – BezWG – dies verlange. Diese Prüfung habe ergeben, daß der Beschwerdeführer nicht mehr Mitglied der Partei BÜNDNIS 90/DIE GRÜNEN sei. Danach könne er bei der Wiederbesetzung nicht berücksichtigt werden.

Mit einem bei der Bürgerschaft am 12. 5. 2000 eingegangenen Schreiben legte der Beschwerdeführer Einspruch „gegen die Entscheidung des Bezirkswahlleiters des Bezirksamtes Hamburg-Nord über die Wiederbesetzung des durch Mandatsniederlegung des bisherigen Abgeordneten B. freigewordenen Mandats" ein. Zur Begründung führte er im wesentlichen aus:

Er sei nicht mehr Mitglied der GAL, sondern seit dem 6. 11. 1999 Angehöriger der am gleichen Tage vereinsrechtlich gegründeten Wählervereinigung „Regenbogen – für eine neue Linke –", die in den Bezirken Hamburg-Nord und Wandsbek unter seiner Mitwirkung gegründet worden sei. Der Zweck der Vereinigung sei darauf gerichtet, durch Teilnahme mit eigenen Wahlvorschlägen an Wahlen zu den entsprechenden Bezirksversammlungen an der politischen Willensbildung mitzuwirken. Bei der Gründung der Vereinigung habe zugrunde gelegen, daß innerhalb der Partei BÜNDNIS 90/DIE GRÜNEN eine Auseinandersetzung insbesondere über die friedenspolitische Ausrichtung der Partei stattgefunden habe. Die Partei habe die pazifistische programmatische Basis verlassen. Darüber hinaus sei auch die Wirtschafts-, Finanz- und Sozialpolitik als unvereinbar mit dem bisherigen Parteiprogramm anzusehen. Die Austrittsentscheidung im Anschluß an den Parteitag der Partei BÜNDNIS 90/DIE GRÜNEN vom 13. 5. 1999 sei von vornherein mit der Erklärung verbunden gewesen, weiterhin am politischen Willensbildungsprozeß, allerdings auf einer neuen organisatorischen Basis, teilzunehmen, was durch die Gründung der Wählervereinigung „Regenbogen – für eine neue Linke" geschehen sei. Unter Berücksichtigung dieser tatsächlichen Vorgaben sei die Entscheidung des Bezirkswahlleiters, einen anderen Listenbewerber als ihn als Ersatz für den ausgeschiedenen Bezirksabgeordneten zu berücksichtigen, rechtswidrig.

Die Vorschrift des § 39 Abs. 1 S. 2 BezWG, auf die der Bezirkswahlleiter seine Entscheidung gestützt habe, sei als verfassungswidrig anzusehen. Für den insoweit gleichlautenden § 48 Abs. 1 S. 2 Bundeswahlgesetz (BWG) würde dies von einem beachtlichen Teil der rechtswissenschaftlichen Literatur vertreten. Der anderslautenden Entscheidung des Bundesverfassungsgerichts vom 3. 7. 1957 (BVerfGE 7, 63ff) sei insbesondere entgegenzuhalten, daß die Frage der Mitgliedschaft in einer Partei von vornherein nicht Voraussetzung sei, um als Kandidat in eine Liste aufgenommen zu werden. Weiterhin verstoße die Vorschrift gegen den Grundsatz der Unmittelbarkeit der Wahl.

Letztlich komme es auf die Frage der Verfassungsmäßigkeit der Norm aber nicht an, da die Vorschrift jedenfalls verfassungskonform dahingehend auszulegen sei, daß sie den Fall einer Parteispaltung nicht erfasse. Dieser Fall sei mit dem eigentlichen Anwendungsbereich des § 39 BezWG nicht vergleichbar. Insoweit sei auf die Literatur zu dem entsprechenden § 48 BWG verwiesen. Nach dem zugrundeliegenden Sachverhalt sei ohne weiteres von einer Parteispaltung auszugehen. Diese sei dadurch gekennzeichnet, daß sich der Parteibestand sowohl in personeller als auch in programmatischer Hinsicht wesentlich verändere. Über bestehende Fraktionsgemeinschaften wirke die neue Gruppierung an der parlamentarischen Arbeit und der politischen Willensbildung zur Umsetzung der ursprünglichen programmatischen Ausrichtung der GAL mit. Ein wesentlicher Teil des ehemaligen Mitgliederbestandes der GAL habe die Partei verlassen und in der unmittelbaren Folgezeit die neue Gruppierung konstituiert. Dieser für die Funktionsfähigkeit einer Demokratie wichtige Prozeß der Flurbereinigung würde durch die Regelungen der § 39 BezWG, § 48 BWG unvertretbar behindert. Der Gedanke des Vertrauensbruchs gegenüber dem Wähler könne in derartigen Fällen keine Rolle spielen. Im übrigen sei es letztlich für die zuständige Wahlprüfungsinstanz nicht zu entscheiden, welcher Teil der Partei das zur Wahl gestellte Gedankengut der ursprünglich zur Wahl angetretenen Partei weiter vertrete. Der jeweilige Name der verbleibenden und der neuen Partei habe allein formellen Charakter und sei nicht geeignet, eine Abgrenzung vornehmen zu können. Für die Frage, ob eine Abspaltung vorliege, könne es nicht darauf ankommen, inwieweit eine neue Gruppierung bereits als Partei iSd Art. 21 GG anzusehen sei. Für die neue Vereinigung sei eine klare politische Zielsetzung vorhanden, die versucht werde, in der politischen Willensbildung umzusetzen. Die Teilnahme an künftigen Wahlen sei in der Satzung der Wählervereinigung ausdrücklich vorgesehen und beabsichtigt.

Im Rahmen des Einspruchsverfahrens vor der Bürgerschaft hat die Behörde für Inneres als für das Wahlrecht zuständige Behörde für den Senat eine Stellungnahme abgegeben. Sie hat im wesentlichen ausgeführt: Die Regelung des § 39 Abs. 1 S. 2 BezWG sei verfassungsgemäß. Das Bundesverfassungsgericht (BVerfGE 7, 63 ff) habe deutlich gemacht, daß es zumindest bei einem Wahlsystem mit starren Listen zulässig sei, die Nachfolge für ausgeschiedene Abgeordnete von der fortwährenden Parteizugehörigkeit abhängig zu machen. Der Wahl zu den Bezirksversammlungen liege ein derartiges Wahlsystem zugrunde, so daß es sich insoweit um einen von der genannten Entscheidung erfaßten Fall handele. Im übrigen habe weder der Bezirkswahlleiter noch die Bürgerschaft als Wahlprüfungsinstanz die Kompetenz, die Regelung des § 39 Abs. 1 S. 2 BezWG durch Nichtanwendung außer Kraft zu setzen.

Die Regelung des § 39 Abs. 1 S. 2 BezWG sei auf den vorliegenden Fall auch anwendbar. Zum einen gelte § 39 Abs. 1 S. 2 BezWG auch bei Parteispaltungen. Zum anderen stelle die vorliegende Konstellation jedenfalls keine Parteispaltung dar. Soweit gegen die vergleichbare bundesrechtliche Vorschrift des § 48 Abs. 1 S. 2 BWG vorgebracht werde, sie sei bei Parteispaltungen nicht anwendbar, so überzeugten die hierfür ins Feld geführten Argumente nicht. Insbesondere forderten die gegen § 48 Abs. 1 S. 2 BWG vorgebrachten beweistechnischen Schwierigkeiten nicht, diese Vorschrift auf Fälle der Parteispaltung nicht anzuwenden. Schwierigkeiten könnten sich allenfalls dann ergeben, wenn die Auseinandersetzungen zwischen den Parteiteilen zeigten, daß alle Beteiligten die Partei in ihrer bisherigen Form nicht fortführen wollten. Im übrigen sei es im vorliegenden Fall durch die Austritte auch nicht zu einer Parteispaltung gekommen. Diese wäre nur dann anzunehmen, wenn die bisherige Partei ausdrücklich oder faktisch aufgelöst werde und in mehrere Teile zerfiele, ohne daß eine Zuordnung dieser Teile zur ursprünglichen (d. h. den Wahlvorschlag erstellenden) Partei möglich sei. Eine Auflösung der GAL habe aber nicht stattgefunden. Es bestünden nämlich keinerlei Zweifel am Fortbestehen der GAL trotz des Austritts einiger Mitglieder. Die für eine Parteispaltung jedenfalls zugrunde zu legende Voraussetzung, daß sich der Parteibestand in personeller und ideologischer Hinsicht durch Austritte wesentlich verändert habe, liege nicht vor. Wegen weiterer Einzelheiten wird auf die Stellungnahme der Behörde für Inneres vom 9. 6. 2000 verwiesen.

Der Verfassungsausschuß hat am 14. 9. 2000 die Herren Prof. Dr. Helmut Rittstieg und Rechtsanwalt Michael Günther als Auskunftspersonen zur Frage der Verfassungsmäßigkeit des § 39 Abs. 1 S. 2 BezWG, zur Anwendung des § 39 Abs. 1 S. 2 BezWG auf den Fall einer Parteispaltung und zur Frage, ob mit der Gründung der

Wählervereinigung „Regenbogen – für eine neue Linke" und den vorangegangenen Austritten eine Parteispaltung vorliege, angehört. Wegen des Fragenkatalogs und des Ergebnisses der Anhörung vom 14.9.2000 wird auf die Bürgerschafts-Drs. 16/4827 mit den Anlagen 1 und 2 verwiesen.

Schon unter dem 10.5.2000 hatte der Beschwerdeführer beim Hamburgischen Verfassungsgericht beantragt, der Beschwerdegegnerin im Wege der einstweiligen Anordnung aufzugeben, den in der Bezirksversammlung des Bezirksamts Hamburg-Nord durch die Mandatsniederlegung des Bezirksabgeordneten B. freigewordenen Sitz vorläufig nicht durch einen Nachrücker zu besetzen. Diesen Antrag hat das Hamburgische Verfassungsgericht mit Beschluß vom 5.7.2000 als unzulässig zurückgewiesen.

Den Einspruch des Beschwerdeführers gegen die Entscheidung des Bezirkswahlleiters hat die Bürgerschaft in ihrer Sitzung am 15.11.2000 zurückgewiesen. Auf das Plenarprotokoll Nr. 16/84 von diesem Tag wird verwiesen. Diese Entscheidung ist dem Beschwerdeführer mit Schreiben der Beschwerdegegnerin vom 22.11.2000 mit Rechtsmittelbelehrung mitgeteilt worden. Eine Begründung enthielt dieses Schreiben nicht. Dem Schreiben war der die Entscheidung betreffende Bericht des Verfassungsausschusses an die Bürgerschaft beigefügt.

Gegen die am 23.11.2000 zugestellte Entscheidung hat der Beschwerdeführer am 22.12.2000 Beschwerde erhoben. Zur Begründung vertieft er im wesentlichen sein bisheriges Vorbringen und trägt ergänzend vor: Nach der neueren Rechtsprechung des Bundesverfassungsgerichts (BVerfGE 97, 317) sei davon auszugehen, daß § 39 Abs. 1 S. 2 BezWG nicht verfassungsgemäß sei, da der Gesetzgeber mit dieser Regelung in die Reihenfolge der nachrückenden Listenbewerber eingreife. Der Grundsatz der Unmittelbarkeit sei aber verletzt, wenn der Zusammenhang zwischen der Wahlentscheidung und dem nachrückenden Listenbewerber nicht mehr bestehe. Der Zweck der Wählervereinigung „Regenbogen – für eine neue Linke", durch Teilnahme an Wahlen an der politischen Willensbildung mitzuwirken, sei zwischenzeitlich dadurch verwirklicht worden, daß die erforderlichen Beschlüsse und die Anmeldung für die im September 2001 stattfindenden Wahlen zur Bürgerschaft und den Bezirksversammlungen erfolgt seien. Für die Frage, ob eine Abspaltung vorliege, könne es nicht darauf ankommen, inwieweit eine neue Gruppierung bereits als Partei iSd Art. 21 GG anzusehen sei. Die neue Vereinigung habe eine klare politische Zielsetzung, die durch bestehende Fraktionen vertreten werde. Die Teilnahme an künftigen Wahlen sei ausdrücklich vorgesehen und beabsichtigt. Anders als in der Stellungnahme der Innenbehörde dargestellt, sei die Überprüfung der Frage, ob eine Parteispaltung vorliege, dem Wahlleiter ohne weiteres möglich. Es ließen sich hierfür objektive Gesichtspunkte feststellen, wie etwa die Bildung einer neuen Fraktion durch einen größeren Kreis ausgeschiedener Abgeordneter und die Gründung einer neuen politischen Gruppierung mit einem bestimmten politischen Programm. Im übrigen sei dieses rein funktionale Argument ohnehin nicht geeignet, verfassungsrechtliche Grundsätze außer Kraft zu setzen, die mindestens zu einer engen Auslegung der Norm zwängen.

Der Beschwerdeführer beantragt,

die Entscheidung des Bezirkswahlleiters vom 26. April 2000, durch die Herr K. Mitglied der Bezirksversammlung des Bezirksamtes Hamburg-Nord geworden ist, und die Entscheidung der Bürgerschaft vom 15. November 2000 aufzuheben.

Die Beschwerdegegnerin beantragt,

die Beschwerde zurückzuweisen.

Sie führt zur Begründung aus: Das Bundesverfassungsgericht (BVerfGE 7, 63, 71) habe gegen die Verfassungsmäßigkeit des gleichlautenden § 48 Abs. 1 S. 2 BWG keine Bedenken gesehen. Diese Bestimmung verstoße nicht gegen den Grundsatz der unmittelbaren Wahl, da kein fremder Wille zwischen die Wahl und die Berufung zum Abgeordneten trete. Vielmehr beruhe die Nichtberücksichtigung auf dem eigenen Willen des Bewerbers. Sowohl für den Wähler als auch für den Bewerber seien die Wirkungen des § 39 Abs. 1 S. 2 BezWG erkennbar. Die Einschränkung widerspreche auch nicht dem Grundsatz des freien Mandats, da die als Ersatzleute gewählten Listenbewerber ihre Unabhängigkeit erst mit dem Status eines Abgeordneten erlangten. Die Einschränkung der Nachfolge von Listenkandidaten im Hinblick auf die weiterbestehende Parteizugehörigkeit sei weder willkürlich noch sachfremd. Es sei jedenfalls nicht sachfremd, die Kontinuität der Parteizugehörigkeit zu einer zusätzlichen objektiven Bedingung für den Mandatserwerb zu machen. Die Vorschrift des § 39 Abs. 1 S. 2 BezWG diene ebenso wie die des § 48 Abs. 1 S. 2 BWG dem Schutz der Wähler der Parteien vor Listenveränderern. Dies werde nicht dadurch widerlegt, daß auf Listen auch parteiunabhängige Kandidaten aufgenommen werden könnten. Damit werde in eine Liste anders als bei Bewerbern, die der Partei angehörten, ein Bewerber aufgenommen, von dem nur bedingt parteiloyales Verhalten erwartet werden könne. Der Begriff des Ausscheidens in § 39 Abs. 1 S. 2 BezWG sei als Oberbegriff für den Austritt und den Ausschluß anzusehen. Ob § 39 Abs. 1 S. 2 BezWG auch für den Fall eines Ausschlusses mit dem Grundsatz der Unmittelbarkeit der Wahl zu vereinbaren sei, sei nicht zu prüfen, weil im vorliegenden Fall ein Ausschluß jedenfalls nicht stattgefunden habe.

Der Begriff der Parteispaltung finde sich weder im Parteiengesetz noch in den Wahlgesetzen des Bundes und der Länder. Unabhängig davon, was unter Parteispaltung zu verstehen sei, könne für eine Auslegung des § 39 Abs. 1 S. 2 BezWG eine Parteispaltung nur Bedeutung erlangen, wenn die Liste, zu der der Bewerber gehöre, nach einer Parteispaltung nicht mehr nur einer Partei aus Rechtsgründen zugeordnet werden müsse, sondern zumindest zweien. Dies könne etwa der Fall sein, wenn sich eine Partei infolge einer Parteienspaltung in zwei Rechtsnachfolger auflöse. Eine solche Parteispaltung habe der Beschwerdeführer nicht behauptet. Im übrigen unterscheide § 39 Abs. 1 S. 2 BezWG nicht, ob ein einzelner Bewerber allein aus der Partei, die ihn aufgestellt habe, ausscheide oder ob er dies zusammen mit anderen tue. Wahlrechtlich dürften diese Varianten nicht von Bedeutung sein.

Das Verfassungsgericht hat den Vorgang der Bürgerschaft und die Sachakte des Bezirksamts Hamburg-Nord – Leitzeichen: VA/12.10-3,3.4 – beigezogen.

Entscheidungsgründe:

Die zulässige Beschwerde hat in der Sache keinen Erfolg.

Die Beschwerde ist zulässig. Das Hamburgische Verfassungsgericht ist gem. § 14 Nr. 8 HVerfGG zur Entscheidung über Rechtsmittel im Wahlprüfungsverfahren für die Bezirksversammlungen zuständig (HVerfG, Beschl. v. 5. 7. 2000 – HVerfG 2/00 –). Der Beschwerdeführer ist beschwerdeberechtigt und hat die Beschwerde fristgemäß erhoben (§ 10 des Wahlprüfungsgesetzes – WahlprüfG – vom 25. 6. 1997 – GVBl. S. 282 – iVm § 8 Abs. 3 WahlprüfG und §§ 47 Nr. 1, 49 HVerfGG analog). Der Beschwerde fehlt auch nicht das allgemeine Rechtsschutzbedürfnis wegen der bevorstehenden Wahlen im September 2001, da eine erfolgreiche Beschwerde noch bis zur ersten Sitzung der neu gewählten Bezirksversammlung des Bezirksamts Hamburg-Nord entsprechende Rechtswirkungen hätte (vgl. § 7 Bezirksverwaltungsgesetz vom 11. 6. 1997 – GVBl. S. 205 –, m.spät.Änd.).

Die Beschwerde ist aber unbegründet.

Die Entscheidung der Bürgerschaft ist nicht wegen eines Verfahrensfehlers aufzuheben (1.). Die Bürgerschaft hat die Rechtmäßigkeit der Entscheidung des Bezirkswahlleiters des Bezirksamts Hamburg-Nord, mit der Herr K. im hier streitigen Nachrückverfahren für gewählt erklärt worden ist, zu Recht bejaht (2.).

1. Die Entscheidung der Bürgerschaft ist dem Beschwerdeführer in der Form des § 8 WahlprüfG bekannt gegeben worden. Sie ist auch nicht wegen eines Formfehlers aufzuheben, weil sie entgegen § 7 WahlprüfG nicht die wesentlichen Tatsachen und Gründe anführt, auf die sie gestützt wurde. Denn die Beschwerdegegnerin hat die Begründung jedenfalls mit ihrem Schriftsatz vom 1. 3. 2001 im verfassungsgerichtlichen Verfahren nachgeholt und somit den Formfehler geheilt. Insoweit kann offen bleiben, ob diese Heilungsmöglichkeit aus § 16 Abs. 1 HVerfGG iVm der Verwaltungsgerichtsordnung (VwGO), die nunmehr selbst für Ermessensentscheidungen gem. § 114 S. 2 VwGO die Heilung auch noch im verwaltungsgerichtlichen Verfahren vorsieht, oder aus § 45 Abs. 2 iVm Abs. 1 Nr. 2 HVwVfG, der der Verwaltung die Nachholung der Begründung bis zum Abschluß des verwaltungsgerichtlichen Verfahrens erlaubt, herzuleiten ist.

2. Zu Recht hat die Bürgerschaft entschieden, daß der Bezirkswahlleiter gem. § 39 Abs. 1 BezWG rechtmäßig gehandelt hat, als er Herrn K. für gewählt erklärt hat. Zwar ist nach § 39 Abs. 1 S. 1 BezWG bei Ausscheiden eines Bezirksabgeordneten der in der aufgeführten Reihenfolge nachfolgende Bewerber auf dem Wahlvorschlag vom Bezirkswahlleiter für gewählt zu erklären. Dies war der als Bewerber auf Platz 12 des

eingereichten Wahlvorschlags der Partei BÜNDNIS 90/DIE GRÜNEN für die Bezirksversammlung des Bezirksamts Hamburg-Nord kandidierende Beschwerdeführer. Ob die auf Platz 13 dieses Bezirkswahlvorschlags aufgeführte Bewerberin zu Recht unberücksichtigt geblieben ist, kann schon deshalb offen bleiben, da das Verfassungsgericht nur denjenigen Beanstandungen nachgeht, die der Beschwerdeführer bereits im Einspruchsverfahren vor der Bürgerschaft vorgebracht hat (vgl. HVerfG LVerfGE 9, 168, 173). Der Beschwerdeführer selbst mußte aber gem. § 39 Abs. 1 S. 2 BezWG unberücksichtigt bleiben, da er aus der Partei ausgetreten war (a). Die Vorschrift des § 39 Abs. 1 S. 2 BezWG erfaßt auch den hier vorliegenden Fall des Austritts (b). Die Entscheidung des Bezirkswahlleiters konnte auch auf die Regelung des § 39 Abs. 1 S. 2 BezWG gestützt werden, da diese – jedenfalls soweit sie auf den vorliegenden Fall anwendbar ist – verfassungsgemäß ist (c).

a) Nach § 39 Abs. 1 S. 2 BezWG bleibt ein Bewerber unberücksichtigt, wenn er seit dem Zeitpunkt der Aufstellung des Wahlvorschlages aus der Partei, die ihn aufgestellt hat, ausgeschieden ist. Ausgeschieden iSd § 39 Abs. 1 S. 2 BezWG trifft eine umfassende Regelung bezüglich des Verlustes der Mitgliedschaft in einer Partei. Dabei kommt es nach dieser einfachgesetzlichen Vorschrift nicht darauf an, auf welche Weise sich der Verlust der Mitgliedschaft vollzogen hat. Es ist somit für das Ausscheiden nicht entscheidend, ob dies freiwillig oder unfreiwillig geschieht. Insoweit erfaßt das Ausscheiden iSd § 39 Abs. 1 S. 2 BezWG sowohl die Fälle, in denen die Mitgliedschaft in der Partei freiwillig durch Austritt oder durch automatisches Erlöschen beendet wird, als auch die Konstellation, daß sie unfreiwillig durch Ausschluß ihr Ende findet (vgl. wie hier zur entsprechenden Vorschrift des § 48 BWG: *Schreiber* Handbuch des Wahlrechts zum Deutschen Bundestag, 6. Aufl., Rn. 5; *Seifert* Bundeswahlrecht, 3. Aufl., § 48 Rn. 7; *Uhlitz* DÖV 1957, 468; vgl. auch Ausschuß für Wahlprüfung, Immunität und Geschäftsordnung, BT-Drs. 7/5185 vom 13. 5. 1976, S. 4, 5; BVerfGE 7, 63, 72). Der Beschwerdeführer ist danach seit dem Zeitpunkt der Aufstellung des Bezirkswahlvorschlags aus der Partei BÜNDNIS 90/DIE GRÜNEN, die ihn aufgestellt hat, ausgeschieden iSd § 39 Abs. 1 S. 2 BezWG. Denn er hat die Mitgliedschaft in dieser Partei durch seinen Austritt mit Schreiben vom 30. Mai 1999 freiwillig beendet.

b) Der Anwendung des § 39 Abs. 1 S. 2 BezWG stehen auch die von dem Beschwerdeführer geltend gemachten Besonderheiten seines Austritts nicht entgegen.

Der Beschwerdeführer ist auf dem Bezirkswahlvorschlag der Partei „BÜNDNIS 90/Die GRÜNEN, Landesverband Hamburg, Grün-Alternative-Liste (GRÜNE/GAL)" – Amtl. Anz. 1997, 2737, 2749 – als auf Platz 12 kandidierender Bewerber aufgeführt worden. Er ist aus dieser Partei ausgetreten und seit dem 6. 11. 1999 Angehöriger der am gleichen Tag für die Bezirke Hamburg-Nord und Wandsbek gegründeten Wählervereinigung „Regenbogen – für eine neue Linke". Gleichzeitig bildeten sich sowohl in der Bürgerschaft als auch in vier von sieben Bezirksversammlungen Gruppierungen unter gleicher Bezeichnung. So gehören in der Bürgerschaft fünf ehemalige Mitglieder der Partei BÜNDNIS 90/DIE GRÜNEN der Bürgerschaftsgruppe „Regenbogen – für eine neue Linke" an. In der Bezirksversammlung Hamburg-Nord entstand eine Fraktion aus drei ehemaligen Mitgliedern der Partei BÜNDNIS 90/DIE GRÜNEN, die nach dem Parteiaustritt unter der Bezeichnung „Regenbogen – für eine neue Linke" zusammenarbeiten. Die Wählervereinigung „Regenbogen – für eine neue Linke", der der Beschwerdeführer beigetreten ist, beabsichtigt nach seinem Vorbringen, entsprechend dem Vereinigungszweck an den Wahlen zur Bezirksversammlung Hamburg-Nord im September 2001 teilzunehmen.

Der Beschwerdeführer kann sich nicht darauf berufen, daß § 39 Abs. 1 S. 2 BezWG, der für das Nachrücken gerade auf die Parteizugehörigkeit abstellt, wegen der vorgenannten Besonderheiten nicht anwendbar ist (aa). Dies gilt auch, soweit man die Umstände im Zusammenhang mit dem Austritt des Beschwerdeführers als sog. Parteispaltung ansieht (bb). Vielmehr streiten gerade auch die Klarheit und Eindeutigkeit des Wahlrechts für ein Abstellen auf das formale Kriterium der Parteizugehörigkeit und damit die Anwendung des § 39 Abs. 1 S. 2 BezWG (cc).

aa) Aus den vorgenannten Besonderheiten im Zusammenhang mit dem freiwilligen Ausscheiden des Beschwerdeführers aus der Partei BÜNDNIS 90/DIE GRÜNEN ergibt sich keine andere Beurteilung für das Nachrücken im Rahmen des § 39 Abs. 1 S. 2 BezWG. Der Beschwerdeführer hat die Anwartschaft auf das Mandat eines Bezirksabgeordneten gerade als Bewerber auf dem Bezirkswahlvorschlag der Partei BÜNDNIS 90/DIE GRÜNEN erlangt. Da er aus dieser Partei freiwillig ausgeschieden ist, hat er seine Mandatsanwartschaft verloren. Hierbei kommt es nicht darauf an, wieviele weitere Parteimitglieder im zeitlichen Zusammenhang mit ihm aus der Partei ausgetreten sind und aus welchen Gründen diese Austritte erfolgten. Das ergibt sich aus folgenden Erwägungen:

Bei den Wahlen zu den Bezirksversammlungen wird nach den Grundsätzen der Verhältniswahl mit gebundenen Listen gewählt (§ 3 Abs. 1 BezWG). Der Wähler stimmt ab, indem er einen der Bezirkswahlvorschläge kennzeichnet, ohne daß er die festgelegte Reihenfolge der Bewerber verändern kann (§ 30 Abs. 1 BezWG). Die Bezirkswahlvorschläge von Parteien, die die Bewerber in erkennbarer Reihenfolge benennen müssen (§ 26 Abs. 1 BezWG), dürfen nur Bewerber aufführen, die in geheimer Wahl in einer Mitglieder- oder Vertreterversammlung hierzu gewählt worden sind (§ 25 Abs. 1 BezWG). Die Namen der gewählten Bezirksabgeordneten werden vom Bezirkswahlausschuß nach § 26 Abs. 1 S. 1 BezWG ermittelt (§ 33 Abs. 1 BezWG).

Aufgrund des danach bei der Wahl zu den Bezirksversammlungen verwirklichten Systems der starren oder gebundenen Liste ist der Wähler bei der Wahl an die von der Partei vorgeschlagene Liste und die dort festgelegte Reihenfolge der Bewerber gebunden. In diesem System erfolgt die Stimmabgabe bei der Wahl zu den Bezirksversammlungen gerade für die Partei, da der Wähler nur für den Bezirkswahlvorschlag der Partei im ganzen ohne Veränderungen seine Stimme abgegeben hat. Damit wird die

Parteizugehörigkeit zu einem entscheidenden Kriterium für die Wahl des Bezirksabgeordneten. Systemgerecht knüpft § 39 Abs. 1 S. 2 BezWG auch für das Nachrücken an die Parteizugehörigkeit, die dem Bewerber erst die Mandatsanwartschaft gebracht hat, an. Es stellt hierzu keinen Widerspruch dar, daß auch parteiunabhängige Bewerber in den Bezirkswahlvorschlag einer Partei aufgenommen werden können. Denn in diesem besonderen Fall hat die Partei bei der Aufnahme des Bewerbers nicht auf dessen Parteizugehörigkeit abgestellt, sondern gerade bewußt in Kauf genommen, daß von dem Bewerber nur bedingt parteiloyales Verhalten erwartet werden kann (vgl. auch *Schreiber* DÖV 1976, 734, 736). Nach allem wird in dem bei der Wahl zu den Bezirksversammlungen verwirklichten System der starren oder gebundenen Listen die Parteizugehörigkeit zu einer so bedeutsamen Voraussetzung für die Bestimmung des Bewerbers durch den Wähler, daß sie systemgerecht auch die Abwicklung der Mandatsanwartschaft bestimmen muß. Der Beschwerdeführer ist aber aus der Partei BÜNDNIS 90/DIE GRÜNEN, auf deren Bezirkswahlvorschlag er auf Platz 12 kandidiert hat, freiwillig ausgeschieden. Er erfüllt damit das entscheidende Kriterium der Parteizugehörigkeit, das ihm die Mandatsanwartschaft gebracht und an das § 39 Abs. 1 S. 2 BezWG systemgerecht für das Nachrücken anknüpft, nicht mehr. Auf die genannten Besonderheiten bei dem Austritt des Beschwerdeführers kommt es aufgrund des die Mandatsanwartschaft des Beschwerdeführers begründenden Systems nicht an. Vielmehr ist es danach ohne Bedeutung, ob der Beschwerdeführer allein oder zusammen mit einer Vielzahl anderer Parteimitglieder freiwillig aus der Partei ausgeschieden ist und welche Gründe ihn zum Austritt bewogen haben. Nach § 39 Abs. 1 S. 2 BezWG ist systemgerechte formelle Voraussetzung für das Nachrücken eine fortdauernde Parteizugehörigkeit.

bb) Soweit sich der Beschwerdeführer wegen der vorgenannten Besonderheiten darauf berufen will, daß es zu einer sog. Parteispaltung gekommen ist, für die § 39 Abs. 1 S. 2 BezWG nicht anwendbar sei, kann er hiermit nicht durchdringen. Zwar wird von Stimmen in der Literatur (vgl. insbes. *Schuster* Die Rechtsstellung der Ersatzleute zum Bundestag, S. 115 ff; *Uhlitz* aaO, 469) die Anwendbarkeit der inhaltsgleichen Vorschrift des § 48 Abs. 1 S. 2 BWG für den Fall der sog. Parteispaltung ausgeschlossen. Diese sehen eine Parteispaltung dann als gegeben an, wenn sich ein größerer Teil der Abgeordneten und Ersatzleute von der alten Partei abkehrt und eine eigene Partei gründet. In einem solchen Fall würde man nach dieser Auffassung mit der Anknüpfung an das formale Kriterium der Parteimitgliedschaft den sich dann ergebenden Verhältnissen nicht gerecht.

Es kann insoweit offen bleiben, was unter dem Begriff der Parteispaltung, den der Gesetzgeber weder im Parteiengesetz noch in den Wahlgesetzen benutzt, zu verstehen ist. Es ergibt sich jedenfalls bei diesem Einzelfall für das Nachrücken nach dem im Rahmen der Wahl zu den Bezirksversammlungen verwirklichten System keine andere Beurteilung im Hinblick auf dessen Nichtberücksichtigung. Denn diese Besonderheiten führen nicht dazu, daß bei dem Beschwerdeführer – anders als die Vorschrift des § 39 Abs. 1 S. 2 dies fordert – nicht auf die Parteizugehörigkeit abzustellen ist. Vielmehr muß auch hier – wie oben dargelegt – systemgerecht an das formale Kriterium der Parteimitgliedschaft angeknüpft werden. Dies war nämlich das entscheidende Kriterium für den Erwerb der Mandatsanwartschaft des Beschwerdeführers, der gerade aufgrund des Bezirkswahlvorschlags der Partei BÜNDNIS 90/DIE GRÜNEN diese Rechtsposition erlangt hat. Da er aus dieser Partei aber ausgetreten ist, hat er seine Mandatsanwartschaft verloren, wobei es nicht darauf ankommt, ob dem Austritt eine sog. Parteispaltung zugrundelag. Das Ergebnis ist auch ansonsten systemgerecht. Zum einen hatten der Beschwerdeführer und die mit ihm ausgetretenen Mitglieder die Möglichkeit, ihre politischen Inhalte durch (demokratische) Machtverschaffung in der Partei BÜNDNIS 90/DIE GRÜNEN durchzusetzen. Zum anderen hat der Wähler nach Ablauf der Wahlperiode die Möglichkeit, für den Bezirkswahlvorschlag dieser Partei wegen der veränderten politischen Inhalte nicht mehr zu stimmen.

cc) Im übrigen führen alle sonstigen Überlegungen, den vorliegenden Fall nicht mit § 39 Abs. 1 S. 2 BezWG unter Abstellen auf das formale Kriterium der Parteizugehörigkeit zu erfassen, zu erheblichen Schwierigkeiten. So würden die für das Funktionieren der Volksvertretungen und damit auch die für die Durchführung des Wahlrechts erforderlichen einfachen und schnellen Entscheidungen erschwert. Denn die entsprechenden Wahlleiter bzw. die Wahlprüfinstanzen hätten ansonsten eine Vielzahl von zusätzlichen tatsächlichen und rechtlichen Prüfungen durchzuführen, wenn sie z. B. aufklären sollten, ob die in der Partei verbliebenen oder die ausgetretenen Mitglieder – als politische Gruppierung – weiterhin die zur Wahl gestellten politischen Inhalte – gegebenenfalls sogar: überwiegend – vertreten. Deshalb erfordern auch die Klarheit und Eindeutigkeit des Wahlrechts, für das Nachrücken auch bei den hier vorliegenden Besonderheiten an dem formalen Kriterium der Parteimitgliedschaft und der Anwendung des § 39 Abs. 1 S. 2 BezWG festzuhalten.

c) Gegen die Vorschrift des § 39 Abs. 1 S. 2 BezWG bestehen, jedenfalls soweit sie das freiwillige Ausscheiden – den Austritt – regelt, keine verfassungsrechtlichen Bedenken. Das Hamburgische Verfassungsgericht ist in diesem Verfahren befugt, über die Frage der Verfassungswidrigkeit der Wahlrechtsvorschrift des § 39 Abs. 1 S. 2 BezWG zu entscheiden (aa). Diese Vorschrift verstößt nicht gegen den Grundsatz der unmittelbaren Wahl wie auch nicht gegen das Prinzip der Personenwahl, die auf die Wahl zu Bezirksversammlungen anwendbar sind (bb).

aa) Das Hamburgische Verfassungsgericht ist nicht gehindert, in diesem Verfahren eine Normenkontrolle im Hinblick auf eine Wahlrechtsvorschrift durchzuführen. Zwar ist nach § 14 Nr. 1 bis 4 HVerfGG der einzelne Bürger nicht befugt, das Hamburgische Verfassungsgericht zur Normenkontrolle anzurufen. Das Hamburgische Verfassungsgericht hat aber die Verfassungsmäßigkeit der Wahlrechtsvorschrift als Vorfrage zu prüfen, wenn es diese Vorschrift anwenden will. Einer Prüfung der Gültigkeit von § 39 Abs. 1 S. 2 BezWG steht auch die Verfassungsbestimmung des Art. 64 Abs. 1 HV nicht entgegen, wonach Landesgesetze bei der Rechtsanwendung durch die Gerichte als verbindlich anzusehen sind. Denn dies gilt gerade nicht für das Hamburgische Verfassungsgericht. Die Prüfung der Wahlrechtsvorschrift durch das Hamburgische Verfassungsgericht ist auch durch Art. 100 Abs. 1 GG nicht beschränkt. Die Verfassungsmäßigkeit von § 39 Abs. 1 S. 2 BezWG ist an dem Verfassungsgrundsatz der Unmittelbarkeit der Wahl und dem verfassungsrechtlichen Prinzip der Personenwahl zu messen. Diese Prüfungsmaßstäbe, die denselben Inhalt wie diejenigen nach dem Grundgesetz haben, folgen auch aus der Hamburgischen Verfassung (Art. 6 Abs. 2 HV). Wenn § 39 Abs. 1 S. 2 BezWG – soweit er die freiwillige Beendigung der Mitgliedschaft in einer Partei erfaßt – nicht gegen die Hamburgische Verfassung verstößt, scheidet auch eine Unvereinbarkeit mit dem Grundgesetz aus (vgl. zu allem HVerfG LVerfGE 9, 157, 160 ff).

bb) Der Grundsatz der unmittelbaren Wahl sowie das Prinzip der Personenwahl bestimmen nach hamburgischem Verfassungsrecht auch die Ausgestaltung des Wahlrechts der Bezirksversammlungen. Die Regelung des § 39 Abs. 1 S. 2 BezWG ist mit diesen Grundsätzen vereinbar.

Die Verfassungsbestimmung des Art. 28 Abs. 1 S. 2 GG ist auf die Wahlen zu den Bezirksversammlungen nicht anwendbar. Die Hamburgische Verfassung regelt in Art. 6 Abs. 2 den Grundsatz der unmittelbaren Wahl sowie das Prinzip der Personenwahl nur für die Wahl zur Bürgerschaft (vgl. HVerfG LVerfGE 8, 227, 238). Dem Art. 6 Abs. 2 HV ist aber nicht nur der ungeschriebene Landesverfassungssatz zu entnehmen, daß über den Anwendungsbereich dieser Vorschrift hinaus die Grundsätze der Allgemeinheit und Gleichheit des aktiven und passiven Wahlrechts für sonstige demokratische Wahlen politischer Art, für die das Land Hamburg die Regelungskompetenz hat, gelten (vgl. HVerfG LVerfGE 8, 227, 238). Vielmehr ist dieser ungeschriebene Landesverfassungssatz auf den ebenfalls in Art. 6 Abs. 2 HV niedergelegten Grundsatz der unmittelbaren Wahl sowie auf das dort geregelte Prinzip der Personenwahl zu erweitern. Dieser Verfassungssatz des Landes Hamburg, der inhaltlich mit dem aus Art. 38 Abs. 1 GG zu entnehmenden bundesverfassungsrechtlichen Rechtssatz übereinstimmt, gilt als eigenständiges Landesverfassungsrecht, auch wenn der gleiche Rechtssatz im Bundesverfassungsrecht besteht (vgl. HVerfG LVerfGE 8, 227, 238, 239). Der ungeschriebene Landesverfassungssatz, nach dem der Grundsatz der unmittelbaren Wahl wie auch das Prinzip der Personenwahl über Art. 6 Abs. 2 HV hinaus auch für sonstige demokratische politische Wahlen gelten, ist auch auf die Wahlen zur Bezirksversammlung anwendbar. Die Bezirksversammlungen sind zwar keine Parlamente in dem Sinne von Gesetzgebungsorganen. Der Grundsatz der unmittelbaren Wahl und das Prinzip der Personenwahl gelten aber nicht nur für Wahlen zu gesetzgebenden oder sonst rechtsetzenden Körperschaften, sondern allgemein für

Wahlen zu Gremien, die der demokratischen Legitimation bedürfen und diese Legitimation aus Wahlen erhalten sollen. Das trifft für die Bezirksversammlungen zu, da sie Staatsgewalt ausüben und dem gemäß demokratischer Legitimation bedürfen (vgl. BVerfGE 83, 60, 76; vgl. auch HVerfG LVerfGE 8, 227, 238, 239).

Die Regelung des § 39 Abs. 1 S. 2 BezWG ist verfassungsgemäß und verstößt weder gegen den Grundsatz der unmittelbaren Wahl noch gegen das Prinzip der Personenwahl, soweit für die Berücksichtigung des Ausscheidens aus der Partei auf die freiwillige Beendigung der Mitgliedschaft abgestellt wird. Das Hamburgische Verfassungsgericht beschränkt die Prüfung der Verfassungsmäßigkeit auf die hier gegebene Fallkonstellation des (freiwilligen) Austritts. Dem liegt zugrunde, daß kein Normenkontrollverfahren vorliegt, sondern lediglich die Verfassungsmäßigkeit der Norm des § 39 Abs. 1 S. 2 BezWG als Vorfrage für deren Anwendung im zu entscheidenden Fall eines freiwilligen Ausscheidens aus der Partei geprüft wird.

Soweit die inhaltsgleiche Vorschrift des § 48 Abs. 1 S. 2 BWG insgesamt bzw. speziell im Hinblick auf die freiwillige Beendigung der Mitgliedschaft für verfassungswidrig gehalten wird, so wird dies ganz überwiegend damit begründet, daß diese Vorschrift auch für den Fall des Parteiausschlusses eines Listenbewerbers eingreife (vgl. z. B. *Seifert* aaO, § 48 Rn. 7; *Frowein* AÖR 99/1974, 72, 103; *Erichsen* Jura 1983, 635, 640). Auch *Thieme* (Verfassung der Freien und Hansestadt Hamburg, Art. 6 Anm. 3 c), der die inhaltsgleiche Vorschrift des § 38 Abs. 1 S. 2 des Bürgerschaftswahlgesetzes für nichtig hält, beruft sich hierfür darauf, daß diese Bestimmung der Partei ermöglicht, z. B. durch Parteiausschlußverfahren zu bestimmen, ob ein Kandidat nachrücken darf oder nicht. Eine andere Begründung für die Verfassungswidrigkeit des § 48 Abs. 1 S. 2 BWG auch bei freiwilliger Beendigung der Mitgliedschaft wählt *Kleffmann* (Die Rechtsstellung parteiloser Kandidaten und Mandatsträger, S. 211), der darauf abstellt, daß zwischen dem Akt der Wahl und der Berufung zum Abgeordneten der Wille des Wahlgesetzgebers eingeschaltet ist, der an den Parteiaustritt die Folge der Nichtberücksichtigung bei der Nachfolge knüpft. Insoweit verkennt Kleffmann, daß der Wahlgesetzgeber den Grundsatz der unmittelbaren Wahl dann einschränken darf, wenn diese Einschränkung verfassungsrechtlich gerechtfertigt ist. Eine weitere Begründung für die Verfassungswidrigkeit durch die Nichtberücksichtigung des Listenbewerbers bei freiwilliger Beendigung der Mitgliedschaft gibt *Schneider* (Kommentar zum Grundgesetz für die Bundesrepublik Deutschland, 2. Aufl., Art. 38 Rn. 46), der die Vorschrift deshalb für verfassungsrechtlich bedenklich hält, weil für die Parteizugehörigkeit statt auf den Zeitpunkt der Nachfolge auf den Zeitraum seit der Listenaufstellung abgestellt werde, so daß die Mandatsanwartschaft eines Ersatzbewerbers bereits vor Inkrafttreten des Nachfolgefalles verloren gehe. Dem ist entgegenzuhalten, daß der Wortlaut des § 48 Abs. 1 S. 2 BWG diese Interpretation nicht vorgibt. Dieser spricht vielmehr dafür, die Vorschrift so zu verstehen, daß die Mandatsanwartschaft bei Wiedereintritt des ausgetretenen Bewerbers auflebt, er in seine Listenposition einrückt und dann im Zeitpunkt der Nachfolge zu berücksichtigen ist (so auch *Schreiber* aaO, § 48 Rn. 5).

Entgegen den dargestellten Stimmen in der Literatur – zu § 48 Abs. 1 S. 2 BWG –, die nicht überzeugen, ist für den (freiwilligen) Austritt aus der Partei von einer Verfassungswidrigkeit des § 39 Abs. 1 S. 2 BezWG nicht auszugehen. Denn diese Vorschrift verletzt für den hier zu prüfenden Fall des Verlustes der Mandatsanwartschaft wegen der freiwilligen Beendigung der Mitgliedschaft weder den Grundsatz der Unmittelbarkeit der Wahl noch das Prinzip der Personenwahl.

Der Grundsatz der Unmittelbarkeit beschränkt sich nicht nur darauf, die indirekte Wahl durch Wahlmänner zu verbieten, sondern er schließt darüber hinaus jedes Wahlverfahren aus, bei dem sich zwischen Wähler und Wahlbewerber nach der Wahlhandlung eine Instanz einschiebt, die nach ihrem Ermessen die Abgeordneten auswählt und damit dem einzelnen Wähler die Möglichkeit nimmt, die zukünftigen Abgeordneten durch Stimmabgabe selbständig zu bestimmen. Dem Grundsatz der unmittelbaren Wahl ist mithin Genüge getan, wenn das Wahlverhalten so geregelt ist, daß jede abgegebene Stimme bestimmten und bestimmbaren Wahlbewerbern zugerechnet werden muß, ohne daß nach der Stimmabgabe noch eine Zwischeninstanz nach ihrem Ermessen die Abgeordneten endgültig auswählt. Für den Wähler müssen die Wirkungen seiner Stimmabgabe erkennbar sein (vgl. BVerfGE 97, 317, 326; 95, 335, 350; 7, 63, 68, 71). Der Grundsatz der unmittelbaren Wahl schließt aber nicht aus, daß durch das Wahlgesetz allgemeine, sachlich bestimmte Voraussetzungen für die Übernahme des Abgeordnetenmandats aufgestellt werden. Dies ist allgemein anerkannt, soweit es ein bestimmtes Mindestalter, die Geschäftsfähigkeit, den Besitz der bürgerlichen Ehrenrechte, den Wohnsitz oder die Staatsangehörigkeit betrifft. Das gleiche muß aber auch für die Fortdauer der Parteizugehörigkeit eines für eine bestimmte Partei aufgetretenen Bewerbers gelten (vgl. BVerfGE 7, 63, 72 zu § 48 Abs. 1 S. 2 BWG). Da bei der Wahl zu den Bezirksversammlungen nach den Grundsätzen der Verhältniswahl mit gebundenen Listen (§ 3 Abs. 1 BezWG) gewählt wird und die entsprechenden Bezirkswahlvorschläge gerade auch von Parteien eingereicht werden (§ 23 Abs. 1 BezWG), kann für diese Wahlen ebenfalls auf die Fortdauer der Parteizugehörigkeit abgestellt werden. Insoweit konnte der Gesetzgeber in § 39 Abs. 1 S. 2 BezWG bei dem Ersatz ausscheidender Bezirksabgeordneter ohne Verstoß gegen den Grundsatz der Unmittelbarkeit jedenfalls bei einem freiwilligen Ausscheiden des Bewerbers aus der Partei, die den Bewerber aufgestellt hat, von einer Nichtberücksichtigung ausgehen. In diesem Fall gibt es nach der Wahlhandlung zwischen dem Wähler und dem Wahlbewerber keine weitere Instanz, die in ihrem Ermessen die Abgeordneten auswählt. Denn bei der freiwilligen Beendigung der Mitgliedschaft in der Partei beruht es gerade auf dem eigenen Willen eines Wahlbewerbers, ob die als allgemeine, sachlich bestimmte Voraussetzung für die Übernahme des Abgeordnetenmandats aufgestellte Voraussetzung der Fortdauer der Parteizugehörigkeit noch gegeben ist. Insoweit wird die formal zu interpretierende Unmittelbarkeit der Wahl nicht aufgehoben. Sie bleibt erhalten, weil – wenn man von der freiwilligen Handlung des Bewerbers absieht – das Wahlergebnis allein von der im Wahlakt bekundeten Willensentscheidung des Wählers abhängig ist. Insoweit ist auch – wie es der Grundsatz der Unmittelbarkeit der Wahl verlangt – für den Wähler die Wirkung seiner Stimmabgabe hinreichend erkennbar. Das mit dem Grundsatz der Unmittelbarkeit eng verbundene Prinzip der Personenwahl, das nach dem Art. 6 Abs. 2 HV zu entnehmenden ungeschriebenen Landesverfassungssatz auch für die Bezirksversammlungswahl gilt, wird ebenfalls nicht verletzt. Denn die Abgeordneten sind heute – zumindest soweit sie auf gebundenen oder starren Listen gewählt werden – zugleich auch Exponenten ihrer Partei. Danach konnte der Gesetzgeber für das Bezirkswahlgesetz als objektive, sachlich begründete Voraussetzung für das Nachrücken eines Wahlbewerbers im Rahmen des § 39 Abs. 1 S. 2 BezWG an die Fortdauer der Parteizugehörigkeit anknüpfen. Diese Vorschrift trägt somit gerade der Bedeutung der Parteien im demokratischen Rechtsstaat Rechnung, indem sie die Parteizugehörigkeit sachlich gerechtfertigt i.S.d. Art. 3 Abs. 1 GG als entscheidendes Kriterium für die Übernahme des Abgeordnetenmandats durch den Wahlbewerber einführt (vgl. BVerfGE 7, 62, 72, 73; *Schreiber* aaO, § 48 Rn. 5; *Schuster* aaO, S. 109, 110; alle zu § 48 Abs. 1 S. 2 BWG).

3. Eine Kostenentscheidung ist nach §§ 66, 67 HVerfGG nicht veranlaßt. Eine Auslagenerstattung kommt nicht in Betracht. Das Hamburgische Verfassungsprozeßrecht sieht in §§ 66 Abs. 4, 67 HVerfGG eine Anordnung über Auslagenerstattung nur für bestimmte Verfahrensarten vor, zu denen das vorliegende Beschwerdeverfahren nicht gehört (vgl. HVerfG LVerfGE 9, 157, 167).

Die Entscheidung ist einstimmig ergangen.

Entscheidungen
des Staatsgerichtshofes
des Landes Hessen

Die amtierenden Richterinnen und Richter des Staatsgerichtshofes des Landes Hessen

Prof. Dr. Klaus Lange, Präsident
Dr. Wolfgang Teufel, Vizepräsident
Ekkehard Bombe (ab 26. 9. 2001)
Elisabeth Buchberger
Felizitas Fertig
Dr. Karl Heinz Gasser
Ferdinand Georgen (ab 1. 6. 2001)
Paul Leo Giani
Dr. Wilhelm Nassauer
Dr. Günter Paul
Rudolf Rainer
Georg Schmidt-von Rhein (bis 25. 9. 2001)
Dr. Manfred Voucko (bis 31. 5. 2001)

Stellvertretende Richterinnen und Richter

Prof. Dr. Johannes Baltzer
Werner Eisenberg (bis 1. 3. 2001)
Helmut Enders
Georg D. Falk (seit 26. 9. 2001)
Gerhard Fuckner
Ralph Gatzka (seit 26. 9. 2001)
Ferdinand Georgen (bis 31. 5. 2001)
Dr. Bernhard Heitsch (bis 25. 9. 2001)
Michaela Kilian-Bock (seit 26. 9. 2001)
Ulrike Kindermann (bis 25. 9. 2001)
Dr. Harald Klein
Ursula Kraemer
Dr. Helga Laux (bis 26. 11. 2001)
Dr. Hans-Henning Lohmann (seit 26. 9. 2001)
Doris Möller-Scheu
Joachim Poppe
Johann Nikolaus Scheuer
Petra Schott-Pfeifer
Manfred Stremplat
Adolf Tausch

Nr. 1

1. Die Antragsberechtigung „jeder Person" (Art. 131 Abs. 3 HV, § 19 Abs. 2 Nr. 9 StGHG) im Grundrechtsklageverfahren beim Staatsgerichtshof (§§ 43 ff. StGHG) knüpft an die Grundrechtsfähigkeit an.

2. Dem Wertesystem der Hessischen Verfassung entspricht, dass auch rechtlich verselbständigten Personenmehrheiten des Privatrechts Abwehr- und Leistungsrechte gegenüber dem Staat gewährleistet sind, da sich deren Bildung und Betätigung auch als Ausdruck der freien Entfaltung der hinter ihnen stehenden natürlichen Personen darstellt.

3. Rechtsfähige Vereinigungen des Privatrechts besitzen deshalb die für sie im Einzelfall festzustellende Grundrechtsfähigkeit, soweit sie sich in einer grundrechtstypischen Gefährdungslage befinden (im Anschluss an bisherige Rechtsprechung des StGH, insbesondere Beschluss vom 31. 1. 1968 – P. St. 463 –, Urteil vom 3. 5. 1999 – P. St. 1296 –, NVwZ 2000, 430, 431). In diesem Fall sind sie im Grundrechtsklageverfahren antragsberechtigt.

4. Eine rechtsfähige Personenvereinigung des Privatrechts kann im Grundrechtsklageverfahren die Verletzung der Garantie des gesetzlichen Richters in Art. 20 Abs. 1 Satz 1 HV geltend machen.

ZPO § 541 Abs. 1 Satz 1

HV Art. 131 Abs. 3, 20 Abs. 1 Satz 1

StGHG §§ 19 Abs. 2 Nr. 9, 43 ff.

Beschluss vom 17. Januar 2001 – P. St. 1484 –

auf die Anträge der A., vertreten durch die Geschäftsführer, wegen Verletzung von Grundrechten

Entscheidungsformel:

Die Anträge werden zurückgewiesen.
Gerichtskosten werden nicht erhoben, außergerichtliche Kosten nicht erstattet.

Gründe:

A

I.

Die Antragstellerin, eine Wohnungsbau- und Beteiligungsgesellschaft, wendet sich gegen ein Berufungsurteil des LG Frankfurt am Main vom 7. 12. 1999, durch das ihre Berufung gegen ein amtsgerichtliches Urteil in einer mietrechtlichen Streitigkeit zurückgewiesen wurde.

Die Antragstellerin ist die Holding-Gesellschaft der städtischen Wohnungsunternehmen in F. Sie verwaltet einen Bestand von über 50 000 Wohnungen. Die im Ausgangsverfahren von ihr verklagten Mieter bewohnen seit 1996 eine Wohnung im 3. Stockwerk des Hauses X in F., für die sie nach dem am 23. 10. 1996 geschlossenen Mietvertrag eine Sicherheitsleistung gem. § 550 b Bürgerliches Gesetzbuch – BGB – zur Sicherung der Ansprüche des Wohnungsunternehmens aus dem Mietverhältnis in Höhe von DM 1 330,00 erbracht hatten.

Die Antragstellerin verlangte im Ausgangsverfahren von ihnen, eine Parabolantenne, die die Mieter zur Gewährleistung des Satellitenempfangs von Rundfunksendungen ihres Heimatlandes angebracht hatten, zu entfernen. Sie berief sich darauf, sie habe die von den Mietern mit Schreiben vom 7. 4. 1998 nachgesuchte Genehmigung zur Anbringung der Parabolantenne nicht erteilt, weil die Mieter die ihnen mitgeteilten Bedingungen nicht akzeptiert hätten. Die Antragstellerin hatte verlangt, dass sie selbst den Befestigungsort und die Art und Sicherung der Befestigung der Antenne festlege und die Mieter als Sicherheit DM 3 000,00, später reduziert auf DM 1 500,00, als Kaution leisteten. Darüber hinaus sei durch die Mieter eine private Haftpflichtversicherung mit einer Mindestdeckungssumme von DM 200 000,00 nachzuweisen.

Die Mieter weigerten sich, eine Kaution zu erbringen. Die Antenne hatten sie bereits zuvor ohne Genehmigung angebracht. Nach den Feststellungen der Gerichte im Ausgangsverfahren wurde diese an der Brüstung des Balkons der Wohnung im 3. Stock mittels einer Spezialvorrichtung fachgerecht angeklammert. Die Mieter beriefen sich darauf, dass für eine Sicherheitsleistung angesichts der von ihnen gewählten Anbringungsweise am Balkon mittels einer im Fachhandel erworbenen Spezialhalterung kein Sicherungsbedürfnis bestehe. Denn durch die gewählte Anbringungsart sei das Entstehen typischer Schäden, wie sie bei der Installation einer Antenne an der Hauswand oder auf dem Dach vorkommen könnten, ausgeschlossen. Die Mieter verwiesen die Antragstellerin darauf, dass etwaige Personen- oder Sachschäden durch ihre private Haftpflichtversicherung mit einer Deckungssumme von DM 3 000 000,00 abgedeckt würden. Sie folgerten, durch die Anbringung der Antenne hätten sie sich nicht vertragswidrig verhalten.

Im Klageverfahren vor dem AG Frankfurt am Main stritten die Parteien vorrangig um das von der Antragstellerin behauptete Sicherungsbedürfnis für solche

Folgeschäden an der Bausubstanz, die nach ihrer Ansicht insbesondere aus einer späteren Entfernung der Anlage entstehen könnten. Hierzu führte die Antragstellerin die Feststellung im Rechtsentscheid des OLG Karlsruhe vom 24. 8. 1993 – 3 ReMiet 2/93 – an, der Mieter habe auf Vermieterverlangen hin den Beseitigungsaufwand in geeigneter Weise, zum Beispiel durch Erbringen einer Kaution, abzusichern. Die beklagten Mieter bestritten ein grundsätzliches Sicherungsbedürfnis für eventuelle Schäden an der Bausubstanz nicht, hielten der Antragstellerin aber entgegen, bei ihrer Installation sei keinerlei Eingriff in die Bausubstanz erfolgt und daher ein Ausnahmefall gegeben. Ein zu Lasten der Antragstellerin gehender Beseitigungsaufwand sei auszuschließen.

Das AG wies durch Urteil vom 13. 4. 1999 – 33 C 472/99-29 – die Klage auf Beseitigung der Antenne ab. Das Verlangen der Antragstellerin nach einer zusätzlichen Kautionsleistung als Sicherheit für eventuelle Kosten, die bei Behebung von Schäden entstehen könnten, sei nicht berechtigt. Die Beklagten hätten die Antenne durch Anklemmen an die Balkonbrüstung in einer Weise angebracht, dass bei ihrer Entfernung allenfalls unerhebliche Schäden auftreten könnten, zu deren Abdeckung die bei Abschluss des Mietvertrags geleistete Kaution von DM 1 330,00 ausreichend sei. Anders wäre die Sachlage zu beurteilen, wenn die Beklagten die Antenne direkt an der Hauswand oder auf dem Dach des Hauses der Antragstellerin befestigt hätten. In diesem Fall könnte die Gefahr bestehen, dass durch Bohrlöcher Wasser in das Haus eindringe und somit Schäden in der Bausubstanz entstünden.

Die Antragstellerin begründete ihre Berufung gegen dieses Urteil des AG Frankfurt am Main insbesondere damit, dass die von ihr gestellten Bedingungen für die Genehmigung der Anbringung der Parabolantenne rechtmäßig seien. Sie verwies auf zwei in der Rechtsprechung des Bundesverfassungsgerichts gebilligte oberlandesgerichtliche Rechtsentscheide, nämlich des OLG Karlsruhe und des OLG Frankfurt am Main, in denen typisierende Leitlinien vorgegeben würden. Diese lägen ihren Bedingungen zu Grunde. Das AG sei von dieser oberlandesgerichtlichen Rechtsprechung abgewichen und seine Entscheidung beruhe auf dieser Abweichung. Nach den beiden Rechtsentscheiden diene die zulässige Sicherheitsleistung nicht allein der Sicherung vor eventuellen Schäden, sondern auch der Sicherstellung der Verpflichtung des Mieters, den Vermieter von allen im Zusammenhang mit der Installation bzw. Deinstallation der Antenne entstehenden Kosten und Gebühren, insbesondere auch für die Entfernung der Antenne nach Beendigung des Mietverhältnisses, freizustellen.

Das LG Frankfurt am Main wies mit Urteil vom 7. 12. 1999 – 2/11 S 181/99 – die Berufung der Antragstellerin zurück. Das Anbringen einer Parabolantenne zähle zum vertragsgemäßen Gebrauch der Mietsache. Zur Sicherung der Ansprüche des Vermieters aus dem Mietverhältnis dürfe gem. § 550b Abs. 1 und 3 BGB nur eine Kaution in Höhe von drei Monatsmieten vereinbart werden, die die Beklagten erbracht hätten. Das OLG Karlsruhe habe zwar in seinem Rechtsentscheid vom 24. 8. 1993 anders entschieden, indem es dem Vermieter das Recht zugebilligt habe, eine Sicherheitsleistung für die voraussichtlichen Kosten der Wiederentfernung der Antenne zu verlangen. Der vorliegende Rechtsstreit veranlasse die Kammer jedoch nicht, eine Divergenzvorlage an das OLG Frankfurt am Main zu richten. Die Kammer sei nämlich mit dem AG der Auffassung, dass bei der Antragstellerin infolge der Art der Installation der Antenne kein Sicherungsbedürfnis bestehe. Drohe durch die Entfernung einer Antenne – außer einem Kratzer – kein Schaden, gebe es keinen Anspruch auf Sicherheitsleistung.

Die Antragstellerin hat gegen das ihr am 22. 12. 1999 zugestellte Berufungsurteil am Montag, dem 24. 1. 2000, Grundrechtsklage erhoben. Sie rügt, das LG Frankfurt am Main habe ihr Verfahrensgrundrecht auf den gesetzlichen Richter gem. Art. 20 der Hessischen Verfassung – HV – verletzt; es habe nämlich seine Vorlagepflicht aus § 541 Abs. 1 S. 1 der Zivilprozessordnung – ZPO – missachtet. Das LG sei in seinem Urteil von den Rechtsentscheiden des OLG Frankfurt am Main vom 22. 7. 1992 – 20 REMiet 1/91 –, NJW 1992, 2490, und des OLG Karlsruhe vom 24. 8. 1993 – 3 ReMiet 2/93 –, NJW 1993, 2815, abgewichen. Sie habe auf diese divergierenden obergerichtlichen Entscheidungen ausdrücklich hingewiesen. Im Übrigen habe auch das OLG Hamm sich im Beschluss vom 3. 9. 1999 – 30 REMiet 6/92 – der Auffassung des OLG Karlsruhe angeschlossen.

Das LG stelle zu Unrecht darauf ab, dass die Sicherheitsleistung nur der Absicherung eventueller Schadensbeseitigungskosten diene. Aus den beiden Rechtsentscheiden ergebe sich, dass die Sicherheitsleistung auch der Sicherstellung der Verpflichtung des Mieters diene, den Vermieter von allen im Zusammenhang mit Installation bzw. Deinstallation entstehenden Kosten und Gebühren freizustellen. Das LG reduziere mit der Argumentation, die Art der Installation im konkreten Fall bewirke das Fehlen eines Sicherungsbedürfnisses, den vom OLG Karlsruhe weitergehend definierten Zweck der Sicherheitsleistung für die Anbringung einer Parabolantenne. Nach § 541 Abs. 1 S. 1 ZPO hätte das LG daher die Rechtsfrage zur Entscheidung dem OLG Frankfurt am Main vorlegen müssen. Das LG habe seine Vorlagepflicht zwar erkannt, es habe sie jedoch aus sachfremden Erwägungen umgangen. Der Rechtsentscheid des OLG Karlsruhe umfasse den zur Entscheidung anstehenden Sachverhalt auch insoweit, als das Gericht zwei Fallkonstellationen unterschieden habe, deren eine in der ordnungsgemäßen Deinstallation der Parabolantenne bestand. Auch hier habe es, was vom LG ignoriert werde, ein Sicherungsbedürfnis des Vermieters angenommen. Die willkürliche Umgehung der Vorlagepflicht durch das LG komme auch in der sinngemäßen Äußerung der Vorsitzenden im Termin zur mündlichen Verhandlung am 16. 11. 1999 zum Ausdruck, eine Divergenzvorlage sei unzweckmäßig, da der zuständige Zivilsenat des OLG keine zeitnahen Entscheidungen treffe, weshalb die Kammer die Akte geraume Zeit nicht zurückerhalte. Die willkürliche Entscheidung ergebe sich auch daraus, dass die 11. Zivilkammer die Berufung ausweislich der Terminsladung gem. § 511 a Abs. 2 ZPO (Divergenzberufung in Mietsachen) als zulässig angesehen hat.

Die Antragstellerin beantragt,

1. festzustellen, dass das Urteil des Landgerichts Frankfurt am Main vom 7. Dezember 1999 – 2/11 S 181/99 – die Garantie des gesetzlichen Richters aus Art. 20 Abs. 1 Satz 1 HV bzw. Art. 101 Abs. 1 Satz 2 Grundgesetz – GG – iVm Art. 1 HV bzw. Art. 3 GG verletzt,

2. das Urteil des Landgerichts Frankfurt am Main vom 7. Dezember 1999 für kraftlos zu erklären und den Rechtsstreit an eine andere Kammer des Landgerichts Frankfurt am Main zurückzuverweisen.

II.

Die Landesregierung hält die Grundrechtsklage für zulässig, jedoch nicht begründet. Nicht jede fehlerhafte Nichtbeachtung einer einfachgesetzlichen Vorlagepflicht führe zu einem Verfassungsverstoß. Hierbei sei lediglich auf die insoweit allein maßgeblichen Ausführungen in den schriftlichen Entscheidungsgründen, nicht auf möglicherweise sachwidrige Erwägungen im Vorfeld der Entscheidung abzustellen. Die gewählte Begründung für eine Ablehnung der Pflicht zur Vorlage zur Entscheidung sei einfachgesetzlich zumindest vertretbar und in jedem Fall verfassungsrechtlich nicht zu beanstanden. Denn aus verfassungsrechtlicher Sicht sei es vertretbar, den als gering einzuschätzenden Beseitigungsaufwand bei der hier angenommenen allenfalls unerheblichen Einwirkung auf das Gebäude, die im Rahmen der üblichen Überlassung der Mietsache hinzunehmen sei, als durch die allgemein geleistete Mietkaution hinreichend abgedeckt zu betrachten. Den zitierten Rechtsentscheiden könne nicht der Grundsatz entnommen werden, unabhängig von der nach den Umständen des Einzelfalles erkennbaren konkreten Einwirkung auf die Mietsache könne ausnahmslos bereits dann eine Kaution, die über die allgemein geleistete Mietkaution hinausgehe, verlangt werden, wenn ein Mieter eine Parabolantenne zum Empfang von Fernsehprogrammen verwenden wolle.

Auch sei dem LG keine Vorlagepflicht daraus erwachsen, dass es sich um eine grundsätzlich bedeutende Rechtsfrage gehandelt hätte. Denn das Vorliegen einer entscheidungserheblichen Rechtsfrage von grundsätzlicher Bedeutung setze zumindest voraus, dass der zu veranlassende Rechtsentscheid voraussichtlich über den Einzelfall hinauswirke, da die zu Grunde liegende Rechtsfrage sich auch künftig immer wieder stellen und sich nicht auf einige wenige Fälle beschränken werde. Es sei nicht ersichtlich, dass der Rechtsentscheid hier für eine unbestimmte Vielzahl von Fällen Bedeutung erlangen könne, denn die Art der Anbringung von Parabolantennen hänge regelmäßig von den besonderen örtlichen Umständen und den je nach Lage und Ausrichtung der Häuser bestehenden Empfangsmöglichkeiten ab. Daher werde es nicht immer technisch möglich sein, eine Parabolantenne an dem Geländer eines Balkons anzubringen.

III.

Die Landesanwaltschaft hat erklärt, sich an dem Verfahren nicht zu beteiligen. Den Beklagten des Ausgangsverfahrens ist Gelegenheit zur Stellungnahme gegeben worden.

IV.

Die Verfahrensakte des Ausgangsverfahrens ist vom Staatsgerichtshof beigezogen worden.

B

I.

Die Grundrechtsklage ist zulässig.

Insbesondere ist die Antragstellerin im Verfahren der Grundrechtsklage antragsberechtigt, soweit sie sich als juristische Person des Privatrechts (§ 13 des Gesetzes betreffend die Gesellschaften mit beschränkter Haftung – GmbHG –) unter Berufung auf die Garantie des gesetzlichen Richters gegen das Berufungsurteil des LG wendet. Nach § 19 Abs. 2 Nr. 9 des Gesetzes über den Staatsgerichtshof – StGHG – ist grundsätzlich jede Person zur Erhebung der Grundrechtsklage antragsberechtigt. § 43 Abs. 1 StGHG stellt für die Zulässigkeit der Grundrechtsklage eine weitere beteiligtenbezogene Voraussetzung – die Antragsbefugnis – auf. Nach dieser Vorschrift kann den Staatsgerichtshof nur anrufen, wer geltend macht, durch die öffentliche Gewalt in einem durch die Verfassung des Landes Hessen gewährten Grundrecht verletzt worden zu sein. Das Zusammenspiel beider Normen zeigt, dass die Antragsberechtigung bei der Grundrechtsklage an die Grundrechtsfähigkeit anknüpft. Die Antragstellerin ist im Hinblick auf die grundrechtliche Garantie des gesetzlichen Richters in Art. 20 Abs. 1 S. 1 HV grundrechtsfähig. Träger der von der Hessischen Verfassung gewährleisteten Grundrechte sind zunächst natürliche Personen (vgl. Überschrift des Ersten Hauptteils der Hessischen Verfassung und Wortlaut der Art. 1, 2 Abs. 1, 3 HV). Eine Art. 19 Abs. 3 GG entsprechende, ausdrückliche Erstreckung der Grundrechtsfähigkeit auf inländische juristische Personen, soweit die Grundrechte ihrem Wesen nach auf diese anwendbar sind, fehlt in der Hessischen Verfassung. Auch die Entstehungsgeschichte der Hessischen Verfassung gibt keinen unmittelbaren Aufschluss über die Grundrechtsfähigkeit rechtlich verselbständigter Personenmehrheiten. Den Materialien zur Hessischen Verfassung ist zu dieser Frage nichts zu entnehmen. Für die Weimarer Reichsverfassung, an die die Hessische Verfassung anknüpft, war die Geltung der Grundrechte für juristische Personen umstritten (vgl. *Stern*, Das Staatsrecht der Bundesrepublik Deutschland, Bd. III/1, 1988, S. 1092 ff. mwN). Entscheidend für eine grundsätzlich mögliche Grundrechtsfähigkeit rechtlich verselbständigter Personenvereinigungen des Privatrechts spricht das Wertesystem der Grundrechte der Hessischen Verfassung, das eine weitgehende Grundrechtsgeltung im Verhältnis zwischen Staat und Privatrechtssubjekten postuliert. Dieses Wertesystem geht zwar – ebenso wie das des Grundgesetzes – von der Gleichheit, Freiheit und Würde des einzelnen Menschen als natürlicher Person aus. Der einzelne Mensch soll gegenüber dem Staat durch die verfassungsrechtliche Gewährleistung von Abwehr- und Leistungsrechten einen wehrfähigen Rechtskreis gewinnen. Dieser Rechtskreis aber erfährt eine dem Willen der Hessischen Verfassung entsprechende Verstärkung, wenn auch rechtlich verselbständigte Verbände des Privatrechts in den Schutzbereich der Grundrechte einbezogen werden. Deren Bildung und Betätigung stellt sich nämlich auch als Ausdruck der freien Entfaltung der hinter ihnen stehenden natürlichen Personen dar. Rechtsfähige Vereinigungen des Privatrechts genießen deshalb den Schutz der Grundrechte der Hessischen Verfassung, soweit sie sich in einer grundrechtstypischen Gefährdungslage befinden (vgl. StGH, Urt. v. 14.4.1950 – P.St. 41 und P.St. 54 –; Beschl. v. 31.10.1950 – P.St. 78 –; Beschl. v. 31.1.1968 – P.St. 463 –; Urt. v. 3.5.1999 – P.St. 1296 –, NVwZ 2000, 430, 431). Die Grundrechtsfähigkeit rechtsfähiger Verbände des Privatrechts und die ihr folgende Antragsberechtigung im Grundrechtsklageverfahren besteht daher nicht uneingeschränkt, sondern ist in jedem Einzelfall für das jeweilige Grundrecht der Hessischen Verfassung zu prüfen. Nach diesem Maßstab kann sich die Antragstellerin auf die Garantie des gesetzlichen Richters in Art. 20 Abs. 1 S. 1 HV berufen. Denn als Beteiligte in einem gerichtlichen Verfahren befinden sich juristische Personen im Hinblick auf den gesetzlichen Richter in derselben grundrechtstypischen Gefährdungslage wie natürliche Personen.

II.

Die Grundrechtsklage ist offensichtlich unbegründet. Denn das Urteil des LG Frankfurt am Main vom 7.12.1999 verletzt die Antragstellerin nicht in ihrem Verfahrensgrundrecht aus Art. 20 Abs. 1 S. 1 HV auf den gesetzlichen Richter.

Eine Verletzung der Garantie des gesetzlichen Richters ist zwar möglich, wenn ein Gericht eine Rechtsfrage selbst entscheidet, obgleich es nach einfachem Recht zur Vorlage an ein anderes Gericht verpflichtet ist. Nicht jede fehlerhafte Nichtbeachtung einer einfachgesetzlichen Vorlagepflicht führt aber zu einem Verfassungsverstoß. Die Grenze zur Verfassungswidrigkeit ist erst dann überschritten, wenn die Auslegung und Anwendung einfachen Rechts willkürlich ist oder das Gericht die Bedeutung und die Tragweite des Rechts auf den gesetzlichen Richter grundlegend verkennt (vgl. StGH, Urt. v. 9.6.1999 – P.St. 1299 –, StAnz. 1999, 2380, 2383).

Es ist verfassungsrechtlich nicht zu beanstanden, dass das LG die Sache nicht dem OLG Frankfurt am Main zur Entscheidung einer Rechtsfrage vorgelegt hat. Denn § 541 Abs. 1 S. 1 ZPO setzt voraus, dass das vorlegende Gericht von einer Entscheidung des BGH oder eines OLG abweichen will. Ein Gericht verstößt jedenfalls nicht willkürlich gegen diese Vorschrift, wenn es in vertretbarer Würdigung der fraglichen Entscheidungen des BGH oder eines OLG die tatbestandlichen Voraussetzungen des § 541 Abs. 1 S. 1 ZPO für nicht gegeben erachtet. So verhält es sich hier. Das LG hat in den Gründen seines Urteils, die hier allein maßgeblich für die verfassungsrechtliche Prüfung sind, dargetan, dass die Rechtsentscheide der Oberlandesgerichte Frankfurt am Main und Karlsruhe sich mit anderen Sachverhalten befassten als dem zur Entscheidung stehenden Sachverhalt, wenn einerseits – wie es bei dem dem Rechtsentscheid des OLG Karlsruhe zu Grunde liegenden Sachverhalt war – nicht unerhebliche Montagearbeiten auch auf die bauliche Substanz einwirkten, etwa Bohrlöcher entstünden, andererseits – wie im entschiedenen Fall angenommen – durch eine Spezialhalterung an der Balkonbrüstung ohne weitere Einwirkung auf diese Brüstung oder die Außenwand des Gebäudes eine fachgerechte Anbringung gewährleistet sei. Tatsächlich äußern sich die herangezogenen Rechtsentscheide zu der letzteren Fallgestaltung nicht. Der Sachverhalt in dem dem OLG Frankfurt am Main zur Entscheidung über eine Rechtsfrage vorgelegten Fall war vielmehr dadurch gekennzeichnet, dass der klagende Mieter auf dem Dach eines Miethauses einer Grundstücksgesellschaft bürgerlichen Rechts eine Parabolantenne von etwa einem Meter Durchmesser installieren lassen wollte und hierfür die Zustimmung verlangte (Rechtsentscheid v. 22. 7. 1992, NJW 1992, 2490 ff.). Dem Rechtsentscheid des OLG Karlsruhe vom 24. 8. 1993 (NJW 1993, 2815 ff.) lag ein Ausgangsverfahren zu Grunde, in dem der Mieter zwecks Anbringung einer Parabolantenne trotz eines bereits vorhandenen Breitbandkabelanschlusses die Zustimmung des Vermieters zu einer baulichen Veränderung verlangte. Mithin sind beide Rechtsentscheide mit den in ihnen aufgestellten typisierenden Erfordernissen nach einer Sicherheit auch für den voraussehbaren Aufwand für die Entfernung von Parabolantennen zu Sachverhalten ergangen, die das LG in verfassungsrechtlich nicht zu beanstandender Weise als mit dem in seinem Verfahren festgestellten Sachverhalt in maßgeblichen Punkten nicht vergleichbar ansehen durfte. Auch gegen die Folgerung des Gerichts, in Anbetracht der verwendeten Spezialhalterung seien eventuell bei der Entfernung der Antenne auftretende Schäden durch die hier von den Mietern geleistete allgemeine Kaution i. H. v. DM 1 330,00 abgedeckt, ist aus verfassungsrechtlicher Sicht nichts einzuwenden.

Willkürlich ist das Unterbleiben der Vorlage an das OLG Frankfurt am Main auch nicht deshalb, weil die Vorsitzende in der Ladung zum Termin zur mündlichen Verhandlung die Berufung nach § 511a Abs. 2 ZPO für zulässig ansah. Die Berufung war nach den Ausführungen der Antragstellerin in der Berufungsbegründungsschrift auch nach § 511a Abs. 1 ZPO zulässig, so dass es naheliegt, dass die Kammer die im Urteil angenommene, nicht näher begründete Zulässigkeit auf diese Vorschrift stützte.

Ebenso wenig ist von Verfassungs wegen zu beanstanden, dass das LG der entscheidungserheblichen Rechtsfrage keine grundsätzliche Bedeutung iSd § 541 Abs. 1 S. 1, 2. Alt. ZPO zugemessen hat. Zur Annahme einer grundsätzlichen Bedeutung wäre es erforderlich, dass der zu veranlassende Rechtsentscheid voraussichtlich über den

Einzelfall hinaus wirkt, da die angesprochene Rechtsfrage sich auch künftig immer wieder und nicht auf wenige Fälle beschränkt stellen wird. Dafür, dass das LG dies aus nicht nachvollziehbaren oder unsachlichen Gründen ausgeschlossen hätte, ist nach dem Vortrag der Antragstellerin nichts ersichtlich.

III.

Die Entscheidung über die Kosten folgt aus § 28 StGHG.

Nr. 2

Die kommunale Grundrechtsklage vor dem Staatsgerichtshof (§ 46 des Gesetzes über den Staatsgerichtshof) stellt grundsätzlich einen Rechtsstreit von größerer Bedeutung iSd § 51 Nr. 18 HGO dar, über dessen Führung ausschließlich die Gemeindevertretung als oberstes Organ einer hessischen Gemeinde zu entscheiden hat.

Erhebt ein Gemeindevorstand ohne zustimmenden Beschluss der Gemeindevertretung eine kommunale Grundrechtsklage iSd § 51 Nr. 18 HGO, handelt er gesetzwidrig. Eine etwaige nachträgliche Genehmigung der Klageführung muss klar und eindeutig durch Beschluss der Gemeindevertretung zum Ausdruck gebracht sein.

Im Übrigen Einzelfall einer rechtsmissbräuchlich vom Gemeindevorstand gegen den nach der Klageerhebung ausdrücklich geäußerten Willen der Gemeindevertretung fortgeführten Klage, die infolge des Missbrauchs der Außenvertretungskompetenz des Gemeindevorstands (§ 71 HGO) unzulässig geworden ist.

StGHG § 46

HGO §§ 51 Nr. 18, 71

Urteil vom 13. Juni 2001 – P. St. 1562 –

in dem Verfahren über die kommunale Grundrechtsklage der Universitätsstadt Gießen, vertreten durch den Magistrat

Entscheidungsformel:

Der Antrag wird zurückgewiesen.
Gerichtskosten werden nicht erhoben, außergerichtliche Kosten nicht erstattet.

Gründe:

A

I.

Die Antragstellerin wendet sich mit ihrer am 1. August 2000 eingegangenen Grundrechtsklage gegen Neuregelungen in §§ 23 Abs. 7 S. 2 bis 4, 26 Abs. 2 S. 2 und 3, 129 Nr. 3 des Hessischen Schulgesetzes (HSchG) idF des Art. 1 des Ersten Gesetzes zur Qualitätssicherung in hessischen Schulen vom 30. Juni 1999 (GVBl. I S. 354). Die geänderten Bestimmungen traten nach Art. 3 § 3 des Gesetzes am 1. August 1999 in Kraft. Die Antragstellerin sieht sich in ihrem Recht der kommunalen Selbstverwaltung verletzt und rügt darüber hinaus die Verletzung des Demokratieprinzips und des Grundsatzes des rechtsstaatlichen Gesetzesvorbehalts.

Die geänderten Vorschriften lauten wie folgt:

§ 23
Haupt- und Realschule

...

(7) Haupt- und Realschulen, die miteinander verbunden sind, können in den Jahrgangsstufen 5 und 6 mit einer Förderstufe beginnen. Aufgrund eines Beschlusses der Schulkonferenz, der mit der Mehrheit von mindestens zwei Dritteln ihrer Mitglieder zu fassen ist, kann die Förderstufe durch eine schulformbezogene Organisation der Jahrgangsstufen 5 und 6 ersetzt werden. Auf Grundlage eines solchen Beschlusses kann dem Schulträger gegenüber kein räumlicher Mehrbedarf geltend gemacht werden. Der Beschluss bedarf der Genehmigung durch das Staatliche Schulamt.

§ 26
Schulformbezogene (kooperative) Gesamtschule

...

(2) Die schulformbezogene (kooperative) Gesamtschule kann in den Jahrgangsstufen 5 und 6 mit einer Förderstufe beginnen. Aufgrund eines Beschlusses der Schulkonferenz, der mit der Mehrheit von mindestens zwei Dritteln ihrer Mitglieder zu fassen ist, kann die Förderstufe durch eine schulformbezogene Organisation der Jahrgangsstufen 5 und 6 ersetzt oder ergänzt werden. § 23 Abs. 7 Satz 3 und 4 gilt entsprechend.

...

§ 129
Entscheidungsrechte

Die Schulkonferenz entscheidet über

...

3. die Ersetzung der Förderstufe an verbundenen Haupt- und Realschulen (§ 23 Abs. 7) sowie ihre Ersetzung oder Ergänzung an schulformbezogenen Gesamtschulen durch eine schulformbezogene Organisation der Jahrgangsstufen 5 und 6 (§ 26 Abs. 2)

...

In der Universitätsstadt Gießen bestehen u. a. fünf kooperative Gesamtschulen. An zwei dieser Schulen, der Herder- und der Landgraf-Ludwig-Schule, beschloss die jeweilige Schulkonferenz im August 1999, die Förderstufen durch schulformbezogene Jahrgangsstufen 5 und 6 zu ersetzen. Diese Beschlüsse wurden von dem zuständigen Staatlichen Schulamt genehmigt. Hiergegen legte die Antragstellerin jeweils Widerspruch ein und erwirkte zwei Beschlüsse des VG Gießen vom 17. 8. 1999 (3 G 2459/99 und 3 G 2460/99), mit denen jeweils die aufschiebende Wirkung ihrer Widersprüche wiederhergestellt wurde. Ferner wurde das Land Hessen verpflichtet, sämtliche Maßnahmen zur Ersetzung der Förderstufe durch eine schulformbezogene Organisation der Jahrgangsstufen 5 und 6 an beiden Schulen wieder rückgängig zu machen. Gegen inhaltsgleiche Beschlüsse dieser Schulen vom 24. und 25.11.1999 und gegen deren Genehmigung durch das Staatliche Schulamt vom 11. 2. 2000 legte die Antragstellerin erneut Widersprüche ein. Diese wies das Staatliche Schulamt mit Bescheiden vom 13. 11. 2000 zurück. Die Ersetzung der Förderstufe durch schulformbezogene Klassen 5 und 6 vollzogen beide Schulen mit Beginn des Schuljahres 2000/01. Die Antragstellerin nahm hiergegen keinen verwaltungsgerichtlichen Eilrechtsschutz in Anspruch.

Die Grundrechtsklage wurde aufgrund des Beschlusses des Magistrats der Antragstellerin vom 24. 7. 2000, mit dem zugleich der Prozessführungsauftrag an den Bevollmächtigten erteilt wurde, ohne vorherige Beschlussfassung durch die Stadtverordnetenversammlung erhoben.

Am 8. 8. 2000 stellte die FWG-Fraktion für die nächste Sitzung der Stadtverordnetenversammlung mit näherer Begründung den folgenden Antrag:

„Die Stadtverordnetenversammlung möge beschließen:
Die Stadtverordneten der Stadt Gießen distanzieren sich von der angestrengten Verfassungsbeschwerde der Stadt Gießen vor dem Hess. Staatsgerichtshof gegen das novellierte Hessische Schulgesetz. Die Stadtverordnetenversammlung der Stadt Gießen fordert den Magistrat auf, den Willen der Eltern und Schüler der Stadt Gießen auf Lockerung des Förderstufenzwangs der Stadt Gießen zu respektieren und die Verfassungsbeschwerde zurückzuziehen."

In der Sitzung der Stadtverordnetenversammlung vom 7. 9. 2000 wurde dieser Antrag mehrheitlich abgelehnt.

Einem Antrag der CDU-Fraktion vom 18. 11. 2000,

„die Stadtverordnetenversammlung möge beschließen, der Magistrat wird aufgefordert, umgehend die beim Staatsgerichtshof eingereichte Verfassungsklage der Stadt Gießen gegen das novellierte hessische Schulgesetz zurückzuziehen",

stimmte die Stadtverordnetenversammlung am 15. 2. 2001 mehrheitlich zu.

Mit Schreiben vom 23. 2. 2001 an den Stadtverordnetenvorsteher legte der Oberbürgermeister Widerspruch gegen diesen Beschluss ein. Der Beschluss verletze das Recht. Die Stadt sei nach § 92 Abs. 2 der Hessischen Gemeindeordnung – HGO – verpflichtet, sparsam und wirtschaftlich zu haushalten. Für die Klage seien Kosten angefallen. Durch die Klagerücknahme würde ausgeschlossen, dass diese Investition einen Ertrag erbringe. Im Übrigen gefährde der Beschluss das Wohl der Stadt. Durch die durch die Verfassungsbeschwerde angegriffene Vorschrift werde die Stadt in ihrer Funktion als Schulträger in ihrem Selbstverwaltungsrecht beeinträchtigt. Auf die Begründung der Verfassungsbeschwerde werde Bezug genommen.

II.

Die Antragstellerin führt an, sie sei als hessische Gemeinde im Verfahren nach § 46 des Gesetzes über den Staatsgerichtshof – StGHG – gemäß dieser Vorschrift und nach § 19 Abs. 2 Nr. 10 StGHG antragsberechtigt. Bedenken dagegen bestünden auch nicht angesichts der fehlenden Bezeichnung der Gemeinden als Antragsteller in Art. 131 Abs. 2 HV, denn diese Aufzählung sei ersichtlich nicht abschließend für diejenigen Verfahren, die über die in Art. 131 Abs. 1 HV ausdrücklich genannten Verfahrensarten hinaus in der Verfassung oder durch Gesetz (§ 46 StGHG) dem Staatsgerichtshof zugewiesen seien. Ihre Antragsbefugnis folge daraus, dass sie selbst, gegenwärtig und unmittelbar durch die angegriffenen Normen des Schulgesetzes in ihrem kommunalen Selbstverwaltungsrecht verletzt werde.

Die Verletzung der ihr garantierten Selbstverwaltung geschehe durch die Verlagerung eines Teils der mit der Förderstufe im Zusammenhang stehenden und bisher ihr selbst als Schulträger zukommenden Organisationskompetenzen auf die Schulkonferenz. Mit den angegriffenen Regelungen gehe eine grundlegend veränderte Zuordnung der Kompetenz zur Entscheidung über die Ersetzung einer einmal eingerichteten Förderstufe zugunsten einer schulformbezogenen Organisation der Jahrgangsstufen 5 und 6 an verbundenen Haupt- und Realschulen und kooperativen Gesamtschulen einher. Der Schulträger sei an der nun der Schulkonferenz zugeordneten Entscheidung weder im Verfahren noch materiell zu beteiligen.

Neben einem Verstoß gegen die Gewährleistung in Art. 137 Abs. 3 HV durch die Verlagerung der Regelungskompetenz über die Ersetzung der Förderstufe beinhalte das neu gestaltete Schulgesetz auch eine Verletzung der Garantie der Verwaltungsallzuständigkeit in Art. 137 Abs. 1 S. 1 HV. Es gebe kein dringendes Bedürfnis, durch Verlagerung der Verwaltungsaufgabe im Zusammenhang mit der Ersetzung der Förderstufe auf die Schulkonferenz einer kommunalen Schule eine quasi sonderbehördliche Verwaltungskompetenz zu schaffen.

Durch die neugestaltete Entscheidungsbefugnis ergäben sich spürbare Auswirkungen auf die Schulstruktur des Schulträgers. In ihrem Falle werde die gesamte Schullandschaft verändert und schließlich die ihrem Selbstverwaltungsrecht unterfallende Schulentwicklungsplanung konterkariert. Das Gesetz in der neuen Fassung könne auch zu nicht mehr kalkulierbaren finanziellen Mehrbelastungen der Kommunen führen, die durch staatliche Finanzzuweisungen aufgrund des Finanzausgleichsgesetzes nicht ausgeglichen würden. Dies greife in die kommunale Finanzhoheit ein.

Dem wirke § 23 Abs. 7 S. 3 HSchG nicht ausreichend entgegen, da kostenträchtige Folgewirkungen nicht erfasst würden.

Die Antragstellerin beantragt,

festzustellen, dass § 23 Abs. 7 Sätze 2 bis 4, § 26 Abs. 2 Sätze 2 und 3, § 129 Nr. 3 des Hessischen Schulgesetzes in der Fassung des Ersten Gesetzes zur Qualitätssicherung in hessischen Schulen vom 30. Juni 1999 mit Art. 137 Abs. 1 und 3 der Hessischen Verfassung unvereinbar und nichtig sind.

III.

Die Landesregierung hält die Grundrechtsklage für unbegründet.

Der Antrag sei als kommunale Grundrechtsklage nach § 46 StGHG zulässig. Bedenken gegen die Verfassungsmäßigkeit von § 46 StGHG bestünden nicht, dessen tatbestandliche Voraussetzungen seien erfüllt.

§§ 23 Abs. 7 S. 2 bis 4, 26 Abs. 2 S. 2 und 3 und § 129 Nr. 3 des Hessischen Schulgesetzes verletzten nicht das den Gemeinden in Art. 137 Abs. 3 Satz 1 HV gewährleistete Recht der Selbstverwaltung. Gemäß Art. 56 Abs. 1 Satz 2 HV sei das Schulwesen Sache des Staates. Diesem komme daher im schulischen Bereich ein umfassendes Gestaltungs- und Bestimmungsrecht zu, das die Reichweite der Garantie der kommunalen Selbstverwaltung im Bereich des Schulwesens einschränke.

IV.

Der Landesanwalt hat in der mündlichen Verhandlung zum Ausdruck gebracht, dass er die Grundrechtsklage für unzulässig halte. Die Grundrechtsklage hätte der Zustimmung der Stadtverordnetenversammlung bedurft. Das Verfahren vor dem Staatsgerichtshof werde instrumentalisiert in einem Konflikt zwischen Stadtverordnetenversammlung und Magistrat.

Die Grundrechtsklage sei auch unbegründet. Die Entscheidungen über die Einrichtung und Ersetzung der Förderstufe könnten nach ihrem Inhalt nicht zum Kernbereich der kommunalen Selbstverwaltung, der vor staatlichen Eingriffen geschützt sei, gerechnet werden. Die Förderstufe erfülle nach ihrer gesetzlichen Charakterisierung im Schulgesetz nach der Neufassung durch das Erste Gesetz zur Qualitätssicherung in hessischen Schulen die Funktion eines pädagogisch legitimierten Gestaltungsmerkmals der inneren Unterrichtsorganisation, über deren Einführung oder Ersetzung zu entscheiden allein Sache des Staates sei.

V.

Der Präsident des Hessischen Landtags hat mitgeteilt, eine Stellungnahme sei nicht beabsichtigt.

B.

I.

Die vom Magistrat der Antragstellerin ohne Zustimmung der Stadtverordnetenversammlung erhobene kommunale Grundrechtsklage ist unzulässig, weil sie sich als rechtsmissbräuchlich erweist.

§ 9 Abs. 1 HGO bestimmt, dass die Gemeindevertretung (in Städten Stadtverordnetenversammlung) das oberste Organ einer Gemeinde ist. In § 9 Abs. 1 S. 2, 3 HGO ist geregelt, dass die Stadtverordnetenversammlung die wichtigen Entscheidungen trifft und die gesamte Verwaltung überwacht. Demgegenüber besorgt der Gemeindevorstand (in Städten Magistrat) die laufende Verwaltung (§ 9 Abs. 2 S. 1 HGO). Zur laufenden Verwaltung gehören alle diejenigen Geschäfte, die mehr oder weniger gleichförmig in regelmäßiger Wiederkehr vorkommen und sachlich von weniger erheblicher Bedeutung sind. Der Kreis der Geschäfte der laufenden Verwaltung lässt sich nicht zahlenmäßig oder katalogmäßig umschreiben. Mehr oder weniger erhebliche Abweichungen ergeben sich zwangsläufig aus der Natur der Sache, nicht nur nach der Größe, Finanzkraft oder Bedeutung der beteiligten Gemeinden, sondern auch aus dem Wechsel der Zeitumstände (vgl. *Schneider/Dreßler/Lüll*, Hessische Gemeindeordnung, Kommentar, Stand: 14. Lief., Februar 1999, Erl. 1 zu § 66).

Dieser besonderen Bedeutung der Stadtverordnetenversammlung als des von den Bürgern gewählten obersten Organs der Stadt Rechnung tragend regelt § 51 HGO einen Katalog wichtiger kommunaler Aufgaben unter Begründung einer ausschließlichen Zuständigkeit der Stadtverordnetenversammlung, die diese Aufgaben nicht übertragen kann. Hierunter fällt nach § 51 Nr. 18 HGO auch die Entscheidung über die Führung eines Rechtsstreits von größerer Bedeutung. Eine kommunale Grundrechtsklage vor dem Staatsgerichtshof, mit der Bestimmungen eines Landesgesetzes als verfassungswidrig angegriffen werden, stellt schon grundsätzlich einen Rechtsstreit von größerer Bedeutung dar. Das erhebliche Gewicht, welches die Antragstellerin dem vorliegenden Rechtsstreit beimisst, kommt überdies darin zum Ausdruck, dass die angegriffenen Normen ihres Erachtens eine erhebliche Veränderung ihrer gesamten Schullandschaft zur Folge haben. Der Magistrat der Antragstellerin war ohne Beschluss der Stadtverordnetenversammlung zu der Erhebung der Grundrechtsklage daher nicht befugt, sondern handelte gesetzwidrig.

Die seitens des Magistrats der Antragstellerin veranlasste Klageerhebung ist durch die Stadtverordnetenversammlung auch nicht nachträglich dadurch genehmigt worden, dass der Antrag der FWG-Fraktion vom 8. 8. 2000 in der Stadtverordnetenversammlung mehrheitlich abgelehnt wurde.

Dieser Antrag ging dahin, dass sich die Stadtverordneten von der angestrengten „Verfassungsbeschwerde" der Stadt Gießen vor dem Hessischen Staatsgerichtshof gegen das novellierte Hessische Schulgesetz distanzieren und den Magistrat auffordern sollten, die „Verfassungsbeschwerde" zurückzuziehen. Eine Genehmigung der vom

Magistrat erhobenen kommunalen Grundrechtsklage durch die Stadtverordneten-versammlung lässt sich dem Beschluss über einen so formulierten Antrag und damit auch dessen mehrheitlicher Ablehnung nicht entnehmen. Der der Stadtverordneten-versammlung vorbehaltene Beschluss, dass ein Rechtsstreit von größerer Bedeutung geführt werden soll, muss klar und eindeutig gefasst werden. Das ist bei der Ablehnung eines Antrags auf Zurückziehung einer Klage nicht der Fall, zumal die Ablehnung – wie auch hier – auf die konkrete Formulierung des Antrags oder seine spezifische Begründung zurückzuführen sein kann.

Mit ihrem Beschluss vom 15. 2. 2001 forderte die Stadtverordnetenversammlung den Magistrat sogar ausdrücklich auf, die beim Staatsgerichtshof eingereichte Klage der Stadt Gießen gegen das Schulgesetz zurückzuziehen. Damit brachte sie unmiss-verständlich zum Ausdruck, dass sie die Klage nicht zu genehmigen gewillt ist. Trotz-dem hat der Magistrat die von ihm gesetzwidrig erhobene Grundrechtsklage aufrecht-erhalten.

Der Magistrat der Antragstellerin kann sich über die fehlende Zustimmung der Stadtverordnetenversammlung nicht auf Grund der ihm nach der Hessischen Gemein-deordnung zustehenden Außenvertretungskompetenz hinwegsetzen.

Zwar vertritt der Magistrat gem. § 71 HGO die Stadt nach außen. Diese Außen-vertretungskompetenz des Magistrats besteht grundsätzlich unabhängig von der inner-gemeindlichen Willensbildung, so dass der Magistrat prinzipiell auch bei Überschreitung seiner Kompetenzen wie im Falle des Fehlens der nach § 51 HGO gemeindeverfas-sungsrechtlich erforderlichen Beschlussfassung der Stadtverordnetenversammlung wirksam für die Stadt handelt (vgl. *Bennemann*, in: Kommunalverfassungsrecht Hessen, Hessische Gemeindeordnung, Kommentar, Stand: 4. Nachlief. Dezember 2000, § 51 Rn. 52; *Wiegelmann*, Handbuch des hessischen Kommunalverfassungsrechts, Bd. I, 1988, S. 331).

Doch hat der Magistrat der Antragstellerin bewusst und gewollt die ausschließ-liche Zuständigkeit der Stadtverordnetenversammlung gem. § 51 Nr. 18 HGO unter-laufen und sich gleichsam „verselbständigt". Er handelt rechtsmissbräuchlich, weil er entgegen dem ausdrücklich erklärten Willen der Stadtverordnetenversammlung der Antragstellerin die Grundrechtsklage aufrechterhält und nicht zurücknimmt. Dadurch versucht er als vertretungsberechtigtes Organ, seine von dem zur Entscheidung be-rufenen Gremium abweichende Rechtsauffassung durchzusetzen. Die Grundrechts-klage ist ohne den nach § 51 Nr. 18 HGO erforderlichen Beschluss der Stadtverord-netenversammlung erhoben und später auch nicht genehmigt worden, obwohl dem Magistrat der Antragstellerin seit dem 9. 6. 1999 die verfassungsrechtliche Problematik bekannt war, wie sich der Vorlage zum Magistratsbeschluss vom 18. 7. 2000 entnehmen lässt. Selbst wenn der Magistrat vor seiner Entscheidung über die Erhebung der Grundrechtsklage noch ein Rechtsgutachten erstellen lassen wollte, so hätte er einen entsprechenden Beschluss der Stadtverordnetenversammlung zur Klageerhebung nach der Sommerpause 2000 noch herbeiführen können, wozu der Magistrat verpflichtet gewesen wäre. Dies unterblieb, ohne dass Gründe hierfür erkennbar sind. Der Beschluss der Stadtverordnetenversammlung vom 15. 2. 2001 verpflichtete den Magistrat zur Rücknahme der Grundrechtsklage, die er nie legitimiert war zu erheben. Damit liegt erstmals eine eindeutige Willensäußerung der Stadtverordnetenversammlung zur Grundrechtsklage vor, die keinen Zweifel daran lässt, dass die Klage gerade nicht weitergeführt werden soll. Der Magistrat handelt deshalb rechtsmissbräuchlich, wenn er diesen zweifelsfrei erkennbaren Willen missachtet, indem er die Klage aufrechterhält. Sie ist deshalb unzulässig. Darauf, dass der Oberbürgermeister der Antragstellerin dem Beschluss widersprochen hat, kommt es unter diesen Umständen nicht an. Die aufschiebende Wirkung des Widerspruchs verschafft dem Magistrat der Antragstellerin nicht das Mandat, die Klage aufrechtzuerhalten.

II.

Die Kostenentscheidung folgt aus § 28 StGHG.

Nr. 3

1. Der Rechtsweg ist grundsätzlich nicht erschöpft, wenn die Sache durch ein Revisionsgericht an die Vorinstanz zurückverwiesen wird.

2. Ein strafgerichtliches Revisionsurteil, das ein freisprechendes Urteil aufhebt und die Sache an die Vorinstanz zur erneuten Entscheidung zurückverweist, stellt auch dann keine unmittelbar mit der Grundrechtsklage angreifbare Zwischenentscheidung dar, wenn es auf einer Auslegung des strafprozessualen Tatbegriffs beruht, die der Grundrechtskläger als Verletzung seiner Grundrechte rügt.

3. Der Staatsgerichtshof kann im Rahmen einer Grundrechtsklage gegen eine Endentscheidung in Gestalt einer rechtskräftigen strafgerichtlichen Verurteilung, die auf der Bindungswirkung einer – nach Zustandekommen oder Inhalt – grundrechtsverletzenden Zwischenentscheidung nach § 358 Abs. 1 StPO beruht, End- und Zwischenentscheidung für kraftlos erklären.

StPO § 358 Abs. 1

StGHG § 44 Abs. 1 und 2

Beschluss vom 10. Oktober 2001 – P.St. 1629 –

auf die Anträge des Herrn G, wegen Verletzung von Grundrechten

Entscheidungsformel:

Die Anträge werden zurückgewiesen.
Gerichtskosten werden nicht erhoben, außergerichtliche Kosten nicht erstattet.

Gründe:

A

I.

Der Antragsteller wendet sich gegen ein Revisionsurteil des OLG Frankfurt am Main, mit dem ein ihn freisprechendes Urteil aufgehoben und die Sache an das AG Kassel zur erneuten Entscheidung zurückverwiesen wurde.

Das AG Kassel sprach den Antragsteller mit Urteil vom 28.8.2000 – 505 Js 13981.9/97-271 Ls – vom Vorwurf von Vergehen gegen die Abgabenordnung frei. Die im Anklagesatz bezeichneten Taten der Steuerhinterziehung habe der Antragsteller nicht begangen, eine in Betracht kommende Steuerhinterziehung im Hinblick auf das Steuerjahr 1992 sei nicht angeklagt worden. Auf Sprungrevision der Staatsanwaltschaft hob das OLG Frankfurt am Main mit Urteil vom 16.1.2001 – 2 Ss 400/00 – das amtsgerichtliche Urteil auf und verwies die Sache zur erneuten Verhandlung und Entscheidung an eine andere Abteilung des AG Kassel zurück. Zur Begründung führte das Revisionsgericht im dem Antragsteller am 26.1.2001 zugegangenen Urteil im Wesentlichen aus, dass die in der Anklage bezeichnete Tat entgegen der Auffassung des Amtsgerichts Kassel auch die Hinterziehung von Einkommen- und Umsatzsteuer für das Jahr 1992 umfasse.

Am 26.2.2001 hat der Antragsteller Grundrechtsklage erhoben.

Er rügt Verletzungen der Grundrechte aus Art. 1, Art. 2 Abs. 1 und 2 sowie Art. 3 der Verfassung des Landes Hessen (kurz: Hessische Verfassung – HV –) durch die revisionsgerichtliche Auslegung des Begriffs der prozessualen Tat iSd § 264 Abs. 1 der Strafprozessordnung – StPO –.

Die Grundrechtsklage gegen das Urteil des OLG Frankfurt am Main sei zulässig, obwohl es sich nicht um die Endentscheidung in dieser Sache handele. Infolge der Bindung des Tatrichters und aller weiteren Instanzen an die rechtliche Bewertung im zurückverweisenden revisionsgerichtlichen Urteil sei eine in dieser rechtlichen Bewertung liegende Grundrechtsverletzung im weiteren fachgerichtlichen Verfahren nämlich nicht mehr korrigierbar. Würde die Grundrechtsklage gegen die revisionsgerichtliche Zwischenentscheidung des OLG Frankfurt am Main nicht zugelassen, so müsste er wiederum den Instanzenzug bis zum OLG ausschöpfen, obgleich dies im Hinblick auf die im Streit stehende Auslegung des Begriffs der prozessualen Tat aussichtslos wäre. Dies sei weder vom Subsidiaritätsgedanken geboten noch unter dem Gesichtspunkt der Prozessökonomie sinnvoll. Zudem stelle die Durchführung einer erneuten öffentlichen Hauptverhandlung in seinem Fall, in dem es an einer wirksamen Anklage und damit an einer elementaren Voraussetzung eines rechtsstaatlichen Strafverfahrens fehle, einen von ihm nicht mehr hinzunehmenden irreversiblen Grundrechtseingriff dar.

Der Antragsteller beantragt sinngemäß,

1. festzustellen, dass das Urteil des Oberlandesgerichts Frankfurt am Main vom 16. Januar 2001 – 2 Ss 400/00 – die Grundrechte aus Art. 1, Art. 2 Abs. 1 und 2 sowie Art. 3 HV verletzt,

2. das Urteil des Oberlandesgerichts Frankfurt am Main vom 16. Januar 2001 – 2 Ss 400/00 – für kraftlos zu erklären und die Sache an ein anderes Gericht desselben Rechtszuges zurückzuverweisen.

II.

Landesregierung und Landesanwaltschaft halten die Grundrechtsklage wegen fehlender Rechtswegerschöpfung für unzulässig. Das Urteil des OLG Frankfurt am Main enthalte für den Antragsteller keine endgültige Beschwer, die ausnahmsweise eine Grundrechtsklage bereits gegen eine Zwischenentscheidung zulasse. Mit der Entscheidung des OLG sei eine Verurteilung des Antragstellers nicht präjudiziert. Sie schließe jedenfalls nicht aus, dass der Antragsteller im Falle einer veränderten Verfahrens- und Rechtslage aufgrund neuer tatrichterlicher Feststellungen, für die die Aufhebungsansicht des OLG keine Bedeutung habe, erneut freigesprochen werde. Zudem gelte die Bindungswirkung nicht, wenn und soweit sie dem Tatrichter einen – vom Antragsteller gerade behaupteten – Verstoß gegen Verfassungsrecht zumute. Auch wäre das OLG als Revisionsgericht im Falle einer Verurteilung des Antragstellers nicht gehindert, seine Ansicht zu überdenken und zu einer anderen Entscheidung zu kommen.

B.

I.

Die Grundrechtsklage ist unzulässig, weil der Antragsteller den Rechtsweg nicht erschöpft hat und die Voraussetzungen, unter denen der Staatsgerichtshof vor Erschöpfung des Rechtswegs entscheidet, nicht gegeben sind.

Ist für den Gegenstand einer Grundrechtsklage der Rechtsweg zulässig, so kann die Grundrechtsklage nach § 44 Abs. 1 S. 1 des Gesetzes über den Staatsgerichtshof – StGHG – regelmäßig erst erhoben werden, wenn der Rechtsweg erschöpft ist. Nach § 44 Abs. 2 StGHG entscheidet der Staatsgerichtshof vor Erschöpfung des Rechtswegs nur, wenn die Bedeutung der Sache über den Einzelfall hinausgeht oder wenn der antragstellenden Person ein schwerer und unabwendbarer Nachteil entstünde, falls sie zunächst auf den Rechtsweg verwiesen würde.

Grundsätzlich ist der Rechtsweg nicht erschöpft, wenn die Sache durch ein Revisionsgericht an die Vorinstanz zurückverwiesen wird (ständige Rechtsprechung des Bundesverfassungsgerichts, vgl. etwa BVerfG [1. Kammer des 1. Senats] NJW 2000, 3198). Dies gilt unabhängig von der Bindungswirkung, die einer rechtlichen Beurteilung des Revisionsgerichts für das weitere fachgerichtliche Verfahren zukommt. Rechtsausführungen in den Gründen der Entscheidung schaffen für sich allein keine Beschwer im Rechtssinn. Ausschlaggebend ist vielmehr, ob ein Antragsteller im Ergebnis mit seinem Begehren noch Erfolg haben kann (vgl. BVerfG aaO).

Das OLG Frankfurt am Main hat das den Antragsteller freisprechende amtsgerichtliche Urteil aufgehoben und die Sache zur erneuten Verhandlung und Entscheidung an das AG zurückverwiesen. Es ist deshalb trotz der Bindungswirkung des § 358 Abs. 1 StPO noch offen, ob es im Ergebnis zu einer Verurteilung des Antragstellers wegen Steuerhinterziehung kommt.

Der Grundrechtsklage kommt auch weder eine über den Einzelfall hinausgehende Bedeutung zu noch entsteht dem Antragsteller ein schwerer und unabwendbarer Nachteil durch seine Verweisung auf den Rechtsweg. Die als Grundrechtsverletzung gerügte revisionsgerichtliche Auslegung des Begriffs der prozessualen Tat im angegriffenen Urteil beinhaltet – anders als etwa die Zurückverweisung auf der Grundlage einer gegen die Garantie des gesetzlichen Richters verstoßenden Norm (BVerfGE 20, 336, 342) oder ein Urteil, das über den Schuldspruch endgültig entscheidet und lediglich zur Entscheidung über das Strafmaß zurückverweist (BVerfGE 75, 369, 375; 82, 236, 258) – insbesondere keine nachhaltige und irreversible Rechtsverletzung, die ein Vorgehen schon gegen diese Zwischenentscheidung erforderlich machen würde. Denn im Fall einer infolge der Zurückverweisung denkbaren Verurteilung ist es dem Antragsteller nach Durchlaufen des fachgerichtlichen Instanzenzugs möglich, die endgültige letztinstanzliche Entscheidung mit der Grundrechtsklage anzugreifen. Im Rahmen einer solchen Grundrechtsklage könnte der Antragsteller auch die ihn vermeintlich in seinen Grundrechten verletzende Interpretation des Begriffs der prozessualen Tat zum Gegenstand verfassungsgerichtlicher Kontrolle machen, soweit seine Verurteilung darauf beruht. Das Abwarten der – ihm möglicherweise nachteiligen – strafgerichtlichen Endentscheidung ist dem Antragsteller auch zumutbar. Die erneute Durchführung einer Hauptverhandlung allein greift – selbst wenn es infolge rechtsirriger Auslegung des Tatbegriffs des § 264 StPO durch das OLG an einer ordnungsgemäßen Anklage fehlen sollte – nicht derart schwer in den Rechtskreis des Antragstellers ein, dass eine Vorabentscheidung des Staatsgerichtshofs erforderlich wäre.

Im Falle einer Kassation des endgültigen letztinstanzlichen Urteils durch den Staatsgerichtshof träte für das Fachgericht, an das der Staatsgerichtshof die Sache zurückverweist, auch kein unauflösbarer Widerstreit zwischen der Bindungswirkung der revisionsgerichtlichen Zurückverweisung nach § 358 Abs. 1 StPO und der Bindungswirkung der verfassungsgerichtlichen Entscheidung nach § 47 Abs. 1 StGHG ein.

Zum einen findet die Bindungswirkung des § 358 Abs. 1 StPO dort ihre Grenze, wo sie dem verpflichteten Gericht einen offensichtlichen Verfassungsverstoß zumuten würde (vgl. *Kleinknecht/Meyer-Goßner*, StPO, 45. Aufl. 2001, § 358 Rn. 8 mwN). Hat der Staatsgerichtshof aber in derselben Sache eine fachgerichtliche Rechtsauffassung als grundrechtsverletzend verworfen, ist deren Verfassungswidrigkeit für das erneut erkennende Fachgericht offensichtlich, seine Bindung an die frühere Zwischenentscheidung, in der diese – nach Zustandekommen oder Inhalt verfassungswidrige – Rechtsauffassung vertreten wurde, mithin entfallen. Auf die Frage, ob das Revisionsgericht im Strafprozess in ein- und demselben Verfahren an eine zunächst vertretene, im Fortgang des Verfahrens aber als unzutreffend erkannte Rechtsauffassung gebunden ist (vgl. dazu BGHSt 33, 356, GSSt), kommt es für die Entscheidung über die Grundrechtsklage sonach nicht an.

Der Staatsgerichtshof kann zudem im Rahmen einer Grundrechtsklage gegen eine Endentscheidung in Gestalt einer rechtskräftigen strafgerichtlichen Verurteilung, die auf der Bindungswirkung einer – nach Zustandekommen oder Inhalt – grundrechtsverletzenden Zwischenentscheidung nach § 358 Abs. 1 StPO beruht, End- und Zwischenentscheidung für kraftlos erklären und so der Bindungswirkung die Grundlage nehmen. § 44 Abs. 1 S. 2 StGHG, nach dem der Staatsgerichtshof nur prüft, ob die Entscheidung des höchsten in der Sache zuständigen Gerichts auf der Verletzung eines von der Verfassung des Landes Hessen gewährten Grundrechts beruht, steht dieser Kassationsbefugnis nicht entgegen. Das Endurteil enthält wegen der Bindungswirkung der Zwischenentscheidung notwendig deren bindende rechtliche Erkenntnisse. Die Zwischenentscheidung ist damit zugleich mit der Endentscheidung aufhebbar.

II.

Die Kostenentscheidung folgt aus § 28 StGHG.

Entscheidungen
des Landesverfassungsgerichts
Mecklenburg-Vorpommern

Die amtierenden Richterinnen und Richter
des Landesverfassungsgerichts Mecklenburg-Vorpommern

Dr. Gerhard Hückstädt, Präsident
Helmut Wolf, Vizepräsident
Peter Häfner
Dr. Dietmar Schneider
Brunhild Steding
Joachim von der Wense
Prof. Dr. Maximilian Wallerath

Stellvertretende Richter und Richterinnen

Dr. Siegfried Wiesner
Klaus-Dieter Essen
Matthias Lipsky
Dr. Christa Unger
Karin Schiffer
Rolf Christiansen
Gudrun Köhn

Nr. 1

1. Ein Beschluß, durch den der Landtag einem Ausschuß das Recht gibt, seine Geschäftsordnung ohne Zustimmung des Landtages zu verändern, stellt gegenüber den Abgeordneten und Fraktionen eine rechtserhebliche Maßnahme dar.

2. In Mecklenburg-Vorpommern haben die Fraktionen des Landtages eigene Rechte auf Teilhabe an dessen Geschäftsordnungsgewalt.

3. Die Geschäftsordnungen von Ausschüssen und Enquete-Kommissionen hat der Landtag in seiner Gesamtheit zu verantworten.

4. Der Landtag darf einen Ausschuß nicht unbestimmt und unbegrenzt ermächtigen, seine Geschäftsordnung ohne Zustimmung des Landtages zu verändern.

5. Sollen der Vorsitzende eines Ausschusses und sein Stellvertreter nach einem in der Geschäftsordnung nicht vorgesehenen Verfahren bestimmt werden, so muß der Landtag dies und das einzuhaltende Verfahren selbst klar und eindeutig regeln. Das gilt auch für die Enquete-Kommissionen.

Gesetz über das Bundesverfassungsgericht § 64

Landesverfassung Mecklenburg-Vorpommern:

Art. 25 Abs. 2 Satz 2; 26 Abs. 3; 29; 29 Abs. 1 Satz 2; 33; 34

Landesverfassungsgerichtsgesetz §§ 11 Abs. 1 Nr. 1; 13; 32 Abs. 1; 33 Abs. 2; 36 Abs. 1

Urteil vom 31. Mai 2001 – LVerfG 2/00 –

in dem Organstreitverfahren der CDU-Fraktion im Landtag Mecklenburg-Vorpommern, vertreten durch den Fraktionsvorsitzenden, Schloß Schwerin, Lennéstraße 1, 19053 Schwerin

– Antragstellerin –

Prozeßbevollmächtigter:

Prof. Dr. Wolfgang Löwer, Rheinische Friedrich-Wilhelms-Universität Bonn, Rechts- und Staatswissenschaftliche Fakultät, Adenauerallee 44, 53113 Bonn gegen

1. den Landtag Mecklenburg-Vorpommern, vertreten durch den Präsidenten des Landtages, Schloß Schwerin, Lennéstr. 1, 19053 Schwerin

– Antragsgegner zu 1) –

2. den Präsidenten des Landtages Mecklenburg-Vorpommern, Schloß Schwerin, Lennéstr. 1, 19053 Schwerin

– Antragsgegner zu 2) –

Prozeßbevollmächtigter zu 1. und 2.:

Prof. Dr. Albert von Mutius, Christian-Albrechts-Universität zu Kiel, Lehrstuhl für Öffentliches Recht und Verwaltungslehre, Olshausenstr. 40, 24098 Kiel

Entscheidungsformel:

Es wird festgestellt, daß der Beschluß des Landtages Mecklenburg-Vorpommern vom 13. Juli 2000 über die Einsetzung der Enquete-Kommission „Zukunftsfähige Gemeinden und Gemeindestrukturen in Mecklenburg-Vorpommern" gegen Art. 29 Abs. 1 Satz 2 der Verfassung des Landes Mecklenburg-Vorpommern verstößt, soweit die Enquete-Kommission in Nummer 6.5 des Beschlusses das Recht erhalten hat, ihre Geschäftsordnung ohne Zustimmung des Landtages selbst zu verändern.

Soweit die Antragstellerin ihre Anträge zurückgenommen hat, wird das Verfahren eingestellt.

Die Entscheidung ergeht kostenfrei. Das Land Mecklenburg-Vorpommern hat der Antragstellerin die Hälfte der ihr entstandenen Auslagen zu erstatten.

Gründe:

A.

Die CDU-Fraktion im Landtag Mecklenburg-Vorpommern (Antragstellerin) wendet sich gegen die nach ihrer Ansicht verfassungswidrige Übertragung von Geschäftsordnungsgewalt des Landtages (Antragsgegners zu 1., im folgenden: Antragsgegner) auf die Enquete-Kommission „Zukunftsfähige Gemeinden und Gemeindestrukturen in Mecklenburg-Vorpommern" durch Einsetzungsbeschluß des Landtages vom 13.7.2000. Dadurch sei ihr die Mitwirkung an der Landtagsgeschäftsordnungsgewalt verfassungswidrig entzogen und ihr Recht auf Teilhabe an der Geschäftsordnungsgewalt verletzt worden. Ihr weiteres Begehren, festzustellen, daß der Landtag hierdurch und der Landtagspräsident in der konstituierenden Sitzung der Enquete-Kommission vom 28.9.2000 unter Verstoß gegen den Verfassungsgrundsatz der Fairneß und Loyalität das ihr verfassungsmäßig zustehende Zugriffsrecht auf den Kommissionsvorsitz gefährdet bzw. verletzt hätten, hat sie auf Grund der mündlichen Verhandlung nicht mehr zur Entscheidung gestellt.

Verantwortung des Landtages 211

I.

1. Mit Beschluß vom 13. 7. 2000 setzte der Antragsgegner die Enquete-Kommission „Zukunftsfähige Gemeinden und Gemeindestrukturen in Mecklenburg-Vorpommern" ein. Der Einsetzungsbeschluß beschreibt unter Nummer 1 den Aufgabenbereich der Kommission und regelt in Nummer 4 Näheres zur personellen Zusammensetzung der Kommission. Danach gehören der Enquete-Kommission 20 stimmberechtigte Mitglieder, darunter je zwei Mitglieder der drei Fraktionen des Landtages, sowie vier weitere Mitglieder mit beratender Stimme an. Nummer 6 des Einsetzungsbeschlusses lautet wie folgt:

„6. Als Geschäftsordnung der Enquete-Kommission dienen die Geschäftsordnungsregelungen der ständigen Ausschüsse des Landtages mit folgenden Veränderungen:

6.1 Auch die unter 4.2 bis 4.4 genannten Mitglieder der Enquete-Kommission besitzen volles Stimm-, Antrags- und Rederecht.

6.2 Die beratenden Mitglieder besitzen volles Rederecht.

6.3 Die Enquete-Kommission tagt öffentlich.

6.4 Stimmberechtigte Kommissionsmitglieder, die dem Abschlußbericht ganz oder teilweise nicht zustimmen, können dem Landtag ein Minderheitenvotum erstatten.

6.5 *Die Enquete-Kommission erhält das Recht, ihre Geschäftsordnung ohne Zustimmung des Landtages selbst zu verändern.*"

Mit diesem Einsetzungsbeschluß folgte der Antragsgegner einer Beschlußempfehlung des Innenausschusses vom 14. 6. 2000 (LT-Drs. 3/1350), der sich in seiner Sitzung vom 17. 5. 2000 unter anderem mit der – kontrovers diskutierten – Frage befaßt hatte, ob die Enquete-Kommission ihre Geschäftsordnung ohne Zustimmung des Landtages selbst ändern dürfe.

Nach Einsetzung der Enquete-Kommission wurde der Rechtsausschuß des Landtages auf förmliche Bitte des Vorsitzenden des Innenausschusses mit der Frage befaßt, ob für die Einsetzung einer Enquete-Kommission ein Enquete-Ausschuß-Gesetz erforderlich sei. Diese Frage verneinte der Rechtsausschuß in seiner Sitzung vom 14. 9. 2000 bei Stimmenthaltung seiner Mitglieder aus der CDU-Fraktion. Die überdies aus dem Ältestenrat heraus mündlich an den Rechtsausschuß herangetragene Bitte, sich dazu zu äußern, ob der in der ersten Wahlperiode zu § 8 der Geschäftsordnung des Landtages (GO LT) gefaßte Auslegungsbeschluß des Rechtsausschusses vom 3. 5. 1993 weitergelten solle oder sich durch Zeitablauf oder Änderung der Verhältnisse erübrigt habe, behandelte der Rechtsausschuß (nach einstimmiger Beschlußfassung) nicht weiter. § 8 GO LT lautet – auszugsweise – wie folgt:

„(1) Zur Vorbereitung seiner Verhandlungen setzt der Landtag ständige Ausschüsse ein. Die Zusammensetzung regelt sich nach dem Stärkeverhältnis der Fraktionen.

(2) Für einzelne Angelegenheiten können Sonderausschüsse und Enquete-Kommissionen gebildet werden.

(3) Der Landtag hat das Recht und auf Antrag von mindestens einem Viertel seiner Mitglieder die Pflicht, zur Aufklärung von Tatbeständen im öffentlichen Interesse Untersuchungsausschüsse einzusetzen.

(4) Die Regelung des Vorsitzes in den ständigen Ausschüssen erfolgt durch Zugriff nach Maßgabe des Stärkeverhältnisses der Fraktionen. Gleiches gilt für die Sonderausschüsse."

Der in Rede stehende Auslegungsbeschluß des Rechtsausschusses vom 3. 5. 1993 (1. Wahlperiode) zu § 8 GO LT hat folgenden Inhalt:

„§ 8 GO LT unterscheidet in den ersten drei Absätzen drei verschiedene Arten von Ausschüssen
– 1. Ständige Ausschüsse in § 8 Abs. 1 GO LT
– 2. Sonderausschüsse und Enquetekommissionen in § 8 Abs. 2 GO LT
– 3. Untersuchungsausschüsse in § 8 Abs. 3 GO LT.
Der Rechtsausschuß stellt fest, daß in jedem der drei Fälle – mit einer neuen Zählreihe – gesondert nach § 8 Abs. 4 GO LT zu verfahren ist. Das heißt, sollte ein weiterer ständiger Ausschuß, der 10. ständige Ausschuß gebildet werden, würde der Vorsitz dieses 10. Ausschusses entsprechend der augenblicklichen Stärkeverhältnisse im Landtag der Fraktion der CDU zufallen, der 11. ständige Ausschußvorsitz stünde danach der Fraktion der LL/PDS zu, der 12. Ausschußvorsitz der Fraktion der SPD und der 13. Ausschußvorsitz der Fraktion der FDP.
Sollte ein weiterer Sonderausschuß bzw. eine Enquetekommission gebildet werden, stünde der Vorsitz der Fraktion der SPD zu. Das ergibt sich aus der Tatsache, daß die Fraktion der CDU den Vorsitz in dem ersten Sonderausschuß (Verfassungskommission) wahrnimmt.
Im Blick auf die Untersuchungsausschüsse stellt der Rechtsausschuß mehrheitlich fest, daß der Untersuchungsausschuß „Werften" (Drs. 1/213 – neu –) außer der Reihe (Drs. 1/2700, S. 10) an die Fraktion der SPD durch Beschlußfassung des Plenums vom 21. 03. 1991 gefallen ist. Das war nach § 62 GO LT zulässig."

Der 3. Landtag hat in seiner konstituierenden Sitzung vom 26. 10. 1998 beschlossen, die Geschäftsordnung des vorherigen Landtages einschließlich ihrer Anlagen zu übernehmen. Darunter befindet sich als Anlage 6 dieser Auslegungsbeschluß. Er ist auch weiterhin in der am 10. 1. 2001 erfolgten Bekanntmachung der Neufassung der Geschäftsordnung des Landtages M-V (GVOBl. M-V 2001, 25) enthalten.

Außer der hier in Rede stehenden Enquete-Kommission gab es bisher lediglich eine weitere Enquete-Kommission, die am 17. 5. 1995 (2. Wahlperiode) eingesetzte Kommission „Leben in der DDR, Leben nach 1989 – Aufarbeitung und Versöhnung". Anläßlich der Einsetzung der Kommission wurden dem Rechtsausschuß des damaligen Landtages drei Fragen zur Geschäftsordnung vorgelegt, von denen eine wie folgt lautete:

„Welche geschäftsordnungsmäßigen Regelungen finden Anwendung für die Besetzung des Vorsitzenden und des Stellvertreters der Kommission?"

Der Rechtsausschuß stellte dazu mit den Stimmen der Vertreter der damaligen Koalitionsfraktionen (CDU/SPD) fest, daß die Geschäftsordnung des Landtages für die Besetzung des Vorsitzes und des stellvertretenden Vorsitzes einer Enquete-Kommission keine Regelungen enthalte. Der Landtag sei insofern entsprechend seiner Organisationsgewalt frei von geschäftsordnungsmäßigen Regelungen. Im Einsetzungsbeschluß hat der Landtag bestimmt, daß die gemeinsame und gleichberechtigte Leitung der Kommission von dem Präsidenten und dem 1. Vizepräsidenten des Landtages übernommen werden.

Am 26. 10. 1998 (3. Wahlperiode) hat der Landtag den Sonderausschuß „Rügenanbindung", dessen Vorsitz einem Mitglied der SPD-Fraktion übertragen wurde, eingesetzt.

2. Mit Schreiben vom 12. 9. 2000 bat der Landtagspräsident den Vorsitzenden der Antragstellerin um Benennung zweier Fraktionsmitglieder sowie zweier Wissenschaftler bzw. Vertreter des öffentlichen Lebens als Mitglieder der Enquete-Kommission. Der Vorsitzende der Antragstellerin benannte daraufhin mit Schreiben vom 20. 9. 2000 zwei Abgeordnete seiner Fraktion. Im übrigen verwies er darauf, daß die nichtparlamentarischen Mitglieder erst dann benannt würden, wenn die bislang strittige Frage der Geschäftsordnung der Enquete-Kommission zwischen den Landtagsfraktionen einvernehmlich geklärt sei. Mit Schreiben vom 26. 9. 2000 übermittelten die parlamentarischen Geschäftsführer der Fraktionen der SPD und der PDS dem Landtagspräsidenten einen als Antrag der Fraktionen von SPD und PDS überschriebenen „Entwurf einer Geschäftsordnung für die Enquete-Kommission". Der Antrag ist von zwei Abgeordneten unterschrieben, die von den vorgenannten Fraktionen für die Enquete-Kommission benannt worden waren. Er lautet auszugsweise wie folgt:

„(1) Die Enquete-Kommission wählt aus den der Enquete-Kommission angehörenden Mitgliedern des Landtages eine/einen Vorsitzende/Vorsitzenden und eine/einen stellvertretenden Vorsitzende/Vorsitzenden.

(2) Die/der Vorsitzende und die/der stellvertretende Vorsitzende müssen stimmberechtigte Mitglieder der Enquete-Kommission sein.

(3) Die Wahlen erfolgen geheim.

(4) Gewählt ist, wer die Stimmen der Mehrheit der stimmberechtigten Mitglieder der Enquete-Kommission erhält.

(5) Die Enquete-Kommission kann die/den Vorsitzenden oder die/den stellvertretenden Vorsitzende/Vorsitzenden abwählen ..."

Am 28. 9. 2000 fand die konstituierende Sitzung der Enquete-Kommission statt; den Vorsitz führte der Landtagspräsident. Nach kontroverser Debatte darüber, ob es zulässig sei, den Vorsitzenden und seinen Stellvertreter nicht im Wege des Zugriffsverfahrens nach § 8 Abs. 4 GO LT zu bestimmen, sondern von der Enquete-Kommission wählen zu lassen, stellte der Landtagspräsident den Geschäftsordnungsentwurf zur Abstimmung. Er wurde – bei Gegenstimmen der von der Antragstellerin entsandten

Abgeordneten – mehrheitlich beschlossen. Im Anschluß daran wurden in der konstituierenden Sitzung zum Vorsitzenden ein Abgeordneter der SPD und zur stellvertretenden Vorsitzenden eine Abgeordnete der PDS gewählt.

II.

1. In dem von ihr eingeleiteten Organstreitverfahren macht die Antragstellerin zur Zulässigkeit geltend:

Sie sei antragsbefugt iSv § 36 Abs. 1 Landesverfassungsgerichtsgesetz (LVerfGG). Die Delegation der Geschäftsordnungsgewalt des Landtages auf die Enquete-Kommission mit Einsetzungsbeschluß vom 13. 7. 2000 stelle eine Maßnahme des Antragsgegners iSv § 36 LVerfGG dar, durch welche die Antragstellerin in ihrem Rechtskreis konkret betroffen werde. Sie verliere dadurch sowohl die Möglichkeit, auf das Verfahren der Enquete-Kommission im Wege der Geschäftsordnungsgebung einzuwirken, als auch ihr Recht darauf, daß die von ihr mitbeschlossene Geschäftsordnung des Landtages auch gelte, soweit es um die innere Willensbildung des Landtages gehe. Dazu gehöre auch die Vorbereitung von Entscheidungen des Landtages durch Ausschüsse; für Enquete-Kommissionen gelte insoweit ersichtlich nichts Abweichendes. Der Einsetzungsbeschluß sei auch dann tauglicher Streitgegenstand eines Organstreitverfahrens, wenn man ihn wegen seiner Abweichung von der Geschäftsordnung selbst als Geschäftsordnungsakt qualifiziere.

2. Zur Begründetheit ihres Antrags trägt die Antragstellerin vor:

Die sachlich nicht limitierte Delegation von Geschäftsordnungsgewalt auf die Enquete-Kommission verstoße gegen Art. 29 Abs. 1 S. 2 der Landesverfassung (LV) und verletze sie in ihren Mitwirkungsrechten am Erlaß der Geschäftsordnungsregeln für den Landtag (Art. 25 Abs. 2 S. 2 LV). Die Geschäftsordnungsgebung sei nach Art. 29 Abs. 1 S. 2 LV eine pflichtige Kompetenz des Parlaments. Sofern die Verfassung von der Delegierbarkeit dieser Kompetenz ausgegangen wäre, hätte sie zu dieser ermächtigt. Die Geschäftsordnung des Landtages müsse auch für die vom Parlament abgeleiteten Gremien gelten, zu denen – ungeachtet ihrer genauen rechtlichen Einordnung – auch Enquete-Kommissionen gehörten. § 16 GO LT belege, daß dies auch der normativen Sicht der Geschäftsordnung des Landtages entspreche. Danach gelte die Geschäftsordnung des Landtages für die Beratungen der Ausschüsse sinngemäß, soweit nichts anderes bestimmt sei. Diese Regelung bestätige auch deklaratorisch, daß eine substantielle Geschäftsordnungsautonomie den Ausschüssen nicht zustehen könne, weil diese Befugnis exklusiv dem Parlament zugeordnet sei. Der Landtag trage als Vertretungskörperschaft die Letztverantwortung für seine Selbstorganisation, also auch für die Selbstorganisation seiner Glieder. Sondergeschäftsordnungen seien dem Parlamentsrecht zwar nicht völlig ungeläufig; sie seien aber jeweils auf die spezifische materielle Aufgabe der Ausschüsse bezogen und nicht auf die parlamentsrechtlichen

Grundlagen des Verfahrens, so daß es nicht zu Friktionen mit der Geschäftsordnung des Parlaments kommen könne.

Unter dem Topos „Delegationsverbot" gehe es nicht um das Verbot einer Ergänzung der Geschäftsordnung, wo diese gar nichts regele, sondern darum, daß Delegation nicht auch die Rechtsmacht einräumen dürfe, von der Geschäftsordnung des Landtages abweichendes Recht zu setzen. Die – wie hier – unlimitierte Delegation sei nicht mit der Landesverfassung vereinbar. Das folge schon daraus, daß § 16 GO LT und die §§ 61 bis 63 GO LT unmittelbar mit Art. 29 Abs. 1 S. 2 LV zusammenhingen. Die Delegation der Geschäftsordnungsgewalt auf die Enquete-Kommission sei überdies auch deshalb verfassungswidrig, weil hier die Geschäftsordnungsgewalt sogar mehrheitlich auf Parlamentsfremde delegiert werden solle. Durch die Delegation verliere nicht nur die Parlamentsmehrheit ihre Mitwirkung an der Geschäftsordnungsgewalt, sondern jedem Abgeordneten und auch allen Fraktionen im Landtag gehe dadurch die initiativ- und beschlußweise Mitwirkung an der geschäftsordnungsmäßigen Ausstattung der Parlamentsgliederungen verloren. Diese Verkürzung der Mitwirkungsrechte sei eine Verkürzung der Abgeordneten- und Fraktionsrechte.

Die sachlich nicht limitierte Delegation der Geschäftsordnungsgewalt gefährde zugleich ihr Zugriffsrecht auf den Vorsitz in der Enquete-Kommission. Das in § 8 Abs. 4 GO LT für die Besetzung des Vorsitzes in Ausschüssen vorgesehene Zugriffsverfahren gelte trotz des auslegungsbedürftigen Wortlauts dieser Vorschrift auch für Enquete-Kommissionen. Dies folge aus dem als Anlage 6 zur Geschäftsordnung publizierten Beschluß des Rechtsausschusses zu § 8 GO LT vom 03. 5. 1993. Dieser Beschluß sei spätestens durch Übernahme der Geschäftsordnung für die dritte Wahlperiode mit Beschluß des Landtages vom 26. 10. 1998 zum geltenden Geschäftsordnungsrecht geworden. Eine davon abweichende Entscheidung sei bislang nicht getroffen worden. Der Vorsitz in der Enquete-Kommission hätte daher ihr zugestanden. Zwar sei § 8 Abs. 4 GO LT selbst nicht verfassungskräftig; die Minderheit habe aber ein verfassungskräftiges Recht darauf, daß die Geschäftsordnungsposition aus dieser Bestimmung nicht zu Lasten der Minderheit durchbrochen werde.

Mit dem Einsetzungsbeschluß vom 13. 7. 2000 habe der Landtag nicht zugleich eine Abweichung von der geltenden Geschäftsordnung beschlossen. Eine solche Abweichung setze nach § 62 GO LT einen Beschluß des Landtages voraus, dem nicht ein Viertel der Abgeordneten widersprochen haben dürfe. Insoweit gelte jedoch parlamentsrechtlich eine Art Publizitätsprinzip: Es müsse klar sein, daß von der Geschäftsordnung abgewichen werden solle, damit sich gegebenenfalls auch ein Widerspruchs-Quorum formieren könne. Deshalb könne nicht auf eine Abstimmung über die Abweichung verzichtet werden.

Daß sich die Antragstellerin bei der Beschlußfassung über die Einsetzung der Enquete-Kommission der Stimme enthalten habe, sei im übrigen unerheblich. Solche Stimmenthaltung bedeute keine Billigung des Vorgehens der Mehrheit, sondern sei Ausdruck der Tatsache, daß die Einsetzung – wie vom Innenausschuß empfohlen – nur mit allen „Nebenbestimmungen" habe angenommen werden können. Die Geschäftsordnungsfrage – deren Tragweite noch gar nicht absehbar gewesen sei – sei nicht isoliert zur Abstimmung gestellt worden.

Nachdem die Antragstellerin in der mündlichen Verhandlung ihren ursprünglichen Antrag gegen den Landtagspräsidenten insgesamt und gegen den Landtag teilweise zurückgenommen hat, beantragt sie nunmehr,

> festzustellen,
> daß der Antragsgegner durch die Delegation der Geschäftsordnungsgewalt des Landtages auf die mehrheitlich nicht mit Landtagsmitgliedern besetzte Enquete-Kommission „Zukunftsfähige Gemeinden und Gemeindestrukturen in Mecklenburg-Vorpommern" (Einsetzungsbeschluß vom 13.7.2000, 43. Sitzung des Landtages, stenografische Berichte S. 2736 f) der Antragstellerin insoweit die Mitwirkung an der Landtagsgeschäftsordnungsgewalt verfassungswidrig entzogen hat (Art. 29 Abs. 1 S. 2 LV iVm Art. 25 Abs. 2 S. 2 LV) und sie dadurch in einem ihr zustehenden Recht auf Teilhabe an der Geschäftsordnungsgewalt verletzt hat.

III.

1. Der Antragsgegner hält den Antrag für unzulässig.

Gem. § 36 Abs. 1 LVerfGG sei die Antragsbefugnis nur dann gegeben, wenn die Antragstellerin substantiiert geltend mache, durch eine Maßnahme oder Unterlassung des Antragsgegners in ihren ihr durch die Landesverfassung übertragenen Rechten und Pflichten verletzt oder unmittelbar gefährdet zu sein. Die Antragstellerin sei lediglich im Wege der Prozeßstandschaft befugt, Rechte des Gesamtparlaments im Organstreitverfahren geltend zu machen. Sie sei nicht befugt, im Wege des Organstreitverfahrens sich zum Hüter der Wahrung des objektiven Verfassungsrechts aufzuschwingen.

Soweit die Antragstellerin rüge, der Antragsgegner habe mit dem Einsetzungsbeschluß gegen das Verbot der Delegation von Geschäftsordnungsautonomie auf Ausschüsse verstoßen, sei diese Pflichtverletzung weder objektiv gegeben noch schlüssig dargetan. Entgegen der Auffassung der Antragstellerin sei der Enquete-Kommission im Einsetzungsbeschluß nicht die Befugnis eingeräumt worden, die Geschäftsordnung des Parlaments zu ändern oder fortzubilden. Gegenstand des Beschlusses sei vielmehr lediglich eine ergänzende Verfahrensordnung ausschließlich für die Enquete-Kommission und ihren Beratungsgegenstand gewesen. Davon, daß der Einsetzungsbeschluß die Befugnis begründe, sich vollständig vom Geschäftsordnungsrecht des Landtages zu lösen, könne daher keine Rede sein.

Soweit die Antragstellerin selbst darauf hingewiesen habe, daß der Landtag Ausschüsse durch Mehrheitsbeschluß ermächtigen könne, ihr Verfahren abweichend von der Landtagsgeschäftsordnung zu gestalten, sei bereits fraglich, ob das angesichts der grundlegend anderen Rechtsstellung und Funktion von Enquete-Kommissionen auch für diese gelten könne. Selbst wenn dies der Fall wäre, sei darauf hinzuweisen, daß der

Landtag genau einen derartigen Beschluß mit der nach § 62 GO LT erforderlichen Mehrheit gefaßt habe, denn die Antragstellerin habe bei der Abstimmung nicht widersprochen, sondern sich der Stimme enthalten.

Der Vortrag der Antragstellerin sei auch insoweit unschlüssig, als sie einen Verlust von Mitwirkungsrechten der Minderheitsfraktionen und Abgeordneten an der Gestaltung der Geschäftsordnung durch die Delegation partieller Geschäftsordnungsbefugnisse rüge. Die in der konstituierenden Sitzung der Enquete-Kommission anwesenden Mitglieder der Antragstellerin hätten durchaus die Möglichkeit gehabt, ihre Rechte auf Mitwirkung bei der Gestaltung der Geschäftsordnung wahrzunehmen. Daß sie sich dabei nicht hätten durchsetzen können, sei Folge der in der Enquete-Kommission gegebenen Mehrheitssituation, berühre aber die Wahrnehmung von Minderheitenrechten nicht. Da die Antragstellerin nach dem Einsetzungsbeschluß entsprechend den Mehrheitsverhältnissen im Landtag an der Enquete-Kommission beteiligt sei und an der Gestaltung der Geschäftsordnung auch argumentativ mitgewirkt habe, sei nicht nachvollziehbar, inwieweit Minderheitenrechte verletzt sein sollten.

Überdies stelle der Einsetzungsbeschluß des Antragsgegners in rechtlicher Hinsicht einen unmittelbaren Akt der Anwendung der Landtagsgeschäftsordnung dar. Bei solchen Anwendungsakten handele es sich nach der Rechtsprechung des Bundesverfassungsgerichts nicht um rechtserhebliche Maßnahmen. Dieser Auffassung sei zu folgen, weil § 36 Abs. 1 LVerfGG Maßnahmen von verfassungsrechtlicher Relevanz verlange und das Geschäftsordnungsrecht im Einzelfall Abweichungen erlaube.

2. Ungeachtet dessen sei der Antrag jedenfalls unbegründet. Der Antragsgegner habe mit dem Einsetzungsbeschluß vom 13. 7. 2000 nicht gegen Verfassungsrecht verstoßen. Der von der Antragstellerin als verletzt gerügte Art. 25 Abs. 2 LV sei auf die Einsetzung von Enquete-Kommissionen nicht anwendbar. Bei parlamentarischen Enquete-Kommissionen handele es sich um eine völlig neue Art von Gremien, auf die in der Praxis zwar zum Teil die parlamentsrechtlichen Vorschriften über Ausschüsse angewendet würden, die sich aber in Rechtsstellung, Zusammensetzung und Funktion von ständigen Ausschüssen, Sonderausschüssen und Untersuchungsausschüssen deutlich unterschieden. Sie seien Instrumente der politischen Grundlagenforschung. Angesichts dieser Funktion sei es von Verfassungs wegen nicht geboten, wenn auch parlamentarische Praxis, in Enquete-Kommissionen die Mehrheitsverhältnisse im Parlament widerzuspiegeln. Enquete-Kommissionen seien als parlamentarische Gremien sui generis zu qualifizieren, bei denen mangels unmittelbaren Bezugs zu parlamentarischen Entscheidungen die von der Antragstellerin geltend gemachten Mitwirkungsrechte (noch) nicht berührt würden. Dies gelte erst recht für die Besetzung des Vorsitzes in Enquete-Kommissionen.

Selbst wenn man den Art. 25 Abs. 2 LV auch auf die Einsetzung und Ausgestaltung von Enquete-Kommissionen für anwendbar hielte, müsse festgestellt werden, daß die Antragstellerin durch den Einsetzungsbeschluß vom 13. 7. 2000 nicht in diesen

Rechten verletzt worden sei. Abgesehen davon, daß der Enquete-Kommission mit dem Einsetzungsbeschluß gar nicht die Befugnis eingeräumt worden sei, die Geschäftsordnung des Parlaments zu ändern oder fortzubilden, habe die Antragstellerin etwa durch Änderungsanträge oder ablehnendes Stimmverhalten an der Beschlußfassung in üblicher und parlamentsrechtlich geregelter Form mitwirken können. Dies sei nicht geschehen. Zudem seien partielle Geschäftsordnungsbefugnisse auf ein Gremium delegiert worden, das hinsichtlich der parlamentarischen Mitglieder nach dem gleichen Schlüssel besetzt sei wie das Gesamtparlament. Die Antragstellerin habe ihre Mitwirkungsrechte im Gremium daher in gleicher Weise wahrnehmen können wie im Gesamtparlament. Darin könne keine Verletzung des in Art. 25 Abs. 2 S. 2 LV normierten Grundmandats liegen.

IV.

Der Landesregierung ist Gelegenheit zur Stellungnahme gegeben worden.

B.

Der zur Entscheidung gestellte Antrag ist zulässig.

I.

Die Antragstellerin ist im vorliegenden Verfahren gem. § 35 des Gesetzes über das Landesverfassungsgericht Mecklenburg-Vorpommern (LVerfGG) beteiligtenfähig. Sie ist als Fraktion in den Art. 25, 26 der Verfassung des Landes Mecklenburg-Vorpommern (LV) sowie in § 8 Abs. 1 S. 2, Abs. 4 und 5, § 17 der Geschäftsordnung des Landtages (GO LT) mit eigenen Rechten ausgestattet und damit eine „andere Beteiligte" iSv § 11 Abs. 1 Nr. 1 LVerfGG. Der Antragsgegner ist als oberstes Landesorgan beteiligtenfähig.

II.

Die Antragstellerin ist gem. § 36 Abs. 1 LVerfGG antragsbefugt. Nach dieser Bestimmung ist der Antrag nur zulässig, wenn der Antragsteller geltend macht, daß er oder das Organ, dem er angehört, durch eine Maßnahme oder Unterlassung des Antragsgegners in seinen ihm durch die Landesverfassung übertragenen Rechten und Pflichten verletzt oder unmittelbar gefährdet ist. Diese Voraussetzungen sind erfüllt.

1. Der Einsetzungsbeschluß vom 13. 7. 2000 stellt eine rechtserhebliche Maßnahme des Antragsgegners iSv § 36 Abs. 1 LVerfGG dar. Mit der Rechtsprechung des Bundesverfassungsgerichts (BVerfGE 1, 208, 228; 57, 1, 4; 60, 374, 381) zu der

insoweit gleichlautenden Bestimmung des § 64 BVerfGG, der sich das Landesverfassungsgericht bereits in seinem Urteil vom 11. 7. 1996 (LVerfGE 5, 204, 216 ff = LKV 1997, 94, 95) für den Bereich des Landesrechts angeschlossen hat, ist der Begriff der Maßnahme weit auszulegen. Er umfaßt jedes rechtserhebliche Verhalten des Antragsgegners unabhängig von seiner Rechtsförmlichkeit, durch das der Antragsteller in seinem Rechtskreis konkret betroffen wird. Auch geschäftsordnungsmäßige Regelungen können die Merkmale einer solchen Maßnahme erfüllen, sofern sie beim Antragsteller eine aktuelle Betroffenheit auslösen (BVerfGE 80, 188, 209; LVerfG M-V, Urt. v. 18. 12. 1997, LVerfGE 7, 199, 206 f). Das ist hier der Fall: Der Beschluß zur Einsetzung der Enquete-Kommission enthält unter 6.5. eine Regelung, mit welcher der Landtag die weitere Festlegung von Geschäftsordnungsfragen der Kommission überantwortet. Damit wird die Mitwirkung der Antragstellerin bei der näheren Ausgestaltung von Organisation und Geschäftsgang der Kommission ausgeschlossen. Indem der Landtag sein Geschäftsordnungsrecht in dieser Frage aus der Hand gab, wurden die Einflußmöglichkeiten durch seine Mitglieder und die an Geschäftsordnungsbeschlüssen beteiligten Unterorgane unmittelbar gemindert. Bereits hieraus ergab sich die Veränderung des verfassungsrechtlichen Status der Antragstellerin und nicht erst durch die Beschlüsse, welche die Enquete-Kommission auf dieser Grundlage in ihrer konstituierenden Sitzung faßte.

Der Beschluß vom 13. 7. 2000 stellt sich auch nicht als bloße Anwendung einer bereits bestehenden anderweitigen geschäftsordnungsmäßigen Regelung des Landtages dar, so daß aus diesem Grunde die Rechtserheblichkeit entfallen könnte (vgl. BVerfGE 80, 188, 209). Das ist ohne weiteres einsichtig, wenn der Beschluß als Ergänzung der bestehenden Geschäftsordnung aufzufassen sein sollte, mit der eine bisher nicht geregelte Frage erstmals aufgegriffen oder eine unklare bestehende Regelung aus Anlaß der konkreten Einsetzung der Enquete-Kommission klargestellt wurde. Aber auch, wenn der Beschluß als abweichende Einzelfallentscheidung nach § 62 GO LT zu behandeln sein sollte, kann kein Zweifel an seiner Rechtserheblichkeit bestehen: § 62 GO LT ist gerade keine auf einen bloß unselbständigen Vollzug angelegte Bestimmung, sondern eine offene Norm, die eine Abweichung im Einzelfall eröffnet, die an bestimmte verfahrensmäßige Voraussetzungen gebunden ist und eine eigenständige Entscheidung ermöglicht. Worin die Abweichung besteht und wie weit andere als die üblichen Geschäftsordnungsregeln angewendet werden, ergibt sich immer erst durch die konkrete Beschlußfassung.

2. Die Antragstellerin macht ferner die Verletzung eigener ihr durch die Landesverfassung übertragener Rechte iSv § 36 Abs. 1 LVerfGG geltend. Mit ihrem Antrag rügt sie die Verletzung ihres Rechts auf Mitwirkung an der Geschäftsordnungsgewalt des Landtages, das sie aus Art. 25 Abs. 2 S. 2 LV herleitet.

a) Die Antragstellerin sieht ihre Mitwirkungsrechte aus Art. 25 Abs. 2 S. 2 LV durch die Übertragung von Geschäftsordnungsbefugnissen an die Enquete-Kommission verletzt. Sie wendet sich dagegen, daß Kompetenzen des Landtages, an deren Ausübung sie von Verfassungs wegen mitwirken dürfe, in unzulässigem, weil unlimitierten Umfang an ein mehrheitlich mit Nichtparlamentariern besetztes Gremium delegiert worden seien. Dieses Vorbringen läßt eine Verletzung des sich aus Art. 25 Abs. 2 S. 2 LV ergebenden Rechts der Antragstellerin auf Mitwirkung an der parlamentarischen Willensbildung als möglich erscheinen. Entgegen der Auffassung des Antragsgegners schwingt sich die Antragstellerin nicht zum Hüter des objektiven Verfassungsrechts und des Geschäftsordnungsrechts auf. Es sind vielmehr subjektive verfassungsrechtliche Positionen, aus denen der Antragstellerin eigene verfassungskräftige Rechte zufließen. Daß die verfassungsmäßige Zuständigkeit zur Geschäftsordnungsgebung dem Landtag nach Art. 29 LV zusteht, schließt eine Verletzung der Mitwirkungsrechte der Antragstellerin nicht aus: Das Parlament nimmt seine Aufgaben nicht losgelöst von seinen Mitgliedern, sondern in der Gesamtheit seiner Mitglieder wahr (BVerfGE 80, 188, 217 f). Deshalb stehen den einzelnen Abgeordneten eigene Rechte hinsichtlich der Selbstorganisation des Parlaments zu. Solche Rechte werden durch Art. 25 Abs. 2 S. 2 LV auch den Fraktionen gewährt. Eine Verkürzung des Selbstorganisationsrechts des Landtages verkürzt damit zugleich die verfassungsrechtlich geschützten organschaftlichen Mitwirkungsrechte von Abgeordneten und Fraktionen.

b) Da somit der Antrag bereits im Hinblick auf eine mögliche Rechtsverletzung nach Art. 25 Abs. 2 S. 2 LV zulässig ist, kann offen bleiben, ob darüber hinaus auch eine Verletzung des Rechts der Antragstellerin auf politische Chancengleichheit nach Art. 26 Abs. 3 LV in Betracht kommt.

III.

Die weiteren Voraussetzungen des § 36 LVerfGG liegen vor.

C.

Der Antrag ist auch begründet. Der Beschluß des Landtages vom 13. 7. 2000 über die Einsetzung der Enquete-Kommission „Zukunftsfähige Gemeinden und Gemeindestrukturen in Mecklenburg-Vorpommern" verstößt gegen Art. 29 Abs. 1 S. 2 LV, soweit die Enquete-Kommission in Nummer 6.5 des Beschlusses das Recht erhalten hat, ihre Geschäftsordnung ohne Zustimmung des Landtages selbst zu verändern. Damit hat der Antragsgegner zugleich das der Antragstellerin nach Art. 25 Abs. 2 S. 2 LV zustehende Recht auf Teilhabe an der Geschäftsordnungsgewalt verletzt. Der Landtag darf Geschäftsordnungsgewalt nicht unbestimmt und unbegrenzt auf seine Gremien übertragen.

I.

1. Der Erlaß einer Geschäftsordnung gehört zu den bedeutsamsten Organisationsakten des Landtages. Sich eine Geschäftsordnung zu geben, kommt dem Landtag daher als eine ihm von der Verfassung verliehene autonome Befugnis zu (Art. 29 Abs. 1 S. 2 LV). Zu den Bereichen, die das Parlament im Wege autonomer Geschäftsordnungsgebung regeln darf, gehört auch die Befugnis, sich selbst zu organisieren und sich dadurch zur Erfüllung seiner Aufgaben in den Stand zu setzen (BVerfGE 80, 188, 218/219). Bei seiner Entscheidung darüber, welcher Regeln es zu seiner Selbstorganisation und zur Gewährleistung eines ordnungsgemäßen Geschäftsgangs bedarf, hat das Parlament einen weiten Gestaltungsspielraum (BVerfGE 80, 188, 220). Aus der Geschäftsordnungsautonomie des Parlaments resultiert dessen grundsätzliche Zuständigkeit zur weitergehenden Konkretisierung dieser Vorschriften im Wege der Auslegung. Auch die geschäftsordnungsrechtliche Befugnis zur Abweichung von Vorschriften der Geschäftsordnung läßt sich aus der Geschäftsordnungsautonomie herleiten (*Achterberg* Parlamentsrecht, 1984, S. 330). Der Landtag ist damit zugleich Geber, Anwender und Adressat von Geschäftsordnungsregeln (so zutreffend *Morlok* in: Dreier, GG, Bd. 2, 1998, Art. 40 Rn. 9).

2. Bei seiner Entscheidung über die Geschäftsordnung muß der Landtag auch und gerade die Art und Weise der Ausübung der den Abgeordneten und Fraktionen aus ihrem verfassungsrechtlichen Status zufließenden Rechte regeln. Weil diese Rechte nur als Mitgliedschaftsrechte bestehen und verwirklicht werden können, mithin einander zugeordnet sind und aufeinander abgestimmt werden müssen, wirken sich die Regelungen der Geschäftsordnung notwendig immer auch als Beschränkungen dieser Rechte aus. Die Geschäftsordnung setzt mithin die grundlegenden Bedingungen für die Wahrnehmung dieser Rechte; nur so wird dem Parlament eine sachgerechte Erfüllung seiner Aufgaben möglich (BVerfGE 80, 188, 219; 84, 304, 321). Diese grundlegenden Bedingungen im einzelnen festzulegen und auszugestalten, ist allein Sache des Kollegialorgans Landtag. Unerläßlich ist dabei eine von der Vollversammlung gefaßte, auf das Inkrafttreten der Geschäftsordnung gerichtete Willenserklärung; die Letztentscheidungskompetenz liegt nach Art. 29 Abs. 1 S. 2 LV allein beim Plenum (vgl. *Achterberg* aaO, S. 327). Dies gilt auch für die Fortbildung der Geschäftsordnungsregelungen im Wege der Auslegung und die Entscheidung darüber, ob im Einzelfall von der Geschäftsordnung abgewichen werden soll. Dem hat der Landtag in den §§ 61 Abs. 2, 62 GO LT Rechnung getragen.

Der Landtag nimmt die ihm von der Verfassung zugewiesenen Aufgaben und Befugnisse nicht losgelöst von seinen Mitgliedern, sondern in der Gesamtheit seiner Mitglieder wahr (BVerfGE 80, 188, 217/218). An allen verfassungsmäßigen Zuständigkeiten des Parlaments besteht deshalb die gleiche Mitwirkungsbefugnis eines jeden Mitglieds, die seinem verfassungsrechtlichen Status zuzurechnen ist. Es kann keine parlamentsbezogenen Zuständigkeiten geben, an denen die Mitglieder nicht notwendigerweise Anteil hätten.

3. Politisches Gliederungsprinzip für die Arbeit des Parlaments sind heute die Fraktionen. Im Zeichen der Entwicklung zur Parteiendemokratie sind sie notwendige Einrichtungen des Verfassungslebens und maßgebliche Faktoren der politischen Willensbildung (BVerfGE 80, 188, 219). Dieser spezifischen Repräsentations- und Organisationsfunktion der Fraktionen hat der Landesverfassunggeber dadurch Rechnung getragen, daß er den Fraktionen in Art. 25 Abs. 2 LV den Status unabhängiger und selbständiger Gliederungen des Landtages zuerkannt und ihnen ausdrücklich ein eigenes Recht auf Mitwirkung an der parlamentarischen Willensbildung eingeräumt hat. Anders als im Anwendungsbereich des Grundgesetzes, das keine entsprechende Regelung zu den Fraktionen enthält, leiten sich Mitwirkungs- und Teilhaberechte der Fraktionen im Anwendungsbereich der Landesverfassung mithin nicht allein aus dem Status der Abgeordneten ab (vgl. zur Herleitung der Rechte der Fraktionen aus dem Abgeordnetenstatus BVerfGE 70, 324, 363). Die Rechte des Abgeordneten müssen nicht auf die Ebene der Fraktionen transportiert werden; vielmehr werden ihnen in Art. 25 Abs. 2 LV originäre Mitwirkungs- und Teilhaberechte eingeräumt. In welchem Umfang damit Rechte der Fraktionen verfassungskräftig gesichert sind, ist hier nicht allgemein zu klären. Jedenfalls haben sie einen Anspruch darauf, bei der Selbstorganisation des Landtags beteiligt zu werden.

II.

1. Ein wesentlicher Teil der Parlamentsarbeit wird außerhalb des Plenums, vor allem in den Ausschüssen, geleistet (Art. 33 LV). Die Ausschüsse bereiten Verhandlungen und Beschlüsse des Plenums vor, arbeiten also in aller Regel auf eine endgültige Beschlußfassung durch das Plenum hin und nehmen damit zugleich einen Teil des Entscheidungsprozesses entlastend vorweg. Durch diese Aufgabenstellung sind sie in die Repräsentation des Volkes durch das Parlament einbezogen; dieses Prinzip prägt den gesamten Bereich der parlamentarischen Willensbildung.

Die Verlagerung der Aufgaben des Parlaments in die Ausschüsse bringt zwangsläufig weiteren Regelungsbedarf mit sich, der in erster Linie deren Zusammensetzung und Verfahren betrifft. Auch die Entscheidung hierüber obliegt nach Art. 29 Abs. 1 S. 2 LV dem Plenum. Dabei müssen die erforderlichen Organisations- und Verfahrensregeln u. a. dem Prinzip der demokratischen Repräsentation und dem Prinzip der gleichberechtigten Mitwirkung der Abgeordneten/Fraktionen an den Aufgaben des Parlaments genügen. Hierfür bedarf es einer rückkoppelnden Einbindung der Untergliederungen durch eine übergreifende Verfahrensordnung, weil anderenfalls die notwendige Koordinierung und Abstimmung der Aufgabenerfüllung zwischen Plenum und Untergliederung sowie zwischen den verschiedenen Untergliederungen untereinander verfehlt würde (vgl. *Bollmann* Beiträge zum Parlamentsrecht, Bd. 23, S. 28). Diesem Erfordernis trägt die Geschäftsordnung des Landtages in den §§ 9–16 Rechnung. Die §§ 9–15 GO LT regeln Einzelheiten über die Einberufung von Ausschüssen, die Teilnahme von Abgeordneten an den Ausschußsitzungen, die Öffentlichkeit, die Beschlußfähigkeit, die Berichterstattung und Ausschußberichte sowie das Sitzungsprotokoll. § 16 GO LT betrifft die Beratungen in den Ausschüssen und sieht dafür die sinngemäße Anwendung der Geschäftsordnung des Landtages vor, soweit nichts anderes bestimmt ist. Damit hat der Landtag sich die Möglichkeit offen gehalten, für den Gang der Beratungen in Ausschüssen gegebenenfalls speziellere Regelungen zu treffen.

2. Entsprechender Regelungsbedarf hinsichtlich der Zusammensetzung und des Verfahrens besteht auch dann, wenn das Parlament andere Gremien einsetzt. Dazu gehören die Enquete-Kommissionen. Die Landesverfassung verwendet den Begriff Enquete-Kommission nicht, in Art. 33 LV ist lediglich von Ausschüssen die Rede. Der Begriff „Ausschüsse" wird im dritten Abschnitt der GO LT aufgegriffen (§§ 8 ff). § 8 GO LT differenziert zwischen ständigen Ausschüssen (Abs. 1), Sonderausschüssen und Enquete-Kommissionen (Abs. 2) sowie Untersuchungsausschüssen (Abs. 3). Trotz ihrer Verortung im Abschnitt „Ausschüsse" handelt es sich bei Enquete-Kommissionen nach einhelliger Auffassung in Rechtsprechung und Schrifttum nicht um Ausschüsse im herkömmlichen Sinne. Von diesen unterscheiden sie sich vielmehr sowohl im Hinblick auf ihre Funktion als auch auf ihre – der besonderen Funktion geschuldete – Zusammensetzung aus Parlamentariern und Nichtparlamentariern.

Die Tätigkeit von Enquete-Kommissionen bewegt sich im Vorfeld parlamentarischer Willensbildung. Sie sollen nach ihrer Konzeption unter Einbeziehung von Wissenschaft und Praxis komplexe Sachverhalte für das Parlament aufbereiten, um dieses in die Lage zu versetzen, im Bereich der Gesetzgebung, der politischen Planung und der Kontrolle wissenschaftlich fundierte und an gesellschaftlichen Erfordernissen ausgerichtete Perspektiven zu erarbeiten, wozu regelmäßig sowohl Analysen bestehender Verhältnisse als auch zukünftige Prognosen erforderlich sein werden (*Haberland* Beiträge zum Parlamentsrecht, Bd. 30, S. 107). Sie sind – im Gegensatz zu den herkömmlichen Ausschüssen – keine vorbereitenden Beschlußorgane, die auf eine endgültige Beschlußfassung des Plenums hinarbeiten, sondern Instrumente politischer Grundlagenforschung (vgl. *Borgs-Maciejewski/Drescher* Parlamentsorganisation, 4. Aufl., S. 113; *Edinger* Beiträge zum Parlamentsrecht, Bd. 24, 1992, S. 218 ff). Anders als in Ausschüssen müssen in den Enquete-Kommissionen daher auch nicht die Mehrheitsverhältnisse im Parlament widergespiegelt werden (*Borgs-Maciejewski/Drescher* aaO, S. 111; *Haberland* aaO, S. 107 mwN). Die Beratungen in der Kommission münden nicht wie bei den Ausschüssen in konkrete Anträge und Beschlußempfehlungen, sondern in einen Bericht, der geschäftsordnungsrechtlich nicht als Ausschußbericht zu qualifizieren ist (*Troßmann* Parlamentsrecht des Deutschen Bundestages, § 74a Rn. 8) und das Parlament weder in der Sache noch in der Weise bindet, daß es sich überhaupt mit ihm weiterbeschäftigen müßte (BVerfGE 80, 188, 230).

3. Die Geschäftsordnung des Landtages enthält keine expliziten Regelungen über Zusammensetzung und Verfahren der Enquete-Kommissionen. Ausdrückliche

Erwähnung finden die Enquete-Kommissionen nur in § 8 Abs. 2 GO LT. Der Regelungsgehalt dieser Vorschrift beschränkt sich darauf, die Bildung von Enquete-Kommissionen für einzelne Angelegenheiten vorzusehen.

Der Antragsgegner konnte und mußte die notwendigen Einzelheiten über Zusammensetzung und Verfahren der Enquete-Kommission daher in zulässiger Weise im Einsetzungsbeschluß regeln. Er durfte jedoch der Enquete-Kommission nicht statt dessen pauschal das Recht einräumen, „ihre Geschäftsordnung ohne seine Zustimmung zu verändern".

Nummer 6.5 des Einsetzungsbeschlusses zielt darauf ab, die Enquete-Kommission nicht strikt den für die ständigen Ausschüsse geltenden Regelungen zu unterwerfen, sondern ihr die Möglichkeit zu eröffnen, zum Zwecke einer sachgerechten Aufgabenerledigung ihre Geschäftsordnung, die nach dem Parlamentsrecht des Landes Mecklenburg-Vorpommern identisch ist mit der Geschäftsordnung des Landtages, ohne Zustimmung des Landtages zu ändern. Damit sollte der Enquete-Kommission erkennbar nicht die Befugnis eingeräumt werden, die Geschäftsordnung des Landtages auch mit Wirkung für andere Anwender (etwa den Landtag selbst, den Landtagspräsidenten oder die Ausschüsse) fortzubilden bzw. zu ändern.

Grundsätzlich sind Sondergeschäftsordnungen für bestimmte parlamentarische Gremien mit spezifischem oder begrenztem Arbeitsauftrag dem Parlamentsrecht nicht fremd. Sie sind teilweise sogar durch Verfassung oder Gesetz vorgeschrieben (vgl. etwa Art. 34 LV; vgl. zu Sondergeschäftsordnungen *Kretschmer* in: Schneider/Zeh, Parlamentsrecht und Parlamentspraxis, § 9 Rn. 58, S. 307/308). Auch und gerade bei Enquete-Kommissionen stellt sich die Frage, ob ihr Verfahrensrecht wegen der Besonderheit der Aufgaben nicht Eigenständigkeit gegenüber dem sonstigen parlamentarischen Geschäftsgang gewinnen sollte (vgl. *Morlok* JZ 1989, 1035, 1043). Das Parlament darf dem Bedürfnis nach speziellen Sondergeschäftsordnungen für bestimmte parlamentarische Gremien aber nur im Rahmen der verfassungsrechtlichen Grenzen entsprechen. Diese Grenzen ergeben sich hier daraus, daß ausschließlich der Landtag selbst nach Art. 29 Abs. 1 S. 2 LV über seine Geschäftsordnung befindet und die Fraktionen an der Wahrnehmung dieser verfassungsmäßigen Kompetenz des Landtages nach Art. 25 Abs. 2 S. 2 LV mit eigenen Rechten mitwirken. Diese verfassungsrechtlichen Vorgaben schließen es aus, daß der Landtag einem parlamentarischen Gremium unbestimmt und unbegrenzt die Befugnis einräumt, für seinen Bereich die Geschäftsordnung des Landtages zu ändern. In einem solchen Fall kann der Geschäftsordnungsautonomie des Landtages nur Genüge getan sein, wenn die von einem Gremium beschlossene Geschäftsordnung unter dem Zustimmungsvorbehalt des Plenums steht. Dann ist gewährleistet, daß das Parlament seine Letztverantwortung für die Geschäftsordnungen seiner Gremien trägt. Seine Zustimmung hat sich der Landtag in dem Einsetzungsbeschluß vom 13. 7. 2000 aber gerade nicht vorbehalten.

Fehlt die Rückkopplung an den Landtag durch ein Verfahren der Zustimmung, so müssen an die Ermächtigung für den Ausschuß, die Geschäftsordnung zu verändern, inhaltlich hohe Anforderungen gestellt werden, damit die Zurechenbarkeit an das Plenum erhalten bleibt. Hierbei kommt es nicht darauf an, wie die Einräumung der Befugnis, an Stelle des Plenums Geschäftsordnungsrecht zu verändern, nach dem Parlamentsrecht zu qualifizieren ist. Sowohl die Schaffung neuen Geschäftsordnungsrechts als auch die Abweichung vom bestehenden Geschäftsordnungsrecht ist vom Landtag zu verantworten.

Für den Teilbereich der Abweichung trägt dem § 62 GO LT Rechnung. Danach sind Entscheidungen über das Abweichen von der Geschäftsordnung im Einzelfall allein vom Landtag zu treffen. Sie dürfen nicht getroffen werden, wenn ein Viertel der Abgeordneten widerspricht. Der erkennbar minderheitenschützend ausgestaltete § 62 GO LT konkretisiert damit speziell für die Fälle der Abweichung von der Geschäftsordnung den in Art. 29 Abs. 1 S. 2 LV verankerten Plenarvorbehalt für Geschäftsordnungsfragen. Die Entscheidung über Abweichungen von der Geschäftsordnung ist ein Teilaspekt der Geschäftsordnungsautonomie des Landtages. Sie darf grundsätzlich nicht auf parlamentarische Gremien verlagert werden. Dementsprechend schließt § 74 der Geschäftsordnung des Bundestages (GO BT) ein Gebrauchmachen von der Abweichungsvorschrift des § 126 GO BT durch die Ausschüsse und Enquete-Kommissionen ausdrücklich aus. Wenn Ausschüsse und Enquete-Kommissionen es für nötig erachten sollten, außerhalb der Geschäftsordnung des Bundestages zu verfahren, bedürfen sie dazu daher einer Ermächtigung durch das Plenum des Bundestages, der darüber seinerseits gem. § 126 GO BT zu beschließen hätte (vgl. *Troßmann* aaO, § 71 Rn. 8).

4. Ein Parlamentsbeschluß, der einem parlamentarischen Gremium die Möglichkeit eröffnet, eigene Geschäftsordnungsregelungen zu erlassen und dabei – für seinen Bereich – die Geschäftsordnung des Landtages ohne dessen Zustimmung zu ändern, entspricht nur dann der aus der Parlamentsautonomie fließenden Gesamtverantwortung des Landtages, wenn zumindest der Rahmen, in dem das parlamentarische Gremium sich bewegen darf, für die Beteiligten erkennbar ist. Nur bei Vorliegen dieser Voraussetzungen kann überhaupt davon die Rede sein, daß das Parlament selbst über die Geschäftsordnung des Gremiums bestimmt bzw. eine Abweichungsentscheidung im Einzelfall getroffen hat. Dabei können die Anforderungen an die inhaltliche Bestimmtheit der einzelnen Rahmenbedingungen variieren. Grundsätzlich gilt insoweit, daß je elementarer eine Frage ist, desto höher auch die Anforderungen an die inhaltliche Bestimmtheit sind.

Art. 33 LV weist den Ausschüssen eine zentrale Rolle in der Organisation des Landtages und für eine sachgerechte Erfüllung seiner Aufgaben zu. Für die Arbeit der Ausschüsse ist wiederum die Funktion des Vorsitzenden von herausragender Bedeutung. Die Geschäftsordnung des Landtages gibt dem Ausschußvorsitzenden wichtige Befugnisse bei der Leitung der Ausschußgeschäfte. Nach § 10 beruft er den Ausschuß zu Sitzungen ein und trifft alle in deren Vorfeld notwendigen Maßnahmen. § 11 Abs. 4

gibt ihm die Kompetenz, den Kreis der Sitzungsteilnehmer durch Berater zu erweitern und ihnen das Wort zu erteilen. § 14 Abs. 1 weist ihm die Aufgabe zu, die Berichterstatter im Ausschuß zu bestellen. Gem. § 15 unterzeichnet er mit dem Protokollführer die Protokolle. In § 16 ist für die Beratungen der Ausschüsse die sinngemäße Anwendung der Geschäftsordnung des Landtages festgelegt. Zwar ist der Vorsitzende auch Vertreter seiner Fraktion, zugleich und vorrangig aber – insoweit in vielem dem das gesamte Parlament repräsentierenden Landtagspräsident vergleichbar – derjenige, dem aufgegeben ist, ohne Fraktionsbindung die Belange eines Ausschusses zu wahren. Er hat im Spannungsfeld zwischen Zugehörigkeit zu seiner Fraktion und eigenständiger Wahrnehmung eines zu Unabhängigkeit verpflichtenden Amtes die Arbeit des Parlaments zu fördern. Ihm obliegt es, innerhalb des Ausschusses zu koordinieren, zu integrieren und auszugleichen (näher *Grigoleit/Kersten* DÖV 2001, 363).

Daraus ergibt sich, daß das Verfahren, nach dem die Vorsitzenden der Ausschüsse und ihre Stellvertreter bestimmt werden, eine der bedeutendsten Angelegenheiten der Selbstorganisation eines Parlaments ist. Von der Verteilung der Ausschußvorsitze hängen der Einfluß der Fraktionen im Parlament und ihre Außendarstellung wesentlich ab. Die Ausschußvorsitze werden nach einem dem jeweiligen Parlament eigenen System verteilt. In ihm wirken die Fraktionen maßgeblich mit. Im Landtag Mecklenburg-Vorpommern ist dies besonders deutlich. Denn nach § 8 Abs. 4 GO LT werden die Vorsitzenden regelmäßig durch Zugriff der Fraktionen gemäß dem Verhältnis ihrer Mitgliederzahl bestimmt. Die Entscheidung, daß von der Einhaltung des allgemein üblichen Systems abgesehen wird und an seine Stelle in einer bestimmten Konstellation eine andere Art der Bestellung tritt, hat daher gleichermaßen herausgehobenen Rang. Sie ist geeignet, das Gewicht der Fraktionen im Landtag zu verschieben.

Dies gilt auch, wenn es um den Vorsitz in einer Enquete-Kommission geht. Deren Bedeutung ist gegenüber anderen Ausschüssen nicht deshalb geringer zu veranschlagen, weil ihre Arbeit nicht notwendig unmittelbar konkrete Beschlüsse des Landtages vorbereitet. Ihre Aufgabe besteht darin – wie oben ausgeführt – dem Parlament wissenschaftlich fundierte und an gesellschaftlichen Erfordernissen ausgerichtete Grundlagen für seine Arbeit zu liefern. Welche Bedeutung dem Vorsitz in einer Enquete-Kommission beigemessen wird, ist bereits bei der Einsetzung der ersten Enquete-Kommission im Jahre 1995 deutlich geworden. Seinerzeit hat der Landtag § 8 Abs. 4 GO LT trotz des dazu ergangenen Auslegungsbeschlusses des Rechtsausschusses vom 3.5.1993 nicht angewendet: Er hat die gemeinsame und gleichberechtigte Leitung der Kommission dem Präsidenten und dem 1. Vizepräsidenten des Landtages übertragen.

Aus alledem folgt, daß das Verfahren zur Bestimmung des Vorsitzenden eines Ausschusses oder einer Enquete-Kommission in der Gesamtverantwortung des Landtages liegt. Soll der Vorsitzende eines solchen Gremiums nach einem in der Geschäftsordnung nicht vorgesehenen Verfahren bestimmt werden, so muß der Landtag dies und das einzuhaltende Verfahren klar und eindeutig regeln. Insoweit darf dem Gremium Entscheidungsfreiheit allenfalls in engen Grenzen zugestanden werden.

5. Diesen Anforderungen wird Nummer 6.5 des Einsetzungsbeschlusses nicht gerecht. Der Einsetzungsbeschluß ist unbestimmt und unbegrenzt. Der Landtag überträgt der Enquete-Kommission in Nummer 6.5 des Einsetzungsbeschlusses pauschal das Recht, ihre Geschäftsordnung ohne Zustimmung des Landtages selbst zu verändern. Es wird nicht konkret benannt, in welcher Hinsicht und in welchem Umfang die Geschäftsordnung geändert werden darf. Namentlich ist nicht festgelegt, nach welchem Verfahren der Vorsitzende zu bestimmen ist.

III.

Aus der Feststellung der Verfassungswidrigkeit des Einsetzungsbeschlusses des Landtages vom 13. 7. 2000, soweit die Enquete-Kommission das Recht erhalten hat, ohne Zustimmung des Landtages ihre Geschäftsordnung selbst zu verändern, folgt, daß der Wahl des Vorsitzenden und seiner Stellvertreterin eine ausreichende Rechtsgrundlage fehlte. Der Landtag ist verpflichtet, dafür Sorge zu tragen, daß Vorsitz und Stellvertretung baldmöglichst neu bestimmt werden.

Ob der Landtag dabei, sofern die Regelung des § 8 Abs. 4 GO LT nicht angewendet werden soll, nach § 62 GO LT zu verfahren hat oder ob er für die Besetzung des Vorsitzes in einer Enquete-Kommission neues Geschäftsordnungsrecht setzen kann, hat das Landesverfassungsgericht nicht zu entscheiden.

D.

Die Kostenentscheidung beruht auf §§ 32 Abs. 1, 33 Abs. 2 LVerfGG. Unter Berücksichtigung der Teilrücknahme der ursprünglich gestellten Anträge und des Ausgangs des Verfahrens erscheint es angemessen, die Erstattung der Auslagen in dem tenorierten Umfang anzuordnen.

Die Entscheidung über die Einstellung folgt aus § 13 LVerfGG iVm § 92 Abs. 2 VwGO.

Nr. 2

1. Die Pflicht des Staates, aus Art. 5 Abs. 3 der Landesverfassung in Verbindung mit Art. 7 Abs. 4 des Grundgesetzes, private Ersatzschulen zu schützen und zu fördern, bedeutet, daß er die Existenz der Ersatzschulen als Institution zu sichern hat.

2. Der Staat ist von Verfassungs wegen gehalten, für Schulvielfalt Sorge zu tragen und schulischen Wettbewerb zwischen dem öffentlichen Schulwesen

und den privaten Ersatzschulen unter fairen Bedingungen auch gegen sich selbst offen zu halten.

3. Solange die Kürzung von Finanzhilfen für Ersatzschulen nicht gegen konkurrierende pädagogische Konzepte gerichtet ist oder den spezifischen Bildungsauftrag des Privatschulwesens in Frage stellt, kann sie als solche noch nicht als verfassungswidrige Vernachlässigung der staatlichen Schutz- und Förderpflicht angesehen werden.

4. Einseitige Kürzungen von Finanzmitteln zu Lasten des privaten Ersatzschulwesens überschreiten nicht generell die Grenzen des gesetzgeberischen Gestaltungsspielraums.

5. Bei der Gewährung von Schulkostenbeiträgen genügt der Staat grundsätzlich seiner Unterstützungspflicht, wenn er den privaten Schulträgern das gewährt, was er – bzw. eine Kommune als Schulträger – selbst hätte aufwenden müssen.

6. Gesetzliche Kürzungen von Finanzhilfen für Ersatzschulen müssen im Sinne einer Übergangsgerechtigkeit den rechtsstaatlichen Geboten des Vertrauensschutzes und der Rechtssicherheit gerecht werden.

Grundgesetz Art. 7 Abs. 4 Satz 1; 7 Abs. 4 Satz 3; 7 Abs. 4 Satz 4; 93 Abs. 1 Nr. 4 a

Bundesverfassungsgerichtsgesetz § 90

Landesverfassung Mecklenburg-Vorpommern Art. 5 Abs. 3; 53 Nr. 6; 72

Landesverfassungsgerichtsgesetz:
§§ 11 Abs. 1 Nr. 8; 28 Abs. 2; 33 Abs. 1; 35 Nr. 1; 51 Abs. 1; 52; 53

Gesetz zur Schaffung haushaltsrechtlicher Bestimmungen:
Art. 3 Nr. 1 Buchst. a; 3 Nr. 2; 6 Nr. 2

Schulgesetz Mecklenburg-Vorpommern:
§§ 103; 110; 111; 115 Abs. 3; 115 Abs. 4; 127 Abs. 2; 127 Abs. 4 Satz 1; 127 Abs. 4 Satz 2; 128; 129 Satz 1; 131 Nr. 5

Schulgesetz Mecklenburg-Vorpommern a. F. §§ 127 Abs. 4 Satz 1; 129 Satz 1

Schullastenausgleichsverordnung Mecklenburg-Vorpommern:
§§ 3 Satz 1; 4 Abs. 6; 8

Verordnung für Schulen in freier Trägerschaft Mecklenburg-Vorpommern:
§§ 6; 7 Abs. 1; 8; 9

Urteil vom 18. September 2001 – LVerfG 1/00 –

in dem Verfahren über die Verfassungsbeschwerde

1. des ..., Gemeinnützige Gesellschaft ... mbH, vertreten durch seine Geschäftsführer
2. des ... e.V., vertreten durch seinen Vorstand
3. des Gemeinnützigen Vereins ... e.V., vertreten durch seinen Vorstand

Prozeßbevollmächtigte:
Rechtsanwälte Hauenschild & Schütt, Blankeneser Bahnhofstr. 29, 22587 Hamburg

gegen

Art. 3 Nr. 1 Buchst. a) und Nr. 2 des Gesetzes zur Schaffung und Änderung haushaltsrechtlicher Bestimmungen vom 21. Dezember 1999 (GVOBl. M-V S. 644)

Entscheidungsformel:

I.

Art. 6 Nr. 2 des Gesetzes zur Schaffung und Änderung haushaltsrechtlicher Bestimmungen (Haushaltsrechtsgesetz 2000 – HRG 2000) vom 21. Dezember 1999 ist mit Art. 5 Abs. 3 der Landesverfassung Mecklenburg-Vorpommern in Verbindung mit Art. 7 Abs. 4 des Grundgesetzes unvereinbar, soweit er sich auf Art. 3 Nr. 1 Buchst. a) und Nr. 2 des Gesetzes bezieht.

II.

Im übrigen wird die Verfassungsbeschwerde zurückgewiesen.

III.

Die Entscheidung ergeht kostenfrei. Das Land Mecklenburg-Vorpommern hat zwei Fünftel der den Beschwerdeführern entstandenen notwendigen Auslagen zu erstatten.

Gründe:

A.

I.

1. Die Beschwerdeführer sind Träger privater Ersatzschulen in Mecklenburg-Vorpommern. Ihre am 3.7.2000 beim Landesverfassungsgericht eingegangene Verfassungsbeschwerde richtet sich gegen Art. 3 Nr. 1 Buchst. a) und Nr. 2 des Gesetzes

zur Schaffung und Änderung haushaltsrechtlicher Bestimmungen (Haushaltsrechtsgesetz 2000 – HRG 2000) vom 21. Dezember 1999 (GVOBl. M-V S. 644). Durch die genannten Vorschriften wurden § 127 Abs. 4 S. 1 und § 129 S. 1 des Schulgesetzes für das Land Mecklenburg-Vorpommern (SchulG M-V) vom 15. 5. 1996 (GVOBl. M-V S. 205), zuletzt geändert durch das Gesetz vom 12. 7. 1999 (GVOBl. M-V S. 408), geändert.

§ 127 Abs. 4 S. 1, 1. HS SchulG M-V **a. F.** lautete:

„Die Höhe der Finanzhilfe beträgt je nach pädagogischem Konzept 60 bis 90 vom Hundert der Personalkosten. ...“

§ 127 Abs. 4 S. 1, 1. HS. SchulG M-V lautet nunmehr:

„Die Höhe der Finanzhilfe beträgt je nach pädagogischem Konzept 60 bis **85** vom Hundert der Personalkosten: ...“

§ 129 S. 1 SchulG M-V **a. F.** lautete:

„Die Träger von Ersatzschulen haben nach Maßgabe von § 115 Abs. 1 bis 4 Anspruch auf die Zahlung von Schulkostenbeiträgen.“

§ 129 S. 1 SchulG M-V lautet nunmehr:

„Die Träger von Ersatzschulen haben nach Maßgabe von § 115 Abs. 1 bis 4 Anspruch auf die Zahlung von Schulkostenbeiträgen, **wobei die Kosten der jeweils zuständigen Schule in öffentlicher Trägerschaft maßgeblich sind.**“

Gem. § 127 Abs. 2 SchulG M-V gewährt das Land Trägern von Ersatzschulen Finanzhilfe zu den Kosten der Lehrer und des Personals mit sonderpädagogischer Aufgabenstellung (Personalkostenzuschüsse).

Die Grundlagen der Berechnung der Finanzhilfe sind in § 128 SchulG M-V normiert.

Danach werden als Personalkostenzuschüsse diejenigen Beträge gezahlt, die sich unter Zugrundelegung der Zahl der Schüler der Schule in freier Trägerschaft und der durchschnittlichen Aufwendung je Schüler für Lehrer an entsprechenden Schulen in öffentlicher Trägerschaft ergeben. Dabei ist von den für die Veranschlagung im Haushaltsplan maßgeblichen Beträgen für entsprechende Lehrer im Angestelltenverhältnis auszugehen. Die Bestimmung der Höhe der Finanzhilfe richtet sich nach der Verordnung für Schulen in freier Trägerschaft (Privatschulverordnung – PSchVO M-V) vom 22. Mai 1997 (GVOBl. S. 391).

Für die Sachkosten von öffentlichen Schulen, die auswärtige Schüler aufgenommen haben, ist in § 115 Abs. 3 SchulG M-V bestimmt, daß sie sich nach den tatsächlich anfallenden Kosten der Schulträger nach § 110 und § 111 SchulG M-V mit Ausnahme der Grunderwerbskosten bemessen. Diese Vorschrift bildete durch die Verweisung in § 129 S. 1 SchulG M-V die Grundlage auch für die an Ersatzschulen zu zahlenden Schulkostenbeiträge. Die Berechnung der Schulkostenbeiträge und das Verfahren des Schullastenausgleichs richten sich nach der Verordnung zur Berechnung der Schul-

kostenbeiträge und zum Verfahren des Schullastenausgleichs sowie der Internatsunter-
bringungskosten (Schullastenausgleichsverordnung – SchLAVO M-V) vom 22. Mai
1997 (GVOBl. S. 472), geändert durch die Erste Verordnung zur Änderung der
Schullastenausgleichsverordnung vom 2. April 2001 (GVOBl. S. 165).

2. Der Entwurf des Haushaltsrechtsgesetzes 2000 wurde am 31. 8. 1999 durch
die Landesregierung eingebracht (LT-Drs. 3/600). In der ersten Lesung vom
15. 9. 1999 (PlenProt. 3/24, S. 1179 ff) überwies der Landtag den Gesetzentwurf an den
Finanzausschuß und zur Mitberatung ua an den Ausschuß für Bildung, Wissenschaft
und Kultur. Am 28. 9. 1999 ergänzte die Landesregierung ihren Gesetzentwurf (LT-
Drs. 3/724). In seiner 23. Sitzung am 3. 11. 1999 führte der Ausschuß für Bildung,
Wissenschaft und Kultur eine öffentliche Anhörung zu Art. 3 HRG 2000 (Gesetz zur
Änderung des Schulgesetzes) durch. Die zweite Lesung und die Schlußabstimmung
fanden am 16. 12. 1999 statt (PlenProt. 3/32). Die mit der Verfassungsbeschwerde
beanstandeten Vorschriften sind nach Art. 6 Nr. 2 HRG 2000 am Tage nach der
Verkündung, mithin am 1. 1. 2000, in Kraft getreten.

II.

1. Die Beschwerdeführer halten die Verfassungsbeschwerde für zulässig. Sie
machen geltend, durch die angegriffenen Bestimmungen in ihrem Grundrecht aus
Art. 7 Abs. 4 GG verletzt zu werden. Art. 7 Abs. 4 GG gewähre einen Anspruch gegen
das Land auf Schutz und Förderung privater Ersatzschulen. Dieser Anspruch sei vom
Landesgesetzgeber in den §§ 127 bis 129 SchulG M-V näher konkretisiert worden.
Durch die Neuregelungen würden die konkretisierten Rechte eingeschränkt: Der
Förderungshöchstsatz sei herabgesetzt und die Grundlagen für die Berechnung des
Schullastenausgleichs seien zu ihrem Nachteil verändert worden. Zwar sei nicht jede
Änderung der gesetzlichen Regelungen eine Verletzung von Grundrechten, da der
Gesetzgeber bei der Ausgestaltung der Schutz- und Förderpflicht einen Gestaltungs-
spielraum habe. Hier habe er aber die ihm von der Verfassung vorgegebenen Grenzen
des Gestaltungsrahmens nicht beachtet und somit in den unabdingbaren Schutzbereich
des Art. 7 Abs. 4 GG eingegriffen.

Die Gesetzesänderung greife unmittelbar in die Rechtsposition der Beschwerdeführer ein. Sie sei am Tage nach der Verkündung ohne Übergangsfrist in Kraft getreten.
Durch die beanstandeten Vorschriften des Haushaltsrechtsgesetzes 2000 seien sie
gezwungen, sich sowohl auf die Minderung der Personalkostenzuschüsse als auch auf
die Änderung der Berechnungsgrundlage für die Kosten der äußeren Schulverwaltung
unmittelbar einzustellen. Die Minderung der Personalkostenzuschüsse lasse sich noch
ansatzweise berechnen, da die Berechnungsgrundlage in § 128 SchulG M-V und in der
Privatschulverordnung vom 22. 5. 1997 bisher nicht verändert worden sei. Die Auswirkungen der Änderung der Berechnungsgrundlage für die Schulkostenbeiträge

(§ 129 S. 1, 2. Halbs. SchulG M-V) seien jedoch für zukünftige Prognoseentscheidungen nicht absehbar. Jedenfalls müßten die Beschwerdeführer schon jetzt intensiv versuchen, Kosten zu sparen. Dies bedeute, daß sie ihr Angebot einschränken, arbeitsrechtliche Maßnahmen treffen und gegebenenfalls das Schulgeld, sofern dies mit dem Sonderungsverbot vereinbar sei, erhöhen müßten.

2. Die Beschwerdeführer halten ihre Verfassungsbeschwerde für begründet. Die beanstandeten Bestimmungen seien mit Art. 7 Abs. 4 GG unvereinbar.

Das Bundesverfassungsgericht habe die Grenzen der Gestaltungsfreiheit des Gesetzgebers zur Umsetzung seiner sich aus Art. 7 Abs. 4 S. 1 GG ergebenden Förderpflicht aufgezeigt. Danach werde der gesetzgeberische Gestaltungsspielraum durch die Verpflichtung des Staates zur Wettbewerbsneutralität, durch die Kompensationspflicht des Staates sowie durch die Verpflichtung, sichere Kalkulationsgrundlagen zu gewährleisten, begrenzt. Diese verfassungsrechtlichen Grundsätze habe der Gesetzgeber nicht beachtet.

a) Die Gründung und der Betrieb von Ersatzschulen seien Ausübung des Grundrechts aus Art. 7 Abs. 4 GG. Insoweit handele es sich um eine „eigenverantwortliche Miterfüllung der durch Art. 7 Abs. 4 S. 1 GG gerade auch der Privatinitiative überlassenen allgemeinen (öffentlichen) Bildungsaufgaben", die der Staat zu fördern habe. Dabei müsse er den Pluralismus im Schulwesen auch gegen sich selbst nicht nur beachten, sondern sogar „garantieren". Dies gelte auch dann, wenn die Ersatzschulen erfolgreich seien und es ihnen gelinge, die Schülerzahlen zu Lasten öffentlicher Schulen zu erhöhen. In einem solchen Fall lasse die Wettbewerbssituation nur die konzeptionelle und inhaltliche Verbesserung sowie die attraktivere Gestaltung des öffentlichen Schulwesens durch den Staat zu. In wirtschaftlicher Hinsicht sei zudem der Vorteil der öffentlichen Schulen zu berücksichtigen, daß deren Schüler für den Besuch kein Schulgeld zu zahlen hätten. Wenn sich die Ersatzschulen gleichwohl am Markt durchsetzen könnten und sich ihre Schülerzahlen vergleichsweise besser entwickelten als an öffentlichen Schulen, sei der Staat nicht berechtigt, in die wirtschaftliche Rechtsposition der Ersatzschulträger mit dem Ziel einzugreifen, diese Entwicklung abzubremsen.

Die Kürzung der Zuschüsse von 90 auf 85 % des Personalkostenansatzes verstoße gegen das verfassungsrechtliche Gebot der Wettbewerbsneutralität. Die Absicht der Landesregierung und der Parlamentsmehrheit bestehe nämlich darin, mit den Neuregelungen den „unkontrollierten Aufwuchs" der Ersatzschulen zu begrenzen. Dies ergebe sich aus entsprechenden Äußerungen von Mitgliedern der Landesregierung. Das Argument, „man müsse sparen", sei nur vorgeschoben. Im übrigen betrage das Einsparvolumen 0,04 % des gesamten Haushaltsansatzes im Bereich Schulen/Ausgaben, welches den Eingriff in die Wettbewerbsneutralität nicht rechtfertige.

b) Die Reduzierung der Personalkostenzuschüsse in § 127 Abs. 4 S. 1 SchulG M-V für einige besonders qualifizierte Ersatzschulen verletze die Kompensationspflicht des Staates. Denn die Aufwendungen für diese Schulen würden beschränkt, ohne daß eine entsprechende Einschränkung bei den öffentlichen Schulen erfolge. Dem stehe nicht entgegen, daß die Aufwendungen für die Ersatzschulen numerisch in den letzten Jahren gestiegen seien. Dies sei lediglich Folge der steigenden Schülerzahlen der privaten Ersatzschulen. Die Aufwendungen pro Schüler würden trotz der gestiegenen Zahlen für die Privatschulen nicht größer, sondern geringer. Zudem sei zu berücksichtigen, daß der Schüler einer Ersatzschule für den Staat kostengünstiger sei als ein Schüler einer öffentlichen Schule. Nach der Neuregelung zahle der Staat 60 bis 85 % des Betrages, den er für einen Schüler einer öffentlichen Schule zahlen würde. Dann wäre es logischer, die Ersatzschulen gerade zu fördern, und der Staat könne bei sich Einsparungen vornehmen, die er für erforderlich halte. Die Aufwendungen für die Lehrer an öffentlichen Schulen seien in den letzten Jahren gestiegen, was der Staat zu kompensieren habe, damit die Wettbewerbsneutralität erhalten bleibe.

c) Die beanstandeten Regelungen entzögen den Ersatzschulen die sichere Kalkulationsgrundlage. Insofern sei zu berücksichtigen, daß das Haushaltsrechtsgesetz 2000 weniger als 14 Tage nach dem Beschluß des Gesetzgebers und während des laufenden Schuljahrs in Kraft getreten sei. Kurzfristige Änderungen der genannten Verpflichtungen, die die einzelnen Träger der Ersatzschulen eingegangen seien, seien innerhalb von 14 Tagen völlig ausgeschlossen. Zwar bestehe die Möglichkeit, Kredite aufzunehmen. Aber Kreditkosten gehörten nicht zu den Kosten der äußeren Schulverwaltung iSd §§ 110, 111 SchulG M-V. Somit seien diese Kosten nicht erstattungsfähig. Hinzu komme der Umstand, daß die Finanzhilfe nicht im voraus für ein Schuljahr festgesetzt werde. Die Personalkostenzuschüsse würden gemäß § 7 der Privatschulverordnung jeweils für ein Haushaltsjahr bewilligt. Der Antrag müsse bis zum 15. Oktober des vorhergehenden Haushaltsjahres gestellt werden. Das bedeute, daß das maßgebliche Haushaltsjahr das laufende und knapp die Hälfte des nächsten Schuljahres umfasse.

Bei dem Ersatz für die Kosten der äußeren Schulverwaltung (§ 129 S. 1 SchulG M-V) sei eine sichere Kalkulationsgrundlage völlig entfallen. Wenn sich der Schullastenausgleich nicht mehr nach den tatsächlich angefallenen Kosten des Ersatzschulträgers, sondern nach den Kosten der jeweils zuständigen öffentlichen Schule richte, sei es ausgeschlossen, daß der Schulträger für seine Kalkulation verläßliche Zahlen erhalte. Der Schulträger müsse sich bei den Wohnsitzgebietskörperschaften der Schüler nach den jeweils zuständigen öffentlichen Schulen erkundigen, was mit einem erheblichen Verwaltungsaufwand verbunden sei. Im übrigen stünden bei den jeweiligen Gebietskörperschaften die Kosten zu dem maßgeblichen Zeitpunkt – vor Beginn des Schuljahres – noch nicht fest. Maßgeblich seien die Kosten des laufenden Kalenderjahres, die frühestens am Ende des Jahres, also nach Ablauf des halben Schuljahres, feststünden. Gem. § 3 S. 1 SchLAVO sollen die anspruchsberechtigten Schulträger am 1. 5. den Schullastenausgleich für das laufende Schuljahr erheben. Dies sei einem privaten Schulträger nicht möglich. Er könne den Schullastenausgleich lediglich beantragen.

Danach müsse er bis zum 1.5. von der jeweils zuständigen Schule alle notwendigen Informationen über die dort im vergangenen Kalenderjahr angefallenen Kosten beschaffen, überprüfen und abklären. Bei sich möglicherweise daraus ergebenden Differenzen schließe sich ein langwieriges Rechtsmittelverfahren an. Die tatsächlich angefallenen Kosten müßten sodann vorfinanziert werden, wobei die Zinsen nicht zu den Kosten der äußeren Schulverwaltung zählten und nicht erstattungsfähig seien.

Die Beschwerdeführer beantragen,

festzustellen, daß Art. 3 Nr. 1 Buchst. a) und Nr. 2 des Gesetzes zur Schaffung und Änderung haushaltsrechtlicher Bestimmungen vom 21. 12. 1999 verfassungswidrig und damit nichtig ist.

III.

1. Die Landesregierung ist der Auffassung, daß die Verfassungsbeschwerde, jedenfalls soweit sie sich gegen Art. 3 Nr. 2 HRG 2000 (§ 129 S. 1, 2. HS. SchulG M-V) richte, unzulässig sei. Die Beschwerdeführer seien nicht beschwerdebefugt, da sie durch die beanstandete Norm nicht unmittelbar iSv Art. 53 Nr. 6 LV, § 51 Abs. 1 LVerfGG betroffen seien.

Durch die beanstandete Änderung solle lediglich klargestellt werden, daß nicht die Kosten der jeweiligen Schule in freier Trägerschaft, sondern diejenigen der örtlich zuständigen Schule in öffentlicher Trägerschaft zugrunde zu legen seien. Dies ergebe sich aus der Begründung zu Art. 3 des Gesetzesentwurfs (LT-Drs. 3/600 vom 1. 9. 1999). Nach § 129 SchulG M-V a. F. iVm § 8 SchLAVO sowie der entsprechenden Verwaltungspraxis seien auch vor der Gesetzesänderung die Kosten der jeweils zuständigen Schule in öffentlicher Trägerschaft maßgeblich gewesen.

2. Die Landesregierung hält die Verfassungsbeschwerde – jedenfalls – für unbegründet.

a) Der Gesetzgeber habe die Finanzhilfe durch Absenkung des Höchstfördersatzes von 90 % auf 85 % für Schulen in freier Trägerschaft kürzen dürfen, ohne in das Grundrecht der Beschwerdeführer aus Art. 7 Abs. 4 GG einzugreifen. Die den Staat treffende Schutzpflicht löse erst dann eine Handlungspflicht aus, wenn der Bestand des Ersatzschulwesens als Institution evident gefährdet wäre. Eine Bestandsgarantie für eine einzelne Ersatzschule gebe es nicht. Der Umfang der Förderung sei so zu bemessen, daß die Genehmigungsvoraussetzungen des Art. 7 Abs. 4 GG auf Dauer erfüllt werden könnten. Der Staat sei daher nur verpflichtet, einen Betrag bis zur Höhe des Existenzminimums der Institution zu leisten. Unter Zugrundelegung dieser Maßstäbe lasse sich das Existenzminimum auf der Grundlage des angemessenen Personal- und Sachaufwandes abzüglich erzielbaren Schulgeldertrages abzüglich angemessener Eigenleistung berechnen. Der angemessene Personal- und Sachaufwand orientiere sich an der entsprechenden Ausstattung vergleichbarer staatlicher Schulen.

Das Bundesverfassungsgericht habe eine Bevorzugung der Ersatzschulen zu Lasten der öffentlichen Schulen strikt abgelehnt. Die Schutz- und Förderpflicht des Staates bedeute nicht, daß die Mittel der Finanzhilfe an Ersatzschulen nur dann herabgesetzt werden könnten, wenn gleichermaßen die Mittel für das öffentliche Schulwesen herabgesetzt würden. Insofern bestehe Gestaltungsfreiheit des Gesetzgebers, die durch die Höhe des Existenzminimums der Institution Ersatzschulwesen begrenzt werde. Im übrigen würden die Mittel für das Personal an einer vergleichbaren öffentlichen Schule im Rahmen des Lehrerpersonalkonzepts tatsächlich abgesenkt. Demgegenüber seien die Jahresbeiträge der staatlichen Finanzhilfe (Personalkostenzuschüsse) stetig gestiegen und würden aufgrund weiteren Ausbaus der Ersatzschulen weiterhin steigen.

Die beanstandete Änderung bei der Höhe der Finanzhilfe sei auch insoweit mit Art. 7 Abs. 4 GG vereinbar, als das Gesetz keine Überleitungsvorschriften enthalte. Insofern hätten die Beschwerdeführer selbst vorgetragen, daß sich die Änderungen aufgrund der beanstandeten Regelungen ansatzweise berechnen ließen. Zudem handele es sich um eine moderate Absenkung der Finanzhilfen, so daß die Möglichkeit bestehe, etwaige Defizite durch Zwischenfinanzierungen aufzufangen und diese im folgenden Schuljahr durch Erhöhung des Schulgeldes auszugleichen oder durch Erhöhung des Eigenanteils darauf zu verzichten.

b) Die beanstandete Neuregelung des § 129 S. 1 SchulG M-V enthalte lediglich eine Klarstellung, da auch bisher der Schullastenausgleich nach § 129 SchulG M-V iVm § 8 SchLAVO in Höhe der Kosten der jeweils zuständigen Schule in öffentlicher Trägerschaft erfolgt sei. Im übrigen könnten die Ersatzschulen eine bessere Ausstattung als vergleichbare öffentliche Schulen aber gerade nicht beanspruchen.

IV.

Der Landtag hält die Verfassungsbeschwerde für unzulässig, da die Beschwerdeführer nicht gegenwärtig und unmittelbar durch die angegriffenen Normen in ihren Grundrechten oder gleichgestellten Rechten betroffen seien.

Soweit sich die Verfassungsbeschwerde gegen Art. 3 Nr. 1 Buchst. a) HRG 2000 richte, seien die Beschwerdeführer auf verwaltungsgerichtliche Verfahren gegen die auf der Grundlage des § 127 Abs. 4 SchulG M-V ergangenen Förderentscheidungen zu verweisen. Dadurch sei die Existenzfähigkeit der Beschwerdeführer hinreichend gewährleistet.

Auch durch Art. 3 Nr. 2 HRG 2000 seien die Beschwerdeführer nicht unmittelbar betroffen. Insoweit sei zu berücksichtigen, daß nach der bis zum Inkrafttreten der angefochtenen Novellierung geltenden Rechtslage und Förderpraxis bereits die Kosten der jeweiligen zuständigen Schulen in öffentlicher Trägerschaft maßgeblich gewesen seien.

Schließlich hätten die Beschwerdeführer nicht substantiiert vorgetragen, daß die Existenz und Funktionsfähigkeit des Privatschulwesens als Institution evident gefährdet seien. Ein solches Darlegungserfordernis ergebe sich aus Art. 7 Abs. 4 GG, dessen Verletzung die Beschwerdeführer gerade geltend machten.

Nach Auffassung des Landtages ist die Verfassungsbeschwerde jedenfalls unbegründet.

Die durch Art. 7 Abs. 4 S. 1 GG gezogenen verfassungsrechtlichen Grenzen seien durch Art. 3 Nr. 1 Buchst. a) HRG 2000 nicht überschritten. Die von den Beschwerdeführern geltend gemachten individuellen finanziellen und sonstigen wirtschaftlichen Schwierigkeiten in den Geschäftsjahren 2000 und 2001 reichten nicht aus, eine verfassungsrechtlich relevante Gefährdung des Existenzminimums für das gesamte Privatschulwesen zu belegen. Unabhängig davon, daß es wegen des institutionellen Gehalts des Art. 7 Abs. 4 S. 1 GG nicht ausschließlich auf die Betroffenheit des einzelnen Beschwerdeführers ankomme, sei der parlamentarische Gesetzgeber aufgrund seiner Verpflichtung zur Typisierung und Pauschalierung gar nicht in der Lage, auf individuelle wirtschaftliche Besonderheiten einzelner Träger Rücksicht zu nehmen. Es könne im Rahmen eines verfassungsgerichtlichen Verfahrens gegen eine gesetzliche Regelung nicht geprüft und entschieden werden, ob und inwieweit die Beschwerdeführer selbst alles in ihren Kräften Liegende täten, um ihre Ertrags- und Kostensituation möglichst ausgeglichen zu gestalten. Auch sei nicht ersichtlich, daß die Existenz des Privatschulwesens insgesamt evident, also in offenkundiger Weise gefährdet sei bzw. daß faktisch das Grundrecht aus Art. 7 Abs. 4 GG in Mecklenburg-Vorpommern nicht mehr ausgeübt werden könne. Im Hinblick auf das Interesse an der generellen Haushaltskonsolidierung und an der Erfüllung anderer wichtiger Landesaufgaben namentlich im Bereich Infrastruktur, Wirtschaftsförderung, Regional- und Arbeitsmarktpolitik sowie vor dem Hintergrund sinkender Schülerzahlen sei es dem Gesetzgeber im Rahmen seiner Einschätzungs- und Gestaltungsprärogative nicht verwehrt, die Höchstförderung von Privatschulen im Personalkostenansatz geringfügig zu begrenzen.

Auch durch Art. 3 Nr. 2 HRG 2000 seien die Beschwerdeführer nicht in ihren Grundrechten verletzt. Der Entscheidung des Gesetzgebers, nicht auf die durchschnittlich im gesamten Land anfallenden Sachkosten im öffentlichen Schulbereich abzustellen, liege die Überlegung zugrunde, bezüglich des kommunalen Kostenanteils de facto eine landesweite Nivellierung zu vermeiden. Dies sei aufgrund der differenzierten Ausgestaltung des vertikalen und horizontalen übergemeindlichen Finanzausgleichs sachgerecht und verfassungsrechtlich geboten.

Schließlich führe das Fehlen einer Übergangsregelung im Haushaltsrechtsgesetz 2000 nicht zu einer Verfassungswidrigkeit. Dabei sei zu berücksichtigen, daß die Belastungsintensität für das Privatschulwesen durch die angegriffenen Neuregelungen insgesamt als gering einzuschätzen sei. Außerdem könne nicht außer Betracht bleiben, daß § 127 Abs. 4 SchulG M-V gerade keinen ausschließlichen Anspruch auf die

Höchstförderung von 90% begründet habe, weshalb der Vertrauensschutz der betroffenen Privatschulträger und damit auch der Beschwerdeführer eingeschränkt sei. Darüber hinaus habe im parlamentarischen Gesetzgebungsverfahren eine umfassende Anhörung von Sachverständigen, Betroffenen und Verbänden stattgefunden mit der Folge, daß sich die Beteiligten auf die zu erwartende Neuregelung im Haushaltsjahr 2000 hätten einstellen können.

B.

Die Verfassungsbeschwerde ist zulässig.

I.

Die Verfassungsbeschwerde ist gem. Art. 53 Nr. 6 LV, § 11 Abs. 1 Nr. 8 LVerfGG statthaft. Sie richtet sich gegen die durch Art. 3 Nr. 1 Buchst. a) und Nr. 2 HRG 2000 geänderten §§ 127 und 129 SchulG M-V, also gegen landesrechtliche Vorschriften. Zugleich wenden sich die Beschwerdeführer der Sache nach gegen Art. 6 Nr. 2 HRG 2000, soweit dieser das Inkrafttreten der geänderten Vorschriften ohne Übergangsregelung zum 1. 1. 2000 bestimmt. Sie machen damit geltend, durch ein Landesgesetz in Grundrechten verletzt zu sein.

II.

Die Beschwerde ist gem. § 52 LVerfGG fristgemäß eingelegt sowie den Anforderungen des § 53 LVerfGG gemäß begründet worden.

III.

Die Beschwerdeführer sind gem. § 51 Abs. 1 LVerfGG beschwerdebefugt. Nach dieser Bestimmung kann jeder mit der Behauptung, durch ein Landesgesetz unmittelbar in seinen Grundrechten oder staatsbürgerlichen Rechten verletzt zu sein, Verfassungsbeschwerde beim Landesverfassungsgericht erheben. Diese Voraussetzungen liegen vor.

Die Beschwerdeführer können behaupten, durch Art. 3 Nr. 1 Buchst. a) und Nr. 2 HRG 2000 unmittelbar in ihrem Grundrecht aus Art. 7 Abs. 4 S. 1 GG verletzt zu sein. Dazu machen sie geltend, durch die beanstandete Neuregelung der §§ 127 und 129 SchulG M-V würde in ihre verfassungsmäßigen Rechte auf finanzielle Förderung der Ersatzschulen unzulässig eingegriffen.

1. Nach Art. 7 Abs. 4 S. 1 GG, der durch Art. 5 Abs. 3 LV als inhaltsgleiches Grundrecht in die Landesverfassung inkorporiert ist, wird das Recht zur Errichtung von privaten Schulen – vorbehaltlich staatlicher Genehmigung – gewährleistet. In der

Rechtsprechung des Bundesverfassungsgerichts, der sich das Landesverfassungsgericht anschließt, ist anerkannt, daß sich im Hinblick auf die generelle Hilfsbedürftigkeit privater Ersatzschulen bei dem bestehenden hohen Kostenniveau und wegen der ihren Trägern durch Art. 7 Abs. 4 S. 3 und 4 GG auferlegten Bindungen aus dem Grundrecht – über dessen Abwehrcharakter hinaus – ein Anspruch auf staatliche Förderung ergeben kann (BVerfGE 90, 107, 114 f; 75, 40, 61 f).

2. Den als verfassungswidrig beanstandeten Bestimmungen fehlt es nicht an der Unmittelbarkeit der Wirkung gegenüber den Beschwerdeführern. Dieses Erfordernis entspricht den vom Bundesverfassungsgericht in ständiger Rechtsprechung für die Verfassungsbeschwerde nach Art. 93 Abs. 1 Nr. 4 a GG, § 90 BVerfGG entwickelten Zulässigkeitsvoraussetzungen (BVerfGE 90, 128, 135 f). Danach muß ein Beschwerdeführer geltend machen, selbst, unmittelbar und gegenwärtig durch die beanstandete Rechtsnorm in seinen verfassungsmäßigen Rechten verletzt zu sein. Das Erfordernis der Unmittelbarkeit soll sicherstellen, daß eine Verfassungsbeschwerde erst erhoben wird, wenn eine konkrete Beschwer vorliegt (BVerfGE 90, 128, 136).

Eine unmittelbare und gegenwärtige Betroffenheit ist jedenfalls dann gegeben, wenn eine Vorschrift, ohne daß es eines Vollziehungsaktes bedarf, in der Weise auf den Rechtskreis des Beschwerdeführers einwirkt, daß konkrete Rechtspositionen unmittelbar kraft Gesetzes erlöschen oder genau bestimmte Verpflichtungen begründet werden (LVerfG M-V, Urt. v. 6. 5. 1999, NordÖR 1999, 501, 502 = VwRR MO 1999, 265 = SächsVBl. 1999, 248 = NVwZ-RR 1999, 617). Setzt das Gesetz zu seiner Durchführung rechtsnotwendig oder auch nur nach der tatsächlichen Verwaltungspraxis einen besonderen, vom Willen der vollziehenden Gewalt zu beeinflussenden Vollziehungsakt voraus, so wird die Rechtssphäre des Einzelnen regelmäßig erst durch diesen Akt berührt.

Dieser Grundsatz schließt indessen nicht aus, daß eine Rechtsnorm, obwohl sie eines Vollziehungsaktes bedarf, unabhängig davon unter bestimmten Voraussetzungen die Rechtsposition des Betroffenen schon (nachteilig) verändert. Denn die Notwendigkeit der Umsetzung gesetzlicher Vorschriften durch einen Vollzugsakt ist nur ein Anzeichen für das Fehlen unmittelbarer Grundrechtsbetroffenheit durch die Norm selbst (LVerfG M-V, aaO). Das Bundesverfassungsgericht hat die unmittelbare Betroffenheit auch dann bejaht, wenn schon das Gesetz den Normadressaten zu später nicht mehr korrigierbaren Entscheidungen zwingt oder zu Dispositionen veranlaßt, die später kaum noch rückgängig gemacht werden können (BVerfGE 90, 128, 136).

Nach diesen Maßstäben liegt eine unmittelbare Grundrechtsbetroffenheit der Beschwerdeführer hier vor.

a) Die Personalkostenzuschüsse nach § 127 Abs. 2 iVm Abs. 4 SchulG M-V werden zwar nicht unmittelbar aufgrund des Gesetzes gezahlt. Die Höhe, die Ermittlung und das Verfahren der Finanzhilfe für Ersatzschulen richtet sich gem. § 131 Nr. 5 SchulG M-V nach den Vorschriften der Privatschulverordnung. Gem. § 7 Abs. 1 S. 1

PSchVO M-V wird die Finanzhilfe auf Antrag des Schulträgers für die Dauer eines Haushaltsjahres gewährt. Nach S. 2 der genannten Vorschrift ist der Antrag bis zum 15. Oktober des vorhergehenden Haushaltsjahres zu stellen. § 6 PSchVO M-V enthält Voraussetzungen für die Bestimmung der Höhe der Finanzhilfe. Der Jahresbetrag der Finanzhilfe, die in vierteljährlichen Teilbeträgen ausgezahlt wird, berechnet sich schließlich nach § 9 iVm § 8 PSchVO M-V.

Indessen macht der durch Art. 3 Nr. 1 Buchst. a) HRG 2000 geänderte § 127 Abs. 4 S. 1 SchulG M-V der Verwaltung eine zwingende, unmittelbar durchschlagende Vorgabe: Wer – wie die Beschwerdeführer – bislang 90 % der Personalkosten ersetzt erhielt, kann ab dem 1. 1. 2000 nicht mehr als 85 % beanspruchen. Demgemäß sind, wie sie unwidersprochen vorgetragen haben, den Beschwerdeführern die Personalkostenzuschüsse sofort gekürzt worden, ohne daß förmliche Bescheide ergangen wären. Das macht deutlich, daß die Träger von Ersatzschulen sich seither mit ihren Dispositionen hierauf im Rahmen ihrer Kostenkalkulationen einstellen müssen. Diese Dispositionen sind später kaum noch korrigierbar, zumal etwaig anfallende Darlehenszinsen nicht erstattungsfähig sind (§§ 110, 111 SchulG M-V).

b) Gleiches gilt für die Zahlung von Schulkostenbeiträgen gem. § 129 S. 1 SchulG M-V. Insofern richtet sich das Verfahren zur Berechnung und Erstattung der Schulkostenbeiträge gemäß dem durch Art. 3 Nr. 2 geänderten § 129 iVm § 115 Abs. 4 SchulG M-V nach den Vorschriften der Schullastenausgleichsverordnung mit der Maßgabe, daß die Kosten der jeweils zuständigen öffentlichen Schule zu Grunde zu legen sind.

Insoweit müssen sich die Beschwerdeführer ebenfalls mit ihren Dispositionen, die später kaum wieder rückgängig gemacht werden können, auf die beanstandete Regelung des § 129 SchulG einstellen. Das gilt auch, soweit Art. 3 Nr. 2 HRG 2000 in den Haushaltsjahren 2000 und 2001 zu keinen Mindereinnahmen bei den Beschwerdeführern zu 2. und 3. geführt hat. Dies beruht – wie die Beschwerdeführer in der mündlichen Verhandlung verdeutlicht haben – darauf, daß gem. § 4 Abs. 6 SchLAVO zulässigerweise Vereinbarungen zwischen den Beschwerdeführern zu 2. und 3. und den zahlungspflichtigen Kommunen über die Höhe der Schulkostenbeiträge getroffen worden sind. Gleichwohl müssen sich die Beschwerdeführer zu 2. und 3. ebenfalls darauf einrichten, daß sie nach Ablauf der Vereinbarungen Schulkostenbeiträge ausschließlich nach Maßgabe der Kosten der jeweils zuständigen Schule in öffentlicher Trägerschaft beanspruchen können.

Der unmittelbaren Betroffenheit der Beschwerdeführer durch die Neuregelung der Erstattung der Sachkosten in § 129 SchulG steht schließlich nicht, wie der Landtag und die Landesregierung meinen, entgegen, daß sich die Höhe der Schulkostenbeiträge auch vor der Neuregelung auf der Grundlage des § 8 SchLAVO ebenfalls nach den (fiktiven) Kosten des abgebenden Schulträgers richtete. Jedenfalls können der Landtag und die Landesregierung sich auf diese Regelung zur Begründung ihrer Auffassung, eine Änderung in der Berechnung und Höhe der Schulkostenbeiträge sei nicht eingetreten und die Beschwerdeführer seien deshalb nicht beschwert, nicht berufen, nachdem das OVG Mecklenburg-Vorpommern mit Urteil vom 20. 10. 2000 – 4 K 21/99 – § 8 SchLAVO für nichtig erklärt hat. Denn es kommt bei der Erstattung der Sachkosten nicht auf die tatsächliche Verwaltungspraxis vor dem Inkrafttreten der Neuregelung an, sondern darauf, daß die Berechnung und die Höhe der Beiträge dem geltenden Recht entsprach. Das war aber nicht der Fall, wie das OVG Mecklenburg-Vorpommern in dem vorgenannten Urteil festgestellt hat.

C.

Die Verfassungsbeschwerde ist nur teilweise begründet.

Art. 3 Nr. 1 Buchst. a) und Nr. 2 des Gesetzes zur Schaffung und Änderung haushaltsrechtlicher Bestimmungen (Haushaltsrechtsgesetz 2000 – HRG 2000) vom 21. Dezember 1999 (GVOBl. M-V S. 644) halten einer verfassungsrechtlichen Nachprüfung inhaltlich stand. Allerdings ist mit der Verfassung nicht vereinbar, daß die Gesetzesänderungen ohne Übergangsregelung sofort in Kraft getreten sind.

I.

Prüfungsmaßstab für die verfassungsrechtliche Beurteilung gesetzlicher Regelungen über die staatliche Finanzhilfe für Ersatzschulen ist in erster Linie Art. 5 Abs. 3 LV M-V iVm Art. 7 Abs. 4 S. 1 GG. So wie die Anerkennung der Gründungsfreiheit und der institutionellen Garantie der Privatschulen durch Art. 7 Abs. 4 GG gewährleistet ist, folgt aus diesem Grundrecht zugleich, daß den für die Schulgesetzgebung ausschließlich zuständigen Ländern die Pflicht auferlegt ist, das private Ersatzschulwesen neben dem öffentlichen Schulwesen zu fördern und in seinem Bestand zu schützen (BVerfGE 75, 40 ff, 62; BVerfGE 90, 128, 138; BVerfGE 90, 106, 115; BVerfG, Kammerbeschluß v. 4. 3. 1993, SPE 44 Nr. 28; *Jach* Die Existenzsicherung der Institution Ersatzschulwesen in Zeiten knapper Haushaltsmittel, in: FS zum 65. Geburtstag von J. P. Vogel, 1998, S. 75, 76).

1. Die privaten Schulträger sind bei dem bestehenden hohen Kostenniveau nicht in der Lage, aus eigener Kraft sämtliche in Art. 7 Abs. 4 S. 3 und 4 GG aufgeführten Genehmigungsvoraussetzungen gleichzeitig und auf Dauer zu erfüllen (BVerfGE 75, 40, 63). Insofern hat sich an der im Jahr 1987 getroffenen Einschätzung durch das Bundesverfassungsgericht in den Folgejahren nichts geändert (BVerfGE 90, 107, 115). Für die neuen Bundesländer ist zudem von niedrigeren Eigenleistungen und besonders hohem Investitionsbedarf auszugehen (s. *J. P. Vogel* Das Recht der Schulen und Heime in freier Trägerschaft, 3. Aufl. 1997, S. 146). Die Möglichkeit einer Selbstfinanzierung durch die Erhebung annähernd kostendeckender Schulgelder ist den privaten Ersatzschulen vor dem Hintergrund des sich aus Art. 7 Abs. 4 S. 3 2. HS GG ergebenden

Sonderungsverbots praktisch genommen. Um aber die in Art. 7 Abs. 4 S. 1 GG gewährte Freiheit im Schulwesen so zu verwirklichen, daß sie von allen Eltern und Schülern gleichberechtigt in Anspruch genommen werden kann, muß das private Ersatzschulwesen grundsätzlich allen Bürgern ohne Rücksicht auf ihre persönlichen finanziellen Verhältnisse offen stehen. Demzufolge muß Art. 7 Abs. 4 S. 1 GG zugleich als Verpflichtung des Gesetzgebers verstanden werden, die privaten Ersatzschulen zu schützen und zu fördern (BVerfGE 75, 40, 65).

2. In der Schutz- und Förderpflicht des Staates zugunsten des privaten Ersatzschulwesens ist zugleich die Verwirklichung der sich aus Art. 7 Abs. 4 S. 1 GG ergebenden Garantie des schulischen Pluralismus zu sehen, der sich in einer Vielfalt von Formen und Inhalten, in denen sich Schule darstellen kann, verwirklicht (vgl. BVerfGE 90, 107, 116). Er findet seine verfassungsrechtliche Legitimation in der Erkenntnis, daß private Schulträgerschaft das staatliche Schulangebot notwendigerweise ergänzt und teilweise substituiert: Neben das primäre Recht und die Pflicht des Staates, eine umfänglich angelegte Schulversorgung zu sichern, tritt die grundrechtlich geschützte Aktivierung gesellschaftlicher Kräfte bei der Erfüllung einer genuin öffentlichen Aufgabe.

Der Staat muß durch staatliche Förderung auch dafür Sorge tragen, daß mögliche Beeinträchtigungen dieses Pluralismus neutralisiert werden (BVerfGE 75, 40, 66), um eine verbotene Benachteiligung der privaten Ersatzschulen zu vermeiden. Denn das Grundgesetz knüpft insoweit an die Wahrnehmung des Grundrechts selbst Bedingungen, die es den Grundrechtsinhabern erheblich erschweren, von der verbürgten Freiheit ohne Schutz und Förderung Gebrauch zu machen (BVerfGE 75, 40, 90; 90, 107, 115). Dient die Schutz- und Förderpflicht des Staates dazu, sowohl den schulischen Pluralismus als auch die Erfüllung der Genehmigungsvoraussetzungen des Art. 7 Abs. 4 S. 3 und 4 GG auf Dauer sicherzustellen, so bedeutet dies zugleich die subjektiv-rechtlich durchsetzbare Verpflichtung des Staates, bei der Verwirklichung seiner bildungs- und sozialpolitischen Ziele zu gewährleisten, daß die „Lebensfähigkeit des privaten Ersatzschulwesens" nicht beeinträchtigt wird (BVerfGE aaO). Das geht über die Pflicht zur Duldung oder Respektierung unterschiedlicher Erziehungsvorstellungen durchaus hinaus. Vielmehr ist der Staat von Verfassungs wegen gehalten, für Schulvielfalt Sorge zu tragen und schulischen Wettbewerb unter fairen Bedingungen auch gegen sich selbst offen zu halten. Ein Zurückdrängen privater Schulen aus Gründen unliebsamer Konkurrenz wäre hiermit nicht vereinbar.

3. Allerdings beschränkt sich die Schutz- und Förderpflicht des Staates darauf, die Existenz der Institution private Ersatzschulen zu sichern (BVerfGE 75, 40, 68; BayVGH, Urt. v. 24. 4. 1985, BayVBl. 1986, 494, 496; BVerwGE 70, 290, 292). Der Staat ist nicht verpflichtet, die tatsächlich anfallenden Kosten privater Schulträger voll zu übernehmen, sondern er muß nur einen Beitrag dazu leisten, der sicherstellen soll, daß die Schulträger auf Dauer die Genehmigungsvoraussetzungen des Art. 7 Abs. 4

S. 3 und 4 GG erfüllen können. Es ist zunächst Aufgabe des Gesetzgebers, innerhalb dieses Spannungsverhältnisses die jeweiligen Kostensituationen festzustellen und zu bewerten. Der konkrete Leistungsanspruch des einzelnen Ersatzschulträgers wird demnach durch das Gesetz bestimmt (BVerfGE 90, 107, 117; s. a. Sächs. VerfGH, DÖV 1997, 205). Dem Landesgesetzgeber steht dem Grunde nach die Gestaltungsfreiheit zu, Finanzhilfeleistungen an einen typisierten Bedarf und das Erbringen bestimmter Eigenleistungen zu knüpfen (*Jach* aaO, S. 77). Allerdings muß er diejenigen Grenzen und Bindungen beachten, die seinem politischen Handlungsspielraum durch die in Art. 7 Abs. 4 GG angelegte Schutz- und Förderpflicht gesetzt sind und durch die der Selbstbestimmungsbereich des Trägers rechtlich geschützt ist. Orientiert sich der Gesetzgeber hierbei an den Kosten des öffentlichen Schulwesens, so ist hieran im Grundsatz nichts auszusetzen, da die Ersatzschulen nicht beanspruchen können, eine bessere Ausstattung als vergleichbare öffentliche Schulen zu erhalten (BVerfGE 75, 40, 68; 90, 128, 139; 90, 107, 116; BVerfG, Beschl. v. 4. 3. 1997, SPE 44 Nr. 28). Nur bei einer Untätigkeit, einer groben Vernachlässigung der Förderpflicht oder einem Abbau aus mit Art. 7 Abs. 4 GG nicht vereinbaren Gründen kann die Verfassungswidrigkeit gesetzgeberischen Verhaltens festgestellt werden (hierzu auch BVerfGE 90, 107, 117).

II.

Unter Zugrundelegung dieser Maßstäbe ist es im Ergebnis nicht zu beanstanden, daß der Gesetzgeber den Finanzhilfehöchstsatz (mit Ausnahme der in § 127 Abs. 4 S. 2 SchulG M-V genannten Schulen) auf 85% – statt bisher 90% – der Personalkosten festgesetzt hat.

1. Das Grundgesetz geht davon aus, daß jeder Ersatzschulträger auch eine angemessene eigene Leistung erbringt – das entspricht dem Umstand, daß die verfassungsrechtliche Schutzpflicht gegenüber den Privatschulen ihren Grund in der Förderung individueller Freiheit hat (BVerfGE 75, 40, 67; *Heckel/Avenarius* Schulrechtskunde, 7. Aufl. 2000, S. 218). Insbesondere sind private Schulträger nicht vom allgemeinen unternehmerischen Risiko im Wettbewerb mit anderen privaten Schulen und mit vergleichbar ausgestatteten öffentlichen Schulen freigestellt (BVerfGE 75, 40, 68; 74, 134, 136; BVerwGE 70, 290, 293; *Jach* aaO, S. 88).

Was neben der Erhebung von Schulgeldern, bei denen das sogenannte Sonderungsverbot des Art. 7 Abs. 4 S. 3, 2. HS. GG zu beachten ist, zu den angemessenen Eigenleistungen gehört, die von den Ersatzschulträgern zu erbringen sind, wird nicht zuletzt seit dem Kammerbeschluß des Bundesverfassungsgerichts vom 4. 3. 1997 in den Verfahren 1 BvL 26/96 und 1 BvL 27/96 (SPE 44 Nr. 28) kontrovers diskutiert (hierzu namentlich *Jach* aaO, S. 79 ff und 85 f; *Pieroth* Die staatliche Ersatzschulfinanzierung und der Schulhausbau, DÖV 1992, 593, 599; *Vogel* Das herkömmliche Bild der Privatschule, RdJB 1998, 206, 213).

Vorliegend stehen spezifische, staatlicherseits vorausgesetzte Eigenleistungen wie z. B. der Rückgriff auf mögliche Spenden nicht im Streit. Die Frage braucht deshalb hier nicht entschieden zu werden. Jedenfalls befreit die Garantie eines existenzfähigen privaten Schulwesens den einzelnen Schulträger nicht von besonderen Anstrengungen, um eine Änderung von Förderbedingungen auszugleichen. Nicht wer notleidend ist, weil er etwa einen ungünstigen Standort für die Schule ausgewählt hat, ein wenig ansprechendes pädagogisches Konzept verfolgt oder allgemein schlecht wirtschaftet, ist als hilfsbedürftig anzusehen, sondern nur diejenige Ersatzschule, die trotz sachgemäßer Haushaltsführung wegen der Beachtung der Voraussetzungen des Art. 7 Abs. 4 S. 3 und 4 GG ohne finanzielle Hilfe nicht existieren kann, weil auf Dauer kumulierende Defizite nicht zu vermeiden sind (BVerfGE 75, 40, 69; vgl. auch *Jach* in: FS für Vogel, aaO, S. 77 f).

2. Allerdings ist nicht zu übersehen, daß die Herabsetzung des regelmäßigen Höchstsatzes der Finanzhilfe, den 17 von 19 der in Betracht kommenden privaten Schulträger im Lande Mecklenburg-Vorpommern in Anspruch nehmen, teilweise beträchtliche Einbußen mit sich bringt, die erhebliche Kraftanstrengungen bei der Mobilisierung zusätzlicher Eigenleistungen fordern. Bei den Beschwerdeführern, die sämtlich den Höchstsatz von 90% bezogen haben, betrugen die Kürzungsbeträge der Personalkostenzuschüsse im Jahre 2000 zwischen 43198,00 und 303572,33 DM, bezogen auf sämtliche privaten Ersatzschulen im allgemeinbildenden Bereich zwischen 3283,83 und 303572,33 DM. Im Jahre 2001 beliefen sich die entsprechenden Mindereinnahmen auf 113623,43 DM bei der Beschwerdeführerin zu 1., auf 324721,95 DM bei der Beschwerdeführerin zu 2. und auf 70643,73 DM bei der Beschwerdeführerin zu 3.

Indessen hält sich auch der abgesenkte Höchstsatz noch im Rahmen der im schulrechtlichen Schrifttum diskutierten zulässigen Bandbreite (*Jach*, aaO, S. 83 f mwN; *Pieroth* aaO, S. 599; *Kloepfer/Meßerschmidt* Privatschulfreiheit und Subventionsfreiheit, DVBl. 1983, 193, 196). Dabei bedeutet die Absenkung des Förderhöchstsatzes (lediglich) die Kappung der Obergrenze der Finanzhilfe. Zwar sollen die über dem Mindestfördersatz liegenden Erhöhungsbeträge gerade besondere pädagogische Leistungen berücksichtigen, die zu einer Profilierung der einzelnen Schule beitragen. Die Pflege der dadurch ermöglichten spezifischen Leistungsprofile ist für Privatschulen von besonderer Bedeutung. Andererseits stellt § 6 Abs. 1 S. 2, Abs. 2 PSchVO bei der Steigerung des garantierten Mindestfördersatzes von 60% um jeweils 5% auf zusätzliche Leistungskriterien ab, die in unterschiedlicher Weise miteinander verbunden und kumulativ berücksichtigt werden können. Damit bleibt dem Schulträger auch bei notwendigen Kürzungen ein gewisser Spielraum bei dem Setzen von Schwerpunkten und für Umstrukturierungen bis hin zu der eigenen Festlegung der maßgeblichen Klassenfrequenzen. Solange die Kürzung nicht gegen konkurrierende pädagogische Konzepte gerichtet ist oder den spezifischen Bildungsauftrag des Privatschulwesens in Frage stellt, kann die hier zur Entscheidung stehende Herabsetzung des maximalen Finanzhilfesatzes als solche noch nicht als grobe Vernachlässigung der staatlichen Schutz- und Förderpflicht nach Art. 7 Abs. 4 GG angesehen werden.

3. Ein wesentlicher zusätzlicher Indikator für die Beurteilung der Frage, ob eine Absenkung des Höchstsatzes der Finanzhilfe die Grenzen des verfassungsrechtlichen Zulässigen wahrt, ist allerdings der Umfang der dadurch notwendigen Erhöhung der Schulgelder. Zwar machen die durch Art. 3 Nr. 1 Buchst. a) HRG 2000 erforderlich gewordenen Kürzungen bei den Beschwerdeführern insgesamt nur zwischen 2,8 % und 3,6 % des gesamten Haushaltsvolumens (2000) aus. Dennoch haben diese – aufgrund des relativ hohen Anteils staatlicher Finanzleistungen an den Gesamteinnahmen – teilweise zu einer gravierenden Anhebung der Schulgelder geführt, wie die Beschwerdeführer im Einzelnen vorgetragen haben. Insoweit haben diese ein verfassungsrechtlich bedenkliches Ausmaß erreicht. So waren im Jahre 2000 für den Besuch der Schulen der Beschwerdeführer zu 1. und 2. Schulgelder von mehr als 300,00 DM, teilweise bereits von mehr als 400,00 DM aufzubringen.

Zwar begründet Art. 7 Abs. 4 GG keine staatliche Einstandspflicht, „jedermann letztlich ohne Entgelt den Besuch einer Privatschule zu ermöglichen" (*Theuersbacher* RdJB 1994, 505). Indes ist den Trägern die Möglichkeit einer Selbstfinanzierung privater Ersatzschulen durch Erhebung annähernd kostendeckender Schulgelder durch Art. 7 Abs. 4 S. 3, 2. HS. GG praktisch verwehrt, „weil durch sie – auch angesichts der Schulgeldfreiheit in öffentlichen Schulen – eine ‚Sonderung der Schüler nach den Besitzverhältnissen der Eltern' zumindest ‚gefördert' würde" (BVerfGE 75, 40, 63). Wenn demnach die Privatschule grundsätzlich allen Bürgern ohne Rücksicht auf ihre finanziellen Verhältnisse offenzustehen hat, muß sie von allen Eltern und Schülern ohne Rücksicht auf ihre wirtschaftliche Lage in Anspruch genommen werden können. Auch gewährleisten einige wenige Freiplätze oder Schulgeldstipendien in Ausnahmefällen für besonders begabte oder besonders arme Kinder die danach geforderte allgemeine Zugänglichkeit nicht (BVerfGE 90, 107, 119).

Das Bundesverfassungsgericht hat in seiner Wartefristentscheidung im Jahre 1994 (E 90, 107, 119) Schulgelder in Höhe von 170,00 bis 190,00 DM während der Gründungsphase für noch zulässig angesehen. Nach dem Schrifttum (vgl. *Jach* aaO, S. 90 f mwN in Fn. 57) sollen entsprechende Beträge allerdings außerhalb dieser Phase das Maß des Zulässigen überschreiten. Ob die genannten Sätze nach den zwischenzeitlich erfolgten Änderungen des Familienleistungsausgleichs noch eine maßstabbildende Geltung beanspruchen können und inwieweit sie sich über die Gründungsphase hinaus verallgemeinern lassen, braucht das Landesverfassungsgericht hier nicht zu entscheiden. Gleiches gilt für die Frage, ob nicht eine von vornherein angelegte soziale Staffelung der Schulgelder, die nicht nur auf Ausnahmefälle bei der Aufnahme von Schülern beschränkt ist, eine entsprechende Relativierung rechtfertigt. Die Beschwerdeführer haben nämlich insoweit auch in der mündlichen Verhandlung nicht näher vorgetragen, daß die Erhöhungen der Schulgelder unter Anspannung aller Kräfte – einschließlich möglicher Veränderungen der bisherigen Schulabläufe – und unter Einsatz etwaiger weiterer zumutbarer Eigenleistungen nicht vermeidbar waren und einen flächendeckenden Effekt beschreiben. Weder dem Vortrag der Beschwerdeführer noch den zu den Gerichtsakten gereichten Kostenaufstellungen ist zu entnehmen, daß die Beschwerdeführer oder gar die Institution des Ersatzschulwesens im Lande in ihrer Existenz gefährdet sind. Das Landesverfassungsgericht sieht auch keine Veranlassung, der Frage von Amts wegen weiter nachzugehen. Die Existenzgefährdung wäre indessen Voraussetzung, um eine von den Beschwerdeführern durchzusetzende konkrete Leistungspflicht des Staates feststellen zu können, die auf die Beibehaltung der bisherigen Fördersätze zielte.

4. Die Herabsetzung der staatlichen Beteiligung an den Personalkosten zielt spezifisch auf die Ersatzschulen ab. Das läßt sich nicht – wie die Landesregierung und der Landtag es versuchen – damit rechtfertigen, daß die Gesamtaufwendungen für das private Schulwesen wegen der ansteigenden Zahl der Schüler von Ersatzschulen zunähmen. Denn hier kommt es für den Vergleich nicht auf den Gesamtaufwand an, sondern auf den Aufwand je Schüler.

Indessen ist dieser Gesichtspunkt nicht von entscheidender Bedeutung. Denn das Landesverfassungsgericht folgt nicht der Auffassung der Beschwerdeführer (im Anschluß an *Jach* in: FS für Vogel, aaO, S. 96), wonach einseitige Kürzungen zu Lasten der Institution des privaten Ersatzschulwesens generell die Grenzen des gesetzgeberischen Gestaltungsspielraumes überschreiten. Deshalb kann auch offenbleiben, ob das sogenannte Lehrerpersonalkonzept des Landes Mecklenburg-Vorpommern zu einer entsprechenden Einsparung im staatlichen Schulwesen geführt hat. Hier wie in anderen Bereichen gibt es keine grundgesetzliche Garantie des jeweiligen Fördersatzes. Daran ändert im Prinzip auch die aus Art. 7 Abs. 4 GG folgende besondere staatliche Schutzpflicht gegenüber den Privatschulen nichts. Auch diese steht unter dem Vorbehalt einer Abwägung der verschiedenen Gemeinschaftsbelange (wie etwa dem eines angemessenen und flächendeckenden Bildungsangebots bei geringer Schülerdichte) durch den insoweit zunächst zuständigen und mit einer Entscheidungsprärogative ausgestatteten Gesetzgeber. Allerdings ist darauf hinzuweisen, daß in den dabei gebotenen Abwägungsprozeß die verfassungsrechtlich vorgegebene Schutzintensität der Privatschulen angemessen Eingang und Berücksichtigung finden muß. So darf die Aufgabe der Existenzsicherung privater Ersatzschulen nicht zugunsten weniger wichtiger Belange des öffentlichen Schulwesens oder allgemeiner politischer Ziele, die nicht in gleicher Weise verfassungsrechtlich abgesichert sind, vernachlässigt werden (BVerfGE 75, 40, 69). Insofern steht die Förderung von privaten Ersatzschulen nicht in gleicher Weise unter einem schlichten Haushaltsvorbehalt, wie dies etwa bei Subventionen der Fall ist (zutreffend *Jean d'Heur* in: Müller/ders. (Hrsg.), Zukunftsperspektiven der Freien Schule, 1996, S. 55, 68, 76; *Jach* aaO, S. 99).

Anhaltspunkte dafür, daß der Gesetzgeber diese Abwägung nicht in der verfassungsrechtlich gebotenen Weise vorgenommen hat, liegen nicht vor. Soweit die Beschwerdeführer vortragen, daß ein Regierungsmitglied im politischen Raum geäußert habe, es müsse ein unkontrollierter Aufwuchs der Privatschulen verhindert werden, folgt daraus nicht, daß eine entsprechende Abwägung im Gesetzgebungsverfahren – und nur hierauf kommt es an – von einer solchen Motivation getragen war. Gesetze werden vom Parlament beschlossen.

III.

Verfassungsrechtlich ist ebenfalls nicht zu beanstanden, daß sich – nach der durch Art. 3 Nr. 2 HRG 2000 vorgenommenen Änderung des § 129 S. 1 SchulG M-V – die Schulkostenbeiträge, die an die Träger von Ersatzschulen zu leisten sind, nach den Kosten der jeweils zuständigen Schule in öffentlicher Trägerschaft richten. Nach dieser Neuregelung erhält die Ersatzschule je Schüler den Betrag, der bei den berücksichtigungsfähigen Kostenarten je Schüler der zuständigen öffentlichen Schule anfällt. Danach gilt für Ersatzschulen hinsichtlich der Höhe der Schulkostenbeiträge die Vorschrift des § 115 Abs. 3 S. 2 SchulG M-V – trotz der Verweisung in § 129 S. 1 – insoweit nicht, als sich dort die Schulkostenbeiträge nach den tatsächlich anfallenden Kosten des Trägers der jeweils aufnehmenden Schule bemessen.

Die Neuregelung kann sich je nach den örtlichen Verhältnissen durchaus unterschiedlich auswirken. Die tatsächlichen Kosten einer Ersatzschule und der an sich zuständigen Schule in öffentlicher Trägerschaft können einander entsprechen; dann hat die Änderung des Maßstabs für den Einzelfall keine oder nur marginale Bedeutung. Die Kosten der an sich zuständigen Schule können niedriger sein als die der Ersatzschule; dann bleibt der Schulkostenbeitrag hinter deren eigenen Kosten zurück. Schließlich können die tatsächlich anfallenden Kosten der zuständigen öffentlichen Schule über denen der Ersatzschule liegen; dann erhält deren Träger einen Schulkostenbeitrag, der im Einzelfall zu einem Überschuß führt. In der ersten und in der dritten Fallgruppe liegt auf der Hand, daß – unter der in diesem Verfahren nicht zu überprüfenden Voraussetzung der zutreffenden Einstellung der einzelnen Kostenfaktoren in die Berechnung der Schulkostenbeiträge – ein Grundrecht nicht verletzt sein kann. Die Neufassung des § 129 S. 1 SchulG M-V ist aber auch insoweit verfassungsmäßig, als aus ihm folgt, daß im Einzelfall der Schulkostenbeitrag die an einer Ersatzschule tatsächlich anfallenden Kosten nicht voll abdeckt. Denn Art. 7 Abs. 4 GG verwehrt dem Gesetzgeber nicht, die Aufwendungen im öffentlichen Schulwesen zum Maßstab dessen zu machen, in welchem Umfang der Staat sich an der Finanzierung von Ersatzschulen beteiligt. Insofern gilt für Sachkosten dasselbe wie für die oben erörterten Kosten des pädagogischen Personals.

Ersatzschulen haben keinen verfassungsrechtlichen Anspruch darauf, eine bessere Ausstattung als vergleichbare öffentliche Schulen zu erhalten (vgl. BVerfGE 79, 40, 68). Die Landesregierung hat im Verfahren herausgestellt, daß die Träger der Ersatzschulen „ohne jegliche Begrenzung" Kosten geltend machen könnten, wenn bei der Berechnung des Schulkostenbeitrages ihre eigenen Kosten heranzuziehen wären; sie könnten „ohne jedes eigene Risiko Geschäfte zu Lasten der Wohnsitzkommunen der Schüler tätigen" und ihre Schulen zu deren Lasten wesentlich besser als die Träger öffentlicher Schulen ausstatten. Ähnlich hat der Landtag geäußert, bei Abstellen auf die jeweiligen Sachkosten des Privatschulträgers „wäre keine Handhabe dagegen gegeben, ein nicht gebotenes Aufblähen der Sachkosten zu begrenzen". Mit diesen Stellungnahmen wird der Eindruck erweckt, als sei die durch Art. 3 Nr. 2 HRG 2000 getroffene Regelung der einzige Weg, um das legitime Ziel zu erreichen, daß bei der Leistung von Schulkostenbeiträgen der durch Kosten des öffentlichen Schulwesens gezogene Rahmen eingehalten werde. Dem kann nicht gefolgt werden. Zur Abwehr einer Erstattung von „luxuriösen" Aufwendungen an die Ersatzschulen könnten bei Orientierung an deren tatsächlichen Aufwendungen etwa aus dem Bedarf öffentlicher Schulen entwickelte Obergrenzen gesetzt werden. Hier stehen dem auf Sparsamkeit bedachten Land nicht Schulträger gegenüber, die es darauf anlegen würden, Träger öffentlicher Schulen im Wege von Schulkostenbeiträgen mit ungerechtfertigten eigenen Aufwendungen zu belasten. Vielmehr machen die Beschwerdeführer geltend, die Orientierung an den Kosten der an sich zuständigen Schule sei ein verfehlter Maßstab dafür, daß sie angemessene eigene Aufwendungen hinreichend über Schulkostenbeiträge einfordern könnten. Dieser letztlich auf Art. 3 Abs. 1 GG gestützte Einwand der Beschwerdeführer gegen das Gesetz dringt indessen im Ergebnis nicht durch.

Der Gesetzgeber hat bei Vorschriften, durch die er Regelungen zu Freiheitsgrundrechten – so auch zu Art. 7 Abs. 4 GG – trifft, dem allgemeinen Gleichheitssatz Rechnung zu tragen. Danach sind ihm Differenzierungen, die nicht aus dem jeweiligen Regelungsgegenstand zu rechtfertigen sind, untersagt. Bei der verfassungsgerichtlichen Prüfung, ob dies der Fall ist, ist indessen davon auszugehen, daß dem Gesetzgeber grundsätzlich ein Gestaltungsspielraum und Beurteilungsfreiheit dafür zusteht, wie er ähnliche, aber unterscheidbare Sachverhalte normativ bewältigt (BVerfGE 71, 255, 271; 101, 275, 290 f.). Öffentliche Schulen und Ersatzschulen sind nach Art. 7 Abs. 4 GG einander hinsichtlich der Finanzierung durch die öffentliche Hand nicht gleichgestellt. Somit steht es dem Gesetzgeber frei, für die staatliche Beteiligung an den Kosten von Ersatzschulen spezifisch auf sie bezogene Bezugspunkte zu entwickeln, soweit dies mit Eigenheiten des Ersatzschulwesens gerechtfertigt werden kann.

In dem mit dem Besuch einer Ersatzschule vergleichbaren Fall, daß Schüler eine öffentliche Schule, die sich nicht in ihrer Wohnsitzgemeinde befindet, besuchen, richtet sich der Schulkostenbeitrag nach den tatsächlich anfallenden Kosten der aufnehmenden öffentlichen Schule. Auf die Kosten einer an sich zuständigen („abgebenden") Schule kann schon deshalb nicht generell abgestellt werden, weil es eine solche Schule in der Regel nicht gibt. Der typische Anwendungsfall von § 115 Abs. 3 SchulG M-V ist die Konstellation, daß am Wohnsitz des auswärtigen Schülers eine öffentliche Schule der jeweiligen Schulform nicht vorhanden ist, so daß er aus diesem Grunde die gewünschte Schule in einer anderen Gebietskörperschaft, die sie vorhält, besuchen muß. Dann fehlt es an einer an sich zuständigen Schule, deren tatsächliche Aufwendungen für den Schulkostenbeitrag maßgeblich sein könnten. Hier liegt es nahe, für den Schulkostenbeitrag auf die Kosten der aufnehmenden Schule abzustellen.

Dem allgemeinen Gleichheitssatz würde es allerdings entsprechen, ebenso beim Besuch einer Ersatzschule deren Kosten als diejenigen der aufnehmenden Schule maßgeblich sein zu lassen. So war die Rechtslage nach § 129 S. 1 SchulG M-V in seiner vor dem Haushaltsrechtsgesetz 2000 geltenden Fassung (vgl. Urteil des OVG Mecklenburg-Vorpommern vom 20. 10. 2000 – 4 K 26/98 –). Der Gesetzgeber brauchte daran aber nicht festzuhalten. Vielmehr durfte er darauf abheben, daß beim Besuch von Ersatzschulen in aller Regel eine zuständige öffentliche Schule, die der Schüler sonst besucht hätte, gerade vorhanden ist. Hier kommt es nicht auf den Ausgleich unter verschiedenen Gebietskörperschaften, sondern zwischen öffentlichem und privatem Schulwesen an.

Für diesen Ausgleich ist es sachgerecht, als Schulkostenbeitrag den Betrag festzulegen, den der zuständige öffentliche Schulträger dadurch erspart, daß ein Schüler nicht seine Schule besucht. Der Staat genügt grundsätzlich seiner Unterstützungspflicht, wenn er das gewährt, was er – bzw. eine Kommune als Schulträger – selbst hätte aufwenden müssen.

Nicht zu verkennen ist allerdings, daß nach diesem System der auf den einzelnen Schüler bezogene Schulkostenbeitrag deutlich hinter den tatsächlichen Kosten zurückbleiben kann, die an der Ersatzschule anfallen. Vor allem kann die Kostenstruktur höchst unterschiedlich hinsichtlich der in § 110 Abs. 2 S. 2 Nr. 1 SchulG M-V genannten Sachkosten – nämlich Errichtung, Unterhaltung und Bewirtschaftung der Schulgebäude und -anlagen – sein. Indessen ist der Gesetzgeber nicht von Verfassungs wegen gehalten, solchen Umständen des Einzelfalls Rechnung zu tragen. Bei der ihm zuzugestehenden typisierenden Betrachtungsweise darf er solche Unterschiede bei seiner Regelung zurückstellen. Das gilt um so mehr, als bei der jeweiligen Ersatzschule die Relation zu einer Mehrzahl von zuständigen öffentlichen Schulen herzustellen ist und so dem Nachteil in einem Einzelfall vielfach ein Vorteil in einem anderen gegenüber steht, bei dem der Schulkostenbeitrag sogar mehr als die eigenen tatsächlichen Kosten der Ersatzschule abdeckt. Somit darf für eine gesetzliche Regelung angenommen werden, daß im Schnitt tendenziell eine Annäherung an die tatsächlichen Kosten der jeweiligen Ersatzschule stattfindet.

Wie vom Landtag zu Recht hervorgehoben, führt der neu gefaßte § 129 S. 1 SchulG M-V dazu, daß alle Kommunen als Schulträger gleich behandelt werden. Der Schulkostenbeitrag richtet sich nur nach ihrem eigenen (ersparten) Aufwand und nicht nach dem von ihnen aus gesehen externen Faktor des Aufwands an einer Ersatzschule. Daran durfte der Gesetzgeber sich ausrichten, zumal und solange dies für die Träger von Ersatzschulen hinnehmbar ist. Damit ist der kommunalen Selbstverwaltung (Art. 72 LV), zu der in Mecklenburg-Vorpommern die Verantwortlichkeit für das öffentliche Schulwesen gehört (§ 103 SchulG M-V), Rechnung getragen.

Soweit die gesetzliche Regelung im Einzelfall dazu führt, daß je nach dem Umfeld öffentlicher Schulen ein Träger einer Ersatzschule insgesamt höhere Schulkostenbeiträge erhält als ein anderer, ist das hinnehmbar. Es verweist die Träger von Ersatzschulen darauf, bei ihren Entscheidungen über Schulstandorte in die Überlegungen mit einzubeziehen, ob für die Errichtung einer Schule eine hinreichend tragfähige Grundlage gegeben ist.

Bei alledem verkennt das Landesverfassungsgericht nicht, daß – wie von den Beschwerdeführern herausgestellt – bei Orientierung an den Kosten der zuständigen öffentlichen Schule die bürokratische Bewältigung der Schulkostenbeiträge schwieriger ist als bei Orientierung an den Kosten der Ersatzschule. Daß die in der angegriffenen Vorschrift gefundene Lösung weniger praktikabel als die bisherige gesetzliche Regelung sein mag, reicht indessen nicht aus, um diese als verfassungswidrig zu bewerten. Im übrigen bleibt es den Trägern der Ersatzschulen und den zahlungspflichtigen Schulträgern unbenommen, gem. § 4 Abs. 6 SchLAVO M-V Vereinbarungen über die Höhe der Schulkostenbeiträge zu treffen.

IV.

Die Verfassungsbeschwerde ist begründet, soweit die Beschwerdeführer rügen, daß die Gesetzesänderungen ohne eine Übergangsregelung sofort in Kraft getreten sind.

Die mit der Verfassungsbeschwerde beanstandeten Regelungen des Art. 3 Nr. 1 Buchst. a) und Nr. 2 HRG 2000 traten gem. Art. 6 Nr. 2 HRG 2000 am Tag nach dessen Verkündung in Kraft. Das Gesetz wurde im Gesetz- und Verordnungsblatt vom 31. 12. 1999 verkündet, so daß es am 1. 1. 2000 ohne Übergangsregelung wirksam wurde. Art. 6 Nr. 2 HRG 2000 ist mit Art. 7 Abs. 4 GG unvereinbar, soweit er sich auf Art. 3 Nr. 1 Buchst. a) und Nr. 2 HRG 2000 bezieht.

Nach ständiger Rechtsprechung des Bundesverfassungsgerichts muß der Gesetzgeber bei der Aufhebung oder Modifizierung geschützter Rechtspositionen – auch dann, wenn der Eingriff an sich verfassungsrechtlich zulässig ist – auf Grund des rechtsstaatlichen Grundsatzes der Verhältnismäßigkeit eine angemessene Übergangsregelung treffen (BVerfGE 43, 242, 288; 11, 64, 72). Die rechtsstaatlichen Gebote der Rechtssicherheit und des Vertrauensschutzes ziehen allen Hoheitsakten, die belastend in verfassungsmäßig verbürgte Rechtsstellungen eingreifen, enge Grenzen (BVerfGE 67, 1, 14 f). Diese Grenzen muß der Gesetzgeber insbesondere bei Rechtsnormen mit Rückwirkung beachten; auch für Gesetze, die auf gegenwärtige, noch nicht abgeschlossene Rechtsbeziehungen für die Zukunft einwirken und damit zugleich die betroffenen Rechtspositionen nachträglich entwerten, können sich, obgleich sie grundsätzlich zulässig sind, aus dem Gesichtspunkt des Vertrauensschutzes je nach Lage der Verhältnisse verfassungsrechtliche Grenzen ergeben (BVerfGE aaO). Allerdings steht dem Gesetzgeber hierbei ein Gestaltungsspielraum zur Verfügung. Der verfassungsgerichtlichen Nachprüfung unterliegt insoweit nur, ob der Gesetzgeber bei einer Gesamtabwägung zwischen der Schwere des Eingriffs und dem Gewicht und der Dringlichkeit der ihn rechtfertigenden Gründe unter Berücksichtigung aller Umstände die Grenze der Zumutbarkeit überschritten hat (BVerfGE 43, 242, 288; 67, 1, 14 f).

Diese Grundsätze sind auch für die staatliche Unterstützung der Träger privater Ersatzschulen anerkannt. Geplante oder schon erfolgte Kürzungen von Finanzhilfen für Privatschulen müssen danach im Sinne einer Übergangsgerechtigkeit dem Grundsatz des Vertrauensschutzes und des Übermaßverbotes entsprechen (VerfGH NW, Urt. v. 3. 1. 1983, DVBl. 1983, 223, 225; *Jach* aaO, S. 100; *Kloepfer/Meßerschmidt* DVBl. 1983, 193, 201).

Nach diesen Maßstäben verstößt die Neuregelung der Personalkostenzuschüsse und der Sachkostenbeiträge für die Ersatzschulen, soweit eine Übergangsregelung fehlt, gegen die rechtsstaatlichen Gebote der Rechtssicherheit und des Vertrauensschutzes. Bei der Abwägung zwischen der Schwere des Eingriffs einerseits und dem Gewicht und der Dringlichkeit der ihn rechtfertigenden Gründe andererseits ist zugunsten der Beschwerdeführer zu berücksichtigen, daß bei Inkrafttreten des Gesetzes am 1. 1. 2000 die Kalkulationen und prognostischen Berechnungen der Ersatzschulträger unter Berücksichtigung des ursprünglichen Förderhöchstsatzes von 90 % für das laufende Schuljahr abgeschlossen waren. Das Landesverfassungsgericht kann nicht erkennen, daß überwiegende Gründe des öffentlichen Interesses für das sofortige Inkrafttreten der Neuregelungen im laufenden Schuljahr sprechen. Das gilt um so mehr, als die Anträge auf Personalkostenzuschüsse nach § 7 Abs. 1 PSchVO M-V spätestens bis zum 15. 10. 1999 zu stellen waren.

Die Ersatzschulen müssen – wie die Beschwerdeführer unwidersprochen vorgetragen haben – ihre Einnahmen und Ausgaben vor Beginn jedes Schuljahres vorausplanen und festlegen. In den Hauptpositionen ihrer Haushalte sind sie durch langfristige Verträge gebunden. Dazu gehören insbesondere die Verträge mit den Schülern bzw. ihren Erziehungsberechtigten und die Verträge mit den Lehrern. Hierbei sind auch die anfallenden Sachkosten kalkulatorisch zu berücksichtigen. Die bereits abgeschlossenen Verträge könnten nicht von heute auf morgen verändert werden.

Eine Übergangsregelung ist auch hinsichtlich der Schulkostenbeiträge geboten. Zwar halten der Landtag und die Landesregierung die Ergänzung des § 129 S. 1 SchulG M-V durch Art. 3 Nr. 2 HRG 2000 lediglich für eine „Klarstellung". Das ist jedoch nicht richtig. Nach der früheren Fassung des § 129 S. 1 SchulG M-V bemaß sich der Schulkostenbeitrag eindeutig nach den tatsächlichen Kosten der Ersatzschule (vgl. OVG M-V, Urt. v. 20. 10. 2000 – 4 K 21/99 –). Auch wenn die Verwaltungspraxis gemäß dem vom OVG für nichtig erklärten § 8 SchLAVO M-V dem nicht entsprochen hat, ist in die Beurteilung des Landesverfassungsgerichts die wahre Rechtslage nach der früheren Fassung des Gesetzes einzustellen.

Die ohne Übergangsregelung in Kraft getretenen Bestimmungen wirken sich bei den Beschwerdeführern teilweise gravierend aus. So beliefen sich die Kürzungen bei den Personalkostenzuschüssen und den Sachkostenbeiträgen allein bei der Beschwerdeführerin zu 1. im Jahr 2000 auf insgesamt 774 493,00 DM. Dies entspricht nach dem unwidersprochenen Vortrag der Beschwerdeführerin zu 1. einem Anteil von 24,5 % ihrer Ausgaben.

Diesen erheblichen Auswirkungen auf seiten der Beschwerdeführer stehen als rechtfertigende Gründe für ein sofortiges Inkrafttreten des Gesetzes lediglich fiskalische Erwägungen gegenüber. Wohl ist bei der allgemein bekannten angespannten Haushaltslage des Landes Mecklenburg-Vorpommern ein Zwang zu Einsparungsmaßnahmen nicht zu bestreiten, jedoch sind Gründe, die eine sofortige Umsetzung der getroffenen Neuregelungen rechtfertigen könnten, nicht erkennbar.

Danach gebietet der Grundsatz des Vertrauensschutzes eine Übergangsregelung, die es den Beschwerdeführern mindestens gestattet, das damals laufende Schuljahr 1999/2000 auf der bisherigen Kalkulationsgrundlage zu Ende zu führen. Darüber hinaus muß der Gesetzgeber bei der zu treffenden Übergangsregelung auch die Auswirkungen des sofortigen Inkrafttretens der Änderungen auf das in Art. 7 Abs. 4 S. 3 GG verankerte Sonderungsverbot berücksichtigen. Damit wäre nicht zu vereinbaren, daß Eltern, die das von einem Tag zum anderen erhöhte Schulgeld nicht mehr aufbringen können, gezwungen wären, ihre Kinder von den Privatschulen zu nehmen. Dabei ist auch zu berücksichtigen, daß das Einkommensniveau in Mecklenburg-Vorpommern erheblich unter dem Bundesdurchschnitt liegt. Der Grundsatz des Vertrauensschutzes gebietet eine Übergangsregelung, die derartige Auswirkungen vermeidet und es sowohl den Beschwerdeführern als auch den betroffenen Eltern ermöglicht, sich der veränderten finanziellen Lage in zumutbarer Weise allmählich anzupassen.

V.

Das Verfahren ist nach § 32 Abs. 1 LVerfGG kostenfrei.

Unter Berücksichtigung des Ausgangs des Verfahrens, der verfassungsrechtlichen Bedeutung der Übergangsgerechtigkeit bei der Modifizierung geschützter Rechtspositionen und der wirtschaftlichen Auswirkungen des Fehlens einer Übergangsregelung für die Beschwerdeführer erscheint es billig, die Erstattung der Auslagen gem. § 33 Abs. 1, 2 LVerfGG in dem tenorierten Umfang anzuordnen.

D.

Nach § 28 Abs. 2 LVerfGG hat dieses Urteil Gesetzeskraft, soweit die Unvereinbarkeit des Art. 6 Nr. 2 HRG 2000 mit Art. 5 Abs. 3 LV iVm Art. 7 Abs. 4 GG festgestellt wird. Der Ministerpräsident hat die Entscheidungsformel (I.) im Gesetz- und Verordnungsblatt für Mecklenburg-Vorpommern zu veröffentlichen.

Entscheidungen
des
Niedersächsischen Staatsgerichtshofs

Die amtierenden Richterinnen und Richter des Niedersächsischen Staatsgerichtshofs

Prof. Dr. Manfred-Carl Schinkel (Präsident)
Helga Oltrogge (Vizepräsidentin)
Prof. Dr. Dr. Hans-Peter Schneider
Prof. Dr. Christian Starck
Heinrich Beckmann
Hartwin Kramer
Christa Biermann
Prof. Dr. Ulrike Wendeling-Schröder
Dr. Jürgen Schneider

Stellvertretende Richterinnen und Richter

Dr. Herwig van Nieuwland
Helga Zeuner
Margarete Fabricius-Brand
Prof. Dr. Jürgen Helle
Prof. Dr. Volkmar Götz
Dr. Werner Hanisch
Dr. Eckhart Dembowski
Hartmut Pust
Harald Schliemann

Nr. 1

1. Das Prozeßhindernis der Rechtshängigkeit steht der Zulässigkeit einer weiteren Verfassungsbeschwerde einer Kommune gegen dasselbe Gesetz wegen der ausschließlichen Zuständigkeit des Staatsgerichtshofs zur Entscheidung über kommunale Verfassungsbeschwerden nicht entgegen.

2. Bei Art. 57 Abs. 4 und Art. 58 NV handelt es sich um zwei selbständige Finanzgarantien, zwischen denen keine rechtliche Konnexität besteht. Änderungen im Rahmen des Erstattungssystems nach Art. 57 Abs. 4 NV dürfen sich deshalb nicht dahin auswirken, daß den Kommunen Mittel vorenthalten werden, die ihnen nach Maßgabe des Art. 58 NV zur Erfüllung ihrer eigenen Aufgaben mindestens zustehen.

3. Der Gesetzgeber ist bei der Ausgestaltung des übergemeindlichen Finanzausgleichs gemäß Art. 58 NV berechtigt, durch die Erhebung einer Finanzausgleichsumlage einen Teil der Finanzkraft abundanter Gemeinden abzuschöpfen, um das Gesamtvolumen der Schlüsselmasse zu vergrößern.

4. a) Ist das Land finanziell nicht in der Lage, den Kommunen die für eine angemessene Wahrnehmung ihrer Selbstverwaltungsaufgaben erforderlichen Mittel zur Verfügung zu stellen, so darf es sich auf eine finanzielle Mindestausstattung der Kommunen beschränken, sofern es seine eigenen Ausgaben in vergleichbarem Maße senkt.

b) Werden die den Kommunen aufgrund des Art. 58 NV zur Verfügung gestellten Mittel durch die Erfüllung gesetzlich vorgeschriebener Aufgaben und die Einhaltung der dafür festgelegten Standards ausgeschöpft mit der Folge, daß es den Kommunen unmöglich ist, freiwillige Selbstverwaltungsaufgaben wahrzunehmen, dann verpflichtet Art. 58 NV das Land wenn nicht zu einer Erhöhung des Ausgleichsvolumens dann aber zur Erschließung neuer Steuerquellen oder zu einer Verminderung der gesetzlich vorgeschriebenen Aufgaben bzw. zu einer Senkung der bei deren Erfüllung einzuhaltenden Standards.

5. Art. 58 NV begründet einen individuellen Anspruch jeder einzelnen Kommune auf einen aufgabengerechten Finanzausgleich.

Niedersächsische Verfassung Art. 57 Abs. 4, 58

Gesetz zur Änderung des Niedersächsischen Gesetzes über den Finanzausgleich und anderer Gesetze

Niedersächsisches Finanzverteilungsgesetz

Haushaltsbegleitgesetz 1999 Art. 1 Nr. 7, 2 Nr. 1

Urteil vom 16. Mai 2001 – StGH 6, 7, 8, 9/99, 1/00 –

in den Verfahren

a) über die Verfassungsbeschwerden

1. des Landkreises Diepholz und 6 weiterer Landkreise
2. der Stadt Cuxhaven und 9 weiterer Städte und Gemeinden
3. der Stadt Dissen a.T.W. und 7 weiterer Gemeinden
4. der Landeshauptstadt Hannover und 2 weiterer Städte

b) der Normenkontrolle

auf Antrag des Vorsitzenden der CDU-Fraktion im Niedersächsischen Landtag sowie der weiteren Mitglieder der CDU-Fraktion im Niedersächsischen Landtag

betreffend das Gesetz zur Änderung des Niedersächsischen Gesetzes über den Finanzausgleich und anderer Gesetze vom 12. März 1999 (Nds.GVBl. S. 74), das Niedersächsische Gesetz zur Regelung der Finanzverteilung zwischen Land und Kommunen (Niedersächsisches Finanzverteilungsgesetz) vom 12. März 1999 (Nds.GVBl. S. 79, mit Berichtigung Nds.GVBl. S. 106) und Art. 1 Nr. 7, 2 Nr. 1 des Haushaltsbegleitgesetzes 1999 vom 21. Januar 1999 (Nds.GVBl. S. 10)

Entscheidungsformel:

1. Die Verfassungsbeschwerden im Verfahren StGH 9/99 werden verworfen.

2. § 2 des Göttingen-Gesetzes vom 1. Juli 1964 (Nds. GVBl. S. 134) in der Fassung des Artikel 3 des Gesetzes zur Änderung des Niedersächsischen Gesetzes über den Finanzausgleich und anderer Gesetze vom 12. März 1999 (Nds. GVBl. S. 74) ist mit Art. 58 der Niedersächsischen Verfassung unvereinbar und daher nichtig.

3. Im übrigen werden die Verfassungsbeschwerden und der Antrag im Verfahren StGH 8/99 zurückgewiesen.

Gründe:

A.

Die Beschwerdeführer und die Antragstellerin machen mit ihren zur gemeinsamen Verhandlung und Entscheidung verbundenen Verfassungsbeschwerden sowie in dem mit diesen Verfassungsbeschwerden verbundenen Normenkontrollverfahren geltend, die gesetzliche Ausgestaltung des kommunalen Finanzausgleichs durch das Gesetz zur Änderung des Niedersächsischen Gesetzes über den Finanzausgleich (NFAG-ÄndG) vom 12. März 1999 (Nds. GVBl. S. 74), das Niedersächsische Gesetz über den Finanzausgleich (NFAG 1999) i. d. F. der Neubekanntmachung vom 26. Mai 1999 (Nds. GVBl. S. 116), das Niedersächsische Gesetz zur Regelung der Finanzverteilung zwischen Land und Kommunen (NFVG) vom 12. März 1999 (Nds. GVBl. S. 79) sowie das Haushaltsbegleitgesetz vom 21. Januar 1999 (Nds. GVBl. S. 10) verletze sie in ihrem Recht auf Selbstverwaltung bzw. verstoße gegen die Selbstverwaltungsgarantie gem. Art. 57 und Art. 58 NV.

I.

1. Nachdem das Gesetz zur Regelung des Finanz- und Lastenausgleichs (Finanzausgleichsgesetz – FAG) in der Fassung der Bekanntmachung vom 28. Mai 1990 (Nds. GVBl. S. 147) durch das 10. Gesetz zur Änderung des Finanzausgleichsgesetzes vom 16. Dezember 1992 (Nds. GVBl. S. 339) geändert und das Änderungsgesetz durch Beschluß des Staatsgerichtshofs vom 15. August 1995 (Nds. StGHE 3, 136) für nichtig erklärt worden war, verabschiedete der Niedersächsische Landtag am 19. Dezember 1995 das Niedersächsische Gesetz über den Finanzausgleich (NFAG 1995), das am 20. Dezember 1995 verkündet worden ist (Nds. GVBl. S. 463). Durch Urteil des Staatsgerichtshofs vom 25. November 1997 (Nds. StGHE 3, 299) wurden die wesentlichen Vorschriften auch dieses Gesetzes für mit der Niedersächsischen Verfassung unvereinbar und mit Wirkung vom 1. Januar 1999 für nichtig erklärt, da der Gesetzgeber bei der Ausgestaltung der Kostenerstattung für die Aufgaben des übertragenen Wirkungskreises die eigenständige normative Bedeutung des Art. 57 Abs. 4 NV verkannt und es unterlassen hatte, die von ihm angenommene Interessenquote der Kommunen ausdrücklich im Gesetz zu regeln. Überdies hatte es der Gesetzgeber versäumt, nachvollziehbar und unter Berücksichtigung des Gebots der Verteilungssymmetrie für einen aufgabengerechten Finanzausgleich zu sorgen.

2. Der Niedersächsische Landtag hat am 12. März 1999 nach Erlaß des Urteils des Staatsgerichtshofs vom 25. November 1997 das Gesetz zur Änderung des Niedersächsischen Gesetzes über den Finanzausgleich (NFAG-ÄndG) sowie das Niedersächsische Gesetz zur Regelung der Finanzverteilung zwischen Land und Kommunen (NFVG) beschlossen. Beide Gesetze sind am 22. März 1999 verkündet worden (Nds.

GVBl. S. 74 und S. 79) und rückwirkend zum 1. Januar 1999 in Kraft getreten. Eine Neubekanntmachung des Niedersächsischen Gesetzes über den Finanzausgleich (NFAG 1999) ist am 26. Mai 1999 (Nds. GVBl. S. 117) erfolgt. Schon zuvor waren durch das Haushaltsbegleitgesetz 1999, das der Niedersächsische Landtag am 21. Januar 1999 verabschiedet hatte (Nds. GVBl. S. 10), erste Schritte in Richtung einer umfassenden Neukonzeption des kommunalen Finanzausgleichs unternommen worden. Vorbereitet wurden die gesetzgeberischen Aktivitäten durch Untersuchungen zu den durch die Wahrnehmung übertragener Aufgaben verursachten Kosten (Niedersächsisches Innenministerium, Vorläufiger Schlußbericht zur Ermittlung der Kosten und Einnahmen der Kommunen für die Wahrnehmung der Aufgaben des übertragenen Wirkungskreises und die Bemessung der Zuweisungen ab 1999 vom 5. Oktober 1998; ferner Schlußbericht mit gleichem Titel vom 3. Mai 1999) sowie durch ein Gutachten zu den mit dem übergemeindlichen Finanzausgleich im Zusammenhang stehenden Fragen (Niedersächsisches Institut für Wirtschaftsforschung, Neuordnung des kommunalen Finanzausgleichs in Niedersachsen – eine Untersuchung im Auftrag des Niedersächsischen Innenministeriums, Dezember 1998).

II.

Im Zuge der Neukonzeption sind die den kommunalen Finanzausgleich betreffenden Regelungen auf zwei verschiedene Gesetze verteilt worden. Das Niedersächsische Gesetz über den Finanzausgleich (NFAG 1999) trifft vorrangig Regelungen zur interkommunalen Verteilung der Finanzausgleichsmasse, bezieht sich also auf die horizontale Dimension des Finanzausgleichs, während das Niedersächsische Gesetz zur Regelung der Finanzverteilung zwischen Land und Kommunen (NFVG) primär Festlegungen hinsichtlich der Zuweisungsmasse, d. h. des prozentualen Anteils der Kommunen am Steueraufkommen und an anderen Einnahmen des Landes, sowie bezüglich der Höhe der Zuweisungen für Aufgaben des übertragenen Wirkungskreises enthält und damit die vertikale Dimension des Finanzausgleichs betrifft. Durch das Haushaltsbegleitgesetz 1999 wurden der bisherige besondere Finanzausgleich der Kosten der Heimerziehung und Familienpflege (§ 15 AG KJHG a. F.) sowie die früheren Finanzhilfen für Personalausgaben der Kindertagesstätten (§§ 15 ff KiTaG a. F.) in den allgemeinen Finanzausgleich überführt. Ebenso wurden die bisherigen besonderen Ansätze zum Ausgleich von Steuerausfällen aufgrund der Neuordnung des Familienleistungsausgleichs sowie zur Beteiligung der Landkreise an der Grunderwerbsteuer in den allgemeinen Finanzausgleich einbezogen (Art. 1 Nr. 17 und Art. 1 Nr. 19 NFAGÄndG). Schließlich wurde der Stadt Göttingen durch Art. 3 NFAG-ÄndG in finanzausgleichsrechtlicher Hinsicht die Rechtsstellung einer kreisangehörigen Gemeinde zugewiesen.

1. Das durch die Verfassungsbeschwerden sowie im Verfahren der Normenkontrolle angegriffene Niedersächsische Gesetz über den Finanzausgleich in der Fassung

der Bekanntmachung vom 26. Mai 1999 (NFAG 1999) regelt in § 1 Abs. 1 die Zusammensetzung der Verbundmasse. Diese besteht aus dem im sog. Steuerverbund zusammengefaßten Steueraufkommen und den sonstigen Einnahmen des Landes. Aus der Verbundmasse erhalten die Kommunen gemäß der ursprünglichen Festlegung in § 1 Abs. 1 NFVG insgesamt einen Anteil von 16,92 vom Hundert für das Haushaltsjahr 1999 und von 17,59 vom Hundert ab dem Haushaltsjahr 2000 (Zuweisungsmasse). Der für das Jahr 2000 geltende Vomhundertsatz ist durch Art. 3 des Änderungsgesetzes vom 22. Juni 2000 (Nds. GVBl. S. 138) rückwirkend auf den 1. Januar 2000 auf 17,01 vermindert worden. Die sich aus diesem Anteil am Steuerverbund ergebende Zuweisungsmasse wird nach Maßgabe des § 2 NFAG 1999 wie folgt auf verschiedene Teilmassen aufgeteilt:

> „§ 2 Aufteilung der Zuweisungsmasse
> Von der Zuweisungsmasse werden vorab
>
> 1. 1,6 vom Hundert für Bedarfszuweisungen
>
> 2. die Finanzhilfen für Investitionen und Investitionsfördermaßnahmen nach § 1 Abs. 2 NFVG
>
> und
>
> 3. der Betrag für Zuweisungen für Aufgaben des übertragenen Wirkungskreises
>
> bereitgestellt. Der verbleibende Betrag wird für Zuweisungen für Gemeinde- und Kreisaufgaben zur Ergänzung und zum Ausgleich der Steuerkraft der Gemeinden und der Umlagekraft der Landkreise verwendet (Schlüsselzuweisungen)."

Die nach § 2 Nr. 2 NFAG 1999 vorab für Investitionen und Investitionsfördermaßnahmen bereitzustellende Summe beträgt gem. § 1 Abs. 2 NFVG 12,3 vom Hundert der um Bedarfszuweisungen und die Zuweisungen für Aufgaben des übertragenen Wirkungskreises gekürzten Zuweisungsmasse. Bei der Festsetzung der Zuweisungen für Aufgaben des übertragenen Wirkungskreises werden gem. § 2 NFVG für das Haushaltsjahr 1999 bei kreisfreien Städten 98,46 Deutsche Mark und bei Landkreisen 106,18 Deutsche Mark für jeden Einwohner zugrunde gelegt. Für das Haushaltsjahr 2000 gelten nach einer rückwirkend zum 1. Januar erfolgten Änderung durch Gesetz vom 22. Juni 2000 (Nds. GVBl. S. 138) geringere Beträge, nämlich ein Betrag von 81,32 Deutsche Mark bei kreisfreien Städten und ein Betrag von 89,35 Deutsche Mark bei Landkreisen. Die Teilhabe kreisangehöriger Gemeinden an den entsprechenden Zuweisungen richtet sich nach § 12 Abs. 2 S. 3 NFAG 1999.

§ 3 NFAG 1999 regelt die Aufteilung der Schlüsselmasse auf die Gemeinden, kreisfreien Städte und Landkreise und hat folgenden Wortlaut:

> „§ 3 Aufteilung der Schlüsselzuweisungen für Gemeinde- und Kreisaufgaben
> Von den Schlüsselzuweisungen werden
>
> 1. 48 vom Hundert für Zuweisungen für Gemeindeaufgaben an kreisangehörige Gemeinden und kreisfreie Städte und

2. 52 vom Hundert für Zuweisungen für Kreisaufgaben an Landkreise und kreisfreie Städte

verwendet. Der Anteil an den Schlüsselzuweisungen nach S. 1 Nr. 1 wird erhöht um die Einnahmen aus der Finanzausgleichsumlage (§ 16). Der Anteil an den Schlüsselzuweisungen nach S. 1 Nr. 2 enthält die Einnahmen aus der Grunderwerbsteuer nach § 1 Abs. 1 Nr. 2."

§ 4 NFAG 1999 betrifft die Berechnung der Schlüsselzuweisungen für Gemeinden, kreisfreie Städte und Landkreise, die sich auf eine Gegenüberstellung von Finanzbedarf und Finanzkraft der jeweiligen Kommune stützt. Die Bedarfsmeßzahlen für Gemeindeaufgaben werden dabei gem. § 4 Abs. 2 S. 1, 1. Halbsatz NFAG 1999 durch Vervielfältigung des Bedarfsansatzes nach § 5 mit einem für die kreisfreien Städte und kreisangehörigen Gemeinden einheitlichen Grundbetrag ermittelt. § 5 NFAG 1999 hat folgenden Wortlaut:

„§ 5 Bedarfsansatz
Der Bedarfsansatz wird durch Vervielfältigung der Einwohnerzahl der Gemeinde mit dem Gemeindegrößenansatz errechnet. Der Gemeindegrößenansatz beträgt bei Gemeinden

mit weniger als 10000 Einwohnerinnen und Einwohnern 100 vom Hundert,
mit 20000 Einwohnerinnen und Einwohnern 110 vom Hundert,
mit 50000 Einwohnerinnen und Einwohnern 125 vom Hundert,
mit 100000 Einwohnerinnen und Einwohnern 145 vom Hundert,
mit 250000 Einwohnerinnen und Einwohnern 170 vom Hundert,
mit mehr als 500000 Einwohnerinnen und Einwohnern 180 vom Hundert

der Einwohnerzahl. Für Gemeinden mit dazwischenliegenden Einwohnerzahlen gelten die entsprechenden dazwischenliegenden Gemeindegrößenansätze; diese werden auf volle 0,1 vom Hundert gerundet."

Die Bedarfsmeßzahlen für Kreisaufgaben werden demgegenüber gem. § 4 Abs. 2 S. 1, 2. Halbsatz NFAG 1999 durch Vervielfältigung des Bedarfsansatzes nach § 7 mit einem für die kreisfreien Städte und Landkreise einheitlichen Grundbetrag ermittelt. § 7 NFAG 1999 lautet:

„§ 7 Bedarfsansatz

(1) Der Bedarfsansatz ergibt sich aus der Einwohnerzahl des Landkreises oder der kreisfreien Stadt, erhöht um eine zusätzliche Einwohnerzahl zur Berücksichtigung der Sozialhilfelasten. Die zusätzliche Einwohnerzahl ergibt sich aus der Vervielfältigung des Einwohnererhöhungswertes (Absatz 2) mit der Verhältniszahl, die sich aus dem Verhältnis der Sozialhilfelasten (Absatz 3) des Landkreises oder der kreisfreien Stadt zu denen aller Landkreise und kreisfreien Städte ergibt.

(2) Der Einwohnererhöhungswert ergibt sich durch Teilung der Gesamtzahl der Einwohner der Landkreise und kreisfreien Städte durch 69,2, dieses Ergebnis ver-

vielfältigt mit 30,8. Die zweitgenannte Zahl ist der auf die Sozialhilfe, die erstgenannte Zahl der auf die übrigen Aufgaben entfallende Vomhundertsatz der gesamten Aufgabenbelastung im eigenen Wirkungskreis.

(3) Die Sozialhilfelasten werden nach dem Durchschnitt der Ausgaben der letzten beiden vorvergangenen Haushaltsjahre für Leistungen nach dem Bundessozialhilfegesetz (Abschnitt 41 der Haushalte) nach Abzug der dort verbuchten Einnahmen sowie der Zuweisungen nach der Sozialhilfeausgleichsverordnung – AG BSHG 1986 (Nds. GVBl. S. 76) ermittelt."

Die Finanzkraft der Gemeinden ist nach Maßgabe des § 11 NFAG 1999 zu ermitteln:

„§ 11 Steuerkraftzahlen

(1) Als Steuerkraftzahlen werden für die Gemeinden mit weniger als 100000 Einwohnerinnen und Einwohnern und die gemeindefreien Gebiete berücksichtigt:

1. bei den Grundsteuern A und B die Messbeträge mit 90 vom Hundert des mit den Messbeträgen gewogenen Durchschnitts der Hebesätze aller Gemeinden mit weniger als 100000 Einwohnerinnen und Einwohnern im vorvergangenen Haushaltsjahr,

2. bei der Gewerbesteuer ein durch Verordnung des Innenministeriums jährlich festzusetzender Vomhundertsatz der Messbeträge mit 90 vom Hundert des mit den Messbeträgen gewogenen Durchschnitts der Hebesätze aller Gemeinden mit weniger als 100000 Einwohnerinnen und Einwohnern im vorvergangenen Haushaltsjahr (...),

3. bei dem Gemeindeanteil an der Einkommensteuer die Messbeträge mit 90 vom Hundert,

4. bei dem Gemeindeanteil an der Umsatzsteuer die Messbeträge mit 90 vom Hundert,

5. bei den Anteilen der Spielbankgemeinden an der Spielbankabgabe die Messbeträge mit 90 vom Hundert.

(2) Absatz 1 ist auf die Gemeinden mit 100000 und mehr Einwohnerinnen und Einwohnern mit der Maßgabe anzuwenden, dass der jeweilige gewogene Durchschnitt der Hebesätze aller Gemeinden mit 100000 und mehr Einwohnerinnen und Einwohnern der Berechnung der Steuerkraftzahlen für die Grundsteuern A und B und die Gewerbesteuer zugrunde zu legen ist."

§ 12 NFAG 1999 enthält Bestimmungen über die Verteilung des Ansatzes für Aufgaben des übertragenen Wirkungskreises, die mit Wirkung vom 1. Januar 2000 geändert worden sind (Art. 4 des Änderungsgesetzes vom 22. Juni 2000, Nds. GVBl. S. 138):

„§ 12 Zuweisungen für Aufgaben des übertragenen Wirkungskreises

(1) Der Gesamtbetrag der Zuweisungen für Aufgaben des übertragenen Wirkungskreises beträgt 75 vom Hundert der nicht durch Einnahmen gedeckten pauschalierten Kosten.

(2) Die Aufteilung der Zuweisungen auf die einzelnen kreisfreien Städte und Landkreise erfolgt nach ihrer Einwohnerzahl. Abweichend von § 17 wird die Einwohnerzahl vom 31. Dezember des Vorvorjahres zugrunde gelegt. Von den Zuweisungen
für einen Landkreis erhalten

	1999	2000
große selbständige Städte	60,11 vom Hundert	74,56 vom Hundert
selbständige Gemeinden	41,09 vom Hundert	51,00 vom Hundert
und die übrigen		
Gemeinden/Samtgemeinden	26,01 vom Hundert	32,26 vom Hundert

des auf ihre Einwohnerzahl entfallenden Betrages."

§ 15 NFAG 1999 ermöglicht die Erhebung einer Umlage von den kreisangehörigen Gemeinden, Samtgemeinden und gemeindefreien Gebieten (Kreisumlage),
soweit die anderen Einnahmen eines Landkreises seinen Bedarf nicht decken. Hinsichtlich der Umlagegrundlagen ist in § 15 Abs. 2 NFAG 1999 bestimmt:

„(2) Umlagegrundlagen sind

1. für kreisangehörige Gemeinden und gemeindefreie Gebiete die Steuerkraftzahlen
nach Maßgabe des § 11 Abs. 1 sowie für kreisangehörige Gemeinden, die nicht Mit-
gliedsgemeinde einer Samtgemeinde sind, 90 vom Hundert der auf sie entfallenden
Schlüsselzuweisungen,

2. für Samtgemeinden 90 vom Hundert der auf sie nach § 6 Abs. 1 entfallenden
Schlüsselzuweisungen."

Für den Fall der Wahrnehmung von Kreisaufgaben durch kreisangehörige
Gemeinden auf der Grundlage einer entsprechenden Vereinbarung ist in § 15 Abs. 4
NFAG 1999 vorgesehen:

„(4) Der Landkreis kann die finanziellen Folgen von Vereinbarungen zwischen
dem Landkreis und einer oder mehrerer Gemeinden, durch die von der allgemeinen
Verteilung der Aufgaben zwischen dem Landkreis und den Gemeinden abgewichen
wird, bei der Kreisumlage der betroffenen Gemeinde oder Gemeinden berücksichtigen."

Durch § 16 NFAG 1999 werden die finanzausgleichsrechtlichen Mechanismen
um das Instrument einer sog. Finanzausgleichsumlage erweitert. § 16 NFAG 1999 hat
den folgenden Wortlaut:

„§ 16 Finanzausgleichsumlage
Übersteigt die für die Schlüsselzuweisungen gem. § 11 in Verbindung mit § 4 Abs. 3
ermittelte Steuerkraftmesszahl einer Gemeinde ihre Bedarfsmesszahl, so erhebt das
Land von der Gemeinde eine Finanzausgleichsumlage in Höhe von 20 vom Hundert
des übersteigenden Betrages."

2. Das ebenfalls angegriffene Niedersächsische Gesetz zur Regelung der Finanzverteilung zwischen Land und Kommunen (NFVG) vom 12. März 1999 enthält außer

den bereits im Zusammenhang mit dem Finanzausgleichsgesetz angeführten Regelungen bezüglich der Verteilungsmasse (§ 1 NFVG) und des übertragenen Wirkungskreises (§ 2 NFVG) Bestimmungen zur Investitionsbindung (§ 3 NFVG). So ist im Hinblick auf die nach § 2 Nr. 2 NFAG 1999 von der Zuweisungsmasse vorab bereitzustellenden Finanzhilfen für Investitionen und Investitionsfördermaßnahmen, auf die gem. § 1 Abs. 2 NFVG 12,3 vom Hundert von der um Bedarfszuweisungen und die Zuweisungen für Aufgaben des übertragenen Wirkungskreises gekürzten Zuweisungsmasse gem. § 2 S. 1 NFAG 1999 entfallen, in § 3 NFVG geregelt:

„(1) Die Finanzhilfen nach § 1 Abs. 2 werden in dem Verfahren der §§ 3 bis 8 NFAG verteilt und sind für das Berechnungsverfahren als Schlüsselzuweisungen (§ 2 S. 2 NFAG) zu behandeln. Die Finanzhilfen sind in entsprechender Anwendung des § 18 Abs. 2 NFAG Grundlagen für die Kreisumlage, die Umlage nach dem Niedersächsischen Krankenhausfinanzierungsgesetz und die Verbandsumlagen des Zweckverbandes ‚Großraum Braunschweig' und des Kommunalverbandes ‚Großraum Hannover'. Sie sind für eigene Investitionen oder Investitionsfördermaßnahmen im Bereich des Hoch- oder Tiefbaus oder für Ausrüstungsinvestitionen zu verwenden. Für diese Investitionen oder Investitionsfördermaßnahmen darf kein Kredit aufgenommen werden.

(2) Die Verwendung für Investitionsmaßnahmen nach Absatz 1 ist dem Land nach Abschluss des Haushaltsjahres nachzuweisen. Das Innenministerium wird ermächtigt, die Form des Nachweises zu bestimmen. Das Land kann nicht zweckentsprechend oder unter Verstoß gegen Absatz 1 S. 4 verwendete Mittel durch Bescheid zurückfordern und mit Leistungen nach dem Niedersächsischen Gesetz über den Finanzausgleich aufrechnen. § 24 Abs. 1 Sätze 1 und 2 NFAG gilt entsprechend.

(3) Die Finanzhilfen gelten als Investitionsfördermaßnahmen des Landes nach Art. 71 S. 2 der Niedersächsischen Verfassung."

3. Durch Art. 1 Nr. 7, Art. 2 Nr. 1 des Haushaltsbegleitgesetzes 1999 sind § 15 AG KJHG a. F. sowie §§ 15 ff KiTaG a. F. gestrichen worden. Der besondere finanzkraftunabhängige Ausgleich der Kosten der Heimerziehung und Familienpflege sowie die gesonderten Finanzhilfen für Personalausgaben der Kindertagesstätten sind dadurch abgeschafft und in den allgemeinen Finanzausgleich (Teilmasse für Kreisaufgaben) überführt worden. Entsprechend verhält es sich mit §§ 15 und 17 NFAG 1995. § 15 NFAG 1995 hatte den Gemeinden außerhalb des finanzkraftabhängigen Finanzausgleichs Mittel zum Ausgleich von Steuerausfällen aufgrund der Neuordnung des Familienleistungsausgleichs zugewiesen und ist durch Art. 1 Nr. 17 NFAG-ÄndG aufgehoben worden. § 17 NFAG 1995 ist Grundlage für gesonderte und eigenständig abgerechnete Zuweisungen aus dem Grunderwerbsteueraufkommen gewesen. Seine Aufhebung ist durch Art. 1 Nr. 19 NFAG-ÄndG erfolgt. Die entsprechenden Mittel werden nunmehr zur Erhöhung der Teilmassen für Gemeindeaufgaben (Familienleistungsausgleich) bzw. Kreisaufgaben (Grunderwerbsteueraufkommen, vgl. § 3 S. 3

i.V.m. § 1 Abs. 1 Nr. 2 NFAG 1999) verwendet, fließen also in den allgemeinen Finanzausgleich ein.

4. Durch Art. 3 NFAG-ÄndG ist schließlich eine Änderung des besonderen Status der Stadt Göttingen bewirkt worden. § 2 des Göttingen-Gesetzes lautet in der aktuellen Fassung:

> „§ 2
> Die Stadt Göttingen wird bei Anwendung der Vorschriften des Niedersächsischen Gesetzes über den Finanzausgleich über die Schlüsselzuweisungen sowie die Kreisumlage als kreisangehörige Gemeinde behandelt."

B.–I.

Die Beschwerdeführer zu 1 bis 28 sind niedersächsische Landkreise, Städte, Gemeinden und Samtgemeinden. Antragstellerin im Verfahren nach Art. 54 Nr. 3 NV ist die CDU-Fraktion im Niedersächsischen Landtag. Die Verfassungsbeschwerden und der Normenkontrollantrag sind durch Beschluß des Staatsgerichtshofs vom 30. Juni 2000 zur gemeinsamen Verhandlung und Entscheidung verbunden worden.

Die Beschwerdeführer zu 1 bis 7 richten ihre Verfassungsbeschwerden gegen das NFVG und gegen die Bestimmungen des NFAG 1999 über die Investitionsbindung eines Teils der Zuweisungsmasse, die Erstattung der Kosten für die Aufgaben des übertragenen Wirkungskreises, die Aufteilung der Schlüsselzuweisungen für Gemeinde- und Kreisaufgaben, die Ermittlung des Finanzbedarfs für die Erfüllung von Kreisaufgaben, die Ermittlung des Finanzbedarfs für die Erfüllung von Gemeindeaufgaben sowie die Berechnungsgrundlagen für die Erhebung der Kreisumlage. Beantragt wird, die entsprechenden Bestimmungen mit ex-tunc-Wirkung für nichtig zu erklären, und außerdem die Feststellung, daß der Schutz der Finanzgarantie der kommunalen Selbstverwaltung aus Art. 57 Abs. 1, 58 NV prozedurale Absicherungen in dem zu anstehenden Entscheidungen des Gesetzgebers über den Finanzausgleich führenden Verfahren voraussetzt, denen der niedersächsische Landesgesetzgeber nicht Rechnung getragen habe.

Die Beschwerdeführer zu 8 bis 17 wenden sich gegen das NFVG und das NFAG in der Fassung des NFAG-ÄndG insgesamt sowie gegen die Überführung vormals gesonderter Zuweisungen in den allgemeinen Finanzausgleich. Auch sie beantragen die Nichtigerklärung der angegriffenen Gesetze mit Wirkung ex tunc.

Die Beschwerdeführer zu 18 bis 25 sowie die Antragstellerin im Verfahren StGH 8/99 rügen die Verfassungswidrigkeit des Gesetzes zur Änderung des Niedersächsischen Gesetzes über den Finanzausgleich und anderer Gesetze (NFAG-ÄndG) in der Fassung der Neubekanntmachung vom 26. Mai 1999 sowie des Niedersächsischen Gesetzes zur Regelung der Finanzverteilung zwischen Land und Kommunen (NFVG).

Die Beschwerdeführer zu 26 bis 28 wenden sich gegen die Vorschriften betreffend die Ermittlung des Finanzbedarfs für die Erfüllung von Gemeinde- und Kreisaufgaben, die Bestimmung der Steuerkraft von Gemeinden sowie gegen die finanzausgleichsrechtliche Behandlung der Stadt Göttingen als kreisangehörige Gemeinde. Der Niedersächsische Landtag hat beschlossen, von einer Äußerung gegenüber dem Staatsgerichtshof abzusehen. Die Niedersächsische Landesregierung hat sich zu den Verfassungsbeschwerden und dem Normenkontrollantrag geäußert.

II.

Die Beschwerdeführer zu 1 bis 28 halten, soweit sie sich zu Fragen der Zulässigkeit äußern, die Verfassungsbeschwerden gem. Art. 54 Nr. 5 NV, §§ 8 Nr. 10, 36 StGHG für zulässig.

Die Landesregierung äußert in ihrer Stellungnahme hinsichtlich der Zulässigkeit der Verfassungsbeschwerden Bedenken. Den Verfassungsbeschwerden der Beschwerdeführerinnen zu 26 bis 28 stehe das Prozeßhindernis der bestehenden Rechtshängigkeit entgegen, weil die Beschwerdeführerinnen bereits an dem Verfahren StGH 7/99 beteiligt seien. Der Antrag der Beschwerdeführer zu 18 bis 25, der auf die Nichtigerklärung der angegriffenen Bestimmungen gerichtet sei, „soweit die Beschwerdeführerinnen betroffen sind", genüge nicht den Anforderungen hinreichender Bestimmtheit. Zudem sei die Rüge der Verfassungswidrigkeit des fehlenden Flächenansatzes für die Landkreise in den Verfassungsbeschwerden zu 1 bis 7 mangels Betroffenheit der Beschwerdeführer offensichtlich unzulässig. Bedenken bestünden schließlich hinsichtlich des Feststellungsantrages der Beschwerdeführer zu 1 bis 7, weil dieser Antrag der Sache nach bereits in dem weitergehenden Antrag auf Nichtigerklärung enthalten sei und es dem Staatsgerichtshof zudem an einer entsprechenden Feststellungskompetenz mangele. Überdies sei zweifelhaft, ob der Antrag den Anforderungen hinreichender Bestimmtheit Rechnung trage und ob die beschwerdeführenden Landkreise bezüglich der Bestimmungen über die Ermittlung des Finanzbedarfs für die Erfüllung von Gemeindeaufgaben überhaupt beschwerdebefugt seien.

III.

Die Beschwerdeführer sehen sich durch die jeweils beanstandeten Regelungen in ihrem Recht auf kommunale Selbstverwaltung verletzt. Die Antragstellerin hält die Selbstverwaltungsgarantie für verletzt. Insgesamt stützen die Beschwerdeführer und die Antragstellerin die von ihnen behauptete Verfassungswidrigkeit des NFAG-ÄndG bzw. NFAG 1999, des NFVG sowie des Haushaltsbegleitgesetzes 1999 auf die folgenden Argumente:

1. Die gesetzliche Regelung der Kostenerstattung für Aufgaben des übertragenen Wirkungskreises verstoße insofern gegen Art. 57 Abs. 4 NV, als die tatsächlich

entstehenden Kosten nicht vollständig berücksichtigt und unrichtig festgesetzt worden seien; insbesondere könnten die bei der Kostenermittlung angewandten Pauschalierungstechniken vor der Verfassung keinen Bestand haben. Dem verfassungsrechtlichen Gebot der Transparenz der Kostenuntersuchung sei nicht Rechnung getragen worden. Ebenfalls unzulässig sei die Festlegung einer Deckungsquote in Höhe von 75 vom Hundert der nicht durch Einnahmen gedeckten pauschalierten Kosten. Die gerügten Maßnahmen führten zusammengenommen zu einer Kostenunterdeckung um etwa ein Drittel, was die Garantie des Art. 57 Abs. 4 NV aushöhle.

2. Verfassungswidrig seien die angefochtenen Gesetze weiterhin deshalb, weil sie die Regelung der Kostendeckung für die Wahrnehmung der Aufgaben des übertragenen Wirkungskreises mit dem Finanzausgleich nach Art. 58 NV vermischten. Der Betrag für Aufgaben des übertragenen Wirkungskreises werde in § 2 S. 1 Nr. 3 NFAG 1999 als Teil der im Landeshaushaltsplan ausgewiesenen Zuweisungsmasse behandelt. Die verfassungswidrige, weil mit der normativen Eigenständigkeit der in Art. 57 Abs. 4 NV und Art. 58 NV enthaltenen Finanzgarantien unvereinbare Folge sei, daß eine Aufstockung der Deckungsmittel für die Aufgaben des übertragenen Wirkungskreises zwangsläufig eine entsprechende Verminderung der Schlüsselzuweisungsmasse für die Aufgaben des eigenen Wirkungskreises zur Folge habe.

3. Die gesetzliche Ausgestaltung des Finanzausgleichs zwischen Land und Kommunen sei in mehrererlei Hinsicht mit Art. 58 NV unvereinbar.

Der Gesetzgeber habe versäumt, die Aufgaben der Gemeinden und Landkreise und die dadurch bedingten Ausgaben zu analysieren. Statt dessen habe er die Entscheidung über das Volumen der Ausgleichsmasse und damit die Höhe der Schlüsselzuweisungen unzulässigerweise als eine einnahmebezogene, am Gebot der Verteilungssymmetrie orientierte politische Abwägungsentscheidung behandelt. In der Konsequenz dieses Vorgehens liege es, daß die primäre Frage nach der aufgabengerechten vertikalen Zuweisung der Finanzmittel ausgeblendet und statt dessen versucht worden sei, eine Art Selbstfinanzierung des Finanzausgleichs durch Strukturveränderungen auf der horizontalen Ebene zu organisieren.

Darüber hinaus seien die Kommunen nicht ausreichend in das Gesetzgebungsverfahren einbezogen worden. Damit sei das vom Staatsgerichtshof für das Land Baden-Württemberg entwickelte Erfordernis der prozeduralen Absicherung der Selbstverwaltungsgarantie verletzt worden. Insbesondere habe im Zuge der legislativen Beratungen des NFVG keine den Anforderungen des Art. 57 Abs. 6 NV genügende Anhörung der Kommunen stattgefunden.

Die finanzielle Mindestausstattung, die zum unantastbaren Kern der kommunalen Selbstverwaltung zähle und die Möglichkeit der Gemeinden und Landkreise zur eigenverantwortlichen Aufgabenwahrnehmung sicherstelle, sei unterschritten, weil den Kommunen die Wahrnehmung freiwilliger Selbstverwaltungsangelegenheiten infolge einer unzureichenden Finanzausstattung zunehmend unmöglich werde. Das Gebot der

Verteilungssymmetrie sei mißachtet worden. Zu verzeichnen sei nämlich eine weiterhin scherenartige Entwicklung zwischen langsamer steigenden kommunalen Einnahmen bei stärker zunehmenden kommunalen Ausgaben einerseits und besser sich entwickelnden Einnahmen des Landes bei weniger steil zunehmenden Ausgaben andererseits. Verfassungswidrig sei angesichts des unzureichenden Volumens der Schlüsselzuweisungen auch die Investitionsbindung eines Teils der Zuweisungssumme. Eine solche gesetzliche Zweckbindung stelle einen rechtfertigungsbedürftigen Eingriff in die kommunale Finanzhoheit dar, der nur dann verfassungsgemäß sei, wenn der nicht zweckgebundene Teil der Schlüsselzuweisungen einen aufgabengerechten Finanzausgleich bewirke. Diese Voraussetzung sei jedoch nicht erfüllt.

Mit Art. 58 NV sowie mit der Selbstverwaltungsgarantie unvereinbar sei es ferner, von Gemeinden, deren Steuerkraftmeßzahl ihre Bedarfsmeßzahl übersteige, eine Finanzausgleichsumlage in Höhe von 20 vom Hundert des übersteigenden Betrages zu erheben (§ 16 NFAG 1999). Insbesondere sei es willkürlich, die Bemessung der Finanzausgleichsumlage allein an den Gewerbesteuervorauszahlungen, nicht aber an der endgültigen Steuerveranlagung zu orientieren und für den Fall dabei entstehender Einnahmeverluste keine Möglichkeit einer nachträglichen Korrektur vorzusehen.

4. Verfassungswidrig sei außerdem die Überführung ehemals finanzkraftunabhängiger Zuweisungen in die finanzkraftabhängige Schlüsselmasse, nämlich der Zuweisungen für die Kosten der Heimerziehung und Familienpflege, die Personalausgaben der Kindertagesstätten, den Ausgleich von Steuerausfällen aufgrund der Neuordnung des Familienleistungsausgleichs sowie der Zuweisungen aus dem Grunderwerbsteueraufkommen. Dieser konzeptionellen Änderung liege keine nachvollziehbare gesetzgeberische Entscheidung zugrunde.

5. Die interkommunale Verteilung der Schlüsselmasse wird mit den folgenden Argumenten angegriffen: Die Zuweisungen für Gemeindeaufgaben und Landkreisaufgaben seien rechnerisch nicht nachvollziehbar, sondern gegriffen, wie sich auch aus der Gesetzesbegründung ergebe. Die Einwohnerspreizung aus früheren, inzwischen für verfassungswidrig erklärten Fassungen des Gesetzes werde ohne Rücksicht auf den kommunalen Aufgabenbestand beibehalten und sei sogar noch verstärkt worden, obgleich bis zum Beweis des Gegenteils der Bedarf pro Einwohner in jeder Gebietskörperschaft gleich hoch zu veranschlagen sei. Die Ermittlung des Finanzbedarfs der Landkreise ohne flächenbezogene Indikatoren, die in allen anderen Ländern gälten, mißachte die verfassungsrechtliche Vorgabe der Aufgabengerechtigkeit des Finanzausgleichs. Statt eines Flächenkriteriums habe der Gesetzgeber die Sozialhilfelasten der Landkreise und kreisfreien Städte berücksichtigt, was ebenfalls verfassungswidrig sei, weil dabei nicht auf normierte Indikatoren, sondern auf die Ist-Ausgaben eines vergangenen Zeitraums abgestellt worden sei. Schließlich sei verfassungswidrig, daß bei der Bestimmung der Steuerkraftzahlen zwischen Gemeinden mit weniger und mit mehr als 100000 Einwohnern differenziert werde.

Von der Prozeßvertretung der Stadt Göttingen wird geltend gemacht, daß die Stadt gemäß dem Göttingen-Gesetz in großem Umfang Kreisaufgaben wahrnehme, ohne an den entsprechenden Schlüsselzuweisungen für Kreisaufgaben beteiligt zu sein.

6. Einige Beschwerdeführer halten es auf Grund der neueren Rechtsprechung des Bundesverfassungsgerichts für verfassungsrechtlich zwingend, daß der Landesgesetzgeber die grundlegenden Regelungen des Finanzausgleichs in einem formell verselbständigten Maßstäbegesetz treffe.

7. Die Beschwerdeführer zu 1 bis 7 beantragen, das Niedersächsische Gesetz zur Regelung der Finanzverteilung zwischen Land und Kommunen (Niedersächsisches Finanzverteilungsgesetz – NFVG) vom 12. 3. 1999 (Nds. GVBl. S. 79) und §§ 2 S. 1 Nr. 2 und 3, 3, 7 und 13 Abs. 1 des Gesetzes zur Änderung des Niedersächsischen Gesetzes über den Finanzausgleich und anderer Gesetze vom 12. 3. 1999 (Nds. GVBl. S. 74) sowie § 5 dieses Gesetzes i. V. m. § 15 Abs. 2 des Niedersächsischen Gesetzes über den Finanzausgleich (NFAG) i. d. F. der Neubekanntmachung vom 26. 5. 1999 (Nds. GVBl. 1999 S. 117) wegen Unvereinbarkeit mit Art. 57 Abs. 1 und 4 sowie Art. 58 der Niedersächsischen Verfassung vom 19. Mai 1993 (Nds. GVBl. S. 107) für verfassungswidrig und mit ex-tunc-Wirkung für nichtig zu erklären sowie festzustellen, daß der Schutz der Finanzgarantie der kommunalen Selbstverwaltung aus Art. 57 Abs. 1, 58 NV prozedurale Absicherungen in dem zu anstehenden Entscheidungen des Gesetzgebers über den Finanzausgleich führenden Verfahren voraussetzt, denen der niedersächsische Landesgesetzgeber mit dem Erlaß des NFVG und dem NFAG-Änderungsgesetz jeweils vom 12. 3. 1999 nicht Rechnung getragen hat, so daß auch aus diesem Grunde das NFVG und die vorgenannten Bestimmungen des NFAG-Änderungsgesetzes verfassungswidrig und nichtig sind.

Die Beschwerdeführer zu 8 bis 17 beantragen, das Niedersächsische Gesetz zur Regelung der Finanzverteilung zwischen Land und Kommunen (Niedersächsisches Finanzverteilungsgesetz – NFVG –) vom 12. März 1999 (Nds. GVBl. S. 79 mit Berichtigungen S. 106 und S. 360), das Niedersächsische Gesetz über den Finanzausgleich – NFAG – (Fassung vom 26. Mai 1999, Nds. GVBl. S. 177) in der Fassung des Gesetzes zur Änderung des Niedersächsischen Gesetzes über den Finanzausgleich und anderer Gesetze – NFAG-ÄndG – vom 12. März 1999 (Nds. GVBl. S. 74) sowie Art. 1 Nrn. 17, 19 NFAG-ÄndG und Art. 1 Nr. 7 und Art. 2 Nr. 1 des Haushaltsbegleitgesetzes 1999 vom 21. Januar 1999 (Nds. GVBl. S. 19) wegen Unvereinbarkeit mit Art. 57 und 58 der Niedersächsischen Verfassung vom 19. Mai 1993 (Nds. GVBl. S. 107) ex tunc für nichtig zu erklären.

Die Beschwerdeführer zu 18 bis 25 beantragen, das Gesetz zur Änderung des Niedersächsischen Gesetzes über den Finanzausgleich und anderer Gesetze vom 12. 3. 1999 (Nds. GVBl. 1999, S. 74) i. d. F. der Neubekanntmachung vom 26. 5. 1999 (Nds. GVBl. 1999, S. 116) sowie das Gesetz zur Regelung der Niedersächsischen Finanzverteilung (Niedersächsisches Finanzverteilungsgesetz – NFVG –) v. 12. 3. 1999

(Nds. GVBl. 1999, S. 79 mit Berichtigung S. 106) für verfassungswidrig und nichtig zu erklären, soweit die Beschwerdeführer betroffen sind.

Die Beschwerdeführerinnen zu 26 bis 28 beantragen, Art. 1 Nr. 7 und Nr. 10 (Bedarfsansatz), Nr. 12 (Steuerkraftzahlen) sowie Art. 3 (Göttingen) des Gesetzes zur Änderung des Niedersächsischen Gesetzes über den Finanzausgleich vom 12.3.1999 (Nds. GVBl. 1999, S. 74) wegen Unvereinbarkeit mit der Niedersächsischen Verfassung, insbesondere deren Art. 57 Abs. 4 und 58, für verfassungswidrig und nichtig zu erklären.

Die Antragstellerin beantragt, das Gesetz zur Änderung des Niedersächsischen Gesetzes über den Finanzausgleich und anderer Gesetze vom 12.3.1999 (Nds. GVBl. 1999, S. 74) i.d.F. der Neubekanntmachung vom 26.5.1999 (Nds. GVBl. 1999, S. 116) sowie das Gesetz zur Regelung der Niedersächsischen Finanzverteilung (Niedersächsisches Finanzverteilungsgesetz – NFVG –) vom 12.3.1999 (Nds. GVBl. 1999, S. 79 mit Berichtigung S. 106) für verfassungswidrig und nichtig zu erklären.

IV.

Die Landesregierung hält die Verfassungsbeschwerden und den Normenkontrollantrag für unbegründet. Sie führt dazu im wesentlichen aus:

1. Was die im übertragenen Wirkungskreis entstehenden Kosten anbelange, liege eine vertretbare und nicht evident unzutreffende Einschätzung vor. Auch die Methode der Erfassung der Kosten – Bemessung auf der Grundlage von Angaben der Kommunen, Bildung gewogener Durchschnittsbeträge, Anwendung des Verfahrens der gestutzten Reihe – sowie die Eigenquote der Gemeinden von 25 % seien nicht zu beanstanden, da Art. 57 Abs. 4 NV keine vollständige Kostenerstattung, sondern Bestimmungen über die Kostendeckung verlange. Auch bewirke die Kombination von Kostenschätzung und Eigenquote keine Verfassungswidrigkeit.

2. Im Finanzausgleichsgesetz seien Kostenerstattung und Finanzausgleich zwar dergestalt verknüpft, daß bei jeder Steigerung der Kostendeckungsquote sich automatisch die Mittel für den Finanzausgleich verringerten. Dies sei aber in einer Zeit angespannter Haushaltslage kein Verstoß gegen die normative Selbständigkeit der Art. 57 Abs. 4 NV und 58 NV.

3. Die gesetzliche Ausgestaltung des Finanzausgleichs nach Art. 58 NV sei in jeder Hinsicht verfassungsmäßig. Der Gesetzgeber habe sich der Auffassung des als sachkundig anerkannten Niedersächsischen Instituts für Wirtschaftsforschung angeschlossen, daß die Forderung nach einer Quantifizierung des finanziellen Mindestbedarfs der Kommunen nach finanzwissenschaftlichen Maßstäben nicht zu erfüllen sei, weswegen die Festlegung der Finanzausgleichsmittel eine Frage politischer, nicht aber rechtlicher Wertung sei. Um gleichwohl innerhalb des zur Verfügung stehenden Zeit-

raums zu einer nachvollziehbaren Dotierung des Finanzausgleichs zu kommen, habe der Gesetzgeber nach Hilfsmaßstäben gesucht und dafür die vom Staatsgerichtshof geforderte Verteilungssymmetrie genommen und demgemäß die Entwicklung der Einnahmen der Haushalte und die Aufgaben- und Ausgabenentwicklung des Landes und der Kommunen zugrunde gelegt. Die Berufung auf das vom Staatsgerichtshof des Landes Baden-Württemberg aufgestellte Postulat einer prozeduralen Absicherung der Finanzgarantie gehe fehl, weil dieses Postulat in einem zwingenden Zusammenhang mit der von diesem Staatsgerichtshof gleichzeitig vorgenommenen Absenkung der materiellen Standards bzw. der gerichtlichen Kontrolldichte stehe. Zudem seien die Kommunen in allen Phasen der Entscheidungsfindung ausreichend beteiligt und zu Beginn des Gesetzgebungsverfahrens auch offiziell angehört worden. Die Abrechnung des Haushaltsjahres 1999 ergebe Finanzausgleichsmittel (einschl. Mittel für Kostenerstattung nach Art. 57 Abs. 4 NV) von über 5 Mrd. DM. Dieser Betrag garantiere ohne jeden Vorbehalt eine finanzielle Mindestausstattung im Sinne einer „freien Spitze". Im übrigen sei die Garantie des Art. 58 NV nur institutionell, nicht individuell zu verstehen, deshalb komme es nicht auf die Situation einer einzelnen oder mehrerer einzelner Gemeinden und Landkreise an. Die Bindung von 12,3% der Zuweisungsmasse für Investitionen und Investitionsförderungsmaßnahmen sei schon deshalb nicht verfassungswidrig, weil es sich um einen Vorab handele, der nicht zur Schlüsselmasse gehöre. Außerdem handele es sich bei der Zweckbindung für Investitionen um die bloße Beschränkung einer Vorteilsgewährung, also um eine Leistung mit Auflage, durch die das Land im übrigen den bundesrechtlichen Vorgaben des § 16 Abs. 2 StabG nachkomme. Die erhebliche Kluft zwischen finanzstarken und finanzschwachen Gemeinden rechtfertige die Finanzausgleichsumlage, die als horizontales Element mit dem Grundgedanken des verfassungsrechtlich geforderten Finanzausgleichs vereinbar sei.

4. Die Überführung ehemals finanzkraftunabhängiger Zuweisungen in den allgemeinen Finanzausgleich verbessere und vereinfache das Finanzausgleichssystem und sei deshalb nicht verfassungswidrig.

5. Die interkommunale Verteilung der Schlüsselmasse beruhe auf plausiblen und nachvollziehbaren Erwägungen; sie sei strikt aufgabenbezogen. Der Prüfauftrag des Bundesverfassungsgerichts im Hinblick auf die Einwohnerspreizung verbiete dem Landesgesetzgeber nicht, sich wie bisher politisch für diese Spreizung zu entscheiden. Auch der Verzicht auf einen Flächenansatz liege im Rahmen der Gestaltungs- und Entscheidungsfreiheit des Gesetzgebers. Verfassungsmäßig sei auch die bei der Steuerkraftberechnung erfolgende Differenzierung zwischen Gemeinden mit mehr und solchen mit weniger als 100 000 Einwohnern, weil erwiesen sei, daß Großstädte aufgrund des Angebots umfassender kommunaler Leistungen und besserer Standortbedingungen über größere Möglichkeiten der Hebesatzanspannung verfügten als kleinere Städte und Gemeinden, und dem Gesetzgeber überdies bei der Bildung von Gemeindegrößen-

klassen ein großer Gestaltungsspielraum zustehe. Schließlich könne mit Blick auf das geltende Recht nicht angenommen werden, daß durch das Zusammenwirken der verschiedenen Maßnahmen im Ergebnis eine unzulässige Nivellierung oder gar Übernivellierung bewirkt werde. Letzteres sei schon daran zu erkennen, daß die auf die Steuerkraft bezogene Rangfolge aller am Finanzausgleich teilnehmenden 427 Verwaltungseinheiten durch den Finanzausgleich in keinem Fall verändert werde. Lediglich die Abstände zwischen den Kommunen würden verringert, was gerade Ziel des Finanzausgleichs sei.

Die Behandlung der Stadt Göttingen sei gerechtfertigt, weil die wahrgenommenen Kreisaufgaben entweder kein wirtschaftliches Gewicht hätten oder mit nahezu vollständiger Kostendeckung betrieben würden. Den verbleibenden Abweichungen könne durch die Kreisumlage und besondere Vereinbarungen zwischen Stadt und Landkreis Rechnung getragen werden.

6. Die Forderung einzelner Beschwerdeführer, der Landesgesetzgeber müsse dem Urteil des Bundesverfassungsgerichts zum Finanzausgleich zwischen Bund und Ländern folgen und die Kriterien des kommunalen Finanzausgleichs in einem Maßstäbegesetz regeln, auf dessen Grundlage dann erst das Finanzausgleichsgesetz erlassen werden könne, finde in der Niedersächsischen Verfassung keine Stütze.

C.

Die Verfassungsbeschwerden in dem Verfahren StGH 7/99 und die abstrakte Normenkontrolle sind zulässig.

Dies gilt auch für die Verfassungsbeschwerden im Verfahren StGH 6/99, allerdings mit der Einschränkung, daß der Antrag der sieben beschwerdeführenden Landkreise insoweit unzulässig ist, als mit ihm die Verfassungswidrigkeit der Bestimmungen über die Ermittlung des Finanzbedarfs für Gemeindeaufgaben (§ 5 NFAG 1999) geltend gemacht wird. Entgegen ihrer Ansicht sind die Beschwerdeführer durch die in Rede stehende Vorschrift nicht selbst und unmittelbar betroffen. Wenn dies gleichwohl mit der Begründung angenommen wird, die Schlüsselzuweisungen an die kreisangehörigen Gemeinden nach § 15 Abs. 2 NFAG 1999 zählten zu den Umlagegrundlagen der Kreisumlage, wird verkannt, daß es sich dabei um eine lediglich mittelbare Betroffenheit der Landkreise handelt, die nicht zur Begründung ihrer Beschwerdebefugnis ausreicht.

Die Verfassungsbeschwerden im Verfahren StGH 1/2000 sind ebenfalls zulässig. Zwar sind die Beschwerdeführerinnen bezüglich desselben Streitgegenstandes auch an dem Verfahren StGH 7/99 beteiligt. Das Prozeßhindernis der Rechtshängigkeit, das die Landesregierung geltend macht, soll die unnütze Anrufung der Gerichte verhindern, Prozeßökonomie wahren und widersprechende Entscheidungen mehrerer Gerichte über denselben Streitgegenstand vermeiden. Bei den vorliegenden Verfahren besteht aber auf Grund der ausschließlichen Zuständigkeit des Staatsgerichtshofs zur Entscheidung über kommunale Verfassungsbeschwerden weder die Gefahr divergierender Entscheidungen, noch ist die Prozeßökonomie beeinträchtigt, zumal die verschiedenen anhängigen Verfahren zur gemeinsamen Verhandlung und Entscheidung verbunden worden sind.

Die Verfassungsbeschwerden im Verfahren StGH 9/99 sind unzulässig. In der Beschwerdeschrift wird nur pauschal beantragt, das NFAG 1999 und das NFVG für nichtig zu erklären, „soweit die Beschwerdeführerinnen betroffen sind". Auch in den Ausführungen zur behaupteten Verfassungswidrigkeit des geltenden Finanzausgleichsrechts, die zu einem Großteil eine Stellungnahme des Gesetzgebungs- und Beratungsdienstes beim Niedersächsischen Landtag wörtlich wiedergeben, werden Normen der betroffenen Gesetze nur kursorisch erwähnt. Ausdrücklich oder wenigstens sinngemäß als verfassungswidrig bezeichnet und aufgeführt werden lediglich §§ 2, 3 NFVG, 2 S. 1 Nr. 2, 3, 12 NFAG 1999. Inwiefern die beschwerdeführenden Kommunen durch die Normen des NFAG 1999 und NFVG in ihrem Selbstverwaltungsrecht selbst, gegenwärtig und unmittelbar betroffen sein sollen, wird in dem Schriftsatz, der nahezu wörtlich mit dem im Verfahren der abstrakten Normenkontrolle eingereichten Schriftsatz übereinstimmt, nicht deutlich. Die Beschreibung der finanziellen Konsequenzen der Neuregelung für die Beschwerdeführer erfolgt ohne Bezug zur Selbstverwaltungsgarantie der Art. 57, 58 NV, während das zur Verfassungswidrigkeit von NFAG 1999 und NFVG Vorgetragene mit Ausnahme der Darlegungen zur Finanzausgleichsumlage allenfalls nur bedingt auf die Situation der klagenden Kommunen bezogen ist.

D.

Die Verfassungsbeschwerde der Beschwerdeführerin zu 27 und der Normenkontrollantrag sind teilweise begründet. § 2 des Göttingen-Gesetzes i.d. F. des Artikel 3 des Gesetzes zur Änderung des Niedersächsischen Gesetzes über den Finanzausgleich und anderer Gesetze von 12. März 1999 (GVBl. S. 74) ist verfassungswidrig und nichtig.

I.

Das Gesetzgebungsverfahren ist mit Art. 57 Abs. 6 NV vereinbar, obwohl es Mängel aufweist.

Die von den Beschwerdeführern in Bezug genommene Rechtsprechung des Staatsgerichtshofs des Landes Baden-Württemberg, wonach eine wirksame und über eine bloße Anhörung hinausgehende Teilnahme der Kommunen an der Entscheidungsfindung des Finanzausgleichsgesetzgebers um der Sicherstellung eines aufgabengerechten Finanzausgleichs willen geboten ist (Urteil vom 10. Mai 1999, ESVGH 49, 241, 253 ff), ist auf das niedersächsische Verfassungsrecht nicht übertragbar. Die verfahrensrechtliche Absicherung der verfassungsrechtlich verbürgten Rechtsposition der Kommunen im Gesetzgebungsverfahren wird durch Art. 57 Abs. 6 NV bewirkt, der eine Anhörung der kommunalen Spitzenverbände zur Pflicht macht. Die Landesregierung hat die kommunalen Spitzenverbände angehört, bevor die angegriffenen gesetzlichen Regelungen erlassen worden sind. Das gilt auch für den Erlaß des Niedersächsischen Finanzverteilungsgesetzes. Dessen Entwurf wurde gemäß Kabinettsbeschluß vom 22. Dezember 1998 zur Anhörung freigegeben. Wegen der unmittelbar bevorstehenden Feiertage war es den kommunalen Spitzenverbänden nur schwer möglich, eine Stellungnahme vorzubereiten und abzugeben. Die Anhörung hat dann auch noch überraschend auf Grund einer Ladung per Telefax vom 2. Februar am 4. Februar 1999 im Ausschuß für Haushalt und Finanzen stattgefunden. Obwohl somit dem verfassungsrechtlich ausdrücklich verbürgten Anhörungsrecht im Gesetzgebungsverfahren nicht in vollem Umfange Rechnung getragen worden ist, führt das nicht zur Verfassungswidrigkeit des Finanzverteilungsgesetzes, weil sich die kommunalen Spitzenverbände auf dieses Verfahren eingelassen haben.

II.

Prüfungsmaßstab für die angegriffenen gesetzlichen Regelungen ist die Selbstverwaltungsgarantie der Art. 57 und 58 NV. Beide Bestimmungen konkretisieren für das Land Niedersachsen die in Art. 28 GG enthaltene bundesverfassungsrechtliche Garantie der kommunalen Selbstverwaltung und haben nach Zweck und Entstehungsgeschichte jedenfalls denselben Mindestgehalt wie Art. 28 Abs. 1 S. 2 und 3 sowie Abs. 2 GG (Nds. StGHE 3, 136, 155 f; 3, 299, 311).

Zum Selbstverwaltungsrecht der Kommunen gehört nach gefestigter Rechtsprechung des Bundesverfassungsgerichts (BVerfGE 71, 25, 36 m.w.N.) und der Verfassungsgerichte der Länder (Nds. StGHE 3, 299, 311 m.w.N.) die Finanzhoheit der Kommunen. Sie umschließt die eigenverantwortliche Einnahmen- und Ausgabenwirtschaft der Kommunen. Die Niedersächsische Verfassung enthält mit Art. 57 Abs. 4 einerseits und Art. 58 andererseits zwei selbständige Ausformungen der finanziellen Absicherung der kommunalen Gebietskörperschaften, kraft derer das Land zum einen Bestimmungen über die Deckung der Kosten treffen muß, die den Gemeinden und Landkreisen durch die Erfüllung übertragener staatlicher Aufgaben entstehen, und zum anderen verpflichtet ist, den Gemeinden und Landkreisen die zur Erfüllung ihrer Aufgaben erforderlichen Mittel durch Erschließung eigener Steuerquellen und im Rahmen seiner finanziellen Leistungsfähigkeit durch übergemeindlichen Finanzausgleich zur Verfügung zu stellen (Nds. StGHE 3, 136, 156 ff, 160 f; 3, 299, 311 f).

III.

1. Im übertragenen Wirkungskreis, dessen Finanzierung durch Art. 57 Abs. 4 NV geregelt wird, sind die Kommunen weder hinsichtlich der Aufgabenstellung noch

hinsichtlich der Ausgabengestaltung aus eigenem Recht entscheidungsbefugt. Dieser Bindung an staatliche Vorgaben entspricht die Verpflichtung des Landesgesetzgebers, Bestimmungen über die Deckung der in diesem Aufgabenbereich entstehenden Kosten zu treffen. Art. 57 Abs. 4 NV enthält insoweit einen besonderen Regelungsauftrag, der seinem Wesen nach eine Schutzfunktion für die Kommunen erfüllt, da der Gesetzgeber bei jeder Aufgabenübertragung die damit verbundenen finanziellen Belastungen zu berücksichtigen hat. Diesem Gebot kann der Gesetzgeber aber nur nachkommen, wenn die Bestimmungen über die Deckung der Kosten erkennbar und nachprüfbar sind (Nds. StGHE 3, 136, 157; 3, 299, 312). Wie das Land seiner aus Art. 57 Abs. 4 NV abzuleitenden Verpflichtung nachkommt, bei der Übertragung staatlicher Aufgaben auf die kommunalen Gebietskörperschaften Bestimmungen über die Deckung der Kosten zu treffen, unterliegt der Gestaltungsfreiheit des Gesetzgebers. Der Gestaltungsspielraum des Gesetzgebers ist jedoch nicht unbegrenzt, sondern im Lichte von Art. 57 Abs. 4 NV zu interpretieren (Nds. StGHE 3, 299, 313). Im einzelnen gilt folgendes:

a) Der Gesetzgeber muß bei der Prüfung der Kosten, die von Art. 57 Abs. 4 NV erfaßt werden, alle Ausgaben berücksichtigen, welche die Aufgabenerfüllung verursacht. In Betracht zu ziehen sind alle Kosten der Verwaltungstätigkeit, und zwar die Zweckausgaben ebenso wie die Personal- und Sachkosten (Nds. StGHE 3, 136, 159; 3, 299, 313). Allerdings verlangt Art. 57 Abs. 4 NV nicht, daß für jede einzelne übertragene Aufgabe die jeweils entstehenden und nach Einzelfallprüfung erforderlichen Kosten gesondert berechnet werden. Dies erforderte einen vom Schutzzweck des Art. 57 Abs. 4 NV nicht gedeckten und nicht verlangten Verwaltungsaufwand. Die hierfür erforderliche Kontrolle der Mittelverwendung stünde zudem in einem schwer auflösbaren Widerspruch zur Gewährleistung der kommunalen Selbstverwaltung. Denn je genauer die Zweckbestimmung der jeweils zugewiesenen Mittel ist und je näher die Zuweisung am Erstattungsprinzip liegt, desto mehr werden die Möglichkeiten der Kommunen beschränkt, in dem durch Gesetz und Weisungen gezogenen Rahmen Art und Weise der Aufgabenwahrnehmung eigenverantwortlich zu bestimmen (Nds. StGHE 3, 136, 159; 3, 299, 313). Der Gesetzgeber darf die Kosten deshalb pauschal in einem einheitlichen Ansatz zusammenfassen, wodurch gleichzeitig im kommunalen Vergleich bestehenden Unterschieden hinsichtlich Aufgabenanfall und Kostenstrukturen sowie bei der Aufgabenerfüllung auftretenden Synergieeffekten Rechnung getragen werden kann. Jedoch darf die Pauschalierung nicht zu einer Aushöhlung von Art. 57 Abs. 4 NV führen (Nds. StGHE 3, 136, 159; 3, 299, 313).

b) Die Gewährleistung der kommunalen Selbstverwaltung garantiert eine Untergrenze der nach Art. 57 Abs. 4 NV zu finanzierenden Kosten. Sie verlangt aber nicht eine Kostenerstattung für jede übertragene Aufgabe im Sinne einer vollständigen Kostendeckung (Nds. StGHE 3, 299, 313). Die Grenzen des dem Gesetzgeber bei der

Ausgestaltung des Kostenerstattungssystems zukommenden Gestaltungsspielraums werden vielmehr erst dann überschritten, wenn eine Aushöhlung der Garantie des Art. 57 Abs. 4 NV zu besorgen ist (Nds. StGHE 3, 136, 159; ähnlich Leitsatz 3 jenes Urteils). Daß der Niedersächsischen Verfassung ein Prinzip der Vollkostenabdeckung fremd ist, ergibt sich bereits aus dem Wortlaut des Art. 57 Abs. 4 NV, wonach lediglich „Bestimmungen über die Deckung der Kosten" zu treffen sind, nicht aber die tatsächliche Deckung aller Kosten sichergestellt sein muß.

Auch im Hinblick auf seinen Zweck ist Art. 57 Abs. 4 NV nicht im Sinne eines Prinzips der Vollkostenabdeckung zu interpretieren. Die besondere Finanzgarantie für die übertragenen staatlichen Aufgaben soll verhindern, daß der Staat beliebig zu Lasten der Kommunen Aufgaben verschiebt, ohne für deren Finanzierung zu sorgen. Der Gesetzgeber soll sich bei jeder Übertragung von staatlichen Aufgaben auf die Kommunen bewußt machen, daß damit die Kommunen finanziell belastet werden. Wenn der Gesetzgeber deshalb nach Art. 57 Abs. 4 NV über die Deckung der Kosten Bestimmungen treffen muß, so muß er dies erkennbar und damit nachprüfbar tun (Nds. StGHE 3, 136, 157; 3, 299, 312). Das Gebot der Transparenz der gesetzgeberischen Entscheidungen, verbunden mit der verfassungsrechtlichen Garantie einer Untergrenze der nach Art. 57 Abs. 4 NV zu finanzierenden Kosten, erscheint insofern als ausreichend.

Weil somit verfassungsrechtlich keine vollständige Deckung der bei der Erfüllung staatlicher Aufgaben anfallenden Kosten gefordert ist und die Wahrnehmung von Aufgaben des übertragenen Wirkungskreises zudem die Effizienz des kommunalen Verwaltungsapparates steigert, darf der Gesetzgeber die Kommunen durch die Festlegung einer Eigenquote an den Kosten für die Erfüllung der übertragenen Aufgaben beteiligen (vgl. Nds. StGHE 3, 136, 159 ff; 3, 299, 313 f). In bezug auf die Bemessung der Eigenquote ist der Gestaltungsspielraum des Gesetzgebers allerdings insofern begrenzt, als seine Entscheidung – auch im Zusammenwirken mit einer ggf. pauschalierenden Kostenermittlung – nicht zu einer Aushöhlung des Art. 57 Abs. 4 NV führen darf.

c) Unabhängig davon, ob Kostendeckungsbestimmungen durch ein selbständiges Gesetz oder gesondert im Rahmen eines allgemeinen Finanzausgleichs- und Kostendeckungsgesetzes getroffen werden, was gleichermaßen zulässig ist, hat der Gesetzgeber die Kosten nachvollziehbar zu ermitteln und für die Kommunen sichtbar zu machen, in welcher Höhe sie an der Deckung der Kosten beteiligt sind. Dessen bedarf es nicht nur der Klarheit und Publizität wegen, sondern auch, um die Kostendeckungsquote auf ihre Angemessenheit hin überprüfen zu können (Nds. StGHE 3, 136, 160 f; 3, 299, 313 f), zumal die Höhe des Kommunalanteils im Bereich der Kostendeckung des Art. 57 Abs. 4 NV regelmäßig Einfluß auf den Ausgleichsbedarf der Kommunen im Bereich des Finanzausgleichs nach Art. 58 NV haben wird. Müssen nämlich die Kommunen einen hohen Anteil an den Kosten für die Erfüllung der Aufgaben des übertragenen Wirkungskreises selbst tragen, so mindern sich dadurch die ihnen zur Erfüllung ihrer sonstigen Aufgaben zur Verfügung stehenden Mittel. Das kann zu einem Ansteigen ihres Bedarfs an Ausgleichsleistungen im Rahmen des Art. 58 NV führen (vgl. Nds. StGHE 3, 136, 159 f). Allerdings besteht zwischen den nach Art. 57 Abs. 4 NV und nach Art. 58 NV zu verteilenden Finanzmassen kein rechtliches Konnexitätsverhältnis in dem Sinne, daß eine Veränderung der Deckungsquote für die Aufgaben des übertragenen Wirkungskreises zwingend zu einer entsprechenden Veränderung der Schlüsselzuweisungen führt. Denn aufgrund der Selbständigkeit beider Finanzgarantien dürfen sich Änderungen im Rahmen des Erstattungssystems nach Art. 57 Abs. 4 NV nicht dahin auswirken, daß den Kommunen Mittel vorenthalten werden, die ihnen nach Maßgabe des Art. 58 NV zur Erfüllung ihrer eigenen Aufgaben mindestens zustehen. Anderenfalls könnte das Land den Kommunen auf deren alleinige Kosten weitere Staatsaufgaben übertragen, weil die gegebenenfalls vorzunehmende Erhöhung der Erstattungszuweisungen durch eine äquivalente Reduzierung der vom Land zur Verfügung zu stellenden Schlüsselmasse kompensiert würde. Entsprechendes gälte für den Fall einer Steigerung der Kosten für die Erfüllung übertragener Aufgaben. Eine Verminderung der Schlüsselmasse kommt selbst, wenn deswegen die Zuweisungen nach Art. 57 Abs. 4 NV aufgestockt werden, nur in Betracht, wenn eine entsprechende Kürzung nach Maßgabe des insoweit allein maßgeblichen Art. 58 NV gerechtfertigt ist. Eine Verminderung der für übertragene Aufgaben zur Verfügung gestellten Mittel bzw. eine Vergrößerung der aus der Wahrnehmung dieser Aufgaben resultierenden Kosten führt nicht automatisch und rechtlich zwangsläufig dazu, daß das Volumen der den Gemeinden und Landkreisen nach Art. 58 NV zur Verfügung zu stellenden Mittel erhöht werden muß. Daß eine kommunale Mitfinanzierung der Erfüllung staatlicher Aufgaben den finanziellen Bedarf der Gemeinden und Landkreise im Sinne des Art. 58 NV steigert, mag zwar – gerade in Zeiten allseits knapper Kassen – naheliegen, bedarf wegen der Selbständigkeit der in Art. 57 Abs. 4 und Art. 58 NV enthaltenen kommunalen Finanzgarantien jedoch stets einer eigenständigen Überprüfung.

d) Die Ausgleichsmasse für die Aufgaben des übertragenen Wirkungskreises ist nach der Rechtsprechung des Staatsgerichtshofs finanzkraftunabhängig zu verteilen, wobei von Verfassungs wegen kein bestimmter Verteilungsmodus vorgegeben ist. Die Verteilung hat sich allerdings an der Eigenart der wahrzunehmenden Aufgaben zu orientieren und kann darüber hinaus kommunalspezifische Strukturmerkmale wie z. B. die Fläche der aufgabenwahrnehmenden Gebietskörperschaft berücksichtigen (Nds. StGHE 3, 299, 314, 318). Werden staatliche Aufgaben mit besonders stark ausgeprägtem territorialen Bezug übertragen, kann sich die Notwendigkeit eines flächenbezogenen Verteilungskriteriums derart aufdrängen, daß der gesetzgeberische Verzicht auf die Einführung eines Flächenkriteriums als in besonderer Weise begründungsbedürftig erscheint.

Schließlich ist zu berücksichtigen, daß im Rahmen der gesetzgeberischen Gestaltungsfreiheit für sich genommen jeweils zulässige Maßnahmen (pauschalierende Bestimmung der Kosten, Festlegung einer Eigenquote der Kommunen, Verwendung bestimmter Verteilungsindikatoren etc.) auch in ihrem Zusammenwirken nicht dazu führen dürfen, daß das Verfassungsgebot des Art. 57 Abs. 4 NV unterlaufen und die in ihm enthaltene Garantie ausgehöhlt wird.

2. Unter Zugrundelegung dieser Maßstäbe ergibt sich für die insoweit angegriffenen Regelungen:

a) Die Ermittlung und Festsetzung der nach Maßgabe des Art. 57 Abs. 4 NV zu erstattenden Kosten, die bei der Erfüllung übertragener staatlicher Aufgaben anfallen, ist verfassungsrechtlich nicht zu beanstanden. Grundlage der Erstattungsregelung ist eine vom Land unter Mitwirkung der Gemeinden und Landkreise durchgeführte Erhebung über die Höhe der Kosten und Einnahmen bei allen 465 niedersächsischen Kommunen, die Aufgaben des übertragenen Wirkungskreises wahrnehmen. Dieser Ausgangspunkt und die weiteren Schritte der Kostenermittlung sind in dem Vorläufigen Schlußbericht vom 5. Oktober 1998, der die Basis für das Gesetzgebungsverfahren bildete, sowie in dem weitgehend unveränderten (endgültigen) „Schlussbericht zur Ermittlung der Kosten und Einnahmen der Kommunen für die Wahrnehmung der Aufgaben des übertragenen Wirkungskreises und die Bemessung der Zuweisungen ab 1999" vom 3. Mai 1999 ausführlich und nachvollziehbar dargestellt.

Ein Verstoß gegen das verfassungsrechtliche Gebot, alle Ausgaben zu berücksichtigen, welche die Aufgabenerfüllung verursacht, liegt nicht vor. Soweit hinsichtlich der Kosten für EDV-Arbeitsplätze sowie der Personalkosten die unzureichende Höhe der jeweils in Ansatz gebrachten Summen gerügt wird, kann damit die Verfassungswidrigkeit der entsprechenden Ansätze nicht begründet werden, weil Art. 57 Abs. 4 NV lediglich eine Untergrenze der zu finanzierenden Kosten garantiert und gerade keine Kostenerstattung für jede übertragene Aufgabe im Sinne einer vollständigen Kostendeckung verlangt (Nds. StGHE 3, 299, 313). Diese Untergrenze ist hier angesichts der von den Beschwerdeführern vorgetragenen Zahlen nicht verletzt. Der Gesetzgeber hat insofern in zulässiger Weise von seiner Befugnis zur pauschalierenden Kostenermittlung Gebrauch gemacht.

Auch eine in bezug auf einzelne übertragene Aufgaben eventuell eintretende Gebührenunterdeckung ist wegen des dem Gesetzgeber zustehenden Gestaltungsspielraums verfassungsrechtlich irrelevant, solange nur die mit der Aufgabenerfüllung verbundenen Kosten überhaupt bei der Kostenfestsetzung berücksichtigt worden sind und keine Aushöhlung der Garantie des Art. 57 Abs. 4 NV zu besorgen ist.

Die konkret praktizierte Art der Kostenbestimmung durch Bildung gewogener Durchschnittsbeträge und anschließende Anwendung des Verfahrens der „gestutzten Reihe" verletzt die Verfassungsgarantie des Art. 57 Abs. 4 NV ebenfalls nicht. Unabhängig davon, ob schon die Bildung gewogener Durchschnittsbeträge einen Akt der Pauschalierung darstellt, wäre die Bildung „angemessener gewogener Durchschnitte" durch Anwendung des Verfahrens der „gestutzten Reihe" als (weiterer) Pauschalierungsschritt nämlich nur dann mit Art. 57 Abs. 4 NV unvereinbar, wenn es dadurch zu einer Aushöhlung der in diesem Artikel enthaltenen besonderen Finanzgarantie käme. Das ist hier jedoch nicht der Fall. Der Gesetzgeber bewegt sich auch dann noch im Rahmen des ihm zustehenden Gestaltungsspielraums, wenn er den Betrag der den Kommunen zuzuweisenden Mittel dadurch vermindert, daß er verschiedene Pauschalierungstechniken miteinander kombiniert.

Die durch Art. 57 Abs. 4 NV garantierte Untergrenze der zu finanzierenden Kosten wird durch das angewandte pauschalierende Verfahren der Kostenbestimmung nicht tangiert. Nach dem Schlußbericht Kostenermittlung beträgt die Differenz zwischen dem Zuweisungsbetrag auf Grundlage der Originaldaten und dem sich nach Anwendung des Verfahrens der „gestutzten Reihe" ergebenden Zuweisungsbetrag 79 772 Mio. DM. In Anbetracht der damit festzustellenden pauschalierungsbedingten Kürzung der Zuweisungssumme um ca. 6,5 % kann von einer Aushöhlung des Art. 57 Abs. 4 NV nicht die Rede sein.

b) Im Rahmen des verfassungsrechtlich Zulässigen liegt auch die Beschränkung der Kostenerstattung auf 75 vom Hundert der nicht durch Einnahmen gedeckten pauschalierten Kosten. Da Art. 57 Abs. 4 NV keine vollständige Kostendeckung verlangt, darf eine Beteiligung der Kommunen an den Kosten der Erfüllung übertragener staatlicher Aufgaben nicht nur durch ein pauschalierendes Vorgehen bei der Festsetzung der zu erstattenden Kosten bewirkt werden, sondern darüber hinaus grundsätzlich auch durch die Festlegung einer Eigenquote der Gemeinden und Landkreise. Auch indem er die Höhe dieser Quote auf 25 % festgelegt hat, hat der Gesetzgeber die Grenzen des ihm von Verfassungs wegen eröffneten Gestaltungsspielraums nicht überschritten, weil angesichts einer solchen Beteiligungsquote noch keine Aushöhlung der in Art. 57 Abs. 4 NV enthaltenen Finanzgarantie zu gewärtigen ist. Schließlich kann auch kein Verstoß gegen das Willkürverbot festgestellt werden, weil die vom Gesetzgeber angestellten Überlegungen zur Kostenersparnis durch die gleichzeitige Wahrnehmung kommunaler und übertragener Angelegenheiten einen mit Blick auf seine legislative Gestaltungsfreiheit hinreichenden sachlichen Grund für die Regelung des § 12 Abs. 1 NFAG 1999 bilden.

c) Daß die Aufteilung der Zuweisungen für Aufgaben des übertragenen Wirkungskreises auf die einzelnen Kommunen gem. §§ 12 Abs. 2 NFAG 1999, 2 NFVG ausschließlich nach ihrer Einwohnerzahl erfolgt, ist verfassungsrechtlich nicht zu beanstanden. Zwar kann der Verzicht auf ein Flächenkriterium bei Aufgaben mit besonders stark ausgeprägtem territorialen Bezug in besonderer Weise begründungsbedürftig sein. Dementsprechend hat der Staatsgerichtshof dem Gesetzgeber aufgegeben zu untersuchen, ob die Einwohnerzahl weiterhin allein als Verteilungsmaßstab in Betracht zu ziehen ist (Nds. StGHE 3, 299, 318). Dahingehende Untersuchungen sind vom Niedersächsischen Landesamt für Statistik vorgenommen worden und haben ergeben, daß sowohl die Fläche als auch die Bevölkerungsdichte als zusätzliche Verteilungsmaßstäbe für einzelne Aufgaben grundsätzlich nicht in Betracht kommen. Damit hat der Gesetzgeber, der sich diese Erwägungen zu eigen gemacht hat, den ihm obliegenden Pflichten genügt.

d) Auch das Zusammenwirken der Pauschalierungstechniken mit der Festlegung einer Eigenquote der Kommunen von 25 % und der sonstigen gesetzlichen Regelungen führt nicht zu einer Aushöhlung der Finanzgarantie des Art. 57 Abs. 4 NV. Der auf Grundlage der von den Kommunen zur Verfügung gestellten Originaldaten für das Jahr 1999 ermittelte Bedarfsbetrag von 1 226 Mio. DM als Ausgangsbetrag ist zwar um insgesamt 404 Mio. DM auf ca. 822 Mio. DM gekürzt worden, wobei sich der Gesamtkürzungsbetrag aus folgenden Einzelbeträgen zusammensetzt (vgl. im einzelnen Schlußbericht Kostenermittlung, S. 14 ff): 80 Mio. DM (Pauschalierungstechniken), 50 Mio. DM (Berichtigung der Zuweisungen für die Landkreise aufgrund der Wahrnehmung einzelner Kreisaufgaben durch selbständige Gemeinden und große selbständige Städte), 274 Mio. DM (kommunale Eigenquote). Damit ist der Ausgangsbetrag im Ergebnis um etwa ein Drittel reduziert worden. Dies ist verfassungsrechtlich jedoch noch hinnehmbar, weil die von den Kommunen mitgeteilten tatsächlichen Kosten nicht deren notwendige Finanzbedarfe für die Erfüllung übertragener Aufgaben widerspiegeln und insofern von Anfang an lediglich die Grundlage, nicht aber bereits das Ergebnis der Kostenermittlung bilden konnten, und weil unter diesen Umständen eine Verletzung der von Art. 57 Abs. 4 NV garantierten Untergrenze der Kostenerstattung nicht mit hinreichender Sicherheit verfassungsgerichtlich festgestellt werden kann.

IV.

1. Art. 58 NV verpflichtet das Land, den Gemeinden und Landkreisen die zur Erfüllung ihrer Aufgaben erforderlichen Mittel durch Erschließung eigener Steuerquellen und im Rahmen seiner finanziellen Leistungsfähigkeit durch übergemeindlichen Finanzausgleich zur Verfügung zu stellen. Anders als Art. 57 Abs. 4 NV bezieht sich Art. 58 NV also auf die Ausstattung der Kommunen mit den Finanzmitteln, die für die Erfüllung der Aufgaben des eigenen Wirkungskreises einschließlich der pflichtigen Selbstverwaltungsaufgaben notwendig sind. Als landesverfassungsrechtliche Garantie eines aufgabengerechten Finanzausgleichs weist Art. 58 NV dabei einen engen Bezug zu den bundesverfassungsrechtlichen Bestimmungen über den Finanzausgleich auf, welcher die Gemeinden unmittelbar einschließt. So steht den Gemeinden ein bundesgesetzlich zu bestimmender Anteil an der Einkommen- und Umsatzsteuer (Art. 106 Abs. 5, 5a GG) zu, ferner die Ertragshoheit über die Grund- und Gewerbesteuer, an deren Aufkommen aber Bund und Länder durch eine Umlage beteiligt

werden, sowie die Ertragshoheit über die örtlichen Verbrauch- und Aufwandsteuern, sofern diese nicht nach Maßgabe der Landesgesetzgebung den Gemeindeverbänden zusteht (Art. 106 Abs. 6 GG). Von Bedeutung sind weiterhin die in Art. 106 Abs. 7 S. 1 GG niedergelegte Pflicht, die Gemeinden und Gemeindeverbände landesgesetzlich am Länderanteil am Gesamtaufkommen der Gemeinschaftsteuern zu beteiligen, sowie die in Art. 106 Abs. 7 S. 2 GG normierte Möglichkeit, die Kommunen landesgesetzlich am Aufkommen der Landessteuern zu beteiligen. Diesen Regelungsauftrag erfüllt die Niedersächsische Verfassung in Art. 58 (Nds. StGHE 3, 136, 162; 3, 299, 311 f).

Kernelement des an die bundesverfassungsrechtlichen Regelungen des Finanzausgleichs anknüpfenden gesetzlichen Ausgleichsmechanismus des Landes ist die Errichtung eines Systems finanzkraftabhängiger Schlüsselzuweisungen, das nicht nur die Finanzierung der Aufgaben des eigenen Wirkungskreises der Kommunen sichern soll, sondern auch dem Ziel dient, bestehende Finanzkraftunterschiede zu mildern. Durch eine Annäherung der Finanzausstattung der Kommunen sollen auch die ursprünglich finanzschwachen Kommunen so gestärkt werden, daß sie zu einer eigenverantwortlichen Entwicklung und Aufgabengestaltung befähigt werden (Nds. StGHE 3, 136, 164). Wie der kommunale Finanzausgleich konkret ausgestaltet wird, unterliegt der Entscheidung des Landesgesetzgebers, dem dabei angesichts des Ineinandergreifens von landesrechtlichen und grundgesetzlichen Finanzausgleichsvorschriften, durch welche den Gemeinden unmittelbar Steuererträge zugewiesen werden, sowie der Einbindung des kommunalen Finanzausgleichs in die gesamte Haushaltswirtschaft und -planung des Landes ein weiter Gestaltungsspielraum zusteht (Nds. StGHE 3, 299, 314).

a) Die Aufgabenbezogenheit der Finanzgarantie des Art. 58 NV und ihr Ziel eines aufgabengerechten Finanzausgleichs zwischen Land und Kommunen verlangen, daß der Gesetzgeber die Höhe der erforderlichen Finanzmittel und damit auch Art und Umfang der zu erledigenden Aufgaben kennt, d.h. nachvollziehbar einschätzt (vgl. Nds. StGHE 3, 299, 315). Eine Beschränkung hinsichtlich der zu berücksichtigenden Aufgaben und der zu ihrer Erledigung zur Verfügung zu stellenden Mittel ergibt sich indes daraus, daß gem. Art. 58 NV lediglich die „erforderlichen Mittel" bereitgestellt werden müssen. Hieraus folgt zunächst, daß Aufwendungen zur Aufgabenerfüllung unbeachtlich sind, die dem Gebot sparsamer und wirtschaftlicher Haushaltsführung nicht entsprechen. Die Grenze der Erforderlichkeit des Art. 58 NV gilt allerdings nicht allein für die haushaltsrechtliche Betrachtung der je für eine Aufgabe erforderlichen Mittel, sondern auch für die Wahrnehmung der Aufgaben dem Grunde nach. Denn die Kommunen entscheiden über das Ob und den Umfang der Wahrnehmung freiwilliger Selbstverwaltungsaufgaben im Rahmen der gesetzlichen Vorgaben sowie über die Strukturen der Aufgabenwahrnehmung bei pflichtigen Selbstverwaltungsaufgaben. Die aus dem Grundsatz kommunaler Selbstverwaltung folgende Aufgabenautonomie verwehrt es mithin dem Land, sich in jedem Einzelfall die Entscheidung vorzubehalten, ob und in welchem Umfang eine wahrgenommene Aufgabe „ausgleichsrelevant" ist.

Für die Bestimmung der nach Art. 58 NV erforderlichen Mittel ist deshalb anders als bei Art. 57 Abs. 4 NV keine Kostenanalyse, sondern eine typisierende Bedarfsanalyse vorzunehmen (Nds. StGHE 3, 136, 163 f; 3, 299, 315).

b) Im Rahmen seiner Gestaltungsfreiheit ist der Gesetzgeber nicht nur berechtigt, besonders finanzkräftige Gemeinden als sog. abundante Gemeinden von den Zuweisungen nach Art. 58 NV auszuschließen, sondern grundsätzlich auch befugt, einen Teil der Finanzkraft dieser Gemeinden abzuschöpfen, um das Gesamtvolumen der Ausgleichsmasse zu vergrößern. Indem Art. 58 NV als eines der möglichen Finanzierungsinstrumente den „übergemeindlichen Finanzausgleich" nennt, wird neben der Verpflichtung des Landes zur Bereitstellung von Mitteln der Gedanke interkommunaler Solidarität zum Ausdruck gebracht, der dem Begriff des übergemeindlichen Finanzausgleichs innewohnt (Nds. StGHE 3, 136, 161). Des weiteren resultiert aus dem Gebot des „übergemeindlichen Finanzausgleichs" eine gewisse Harmonisierungspflicht des Gesetzgebers. Eine Kombination von Mittelzuweisung und Finanzkraftabschöpfung kann insbesondere deswegen angebracht sein, weil die bloße Nichteinbeziehung überdurchschnittlich finanzkräftiger Kommunen in das Verteilungssystem des Art. 58 NV angesichts der ihnen kraft bundesverfassungsrechtlicher Anordnung verbleibenden Steuererträge (Art. 106 Abs. 5, 5a, 6 GG) und zudem der finanzkraftunabhängig zu gewährenden Zuweisungen nach Art. 57 Abs. 4 NV oftmals nur wenig an ihrer überschießenden Finanzkraft wird ändern können. Vor diesem Hintergrund überschreitet der Gesetzgeber nicht den ihm eingeräumten Gestaltungsspielraum, wenn er besonders finanzstarke Gemeinden zur Aufbringung eines Teils der im Rahmen des Finanzausgleichssystems zu verteilenden Mittel heranzieht.

Etwas anderes ergibt sich auch nicht aus den Grenzen, die jeder finanzausgleichsrechtlichen Regelung gesetzt sind. Da der Finanzausgleich Finanzkraftunterschiede durch Angleichung mildern, sie aber nicht völlig abbauen oder gar im Ergebnis bewirken soll, daß die tatsächliche Finanzkraftrangfolge umgekehrt wird, findet das Ausgleichsgebot dort seine Grenzen, wo es zur Nivellierung oder gar einer Übernivellierung führt (Nds. StGHE 3, 136, 164; bezogen auf den bundesstaatlichen Finanzausgleich ebenso BVerfGE 1, 117, 131; 72, 330, 398, 418 f; 86, 148, 250; 101, 158, 222). Auch ist, ebenso wie bei der Erhebung einer Kreisumlage, zu beachten, daß die angemessene Finanzausstattung der umlagepflichtigen Kommunen nicht in Frage gestellt werden darf, ihnen also ein substantieller Finanzspielraum zur eigenverantwortlichen Aufgabenwahrnehmung verbleiben muß (Nds. StGHE 3, 299, 320).

c) Das System des kommunalen Finanzausgleichs ist eingebunden in den bundesverfassungsrechtlichen Finanzausgleich und in die gesamte Haushaltswirtschaft und -planung des Landes (Nds. StGHE 3, 299, 314). Dem letztgenannten Umstand entspricht es, daß Art. 58 NV die Pflicht zur Befriedigung des kommunalen Finanzbedarfs unter den Vorbehalt der finanziellen Leistungsfähigkeit des Landes stellt, der nicht nur auf die vom Land zu erbringenden Ausgleichsleistungen zu beziehen ist,

sondern auch auf das vom Land im Ergebnis zu gewährleistende Niveau der Finanz-
bedarfsbefriedigung (Nds. StGHE 3, 136, 162 f). Dieser Vorbehalt soll dem Land eine
gewisse Elastizität sichern und einen Ausgleich zwischen den finanziellen Interessen
der Kommunen und denen des Landes herstellen. Durch ihn wird die Gleichwertigkeit
von Landes- und Kommunalaufgaben zum Ausdruck gebracht und verhindert, daß in
Zeiten knapper Finanzen anstelle einer gleichmäßigen Verteilung des Defizits primär
das Land betroffen wird (Nds. StGHE 3, 136, 162; 3, 299, 315 f). Die Niedersächsische
Verfassung enthält damit in Gestalt des Art. 58 eine Kollisionsregelung für das normative
Spannungsverhältnis zwischen den zur Aufgabenwahrnehmung der Kommunen
„erforderlichen Mitteln" einerseits und der „finanziellen Leistungsfähigkeit" des Landes
andererseits. Daraus folgt das Gebot einer gerechten und gleichmäßigen Verteilung
bestehender Lasten. Vor diesem Hintergrund bedarf es einer Verteilungssymmetrie,
um dem Land und den Kommunen die jeweils verfügbaren Finanzmittel gleichermaßen aufgabengerecht zukommen zu lassen (Nds. StGHE 3, 299, 316).

Zwar sind die in Art. 58 NV vorgesehenen Finanzierungsinstrumente von vornherein nicht dahin zu verstehen, daß sie eine Vollabdeckung des Finanzbedarfs der
Kommunen für die Erledigung ihrer Angelegenheiten gewährleisten. Der Vorbehalt
der finanziellen Leistungsfähigkeit des Landes, unter den der übergemeindliche Finanzausgleich gestellt ist, bestätigt dies (Nds. StGHE 3, 136, 162). Jedoch liegt Art. 58 NV,
der einen Anspruch der Kommunen auf die zur Erfüllung ihrer Aufgaben erforderlichen Mittel begründet, gleichzeitig das Leitbild eines aufgabengerechten Finanzausgleichs zugrunde (Nds. StGHE 3, 299, 315). Auch wenn durch Art. 58 NV keine
Vollabdeckung der im eigenen Wirkungskreis anfallenden Kosten garantiert ist, sollen
den Kommunen doch grundsätzlich diejenigen Finanzmittel zur Verfügung gestellt
werden, die sie zu einer angemessenen Wahrnehmung ihrer Aufgaben in den Stand
setzen (Nds. StGHE 3, 136, 163 f).

In bezug auf die von den Gemeinden und Landkreisen zu erledigenden Aufgaben ist zu berücksichtigen, daß das Ob der Aufgabenwahrnehmung nur teilweise im
Ermessen der Kommunen steht, ihnen in zahlreichen Fällen vielmehr gesetzlich zur
Pflicht gemacht wird. Dementsprechend ist hinsichtlich der von Art. 58 NV erfaßten
Aufgaben zwischen freiwilligen und pflichtigen Selbstverwaltungsangelegenheiten zu
unterscheiden (vgl. Nds. StGHE 3, 299, 314 f). Des weiteren muß bedacht werden, daß
durch Gesetz vielfach Standards vorgegeben werden, die bei der Erfüllung von Selbstverwaltungsangelegenheiten einzuhalten sind und zu weiteren staatlich veranlaßten
Belastungen führen.

d) Beschränkt ist der Anspruch der Kommunen auf einen aufgabengerechten
Finanzausgleich insofern, als er unter dem Vorbehalt der finanziellen Leistungsfähigkeit
des Landes steht. In Zeiten einer angespannten Finanzlage resultiert aus diesem Vorbehalt sowie dem daraus abgeleiteten Prinzip der Verteilungssymmetrie das Gebot einer
gerechten und gleichmäßigen Verteilung bestehender Lasten, d. h. einer ausgewogenen

Aufteilung des Defizits auf Land und Kommunen durch eine beiderseitige Reduzierung der zur Erfüllung der jeweiligen Aufgaben zur Verfügung stehenden Mittel. Sofern Land und Kommunen zu anteilsmäßig gleich großen Einsparungen gezwungen sind, darf daher im Falle mangelnder finanzieller Leistungsfähigkeit des Landes das Volumen der auf der Grundlage des Art. 58 NV zur Verfügung gestellten Mittel hinter dem zurückbleiben, was für eine angemessene Wahrnehmung der zum eigenen Wirkungskreis der Gemeinden und Landkreise zählenden Aufgaben erforderlich ist.

Zum Vorbehalt der finanziellen Leistungsfähigkeit hat der Staatsgerichtshof festgestellt (E 3, 299, 314 f): „Der Gesetzgeber darf die kommunale Finanzausstattung aber nicht in einer Weise beeinträchtigen, die den Anspruch auf eine finanzielle Mindestausstattung verletzt und dadurch das Recht auf Selbstverwaltung aushöhlt. Die danach gebotene Mindestausstattung ist jedenfalls dann unterschritten, wenn die Wahrnehmung freiwilliger Selbstverwaltungsangelegenheiten infolge einer unzureichenden Finanzausstattung unmöglich wird. Die Erfüllung neuer pflichtiger Aufgaben durch die kommunalen Gebietskörperschaften unter Ausschöpfung der für die freiwillige Selbstverwaltung vorgehaltenen Finanzmittel kann dazu führen, daß die Finanzmittel, die der Wahrnehmung von Selbstverwaltungsaufgaben vorbehalten sind, durch die Wahrnehmung gesetzlich vorgeschriebener Aufgaben aufgezehrt werden. Bei einer offensichtlichen Disproportionalität von wahrzunehmenden Aufgaben und Mittelzuweisung ist der Kernbereich der kommunalen Selbstverwaltung in unzulässiger Weise beeinträchtigt."

Sofern den Kommunen die Wahrnehmung freiwilliger Selbstverwaltungsangelegenheiten unmöglich wird, weil die zur Verfügung stehenden Finanzmittel aufgrund ihrer Pflicht zur Erfüllung landesgesetzlich vorgeschriebener Aufgaben bzw. Standards der Aufgabenerfüllung bereits ausgeschöpft sind, ist das Land mit Blick auf Art. 58 NV wenn nicht verpflichtet, das Ausgleichsvolumen entsprechend zu erhöhen, dann aber verpflichtet, neue Steuerquellen zu erschließen, oder aber, sofern dies angesichts der Finanzlage ausgeschlossen ist, gehalten, die landesgesetzlich verursachten Kosten für die Erfüllung der Aufgaben des eigenen Wirkungskreises durch eine Verminderung der Zahl der Pflichtaufgaben bzw. eine Senkung der bei der Aufgabenerfüllung einzuhaltenden Standards zu reduzieren. Soweit es sich um bundesgesetzliche Aufgabenzuweisungen und Standards handelt, muß das Land einen entsprechenden Einfluß im Bundesrat geltend machen.

e) Ausgangspunkt für die horizontale Verteilung der Schlüsselmasse auf die Kommunen muß das Leitbild eines aufgabengerechten Finanzausgleichs sein; denn der Finanzausgleich soll bewirken, daß den Kommunen die zur Erfüllung ihrer Aufgaben erforderlichen Mittel zur Verfügung stehen (Nds. StGHE 3, 299, 315, 318 f). Genügen die vorhandenen Gelder, bedarf eine Kommune keiner Schlüsselzuweisungen. Ausgleichsleistungen im Sinne des Art. 58 NV sind mithin nur dann erforderlich, wenn die ursprünglich vorhandene Finanzkraft der Gemeinden und Landkreise mit Blick auf die jeweils zu erfüllenden Aufgaben nicht ausreicht. Bevor ein übergemeindlicher Finanzausgleich durchgeführt werden kann, müssen daher der Finanzbedarf und die Finanzkraft der verschiedenen Kommunen ermittelt werden. Erst in einem zweiten Schritt können dann die Schlüsselzuweisungen auf diejenigen Kommunen verteilt werden, deren vorhandene Einnahmen nicht ausreichen, um die Erfüllung der ihnen obliegenden Aufgaben zu ermöglichen.

Geht es um die Ermittlung der Finanzkraft der Gemeinden und Landkreise, so kann das Land alle erzielten oder erzielbaren Einkünfte der Kommunen berücksichtigen (Nds. StGHE 3, 136, 163). Für die Bestimmung des Finanzbedarfs der einzelnen Gemeinden und Landkreise ist demgegenüber die Festlegung fiktiver Maßstäbe und damit das Abstrahieren vom Ausgabeverhalten der einzelnen bzw. überhaupt konkreter Kommunen unumgänglich, sofern nicht deren Ausgabewilligkeit belohnt, sparsames Finanzgebaren aber bestraft werden soll (entsprechend BVerfGE 101, 158, 220). Dem dient die gesetzliche Fixierung abstrakter Bedarfsindikatoren. Die herangezogenen Indikatoren müssen die mit der Erfüllung bestimmter Aufgaben verbundenen Kosten realitätsgerecht abbilden. Diesem Umstand ist vor allem dann Rechnung zu tragen, wenn der Finanzbedarf der Kommunen in Anlehnung an ihre Einwohnerzahl ermittelt werden soll und dabei je nach Größe der Kommune ein unterschiedlicher abstrakter Bedarf pro Einwohner unterstellt wird (sog. Einwohnerspreizung). Einer dahingehenden Regelung müssen – auch wegen des grundsätzlichen Gebots der Gleichbehandlung aller Kommunen – sach- und aufgabengerechte Erwägungen des Gesetzgebers zugrunde liegen, die eine entsprechende Differenzierung zu rechtfertigen vermögen. Umfang und Höhe eines Mehrbedarfs sowie die Art seiner Berücksichtigung dürfen vom Gesetzgeber nicht frei gegriffen werden. Sie müssen sich nach Maßgabe verläßlicher, objektivierbarer Indikatoren als angemessen erweisen (vgl. BVerfGE 72, 330, 415 f; 86, 148, 239; 101, 158, 230).

Aus dem Umstand, daß die zur Bedarfsermittlung herangezogenen Faktoren die mit der Aufgabenerfüllung verbundenen Kosten realitätsgerecht abbilden müssen, ergibt sich wegen der besonderen territorialen Bezogenheit bestimmter Aufgaben außerdem, daß als Kriterium für die Verteilung der Schlüsselzuweisungen auf die Kommunen auch die Heranziehung ihrer Fläche erforderlich sein kann. So hat der Staatsgerichtshof bereits zum Ausdruck gebracht, daß jedenfalls bei den Landkreisen die Zahl der Einwohner nicht notwendig im Verhältnis zur Fläche des Landkreises steht, und daß die Eigenart mancher Aufgaben der Landkreise bewirken kann, daß die Fläche ein wesentlicher Kostenfaktor ist. Dies gilt z. B. für die Straßenbaulast und für die Schülerbeförderung (Nds. StGHE 3, 299, 319). Verzichtet der Gesetzgeber gleichwohl auf ein Flächenkriterium, bewegt er sich nur dann innerhalb des ihm von Verfassungs wegen zustehenden Gestaltungsspielraumes, wenn er seine Entscheidung unter Berücksichtigung der im Entscheidungszeitpunkt aktuellen finanzwissenschaftlichen Erkenntnisse nachvollziehbar begründet und die Aufgabengerechtigkeit der Finanzzuweisungen – speziell im Hinblick auf flächenbedingt entstehende Kosten – trotz des Verzichts auf flächenabhängige Verteilungskriterien sichergestellt ist.

f) Mit der durch Art. 58 NV begründeten Verpflichtung des Landes, den Gemeinden und Landkreisen die zur Erfüllung ihrer eigenen Aufgaben erforderlichen Mittel zur Verfügung zu stellen und sie dadurch zu einer angemessenen Wahrnehmung ihrer Aufgaben zu befähigen, korrespondiert ein Anspruch jeder einzelnen Kommune. Eine mit Blick auf Art. 58 NV verfassungswidrige Lage ist folglich nicht erst dann gegeben, wenn in der Gesamtheit der Gemeinden oder Kreise oder Gruppen derselben diesbezügliche Defizite zu verzeichnen sind, sondern liegt schon dann vor, wenn einzelnen Kommunen die im Sinne des Art. 58 NV erforderlichen Mittel vorenthalten werden. Indem Art. 58 NV die von den Kommunen zu erledigenden Aufgaben, zu denen insbesondere auch die freiwilligen Selbstverwaltungsangelegenheiten zählen, zum Maßstab für die Bemessung der Finanzzuweisungen erhebt, wird nämlich ein Bezug zu der in Art. 28 Abs. 2 GG, Art. 57 NV verbürgten allgemeinen Selbstverwaltungsgarantie hergestellt, welche den Kommunen ein auch subjektiv-individuelles, gerichtlich durchsetzbares Recht auf eigenverantwortliche Aufgabenwahrnehmung einräumt. An dieser Rechtsqualität hat der aus Art. 58 NV abgeleitete Anspruch als auf die eigenverantwortliche Aufgabenwahrnehmung bezogener und sie erst ermöglichender Anspruch teil (entsprechend VerfGH Rheinland-Pfalz, Entscheidung vom 30. Januar 1998, NVwZ, Rechtsprechungs-Report, Verwaltungsrecht 1998, 607, und VerfG Brandenburg, Urteil vom 16. September 1999, NVwZ, Rechtsprechungs-Report, Verwaltungsrecht 2000, 129, 131). Somit ist der Gesetzgeber gehalten, Vorkehrungen – gegebenenfalls unter Einsatz des Instruments der Bedarfszuweisung – für den Fall zu treffen, daß auch nur eine einzelne Gemeinde trotz sparsamster Wirtschaftsführung in eine finanzielle Lage gerät, in der ihr keinerlei Mittel auch nur für ein Mindestmaß an freiwilliger kommunaler Selbstverwaltung verbleiben.

2. Die nach Art. 58 NV erforderliche Mindestausstattung der Kommunen ist trotz der problematischen Methode der Festlegung der Schlüsselzuweisungen (a) durch die angegriffenen gesetzlichen Vorschriften gewährleistet (a–i). Im Fall der Stadt Göttingen verletzt die gesetzliche Regelung jedoch Art. 58 NV (j).

a) Die gesetzliche Ausgestaltung des Verhältnisses zwischen Kostenerstattung nach Art. 57 Abs. 4 NV und Finanzausgleich nach Art. 58 NV ist zwar nicht bedenkenfrei, aber im Ergebnis nicht verfassungswidrig. In den §§ 1, 2 Nr. 3, 12 NFAG 1999 und in § 2 NFVG ist ein formal gesonderter und der Summe nach bestimmbarer Kostenansatz für die Aufgaben des übertragenen Wirkungskreises vorgesehen, woraus sich nach Abzug weiterer Posten die Mittel für den Finanzausgleich errechnen lassen. In Anbetracht der normativen Eigenständigkeit der Gewährleistungen der Art. 57 Abs. 4 und 58 NV problematisch ist jedoch die durch § 2 S. 1 Nr. 3 NFAG 1999 vorgenommene rechnerische Verknüpfung zwischen Kostenerstattung und Finanzausgleich. Diese Regelung wirkt sich unter anderem dahin aus, daß eine Erhöhung der Zuweisungen für die Erfüllung übertragener Aufgaben bei insgesamt unveränderter Zuweisungsmasse automatisch zu einer entsprechenden Reduzierung der im Rahmen des übergemeindlichen Finanzausgleichs zu verteilenden Mittel führt. Damit besteht die Gefahr eines Verstoßes gegen Art. 58 NV, weil den Kommunen infolge jenes Kürzungsautomatismus möglicherweise Mittel vorenthalten werden, zu deren Bereitstellung das Land nach Maßgabe des Art. 58 NV verpflichtet ist und auf die die Kommunen einen Anspruch haben. Verfassungswidrig wäre eine derartige Regelung, wenn den Kommunen dadurch die erforderliche Mindestausstattung nicht mehr gewährleistet wäre.

b) In den hier zur Beurteilung stehenden Finanzausgleichsperioden 1999 und 2000 war die den Kommunen zustehende Mindestausstattung gewährleistet. Dem Gesetzgeber lag eine Liste sämtlicher Pflichtaufgaben der Kommunen vor. Eine typisierende Bedarfsanalyse hat zwar vor Erlaß des Finanzausgleichsgesetzes 1999 und des Finanzverteilungsgesetzes nicht stattgefunden. Eine solche Bedarfsanalyse hat aber inzwischen die am 10. März 1999 eingesetzte FAG-Kommission für die zurückliegenden Jahre 1995–1997 erstellt (LT Drucks. 14/1524 und 14/1790, S. 4). Wenn die Arbeiten weitergehen, wird der Gesetzgeber alsbald auch über Daten verfügen, die im Sinne der Rechtsprechung des Staatsgerichtshofs der zukünftigen Bemessung der Schlüsselzuweisungen zugrunde gelegt werden können. Daß die notwendige Mindestausstattung gewährleistet ist, ergibt sich aus den Zahlen, die die Entwicklung der Schlüsselzuweisungen seit 1996 widerspiegeln und die deren ständiges Ansteigen anzeigen (Statistische Berichte Niedersachsen L II/S–j/00: Kommunaler Finanzausgleich 2000, S. 30). Selbst wenn die Schlüsselzuweisungen fallende Kostenerstattung nach Art. 57 Abs. 4 NV kompensieren, steigt die Gesamtmasse der staatlichen Leistungen nach Art. 57 Abs. 4 und Art. 58 NV an. Des weiteren hat sich gezeigt, daß die Kommunen über eine freie Spitze verfügen, die für die Jahre 1995–1997 durchschnittlich 5,3 vom Hundert der kommunalen Ausgaben beträgt (LT Drucks. 14/1524, S. 9). Von keinem Beschwerdeführer ist konkret geltend gemacht worden, daß ihm eine freie Spitze für die Erfüllung freiwilliger Aufgaben fehle. Sollte dies jedoch ausnahmsweise der Fall sein, würde dies noch nicht zur Verfassungswidrigkeit der angegriffenen Regelungen führen, weil § 13 NFAG 1999 Bedarfszuweisungen vorsieht, die in solch einem Fall eingesetzt werden können.

c) Ob bei der Dotierung der Schlüsselmasse dem Gebot der Verteilungssymmetrie hinreichend Rechnung getragen worden ist, kann angesichts des Umstandes, daß den Kommunen im Rahmen des übergemeindlichen Finanzausgleichs Mittel in erforderlichem Mindestumfang zugeflossen sind, dahinstehen; denn der Grundsatz der Verteilungssymmetrie braucht aufgrund seiner Herleitung aus dem Leistungsfähigkeitsvorbehalt, einer Anspruchsschranke, nur dann thematisiert zu werden, wenn das Land den Kommunen infolge seiner beschränkten finanziellen Leistungsfähigkeit weniger Mittel zur Verfügung stellen kann, als die Kommunen zur Erfüllung ihrer Aufgaben benötigen.
    Soweit sich das Land bei der Ermittlung des kommunalen Finanzbedarfs hilfsweise am Prinzip der Verteilungssymmetrie orientiert hat, ist dies weder grundsätzlich

noch unter dem Gesichtspunkt einer möglichen Verletzung dieses Prinzips zu beanstanden. Der Gesetzgeber hat seine Entscheidung, Fragen der Verteilungssymmetrie mit Hilfe einer Gegenüberstellung von Finanzierungssalden zu beurteilen, mit vertretbaren Argumenten begründet und auch dargetan, daß die Finanzierungssalden von Land und Kommunen in den letzten Jahren annähernd parallel verlaufen seien. Solange die Richtigkeit seiner Einschätzung nicht widerlegt ist, sind seine Entscheidungen mithin verfassungsrechtlich hinzunehmen.

d) Die durch §§ 2 S. 1 Nr. 2 NFAG 1999, 1 Abs. 2 i. V. m. § 3 NFVG bewirkte Investitionsbindung eines Teils der Zuweisungsmasse ist verfassungsrechtlich nicht zu beanstanden. Nach der Rechtsprechung des Staatsgerichtshofs steht die Zweckbindung eines Teils der Schlüsselzuweisungen dann mit Art. 58 NV im Einklang, wenn der nicht zweckgebundene Teil der Schlüsselzuweisungen einen aufgabengerechten Finanzausgleich bewirkt (Nds. StGH 3, 299, 320). Da die Höhe der im Rahmen des übergemeindlichen Finanzausgleichs ohne Zweckbindung zur Verfügung gestellten Mittel in Gestalt der Schlüsselzuweisungen so bemessen ist, daß der Anspruch der Kommunen auf eine den Vorgaben des Art. 58 NV entsprechende Finanzausstattung befriedigt wird, war der Gesetzgeber nicht daran gehindert, sich unter Berufung auf die von ihm angestellten Erwägungen für die Investitionsbindung eines Teils der insgesamt bereitgestellten Mittel zu entscheiden.

e) Die Erhebung einer Finanzausgleichsumlage (§ 16 NFAG 1999) und damit die Abschöpfung eines Teils der Finanzkraft besonders steuerstarker Kommunen ist von Verfassungs wegen grundsätzlich zulässig; sie führt auch in der konkreten Ausgestaltung der Umlage nicht zu einer verbotenen Nivellierung oder Übernivellierung. Die vor dem Eingreifen des finanzausgleichsrechtlichen Instrumentariums vorhandene Finanzkraftrangfolge der Kommunen bleibt trotz Korrektur durch die Finanzausgleichsmechanismen, insbesondere durch die Erhebung der Finanzausgleichsumlage, erhalten (vgl. Nieders. Landesamt für Statistik (NLS), Kommunaler Finanzausgleich 1999, Tabelle 8, S. 40 ff, sowie Kommunaler Finanzausgleich 2000, Tabelle 8, S. 38 ff). Eine Übernivellierung, d. h. eine Umkehrung der tatsächlichen Finanzkraftrangfolge der Kommunen, liegt demnach nicht vor.

Auch ein über das Ziel der Annäherung der Finanzausstattung der Kommunen hinausgehender völliger oder weitgehender Abbau der bestehenden Finanzkraftunterschiede, der den finanzschwachen Kommunen jeden Anreiz nimmt, ihre Finanzkraft zu verbessern, und es finanzstärkeren Kommunen finanziell attraktiv macht, sich statt durch selbstverantwortliche Anspannung der eigenen Finanzkraft über den allgemeinen Finanzausgleich zu finanzieren (zu dieser Grenze jeder finanzausgleichsrechtlichen Regelung vgl. Nds. StGHE 3, 136, 164), ist nicht zu verzeichnen. Selbst nach Durchführung aller finanzausgleichsrechtlichen Maßnahmen schwankt die Finanzkraft der Kommunen im Jahre 1999 noch zwischen 2 694,62 und 941,94 DM je Einwohner Bedarfsansatz (NLS, Kommunaler Finanzausgleich 1999, Tabelle 8, S. 40 ff). Im Jahre

2000 hat sich die Schwankungsbreite nicht wesentlich verändert. Läßt man den atypischen Fall der finanzstärksten Gemeinde außer Acht – sie zählt nur 4100 Einwohner –, so beträgt die Schwankungsbreite im Jahre 2000 immerhin 1414 DM; 1999 betrug sie 1723 DM (NLS, Kommunaler Finanzausgleich 2000, Tabelle 8, S. 38ff). Von einer übermäßigen, nivellierenden Einebnung der Finanzkraftunterschiede kann danach nicht die Rede sein. Ebensowenig sind Anhaltspunkte dafür ersichtlich, daß die nur von wenigen, besonders steuerstarken Kommunen erhobene Finanzausgleichsumlage im Zusammenwirken mit der Kreisumlage und der Gewerbesteuerumlage eine nivellierende oder gar übernivellierende Wirkung hat.

Daß für die Ermittlung der Umlagepflichtigkeit bezüglich der Gewerbesteuer auf Gewerbesteuervorauszahlungen abgestellt wird, ohne daß im Fall einer niedriger ausfallenden endgültigen Steuerfestsetzung und eines daraus möglicherweise resultierenden Zurückbleibens der Steuerkraftmeßzahl hinter der Bedarfsmeßzahl eine Korrekturmöglichkeit besteht, ist weder willkürlich noch sonst verfassungswidrig. Der Gesetzgeber hat seine diesbezügliche Entscheidung nachvollziehbar mit der sonst eintretenden mehrjährigen Vorläufigkeit des gesamten Finanzausgleichs begründet, sie konsequent umgesetzt und den Rahmen seiner Gestaltungsfreiheit damit nicht überschritten. Der Gesetzgeber wird allerdings zu beobachten haben, wie sich die geltende Regelung auf Gemeinden auswirkt, in denen das jährliche Gewerbesteueraufkommen und damit auch die Vorauszahlungen starken Schwankungen unterworfen sind. Sollte sich herausstellen, daß Kommunen aufgrund von Steuervorauszahlungen umlagepflichtig werden und Beträge abführen müssen, auf Basis der endgültigen Steuerveranlagung aber nicht umlagepflichtig waren, müßte der Gesetzgeber seine Entscheidung überprüfen und dergestalt ändern, daß für die zu hoch abgeführten Beträge nachträglich ein angemessener Ausgleich geschaffen wird.

f) Mit der Niedersächsischen Verfassung vereinbar ist auch die Überführung der Zuweisungen für die Kosten der Heimerziehung und Familienpflege (§ 15 AG KJHG a. F.), für die Personalausgaben der Kindertagesstätten (§§ 15ff KiTaG a. F.), für den Ausgleich von Steuerausfällen aufgrund der Neuordnung des Familienleistungsausgleichs (§ 15 NFAG 1995) sowie der Zuweisungen aus dem Grunderwerbsteueraufkommen (§ 17 NFAG 1995) in die finanzkraftabhängig zu verteilende Schlüsselmasse. Originär den Kommunen zustehende Einnahmen sind von dieser Maßnahme nicht betroffen. Da die Schlüsselmasse auch unter Berücksichtigung der nun nicht mehr durch gesonderte Zuweisungen finanzierten Aufgaben so bemessen ist, daß die Kommunen entsprechend der Vorgabe des Art. 58 NV zur Erledigung ihrer Angelegenheiten imstande sind, oblag es der Entscheidung des Gesetzgebers, ob er den aus der Wahrnehmung bestimmter Aufgaben des eigenen Wirkungskreises herrührenden Finanzbedarf der Kommunen durch gesonderte, d. h. aufgabenspezifische und gleichzeitig finanzkraftunabhängige Zuweisungen oder aber durch Zuweisungen im Rahmen des allgemeinen Finanzausgleichs befriedigt. Auch die Einbeziehung der Zuweisungen für den Ausgleich von Steuerausfällen aufgrund der Neuordnung des Familienleistungsausgleichs verstößt aus diesem Grunde nicht gegen die Niedersächsische Verfassung.

g) Mit Blick auf den gesetzgeberischen Gestaltungsspielraum verfassungsrechtlich nicht zu beanstanden ist die durch § 3 NFAG 1999 vorgeschriebene Verwendung von 48 % der Schlüsselzuweisungen für Gemeindeaufgaben und 52 % der Schlüsselmasse für Kreisaufgaben. Die entsprechende Verteilung beruht auf finanzwissenschaftlichen Untersuchungen des Niedersächsischen Instituts für Wirtschaftsforschung, wird demzufolge der verfassungsrechtlich geforderten Aufgabengerechtigkeit der finanzausgleichsrechtlichen Regelungen gerecht und ist auch in der Motivation des Gesetzes eingehend und nachvollziehbar begründet worden.

h) Die in § 5 NFAG 1999 vorgesehene Einwohnerspreizung hat vor der Verfassung ebenfalls Bestand. Unter Berücksichtigung seiner politischen Gestaltungsfreiheit durfte der Gesetzgeber entsprechend der bisherigen niedersächsischen und auch in zahlreichen anderen Ländern vorherrschenden Praxis von einem mit steigender Einwohnerzahl überproportional zunehmenden Finanzbedarf der Gemeinden ausgehen. Seiner Pflicht zur Überprüfung der Einwohnergewichtung ist der Gesetzgeber dadurch nachgekommen, daß er den finanzwissenschaftlichen Sachverstand des Nieders. Instituts für Wirtschaftsforschung zurate gezogen und sich dessen Untersuchungsergebnisse zu eigen gemacht hat. Allerdings bleibt der Gesetzgeber auch in Zukunft verpflichtet, sich kontinuierlich der Richtigkeit der von ihm vorausgesetzten Prämissen zu vergewissern und ggf. neuen finanzwissenschaftlichen Erkenntnissen Rechnung zu tragen. Entsprechendes gilt für den Verzicht auf flächenbezogene Bedarfsindikatoren bei den Kreisaufgaben sowie für die Heranziehung der Ist-Ausgaben für die Ermittlung der Sozialhilfelasten und insbesondere für die Abflachung der Einwohnerspreizung.

i) Verfassungsgemäß ist § 11 NFAG 1999, demzufolge bei der Ermittlung der kommunalen Steuerkraft zwischen Gemeinden mit weniger und mit mehr als 100 000 Einwohnern differenziert wird. Im Rahmen seiner ihm von Verfassungs wegen zustehenden Entscheidungsfreiheit durfte sich der Gesetzgeber sowohl überhaupt für nach Gemeindegröße differenzierte Nivellierungshebesätze entscheiden als auch die Schnittstelle zwischen „größeren" und „kleineren" Gemeinden bei einer Zahl von 100 000 Einwohnern ansetzen. Beide Entscheidungen sind unter Bezugnahme auf das Gutachten des Niedersächsischen Instituts für Wirtschaftsforschung plausibel begründet und lassen sich zudem damit rechtfertigen, daß durch die in Gestalt differenzierter Nivellierungssätze erfolgende „Privilegierung" kleinerer Gemeinden ein Gegengewicht zu ihrer „Benachteiligung" durch die Einwohnerspreizung geschaffen wird.

j) Überschritten ist die Grenze des verfassungsrechtlich Zulässigen allerdings im Fall der Stadt Göttingen, die fachrechtlich Träger fast sämtlicher Kreisaufgaben des eigenen Wirkungskreises ist (§§ 1 Abs. 2, 3 Göttingen-Gesetz), finanzausgleichsrechtlich aber als kreisangehörige Gemeinde behandelt (§ 2 Göttingen-Gesetz) und dementsprechend nur an den Zuweisungen für Gemeindeaufgaben beteiligt wird (§ 3 S. 1 Nr. 1 NFAG 1999). Eine nachvollziehbare Begründung für diese finanzausgleichsrechtliche Behandlung der Stadt Göttingen ist nicht ersichtlich. Die entsprechende Regelung kann auch nicht unter Berufung auf die grundsätzlich vorhandene politische Gestaltungsfreiheit des Gesetzgebers gerechtfertigt werden, weil gerade Entscheidungen im Rahmen des legislativen Gestaltungsspielraums einer plausiblen und nachvollziehbaren Begründung bedürfen. Auch ist im Fall der Stadt Göttingen nicht sichergestellt, daß durch die zur Verfügung gestellten Finanzmittel im Ergebnis das nach Art. 58 NV erforderliche Niveau der Finanzausstattung erreicht wird. Der Gesetzgeber hat insoweit das Ziel eines aufgabengerechten Finanzausgleichs verfehlt. Er hätte die im Hinblick auf die Aufgabenverteilung zwischen der Stadt und dem Landkreis Göttingen besondere Konstellation bei der Ausgestaltung des Finanzausgleichs nicht unberücksichtigt lassen dürfen. Auch aus der Ausgleichsklausel des § 15 Abs. 4 NFAG 1999 ergibt sich nichts Gegenteiliges, weil sie ihrem klaren Wortlaut nach nicht auf gesetzliche Aufgabenzuweisungen, sondern nur auf Aufgabenverlagerungen bezogen ist, die auf einer Vereinbarung zwischen betroffenem Landkreis und betroffener Gemeinde beruhen.

V.

Mit dem Fehlen eines die grundlegenden Koordinaten des kommunalen Finanzausgleichs abstrakt und formell separiert regelnden Maßstäbegesetzes kann die Verfassungswidrigkeit von NFAG 1999 und NFVG nicht begründet werden. Ungeachtet dessen, daß der Nachweis des praktischen Nutzens einer legislatorisch verselbständigten Maßstabbildung bisher noch aussteht, besteht kein Anlaß, das vom Bundesverfassungsgericht in einem Akt der Verfassungsfortbildung (so ausdrücklich BVerfGE 101, 158, 218) kreierte Institut des Maßstäbegesetzes auf die niedersächsische Verfassungsordnung zu übertragen; denn allein die vom Staatsgerichtshof in seiner bisherigen Rechtsprechung herausgearbeiteten Vorgaben für die Ausgestaltung des Finanzausgleichs sorgen für ein hinreichendes Maß an Transparenz und Nachvollziehbarkeit der gesetzgeberischen Entscheidungen. Einer zusätzlichen Fixierung bestimmter Grundentscheidungen des Gesetzgebers in einem speziellen Gesetz bedarf es daneben nicht.

Nr. 2

1. Für die nach Art. 48 Abs. 1 Satz 2 NV erforderliche Information der Bürger über die Tragweite des Volksbegehrens genügt es, wenn der Kern des Volksbegehrens, d. h. seine tatsächliche Zielsetzung, erkennbar ist.

2. Die nach Art. 68 Abs. 1 NV gebotene Kostenermittlung gilt auch für Gesetzesinitiativen im Rahmen der Volksgesetzgebung. Jedoch ist eine präzise Kostenermittlung nicht notwendiger Bestandteil der nach Art. 48 Abs. 1 Satz 2 NV erforderlichen Begründung des Volksbegehrens.

3. Zur Bedeutung des Haushaltsvorbehalts in 48 Abs. 1 Satz 3 NV bei Kostenneutralität.

Niedersächsische Verfassung Art. 48 Abs. 1 Satz 2, 68 Abs. 1

Urteil vom 23. Oktober 2001 – StGH 2/00 –

in dem Verfahren über die Zulässigkeit des Volksbegehrens „Kindertagesstätten-Gesetz Niedersachsen"

Entscheidungsformel:

1. Der Beschluß der Niedersächsischen Landesregierung vom 7. März 2000 wird aufgehoben.

2. Das „Volksbegehren Kindertagesstätten-Gesetz" Niedersachsen wird unter Anrechnung der Eintragungen in den eingereichten Unterschriftenbögen mit der Maßgabe zugelassen, daß der „Entwurf eines Niedersächsischen Gesetzes über Tageseinrichtungen für Kinder (KiTaG)" wie folgt lautet:

§ 1 Zweck des Gesetzes
Dieses Gesetz gilt für Tageseinrichtungen für Kinder. Das Niedersächsische Gesetz über Tageseinrichtungen für Kinder (KiTaG) findet in der Fassung vom 25. September 1995 (Nds. GVBl. S. 303), zuletzt geändert durch Art. 12 des Gesetzes vom 28. Mai 1996 (Nds. GVBl. S. 242), mit der Maßgabe Anwendung, daß in § 16 Abs. 1 Satz 1 KiTaG der Satzteil „ab dem 1. Januar 1995 in Höhe von 25 vom Hundert" entfällt.

§ 2 In-Kraft-Treten
Dieses Gesetz tritt mit Beginn des auf seine Verkündung folgenden Haushaltsjahres in Kraft.

Gründe:

A.

Das Volksbegehren „Kindertagesstätten-Gesetz Niedersachsen" richtet sich gegen die durch Art. 1 des Haushaltsbegleitgesetzes 1999 vom 21. 1. 1999 (Nds. GVBl. S. 10) mit Wirkung vom 1. August 1999 (Art. 22 Abs. 2) vorgenommenen Änderungen am Gesetz über Tageseinrichtungen für Kinder in der Fassung vom 25. 9. 1995 (Nds. GVBl. S. 303), zuletzt geändert durch Art. 12 des Gesetzes vom 28. 5. 1996 (Nds. GVBl. S. 242), und erstrebt insoweit die Fortgeltung bzw. Wiederherstellung der früheren Rechtslage.

I.

Das Gesetz über Tageseinrichtungen für Kinder (KiTaG) vom 25. 9. 1995 enthielt – wie bereits das 1. KiTaG vom 16. 12. 1992 (Nds. GVBl. S. 353) – im 2. und 4. Abschnitt Bestimmungen über die Ausstattung und Organisation sowie die Finanzierung von Tageseinrichtungen.

1. Durch Art. 1 Nrn. 3, 4 des Haushaltsbegleitgesetzes 1999 sind im 2. Abschnitt die §§ 4–9, 11 KiTaG gestrichen worden. Diese Bestimmungen enthielten Vorgaben u. a. für folgende Bereiche: Anzahl und Qualifikation, Freistellungs- und Verfügungszeiten sowie Fortbildung des Personals, Räume und deren Ausstattung, Größe der Tagesstätte und ihrer Gruppen, Öffnungs- und Betreuungszeiten. Auf Grund der vormaligen – nunmehr gem. Art. 1 Nr. 9 des Haushaltsbegleitgesetzes 1999 entfallenen – Ermächtigung in § 21 Abs. 1 KiTaG a. F. waren zudem in der Verordnung über Mindestanforderungen an Kindertagesstätten (1. DVO-KiTaG) vom 24. 3. 1993 (Nds. GVBl. S. 82) die im Gesetz mehr allgemein gehaltenen Regelungen zu den Räumen und ihrer Ausstattung sowie zur Größe der Tagesstätte und ihrer Gruppen näher konkretisiert worden. Durch Art. 22 Abs. 3 Nr. 1 des Haushaltsbegleitgesetzes 1999 ist diese Verordnung mit Ablauf des 31. 7. 1999 außer Kraft getreten. Von den bisherigen Standards ist in abgewandelter Form nur eine Bestimmung über die Größe der Gruppen erhalten geblieben. Durch Art. 1 Nr. 2b des Haushaltsbegleitgesetzes 1999 ist insoweit in § 1 Abs. 3 KiTaG ein neuer Satz 3 angefügt worden, wonach „in der Regel" die Gruppen der sog. Krippen nicht mehr als 15, die der Kindergärten nicht mehr als 25 und die der sog. Horte nicht mehr als 20 Kinder haben. Vormals waren diese Zahlen gem. § 2 der 1. DVO-KiTaG Höchstgrenzen, wobei zusätzlich für bestimmte Fälle (z. B. bei Gruppen mit Kindern unterschiedlicher Altersstufen oder besonders hohem Anteil ganz kleiner Kinder) niedrigere Teilnehmerzahlen vorgeschrieben waren.

2. Außerdem sind durch Art. 1 Nr. 7 des Haushaltsbegleitgesetzes 1999 die Bestimmungen über die Finanzierung von Tageseinrichtungen im 4. Abschnitt des KiTaG gestrichen worden, und zwar mit Ausnahme der Regelung über die Elternbeiträge, die allerdings dahingehend geändert worden ist, daß sich die Beiträge nicht mehr nach der wirtschaftlichen Leistungsfähigkeit der Eltern richten „sollen", sondern „können". Damit entfiel § 16 Abs. 1 KiTaG, wonach das Land eine Finanzhilfe in einer bestimmten prozentualen Höhe zu den Personalausgaben der Träger der Tageseinrichtungen beisteuerte. Nach der Regelung im KiTaG vom 16. 12. 1992 bzw. 25. 9. 1995 sollte die Finanzhilfe zunächst 20 %, ab dem 1. Januar 1995 25 % betragen. Sie wurde jedoch abweichend davon durch Art. II des Haushaltsbegleitgesetzes 1995 vom 17. 12. 1994 (Nds. GVBl. S. 533) bzw. Art. 5 Nr. 2 des Haushaltsbegleitgesetzes 1996 vom 20. 12. 1995 (Nds. GVBl. S. 478) auch für die Haushaltsjahre 1995 bis 1996 bzw. 1997 bis 1999 auf 20 % begrenzt. Die Einzelheiten der Berechnung der Finanzhilfe waren in der 2. DVO-KiTaG vom 11. 5. 1993 (Nds. GVBl. S. 103) mit Änderungen

vom 12. 12. 1996 (Nds. GVBl. S. 521) festgelegt, die gem. Art. 22 Abs. 3 Nr. 2 des Haushaltsbegleitgesetzes 1999 ebenfalls mit Ablauf des 31. 7. 1999 außer Kraft getreten ist. Nach Art. 1 Nr. 9 des Haushaltsbegleitgesetzes 1999 ist ferner die entsprechende Verordnungsermächtigung (§ 21 Abs. 2 Nr. 3 KiTaG a. F.) entfallen. Die Mittel, die das Land Niedersachsen bislang für die Förderung von Tageseinrichtungen auf Grund des KiTaG einsetzte, sind ab 1. 8. 1999 in voller Höhe als zusätzliche Mittel in den kommunalen Finanzausgleich eingestellt worden. Diese Finanzierung beruht auf dem Gesetz zur Änderung des Niedersächsischen Gesetzes über den Finanzausgleich (NFAG) und anderer Gesetze vom 12. 3. 1999 (Nds. GVBl. S. 74), dem Niedersächsischen Gesetz zur Regelung der Finanzverteilung zwischen Land und Kommunen (NFVG) vom 12. 3. 1999 (Nds. GVBl. S. 79) und dem Gesetz über die Feststellung des Haushaltsplanes für die Haushaltsjahre 1999 und 2000 vom 18. 3. 1999 (Nds. GVBl. S. 82). Ihr liegt weiterhin eine Landesfinanzierungsquote von 20 % (ca. 260 Mio. DM pro Jahr) zu Grunde. Anders als früher (§ 16 KiTaG a. F.) werden die Finanzhilfen des Landes aber nicht mehr direkt mit dem jeweiligen Träger der Einrichtung abgerechnet, sie sind auch nicht mehr unmittelbar zweckgebunden.

3. Die Änderungen durch das Haushaltsbegleitgesetz 1999 sind inzwischen in die Neubekanntmachung des Gesetzes über Tageseinrichtungen für Kinder vom 4. 8. 1999 (Nds. GVBl. S. 308) eingeflossen.

II.

1. Gegen diese Änderungen hat sich das „Aktionsbündnis für das Volksbegehren zum Erhalt des Kita-Gesetzes in Niedersachsen" gebildet, das u. a. von verschiedenen Gewerkschaften, kirchlichen Organisationen, Eltern- und Wohlfahrtsverbänden getragen wird. Vertreterinnen und Vertreter des Volksbegehrens iSd § 14 Niedersächsisches Volksabstimmungsgesetz (NVAbStG) sind die Antragstellerinnen und Antragsteller. Gegenstand des Volksbegehrens ist der von ihnen erarbeitete „Entwurf eines Niedersächsischen Gesetzes über Tageseinrichtungen für Kinder (KiTaG)", der folgenden Wortlaut hat:

§ 1 Zweck des Gesetzes
Dieses Gesetz gilt für Tageseinrichtungen für Kinder. Das Niedersächsische Gesetz über Tageseinrichtungen für Kinder (KiTaG) findet in der Fassung vom 25. September 1995 (Nds. GVBl. S. 303) zuletzt geändert durch Art. 12 des Gesetzes vom 28. Mai 1996 (Nds. GVBl. S. 242) Anwendung.

§ 2 In-Kraft-Treten
Dieses Gesetz tritt am Tage nach seiner Verkündigung in Kraft.

Begründung:
Mit diesem Volksbegehren soll die Fortgeltung des Kindertagesstättengesetzes in seiner alten Fassung erreicht werden.

Das Volksbegehren bezieht sich ausdrücklich auf die von der damaligen Landesregierung an-
gegebene Begründung, die bei der Einbringung des Niedersächsischen Gesetzes über Tageseinrichtungen
für Kinder (KiTaG) vom 01. Januar 1993 in den Landtag vorgelegt wurde. Die damals gemachten
Aussagen zu den gesetzlichen Rahmenbedingungen der Kindertagesstätten sind, wie dieses Volks-
begehren zeigt, weiterhin aktuell. Die VertreterInnen des Volksbegehrens finden es unerträglich, daß
ohne ein qualifiziertes Kindertagesstätten-Gesetz die Entwicklungs- und Bildungschancen der
niedersächsischen Kinder davon abhängig sind, in welchem Ort sie eine Kindertagesstätte besuchen.

Kosten und Mindereinnahmen bei Annahme des Gesetzes für das Land und die Gemeinden:
Gegenüber den bei Einleitung des Volksbegehrens bestehenden Rechtsverhältnissen (bisheriges
KITA-Gesetz) ergeben sich weder für das Land Niedersachsen noch für die Gemeinden Mehrkosten,
wenn das vorgelegte KITA-Gesetz durch Volksbegehren (wieder) in Kraft gesetzt wird.
Die freien Träger, aber auch die kommunalen Träger, brauchen weiterhin eine langfristige Regelung
der Landesbeteiligung. Nur dann ist zu erwarten, daß auch zukünftig in Kindertagesstätten
investiert wird und eine „Mindest-Qualitätsabsicherung" erfolgt.
Mindereinnahmen sind nicht zu erwarten.

In einer Erläuterung zum Volksbegehren – Bestandteil der Unterschriftenbögen
nach § 13 NVAbstG – heißt es nach dem Hinweis, am 20. 1. 1999 sei über ein Haushaltsbegleitgesetz „das Kindertagesstättengesetz in seinen wesentlichen Inhalten abgeschafft" worden, ergänzend:

Damit wird den Kommunen die Verantwortung für die Qualität der Arbeit in den Kindertages-
stätten übertragen. Gleichzeitig wurden die Mittel in den kommunalen Finanzausgleich eingebracht
und sind damit nicht mehr zweckgebunden.
Es ist zu befürchten, daß eine Reihe von Kommunen wegen ihrer kritischen Haushaltslage die
bisherigen Standards nicht halten werden und dies zu einer Verschlechterung der Qualität der Arbeit in
den Kindertagesstätten führen wird. Das kann z. B. geschehen durch Arbeitsplatzabbau und verstärkte
Teilzeitarbeit, Einsatz von Hilfskräften an Stelle von Fachkräften, verkürzte Vorbereitungszeiten,
verkürzte Öffnungszeiten, weniger Zeit für Eltern, erhöhte Elternbeiträge, größere Gruppen.
…
Kinder und Familien in Niedersachsen brauchen verlässliche gesetzliche Rahmenbedingungen! Wir
brauchen das bewährte Kindertagesstättengesetz!

2. Unter dem 24. 3. 1999 hat der Landeswahlleiter gem. § 15 Abs. 3 NVAbstG
das Muster für den Unterschriftenbogen des Volksbegehrens verbindlich festgelegt
und im Niedersächsischen Ministerialblatt (S. 172) das Volksbegehren öffentlich
bekannt gemacht (§ 15 Abs. 4 NVAbstG). Nachdem bis August 1999 die für das
Zustandekommen von Volksbegehren erforderliche Anzahl gültiger Eintragungen von
10 % der Wahlberechtigten der letzten Landtagswahl erreicht war, beantragten die Vertreterinnen und Vertreter des Volksbegehrens unter dem 16. 9. 1999, die Zulässigkeit
des Volksbegehrens festzustellen.

III.

Mit Beschluß vom 7. 3. 2000 hat die Niedersächsische Landesregierung entschieden, daß das Volksbegehren „Kindertagesstätten-Gesetz Niedersachsen" mit

Art. 48 Abs. 1 NV nicht vereinbar und daher unzulässig sei. Dem Volksbegehren liege zum einen kein ausgearbeiteter, mit Gründen versehener Gesetzentwurf zu Grunde (Art. 48 Abs. 1 S. 2 NV); zum anderen sei Gegenstand des Volksbegehrens ein Gesetz über den Landeshaushalt (Art. 48 Abs. 1 S. 3 NV).

1. Der Inhalt der erstrebten Regelung gehe aus dem abgedruckten Text nicht unmittelbar hervor. Auch die Begründung unterrichte nicht über die Bedeutung der beabsichtigten Wiederherstellung des Rechtszustandes von 1995. Der Hinweis auf die seinerzeitige Begründung der Landesregierung bei Einbringung des Gesetzentwurfes von 1993 sei unergiebig, weil diese den Bürgern nicht bekannt sein könne und ihnen auch keine Fundstelle dafür benannt sei. Zudem informiere die Begründung nicht über die mit dem Gesetzentwurf verbundenen finanziellen Folgen, wozu u. a. ab 2000 die Heraufsetzung der Finanzierungsquote von 20% auf 25% gehöre. Auch fehlten rechtliche Regelungen, die eine Herausnahme der Mittel aus dem kommunalen Finanzausgleich herbeiführen und die im Volksbegehren dargestellte Kostenneutralität bewirken könnten; insoweit wären flankierend verschiedenste Gesetzesänderungen nötig. Um die angekündigte Rückkehr zum vormaligen Rechtszustand herbeizuführen, hätte letztlich ein Änderungsgesetz entworfen werden müssen, mit dem das erstrebte Ziel tatsächlich hätte erreicht werden können.

2. Gegenstand des Volksbegehrens sei im übrigen ein unzulässiges „Gesetz über den Landeshaushalt". Art. 48 Abs. 1 S. 3 NV schütze das Budgetrecht des Parlaments. Diese Norm könne deshalb nicht auf die Haushaltsgesetzgebung im engen technischen Sinn (Haushaltsgesetz einschließlich Haushaltsplan) beschränkt werden. Vielmehr sei das Verbot der Verfassung materiell zu verstehen und auf Volksbegehren anzuwenden, deren finanzielle Auswirkungen den Landeshaushalt „wesentlich" beeinflußten oder das Gleichgewicht des gesamten Haushaltes störten und letztlich zu einer Neuordnung zwingen würden. Finanzwirksame Entscheidungen, die Ausgleichsmaßnahmen im Landeshaushalt verlangten, könnten deshalb nicht Gegenstand eines Volksbegehrens sein, weil dies zugleich Regelungen des Landeshaushaltes wären.

Bei Annahme des Gesetzes entstünden erhebliche Mehrkosten. Durch die Erhöhung der Finanzierungsquote auf 25% ergebe sich eine zusätzliche Belastung von 67 Mio. DM jährlich. In den kommunalen Finanzausgleich seien für die Zeit vom 1. 8. bis 31. 12. 1999 bereits etwa 105 Mio. DM eingestellt worden; für 2000 werde mit ca. 260 Mio. DM gerechnet. Die Wiedereinführung direkter Personalkostenzuschüsse bedeute insoweit eine entsprechende Doppelbelastung, die frühestens im Rahmen einer Neuordnung der Finanzierung ab dem Jahre 2001 kompensiert werden könne. Auf Grund dieser Mehrkosten sei von einer unzulässigen Finanzwirksamkeit des Volksbegehrens auszugehen. Denn maßgebend sei – angesichts des Ausmaßes der Haushaltsbindung durch bereits bestehende Rechtsansprüche – die sog. „freie Spitze" im Landeshaushalt, die durch Anhebung des Haushaltsvolumens im Wege der Kreditaufnahme wegen der Kreditaufnahmegrenze des Art. 71 S. 2 NV nicht erhöht werden dürfe.

Das Volksbegehren greife auch strukturell in den Landeshaushalt ein, weil es eine Finanzierung der Kindertagesstätten außerhalb des kommunalen Finanzausgleiches vorschreibe.

3. Die Zulässigkeit des Volksbegehrens lasse sich nicht durch eine Zulassung mit Änderungen (§ 21 NVAbstG) herbeiführen. Insoweit sei nur eine Korrektur im Hinblick auf die von den Vertretern des Volksbegehrens nicht beabsichtigte Anhebung der Finanzierungsquote auf 25 % möglich, weil hier offenbar ein redaktionelles Versehen vorliege. Die übrigen verfassungsrechtlichen Mängel ließen sich dagegen entweder aus tatsächlichen Gründen nicht mehr beheben (Verstöße gegen Art. 48 Abs. 1 S. 2 NV) oder beträfen den Kern des Volksbegehrens (Finanzierung der Kindertagesstätten außerhalb des kommunalen Finanzausgleichs – Verstoß gegen Art. 48 Abs. 1 S. 3 NV), so daß bei einer Abänderung die gesammelten Unterstützungsunterschriften nicht angerechnet werden könnten.

IV.

Gegen diese Entscheidung wenden sich die Vertreterinnen und Vertreter des Volksbegehrens. Sie beantragen, den Beschluß der Niedersächsischen Landesregierung vom 7. 3. 2000 aufzuheben und festzustellen, daß das Volksbegehren Kindertagesstättengesetz mit der Niedersächsischen Verfassung vereinbar und zulässig ist. Zur Begründung führen sie aus:

1. Ein Verstoß gegen Art. 48 Abs. 1 S. 2 NV liege nicht vor. Die Landesregierung übersehe, daß der Gesetzentwurf auf die „Fortgeltung" des bis zum 31. 7. 1999 in Niedersachsen in Kraft befindlichen KiTaG ziele. Damit handele es sich der Sache nach nicht um die Vorbereitung eines neues Recht setzenden Volksentscheides, sondern vielmehr um ein Referendum gegen die vom Parlament vorgenommenen Änderungen. Als die Bürger sich in die Unterschriftenlisten eintrugen, hätten sie mithin für die Beibehaltung der geltenden Rechtslage votiert, die ihnen in ihren praktischen Auswirkungen geläufig gewesen sei. Deshalb habe ihnen das Anliegen des Volksbegehrens nicht zusätzlich noch einmal in einem ausführlichen Gesetzentwurf deutlich gemacht und erläutert werden müssen. Insofern genüge die dem Entwurf beigefügte Begründung. Die Begründungslast trage stets derjenige, der eine bestehende Rechtslage ändern wolle; wer sie hingegen bewahren möchte, sei nicht genötigt, die zur Einführung des entsprechenden Gesetzes vorgetragenen Gründe noch einmal zu wiederholen.

Soweit es angesichts mittlerweile eingetretener Rechtsänderungen zur Wiederherstellung des früheren Rechtszustandes noch weiterer Schritte und Rechtsakte bedürfe, stelle dies die Zulässigkeit des Volksbegehrens nicht in Frage. Auf die finanziellen Regelungen im NFVG, NFAG und im Doppelhaushalt 1999/2000 habe man schon zeitlich gar nicht reagieren können; gleiches gelte für die Neubekanntmachung des KiTaG. Abgesehen davon gehöre es zum Wesen der direkten Demokratie und damit zu dem von der Niedersächsischen Verfassung vorgesehenen Nebeneinander zweier normativ gleichrangiger Legislativorgane, daß das Volk als Gesetzgeber in Konkurrenz zum parlamentarischen Gesetzgeber trete, also entweder neues Recht setze oder Entscheidungen des Landtages korrigiere. Normative Überschneidungen und Widersprüche in der Rechtsordnung würden zwischen gleichrangigen Legislativorganen allein durch Anwendung der Vorrangregel korrigiert, wonach das spätere Gesetz das frühere verdrängt.

2. Es liege auch kein „Gesetz über den Landeshaushalt" vor. Gemeint seien hiermit Gesetze über den Haushalt bzw. Haushaltsplan im technischen Sinne des Art. 65 Abs. 4 NV. Im übrigen könne von einer wesentlichen Beeinträchtigung des Haushalts keine Rede sein. Lege man die von der Landesregierung genannten Zahlen zu Grunde, gehe es um 0,81 % des Haushaltsvolumens. Halte man dies bereits für unzulässig, müsse man fragen, welcher Raum der Volksgesetzgebung noch verbleibe, wenn sie darauf verwiesen wäre, lediglich Gesetze zu erlassen, deren Haushaltsrelevanz gegen Null tendieren müsse. Letztlich seien die angeblichen Mehrkosten in Höhe von 260 Mio. DM eine „Luftbuchung". Zu Mehrkosten komme es nur, wenn gesetzgeberische Eingriffe in das Haushaltsgesetz, den Haushaltsplan, das NFAG und das NFVG unterblieben. Das unveränderte Fortbestehen der genannten Regelungen werde insoweit zu Lasten des Volksbegehrens als Faktum unterstellt, der angebliche „Vertrauensschutz" der Gemeinden und damit die einfach-gesetzliche Regelung in § 1 Abs. 2 NFAG als Grenze der Volksgesetzgebung im Sinne der Verfassung gesehen. Dies sei unzulässig. Der Umstand, daß die Personalkostenzuschüsse wieder aus dem Gesamtvolumen des kommunalen Finanzausgleichs auszugliedern seien, könne kein Zulassungshindernis bilden; die direkte Demokratie stehe in Niedersachsen nicht unter dem Vorbehalt, den kommunalen Finanzausgleich nicht zu tangieren. Die bei richtiger Betrachtung verbleibenden Mehrkosten in Höhe von nur 67 Mio. DM beruhten – wie auch die Landesregierung einräume – auf einem Redaktionsversehen, sie könnten im Wege einer klarstellenden Änderung nach § 21 Abs. 1 S. 1 NVAbstG ausgeschlossen werden.

V.

Die Landesregierung hält den Antrag für unbegründet. Sie führt dazu aus:

1. Ein Gesetzentwurf müsse so ausgestaltet sein, daß er in der für das Volksbegehren zu Grunde gelegten Form Gesetz werden könne. Der streitgegenständliche Entwurf verweise auf das Gesetz über Tageseinrichtungen für Kinder „in der Fassung vom 25. September 1995, zuletzt geändert durch Art. 12 des Gesetzes vom 28. Mai 1996". Bezogen auf den Zeitpunkt der Festlegung des Musters für den Unterschriftenbogen bedeute dies, daß das Gesetz in der Fassung gelten solle, die zu diesem Zeit-

punkt noch gegolten habe; nehme man den Wortlaut ernst, dann würde ein Gesetz mit diesem Inhalt an der Rechtslage nichts ändern. Der Entwurf sei zudem so formuliert, daß er das Haushaltsbegleitgesetz unberührt lasse. Er verhalte sich jedenfalls ausdrücklich nicht zum geltenden Gesetz über Tageseinrichtungen für Kinder, mittlerweile in der Fassung vom 4. 8. 1999, sondern stelle daneben einen – zeitlich nicht begrenzten – Gesetzesbefehl über die Anwendung dieses Gesetzes in einer früheren Fassung dar. Ein solches Vorgehen entspreche nicht dem rechtsstaatlichen Gesetzgebungsstandard; es ergebe sich durch dieses Nebeneinander ein Normwiderspruch. Auch ein Volksbegehren müsse jedoch einen Mindeststandard dahingehend einhalten, daß bei ändernden Gesetzen keine Zweifel über den künftigen Gesetzeswortlaut aufkommen dürften.

Es fehle – wie im angegriffenen Beschluß ausgeführt – an der erforderlichen Begründung. Soweit der Entwurf Informationen enthalte, seien diese im übrigen teilweise falsch, teilweise unzureichend; zu wesentlichen Änderungen, die das Volksbegehren gegenüber der Entscheidung des parlamentarischen Gesetzgebers im Haushaltsbegleitgesetz herbeiführen wolle, werde nicht Stellung genommen. Auch zu den finanziellen Folgen fehle eine hinreichende Begründung bzw. sei die Aussage der Kostenneutralität falsch. Abgesehen von der Frage der Höhe der Zuschüsse führe die Wiedereinführung der direkten Personalkostenzuschüsse zu einer erheblichen Mehrbelastung. Eine Kompensation sehe das Volksbegehren nicht vor. Bei der Kostenbetrachtung komme es aber allein darauf an, was das angestrebte Gesetz bewirken könne. Daß das Parlament die Kosten ggf. durch Rechtsänderungen und daraus resultierende Einsparungen an anderer Stelle ausgleichen könne, ändere nichts an der Kostenwirksamkeit des Vorhabens.

2. Im übrigen scheitere das Volksbegehren jedenfalls an Art. 48 Abs. 1 S. 3 NV. Gesetze über den Landeshaushalt seien auch Gesetze, die sich in bestimmter Weise materiell auf die Haushaltsgesetzgebung auswirkten, indem sie auf den Gesamtbestand des Haushalts Einfluß nähmen, das Gleichgewicht des Haushalts störten und damit zu einer wesentlichen Beeinträchtigung des Budgetrechts des Parlaments führten.

Art. 48 Abs. 1 S. 3 NV diene dem Schutz der Gesamtverantwortung des Landtags für den Haushalt. Ein Gesetz, das Maßnahmen mit Auswirkungen auf einen bereits verabschiedeten Haushaltsplan zum Inhalt habe und damit an sich eine Deckungsregelung erfordere, sei unzulässig. Die in der Antragsbegründung vertretene formelle Betrachtungsweise werde dem Zweck der Haushaltsklausel nicht gerecht und lasse diese im Ergebnis leer laufen. Die in Rede stehenden, mit dem Volksbegehren zumindest verbundenen Mehrausgaben von knapp 260 Mio. DM würden – unter Berücksichtigung rechtlich oder faktisch feststehender Positionen im Haushalt – den finanziellen Spielraum des Landes in den nächsten Jahren erheblich schrumpfen lassen. Die Art der Nutzung der finanziellen Spielräume falle aber grundsätzlich in die Gesamtverantwortung der Landesregierung bzw. des Landtags.

VI.

Der Niedersächsische Landtag hat in seiner Sitzung vom 20. 6. 2000 beschlossen, von einer Äußerung im anhängigen Verfahren abzusehen.

B.

Der Antrag der Vertreterinnen und Vertreter des „Volksbegehrens Kindertages-stätten-Gesetz Niedersachsen" ist zulässig (Art. 48 Abs. 2 HS. 2, Art. 54 Nr. 2 NV; § 31 Abs. 1 Nr. 1, Abs. 2 S. 1 StGHG) und führt in der Sache zur Aufhebung des Beschlusses der Niedersächsischen Landesregierung vom 7. 3. 2000 und damit zur Zulassung des Volksbegehrens.

I.

Ein „ausgearbeiteter, mit Gründen versehener Gesetzentwurf" iSv Art. 48 Abs. 1 S. 2 NV liegt vor. Das Volksbegehren ist mit der Maßgabe zulässig, daß der im Hinblick auf § 16 Abs. 1 S. 1 KiTaG vorliegende redaktionelle Fehler bezüglich der Herauf-setzung der Höhe der Personalkostenzuschüsse nach Maßgabe der Entscheidungs-formel zu korrigieren ist (§ 21 NVAbstG).

1. Der „Entwurf eines Niedersächsischen Gesetzes über Tageseinrichtungen für Kinder (KiTaG)" kann als Gesetz beschlossen werden und ist abstimmungsfähig, weil sich der Inhalt der intendierten Regelung durch das in § 1 in Bezug genommene Gesetz über Tageseinrichtungen für Kinder objektiv hinreichend bestimmen läßt. Daß der vollständige Inhalt der erstrebten Regelung sich nicht unmittelbar aus dem in dem Unterschriftenbogen abgedruckten Gesetzestext ergibt, ist im vorliegenden Fall unschädlich:

a) Das Erfordernis der Ausarbeitung des Gesetzentwurfs dient – ebenso wie das der Begründung – dem Zweck, den Bürgern die Tragweite des Volksbegehrens deutlich zu machen. Dabei genügt es nicht, daß lediglich die am Volksbegehren unmittelbar interessierten Bürger (z. B. der von dem intendierten Volksgesetz direkt betroffene Bevölkerungsteil) kraft ihres Interesses an der Materie den Inhalt des Begehrens kennen; vielmehr muß die Gesamtheit der abstimmenden Bürger aus der Fassung des Gesetzentwurfes oder dessen Begründung die Abstimmungsfrage und deren Bedeutung entnehmen können (s. a. BayVerfGH, BayVBl. 1977, 143, 145; 1978, 334, 335; StGH Bremen, DÖV 1986, 792, 793; SaarlVerfGH, NVwZ 1988, 245, 246). Soweit das Informationsbedürfnis der Bürger als Voraussetzung einer sachgerechten Abstimmung dies erfordert, ist deshalb die mit einem Volksbegehren erstrebte Rege-lung in den Unterschriftenbögen selbst abzudrucken.

Die Notwendigkeit der Information der Bürger schließt jedoch die Möglichkeit einer Verweisung im Text eines Volksbegehrens nicht zwangsläufig aus. Zwar kann nicht davon ausgegangen werden, daß bei einem Verweis auf eine Fundstelle im Gesetz- und Verordnungsblatt jeder Bürger, bevor er seine Unterschrift leistet, Einsicht in den in Bezug genommenen Text nimmt und sich anhand dessen die Gesetzeslage vergegenwärtigt, so daß er bei seiner Stimmabgabe in voller Kenntnis jeder Einzelheit der Ziele des Volksbegehrens handelt. Allein aus dem Umstand, daß ein Volksbegehren auf die Korrektur einer vom Parlament beschlossenen Änderung eines Gesetzes abzielt, kann andererseits aber nicht der Schluß gezogen werden, es bestehe kein Informationsbedürfnis, weil dem Bürger die bisherige Rechtslage ausreichend bekannt sei; dies liefe auf eine nicht zulässige Unterstellung hinaus. Ein umfassender Wissensstand wäre – jedenfalls bei umfangreicheren Gesetzen mit vielen Detailregelungen, wie auch hier bei dem KiTaG – ohnehin nie sicherzustellen, auch wenn den Unterschriftenbögen ein kompletter Abdruck des Gesetzes beigefügt würde. Die Annahme, daß der zur Abstimmung aufgerufene Bürger sich vor Unterzeichnung alle Regelungen durchliest, entspricht nicht der Wirklichkeit. Eine solche Verfahrensweise wäre auch kontraproduktiv, weil sie beim Bürger angesichts der Kompliziertheit der einzelnen Normen und der Gesetzessprache eher auf Unverständnis stoßen und zu einer Verwirrung über die Tragweite des Volksbegehrens führen könnte.

Ausgehend von Sinn und Zweck des Art. 48 Abs. 1 S. 2 NV, dem Bürger die Tragweite des Volksbegehrens zu verdeutlichen, liegt eine ausreichende Information als Voraussetzung einer sachgerechten Abstimmung bereits dann vor, wenn der Kern des Volksbegehrens, das heißt seine tatsächliche Zielsetzung, für den Bürger erkennbar ist. Denn in einem solchen Fall besteht nicht die Gefahr einer Verfälschung des Abstimmungsergebnisses und damit des (volks-)gesetzgeberischen Willens, da hierfür eine Kenntnis von Detailregelungen regelmäßig ohne Bedeutung ist. Darüber hinaus kann der Kern des Volksbegehrens auch durch die Begründung vermittelt werden; dieser kommt, zumal wenn auf ein anderes Gesetz verwiesen wird, eine besondere Bedeutung zu (vgl. auch BayVerfGH, BayVBl. 1977, 143, 145; BayVBl. 1995, 173, 178).

b) Diese Anforderungen erfüllt der Entwurf. Der mit „Begründung" überschriebene und sich an die Formulierung der §§ 1–2 anschließende Text des Entwurfs ist zwar – für sich genommen – nicht genügend aussagekräftig. Die als Bestandteil der Unterschriftenbögen (§ 13 Abs. 2 NVAbstG) den Unterlagen beiliegende Erläuterung Volksbegehren „Kindertagesstätten-Gesetz Niedersachsen" enthält aber nähere und letztlich im Hinblick auf Art. 48 Abs. 1 S. 2 NV ausreichende Informationen. Die beiden zentralen Punkte der vom Landtag beschlossenen Änderung des KiTaG werden behandelt: die Aufhebung der direkten, unmittelbar zweckgebundenen Finanzhilfe unter Einstellung der Mittel in den allgemeinen kommunalen Finanzausgleich sowie der Verzicht auf landesrechtliche Vorgaben für die personale und sächliche Ausstattung von Kindertagesstätten. Es wird deutlich, daß hierdurch die Verantwortung für die Qualität der Tagesstätten auf die Kommunen als örtliche Träger der Kinder- und Jugendhilfe übertragen wird und von deren finanziellem Engagement (Höhe der Kostenbeteiligung; ggf. – wie bei § 16 KiTaG – gekoppelt an Standards) künftig auch die Güte der Kindertagesstätten freier Träger abhängt. Anschließend wird im Entwurf nachvollziehbar die Sorge dargelegt, daß sich hierdurch die Situation in den Tagesstätten in verschiedener Hinsicht verschlechtern könnte.

Die Absicherung der Finanzierung von Kindertagesstätten durch die Regelungen im 4. Abschnitt des KiTaG a.F. sowie die Vorgabe von Mindeststandards durch die Regelungen im 2. Abschnitt des KiTaG a.F. sind auch vormals von der Landesregierung im Rahmen der Begründung des unter dem 2.6.1992 eingebrachten Entwurfs eines Gesetzes über Tageseinrichtungen für Kinder (Drs 12/3280; S. 15) als die zentralen Pfeiler des neuen KiTaG bewertet worden.

Da das Volksbegehren insowcit die beiden entscheidenden Sachthemen konkret und sachgerecht anspricht, genügt der Entwurf den verfassungsrechtlichen Anforderungen des Art. 48 Abs. 1 S. 2 NV. Hierbei ist es im Hinblick auf den Empfängerhorizont der Adressaten gerade nicht zu beanstanden, daß die gewählten Formulierungen nicht immer juristisch exakt, manchmal „volkstümlicher" ausgefallen sind.

2. Die von der Landesregierung in ihrem Beschluß vom 7.3.2000 sowie im anhängigen Verfahren weiter angeführten Gesichtspunkte sind nicht geeignet, die Unzulässigkeit des Volksbegehrens zu begründen.

a) Es ist unerheblich, daß der Gesetzentwurf keine näheren Regelungen im Hinblick auf das Haushaltsbegleitgesetz vom 21.1.1999 – das zwar in der Begründung angesprochen, aber dessen Änderung im Text des Gesetzes nicht ausdrücklich angeordnet wird – und die Neubekanntmachung des KiTaG vom 4.8.1999 enthält. Im Falle eines erfolgreichen Volksentscheids wird das alte KiTaG wieder in Kraft gesetzt und verdrängt dann nach dem Grundsatz „Lex posterior derogat legi priori" ältere entgegenstehende Gesetze. Von einem rechtsstaatswidrigen Normenwiderspruch kann nicht gesprochen werden. Dem Landesgesetzgeber steht es im übrigen frei, im Zuge einer späteren Neubekanntmachung des KiTaG etwaige von ihm als wünschenswert angesehene klarstellende Änderungen nachzuholen.

b) Die nach Auffassung der Landesregierung fehlerhafte Darstellung der Kostensituation im Entwurf ist nicht von ausschlaggebender Bedeutung. Zwar bestimmt Art. 68 Abs. 1 NV, daß derjenige, der einen Gesetzentwurf einbringt, die Kosten und Mindereinnahmen darlegen muß, die für das Land, für die Gemeinden, für die Landkreise und für betroffene andere Träger öffentlicher Verwaltung in absehbarer Zeit zu erwarten sind. Diese Norm gilt für alle Gesetzesinitiatoren iSd Art. 42 Abs. 3 NV und damit auch für die Volksgesetzgebung, was § 12 Abs. 2 NVAbstG verdeutlicht. Jedoch erfordert ein Gesetzentwurf im Rahmen der Volksgesetzgebung keine gesicherte Kostenermittlung. Art. 48 Abs. 1 S. 2 NV verlangt unmittelbar nur einen

Gesetzentwurf mit abstimmungsfähigem Inhalt und eine Erläuterung von Sinn und Zweck des Gesetzes. Daß ein Volksgesetz sich zu den Kosten äußern muß, ergibt sich erst aus der allgemein im 8. Abschnitt der Verfassung enthaltenen Bestimmung des Art. 68 Abs. 1 NV. Auch ein Parlamentsgesetz ist aber nicht deshalb verfassungswidrig, weil sich die in seinem Entwurf getroffenen Aussagen zu den Kosten als unzureichend erweisen. Nichts anderes gilt für die Volksgesetzgebung.

Wollte man demgegenüber eine fehlerfreie Kostenermittlung verlangen und hielte ein Volksbegehren immer dann für unzulässig, wenn dessen finanzielle Folgen nicht präzise und zutreffend dargestellt werden, würde dies die Möglichkeiten der Volksgesetzgebung – entgegen den Intentionen der Verfassung – massiv beschränken. Denn den Initiatoren eines Volksbegehrens fehlt häufig die Möglichkeit, die mit ihrem Gesetzentwurf verbundenen Kosten exakt zu errechnen; ihnen steht, anders als der Regierung bzw. dem Parlament, kein fachkundiger Verwaltungsapparat zur Verfügung. Im übrigen kann nach § 25 Abs. 2 NVAbstG die Bekanntmachung über den Volksentscheid eine Stellungnahme der Landesregierung enthalten; insoweit ist es möglich, etwaige anders zu beurteilende Kostenfaktoren offen zu legen und dem im Rahmen des Volksentscheids zur Abstimmung aufgerufenen Bürger zu präsentieren.

c) Es stellt kein relevantes Defizit dar, daß der Gesetzentwurf sich nicht unmittelbar zu den vom Landesgesetzgeber im NFVG und NFAG getroffenen Maßnahmen verhält. Zwar liegt es in der Konsequenz der intendierten Wiedereinführung direkter Personalkostenzuschüsse, daß der kommunale Finanzausgleich – im Hinblick auf die dort auf der Grundlage einer Landesfinanzierungsquote von 20 % eingestellten pauschalierten Zuschüsse – im Falle eines erfolgreichen Volksentscheids geändert werden muß. Dies zu regeln ist aber – auch unabhängig von dem seitens der Antragsteller angesprochenen Zeitmoment – nicht Sache des Volksgesetzes. Soweit Änderungen des Haushalts bzw. der insoweit in den Finanzgesetzen ergangenen Ausführungs- bzw. Umsetzungsbestimmungen notwendig sein sollten, handelt es sich in der Sache um eine Vollzugsregelung zum Ausgleich des Haushalts. Eine solche Maßnahme ist dem Landtag vorbehalten (vgl. auch BayVerfGH, BayVBl. 1977, 143, 150). Im übrigen wäre es für die Initiatoren eines Volksbegehrens kaum möglich, den Katalog von Folgeregelungen sachgerecht zu formulieren, den die Landesregierung in ihrem Beschluß vom 7. 3. 2000 als notwendig bezeichnet hat. Eine entsprechende Forderung würde ein Volksbegehren in diesem Bereich unmöglich machen.

d) Der Zulässigkeit des Volksbegehrens steht nicht entgegen, daß der Gesetzentwurf sich nicht mit jeder durch Art. 1 des Haushaltsbegleitgesetzes 1999 herbeigeführten Detailänderung des KiTaG näher befaßt bzw. im Text insoweit nicht im Einzelnen begründet wird, weshalb die alten Regelungen den neuen ggfs. vorzuziehen sind; gleiches gilt – die Berechtigung dieses Vorwurfs dahingestellt – soweit die Landesregierung rügt, der Entwurf enthalte teilweise unzureichende, teilweise falsche Informationen. Zwar können im Rahmen des Art. 48 Abs. 1 S. 2 NV Ungenauigkeiten,

Lücken und Fehler eines Gesetzentwurfes oder seiner Begründung zur Unzulässigkeit des Volksbegehrens führen, wenn sie „abstimmungsrelevant" sind, d. h. zentrale Aspekte betreffen, mithin der Bürger im Kern irregeleitet wird (vgl. auch BayVerfGH, BayVBl. 2000, 460, 464; BayVBl. 1977, 143, 145 ff; SaarlVerfGH, NVwZ 1988, 245, 248). Hiervon kann aber im Hinblick auf die von der Landesregierung in diesem Zusammenhang angesprochenen Punkte keine Rede sein.

e) Der Gesetzentwurf bedarf jedoch einer Änderung im Hinblick auf die Höhe der Personalkostenzuschüsse des Landes; dies steht einer Anrechnung der geleisteten Unterschriften nicht entgegen.

Durch den pauschalen Verweis in § 1 auf das KiTaG „in der Fassung vom 25. September 1995 (Nds. GVBl. S. 303), zuletzt geändert durch Art. 12 des Gesetzes vom 28. Mai 1996 (Nds. GVBl. S. 242)" wird auch § 16 Abs. 1 KiTaG in Bezug genommen. Danach gewährt das Land eine Finanzhilfe für Personalausgaben in Höhe von 20%, ab dem 1. 1. 1995 in Höhe von 25%. Wie bereits oben (A I 2) dargestellt, ist es zu der vorgesehenen Erhöhung nie gekommen. Würde nun das Volksgesetz so wie im Text vorgesehen in Kraft treten, hätte dies die Erhöhung der Quote auf 25% zur Folge.

Hier liegt jedoch unstreitig ein Redaktionsversehen vor. Es ging den Vertreterinnen und Vertretern des Volksbegehrens um die Wiedereinführung der zweckgebundenen Direktzuschüsse des Landes an die Träger der Kindertagesstätten, nicht um die Erhöhung der Finanzierungsquote auf einen seit Einführung des 1. KiTaG noch nie praktizierten Prozentsatz. Dies macht auch die Begründung des Volksbegehrens hinreichend deutlich, weil es als eines der Ziele bezeichnet, die bisherige Finanzierung aufrechtzuerhalten. Das ergibt sich aus der Aussage: „Gegenüber den bei Einleitung des Volksbegehrens bestehenden Rechtsverhältnissen (bisheriges KITA-Gesetz) ergeben sich weder für das Land Niedersachsen noch für die Gemeinden Mehrkosten, wenn das vorgelegte KITA-Gesetz durch Volksbegehren (wieder) in Kraft gesetzt wird". Insoweit konnte bei den Bürgern, die für das Volksbegehren gestimmt haben, kein Irrtum aufkommen, selbst dann nicht, wenn ein Einzelner vor Unterschriftsleistung Einsicht in die im Gesetzentwurf zitierten Fundstellen aus dem Niedersächsischen Gesetz- und Verordnungsblatt genommen hätte. Denn zum einen enthält § 16 Abs. 1 KiTaG idF v. 25. 9. 1995 (Nds. GVBl. S. 303) den Hinweis auf die 20%-Regelung im Haushaltsbegleitgesetz 1995. Zum anderen nimmt § 1 des Entwurfs auf Art. 12 des Gesetzes vom 28. 5. 1996 Bezug; dort wird auf das Haushaltsbegleitgesetz 1996 verwiesen, mit dem für 1997–1999 weiterhin die 20%-Quote festgeschrieben worden ist. Unter Berücksichtigung dessen und der Begründung des Volksbegehrens konnte selbst ein Leser des Niedersächsischen Gesetz- und Verordnungsblattes nicht annehmen, Intention des Volksbegehrens sei ab Inkrafttreten des Gesetzentwurfs eine 25%ige Finanzierungsquote.

Dieses Redaktionsversehen ist dadurch zu korrigieren, daß der Text des Volksbegehrens entsprechend geändert wird (Streichung des Satzteils „ab dem 1. Januar 1995

in Höhe von 25 vom Hundert" in § 16 Abs. 1 KiTaG). Hierzu haben sich die Vertreterinnen und Vertreter des Volksbegehrens in der mündlichen Verhandlung vor dem
Staatsgerichtshof bereit erklärt (§ 21 Abs. 1 S. 1 NVAbstG), so daß das Volksbegehren
mit der entsprechenden Maßgabe zugelassen werden konnte. Da durch die Änderung
der Kern des Volksbegehrens nicht verfälscht, sondern vielmehr richtig gestellt wird,
können die geleisteten Unterschriften angerechnet werden (§ 21 Abs. 1 S. 2 NVAbstG).

II.

Das Volksbegehren verstößt nicht gegen Art. 48 Abs. 1 S. 3 NV.

Nach Art. 48 Abs. 1 S. 3 NV können Gesetze über den Landeshaushalt, über
öffentliche Abgaben sowie über Dienst- und Versorgungsbezüge nicht Gegenstand
eines Volksbegehrens sein. Ähnliche Beschränkungen enthalten zahlreiche andere
Landesverfassungen. Ob dabei Begriffe wie Haushalt, Landeshaushalt oder Staatshaushalt nur im formell-technischen Sinn (Haushaltsgesetz und Haushaltsplan, ggfs.
einschließlich nachtragshaushaltsrechtlicher Regelungen und Haushaltsbegleitgesetzen)
zu verstehen sind oder ob und in welchem Umfang von dem Verbot im Sinne einer
materiellen Auslegung auch sog. finanzwirksame Gesetze erfaßt werden, ist streitig.
Überwiegend wird die Auffassung vertreten, Volksbegehren seien auch dann unzulässig, wenn sie auf den Gesamtbestand des Haushalts Einfluß nähmen, das Gleichgewicht des gesamten Haushalts störten und damit zu einer wesentlichen Beeinträchtigung des Budgetrechts des Parlaments führten; ob dies der Fall sei, hänge nicht nur von
der Höhe etwaiger Mehrkosten ab, sondern müsse im Einzelfall auf Grund einer
wertenden Gesamtbetrachtung ermittelt werden (vgl. beispielhaft nur BayVerfGH,
BayVBl. 1977, 143, 149 ff; DVBl. 1995, 419, 425 ff; BayVBl. 2000, 397, 398 ff; BVerfGE
102, 176, 185 ff zu Art. 41 Abs. 2 SchlHVerf; ähnlich VerfG Brandenburg, Urt.
v. 20. 9. 2001, Umdruck S. 38; anders im Sinne eines formellen Verständnisses z. B.
Braun Kommentar zur Verfassung des Landes Baden-Württemberg, 1984, Art. 59,
Rn. 40; *Nawiasky/Schweiger/Knöpfe/Leusser/Gerner* Die Verfassung des Freistaates
Bayern, Loseblattsammlung, Stand 7/2000, Art. 73, Rn. 8; *Kunzmann/Haas/Baumann-
Hasske* Die Verfassung des Freistaates Sachsen, Kommentierte Textausgabe, 2. Aufl.,
1997, Art. 73, Rn. 1; *Reich* Verfassung des Landes Sachsen-Anhalt, Kommentar, 1994,
Art. 81, Rn. 3).

In welcher Form der Haushaltsvorbehalt in Art. 48 Abs. 1 S. 3 NV die Volksgesetzgebung begrenzt, bedarf aus Anlaß dieses Verfahrens keiner Entscheidung.
Denn die Umsetzung des Volksbegehrens ist für den Haushaltsgesetzgeber „kosten-
neutral" möglich. Die vormals direkt an die Träger der Kindertagesstätten gezahlten
Personalkostenzuschüsse von jährlich 260 Mio. DM sind – wie die Vertreter der
Landesregierung in der mündlichen Verhandlung vor dem Staatsgerichtshof bestätigt
haben – ungekürzt in den kommunalen Finanzausgleich überführt worden, wobei sich
am Finanzvolumen zwischenzeitlich insoweit nichts geändert hat. Eine Rückkehr zur

vormaligen Rechtslage ohne entsprechende Mehraufwendungen ist, wie auch die Landesregierung einräumt, jedenfalls zum Beginn des jeweils nächsten Haushaltsjahres möglich. Allein der Umstand, daß bei einem erfolgreichen Volksentscheid der Haushaltsgesetzgeber zur Vermeidung zusätzlicher Kosten die bisherigen Berechnungsgrundlagen für den kommunalen Finanzausgleich für die Zukunft abändern müßte, macht den Gesetzentwurf nicht zu einem Gesetz „über den Landeshaushalt" und führt daher nicht zur Unzulässigkeit des Volksbegehrens. Dem Volksbegehren liegt nicht die Forderung nach zusätzlichen Mitteln zu Grunde; es betrifft vielmehr die Art der Mittelzuwendung (zweckgebundene Zuschüsse an die Träger der Kindertagesstätten oder Einbeziehung entsprechender Mittel in den kommunalen Finanzausgleich). Die Entscheidung über diese Frage gehört aber nicht zu den Voraussetzungen der Zulässigkeit einer Volksgesetzgebung, sondern ist als Gegenstand der politischen Auseinandersetzung im Verfahren nach Art. 49 NV zu treffen.

Inwieweit eine Änderung der Finanzierung im Rahmen eines laufenden Haushaltsjahres möglich wäre bzw. in welchem Umfang anderenfalls Mehrkosten entstünden, kann dahinstehen. Die Vertreterinnen und Vertreter des Volksbegehrens haben in der mündlichen Verhandlung vor dem Staatsgerichtshof auf Nachfrage erklärt, Ziel des Volksbegehrens sei die Wiedereinführung der direkten Zuschüsse an die Träger der Kindertagesstätten und damit die Finanzierung außerhalb des kommunalen Finanzausgleichs; neben dieser Grundsatzfrage sei es aus ihrer Sicht unerheblich, ob die Wiedereinführung zum Beginn des auf die Verkündung des Gesetzes folgenden Haushaltsjahres oder – abhängig von den Zufälligkeiten der Dauer des Volksgesetzgebungsverfahrens – zu einem bei Einleitung des Volksbegehrens noch nicht absehbaren Zeitpunkt innerhalb eines laufenden Haushaltsjahres erfolge. Diese Erklärung steht im Einklang mit Inhalt und Zweck des Gesetzentwurfs. Die Vertreterinnen und Vertreter des Volksbegehrens haben sich im Hinblick auf die von der Landesregierung angesprochenen Probleme einer Änderung der Finanzierung im Rahmen eines laufenden Haushaltsjahres damit einverstanden erklärt, daß der Zeitpunkt des Inkrafttretens nach § 2 des Gesetzentwurfs mit der laufenden Finanzierung über den kommunalen Finanzausgleich im aktuellen Haushaltsplan dergestalt „harmonisiert" wird, daß als Zeitpunkt des Inkrafttretens der Beginn des auf die Verkündung des Gesetzes folgenden Haushaltsjahres bestimmt wird.

Da durch diese Änderung nicht der Kern des Volksbegehrens betroffen ist, können die geleisteten Unterschriften angerechnet werden (§ 21 Abs. 1 S. 2 NVAbstG).

Entscheidungen
des Verfassungsgerichtshofes
des Freistaates Sachsen

Die amtierenden Richter
des Verfassungsgerichtshofes des Freistaates Sachsen

Dr. Thomas Pfeiffer, Präsident
Klaus Budewig, Vizepräsident
Ulrich Hagenloch
Alfred Graf von Keyserlingk
Siegfried Reich
Hans Dietrich Knoth
Prof. Dr. Hans v. Mangoldt
Prof. Dr. Hans-Peter Schneider
Prof. Dr. Hans-Heinrich Trute

Stellvertreterinnen und Stellvertreter

Heinrich Rehak
Martin Burkert
Jürgen Niemeyer
Dr. Andreas Spilger
Susanne Schlichting
Hannelore Leuthold
Prof. Dr. Martin Oldiges
Heide Boysen-Tilly
Prof. Dr. Christoph Degenhart

Nr. 1

1. Artikel 26 SächsVerf gewährleistet das Grundrecht auf Mitbestimmung im öffentlichen Dienst. Es steht im Zusammenhang mit anderen, auf das Handeln des Landes und dessen Organisation bezogenen Normen der Sächsischen Verfassung.

2. Nach Artikel 26 Satz 1 SächsVerf sind grundsätzlich bei allen öffentlich-rechtlichen Verwaltungsstellen des Landes Vertretungsorgane einzurichten. Der Gesetzgeber, dem die einfachgesetzliche Konkretisierung der in Artikel 26 Satz 1 SächsVerf genannten Begriffe obliegt, darf von dem nach Artikel 83 Abs. 1 Satz 1 SächsVerf geschaffenen Organisationsmodell nur abweichen, wenn dies der Optimierung der Vertretungsstruktur dient und dadurch eine effektivere Wahrnehmung der Beschäftigteninteressen ermöglichen wird.

3. In die Repräsentation ihrer Interessen durch ein Vertretungsorgan sind grundsätzlich sämtliche in der jeweiligen Organisationseinheit tätigen und zu diesem Zweck in sie eingegliederten Personen einzubeziehen. Allerdings kann von einer Eingliederung nur gesprochen werden, wenn diese mit einem so weitgehenden Verlust an Selbstbestimmung verbunden ist, dass sich daraus ein Bedürfnis nach kollektiver Interessenwahrnehmung durch ein Vertretungsorgan ergibt.

4. Träger des Rechts auf Mitbestimmung nach Artikel 26 Satz 2 SächsVerf sind die nach Artikel 26 Satz 1 SächsVerf gebildeten Vertretungsorgane der Beschäftigten. Zwischen beiden besteht ein Repräsentationszusammenhang, der bündelungsfähige Interessen der Beschäftigten voraussetzt.

5. Mitbestimmung ist die Beteiligung des Vertretungsorgans an Entscheidungen der Dienststelle durch Erteilen oder Vorenthalten einer rechtlich erforderlichen Zustimmung. Soweit der Gesetzgeber in bestimmten Angelegenheiten eine schwächere Form der Beteiligung vorsieht, sind diese Beteiligungsformen vom Schutz des Artikel 26 Satz 2 SächsVerf ebenfalls umfasst. In diesen Fällen stellt sich das Zurückbleiben des Beteiligungsrechts hinter der Mitentscheidung als Einschränkung des durch Artikel 26 Satz 2 SächsVerf vermittelten Grundrechtsschutzes dar, die besonderer Rechtfertigung bedarf.

6. Das Recht auf Mitbestimmung steht den Vertretungsorganen im Bereich der durch die Dienst- oder Arbeitsverhältnisse der Beschäftigten geschaffenen Rechte- und Pflichtenbeziehung zu und ist in allen die Beschäf-

tigten mehr als nur unwesentlich betreffenden dienstlichen Angelegenheiten einzuräumen. Je stärker eine Angelegenheit typischerweise individuelle, kollektive oder auch konkurrierende Rechte und Interessen der Beschäftigten berührt und deren wirksame Wahrnehmung qualifizierte Beteiligungsrechte verlangt, desto höhere Anforderungen sind an die Rechtfertigung einer Einschränkung des durch Artikel 26 Satz 2 SächsVerf gewährleisteten Grundrechtsschutzes zu stellen.

7. Der Schutz des Artikel 26 SächsVerf erstreckt sich auch auf das Mitbestimmungsverfahren. Der Gesetzgeber hat es so auszugestalten, dass die Interessen der Beschäftigten wirksam zur Geltung kommen.

8. Dem auf die Schaffung qualifizierter Beteiligungsrechte im Sinne echter Mitentscheidungsbefugnisse zielenden Recht auf Mitbestimmung steht in Artikel 26 Satz 2 SächsVerf ein weit gefasster Maßgabevorbehalt gegenüber, kraft dessen der Gesetzgeber berechtigt und verpflichtet ist, den nach Artikel 26 Satz 1 SächsVerf gebildeten Vertretungsorganen das Recht auf Mitbestimmung durch die Schaffung von abgestuften Beteiligungsrechten wirksam einzuräumen und durch entsprechende Verfahrensbestimmungen abzusichern.

Verfassung des Freistaates Sachsen:
Art. 1 Satz 2; Art. 3 Abs. 1; Art. 14 Abs. 1 Satz 1; Art. 15; Art. 18 Abs. 1; Art. 21 Satz 1; Art. 26 Satz 1; Art. 26 Satz 2; Art. 36; Art. 38 Abs. 1; Art. 77 Abs. 1, Abs. 2; Art. 81 Abs. 1 Nr. 2; Art. 82 Abs. 2 Satz 2; Art. 83 Abs. 1 Satz 1, Abs. 2; Art. 91 Abs. 2; Art. 101 Abs. 1; Art. 102 Abs. 2; Art. 107 Abs. 1, Abs. 2

Gesetz über den Verfassungsgerichtshof des Freistaates Sachsen:
§ 7 Nr. 2; § 16 Abs. 3, Abs. 4; § 21 Nr. 1

Sächsisches Personalvertretungsgesetz vom 21. 1. 1993 (SächsGVBl. S. 29) idF des Zweiten Gesetzes zur Änderung des Sächsischen Personalvertretungsgesetzes vom 23. 4. 1998 (SächsGVBl. S. 165) und des Gesetzes zur Änderung des Schulgesetzes für den Freistaat Sachsen und anderer Gesetze vom 29. 6. 1998 (SächsGVBl. S. 271):
§ 4 Abs. 5 Nr. 4, Nr. 5; § 67 Abs. 1 Sätze 1 und 2, Abs. 2; § 73 Abs. 1, Abs. 2; § 79 Abs. 1, Abs. 3, Abs. 4; § 80 Abs. 1, Abs. 3 Nr. 9 und 16; § 81 Abs. 1, Abs. 2; § 82 Abs. 1 Satz 4; § 84 Abs. 4, Abs. 5; § 87 Abs. 1 Satz 2, Abs. 2; § 89 Abs. 3

Urteil vom 22. Februar 2001 – Vf. 51-II-99 –

in dem Verfahren der abstrakten Normenkontrolle auf Antrag von 38 Abgeordneten des 2. Sächsischen Landtages
Verfahrensbevollmächtigter: Prof. Dr. Alfred Rinken, Universität Bremen, Fachbereich Rechtswissenschaft, Postfach 330 440, 28334 Bremen

Entscheidungsformel:

I.

1. § 4 Abs. 5 Nr. 5 des Sächsischen Personalvertretungsgesetzes vom 21. Januar 1993 in der Fassung des Zweiten Gesetzes zur Änderung des Sächsischen Personalvertretungsgesetzes vom 23. April 1998 und des Gesetzes zur Änderung des Schulgesetzes für den Freistaat Sachsen und anderer Gesetze vom 29. Juni 1998 (Sächsisches Personalvertretungsgesetz) ist, soweit Lehrkräfte gem. § 9 des Gesetzes über die Berufsakademie im Freistaat Sachsen vom 19. April 1994 (SächsGVBl. 777) beziehungsweise hauptberufliche Dozenten gem. § 12 des Gesetzes über die Berufsakademie im Freistaat Sachsen vom 11. Juni 1999 (SächsGVBl. 276) nicht als Beschäftigte im Sinne des Gesetzes gelten, mit Art. 26 S. 1 der Sächsischen Verfassung unvereinbar und nichtig.

2. § 67 Abs. 1 S. 1 und S. 2 des Sächsischen Personalvertretungsgesetzes verstoßen gegen Art. 26 S. 1 der Sächsischen Verfassung. § 67 Abs. 1 S. 2 des Sächsischen Personalvertretungsgesetzes ist nichtig.

3. § 79 Abs. 4 S. 3 und S. 4 des Sächsischen Personalvertretungsgesetzes verstoßen gegen Art. 26 S. 2 der Sächsischen Verfassung und sind nichtig, soweit in den Fällen des § 80 Abs. 3 Nrn. 9 und 16 des Sächsischen Personalvertretungsgesetzes die Einigungsstelle, wenn sie sich nicht der Auffassung der obersten Dienstbehörde anschließt, eine Empfehlung an diese beschließt.

4. § 84 Abs. 4 des Sächsischen Personalvertretungsgesetzes verstößt gegen Art. 26 S. 2 der Sächsischen Verfassung und ist nichtig, soweit das Erfordernis einer ausdrücklichen Weitergeltungsvereinbarung sich auch auf solche Dienstvereinbarungen bezieht, die vor dem 19. Mai 1998 abgeschlossen wurden und deren Regelungen auch gegen den Willen der Dienststelle durch einen Beschluss der Einigungsstelle zustande kommen können.

5. § 80 Abs. 1 S. 2 und § 81 Abs. 2 des Sächsischen Personalvertretungsgesetzes sind mit Art. 26 S. 2 der Sächsischen Verfassung in der Auslegung vereinbar, dass der Ausschluss der Beteiligung sich nur auf das Mitbestimmungsrecht nach § 79 des Sächsischen Personalvertretungsgesetzes bezieht, das allgemeine Unterrichtungs- und Erörterungsrecht nach § 73 Abs. 2 des Sächsischen Personalvertretungsgesetzes zur Wahrnehmung der allgemeinen Aufgaben des Personalrats nach § 73 Abs. 1 des Sächsischen Personalvertretungsgesetzes dagegen unberührt bleibt.

6. § 84 Abs. 5 des Sächsischen Personalvertretungsgesetzes ist mit Art. 26 S. 2 der Sächsischen Verfassung in der Auslegung vereinbar, dass das Kündigungsrecht im Einzelfall nur dann besteht, wenn der Dienststelle in Ausübung ihres Amtsauftrages das weitere Festhalten an der Dienstvereinbarung wegen ihrer Auswirkungen auf das Gemeinwesen nicht zumutbar ist.

7. § 4 Abs. 5 Nr. 4 des Sächsischen Personalvertretungsgesetzes ist, soweit Professoren, wissenschaftliche, künstlerische und studentische Hilfskräfte nicht als Beschäftigte im Sinne des Gesetzes gelten, mit der Sächsischen Verfassung vereinbar.

8. § 79 Abs. 3 S. 1 bis 6 des Sächsischen Personalvertretungsgesetzes sind mit der Sächsischen Verfassung vereinbar, soweit in den Fällen des § 80 Abs. 1 S. 1 Nrn. 1, 3 und 4 und des § 81 Abs. 1 Nrn. 1, 4, und 5 des Sächsischen Personalvertretungsgesetzes das Stufenverfahren ausgeschlossen wird.

9. § 82 Abs. 1 S. 4, § 87 Abs. 1 S. 2 und § 89 Abs. 3 des Sächsischen Personalvertretungsgesetzes sind mit der Sächsischen Verfassung vereinbar.

II.

Dem Gesetzgeber wird aufgegeben, bis zum 31. Dezember 2002 den verfassungsrechtlichen Mangel des § 67 Abs. 1 S. 1 des Sächsischen Personalvertretungsgesetzes zu beheben.

III.

Der Freistaat Sachsen hat den Antragstellern die Hälfte ihrer notwendigen Auslagen zu erstatten.

Gründe:

A.

Die Antragsteller wenden sich mit ihrem am 5. Juli 1999 bei dem Verfassungsgerichtshof des Freistaates Sachsen eingegangenen Antrag im Verfahren der abstrakten Normenkontrolle gegen Vorschriften des Sächsischen Personalvertretungsgesetzes vom 21. Januar 1993 (SächsGVBl. S. 29) idF des Zweiten Gesetzes zur Änderung des Sächsischen Personalvertretungsgesetzes vom 23. April 1998 (SächsGVBl. S. 165) und des Gesetzes zur Änderung des Schulgesetzes für den Freistaat Sachsen und anderer Gesetze vom 29. Juni 1998 (SächsGVBl. S. 271).

I.

Die Sächsische Staatsregierung brachte den Entwurf des Zweiten Gesetzes zur Änderung des Sächsischen Personalvertretungsgesetzes am 19. September 1997 in den Sächsischen Landtag ein (Drs. 2/6907). Ziele des Gesetzentwurfs waren die Anpassung des Sächsischen Personalvertretungsgesetzes an die in der Entscheidung des Bundesverfassungsgerichts vom 24. Mai 1995 – Az.: 2 BvF 1/92 – zum Mitbestimmungsgesetz Schleswig-Holstein festgehaltenen Vorgaben sowie strukturelle Änderungen im kommunalen Bereich und im Geschäftsbereich des Sächsischen Staatsministeriums für Kultus. Im Übrigen sollten die Neuregelungen den Bedürfnissen der Praxis Rechnung tragen und zu einer größeren Flexibilität der öffentlichen Verwaltung sowie zur Verfahrensbeschleunigung beitragen (Drs. 2/6907, S. 12). Nach Überarbeitung des Entwurfs der Staatsregierung wurde das Gesetz am 23. April 1998 beschlossen und ausgefertigt und am 18. Mai 1998 im Sächsischen Gesetz- und Verordnungsblatt verkündet. Die für das Verfahren wesentlichen Bestimmungen lauten:

Erster Teil. Allgemeine Vorschriften

(...)

§ 4
Beschäftigte

(...)

(5) Als Beschäftigte im Sinne dieses Gesetzes gelten nicht
   1. Ehrenbeamte,
   2. Personen, deren Beschäftigung ausschließlich oder überwiegend durch Beweggründe religiöser Art bestimmt ist,
   3. Personen, die ausschließlich zu ihrer Heilung, Wiedereingewöhnung oder Erziehung beschäftigt werden und dies durch Vertrag oder sonstige Vereinbarungen oder behördliche Maßnahmen bestimmt ist,
   4. Professoren, wissenschaftliche, künstlerische oder studentische Hilfskräfte, Lehrbeauftragte, Gastprofessoren sowie Honorarprofessoren,
   5. Lehrkräfte und Lehrbeauftragte gemäß § 9 des Gesetzes über die Berufsakademie im Freistaat Sachsen (Sächsisches Berufsakademiegesetz – SächsBAG) vom 19. April 1994 (SächsGVBl. 777).

(...)

§ 6
Dienststellen

(...)

(3) ¹Nebenstellen und Teile einer Dienststelle mit mehr als 60 Beschäftigten, die durch Aufgabenbereich und Organisation eigenständig sind, gelten als selbständige Dienststellen, wenn die Mehrheit ihrer Wahlberechtigten dies in geheimer Abstimmung beschließt oder die oberste Dienstbehörde dies mit Zustimmung der Mehrheit der wahlberechtigten Beschäftigten für erforderlich hält. (...) ³Die in Satz 1 genannte Mindestbeschäftigtenzahl gilt nicht für Nebenstellen und Teile einer Dienststelle, die räumlich weit von dieser entfernt liegen.

(...)

Siebenter Teil. Besondere Vertretungen

(...)

§ 67
Schulen und Lehrkräfte

(1) [1]Für Lehrkräfte an Schulen werden in den zuständigen Regionalschulämtern besondere Lehrerpersonalräte gebildet. [2]§ 6 Abs. 3 findet insoweit keine Anwendung. [3]Im Staatsministerium für Kultus wird ein Lehrer-Hauptpersonalrat gebildet.

(2) [1]Die Lehrerpersonalvertretungen bestehen abweichend von § 5 aus Fachgruppen. [2]Je eine Fachgruppe bilden

1. Grundschulen,
2. Mittelschulen,
3. Förderschulen mit diesen zugeordneten Kindergärten,
4. Gymnasien und Kollegs,
5. berufliche Schulen einschließlich berufliche Gymnasien.

[3]Jede Fachgruppe ist entsprechend ihrer Stärke, mindestens aber mit einem Vertreter in den Lehrerpersonalvertretungen vertreten. [4]Gehört ein Beschäftigter zu mehreren Fachgruppen, so ist er nur in der Fachgruppe wählbar, die seiner größten Unterrichtsverpflichtung entspricht. [5]Bei Gleichheit in der Unterrichtsverpflichtung trifft der Beschäftigte die Entscheidung. [6]Die in diesem Gesetz für Gruppen im Sinne des § 5 geltenden Vorschriften sind auf Fachgruppen sinngemäß anzuwenden.

(...)

(7) Abordnungen von Lehrkräften für die Dauer von bis zu zwölf Monaten unterliegen der Mitbestimmung nur, wenn die Abordnung über das Ende eines Schuljahres andauert.

(...)

Achter Teil. Beteiligung der Personalvertretung

(...)

§ 79
Verfahren der Mitbestimmung

(1) Soweit eine Maßnahme der Mitbestimmung der Personalvertretung unterliegt, kann sie nur mit ihrer Zustimmung getroffen werden, sofern im nachfolgenden nichts anderes bestimmt ist.

(...)

(3) [1]Kommt in den Fällen des § 80 Abs. 1 Nr. 1, 3 und 4 und des § 81 Abs. 1 Nr. 1, 4 und 5 eine Einigung nicht zustande, können der Dienststellenleiter oder die Personalvertretung die Angelegenheit binnen sechs Arbeitstagen auf dem Dienstwege der obersten Dienstbehörde vorlegen. [2]Diese holt vor ihrer Entscheidung eine Empfehlung der Einigungsstelle ein. Die Einigungsstelle gibt

binnen zehn Arbeitstagen eine Empfehlung an die oberste Dienstbehörde ab. [3]In den Dienststellen, in denen keine ständige Einigungsstelle besteht, beträgt die Frist nach Satz 3 zwanzig Arbeitstage. [4]Die oberste Dienststelle entscheidet abschließend. [5]Dies gilt auch, wenn die Einigungsstelle keine Empfehlung oder eine Empfehlung erst nach Ablauf der Frist nach Satz 3 abgibt. [6]Kommt in allen übrigen Fällen eine Einigung nicht zustande, so kann der Dienststellenleiter oder die Personalvertretung die Angelegenheit binnen sechs Arbeitstagen auf dem Dienstwege den übergeordneten Dienststellen, bei denen Stufenvertretungen bestehen, vorlegen.

(...)

(4) [1]Ergibt sich zwischen der obersten Dienstbehörde und der bei ihr bestehenden zuständigen Personalvertretung mit Ausnahme der in Absatz 3 Satz 1 genannten Fälle keine Einigung, so entscheidet die Einigungsstelle (§ 85). [2]Die Einigungsstelle soll binnen acht Wochen nach der Erklärung eines Beteiligten, die Entscheidung der Einigungsstelle herbeiführen zu wollen, entscheiden. [3]In den in Absatz 3 Satz 1 nicht genannten Fällen des § 80 Abs. 1, in den Fällen des § 80 Abs. 3 Nr. 9, 10 und 16 und in den in Absatz 3 Satz 1 nicht genannten Fällen des § 81 beschließt die Einigungsstelle, wenn sie sich nicht der Auffassung der obersten Dienstbehörde anschließt, eine Empfehlung an diese. [4]Die oberste Dienstbehörde entscheidet sodann endgültig.

(...)

§ 80
Fälle der Mitbestimmung

(1) [1]Die Personalvertretung hat mitzubestimmen in Personalangelegenheiten der Angestellten und Arbeiter bei
1. Einstellung und Eingruppierung,
(...)
3. Versetzung zu einer anderen Dienststelle, Umsetzung innerhalb der Dienststelle, wenn sie mit einem Wechsel des Dienstortes verbunden ist (das Einzugsgebiet im Sinne des Umzugskostenrechts gehört zum Dienstort),
4. Abordnung für eine Dauer von mehr als sechs Monaten sowie Zuweisung,
(...)
[2]In den Fällen des Satzes 1 Nr. 3 und 4 wird der Personalrat nur auf Antrag des Beschäftigten beteiligt; in diesen Fällen ist der Beschäftigte von der beabsichtigten Maßnahme rechtzeitig vorher in Kenntnis zu setzen.

(...)

(3) Die Personalvertretung hat, soweit eine gesetzliche oder tarifliche Regelung nicht besteht, gegebenenfalls durch Abschluss von Dienstvereinbarungen mitzubestimmen über
(...)
9. Beurteilungsrichtlinien für Angestellte und Arbeiter,
(...)

10. Bestellung von Vertrauens- oder Betriebsärzten als Angestellte,

(...)

16. Einführung und Anwendung technischer Einrichtungen, die dazu bestimmt sind, das Verhalten oder die Leistung der Beschäftigten zu überwachen.

(...)

§ 81

Mitbestimmung in Angelegenheiten der Beamten und in sonstigen
allgemeinen Angelegenheiten

(1) Die Personalvertretung hat mitzubestimmen in Personalangelegenheiten der Beamten bei

1. Einstellung, Anstellung,

(...)

4. Versetzung zu einer anderen Dienststelle, Umsetzung innerhalb der Dienststelle, wenn sie mit einem Wechsel des Dienstortes verbunden ist (das Einzugsgebiet im Sinne des Umzugskostenrechts gehört zum Dienstort),

5. Abordnung für eine Dauer von mehr als sechs Monaten sowie Zuweisung nach § 123 a des Beamtenrechtsrahmengesetzes für eine Dauer von mehr als drei Monaten,

(...)

8. Ablehnung eines Antrags nach §§ 142 und 143 des Sächsischen Beamtengesetzes auf Teilzeitbeschäftigung, Ermäßigung der regelmäßigen Arbeitszeit oder Urlaub,

(...)

10. Einleitung des förmlichen Disziplinarverfahrens gegen einen Beamten,

11. Entlassung von Beamten auf Probe oder auf Widerruf, wenn sie die Entlassung nicht selbst beantragt haben,

12. vorzeitiger Versetzung in den Ruhestand.

(2) ¹In den Fällen des Absatzes 1 Nr. 4, 5 und 10 bis 12 gilt § 82 Abs. 1 Satz 2 entsprechend. ²Der Personalrat wird nur auf Antrag des Beschäftigten beteiligt; in diesen Fällen ist der Beschäftigte von der beabsichtigten Maßnahme rechtzeitig vorher in Kenntnis zu setzen.

(...)

§ 82

Einschränkung der Mitbestimmung, Versagungsgründe

(1) ¹In Personalangelegenheiten der in § 14 Abs. 4 bezeichneten Beschäftigten, der Beamten auf Zeit, der Beschäftigten mit überwiegend wissenschaftlicher oder künstlerischer Tätigkeit, soweit sie nicht nach § 5 Nr. 4 von der Geltung dieses Gesetzes ausgenommen sind, bestimmt die Personalvertretung nach § 80 Abs. 1 und § 81 Abs. 1 nur mit, wenn sie es beantragen. ²§ 80 Abs. 1 und § 81 Abs. 1 gelten nicht für Beamtenstellen und Beamte der Besoldungsgruppe A 16 an aufwärts, für entsprechende Angestelltenstellen und Angestellte sowie für Landräte, Bürgermeister, Beigeordnete und leitende Beschäftigte von Körperschaften, Anstalten und Stiftungen des öffentlichen Rechts. ³Für Abteilungsleiter bei

Regierungspräsidien und oberen Behörden des Freistaates Sachsen tritt, soweit in Satz 2 nichts anderes bestimmt ist, in den Fällen der §§ 79 und 80 an die Stelle der Mitbestimmung die Mitwirkung. [4]Für Schulleiter finden § 80 Abs. 1 und § 81 Abs. 1 keine Anwendung.

(...)

§ 83
Initiativrecht

(1) [1]Beantragt der Personalrat eine Maßnahme, die nach § 80 Abs. 3 seiner Mitbestimmung unterliegt, so hat er sie schriftlich dem Dienststellenleiter vorzuschlagen. [2]Entspricht dieser dem Antrag nicht, so bestimmt sich das weitere Verfahren nach § 79 Abs. 3 und 4.

(...)

§ 84
Dienstvereinbarungen

(...)

(3) Dienstvereinbarungen können, soweit nichts anderes vereinbart ist, von beiden Seiten mit einer Frist von drei Monaten gekündigt werden.

(4) Nach der Kündigung einer Dienstvereinbarung gelten ihre Regelungen weiter, wenn und soweit dies ausdrücklich vereinbart worden ist.

(5) [1]Das Recht der Dienststelle, die Dienstvereinbarung im Einzelfall zu kündigen, bleibt unberührt. [2]Die Absätze 3 und 4 finden insoweit keine Anwendung.

(...)

§ 85
Einigungsstelle

(1) [1]Die Einigungsstelle wird bei der obersten Dienstbehörde gebildet. [2]Auf Wunsch des Dienststellenleiters oder der Personalvertretung wird die Einigungsstelle für die Dauer der Wahlperiode der Personalvertretung als ständige Einrichtung gebildet. [3]Sie besteht aus je drei Beisitzern, die von der obersten Dienstbehörde und der bei ihr bestehenden zuständigen Personalvertretung bestellt werden, und einem unparteiischen Vorsitzenden, auf dessen Person sich beide Seiten einigen. [4]Ist die Einigungsstelle als ständige Einrichtung gebildet, nimmt der Vorsitzende seine Aufgaben zunächst für die Dauer eines Jahres wahr. [5]Eine Verlängerung ist möglich. [6]Unter den Beisitzern, die von der Personalvertretung bestellt werden, muss sich je ein Beamter und ein Angestellter oder Arbeiter befinden, es sei denn, die Angelegenheit betrifft lediglich die Beamten oder die im Arbeitsverhältnis stehenden Beschäftigten. [7]Kommt eine Einigung über die Person des Vorsitzenden nicht zustande, so bestellt ihn der Präsident des Sächsischen Oberverwaltungsgerichts. [8]Die Sätze 4 und 5 sind entsprechend anzuwenden.

(...)

(5) ¹Der Beschluss ist den Beteiligten zuzustellen. ²Er bindet abgesehen von den Fällen des § 79 Abs. 4 Sätze 3 und 5 die Beteiligten, soweit er eine Entscheidung im Sinne des Absatzes 3 enthält. ³Die oberste Dienstbehörde kann einen Beschluss der Einigungsstelle, der wegen seiner Auswirkungen auf das Gemeinwesen wesentlicher Bestandteil der Regierungsverantwortung ist, spätestens innerhalb einer Frist von 20 Arbeitstagen nach Zugang des Beschlusses ganz oder teilweise aufheben und endgültig entscheiden. ⁴Die Aufhebung ist zu begründen. ⁵Der Vorsitzende der Einigungsstelle sowie die am Verfahren beteiligten Dienststellen und Personalvertretungen sind unverzüglich über die Aufhebung unter Beifügung der Begründung zu unterrichten.

(...)

§ 87
Beteiligung der Stufenvertretung und des Gesamtpersonalrats

(1) ¹In Angelegenheiten, in denen die Dienststelle nicht zur Entscheidung befugt ist, ist an Stelle des Personalrats die bei der zuständigen Dienststelle gebildete Stufenvertretung zu beteiligen. ²Sind in einer Angelegenheit mehrere Personalvertretungen nebeneinander zu beteiligen, kann an deren Stelle die bei der zuständigen Dienststelle gebildete Stufenvertretung beteiligt werden.

(...)

Neunter Teil. Gerichtliche Entscheidung

§ 88
Zuständigkeit und Entscheidungen der Verwaltungsgerichte

(...)

(2) ¹Die Vorschriften des Arbeitsgerichtsgesetzes über das Beschlussverfahren gelten entsprechend. ²Für die Beschwerde gegen verfahrensbeendende Beschlüsse der Verwaltungsgerichte in Hauptsacheverfahren gelten § 124 Abs. 2 und § 124 a der Verwaltungsgerichtsordnung entsprechend. ³Über die Zulassung der Beschwerde kann ohne mündliche Verhandlung entschieden werden.

§ 89
Bildung von Fachkammern

(...)

(2) ¹Die Fachkammer und der Fachsenat bestehen aus Richtern, von denen einer Vorsitzender ist, und ehrenamtlichen Richtern. ²Die ehrenamtlichen Richter müssen Beschäftigte im öffentlichen Dienst der in § 1 genannten Einrichtungen sein. ³Sie werden je zur Hälfte durch das Staatsministerium der Justiz auf Vorschlag (...) berufen. (...)

(3) ¹Die Fachkammer und der Fachsenat sind mit einem Vorsitzenden, einem weiteren Richter und je einem nach Absatz 2 Satz 1 Nr. 3 und 2 berufenen ehrenamtlichen Richter besetzt. ²Bei Stimmengleichheit in der Entscheidung über eine Frage gilt diese als verneint.

(...)

II.

1. Die Antragsteller, 38 Abgeordnete des 2. Sächsischen Landtages, beantragen, der Verfassungsgerichtshof des Freistaates Sachsen möge entscheiden: § 4 Abs. 5 Nr. 4 und 5 des Sächsischen Personalvertretungsgesetzes vom 21. Januar 1993 in der Fassung des Zweiten Gesetzes zur Änderung des Sächsischen Personalvertretungsgesetzes vom 23. April 1998 und des Gesetzes zur Änderung des Schulgesetzes für den Freistaat Sachsen und anderer Gesetze vom 29. Juni 1998 (nachfolgend SächsPersVG) ist, soweit er Professoren, wissenschaftliche, künstlerische und studentische Hilfskräfte sowie die Lehrkräfte gem. § 9 des Sächsischen Berufsakademiegesetzes aus der Geltung des Sächsischen Personalvertretungsgesetzes ausschließt, mit Art. 26 SächsVerf nicht vereinbar und deshalb nichtig.

§ 67 Abs. 1 Sätze 1 und 2 SächsPersVG, nach denen unter Ausschluss des § 6 Abs. 3 für Lehrkräfte an Schulen in den zuständigen Regionalschulämtern besondere Lehrerpersonalräte gebildet werden, sind mit Art. 26 SächsVerf nicht vereinbar und deshalb nichtig.

§ 79 Abs. 3 Satz 1 bis 6 SächsPersVG ist, soweit in den Angelegenheiten des § 80 Abs. 1 Satz 1 Nr. 1, 3 und 4 und des § 81 Abs. 1 Nr. 1, 4, und 5 SächsPersVG das Stufenverfahren ausgeschlossen wird, mit Art. 26 SächsVerf nicht vereinbar und nichtig.

§ 79 Abs. 4 Satz 3 und 4 SächsPersVG ist insoweit mit Art. 26 SächsVerf unvereinbar und nichtig, als in den Fällen des § 80 Abs. 3 Nr. 9 und 16 SächsPersVG die Entscheidung der Einigungsstelle nur Empfehlungscharakter hat.

§ 80 Abs. 1 Satz 2 und § 81 Abs. 2 SächsPersVG sind, soweit sie das Erfordernis eines Antrags des Beschäftigten als Voraussetzung für die Beteiligung der Personalvertretung auf Versetzungen, Umsetzungen und Abordnungen der Beamten, Angestellten und Arbeiter (§ 80 Abs. 1 Satz 1 Nr. 3 und 4 und § 81 Abs. 1 Nr. 4 und 5) ausdehnen, mit Art. 26 SächsVerf nicht vereinbar und deshalb nichtig.

§ 82 Abs. 1 Satz 4 SächsPersVG, durch den die Mitbestimmung in Personalangelegenheiten der Schulleiter ausgeschlossen wird, ist mit Art. 26 SächsVerf nicht vereinbar und deshalb nichtig.

§ 84 Abs. 4 SächsPersVG ist mit Art. 26 SächsVerf in Verbindung mit dem Rechtsstaatsprinzip insoweit nicht vereinbar und nichtig, als die gegenüber der bisherigen Rechtslage angeordnete Einschränkung der Weitergeltung gekündigter Dienstvereinbarungen sich generell auch auf die vor Geltung der Neufassung abgeschlossenen Dienstvereinbarungen bezieht.

§ 84 Abs. 5 SächsPersVG ist mit Art. 26 SächsVerf insoweit nicht vereinbar und nichtig, als er der Dienststelle ein unbeschränktes jederzeitiges Recht zur Kündigung von Dienstvereinbarungen einräumt.

§ 87 Abs. 1 Satz 2 SächsPersVG, durch den die Beteiligungsrechte der örtlichen Personalräte zugunsten der Stufenvertretung eingeschränkt werden, ist mit Art. 26 SächsVerf nicht vereinbar und deshalb nichtig.

§ 89 Abs. 3 SächsPersVG, der die Besetzung der Fachkammern und des Fachsenats neu regelt, ist mit der Rechtsschutzgarantie des Art. 38 SächsVerf nicht vereinbar und deshalb nichtig.

2. Zur Begründung tragen die Antragsteller im Wesentlichen vor, die angegriffenen Vorschriften führten zu gravierenden Einschränkungen der personalvertretungsrechtlichen Mitbestimmung und seien – vor allem in ihrer Kumulation – mit Art. 26 und weiteren Bestimmungen der Sächsischen Verfassung unvereinbar.

2.1 Art. 26 Satz 1 SächsVerf enthalte eine unbedingte verfassungsrechtliche Verpflichtung zur Bildung von Personalvertretungen, die keinem Gesetzesvorbehalt unterliege. Art. 26 Satz 2 SächsVerf bestimme, dass die Beschäftigten über die nach Satz 1 zu bildenden Personalvertretungen ein Recht auf Mitbestimmung im Sinne einer qualifizierten Mitentscheidung hätten und dass der Gesetzgeber im Rahmen eines engen Ausgestaltungsvorbehalts verpflichtet sei, diese verfassungsrechtliche Garantie praktizierbar zu machen.

2.1.1 Bei der Auslegung des Art. 26 Satz 2 SächsVerf lasse der Wortlaut je nach Gewichtung der Normbestandteile „Recht auf Mitbestimmung" und „nach Maßgabe der Gesetze" sowohl die Interpretation im Sinne eines weiten Gestaltungsvorbehalts zugunsten des einfachen Gesetzgebers, verbunden mit einem untechnischen Begriff von Mitbestimmung im Sinne einer nicht näher spezifizierten Beteiligung, zu wie auch diejenige mit einem qualifizierten Begriff von Mitbestimmung, verbunden mit einem engen Ausgestaltungsvorbehalt.

2.1.2 Die systematische Verortung des Art. 26 im 2. Abschnitt der Sächsischen Verfassung enthalte durch Art. 36 SächsVerf die entscheidende Weichenstellung im Sinne der zweiten Auslegungsalternative. Die verfassungsunmittelbare Verbindlichkeitsanordnung in Art. 36 SächsVerf ergebe, dass das gesetzgeberische Handeln durch das Grundrecht als subjektiv-öffentliches Recht determiniert sei. Dem widerspreche es, wenn der Gesetzgeber in seiner Ausgestaltungsbefugnis den Inhalt und die Reichweite eines Grundrechts ohne verfassungsrechtliche Bindung selbst positivieren würde. Auch enthalte Art. 36 SächsVerf einen Auslegungsgrundsatz der Grundrechtseffektivität, nach dem im Zweifel diejenige Auslegung zu wählen sei, bei der das Grundrecht möglichst wirksam zur Geltung komme. Daher sei ihm eine verbindliche Direktive zur grundrechtseffektiven Ausgestaltung und mit dem Begriff „Mitbestimmung" ein Regelungsmodell vorgegeben, das an einem hohen Maß an Mitentscheidung orientiert sei.

2.1.3 Mit der ausdrücklichen Qualifizierung als Grundrecht trete Art. 26 SächsVerf in einen thematischen Zusammenhang mit dem Menschenwürdegebot des Art. 14 Abs. 1 SächsVerf und dem in Art. 15 SächsVerf garantierten Recht auf freie Entfaltung der Persönlichkeit. Mit diesem Bezug sei zugleich eine demokratische Dimension des Mitbestimmungsrechts angesprochen. Die Grundlegung der demokratischen Ordnung finde sich nicht nur in Art. 3 Abs. 1 SächsVerf, sondern auch in der Inhaltsnorm des Art. 14 SächsVerf. Sehe man in dieser Weise das demokratische Prinzip als die verfassungsrechtliche Umsetzung des Postulats der Selbstbestimmung, dann habe Mitbestimmung am Arbeitsplatz als ein Mittel zum Abbau von Fremdbestimmung (zumindest auch) eine demokratische Fundierung.

2.1.4 Im historischen Zusammenhang sei Art. 26 SächsVerf vor allem vor dem Hintergrund des instrumentellen Rechtsverständnisses in der ehemaligen DDR und den an die Verfassungen der neuen Bundesländer gerichteten Zukunftserwartungen zu sehen. Das in der DDR-Verfassung von 1968/1974 in Art. 21 Abs. 1 verankerte Recht auf Mitbestimmung sei in der Wirklichkeit nur eine Fiktion gewesen. Die ausdrückliche Fundierung des Rechtes auf Mitbestimmung als Grundrecht in der Sächsischen Verfassung sei eine bewusste Reaktion auf die Erfahrungen der DDR-Vergangenheit. In diesem Zusammenhang sei die Diskussion um Ob und Wie eines Grundrechts auf Mitbestimmung im Rahmen der Verfassungsdebatte zu sehen.

2.1.5 Aus der Entstehungsgeschichte des Art. 26 SächsVerf ergebe sich, dass die Formel „nach Maßgabe der Gesetze" nicht dazu führen sollte, das Personalvertretungsrecht der freien Gestaltung des Gesetzgebers zu überlassen. Vielmehr sei dem Gesetzgeber von Verfassungs wegen eine materielle Vorgabe gemacht worden, deren Inhalt sich auf Grund der geführten Debatten dahin eingrenzen lasse, dass der Begriff „Mitbestimmung" als rechtstechnischer Begriff des Personalvertretungsrechts gebraucht worden sei, mit dem man jedenfalls mehr als bloße Mitwirkung gemeint habe. Zudem sei Art. 26 SächsVerf als Element eines Verfassungskompromisses zu sehen, der einerseits den Verzicht von SPD und Bündnis 90/Grüne auf das im Verfassungsentwurf in Art. 24 Abs. 2 vorgesehene Streikrecht und andererseits die Zustimmung der CDU zu Art. 24a (jetzt Art. 26 SächsVerf) beinhaltete. Diesen Kompromiss dürfe der das Mitbestimmungsgrundrecht ausgestaltende Gesetzgeber nicht konterkarieren.

2.2 Die verfassungsgerichtliche Kontrollkompetenz bei der Überprüfung des Sächsischen Personalvertretungsgesetzes bleibe zwar hinter der Art. 26 SächsVerf zu entnehmenden Handlungsanweisung an den Gesetzgeber zurück, stehe jedoch ebenfalls unter dem Effektivitätsgebot. Ihr Umfang sei im Sinne einer justitiablen Grenze, bezogen auf den Prüfgegenstand, genauer zu bestimmen.

2.2.1 Die angegriffenen Regelungen seien einer Ergebniskontrolle durch den Sächsischen Verfassungsgerichtshof zu unterziehen, deren Intensität sich in Abgrenzung zu einer vollständigen Inhaltskontrolle einerseits und einer bloßen Evidenzkontrolle andererseits auf eine Vertretbarkeitskontrolle beschränke. Dieser mittlere Prüfungsmaßstab verlange, dass sich der Gesetzgeber an einer sachgerechten und „vertretbaren", d.h. für den Verfassungsgerichtshof konkret nachvollziehbaren Beurteilung des erreichbaren Materials orientiert habe. Er müsse die ihm zugänglichen

Erkenntnisquellen ausgeschöpft haben, um die voraussichtlichen Auswirkungen einer Maßnahme so zuverlässig wie möglich abschätzen zu können und einen Verstoß gegen Verfassungsrecht zu vermeiden.

2.2.2 Aus diesen Vorgaben sei die „Vertretbarkeitsgrenze" zu bestimmen, die der Gesetzgeber bei der Erfüllung des ihm durch Art. 26 SächsVerf gegebenen Verfassungsauftrags nicht unterschreiten dürfe. Dabei sei deutlich zu machen, wo das von der Verfassung geforderte hohe Beteiligungsniveau in nicht mehr vertretbarer Weise unterschritten sei. Ausgangspunkt für die Bestimmung der Linie, die der Gesetzgeber im Zweiten Gesetz zur Änderung des Sächsischen Personalvertretungsgesetzes ohne Verstoß gegen Art. 26 SächsVerf nicht weiter unterschreiten dürfe, sei das Sächsische Personalvertretungsgesetz vom 21. Januar 1993. In ihm finde sich die sehr zurückhaltende Einlösung des in Art. 26 SächsVerf enthaltenen Verfassungsauftrags und Verfassungskompromisses. Art. 26 SächsVerf fungiere hier als Verschlechterungsverbot, das zwar keine totale Änderungssperre bewirke, sondern Verschlechterungen des Mitbestimmungsniveaus rechtfertigungsbedürftig mache.

2.2.2.1 Soweit die Gesetzesbegründung als Ziel des Gesetzes unter anderem die größere Flexibilität der Verwaltung und Verfahrensbeschleunigung angebe, seien damit prinzipiell gewichtige Gründe genannt, die den Gesetzgeber zu Regelungen legitimieren mögen. Dabei sei allerdings zu berücksichtigen, dass es für den Dienststellenleiter zweifelsohne die größte Verfahrensbeschleunigung mit sich brächte, wenn jede Form von Beteiligung der Personalvertretung abgeschafft würde. Es sei daher neben der Würdigung der Sachgründe immer auch eine normative Betrachtungsweise erforderlich, die die Art. 26 SächsVerf innewohnenden Ziele zur Geltung bringe. Abgesehen von dem Ergebnis, dass eine mitbestimmte Verwaltungsorganisation gegenüber einem rein hierarchischen Aufbau auch flexibler und effektiver sei, entfalte Art. 26 SächsVerf hier eine abwehrrechtliche Schutzfunktion, die untersage, Beteiligungsrechte auf sachlich nicht rechtfertigungsfähige, unzumutbare Weise zu verkürzen oder ihre Inanspruchnahme zu erschweren.

2.2.2.2 Der Gesetzgeber habe bei seiner Annahme, durch das Urteil des Bundesverfassungsgerichts vom 24. Mai 1995 – Az.: 2 BvF 1/92 – (Mitbestimmungsgesetz Schleswig-Holstein) zur Novellierung des Sächsischen Personalvertretungsgesetzes verpflichtet zu sein, die Bindungswirkung des § 31 Abs. 1 BVerfGG nicht zutreffend eingeschätzt. Zunächst könne aus § 31 Abs. 1 BVerfGG keine Verpflichtung des sächsischen Landesgesetzgebers entnommen werden, das Sächsische Personalvertretungsgesetz vom 21. Januar 1993 durch ein Änderungsgesetz an die restriktive personalvertretungsrechtliche Linie des Bundesverfassungsgerichts anzupassen. Darüber hinaus verlange der Begriff der „Bindung" in § 31 Abs. 1 BVerfGG nicht die mechanische Übertragung, sondern die eigenständige Beurteilung der normativen und tatsächlichen Entscheidungsgrundlagen und eine selbstverantwortliche Wertung und Entscheidung des Landesgesetzgebers im Sinne einer bundestreuen Nichtbrüskierungspflicht gegenüber dem Bundesverfassungsgericht. Danach sei der sächsische Gesetzgeber verpflichtet gewesen, die vom Bundesverfassungsgericht festgestellten Gründe der Verfassungswidrigkeit des schleswig-holsteinischen Mitbestimmungsgesetzes nicht zu übergehen, sondern unter Berücksichtigung der dieser Entscheidung zugrunde liegenden Auslegung des Grundgesetzes die in Art. 26 SächsVerf positivierten eigenen landesverfassungsrechtlichen Ordnungsvorstellungen zur Geltung zu bringen, die kraft der ausdrücklichen Fundierung des Mitbestimmungsrechtes in Art. 26 SächsVerf ein anderes Abwägungsmodell vorgäben, als es das Bundesverfassungsgericht in seiner Entscheidung zur Anwendung gebracht habe. Die für die verfassungsgerichtliche Prüfung maßgebliche Vertretbarkeitsgrenze sei ungeachtet dessen aber jedenfalls überschritten, wenn die Novellierung die vom Bundesverfassungsgericht vorgezeichnete restriktive Mitbestimmungslinie ohne den Versuch einer Herstellung von praktischer Konkordanz zwischen den Erfordernissen demokratischer Legitimation im Sinne der bundesverfassungsgerichtlichen Entscheidung auf der einen und der effektiven Verwirklichung des Grundrechts aus Art. 26 SächsVerf auf der anderen Seite und ohne ausreichende Begründung noch unterschreitet.

2.2.2.3 Ein weiterer Maßstab für die Vertretbarkeitsgrenze ergebe sich indirekt aus dem Bundespersonalvertretungsgesetz, welches den Ländern mit den verbindlichen Rahmenregelungen ein durchschnittliches Mitbestimmungsniveau vorgebe, dessen Unterschreitung nicht nur ein Verstoß gegen Bundesrecht, sondern zugleich eine Verletzung der materiellen Anforderungen des Art. 26 SächsVerf sei.

2.2.2.4 Ein wichtiger „Hilfsmaßstab" für die Bestimmung der Vertretbarkeitsgrenze sei ferner ein rechtsvergleichender Blick auf die Regelungen anderer Personalvertretungsgesetze, wobei zu berücksichtigen sei, dass in anderen Ländern durchgeführte Novellierungen bzw. Novellierungsvorhaben nicht in einem landesverfassungsrechtlichen Rahmen stünden, der ein Grundrecht auf Mitbestimmung wie in Art. 26 SächsVerf vorsehe.

2.3 Mit dem Zweiten Änderungsgesetz zum Sächsischen Personalvertretungsgesetz sei eine erhebliche Einschränkung der Beteiligungsrechte der Personalvertretung verbunden, die insbesondere in ihrer Kumulation eine gravierende Absenkung des Beteiligungsniveaus bewirkten. Diese beruhten, wie sich aus den Materialien zum Gesetzgebungsverfahren ergebe, auf der – jeweils unzutreffenden – Überzeugung, dass Art. 26 SächsVerf für die personalvertretungsrechtliche Gesetzgebung irrelevant und der sächsische Gesetzgeber bei der Gesetzesänderung zu einer völligen Anpassung an die in der Entscheidung des Bundesverfassungsgerichts zum schleswig-holsteinischen Mitbestimmungsgesetz aufgestellten Richtlinien verpflichtet gewesen sei. Zur Begründung der Verfassungswidrigkeit der im Einzelnen angegriffenen Vorschriften führen die Antragsteller aus:

2.3.1 § 4 Abs. 5 Nr. 4 und 5 SächsPersVG verstoße, soweit er Professoren, wissenschaftliche, künstlerische und studentische Hilfskräfte sowie die Lehrkräfte gem. § 9 des Sächsischen Berufsakademiegesetzes aus der Geltung des SächsPersVG ausschließe, gegen Art. 26 SächsVerf. Die Regelung verkürze unzulässig den Schutzbereich des Grundrechts und unterschreite das durch das Bundespersonalvertretungsgesetz vorgegebene durchschnittliche Mitbestimmungsniveau. Grundrechtsberechtigt seien nach dem Wortlaut der Bestimmung ausnahmslos alle Beschäftigten. Zwar müsse der Gesetzgeber das Grundrecht auf Mitbestimmung mit dem Grundrecht der Wissenschaftsfreiheit kompatibel machen; dies könne aber nicht einseitig zu Lasten eines der konkurrierenden Grundrechte ohne den Versuch der Herstellung praktischer Konkordanz geschehen. Die Regelung verstoße auch gegen die Rahmenvorschrift des § 95 Abs. 1 Halbsatz 2 BPersVG, die den Landesgesetzgebern nur die Möglichkeit eröffne, unter Beachtung des § 104 BPersVG Sonderregelungen für die dort genannten Personengruppen zu schaffen, nicht aber, diese von der Personalvertretung auszuschließen. Die Rechtfertigung der Regelung könne nicht darin gesehen werden, dass die betroffenen Personenkreise überwiegend nicht weisungsgebunden seien und daher die Einbeziehung in das Personalvertretungsgesetz nicht sachgerecht sei. Dieses Problem hätte der Gesetzgeber in einer sachgerechten Ausgestaltung des Personalvertretungsgesetzes zu lösen suchen müssen. Auch die angebliche Doppelrepräsentanz durch Hochschulgremien einerseits und Personalvertretungen andererseits sei keine Rechtfertigung für die Regelung. Hochschulorgane verfolgten andere Ziele als Personalräte. Während sie die wissenschaftliche Verantwortung für den Hochschulbetrieb trügen, hätten Personalräte einen im Sozialstaatsprinzip wurzelnden Auftrag zu erfüllen.

2.3.2 § 67 Abs. 1 Sätze 1 und 2 SächsPersVG verstießen, soweit für Schulen die Personalvertretung – unter Ausschluss des § 6 Abs. 3 SächsPersVG – zweistufig ausgestaltet sei, gegen Art. 26 SächsVerf. Die Regelungen widersprächen dem in Art. 26 SächsVerf enthaltenen Gebot einer effektiven und praktikablen Beteiligungsorganisation, da die örtliche und sachliche Nähe der Personalvertretungen zu den Beschäftigten nicht mehr gewährleistet werde. Sie führten zu einer Zentralisierung der Beteiligungsorganisation, die die sach- und interessengerechte Wahrnehmung der vielfältigen und heterogenen Aufgaben im Bereich der unterschiedlichen Schularten nicht mehr gewährleiste. Dieser komplexen und differenzierten Aufgabenstruktur müsse eine entsprechend differenzierte Mitbestimmungsstruktur gegenüberstehen. Es handele sich bei den Schulen um nach Aufgabenbereich und Organisation eigenständige Einrichtungen. Durch § 67 Abs. 1 Sätze 1 und 2 SächsPersVG werde ihnen jede Möglichkeit zur personalvertretungsrechtlichen Verselbstständigung genommen. Diese Problematik werde durch die zum Teil erheblichen Entfernungen zwischen Schulen und ihren Personalvertretungen verschärft. Die mit der Neustrukturierung verbundene Schwächung der Beteiligungsorganisation lasse sich nicht durch Effizienz-, Beschleunigungs- und Einspargumente rechtfertigen. Sie sei auch im Vergleich mit anderen Ländern mit Abstand die restriktivste.

2.3.3 § 79 Abs. 3 Sätze 1 bis 6 SächsPersVG verstießen, soweit das Stufenverfahren eingeschränkt werde, gegen Art. 26 SächsVerf. Die Novellierung enthalte über die Vorgaben des Bundesverfassungsgerichts hinaus eine weitere Einschränkung, die angesichts der kurzen Fristbestimmung in § 79 Abs. 3 SächsPersVG zu Schwierigkeiten für die Wahrnehmung dieser Restmitbestimmung insbesondere in den Fällen führten, in denen eine Einigungsstelle erst in dem häufig mühsamen Verfahren gem. § 85 Abs. 1 S. 2 SächsPersVG gebildet werden müsse. Die allgemein gebliebene Bezugnahme des Gesetzgebers auf Effektivitäts- und Beschleunigungsgesichtspunkte vermöge die Verschlechterung des Mitbestimmungsniveaus vor Art. 26 SächsVerf nicht zu rechtfertigen. Der in diesem Zusammenhang vom Gesetzgeber in Bezug genommene Hinweis des Bundesverfassungsgerichts, die wirksame Erfüllung des Amtsauftrages setze voraus, dass die dafür erforderlichen organisatorischen und sonstigen innerdienstlichen Bedingungen sach- und zeitgerecht geschaffen werden könnten, sei in einem völlig anderen Zusammenhang erfolgt und könne hier nicht herangezogen werden. Auch im Vergleich zu den Gesetzesnovellierungen anderer Länder sei die Einschränkung des Stufenverfahrens ohne Beispiel.

2.3.4 § 79 Abs. 4 Sätze 3 und 4 SächsPersVG verstießen im Fall des § 80 Abs. 3 Nr. 16 SächsPersVG (Technische Überwachungseinrichtungen) und im Fall des § 80 Abs. 3 Nr. 9 SächsPersVG (Beurteilungsrichtlinien) gegen Art. 26 SächsVerf, soweit die Entscheidung der Einigungsstelle nur Empfehlungscharakter habe.

2.3.4.1 Die Einführung technischer Überwachungseinrichtungen berühre in sehr direkter Weise den Persönlichkeitsschutz der Beschäftigten. Die Mitbestimmung habe hier den Sinn sicherzustellen, die Gefahren für den Persönlichkeitsschutz der Beschäftigten am Arbeitsplatz, die von der Technisierung der Verhaltens- und Leistungskontrolle ausgehen, auf das erforderliche Maß zu beschränken. Sie sei daher vor dem Hintergrund des Art. 26 SächsVerf geboten. Der Gesetzgeber habe ohne die erforderliche Auseinandersetzung mit der Problematik den vom Bundesverfassungsgericht „obiter" gegebenen Hinweis, dass diese Angelegenheiten einem gegenüber Volk und Parlament verantwortlichen Amtsträger vorbehalten bleiben müssten, zum Anlass genommen, sie der Zuständigkeit der Einigungsstelle zu entziehen.

2.3.4.2 Die Schaffung von Beurteilungsrichtlinien für Angestellte und Arbeiter tangiere in hohem Maße die Grundrechtssphäre der Beschäftigten. Beurteilungsrichtlinien gehörten nach der Rechtsprechung des Bundesverfassungsgerichts zu den Gegenständen, die eine weitreichende Mitbestimmung der Beschäftigten gestatteten, und unterlägen auch in fast allen anderen Personalvertretungsgesetzen der vollen Mitbestimmung. Die Erwägung des Gesetzgebers, die Schaffung von Beurteilungsrichtlinien berühre als Instrumentarium für einen sachgerechten Personaleinsatz zumindest mittelbar die Wahrnehmung des Amtsauftrages, sei mit dem Gebot der grundrechtseffektiven Ausgestaltung des Grundrechts auf Mitbestimmung nicht vereinbar.

2.3.5 § 80 Abs. 1 S. 2 und § 81 Abs. 2 SächsPersVG verstießen, soweit sie das Erfordernis eines Antrags des Beschäftigten als Voraussetzung für die Beteiligung der Personalvertretung auf Versetzungen, Umsetzungen und Abordnungen der Beamten, Angestellten und Arbeiter ausdehnten, gegen Art. 26 SächsVerf. Die Regelung sei unter der Verfassungsdirektive einer grundrechtseffektiven Ausgestaltung des Art. 26 SächsVerf nicht vertretbar, da sie die kollektivrechtliche Komponente des Grundrechts auf Mitbestimmung verkenne. Sie unterschreite das vom Bundespersonalvertretungsgesetz vorgegebene Mitbestimmungsniveau und könne sich zu ihrer Rechtfertigung nicht auf Vorgaben aus der Entscheidung des Bundesverfassungsgerichts zum schleswig-holsteinischen Mitbestimmungsgesetz berufen.

2.3.6 § 82 Abs. 1 S. 4 SächsPersVG verstoße durch den Ausschluss der Schulleiter von der Mitbestimmung in Personalangelegenheiten gegen Art. 26 SächsVerf. Mit der Bestimmung werde eine Verschlechterung der Mitbestimmung im Vergleich zu den Regelungen anderer Länder eingeführt. Die Begründung, dass das Dispositionsrecht der obersten Dienstbehörde durch eine personalvertretungsrechtliche Mitbestimmung keine Einschränkung erfahren solle, berücksichtige nur die Sichtweise des Dienstherrn und vermöge diese schwerwiegende Einschränkung des Grundrechts auf Mitbestimmung nicht zu rechtfertigen.

2.3.7 § 84 Abs. 4 SächsPersVG verstoße, soweit die Einschränkung der Weitergeltung gekündigter Dienstvereinbarungen sich generell auch auf die vor Geltung der Neufassung abgeschlossenen Dienstvereinbarungen beziehe, gegen Art. 26 SächsVerf iVm dem Rechtsstaatsprinzip. Mit der Neuregelung werde – vor allem im Zusammenhang mit dem Initiativrecht des Personalrats gem. § 83 Abs. 1 SächsPersVG betrachtet – eine das Mitbestimmungsrecht belastende Rechtsfolge an die Kündigung von Dienstvereinbarungen geknüpft, da die Dienststelle die Wirkung einer gegen ihren Willen zustande gekommenen Dienstvereinbarung einseitig beseitigen könne, obwohl die Parteien bei deren Abschluss nicht damit rechnen mussten. Die Regelung sei als tatbestandliche Rückanknüpfung bzw. unechte Rückwirkung an den rechtsstaatlichen Grundsätzen des Vertrauensschutzes, der Rechtssicherheit und der Verhältnismäßigkeit zu messen. Soweit sich die Gesetzesbegründung auf die Gemeinwohlverantwortung der Regierung berufe, sei die Regelung bereits nicht erforderlich, da sie sich nicht nur auf die Wirkung derjenigen Dienstvereinbarungen beziehe, die unter Berücksichtigung der Mitbestimmungsdirektiven des Bundesverfassungsgerichts problematisch sein könnten, sondern auch diejenigen erfasse, die sich im Einklang mit der Rechtslage befänden, wie sie die Rechtsprechung des Bundesverfassungsgerichts sehe.

2.3.8 § 84 Abs. 5 SächsPersVG verstoße, soweit er der Dienststelle ein unbeschränktes, jederzeitiges Recht zur Kündigung von Dienstvereinbarungen einräume, gegen Art. 26 SächsVerf. Auch hier handele es sich in Bezug auf bereits bestehende

Dienstvereinbarungen um eine unechte Rückwirkung, die vor dem Hintergrund des Vertrauensschutzgrundsatzes nur dann erforderlich sei, wenn sie zur Herstellung einer verfassungskonformen Lage diene. Darüber hinaus verstoße die Regelung auch im Hinblick auf die nach dem Inkrafttreten des Gesetzes abgeschlossenen Dienstvereinbarungen gegen Art. 26 SächsVerf, indem der Dienststelle das Recht eingeräumt werde, sich von Dienstvereinbarungen, die nicht in ihrem Interesse stünden, einseitig und ohne weitere Bindung zu lösen. Dieses sachlich unbeschränkte Recht der Dienststelle höhle das Initiativrecht des Personalrats aus und mache den Abschluss von Dienstvereinbarungen aus Sicht des Personalrats sinnlos. Es lasse sich mit dem Gebot der vertrauensvollen Zusammenarbeit zwischen Dienststelle und Personalrat nicht in Einklang bringen und finde im Rechtsvergleich kein Beispiel.

2.3.9 § 87 Abs. 1 S. 2 SächsPersVG, durch den die Beteiligungsrechte des örtlichen Personalrats zugunsten der Stufenvertretung eingeschränkt würden, verletze Art. 26 SächsVerf. Die Begründung des Gesetzes, die sich auf eine Vereinfachung des Beteiligungsverfahrens stütze, setze sich nicht mit dem Gebot der vertrauensvollen Zusammenarbeit zwischen Personalrat und Dienststelle auseinander, aus dem der Grundsatz der primären Zuständigkeit des örtlichen Personalrats folge. Die Zuständigkeitsübertragung auf die Stufenvertretung sei in ihrer Reichweite auch schwer überschaubar, da sie im Wortlaut der Bestimmung nur unzureichend beschrieben werde, und höhle dadurch die Zuständigkeit des örtlichen Personalrats nicht unerheblich aus.

2.3.10 § 89 Abs. 3 SächsPersVG, der die Besetzung der Fachkammern und des Fachsenats neu regele, verstoße gegen Art. 38 SächsVerf. Der den Rechtsweg ausgestaltende Gesetzgeber dürfe den gerichtlichen Schutz nicht auf unzumutbare, sachlich nicht zu rechtfertigende Art und Weise erschweren oder verkürzen. Die Neuregelung wirke sich als erhebliche Verschlechterung der Rechtsschutzsituation aus. Nach der früheren Rechtslage sei es im gerichtlichen Verfahren entscheidend um die Stimme des – unparteiischen – Vorsitzenden gegangen. Die neue Regelung berge die Gefahr in sich, dass es verhältnismäßig oft zu einer – die Verneinung der streitentscheidenden Frage bewirkenden – Pattsituation kommen werde. Für eine positive Entscheidung sei anstelle der bisher erforderlichen einfachen Mehrheit (3:2 Stimmen) nunmehr eine qualifizierte Mehrheit (3:1 Stimmen) erforderlich. Daneben falle die durch die Verstärkung der Anzahl der Berufsrichter möglicherweise angestrebte Verobjektivierung des Verfahrens nicht wesentlich ins Gewicht. Mit den von der Gesetzesbegründung angeführten Beschleunigungs- und Entlastungsargumenten sei die Verschlechterung der Rechtsschutzsituation nicht zu rechtfertigen, da die Belastungssituation unbelegt und die Beschleunigungsnotwendigkeit unbewiesen blieben. Zudem sei es widersprüchlich, die Entlastung des Vorsitzenden mit der Belastung eines weiteren Berufsrichters zu erkaufen, wenn die allgemeine Entlastungstendenz gerade zur Stärkung des Einzelrichters neige und nicht zur Schaffung weiterer Kollegialgerichte.

2.4 § 67 Abs. 7 SächsPersVG und § 84 Abs. 4 HS. 2 SächsPersVG seien verfassungsrechtlich zumindest bedenklich, so dass die Regelungen durch den Sächsischen Verfassungsgerichtshof gem. § 23 S. 2 SächsVerfGHG in das Normenkontrollverfahren einbezogen werden könnten.

2.4.1 Die Regelung des § 67 Abs. 7 SächsPersVG, welche die Flexibilität in der öffentlichen Verwaltung fördern und eine geordnete Unterrichtsversorgung sicherstellen solle, vermöge in ihrer Abstraktheit nicht voll zu überzeugen. Zwar könne die Verlängerung des mitbestimmungsfreien Abordnungszeitraumes, verbunden mit der Erweiterung des Abordnungsgebietes, wenn sie auf konkret belegbare Missstände reagiere, eine vertretbare Reaktionsmaßnahme des Gesetzgebers sein. Die damit verbundene gravierende Ungleichbehandlung der Lehrkräfte bedürfe allerdings einer stärker auf Fakten gestützten Begründung.

2.4.2 Die Regelung des § 84 Abs. 4 SächsPersVG sei, über die Verfassungswidrigkeit der Einschränkung der Weitergeltung bereits bestehender Dienstvereinbarungen hinaus, auch sonst verfassungsrechtlich zumindest bedenklich. Immer dann, wenn es dem Personalrat nicht gelänge, eine Nachwirkungsklausel zu vereinbaren, könne sich die Dienststelle der Wirkung einer gegen ihren Willen zustande gekommenen Dienstvereinbarung, ohne durch Sachgründe eingeschränkt zu sein, einseitig entziehen. Dies widerspreche dem Sinn und Zweck des Initiativrechts und sei im Hinblick auf das Effektivitätsgebot des Art. 26 SächsVerf bedenklich.

III.

1. Der Sächsische Landtag hat von einer Stellungnahme abgesehen.

2. Der Sächsische Staatsminister der Justiz hat im Namen der Sächsischen Staatsregierung zum Verfahren Stellung genommen. Er hält den Antrag im Verfahren der abstrakten Normenkontrolle für zulässig, in der Sache jedoch für nicht begründet. Die von den Antragstellern angegriffenen oder für verfassungsrechtlich bedenklich gehaltenen Vorschriften des Sächsischen Personalvertretungsgesetzes genügten in formeller und in materieller Hinsicht den Vorgaben der Sächsischen Verfassung.

2.1 Art. 26 SächsVerf garantiere in Satz 1 das Institut der Personalvertretung und in Satz 2 das Recht auf Mitbestimmung, welches nicht nur unter Gesetzesvorbehalt stehe, sondern der Konkretisierung durch eine gesetzliche Regelung bedürfe. Dies ergebe sich aus dem Wortlaut der Bestimmung, dem zeitlichen Gleichlauf der Verfassungsberatungen mit der Diskussion über das Sächsische Personalvertretungsgesetz und den Verfassungsberatungen selbst, in denen hervorgehoben worden sei, dass zwar das Recht auf Mitbestimmung grundsätzlich bestehe, es jedoch der gesetzlichen Ausgestaltung unterliege, und ferner diskutiert worden sei, dass die Vorschrift nicht nur Mitbestimmungsrechte sichern solle, sondern vielmehr auch Mitwirkungsrechte, die als abgestufte Mitbestimmungsrechte zu verstehen seien.

2.1.1 Aus dem Zusammenspiel von Satz 1 und Satz 2 des Art. 26 SächsVerf ergebe sich, dass der Gesetzgeber bei der Ausgestaltung die Garantie des Instituts der Personalvertretung beachten und einen Kernbereich des Mitbestimmungsrechts gewährleisten müsse, jedoch weder an ein bestimmtes Maß noch an eine bestimmte Ausgestaltung der Mitbestimmung gebunden sei.

2.1.1.1 In der Sächsischen Verfassung oder deren Entstehungsgeschichte finde die Auffassung, Art. 26 SächsVerf verlange die Ausweitung der Mitbestimmungskompetenzen gegenüber dem Recht des Bundes oder anderer Länder, keine Stütze. Ein solches Optimierungsgebot höhle den Ausgestaltungsvorbehalt aus, da der Gesetzgeber unter möglichen Ausgestaltungsvarianten nur diejenige wählen könne, die die weitestgehende Mitbestimmung ermögliche.

2.1.1.2 Art. 26 SächsVerf verbiete dem Gesetzgeber nicht, einmal eingeräumte Rechtspositionen im Rahmen seiner Ausgestaltungsbefugnis wieder zu beseitigen.

2.1.1.3 Auch die Rechtsauffassung der Antragsteller, dem Gesetzgeber werde durch Art. 26 SächsVerf ein Regelungsmodell vorgegeben, das sich an einem hohen Maß von Mitbestimmung orientiere und das Mitbestimmungsrecht effektiv ausgestalte, finde in Art. 26 SächsVerf keine Stütze. Abgesehen davon, dass die Antragsteller eine Konkretisierung dieser Vorgaben schuldig blieben, sei der von ihnen herangezogene Maßstab eines durchschnittlichen Beteiligungsniveaus auf Grund der Vielgestaltigkeit anderer Personalvertretungsgesetze bereits praktisch nicht handhabbar.

2.1.2 Allerdings sei der Gesetzgeber bei der Ausgestaltung des Mitbestimmungsrechts den Grenzen des Demokratieprinzips unterworfen, wie sie durch das Bundesverfassungsgericht in der Entscheidung zum schleswig-holsteinischen Mitbestimmungsgesetz festgestellt wurden, und vor diesem Hintergrund zur Novellierung des Sächsischen Personalvertretungsgesetzes verpflichtet gewesen. Unabhängig von der Reichweite der Bindungswirkung dieser Entscheidung nach § 31 Abs. 1 BVerfGG sei der Sächsische Landtag nach Art. 3 Abs. 1 SächsVerf unmittelbar an das Demokratieprinzip gebunden. Auch wegen des in Art. 28 Abs. 1 S. 1 GG niedergelegten Gebots der Vereinbarkeit von Bestimmungen der Landesverfassungen mit dem Grundgesetz sei Art. 26 SächsVerf keiner Auslegung zugänglich, die mit dem Demokratieprinzip nicht vereinbar wäre. Dass in diesem Zusammenhang die Vorgaben des Bundesverfassungsgerichts umzusetzen waren, ergebe sich bereits aus der Möglichkeit, das Sächsische Personalvertretungsgesetz gem. § 13 Nr. 6, §§ 76 ff BVerfGG der bundesverfassungsgerichtlichen Kontrolle zu unterziehen. Zu einer Verletzung des Kernbereichs des in Art. 26 SächsVerf gewährleisteten Rechts auf Mitbestimmung habe diese Umsetzung nicht geführt.

2.1.3 Es sei ebenfalls nicht zu beanstanden, wenn der Sächsische Gesetzgeber bei der Novellierung des Sächsischen Personalvertretungsgesetzes vom Leitbild einer effizienten Verwaltung und effizienten Mitbestimmungsstruktur ausgegangen sei. Es handele sich hierbei um eine legitime Zielsetzung, die der Gesetzgeber im Rahmen der Ausgestaltung habe berücksichtigen dürfen.

2.2 Die von den Antragstellern im Einzelnen angegriffenen bzw. für verfassungsrechtlich bedenklich gehaltenen Vorschriften stünden im Einklang mit den verfassungsrechtlichen Vorgaben.

2.2.1 Die Herausnahme der in § 4 Abs. 5 Nr. 4 und 5 SächsPersVG genannten Personenkreise sei wegen der zahlreichen Besonderheiten, die diese aufwiesen, sachgerecht. Die Professoren und Lehrkräfte an der Berufsakademie Sachsen hätten bereits weitgehende besondere Mitbestimmungsrechte auf Grund anderer Vorschriften und nähmen gegenüber dem akademischen Mittelbau selbst Arbeitgeberfunktionen wahr, so dass der Gesetzgeber zulässigerweise an das vom Bundesverfassungsgericht aufgestellte Schutzzweckkriterium anknüpfen und diese Personenkreise vom Geltungsbereich des Gesetzes habe ausnehmen dürfen. Bei den übrigen Personenkreisen handele es sich um typischerweise kurzfristig und zeitlich begrenzte Beschäftigungsverhältnisse, die – auch im Interesse der Betroffenen – in hohem Maß Flexibilität erforderten, welche durch den mit einer Beteiligung der Personalvertretung verbundenen Abstimmungsaufwand erschwert werde. Soweit die Antragsteller von einer angeblichen Unvereinbarkeit der Vorschrift mit § 95 Abs. 1 HS. 2 iVm § 104 BPersVG ausgingen, sei darauf hinzuweisen, dass diese Vorschriften nicht Maßstab der Prüfung des Verfassungsgerichtshofes des Freistaates Sachsen seien und abgesehen davon § 104 BPersVG kein ausdrückliches Verbot enthalte, die genannten Personenkreise vom Geltungsbereich des Personalvertretungsgesetzes auszunehmen.

2.2.2 Die Konzentration der Mitbestimmung im Schulbereich gem. § 67 Abs. 1 SächsPersVG sei durch sachliche Gründe gerechtfertigt. Eine effektive Beteiligung der Personalvertretungen sei auch weiterhin gewährleistet. Die parallel zu der jetzt geltenden Lösung erwogene Einrichtung örtlicher Personalräte für alle Schularten sei im Hinblick auf den erheblichen organisatorischen und finanziellen Aufwand zulässigerweise abgelehnt worden. Sie hätte die Einrichtung einiger hundert weiterer Stellen erfordert und für die Einrichtung der zweitausend örtlichen Personalräte Reise-, Fortbildungs- und Schulungskosten sowie Kosten für den Geschäftsbedarf nach sich gezogen. Demgegenüber sei die Mitbestimmung nicht erschwert. Auch bislang hätten auf der Ebene der örtlichen Personalräte echte Mitbestimmungsrechte nicht bestanden. Beteiligungsrechte bestünden zwar im Rahmen der allgemeinen Aufgaben der Schulen, diese würden bei näherer Betrachtung aber weitgehend von anderen Stellen wahrgenommen. Im Übrigen sei kein Stufenverfahren bekannt, das seinen Anfang auf der Ebene der örtlichen Personalräte genommen hätte. Der Argumentation der Antragsteller könne auch im Hinblick auf die weite räumliche Entfernung der Regionalschulämter zu den einzelnen Schulen nicht gefolgt werden. Dabei komme es nicht nur auf die bloße Kilometerzahl an, sondern vielmehr darauf, ob die Beschäftigten den Personalrat ohne größere Schwierigkeiten erreichen könnten. Darauf sei bei der Einrichtung der Regional-schulämter explizit geachtet worden. Viele Anliegen ließen sich auch schriftlich oder telefonisch erledigen. Im Übrigen sei dem erhöhten Zeitaufwand für die Personalrats-tätigkeit mit der entsprechenden Aufstockung der Freistellungen Rechnung getragen worden. Schließlich stelle sich die Neuregelung auch im Vergleich mit anderen Ländern nicht als unangemessen dar. Ähnliche Regelungen fänden sich in Bayern, Hessen, Mecklenburg-Vorpommern, Sachsen-Anhalt und Schleswig-Holstein. Es werde ledig-lich der Zustand hergestellt, der für Grund-, Mittel- und Förderschulen schon vor der Novellierung bereits über Jahre hinweg bestanden habe.

2.2.3 Bei der Neuregelung des § 79 Abs. 3 S. 1 bis 6 SächsPersVG habe sich der Gesetzgeber an die Vorgaben des Bundesverfassungsgerichts zum Demokratieprinzip gehalten. Er sei berechtigt gewesen, das Beteiligungsverfahren zur Effektivitäts- und Flexibilitätssteigerung zu straffen. Im Hinblick auf die engen Voraussetzungen für vorläufige Maßnahmen nach § 79 Abs. 5 SächsPersVG habe der Gesetzgeber sicher-stellen dürfen, dass die fraglichen Personalmaßnahmen ohne ein langwieriges Stufen-verfahren stattfinden können. Die in § 79 Abs. 3 SächsPersVG vorgesehenen Fristen seien angemessen und wahrten den durch Art. 26 SächsVerf geschützten Kernbereich des Mitbestimmungsrechts.

2.2.4 Auch § 79 Abs. 4 S. 3 und 4 SächsPersVG seien von Verfassungs wegen nicht zu beanstanden.

2.2.4.1 Der Gesetzgeber habe sich zulässigerweise an die Vorgaben des Bundes-verfassungsgerichts gehalten, die nicht nur, wie die Antragsteller meinen, „globaler, obiter gegebener Hinweis", sondern zentraler Bestandteil der verfassungsgerichtlichen Entscheidung gewesen seien. Dabei sei nichts dagegen einzuwenden, wenn der Gesetz-geber eine Regelung für vorzugswürdig gehalten habe, die die Unsicherheiten einer sogenannten doppelten Mehrheit bei der Entscheidung der Einigungsstelle vermeide und anstelle dessen ein Letztentscheidungsrecht der obersten Dienstbehörde vorsehe. Der Vorwurf der Antragsteller, der Gesetzgeber habe sich mit dem Grundrechtsbezug dieser Problematik nicht befasst, sei nicht nachvollziehbar, da dies zentraler Bestandteil der parlamentarischen Beratungen gewesen sei.

2.2.4.2 Der Gesetzgeber habe auch im Fall des § 80 Abs. 3 Nr. 9 SächsPersVG das Letztentscheidungsrecht zulässigerweise auf die oberste Dienstbehörde verlagert. Die Schaffung von Beurteilungsrichtlinien für Angestellte und Arbeiter sei wesentliche Grundlage der Personalpolitik und berühre daher mittelbar die Wahrnehmung des Amtsauftrags. Ferner sei es ein berechtigtes Anliegen, einheitliche Beurteilungsricht-linien für Arbeitnehmer und Beamte zu erlassen, was – da die Schaffung letzterer nicht der vollen Mitbestimmung unterliege – nur durch eine Einschränkung der Mitbestim-mung sichergestellt werden könne. Auch wenn das Bundesverfassungsgericht in diesem Punkt eine weitergehende Mitbestimmung für zulässig erachte, heiße dies nicht, dass der Gesetzgeber diese – auch im Lichte von Art. 26 SächsVerf – nicht aus anderen Gründen einschränken dürfe.

2.2.5 Der Kernbereich des Mitbestimmungsrechts sei durch die Neuregelung der § 80 Abs. 1 S. 2, § 81 Abs. 2 SächsPersVG nicht verletzt. Die Regelung führe nicht zu einer Beseitigung der personalvertretungsrechtlichen Beteiligung und sei sachlich gerechtfertigt. Mitbestimmung diene hier dem Schutz des jeweils betroffenen Beschäftigten, so dass im Falle seines Einverständnisses die Beteiligung des Personalrates nicht erforderlich sei. Die Einschätzung des Gesetzgebers, dass die Zustimmung des Personalrats im Falle des Einverständnisses des Beschäftigten auf Grund fehlender Interventionsmöglichkeiten eher formaler Art sein dürfe, begegne keinen Bedenken. Entsprechende Regelungen fänden sich auch in den Gesetzen anderer Länder.

2.2.6 Die Regelung des § 82 Abs. 1 S. 4 SächsPersVG sei von Verfassungs wegen nicht zu beanstanden. Der Gesetzgeber habe zulässigerweise die Leitungsfunktion der Schulleiter in den Vordergrund gerückt und seinem daneben bestehenden Lehrauftrag ein geringeres Gewicht beigemessen. Seiner Stellung und Funktion innerhalb der Schulverwaltung und der Schulaufsicht nach sei er mit den übrigen Lehrkräften nicht vergleichbar.

2.2.7 Auch soweit die Antragsteller § 84 Abs. 4 SächsPersVG angriffen, sei gegen die Verfassungsmäßigkeit der Vorschrift nichts zu erinnern. Mit der Neuregelung habe der Gesetzgeber die Grenze einer zulässigen unechten Rückwirkung nicht überschritten. Diese sei erst erreicht, wenn schutzwürdiges Vertrauen in den Fortbestand einer Regelung bestünde und dieses bei Abwägung mit den Belangen des Gemeinwohls Vorrang genieße. Außerdem sei darauf hinzuweisen, dass auch bislang nicht uneingeschränkt auf den Fortbestand gekündigter Dienstvereinbarungen habe vertraut werden können, da die Einigungsstelle nach einer Kündigung eine Dienstvereinbarung aufheben oder beenden konnte. Im Übrigen sei es nicht zu beanstanden, wenn sich der Gesetzgeber von der Erwägung habe leiten lassen, dass eine Dienstvereinbarung bei Gegenständen, die der eingeschränkten Mitbestimmung unterlägen und die Einigungsstelle daher nicht mehr die Befugnis zur abschließenden Änderung oder Aufhebung habe, ansonsten nicht mehr einseitig zu kündigen gewesen wäre. Ferner sei zu berücksichtigen, dass sich die Dienststelle im Hinblick auf die aus dem Demokratieprinzip herzuleitenden Anforderungen von der durch eine Dienstvereinbarung eingegangenen Bindung wieder lösen können müsse, wenn ihr dies für eine gemeinwohlorientierte Staatstätigkeit angezeigt erscheine. Schließlich entspreche es der Rechtsprechung des Bundesarbeitsgerichts, dass die Nachwirkung einer Dienstvereinbarung jedenfalls dann ausgeschlossen sei, wenn echte Mitbestimmungstatbestände fehlten, bzw. nicht oder nicht mehr bestünden.

2.2.8 Ebenso bleibe durch § 84 Abs. 5 SächsPersVG der Kernbereich des Mitbestimmungsrechts gewahrt. Die Notwendigkeit einer einseitigen Kündigungsmöglichkeit der Dienststelle im Einzelfall werde durch das Demokratieprinzip vorgegeben. Seien durch eine Dienstvereinbarung Mitbestimmungstatbestände betroffen, die überwiegend die Erfüllung des Amtsauftrages zum Gegenstand hätten, stünde ihre Fortgeltung im Widerspruch zu einer gemeinwohlorientierten Staatstätigkeit. In diesen Fällen sei es nicht tragbar, die Fortgeltung einer Dienstvereinbarung von einer entsprechenden Vereinbarung abhängig zu machen.

2.2.9 Auch soweit sich die Antragsteller gegen § 87 Abs. 1 S. 2 SächsPersVG wendeten, sei ein Verstoß gegen Art. 26 SächsVerf nicht erkennbar. Die Änderung trage zur Verfahrensvereinfachung bei, indem nunmehr die Möglichkeit bestehe, statt zweier Personalvertretungen nur noch eine, nämlich die bei der zuständigen Dienststelle gebildete Stufenvertretung, zu beteiligen. Die Rechte der örtlichen Personalräte und damit die aus Art. 26 SächsVerf herzuleitenden Erfordernisse seien durch das in § 87 Abs. 2 SächsPersVG vorgesehene Anhörungsrecht gewahrt. Darüber hinaus sei durch die Neuregelung ausgeschlossen, dass die örtlichen Personalräte und die Stufenvertretung gegenüber der Dienststelle unterschiedliche Voten abgäben.

2.2.10 Die in § 89 Abs. 3 SächsPersVG geregelte Besetzung der Fachkammern bzw. des Fachsenats für Personalvertretungssachen verstoße weder gegen Art. 26 SächsVerf noch gegen die Rechtsschutzgarantie des Art. 38 SächsVerf. Die Rechtsschutzgarantie enthalte keine zwingenden Vorgaben für die Besetzung von Gerichten oder die Beteiligung von Laienrichtern. Die mit der Neubesetzung verbundene Entlastung des Vorsitzenden werde die personalvertretungsrechtlichen Verfahren beschleunigen und damit den Rechtsschutz eher weiter verbessern als verschlechtern. Die Besetzung eines Spruchkörpers mit einer geraden Anzahl von Richtern sei verfassungsrechtlich zulässig und beispielsweise auch bei der Besetzung der Großen Strafkammer und der Senate des Bundesverfassungsgerichts vorgesehen. Dem Problem der Stimmengleichheit werde durch die Regelung des § 89 Abs. 3 Sächs-PersVG Rechnung getragen. Zwar könne bei Stimmengleichheit die Rechtswidrigkeit des zur gerichtlichen Überprüfung gestellten Handelns der Dienststelle nicht bejaht werden, dies stelle jedoch keine wesentliche Erschwerung des Rechtsschutzes gegenüber der früheren Rechtslage dar, unter der zur Feststellung der Rechtswidrigkeit des Handelns der Dienststelle ebenfalls drei Richter hiervon hätten überzeugt sein müssen.

2.3 Auch die von den Antragstellern für verfassungsrechtlich bedenklich gehaltenen Vorschriften hielten einer verfassungsrechtlichen Überprüfung stand.

2.3.1 Der Abordnung von Lehrkräften, die gem. § 67 Abs. 7 SächsPersVG bis zu einer Dauer von zwölf Monaten nicht mehr der Mitbestimmung unterliege, komme im Schulbereich eine besonders hohe Bedeutung zu, um einen flexiblen Personaleinsatz und eine rasche Anpassung der Unterrichtsversorgung zu gewährleisten. Die bisherige Regelung, nach der Abordnungen von bis zu sechs Monaten nicht der Mitbestimmung unterlegen hätten, habe in der Vergangenheit nicht ausgereicht, um einen reibungslosen Unterrichtsablauf zu gewährleisten. Es seien im Freistaat Sachsen auch in Zukunft personelle Veränderungen notwendig, die Abordnungen und Versetzungen in einem Umfang erwarten ließen, der weit über die anderen Bereiche des öffentlichen Dienstes hinausginge.

2.3.2 Die verfassungsrechtlichen Bedenken der Antragsteller griffen schließlich im Hinblick auf die Vorschrift des § 84 Abs. 4 SächsPersVG ebenfalls nicht durch. Da Dienststelle und Personalvertretung frei seien, ob sie sich überhaupt in einer Dienstvereinbarung binden wollen, sei es – auch im Hinblick auf das Initiativrecht des Personalrats – nicht zu beanstanden, die Weitergeltung einer Dienstvereinbarung nach Kündigung von der jeweiligen Vereinbarung abhängig zu machen. Auch lasse sich aus Art. 26 SächsVerf nicht herleiten, dass eine Dienstvereinbarung nach einer Kündigung zunächst weiterzugelten habe.

B.

I.

Der Antrag im Verfahren der abstrakten Normenkontrolle gem. Art. 81 Abs. 1 Nr. 2 SächsVerf iVm § 7 Nr. 2, § 21 Nr. 1 SächsVerfGHG ist zulässig. Die Antragsteller, 38 Abgeordnete des 2. Sächsischen Landtages, halten Vorschriften des Sächsischen Personalvertretungsgesetzes vom 21. Januar 1993 (SächsGVBl. S. 29) in der Fassung des Zweiten Gesetzes zur Änderung des Sächsischen Personalvertretungsgesetzes vom 23. April 1998 (SächsGVBl. S. 165) und des Gesetzes zur Änderung des Schulgesetzes für den Freistaat Sachsen und anderer Gesetze vom 29. Juni 1998 (SächsGVBl. S. 271) wegen sachlicher Unvereinbarkeit mit der Sächsischen Verfassung für nichtig.

II.

Für die Zulässigkeit des Antrags ist ohne Belang, dass die Antragsteller mit dem Ende des 2. Sächsischen Landtags ihr Abgeordnetenmandat für diese Wahlperiode verloren haben. Bedeutung und Funktion des Antrags zur Einleitung einer abstrakten Normenkontrolle erschöpfen sich darin, den Anstoß zur verfassungsgerichtlichen Prüfung im objektiven Verfahren zu geben. Ist dieses in Gang gesetzt, kommt es für dessen weiteren Verlauf nicht mehr auf die Anträge und Anregungen der Antragsteller, sondern ausschließlich auf das objektive Interesse an der Klarstellung der Geltung der zur Prüfung gestellten Normen an (SächsVerfGH, JbSächsOVG 4, 50, 60 mN), das im vorliegenden Fall vorhanden ist.

C.

Der Antrag ist teilweise begründet. Eine der angegriffenen Regelungen des Sächsischen Personalvertretungsgesetzes ist im Ganzen, andere sind zum Teil mit der Sächsischen Verfassung nicht zu vereinbaren. Weitere Vorschriften entsprechen der Sächsischen Verfassung lediglich in der vom Verfassungsgerichtshof vorgenommenen Auslegung.

I.

Die verfassungsrechtlichen Maßstäbe für die Beurteilung der von den Antragstellern angegriffenen Vorschriften ergeben sich im Wesentlichen aus Art. 26 SächsVerf (nachstehend 1.). Diese Norm enthält den Gesetzgeber bindende Vorgaben für die Ausgestaltung des Sächsischen Personalvertretungsgesetzes (nachstehend 2.), deren Anwendung der eingeschränkten Kontrolle durch den Sächsischen Verfassungsgerichtshof unterliegt (nachstehend 3.).

1. Gem. Art. 26 S. 1 der Sächsischen Verfassung sind in Betrieben, Dienststellen und Einrichtungen des Landes Vertretungsorgane der Beschäftigten zu bilden. Nach Satz 2 haben „diese" nach Maßgabe der Gesetze das Recht auf Mitbestimmung. Die beiden Sätze haben unterschiedliche Regelungen zum Gegenstand. Satz 1 befasst sich mit der Bildung der Vertretungsorgane, das heißt mit der Frage, wo, in welcher Form, von wem und für wen Vertretungsorgane einzurichten sind. Satz 2 regelt den materiellen Gehalt des Mitbestimmungsrechts, namentlich die Frage, wem es zusteht, was es zum Inhalt hat und wem gegenüber, beziehungsweise wie es durchzusetzen ist. Damit stehen sich nicht zwei isoliert voneinander zu betrachtende Gewährleistungen gegenüber. Vielmehr sind die Regelungen in ihrem Normgehalt wechselseitig aufeinander bezogen und gewährleisten im Rahmen eines ineinander greifenden Gesamtgefüges das Grundrecht auf Mitbestimmung im öffentlichen Dienst.

1.1 Das Recht auf Mitbestimmung ist Ausdruck des in Art. 1 S. 2 SächsVerf normierten Sozialstaatsprinzips sowie Instrument zum Schutz und zur Verwirklichung der Grundrechte der Beschäftigten im Arbeitsleben (vgl. BVerfGE 28, 314, 323; 51, 43, 58). Mitbestimmung im öffentlichen Dienst ist ihrer Natur nach institutionalisierte Interessenvertretung durch gewählte Beschäftigte. Sie dient der Kompensation des mit der Eingliederung in den Arbeitsprozess zwangsläufig verbundenen Verlusts von Selbstbestimmung des einzelnen Bediensteten und setzt an deren Stelle die kollektive Interessenwahrnehmung durch das Vertretungsorgan.

Das Recht auf Mitbestimmung steht nicht den einzelnen Beschäftigten, sondern dem jeweiligen Vertretungsorgan zu. Ihm obliegt die Repräsentation der Interessen der Beschäftigten in ihrer Gesamtheit. Insofern nimmt das Vertretungsorgan das Recht auf Mitbestimmung gem. Art. 26 S. 2 SächsVerf, durch einen Wahlakt der Beschäftigten legitimiert, nach Maßgabe eines übergeordneten, von den Einzelinteressen der Beschäftigten losgelösten Interesses eigenverantwortlich wahr (vgl. BVerfGE 28, 314, 322). Somit setzt sich die Tätigkeit eines Vertretungsorgans als Repräsentant eines solchen kollektiven, bündelungsfähigen Interesses (vgl. unten 1.2.2 und 1.2.3) gleichsam zwangläufig vom Willen und den Interessen eines Einzelnen oder einer es nicht tragenden Minderheit ab, ohne eine normative inhaltliche Rückbindung an den Willen der Repräsentierten zu verlieren (vgl. für Formen demokratischer Repräsentation: *E.-W. Böckenförde* Demokratische Willensbildung und Repräsentation, in: Handbuch des Staatsrechts, Bd. II (1987), § 30 Rn. 20 ff). Dieser Repräsentationszusammenhang kommt im Wortlaut des Art. 26 SächsVerf klar zum Ausdruck. Satz 1 der Vorschrift spricht von Vertretungsorganen der Beschäftigten. Durch die Verwendung des Demonstrativpronomens „diese" in Satz 2 wird eine Rückbeziehung zum Subjekt in Satz 1, mithin zu den Vertretungsorganen hergestellt. Die ausdrückliche Zuweisung des Rechts auf Mitbestimmung an die Vertretungsorgane ist mithin Grundlage für den dem Mitbestimmungsrecht immanenten Repräsentationsgedanken.

Soweit die Antragsteller dem Recht auf Mitbestimmung in seinem Bezug zur Menschenwürde (Art. 14 Abs. 1 SächsVerf) auch eine demokratische Dimension zusprechen, ist dem nur eingeschränkt zuzustimmen. Die durch Mitbestimmung vermittelte Teilhabe an Entscheidungen der Dienststelle vermag zwar – insoweit mit demokratischer Teilhabe vergleichbar – einen Einfluss des Einzelnen auf die Gestaltung seiner Arbeitsbedingungen sicherzustellen, die dem Einfluss des Bürgers auf die staatliche Willensbildung nahe kommt. Das Mitbestimmungsrecht ist in seinem Bezug zum Menschenwürdegebot des Art. 14 Abs. 1 SächsVerf auch im Spannungsverhältnis zwischen individueller Freiheit einerseits und Gemeinschaftsbezogenheit andererseits zu sehen (vgl. *P. Häberle* Die Menschenwürde als Grundlage der staatlichen Gemeinschaft, in: Handbuch des Staatsrechts, Bd. I (2. Aufl. 1995), § 20 Rn. 66; *Maihofer* Prinzipien freiheitlicher Demokratie, in: Handbuch des Verfassungsrechts, Bd. I (2. Aufl. 1995), § 12 Rn. 100 ff). Jedoch leitet sich die Legitimation des Handelns der Dienststelle nicht von den in ihr Beschäftigten ab. Insoweit findet das Recht auf Mitbestimmung weder eine verfassungsrechtliche Grundlage im Demokratieprinzip der Sächsischen Verfassung, wonach die Legitimation staatlichen Handelns ausschließlich vom Volk iSd Art. 3 Abs. 1 S. 1 SächsVerf herrührt, noch vermittelt die Betroffenheit der Beschäftigten von Entscheidungen der Dienststelle die demokratische Legitimation der durch das Recht auf Mitbestimmung gewährleisteten Beteiligung (vgl. BVerfGE 93, 37, 69; Hessischer Staatsgerichtshof, Urt. v. 22.12.1993, P.St. 1141, ESVGH 44, 13, 18; a.A. Bremischer Staatsgerichtshof, Entscheidung v. 3.5.1957, St 1/56, Umdruck S. 17; *Schuppert* Zur Legitimation der Mitbestimmung im öffentlichen Dienst, in: PersR 1993, 1, 13 f).

Im Übrigen betrifft die Mitbestimmung im öffentlichen Dienst einen Lebensbereich, der nicht nur durch Art. 26, sondern auch durch andere, sich auf das Handeln des Landes und dessen Organisation beziehende Normen der Sächsischen Verfassung geprägt ist, nämlich insbesondere das Demokratieprinzip (Art. 1 S. 2, Art. 3 Abs. 1 Sächs Verf), die Garantie kommunaler Selbstverwaltung (Art. 82 Abs. 2 S. 2 Sächs Verf) sowie das Recht der Staatsregierung zur Einrichtung der staatlichen Behörden (Art. 83 Abs. 2 Sächs Verf). Die Mitbestimmungsvorschrift ist daher auch im Zusammenhang mit diesen, die Sächsische Verfassung beherrschenden und konstituierenden Strukturprinzipien zu betrachten und auszulegen.

1.2 Art. 26 S. 1 Sächs Verf enthält einen verbindlichen, an den Staat gerichteten Auftrag, die normativen Voraussetzungen für die Bildung von Vertretungsorganen zu schaffen (nachstehend 1.2.1). Dem Gesetzgeber, der diesen Auftrag mit der Regelung des Personalvertretungswesens erfüllt, ist durch die Verfassung unmittelbar vorgegeben, die Bildung von Vertretungsorganen in allen Betrieben, Dienststellen und Einrichtungen des Landes vorzusehen (nachstehend 1.2.2). Auch der Begriff des Beschäftigten wird unmittelbar durch die Verfassung festgelegt (nachstehend 1.2.3). Art. 26 S. 1 Sächs Verf eröffnet dem Gesetzgeber, anders als Satz 2 der Vorschrift, keinen Ausgestaltungsspielraum. Er hat die darin enthaltenen Begriffe lediglich zu konkretisieren, nicht aber nach eigenem politischen Ermessen selbst zu definieren.

1.2.1 Die Verpflichtung zur Einrichtung der Beschäftigtenvertretungen beschränkt sich darauf, die normativen Voraussetzungen hierfür zu schaffen. Die Bestellung der Vertretungsorgane selbst ist Sache der Beschäftigten, die durch einen Wahlakt diejenigen Personen legitimieren, die ihre Interessen gegenüber der Dienststelle durch die Ausübung des Rechts auf Mitbestimmung wahrnehmen sollen (vgl. Sächs-OVG, Beschl. v. 12. 1. 1999 – P 5 S 38/96 –, SächsVBl. 2000, 113, 114). Die Bildung handlungsfähiger, mit dem Recht nach Art. 26 S. 2 Sächs Verf ausgestatteter Beschäftigtenvertretungen ist nur unter den vom Staat geschaffenen normativen Rahmenbedingungen möglich und setzt die Schaffung von Strukturen und Kreationsverfahren voraus, die eine effektive Wahrnehmung der Interessen der Beschäftigten ermöglichen.

Dieses Verständnis ergibt sich bereits aus dem Wortlaut des Art. 26 S. 1 Sächs-Verf, der – anders als Satz 2 – keinen Gesetzes- oder Ausgestaltungsvorbehalt enthält. Auch der dem Recht auf Mitbestimmung immanente Gedanke der Repräsentation verwirklicht sich nur unter der Voraussetzung, dass die Beschäftigten selbst das ihre Interessen vertretende Organ legitimieren und die Tätigkeit des Vertretungsorgans in einem ständigen, sich nicht nur im Wahlakt erschöpfenden Kommunikations- und Interaktionsprozess eine inhaltliche Rückbindung an den Willen und an die Interessen der Beschäftigten erfährt. Dies ist indes nur möglich, wenn die Bildung des Vertretungsorgans unter der Maßgabe einer orts- und sachnahen Interessenwahrnehmung steht, die nicht nur dessen Erreichbarkeit für die Beschäftigten sowie einen möglichst ungehinderten Informationsfluss mit ihnen sicherstellt, sondern darüber hinaus die Kenntnis der örtlichen Verhältnisse und die unmittelbare Wahrnehmung etwaiger, für die Ausübung des Rechts auf Mitbestimmung wesentlicher Konfliktlagen gewährleistet. Im Übrigen ist Art. 26 SächsVerf auch aus der Sicht des vom Bundesrecht vorgeprägten Systems der Personalvertretungen zu betrachten. Danach ist es Aufgabe der Landesgesetzgebung, die normativen Voraussetzungen für die Bildung der Personalvertretungen zu schaffen; die Bestellung der Vertretungsorgane selbst obliegt den Beschäftigten (Art. 75 Abs. 1 Nr. 1 GG, §§ 94, 95 Abs. 1, § 98 BPersVG).

1.2.2 Vertretungsorgane sind grundsätzlich in allen Betrieben, Dienststellen und Einrichtungen des Landes, mithin in allen auf Gesetz oder Verwaltungsvorschrift beruhenden, in öffentlicher Rechtsform nach Art. 83 Abs. 1 S. 1 SächsVerf gebildeten Verwaltungsträgern des Landes einzurichten. Im Rahmen der einfachgesetzlichen Konkretisierung der Begriffe ist eine Abweichung vom durch den Gesetzgeber nach Art. 83 Abs. 1 S. 1 SächsVerf geschaffenen Organisationsmodell nur zulässig, wenn dies der Optimierung der Vertretungsstruktur dient, die namentlich eine effektivere Wahrnehmung der Beschäftigteninteressen ermöglichen soll. Dies kann einerseits zu einer Zentralisierung von Vertretungsorganen führen, wenn bündelungsfähige Interessen in einer Organisationseinheit typischerweise nicht gegeben sind oder die wesentlichen, dem Recht auf Mitbestimmung unterliegenden Entscheidungen nicht in der Organisationseinheit selbst getroffen werden, sowie andererseits auch zur Dezentralisierung der Vertretungsorgane, wenn diese für eine sach- und ortsnahe Interessenwahrnehmung erforderlich ist.

Die Begriffe Betrieb, Dienststelle und Einrichtung knüpfen unmittelbar an den Aufbau und die Gliederung der Landesverwaltung an, die nach Art. 83 Abs. 1 S. 1 SächsVerf durch den Gesetzgeber geregelt wird. Der Begriff Betrieb ist darüber hinaus auch durch das Betriebsverfassungsrecht geprägt, wobei dort allerdings nur Betriebe in privater Rechtsform gemeint sind (vgl. BAGE 56, 1, 6; 82, 112, 122). Die Formulierung „des Landes" in Art. 26 S. 1 SächsVerf weist darauf hin, dass nicht nur Stellen des Freistaates, sondern auch der Kommunen davon erfasst werden (vgl. Protokoll der 6. Klausur, S. 73 in: *Schimpff/Rühmann* Die Protokolle des Verfassungs- und Rechtsausschusses zur Entstehung der Verfassung des Freistaates Sachsen). Die Abgrenzung zum Anwendungsbereich des Betriebsverfassungsgesetzes spricht im Übrigen für eine Beschränkung des Art. 26 S. 1 SächsVerf auf Organisationseinheiten in öffentlichrechtlicher Rechtsform. Auch der Sächsische Verfassunggeber hat die mögliche und kompetenzrechtlich problematische Überschneidung des Art. 26 SächsVerf mit dem Betriebsverfassungsrecht erkannt, wobei sich in der Diskussion die Tendenz abzeichnete, nur Betriebe in öffentlich-rechtlicher Rechtsform als solche iSd Art. 26 SächsVerf anzusehen (vgl. Protokoll der 6. Klausur, S. 74 in: *Schimpff/Rühmann* Die Protokolle des Verfassungs- und Rechtsausschusses zur Entstehung der Verfassung des Freistaates Sachsen). Für eine Anknüpfung des Art. 26 S. 1 SächsVerf an das durch den Gesetzgeber nach Art. 83 Abs. 1 S. 1 SächsVerf geschaffene Organisationsrecht spricht schließlich auch der Sinn und Zweck der Vorschrift. Die kraft Organisationsrecht gebildeten Verwaltungseinheiten unterliegen jeweils einheitlichen Führungs- und Leitungsstrukturen, die in personalvertretungsrechtlicher Hinsicht typischerweise sehr unterschiedliche Interessen- und Konfliktlagen aufweisen können. Dem korrespondiert das Art. 26 S. 1 SächsVerf zu entnehmende Prinzip, die Vertretungsorgane möglichst sach- und ortsnah zu bilden und dort anzusiedeln, wo wesentliche, bündelungsfähige Interessen der Beschäftigten berührende Entscheidungen getroffen werden, um eine effektive Wahrnehmung der Beschäftigteninteressen zu gewährleisten.

1.2.3 Dieser Normzweck ist auch für die Auslegung des Begriffs der Beschäftigten iSd Art. 26 S. 1 SächsVerf maßgeblich, für die Vertretungsorgane zu bilden sind. Anspruch auf Repräsentation ihrer Interessen durch solche Vertretungsorgane haben grundsätzlich sämtliche in der jeweiligen Organisationseinheit tätigen und zu diesem Zweck in sie eingegliederten Personen, gleichgültig, ob sie als Arbeiter, Angestellte, Beamte, zu ihrer Berufsausbildung, dauerhaft oder nur vorübergehend beschäftigt sind. Dem Gesetzgeber ist es danach von Verfassungs wegen grundsätzlich verwehrt, einzelne Personengruppen, die nach diesen Grundsätzen Beschäftigte iSv Art. 26 S. 1 SächsVerf sind, von einer Repräsentation ihrer Interessen durch Vertretungsorgane auszuschließen. Allerdings kann von einer Eingliederung im Sinne dieses Beschäftigtenbegriffs nur gesprochen werden, wenn diese mit einem so weitgehenden Verlust an Selbstbestimmung verbunden ist, dass sich daraus ein Bedürfnis nach kollektiver Interessenwahrnehmung durch ein Vertretungsorgan ergibt. Danach dürfen bestimmte Personengruppen von der Repräsentation durch ein Vertretungsorgan nur dann ausgenommen werden, wenn bei ihnen aufgrund der ihrem Beschäftigungsverhältnis innewohnenden objektiven Funktion und dessen konkreter Ausgestaltung eine solche Eingliederung in die Arbeitsabläufe der jeweiligen Organisationseinheit nicht vorliegt oder wenn ihnen aufgrund anderer Verfassungsnormen Freiräume zustehen, die ein kollektives Schutzbedürfnis ihrer Interessen entfallen lassen.

Beschäftigte iSd Art. 26 S. 1 SächsVerf sind darüber hinaus nur solche Personen, die innerhalb einer Personengruppe typischerweise bündelungsfähige Interessen haben, die durch ein Vertretungsorgan gegenüber dem Dienstherrn wahrgenommen werden können. Sind die Interessen innerhalb einer Personengruppe so inhomogen, dass sie einer einheitlichen, kollektiven Wahrnehmung nicht zugänglich sind, kann der Art. 26 SächsVerf immanente Repräsentationsgedanke nicht verwirklicht werden. Dies ergibt sich bereits aus dem Begriff „Vertretungsorgane".

1.3 Nach Art. 26 S. 2 SächsVerf haben die Vertretungsorgane das Recht auf Mitbestimmung (nachstehend 1.3.1). Dieses Grundrecht bezieht sich auf die Entscheidungen und Angelegenheiten der Dienststelle, welche die Rechte und Interessen der Beschäftigten im Bereich ihrer Arbeits- und Dienstverhältnisse mehr als nur unwesentlich berühren (nachstehend 1.3.2). Es umfasst nicht nur die Gewährung materieller Beteiligungsrechte, sondern stellt auch Anforderungen an das Beteiligungsverfahren (nachstehend 1.3.3) und steht unter dem Vorbehalt der gesetzlichen Ausgestaltung (nachstehend 1.3.4).

1.3.1 Mitbestimmung ist die Beteiligung des Vertretungsorgans an Entscheidungen der Dienststelle durch Erteilen oder Vorenthalten einer rechtlich erforderlichen Zustimmung. Soweit der Gesetzgeber in bestimmten Angelegenheiten eine schwächere Form der Beteiligung vorsieht, wie zum Beispiel Mitwirkungs-, Informations-, Anhörungs- oder Antragsrechte, sind diese Beteiligungsformen vom Schutz des Art. 26 S. 2 SächsVerf ebenfalls umfasst. In diesen Fällen stellt sich das Zurückbleiben des Beteiligungsrechts hinter der Mitentscheidung als Einschränkung des durch Art. 26 S. 2 SächsVerf vermittelten Grundrechtsschutzes dar, die besonderer Rechtfertigung bedarf.

Der Begriff Mitbestimmung umfasst nach seinem natürlichen Wortsinn jedwede Art der Beteiligung der Arbeitnehmer bzw. der Beamten durch ihre Vertreter an den Entscheidungen ihres Arbeitsgebers oder Dienstherrn. In einem engen technischen Sinne wird er dagegen in der personalvertretungsrechtlichen Gesetzgebung nur zur Bezeichnung einer Beteiligung als Mitentscheidung verwandt. Es ist nichts dafür ersichtlich, dass die Verfassung den engen, personalvertretungsgesetzlichen Begriff übernommen hat.

Für diese Auslegung spricht auch die Genese des Art. 26 SächsVerf. Im Rahmen der 6. Klausurtagung wurde von Staatsminister Heitmann angeregt, den ihm zu weit gehenden Begriff der Mitbestimmung zu streichen und an dessen Stelle den Begriff Mitwirkung einzufügen (vgl. Protokoll der 6. Klausur, S. 73 in: *Schimpff/Rühmann* Die Protokolle des Verfassungs- und Rechtsausschusses zur Entstehung der Verfassung des Freistaates Sachsen). Diese Anregung war offensichtlich von dem Verständnis des Begriffs Mitbestimmung im engen Sinne als Form der Mitentscheidung getragen. Sie wurde vom Abgeordneten Kunzmann (SPD) aufgenommen, wobei dieser darauf hinwies, die Mitwirkung sei gegenüber der Mitbestimmung ein Minus. Er verstehe den Einwand dahin, dass für die CDU nur die abgestufte Mitbestimmung in Frage käme, was von Staatsminister Heitmann im Anschluss bestätigt wurde (vgl. Protokoll der 6. Klausur, S. 74 in: *Schimpff/Rühmann* Die Protokolle des Verfassungs- und Rechtsausschusses zur Entstehung der Verfassung des Freistaates Sachsen).

Schließlich legen auch der Sinn und Zweck der Vorschrift diese Auslegung nahe. Die objektive Funktion der Mitbestimmung, den durch die Eingliederung in den Arbeitsprozess verbundenen Verlust an Selbstbestimmung zu kompensieren, kommt im Rahmen echter Mitentscheidungsbefugnisse in besonderer Weise zur Geltung. Dies spricht dafür, jene strengen, rechtstechnischen Formen der Zustimmung zu oder Ablehnung von Entscheidungen als durch Art. 26 SächsVerf primär geschützt anzusehen und die übrigen Beteiligungsarten als rechtfertigungsbedürftiges Minus zu betrachten.

1.3.2 Das Recht auf Mitbestimmung steht den Vertretungsorganen im Bereich der durch die Arbeits- oder Dienstverhältnisse der Beschäftigten geschaffenen Rechte- und Pflichtenbeziehung zu und ist in allen die Beschäftigten mehr als nur unwesentlich berührenden dienstlichen Angelegenheiten einzuräumen. Je stärker eine Angelegenheit typischerweise individuelle, kollektive oder auch konkurrierende Rechte und Interessen der Beschäftigten tangiert und deren wirksame Wahrnehmung qualifizierte Beteiligungsrechte verlangt, desto höhere Anforderungen sind an die Rechtfertigung einer Einschränkung des durch Art. 26 S. 2 SächsVerf vermittelten Grundrechtsschutzes zu stellen. Auch für insoweit reduzierte Mitwirkungsbefugnisse folgt daraus, dass das jeweilige Vertretungsorgan in Angelegenheiten, welche die Beschäftigten mehr als nur unwesentlich berühren, mit effektiven Beteiligungsrechten auszustatten ist, um die Einhaltung der zugunsten der Beschäftigten bestehenden Vorschriften überwachen zu können sowie zu einer sachlichen und gerechten Behandlung der Beschäftigten beizutragen, bei der niemand ungerechtfertigt bevorzugt oder benachteiligt wird (vgl. §§ 103, 105 BPcrsVG).

Aus dem Wortlaut des Art. 26 S. 2 SächsVerf allein ist nicht ersichtlich, welche Entscheidungen und Angelegenheiten im Einzelnen dem Recht auf Mitbestimmung unterliegen. Gegenstand und Reichweite des Mitbestimmungsrechts werden vielmehr durch dessen Schutzzweck näher begrenzt und konkretisiert (vgl. BVerfGE 93, 37, 69 f). Der dem Grundrecht immanente Kompensationsgedanke, demzufolge die Mitbestimmung einen Verlust an Selbstbestimmung der einzelnen Beschäftigten im jeweiligen Dienstverhältnis ausgleichen soll, verlangt einen konkreten Bezug der dem Mitbestimmungsrecht unterliegenden Angelegenheiten zu den Interessen und Rechten der Beschäftigten im Bereich des Dienst- oder Arbeitsverhältnisses.

1.3.3 Art. 26 S. 2 SächsVerf sind nicht nur Anforderungen an die dem Vertretungsorgan einzuräumenden Beteiligungsrechte zu entnehmen. Der Gesetzgeber hat darüber hinaus das Mitbestimmungsverfahren so auszugestalten, dass die Interessen der Beschäftigten, um deren Vertretung willen die Beteiligungsrechte bestehen, wirksam zur Geltung kommen. Damit das Grundrecht auf Mitbestimmung im öffentlichen Dienst seine Funktion in der sozialen Wirklichkeit erfüllen kann, bedarf es nicht nur der Normierung von effektiven Beteiligungsrechten, sondern zu deren Durchsetzung auch geeigneter Verfahrensregelungen. Grundrechte beeinflussen nicht nur das materielle Recht, sondern enthalten auch Garantien für das Verwaltungsverfahren, soweit dieses für einen effektiven Grundrechtsschutz von Bedeutung ist (SächsVerfGH, JbSächsOVG 4, 50, 97). Dies gilt auch für das Mitbestimmungsverfahren, soweit es der Verwirklichung von Beteiligungsrechten dient.

1.3.4 Dem auf die Schaffung qualifizierter Beteiligungsrechte im Sinne echter Mitentscheidungsbefugnisse zielenden Recht auf Mitbestimmung steht ein weit gefasster Maßgabevorbehalt gegenüber, kraft dessen der Gesetzgeber berechtigt und verpflichtet ist, den nach Art. 26 S. 1 SächsVerf gebildeten Vertretungsorganen das Recht auf Mitbestimmung durch die Schaffung von abgestuften Beteiligungsrechten tatsächlich einzuräumen und durch entsprechende Verfahrensbestimmungen abzusichern. Stehen dem andere Verfassungsgüter wie etwa eine funktionsfähige und effektive Landesverwaltung entgegen, hat er außerdem die Aufgabe, einen verhältnismäßigen und schonenden Ausgleich zwischen dem verfassungsrechtlich geschützten

Recht auf Mitbestimmung einerseits und kollidierenden Verfassungsgütern andererseits zu suchen. Im Übrigen kann der Gesetzgeber auch anderen legitimen Interessen bei der Ausgestaltung der Beteiligungsrechte Rechnung tragen, insbesondere den Anforderungen an eine moderne und kostengünstige Verwaltungsstruktur entsprechen. Führt die konkrete Ausgestaltung des Beteiligungsrechts zu einer Einschränkung des Rechts auf Mitbestimmung, ist diese gerechtfertigt, wenn sich ergibt, dass das öffentliche Interesse am Ausschluss oder an der Einschränkung des Beteiligungsrechts das Erfordernis eines echten Mitentscheidungsrechts wesentlich überwiegt.

Die Formulierung „nach Maßgabe der Gesetze" spricht dafür, dass der Gesetzgeber das Mitbestimmungsrecht umfassend auszugestalten hat, wozu nicht nur die nähere Bestimmung der Gegenstände gehört, die dem Recht auf Mitbestimmung unterliegen, sondern auch die Regelung der Formen der Mitbestimmung. Entgegen der Ansicht der Antragsteller lässt sich der Wortlaut des Art. 26 S. 2 SächsVerf nicht durch eine unterschiedliche Gewichtung der Satzbestandteile „nach Maßgabe der Gesetze" und „Recht auf Mitbestimmung" dahin deuten, dass einem qualifizierten Mitbestimmungsrecht ein enger Ausgestaltungsvorbehalt gegenübersteht. Diese Satzbestandteile sind im Sinne einer einheitlichen Regelung untrennbar miteinander verbunden und aufeinander bezogen. In der gewählten Formulierung wird das Recht auf Mitbestimmung durch den Satzbestandteil „nach Maßgabe der Gesetze" konkretisiert und begrenzt.

Dieses Auslegungsergebnis wird durch die Genese des Art. 26 SächsVerf bestätigt. Im Hinblick auf das Verhältnis der Satzbestandteile „Recht auf Mitbestimmung" und „nach Maßgabe der Gesetze" wurde Einigkeit dahin erzielt, dass ein Recht auf Mitbestimmung durch die Verfassung garantiert und durch den Gesetzgeber nur ausgestaltet werde (vgl. Protokoll der 9. Klausur, S. 18 in: *Schimpff/Rühmann* Die Protokolle des Verfassungs- und Rechtsausschusses zur Entstehung der Verfassung des Freistaates Sachsen). Daraus folgt zwingend, dass der Gesetzgeber bei der Ausgestaltung nicht völlig frei ist. Die Antragsteller weisen zu Recht darauf hin, dass sich auch aus der systematischen Einordnung des Art. 26 in den Grundrechtsteil der Sächsischen Verfassung ergibt, dass der Gesetzgeber nach Art. 36 SächsVerf unmittelbaren verfassungsrechtlichen Bindungen unterliegt. Entgegen der Ansicht der Antragsteller lässt sich aus der Bindungswirkung des Art. 36 SächsVerf aber weder herleiten, dass Art. 26 S. 2 SächsVerf dem Gesetzgeber bei der Ausgestaltung ein Regelungsmodell vorgibt, welches an einem hohen Maß an Mitentscheidung orientiert ist, noch folgt aus ihr ein Entwicklungsgebot, das den Gesetzgeber verpflichtet, die Mitbestimmung unter den sich verändernden gesellschaftlichen und politischen Bedingungen jeweils grundrechtsoptimal zu gestalten. Eine solche Interpretation des Art. 26 SächsVerf wäre nur zulässig, wenn sie aus dem Grundrecht selbst hergeleitet werden könnte. Art. 26 SächsVerf kann jedoch weder ein Effektivitätsgebot noch ein Entwicklungsgebot von einzelnen Mitbestimmungsrechten um ihrer selbst willen in dem von den Antragstellern dargestellten Sinne entnommen werden. Die inhaltlichen, nach Art. 36 SächsVerf den Gesetzgeber bindenden Vorgaben für die Ausgestaltung des Mitbestimmungsrechts erschöpfen sich vielmehr darin, dass ein Zurückbleiben hinter den durch den Begriff Mitbestimmung vorgegebenen Mitentscheidungsbefugnissen des Vertretungsorgans der verfassungsrechtlichen Rechtfertigung bedarf, in deren Rahmen die objektive Funktion des Grundrechts Berücksichtigung findet. Dies entspricht auch dem Sinn und Zweck der Vorschrift.

2. Bei der Regelung des Personalvertretungswesens nach Art. 26 SächsVerf unterliegt der Gesetzgeber unterschiedlichen Anforderungen, je nach dem, ob es um Vorschriften geht, die die Bildung von Vertretungsorganen betreffen (Satz 1) oder um das Recht auf Mitbestimmung ausfüllende Vorschriften im Sinne von Satz 2.

2.1 Soweit der Gesetzgeber die normativen Voraussetzungen zur Bildung der Vertretungsorgane schafft, bestehen seine Regelungsmöglichkeiten in der einfach-gesetzlichen Konkretisierung der in Art. 26 S. 1 SächsVerf enthaltenen Begriffe und Vorgaben. Bei der Beurteilung des Interesses der Beschäftigten an einer kollektiven Wahrnehmung ihrer Belange durch ein Vertretungsorgan und der Frage, ob bei einer Personengruppe bündelungsfähige Interessen vorliegen, die der Wahrnehmung durch ein Vertretungsorgan zugänglich sind, sowie bei der Einschätzung, ob die Tätigkeit des Vertretungsorgans unter den Erfordernissen einer orts- und sachnahen Arbeit eine hinreichende Rückbindung an die Interessen der Beschäftigten erfährt, ist der Gesetz-geber allerdings schon wegen des generellen Charakters der zu treffenden Regelung auf eine typisierende Betrachtung angewiesen (vgl. BVerfGE 97, 169, 182; 99, 280, 290).

2.2 Aus dem Regelungsvorbehalt des Art. 26 S. 2 SächsVerf ergibt sich dagegen, dass das Recht auf Mitbestimmung durch die gesetzlich gewährten Beteiligungsrechte und durch das gesetzlich auszuformende Beteiligungsverfahren ausgestaltet werden muss. Dabei ist der Gesetzgeber entgegen der Ansicht der Antragsteller weder an seine früher vorgenommene einfach-rechtliche Konstituierung der Beteiligungsrechte gebunden, noch muss er sich am Maßstab anderer Bundesländer oder des Bundes orientieren. Er kann vielmehr neue Beteiligungsrechte und/oder -verfahren einführen oder nach altem Recht bestehende Beteiligungsrechte und/oder -verfahren ausweiten oder beschränken. Bei der Rechtfertigung das Recht auf Mitbestimmung einschränken-der Regelungen sind kollidierende Verfassungsgüter und widerstreitende öffentliche und/oder private Interessen in nachvollziehbarer Weise zum Ausgleich zu bringen (nachstehend 2.2.1). Wenn in einzelnen Bereichen aufgrund anderer, die Sächsische Verfassung prägender Strukturprinzipien oder sonstiger wichtiger Gemeinwohlbelange eine weitgehende Einschränkung oder sogar der Ausschluss der Beteiligung des Ver-tretungsorgans erforderlich ist, kann sich der Gestaltungsspielraum dahin verengen, dass der Gesetzgeber umfassend zu erwägen hat, ob die Regelung gleichwohl durch Art. 26 S. 2 SächsVerf zwingend geboten ist (nachstehend 2.2.2).

2.2.1 Bei der Ermittlung der Anforderungen an eine Beteiligungsform oder das Beteiligungsverfahren in einer dem Recht auf Mitbestimmung unterstehenden

Angelegenheit steht dem Gesetzgeber eine Einschätzungsprärogative zu, nach der er weitgehend selbst bestimmen kann, in welcher Weise er dem Recht auf Mitbestimmung im öffentlichen Dienst tatsächliche Wirksamkeit verschaffen will, solange bei der Ausgestaltung der durch Art. 26 S. 2 SächsVerf vorgegebene grundrechtliche Rahmen in vertretbarer Weise Beachtung gefunden hat.

Der Gesetzgeber verfolgt ein nach der Sächsischen Verfassung legitimes Ziel, wenn er die Mitbestimmungsrechte des Personalrats und das Beteiligungsverfahren den Erfordernissen einer effizienten, modernen und kostengünstigen Verwaltungtätigkeit anpassen will. Das in Art. 1 S. 2 SächsVerf verankerte Rechtsstaatsprinzip wie auch das Demokratieprinzip (Art. 3 Abs. 1 SächsVerf) verpflichten staatliche Organe auf eine effiziente, das heißt möglichst optimale Verwirklichung des Rechts- und Sachauftrages der Verwaltung in der zeitlichen, finanziellen und quantitativen Dimension (vgl. BVerfGE 93, 37, 74; Verfassungsgerichtshof Rheinland-Pfalz, Urt. v. 18. 4. 1994 – VGH N 1/93 und 2/93, PersR 1994, 269, 274 f). Schränkt der Gesetzgeber Beteiligungsrechte oder das Beteiligungsverfahren aus diesen Gründen ein, so ist – worauf die Antragsteller zu Recht hinweisen – eine Überprüfung im Einzelfall geboten, ob ein verhältnismäßiger Ausgleich zwischen den Erfordernissen einer effizienten Verwaltung einerseits und dem Grundrecht aus Art. 26 SächsVerf andererseits hergestellt worden ist. Soweit die Antragsteller in diesem Zusammenhang darauf hinweisen, dass eine die Selbst- und Mitbestimmung der Beschäftigten einbeziehende Verwaltungsorganisation gegenüber einem rein hierarchischen Aufbau im Ergebnis sogar wirksamer sei, mag dies eine unter Effizienzgesichtspunkten zulässige Gestaltungsalternative sein. Von Verfassungs wegen ist dem Gesetzgeber aber nicht vorgegeben, das Instrument der Mitbestimmung für diese Zwecke einzusetzen.

2.2.2 Wird die Regelung der Beteiligungsform oder des Beteiligungsverfahrens dem Schutzzweck des Grundrechts aus Art. 26 SächsVerf nicht mehr in vertretbarer Weise gerecht, kann eine Einschränkung nur dann verfassungsgemäß sein, wenn sie auf Grund bestimmter verfassungsrechtlicher Vorgaben zwingend geboten ist.

2.2.2.1 Aus Art. 83 Abs. 2 SächsVerf leitet sich ein Verfassungsvorbehalt zugunsten der Regierung ab, aus dem sich ergibt, dass der Staatsregierung bei der Einrichtung der Behörden die Organisationsgewalt und ein Letztentscheidungsrecht im Kernbereich exekutiver Aufgaben gesichert bleiben muss, die nach Art und Umfang dem verfassungsrechtlichen Gewicht ihrer Zuständigkeit entspricht und daher der Regelungsbefugnis des Gesetzgebers entzogen ist (vgl. auch BVerfGE 9, 268, 281 f; Verfassungsgerichtshof Rheinland-Pfalz, Urt. v. 18. 4. 1994, VGH N 1/93 und 2/93, PersR 1994, 269, 272; *E.-W. Böckenförde* Die Organisationsgewalt im Bereich der Regierung, S. 106 f; *Schmidt-Assmann* Parlamentarische Steuerung und Organisationsgewalt, in: FS für Ipsen, S. 333, 350 f). Gem. Art. 59 Abs. 1 S. 2 SächsVerf obliegt der Staatsregierung die Leitung und Verwaltung des Landes. Die Vorschrift umschreibt die allgemeinen Aufgaben der Staatsregierung (vgl. *Kunzmann* in: Kunzmann/Haas/Baumann-Hasske, Die Verfassung des Freistaates Sachsen, 2. Aufl., Art. 59 Rn. 3). Nach Art. 83 Abs. 2 SächsVerf obliegt die Einrichtung der staatlichen Behörden im Einzelnen der Staatsregierung. Demgegenüber weist Art. 83 Abs. 1 S. 1 SächsVerf den Aufbau, die räumliche Gliederung und die Zuständigkeit der Landesverwaltung der Regelungszuständigkeit des Gesetzgebers zu.

Beteiligungsrechte eines Vertretungsorgans berühren die Organisations- und Leitungsgewalt der Regierung jedenfalls dann, wenn die endgültige Entscheidung der der Beteiligung unterliegenden Angelegenheit einer unabhängigen, paritätisch aus Vertretern der Beschäftigten und der Dienststelle besetzten Einrichtung übertragen wird (vgl. Verfassungsgerichtshof Rheinland-Pfalz, Urt. v. 18. 4. 1994, VGH N 1/93 und 2/93, PersR 1994, 269, 272). Andererseits ist dem Gesetzgeber durch Art. 26 S. 2 SächsVerf ausdrücklich aufgegeben, die Beteiligungsrechte der Vertretungsorgane zu regeln. Wenn danach in einzelnen Angelegenheiten ein qualifiziertes Beteiligungsrecht erforderlich ist, führt dies – anders als ein auf dem Prinzip der Allzuständigkeit beruhendes Mitbestimmungsrecht des Vertretungsorgans im engen Sinne (vgl. Verfassungsgerichtshof Rheinland-Pfalz, Urt. v. 18. 4. 1994, VGH N 1/93 und 2/93, PersR 1994, 269, 279) – nicht zu einer verfassungsrechtlich zu beanstandenden Verschiebung dieses formellen Verteilungsprinzips.

2.2.2.2 Das Demokratieprinzip der Sächsischen Verfassung (Art. 1 S. 2, Art. 3 Abs. 1) gebietet den weitgehenden Ausschluss partikularer Interessen bei der Ausübung von Staatsgewalt. Als Ausübung von Staatsgewalt stellt sich jedenfalls das amtliche Handeln mit Entscheidungscharakter dar, und zwar unabhängig davon, ob es unmittelbar nach außen wirkt oder nur behördenintern die Voraussetzungen für die Wahrnehmung der Amtsaufgaben schafft (vgl. BVerfGE 83, 60, 73; 93, 37, 68). Amtsträger müssen im Auftrag und nach Weisung der Regierung – ohne Bindung an die Willensentschließung einer außerhalb parlamentarischer Verantwortung stehenden Stelle – handeln können und die Regierung in die Lage versetzen, die Sachverantwortung gegenüber Volk und Parlament zu übernehmen (vgl. BVerfGE 9, 268, 281 f; 93, 37, 67).

Diese Grundsätze schließen jedoch die Beteiligung eines Vertretungsorgans an Entscheidungen der Dienststelle, wie Art. 26 SächsVerf ausdrücklich bestimmt, keineswegs aus (vgl. auch BVerfGE 93, 37, 69). Der Gesetzgeber hat bei der Ausgestaltung des Grundrechts auf Mitbestimmung dessen Vorgaben in Einklang mit dem Demokratieprinzip zu bringen. Demzufolge hat er in den Fällen, in denen durch eine Angelegenheit einerseits die Interessen der Beschäftigten in einer Weise betroffen sind, die eine qualifizierte Mitbestimmung erforderlich macht, andererseits die Entscheidung als Ausübung von Staatsgewalt maßgeblich die Wahrnehmung des Amtsauftrags betrifft, die Beteiligung des Vertretungsorgans in dem durch das Demokratieprinzip vorgegebenen und begrenzten Rahmen möglichst weitgehend zur Geltung zu bringen.

2.2.2.3 Den Trägern der Selbstverwaltung ist das Recht gewährleistet, ihre Angelegenheiten im Rahmen der Gesetze unter eigener Verantwortung zu regeln (Art. 82

Abs. 2 S. 2 SächsVerf). Die Garantie kommunaler Selbstverwaltung verbürgt ihnen das Recht zur Wahrnehmung aller Aufgaben des örtlichen Wirkungskreises, das Recht zur eigenverantwortlichen Erfüllung dieser Aufgaben und, neben der Personalhoheit, das Recht zur Selbstorganisation, d. h. das Recht zur Organisation ihrer Verwaltung, zur Einrichtung von Behörden sowie zur Schaffung der öffentlichen Einrichtungen für ihre Einwohner (SächsVerfGH, JbSächsOVG 2, 52, 58; vgl. Hessischer Staatsgerichtshof, Urt. v. 30. 4. 1986, P.St. 1023, DVBl. 1986, 936, 938). Dem Gesetzgeber ist es im Zuständigkeitsbereich der kommunalen Selbstverwaltungsträger ebensowenig wie im staatlichen Sektor gestattet, das Demokratiegebot im kommunalen Bereich außer Acht zu lassen. Ihm sind auch insoweit Grenzen bei der Ausgestaltung des Mitbestimmungsrechts gesetzt, die allerdings nicht weiter reichen als diejenigen, die sich unmittelbar aus dem Demokratieprinzip im staatlichen Bereich ergeben (vgl. Verfassungsgerichtshof Rheinland-Pfalz, Urt. v. 18. 4. 1994, VGH N 1/93 und 2/93, PersR 1994, 269, 275).

3. Diesem Handlungsmaßstab des Gesetzgebers korrespondiert der Kontrollmaßstab des Verfassungsgerichtshofes. Für die verfassungsgerichtliche Prüfung der angegriffenen Vorschriften sind deren objektiver Gehalt und deren tatsächliche Auswirkungen maßgeblich (vgl. BVerfGE 50, 290, 328). Der Verfassungsgerichtshof beschränkt sich bei der Überprüfung der angegriffenen Regelungen weitgehend auf eine Vertretbarkeitskontrolle, sei es weil der objektive Gehalt einer Vorschrift vom Gesetzgeber durch typisierende Betrachtungen ausgefüllt werden konnte, sei es weil der Gesetzgeber seiner Regelung tatsächliche Verhältnisse oder eine Prognose zugrunde gelegt hat, die ihm bei der Regelung einen Einschätzungsspielraum eröffnen. Der Verfassungsgerichtshof hat die Regelungen des Sächsischen Personalvertretungsgesetzes nicht im Einzelnen darauf zu untersuchen, ob der Gesetzgeber unter Wahrung anderer Interessen eine noch „mitbestimmungsfreundlichere" Regelung hätte finden können. Vielmehr hat sich Prüfung darauf zu beschränken, ob die gesetzlichen Regelungen den aus der objektiven Funktion des Art. 26 SächsVerf folgenden inhaltlichen Vorgaben in sachlich vertretbarer Weise gerecht werden. Bei einzelnen Regelungen, die in ihrer Eingriffstiefe nur durch zwingende verfassungsrechtliche Gründe zu rechtfertigen sind, verdichtet sich der Kontrollmaßstab zu einer inhaltlichen Überprüfung der Norm im Sinne materieller Richtigkeit.

II.

Nach den dargestellten Maßstäben sind einige der angegriffenen Regelungen mit Art. 26 SächsVerf nicht oder nur teilweise vereinbar.

1. Die Vorschriften der § 4 Abs. 5 Nr. 4, Nr. 5 und § 67 Abs. 1 Sätze 1 und 2 SächsPersVG sind am Maßstab des Art. 26 S. 1 SächsVerf zu messen. Danach entsprechen sie nur zum Teil der Sächsischen Verfassung.

1.1 § 4 Abs. 5 Nr. 4 SächsPersVG ist, soweit diese Vorschrift von den Antragstellern angegriffen wurde, mit Art. 26 S. 1 SächsVerf vereinbar. § 4 Abs. 5 Nr. 5 SächsPersVG ist im angegriffenen Umfang mit Art. 26 S. 1 SächsVerf unvereinbar und nichtig.

1.1.1 Der Ausschluss der Professoren durch § 4 Abs. 5 Nr. 4 SächsPersVG aus dem Kreis der Beschäftigten im Sinne des Sächsischen Personalvertretungsgesetzes, verstößt nicht gegen Art. 26 S. 1 SächsVerf. Professoren sind nicht Beschäftigte iSv Art. 26 S. 1 SächsVerf, weil sie in den Dienstbetrieb der Hochschule nicht so weitgehend eingegliedert sind, dass der damit verbundene Verlust an Selbstbestimmung eine Vertretung ihrer dienstlichen Interessen zwingend erfordern würde. Der Gesetzgeber durfte im Rahmen der einfachgesetzlichen Konkretisierung des Beschäftigtenbegriffs diese Personengruppe von der Vertretung durch einen Personalrat ausnehmen. Ob der Ausschluss der Professoren gegen Vorschriften des Bundespersonalvertretungsgesetzes verstößt, ist durch den Verfassungsgerichtshof nicht zu prüfen.

1.1.1.1 Bei den Professoren handelt es sich um Personen, die hauptamtlich in der Hochschule im Rahmen eines zeitlich begrenzten oder unbefristeten bzw. lebenszeitigen Angestellten- oder Beamtenverhältnisses (§ 39 Abs. 1 des Gesetzes über die Hochschulen im Freistaat Sachsen vom 11. Juni 1999 – GVBl. S. 294 – SächsHG) tätig sind. Professoren nehmen ihren Lehrauftrag selbstständig wahr (§ 38 Abs. 1 SächsHG). Ihnen stehen bei Personalangelegenheiten weitgehende Einflussmöglichkeiten zu (§ 54 Abs. 2 SächsHG) und sie können ihre Arbeitszeit im Wesentlichen frei gestalten (§ 54 Abs. 1 S. 2, S. 3 SächsHG). Professoren haben Weisungsbefugnis und die fachliche Verantwortung gegenüber dem nachgeordneten wissenschaftlichen Personal (§ 46 Abs. 2 S. 1 SächsHG – wissenschaftliche und künstlerische Assistenten; § 48 Abs. 2 SächsHG – Oberingenieure und Oberassistenten, § 50 Abs. 1 S. 2 – wissenschaftliche und künstlerische Mitarbeiter). Sie nehmen auf die Selbstverwaltung der Hochschule maßgeblichen Einfluss (§ 38 Abs. 3 Nr. 1 SächsHG iVm §§ 62, 67 SächsHG). Ihrer wesentlichen Mitgestaltung unterliegt unter anderem auch die Organisation des Lehr- und Forschungsbetriebes (§ 62 Abs. 2 Nr. 1, 2 SächsHG). Nicht zuletzt genießen Professoren in ihren dienstlichen Belangen den Schutz der Wissenschaftsfreiheit (Art. 21 S. 1 SächsVerf).

1.1.1.2 Zwar sind auch Professoren im Rahmen ihrer Tätigkeit auf die unterstützende Mitarbeit des nicht wissenschaftlichen Personals angewiesen und unterliegen tatsächlichen Gegebenheiten, die sie in die Arbeitsabläufe der Hochschule einbeziehen (vgl. BVerfGE 35, 79, 126). Diese Eingliederung erschöpft sich aber in der Abhängigkeit von bestimmten äußeren Organisationsstrukturen und lässt die persönliche Selbstbestimmung bei der Wahrnehmung der Aufgabe dagegen weitestgehend unberührt. Letztere ist erst betroffen, wenn dem Dienststellenleiter hinsichtlich der sachlichen, räumlichen, zeitlichen und sonstigen Einzelheiten der Aufgabenerfüllung ein Direktionsrecht zusteht. Der Einwand der Antragsteller, die Repräsentation der Professoren in den

Selbstverwaltungsorganen der Hochschule verfolge eine andere Zielrichtung als diejenige in einem Personalrat, geht fehl. Zwar obliegt Letzterem die Wahrnehmung von „Arbeitnehmer"-Interessen der Hochschulbeschäftigten, während den Selbstverwaltungsorganen in begrenztem Umfang auch eine Leitungs- und Arbeitgeberfunktion zukommt (vgl. BVerfG, Beschl. v. 17. 3. 1994, 1 BvR 2069/93, FuL 1995, 43). Die Mitwirkung in den Hochschulgremien kompensiert jedoch gerade diejenige Abhängigkeit, der die Professoren aufgrund ihrer Einbeziehung in die Organisationsstrukturen unterliegen.

1.1.2 Soweit durch § 4 Abs. 5 Nr. 5 SächsPersVG Lehrkräfte gem. § 9 des Gesetzes über die Berufsakademie im Freistaat Sachsen vom 19. April 1994 (SächsGVBl. S. 777) beziehungsweise hauptberufliche Dozenten gem. § 12 des Gesetzes über die Berufsakademie im Freistaat Sachsen vom 11. Juni 1999 (SächsGVBl. S. 276) – SächsBAG – vom Kreis der Beschäftigten im Sinne des Personalvertretungsgesetzes ausgenommen werden, verstößt dies gegen Art. 26 S. 1 SächsVerf. Die Organisation der Berufsakademie Sachsen unterliegt in weit größerem Umfang der Aufsicht, Kontrolle und Einwirkung des Staatsministeriums für Wissenschaft und Kunst als eine Hochschule und steht nicht unter dem Schutz des Art. 107 Abs. 1, Abs. 2 SächsVerf. Auch sind die Lehrkräfte bei der Ausübung ihrer Tätigkeit stärker an Weisungen gebunden als Professoren an wissenschaftlichen Hochschulen.

1.1.2.1 Nach § 11 Abs. 1 S. 1 SächsBAG 1994 handelt es sich bei den Lehrkräften um das hauptamtliche, bei den Lehrbeauftragten um das nebenamtliche Lehrpersonal der Studienakademie Sachsen, die neben den Bildungsstätten der Praxispartner die Aufgaben der Berufsakademie Sachsen erfüllt (§ 1 Abs. 1 S. 3 SächsBAG 1994). Diese ist eine unter der Fachaufsicht des Freistaates Sachsen stehende Einrichtung im tertiären Bildungsbereich außerhalb der Hochschule (§ 1 Abs. 1 S. 1 SächsBAG 1994), in der Rechtsform einer Anstalt öffentlichen Rechts (§ 2 Abs. 1, Abs. 3 SächsBAG 1994). Das Lehrpersonal wird durch das Staatsministerium für Wissenschaft und Kunst auf Vorschlag einer Berufungskommission berufen (§ 9 Abs. 4, Abs. 5 SächsBAG 1994). Die dienstlichen Aufgaben des hauptamtlichen Lehrpersonals werden gem. § 9 Abs. 7 SächsBAG 1994 durch die Verordnung des Sächsischen Staatsministeriums für Wissenschaft und Kunst über Art und Umfang der dienstlichen Aufgaben der hauptberuflichen Lehrkräfte an der Staatlichen Studienakademie Sachsen vom 20. 3. 1997 (SächsGVBl. S. 369) geregelt. Nach deren § 2 Abs. 2 sind die Lehrkräfte zu einer inhaltlich und didaktisch qualitätsgerechten wissenschaftsbezogenen Lehre auf der Grundlage der Beschlüsse der Gremien der Berufsakademie, der Erlasse des Staatsministeriums für Wissenschaft und Kunst sowie der Weisungen des Direktors der Studienakademie verpflichtet.

1.1.2.2 Für das neue Berufsakademiegesetz aus dem Jahre 1999 kommt hinzu, dass § 3 Abs. 2 den Staatlichen Studienakademien zwar das Recht der Selbstverwaltung einräumt. Diese Selbstverwaltung hat aber einen anderen Charakter als die der wissenschaftlichen Hochschulen. Sie wird in weit intensiverem Maße durch staatlichen Einfluss überlagert. Dem Kollegium der Berufakademie Sachsen als zentralem Gremium gehören vier Vertreter des Staatsministeriums für Wissenschaft und Kunst an (§ 14 Abs. 1 Nr. 1 SächsBAG 1999). Die Beschlüsse des Kollegiums haben nur die Eigenschaft von Empfehlungen, deren Umsetzung das Staatsministerium durch Weisungen an die Direktoren besorgt (§ 14 Abs. 5 SächsBAG 1999). Die Direktoren haben die vom Staatsministerium bestätigten Empfehlungen des Kollegiums und der Studienkommission auszuführen (§ 17 Abs. 2 SächsBAG 1999). Der Direktor und sein Stellvertreter werden lediglich auf Empfehlung des Kollegiums bestellt.

1.1.2.3 In der Gesamtschau dieser Regelungen des Sächsischen Berufsakademiegesetzes in der Fassung sowohl von 1994 als auch von 1999, die im Ergebnis die Berufsakademien trotz ihrer Selbstverwaltungsautonomie in Struktur und Organisation einer nachgeordneten Behörde annähern, liegt es nicht mehr im Bereich der dem Gesetzgeber nach Art. 26 S. 1 SächsVerf zustehenden Konkretisierungsbefugnis, die Lehrkräfte der Staatlichen Studienakademien im Freistaat Sachsen nicht als Beschäftigte mit dem Recht zur Bildung von Vertretungsorganen anzusehen.

1.1.3 Der Ausschluss der wissenschaftlichen, künstlerischen und studentischen Hilfskräfte aus dem Kreis der Beschäftigten im Sinne des Sächsischen Personalvertretungsgesetzes nach § 4 Abs. 5 Nr. 4 SächsPersVG verstößt nicht gegen Art. 26 S. 1 SächsVerf. Sie sind keine Beschäftigten im Sinne von Art. 26 S. 1 SächsVerf. Aufgrund der konkreten Ausgestaltung ihrer Arbeitsverhältnisse sind diese Personengruppen nur bedingt in die Arbeitsabläufe der Hochschulen eingegliedert.

Die mit der Regelung ausgeschlossenen Hilfskräfte erbringen befristet Dienstleistungen in Forschung und Lehre sowie künstlerischer Praxis (§ 37 Abs. 4 SächsHG). Ihnen obliegt die Erledigung eng begrenzter Aufgaben, die sie zeitlich nur in geringfügigem Umfang in Anspruch nimmt. Ihre dienstliche Tätigkeit ist regelmäßig keine Lehre im Sinne des Art. 21 S. 1 SächsVerf (vgl. BVerwGE 62, 45, 51 f). Die Hilfskräfte erbringen ihre Dienstleistung nicht selbstständig, sondern nach den Vorgaben und Weisungen des ihnen vorgesetzten wissenschaftlichen Personals. Zwar mag ihre Tätigkeit dem Inhalt nach bereits der Wissenschaft zuzuordnen sein; der Schutz der Wissenschaftsfreiheit kommt dabei jedoch in erster Linie demjenigen zu Gute, der die Tätigkeit anleitet. Die Befristung der Arbeitsverhältnisse, die geringe Arbeitszeit und die eng begrenzten Arbeitsaufgaben lassen in Zusammenschau die Annahme gerechtfertigt erscheinen, dass trotz der Weisungsgebundenheit der Hilfskräfte diese nicht in beschäftigungstypischer Weise in die Arbeitsabläufe der Hochschule eingegliedert sind. Dies gilt umso mehr, als ihre befristete Tätigkeit an der Hochschule vielfach verhindert, dass in Bezug auf ihre Interessen der erforderliche Repräsentationszusammenhang zum Vertretungsorgan hergestellt wird.

1.2 § 67 Abs. 1 Sätze 1 und 2 SächsPersVG verstoßen gegen Art. 26 S. 1 SächsVerf, soweit Lehrerpersonalräte nur bei den zuständigen Regionalschulämtern eingerichtet werden. § 67 Abs. 1 S. 2 SächsPersVG ist nichtig.

1.2.1 Es bedarf vorliegend nicht der Klärung, ob Schulen iSd § 67 Abs. 1 SächsPersVG nur öffentliche Schulen iSd § 3 Abs. 1 des Schulgesetzes für den Freistaat Sachsen vom 3. Juli 1991 in der Fassung vom 29. Juni 1998 (SächsSchulG) oder auch solche in Trägerschaft einer juristischen Person des öffentlichen Rechts gem. § 2 Abs. 1 S. 1 des Gesetzes über Schulen in freier Trägerschaft vom 4. Februar 1992 idF vom 1. Juli 1999 (SächsFrTrSchulG) sind (vgl. auch BVerwG, Beschl. v. 18. Juni 1999, 6 P 7/98, PersR 1999, 534, 535 f). Die Regelung ist bereits deswegen verfassungswidrig, weil sie den im Bereich der öffentlichen Schulen an die Einrichtung von Personalvertretungen von Verfassungs wegen zu stellenden Anforderungen nicht genügt. Es liegt nicht im Bereich des einfachgesetzlichen Konkretisierungsspielraums, wenn der Gesetzgeber die Einrichtung von Personalräten für öffentliche Schulen im Freistaat Sachsen ausschließlich in den Regionalschulämtern vorsieht. Bei den öffentlichen Schulen handelt es sich um kraft Organisationsrecht nach Art. 83 Abs. 1 S. 1 SächsVerf geschaffene Verwaltungsträger in öffentlich-rechtlicher Rechtsform, also um Dienststellen iSv Art. 26 S. 1 SächsVerf. Öffentliche Schulen sind nicht rechtsfähige öffentliche Anstalten (§ 32 Abs. 1 S. 1 SächsSchulG), die nach Art. 102 Abs. 2 SächsVerf für die Bildung der Jugend zu sorgen haben und dem Erziehungsziel des Art. 101 Abs. 1 SächsVerf verpflichtet sind.

1.2.2 Es ist auch nicht ersichtlich, dass die Regelung zu einer Optimierung der Vertretungsstruktur beiträgt. Sie führt vielmehr zu einer Zentralisierung der Vertretungsorgane, die dem Ziel einer effektiven, insbesondere orts- und sachnahen Wahrnehmung der Beschäftigteninteressen in wesentlichen Bereichen zuwider läuft.

1.2.2.1 Den im Schulbereich durch den Schulleiter auf örtlicher Ebene wahrzunehmenden Aufgaben korrespondieren wichtige personalvertretungsrechtliche Kompetenzen. Zwar weist die Staatsregierung zu Recht darauf hin, dass die personalrechtliche Entscheidungskompetenz nicht bei den Schulen, sondern bei den zuständigen Schulaufsichtsbehörden liegt (§ 58 Abs. 2 SächsSchulG) und damit ein wesentlicher Teil der einer Mitbestimmung unterliegenden Entscheidungen nicht in der Schule selbst getroffen wird. Gleichwohl verbleiben den Schulen noch so umfangreiche, die Interessen der Beschäftigten unmittelbar berührende Entscheidungsbefugnisse, dass der Gesetzgeber die Bildung örtlicher Beschäftigtenvertretungen jedenfalls nicht völlig ausschließen durfte.

Dem Schulleiter obliegt die Leitung und Verwaltung der Schule. Er ist für eine ausreichende Unterrichtsversorgung verantwortlich, hat im Zusammenwirken mit den anderen Schulorganen für einen geregelten und ordnungsgemäßen Schulablauf zu sorgen (§ 42 Abs. 1 S. 2 SächsSchulG). Er verteilt die Lehraufträge, stellt die Stundenpläne auf, ordnet Vertretungsstunden an, regelt die Pausenaufsicht sowie den Feriendienst und sorgt für die Einhaltung der Rechts- und Verwaltungsvorschriften, der Hausordnung und der Konferenzbeschlüsse (§ 42 Abs. 1 S. 3 SächsSchulG). Zur Erfüllung dieser Aufgaben ist er gegenüber den Lehrkräften weisungsberechtigt (§ 42 Abs. 2

S. 1 SächsSchulG). Nicht zuletzt deshalb hat der Gesetzgeber die personellen Angelegenheiten der Schulleiter nach § 82 Abs. 1 S. 4 SächsPersVG von der Mitbestimmung ausgeschlossen.

Insbesondere im Bereich der allgemeinen Aufgaben des Personalrats sind auch in der derzeitigen Ausgestaltung der personalvertretungsrechtlichen Mitbestimmung wesentliche Beteiligungsrechte gewährt. Im Übrigen würden zwar dem Personalrat einer Schule keine unmittelbaren Mitbestimmungsrechte in personellen Angelegenheiten zustehen; er wäre jedoch, vermittelt durch § 87 Abs. 2 SächsPersVG, in das Beteiligungsverfahren bei der Stufenvertretung einzubeziehen und so in der Lage, wirksamen Einfluss auf zu treffende Personalentscheidungen zu nehmen (vgl. BVerwG, Beschl. v. 20. 6. 1978, 6 P 5/78, Buchholz 238.3 A § 6 BPersVG Nr. 2). Soweit die Stellungnahme der Staatsregierung darauf hinweist, für die Auswahl von Teilnehmern für Fortbildungsveranstaltungen habe das Staatsministerium für Kultus auf der Ebene des Hauptpersonalrats eine Dienstvereinbarung abgeschlossen, vermag diese Argumentation nicht zu überzeugen. Die Dienstvereinbarung schafft lediglich eine durch beide Seiten aufkündbare Regelung, welche die Einrichtung einer Personalvertretung nicht entbehrlich macht.

1.2.2.2 Diesem spezifischen Interesse an örtlicher und sachnaher Interessenwahrnehmung kann durch die Einrichtung von Personalräten in den Regionalschulämtern nicht hinreichend Rechnung getragen werden.

Die Bündelung der Vertretungsorgane genügt nicht den Anforderungen einer orts- und sachnahen Personalratsarbeit. Die tatsächliche Anbindung der Arbeit des Vertretungsorgans an die Interessen der Beschäftigten setzt entgegen der Ansicht der Staatsregierung nicht nur voraus, dass das Vertretungsorgan für die Beschäftigten erreichbar ist, sondern darüber hinaus, dass die Repräsentanten die tatsächlichen Verhältnisse in der einzelnen Organisationseinheit und die Interessen auch der Beschäftigten, die sich nicht aktiv an den Personalrat wenden, in einem ständigen Prozess wahrnehmen und diese bei ihrer Arbeit berücksichtigen können (vgl. auch BVerwGE 88, 233, 238). Die Antragsteller weisen zu Recht darauf hin, dass, wie das Beispiel des Regionalschulamtes Dresden zeigt, die Anbindung an die tatsächlichen Interessen der einzelnen Beschäftigten in einer Schule nicht mehr gewährleistet ist, wenn für insgesamt 10 431 Lehrpersonen aus 526 Schulen (davon 485 öffentliche Schulen) ein Personalrat aus 23 Mitgliedern zuständig ist (§ 16 SächsPersVG), von denen 12 gem. § 46 Abs. 4 SächsPersVG vollständig freigestellt werden (vgl. zu den tatsächlichen Angaben: Antwort des Sächsischen Staatsministeriums für Kultus auf die Kleine Anfrage des Abgeordneten Hatzsch, SPD, vom 30. 11. 1998, Drs. 02/10132). Dabei ist, worauf die Antragsteller ebenfalls hinweisen, auch zu berücksichtigen, dass es sich nicht nur um eine sehr große Anzahl Beschäftigter handelt, die durch ein Mitglied des Personalrats vertreten werden, sondern hier auch die zum Teil erheblichen Entfernungen zwischen Personalrat und Schule mit durchschnittlich zwischen 14,0 km und 24,8 km und höchstens zwischen 40 km und 81 km eine ortsnahe Personalratsarbeit nicht zulassen.

Im Übrigen unterliegen Behörden mit einer sehr großen Anzahl von Beschäftigten regelmäßig einer ebenso zentralisierten Führungs- und Leitungsstruktur, wohingegen jede Schule einen gegenüber dem Lehrpersonal weisungsberechtigten Schulleiter hat, was angesichts der vielfältigen, die Gestaltung des alltäglichen Lebens der Lehrkräfte unmittelbar berührenden Entscheidungsbefugnisse des Schulleiters im Einzelfall sehr schulspezifische Konflikt- und Interessenlagen ergeben kann. Diesen korrespondiert ein besonderes Bedürfnis nach orts- und problemnaher Konfliktvermittlung, die nicht zuletzt zu einer effektiven Gestaltung der Unterrichtsversorgung beizutragen vermag. Dieses Defizit wird weder durch das Fachgruppenprinzip gem. § 67 Abs. 2 SächsPersVG noch durch die Freistellungen der Personalratsmitglieder kompensiert. Die gesetzgeberische Erwägung, bei der Bündelung der Personalratsstruktur insbesondere für kleinere Schulen den Personalrat abweichend vom Gruppenprinzip nach § 5 SächsPersVG nach Fachgruppen zu unterteilen, ist verfassungsrechtlich nicht zu beanstanden. Die Regelung gewährleistet allerdings nur eine bessere Berücksichtigung der schulformspezifischen Interessenlagen. Eine weitergehende Anbindung an die Interessen einer einzelnen Schule wird durch das Prinzip nicht gewährleistet. Die Freistellung von Personalratsmitgliedern dient zwar der Wahrnehmung ihrer Aufgaben; sie versetzt sie jedoch insbesondere dann nicht in die Lage, die tatsächlichen Interessen einer Schule zu repräsentieren, wenn sie an der Schule nicht beschäftigt sind.

1.2.2.3 Dem Gesetzgeber ist von Verfassungs wegen nicht vorgegeben, wie bei der Regelung der Personalvertretungsstruktur den besonderen Anforderungen in der Schulverwaltung in optimaler Weise Rechnung zu tragen ist. Entscheidet sich der Gesetzgeber in für sich gesehen verfassungsrechtlich nicht zu beanstandender Weise, die Tätigkeit der Vertretungsorgane dort zu bündeln, wo wesentliche dem Recht auf Mitbestimmung unterliegende Entscheidungen getroffen werden und so eine funktionsbezogene Betrachtung nach den Aufgaben des Vertretungsorgans vorzunehmen, muss er durch geeignete Regelungen sicherstellen, dass die Tätigkeit der Vertretungsorgane eine tatsächliche Rückbindung an die Interessen der Beschäftigten erfährt und dass das Potenzial ortsnaher Konfliktlösung genutzt werden kann.

1.2.3 Soweit § 67 Abs. 1 S. 1 SächsPersVG gegen Art. 26 S. 1 SächsVerf verstößt, hat der Verfassungsgerichtshof davon abgesehen, die Norm für nichtig zu erklären. Der durch eine Nichtigerklärung entstehende Zustand stünde der verfassungskonformen Rechtslage ferner als der jetzige, da die nach § 67 Abs. 1 S. 1 SächsPersVG gewählten und eingerichteten Beschäftigtenvertretungen ihre Legitimation verlören. Es erscheint daher geboten, aber auch ausreichend, dem Gesetzgeber bis zum 31. 12. 2002 die Beseitigung des verfassungswidrigen Zustandes aufzugeben.

2. Die übrigen von den Antragstellern angegriffenen Vorschriften, mit Ausnahme des § 89 Abs. 3 SächsPersVG, sind am Maßstab des Art. 26 S. 2 SächsVerf zu messen. Sie sind danach nur zum Teil verfassungsgemäß.

2.1 § 79 Abs. 3 Sätze 1 bis 6 SächsPersVG ist mit Art. 26 S. 2 SächsVerf vereinbar, soweit das Stufenverfahren in den Fällen der § 80 Abs. 1 S. 1 Nr. 1, 3 und 4 sowie § 81 Abs. 1 Nr. 1, 4 und 5 SächsPersVG eingeschränkt wird. Dabei bedarf es vorliegend keiner Entscheidung über die Frage, ob das Stufenverfahren, wie es § 79 Abs. 3 S. 7 bis 11 und § 79 Abs. 4 S. 1 SächsPersVG vorsieht, als Bestandteil des Mitbestimmungsverfahrens dem Schutz des Art. 26 S. 2 SächsVerf unterfällt (zur Kritik am Stufenverfahren vgl. *von Mutius* Personalvertretungsrecht und Demokratieprinzip des Grundgesetzes, in: FS M. Kriele, S. 1119, 1137 f). Es ist jedenfalls dann verfassungsrechtlich nicht geboten, die Einschaltung der Stufenvertretungen in den Fällen eingeschränkter Mitbestimmung vorzusehen, wenn es sich um Angelegenheiten handelt, in denen die Dienststelle typischer Weise ein berechtigtes Interesse an der kurzfristigen Umsetzung einer Maßnahme hat (nachstehend 2.1.1). Auch ist es verfassungsrechtlich nicht zu beanstanden, wenn das Verfahren der Einigungsstelle dadurch beschleunigt wird, dass die Empfehlung binnen zehn Arbeitstagen, beziehungsweise, wenn eine Einigungsstelle als ständige Einrichtung nicht besteht, binnen zwanzig Arbeitstagen abzugeben ist (nachstehend 2.1.2).

2.1.1 Es ist nicht ersichtlich, dass die Interessen der Beschäftigten oder die Beteiligungsrechte des Vertretungsorgans eine wesentliche Stärkung durch die Beteiligung der Stufenvertretungen erfahren. Entscheidend für die Wirksamkeit der Beteiligungsrechte und damit für eine effektive Wahrnehmung der Beschäftigteninteressen ist vor allem das Mitbestimmungsverfahren auf Dienststellenebene und, wenn eine Einigung in der Angelegenheit dort nicht erzielt werden kann, die Beteiligung der Einigungsstelle. Dagegen führt die Einschaltung der Stufenvertretungen nur zur Wiederholung des bereits durchgeführten Verfahrens, und zwar auf einer Ebene, bei der eine unmittelbare Rückbindung an die Interessen der in der Dienststelle betroffenen Beschäftigten nicht mehr gegeben ist. Allerdings bietet das Stufenverfahren die Möglichkeit, die abschließende Lösung eines Konflikts zwischen Dienststelle und Vertretungsorgan auch ohne das Erfordernis einer Letztentscheidung durch die oberste Dienststelle herbeizuführen sowie übergeordnete Interessen der Beschäftigten an der Personalpolitik zur Geltung zu bringen.

Diesem Interesse an der Durchführung des Stufenverfahrens stehen aber überwiegende öffentliche Interessen gegenüber. Der Regierungsentwurf verfolgte mit der Regelung das Ziel zu gewährleisten, dass in den Fällen, in denen die zuständige Personalvertretung die Zustimmung verweigert hat, unmittelbar eine Entscheidung getroffen werden kann, um so einen Beitrag zur Flexibilisierung und Effektivitätssteigerung im öffentlichen Dienst zu leisten (vgl. Gesetzentwurf der Staatsregierung, Zweites Gesetz zur Änderung des Sächsischen Personalvertretungsgesetzes, Drs. 2/6907 S. 23). Der Regierungsentwurf sah dabei ein Empfehlungsrecht der Einigungsstelle nicht vor (vgl. Art. 1 Nr. 26 lit. b) aa), Gesetzentwurf der Staatsregierung, Zweites Gesetz zur Änderung des Sächsischen Personalvertretungsgesetzes, Drs.

2/6907 S. 7). Nachdem im Gesetzgebungsverfahren rechtliche Bedenken gegen die Nichtbeteiligung der Einigungsstelle geäußert wurden, wurde beantragt, die Vorschrift in die schließlich Gesetz gewordene Fassung zu ändern (vgl. Änderungsantrag der CDU-Fraktion vom 22.4.1998, Drs. 2/8615). Nach der Begründung sollte zwar die Beteiligung der Einigungsstelle sichergestellt werden; um den Anforderungen an eine Verfahrensbeschleunigung Rechnung tragen zu können, sollte jedoch auf die Einschaltung der Stufenvertretungen verzichtet werden. Mit dem Anliegen, die Flexibilität und Effizienz der öffentlichen Verwaltung zu steigern, verfolgt der Gesetzgeber legitime Ziele. Die Staatsregierung weist zu Recht darauf hin, dass die dem Stufenverfahren entzogenen personellen Maßnahmen notwendiges Instrumentarium für einen flexiblen und effektiven Personaleinsatz sind. Die Dienststelle hat typischerweise ein berechtigtes Interesse an der kurzfristigen Umsetzung dieser Maßnahmen.

2.1.2 Die in § 79 Abs. 3 S. 3 und S. 4 SächsPersVG vorgesehenen Fristen für die Abgabe der Empfehlung sind ausreichend, um eine wirksame Beteiligung der Einigungsstelle zu ermöglichen. Der Einwand der Antragsteller, die Frist sei insbesondere dann zu kurz bemessen, wenn die Einigungsstelle erst gebildet werden müsse, greift nicht durch. Sollte die Personalvertretung Bedenken haben, binnen der Frist von zwanzig Arbeitstagen eine Einigungsstelle bilden zu können und eine Empfehlung abzugeben, kann sie bereits im Vorfeld unabhängig vom Willen der Dienststelle verlangen, dass eine Einigungsstelle als ständige Einrichtung gebildet wird (§ 85 Abs. 1 S. 2 SächsPersVG).

2.2 § 79 Abs. 4 Sätze 3 und 4 SächsPersVG verstoßen gegen Art. 26 S. 2 SächsVerf, soweit die Entscheidung der Einigungsstelle in den Fällen des § 80 Abs. 3 Nr. 9 und 16 SächsPersVG nur den Charakter einer Empfehlung hat, wenn sie sich nicht der Auffassung der obersten Dienstbehörde anschließt. Das Recht auf Mitbestimmung ist in rechtfertigungsbedürftiger Weise eingeschränkt, weil den Vertretungsorganen bei der Schaffung von Beurteilungsrichtlinien für Arbeiter und Angestellte und bei der Einführung technischer Überwachungseinrichtungen kein echtes Mitentscheidungsrecht zusteht. Zwar kann die örtliche Personalvertretung eine Entscheidung in diesen Angelegenheiten auf Dienststellenebene noch unmittelbar beeinflussen (vgl. § 80 Abs. 3 Nr. 9 bzw. Nr. 16 iVm § 79 Abs. 1 SächsPersVG). Den Anforderungen an ein echtes Mitentscheidungsrecht ist hingegen nur dann Rechnung getragen, wenn dem Vertretungsorgan auch im weiteren Mitbestimmungsverfahren Mitentscheidungsbefugnisse zustehen. Die Einschränkung ist verfassungsrechtlich nicht gerechtfertigt.

2.2.1 Die Schaffung von Beurteilungsrichtlinien für Arbeiter und Angestellte berührt die Rechte und Interessen der Beschäftigten in einer Weise, die ein qualifiziertes Mitbestimmungsrecht des Vertretungsorgans erforderlich macht (nachstehend 2.2.1.1). Diesem Erfordernis stehen weder höherrangige kollidierende Verfassungsgüter noch überwiegende öffentliche Interessen gegenüber (nachstehend 2.2.1.2).

2.2.1.1 Beurteilungsrichtlinien haben einen unmittelbaren Bezug zu den Grundrechten der Beschäftigten. Die dienstliche Beurteilung bildet regelmäßig die wesentliche Grundlage für ihr berufliches Fortkommen. Dem verfassungsrechtlichen Gebot der Bestenauslese nach Art. 91 Abs. 2 SächsVerf korrespondiert das Recht der Dienststelle, die Beschäftigten zu beurteilen (vgl. SächsOVG, Beschl. v. 12. 1. 1993, 2 S 603/92, SächsVBl. 1993, 278, 279) und das Recht der Beschäftigten, sachgerecht beurteilt zu werden (vgl. *Kunig* in: v. Münch/Kunig, Grundgesetzkommentar, Bd. 2, 3. Aufl. 1995, Art. 33 Rn. 32). Beurteilungsrichtlinien dienen der Objektivierung und Versachlichung des Beurteilungsverfahrens, mithin der Gewährleistung des Anspruchs auf Gleichbehandlung der Beschäftigten (vgl. BVerwG, Beschl. v. 11. 12. 1991, 6 P 20/89, PersR 1992, 202, 203 f). Daneben haben Beurteilungsrichtlinien auch für die tatsächliche Durchsetzung der verfassungsmäßigen Rechte aus Art. 91 Abs. 2, Art. 18 Abs. 1 SächsVerf Bedeutung. Sie konkretisieren die Auswahlgrundsätze der Eignung, Befähigung und fachlichen Leistung und binden in ihrer tatsächlichen Anwendung das Auswahlermessen des Dienstherrn (vgl. BVerwG, Beschl. v. 10. 11. 1993, 2 ER 301/93, DVBl. 1994, 118, 119).

Ein qualifiziertes Mitbestimmungsrecht in der Form echter Mitentscheidung vermag den Grundrechten der Beschäftigten tatsächliche Geltung zu verschaffen. Zwar sind Beurteilungsrichtlinien im Rahmen der gerichtlichen Überprüfung personeller Auswahlentscheidungen inzident auf ihre Vereinbarkeit mit den verfassungsrechtlichen Auswahlkriterien nachprüfbar (vgl. VGH Kassel, Beschl. v. 19. 11. 1993, 1 TG 1465/93, ZBR 1994, 344, 345), jedoch wirkt das Mitbestimmungsrecht auch im Bereich des hier bestehenden Konkretisierungsspielraums. Nur durch effektive Mitgestaltung der Beurteilungsrichtlinien können Beschäftigte ihre diesbezüglichen Interessen tatsächlich einbringen. Daneben dient das Mitbestimmungsrecht – wenn auch nur nachrangig – dem Schutz der Persönlichkeit des Beschäftigten im Beurteilungsverfahren (vgl. BVerwG, Beschl. v. 11. 12. 1991, 6 P 20/89, PersR 1992, 202, 203).

2.2.1.2 Der Regelung stehen weder überwiegende öffentliche Interessen gegenüber noch ist sie durch andere Verfassungsgüter gerechtfertigt. Die Begründung des Regierungsentwurfs stellt für die Einführung der nur eingeschränkten Mitbestimmung darauf ab, dass Beurteilungsrichtlinien eine der Grundlagen der Personalpolitik seien und als Instrumentarium für einen sachgerechten Personaleinsatz zumindest mittelbar die Wahrnehmung des Amtsauftrages berührten (vgl. Gesetzentwurf der Staatsregierung, Zweites Gesetz zur Änderung des Sächsischen Personalvertretungsgesetzes, Drs. 2/6907 S. 25). Damit ist zwar grundsätzlich ein verfassungsrechtlich legitimes Ziel genannt; indes lässt die Begründung in nicht zu vertretender Weise die Auseinandersetzung mit der Frage außer Acht, ob die Wahrung des Amtsauftrages ausreichend auch dadurch sichergestellt werden kann, dass der obersten Dienststelle nach § 85 Abs. 5 S. 3 bis 5 SächsPersVG das Recht zusteht, die Entscheidung der Einigungsstelle im Einzelfall wegen der Auswirkungen auf das Gemeinwesen aufzuheben. Sie ist aus diesem

Grund nicht erforderlich. Es ist zwar denkbar, dass die Dienststelle im Mitbestimmungsverfahren eine aus ihrer Sicht personalpolitisch wesentliche Regelung in den Beurteilungsrichtlinien nicht durchzusetzen vermag; jedoch ist nicht ersichtlich, dass einer solchen Fallgestaltung durch ein Aufhebungsrecht im Einzelfall nicht ausreichend Rechnung getragen werden kann (vgl. BVerfGE 93, 37, 71).

Soweit die Staatsregierung anführt, für eine einheitliche Beurteilungspraxis seien einheitliche Beurteilungsrichtlinien für Angestellte und Arbeiter einerseits und Beamte andererseits erforderlich, was sich, da letztere nicht dem vollen Mitbestimmungsrecht unterliegen, nur gewährleisten lasse, wenn auch bezüglich der Arbeiter und Angestellten der obersten Dienststelle das Letztentscheidungsrecht zustehe, vermag dies eine Einschränkung des Mitbestimmungsrechts ebenfalls nicht zu rechtfertigen. Wenn der Gesetzgeber insoweit für die Beamten auf Grund deren besonderer Stellung die Einschränkung des Mitbestimmungsrechts für geboten erachtet, kann dies keine Absenkung des Beteiligungsniveaus für andere Personenkreise rechtfertigen. Im Übrigen ist nicht ersichtlich, weshalb einem begründeten Bedürfnis nach einheitlichen Regelungen im Einzelfall nicht auch durch das Aufhebungsrecht der obersten Dienststelle Rechnung getragen werden kann.

2.2.2 Die Regelung des § 79 Abs. 4 S. 3 und 4 SächsPersVG entbehrt einer verfassungsrechtlichen Rechtfertigung auch insoweit, als die Entscheidung der Einigungsstelle bei der Einführung und Anwendung technischer Überwachungseinrichtungen (vgl. § 80 Abs. 3 Nr. 16 SächsPersVG) nur den Charakter einer Empfehlung hat. In dieser Angelegenheit wird der objektiven Funktion des Grundrechts nur ein Mitentscheidungsrecht des Vertretungsorgans gerecht (nachstehend 2.2.2.1). Die Einschränkung ist nicht durch zwingende Gründe gerechtfertigt (nachstehend 2.2.2.2).

2.2.2.1 An die Qualität des Beteiligungsrechts bei der Einführung und Anwendung technischer Überwachungseinrichtungen sind von Verfassungs wegen hohe Anforderungen zu stellen. Technische Überwachungseinrichtungen, die dazu bestimmt sind, das Verhalten oder die Leistung des Beschäftigten zu überwachen, berühren in besonderer Weise die Grundrechtssphäre der Beschäftigten im Arbeitsleben. Sie ermöglichen dem Dienstherrn oder Arbeitgeber, sich ein umfassendes Bild nicht nur von den konkreten Arbeitsabläufen, sondern auch von den persönlichen Gewohnheiten, Eigenarten, Umgangsformen und Charaktermerkmalen der Beschäftigten zu verschaffen und auf dieser Informationsbasis sog. Persönlichkeitsprofile zu erstellen. Solche Überwachungseinrichtungen betreffen daher nicht nur die Interessen der Beschäftigten, sondern haben unmittelbaren Bezug zur Menschenwürde (Art. 14 Abs. 1 S. 1 SächsVerf) in ihrem Sinnzusammenhang mit dem verfassungsrechtlich geschützten Persönlichkeitsrecht (Art. 15 SächsVerf). Von deren Einführung und Anwendung sind regelmäßig die Beschäftigten in ihrer Gesamtheit oder jedenfalls bestimmte Gruppen der Beschäftigten betroffen. Bei der Frage, ob eine technische Überwachungseinrichtung eingeführt wird, ist die damit verbundene Beeinträchtigung der Persönlichkeitssphäre der Beschäftigen dem Interesse der Dienststelle an ihrer Einrichtung im Rahmen einer Güter- und Interessenabwägung gegenüberzustellen (vgl. BAG, Urt. v. 7. 10. 1987, 5 AZR 116/86, NZA 1988, 92). Die Beteiligung der Personalvertretung soll das Interesse der Beschäftigten, das Vorhandensein und die Benutzung solcher Einrichtungen auf das betriebsbedingt erforderliche Maß zu beschränken, zur Geltung bringen (vgl. BVerwGE 80, 143, 145 f; 91, 45, 50). Nur die unmittelbare Teilhabe der Personalvertretung an der Entscheidung über die Einführung und Anwendung von technischen Überwachungseinrichtungen bezieht das Vertretungsorgan in den Abwägungsvorgang ein und vermag auf diese Weise die Rechte und Interessen der Beschäftigten weit besser zur Geltung zu bringen als der auf nachträgliche Kontrolle beschränkte Rechtsschutz.

2.2.2.2 Die Einschränkung des Mitbestimmungsrechts ist nicht durch zwingende Gründe gerechtfertigt. Die Begründung zum Regierungsentwurf sah die Einschränkung des Beteiligungsrechts zur Wahrnehmung des Amtsauftrages als notwendig an. Die Entscheidung über die Einführung und Anwendung technischer Überwachungseinrichtungen könne keiner Stelle übertragen werden, die gegenüber Parlament und Regierung nicht verantwortlich sei. Soweit als alternative Form der Beteiligung eine Entscheidung der Einigungsstelle in Betracht käme, die von der Mehrheit der gegenüber dem Parlament und der Regierung verantwortlichen Mitglieder getragen werden müsse, erscheine dies wenig praktikabel (vgl. Gesetzentwurf der Staatsregierung, Zweites Gesetz zur Änderung des Sächsischen Personalvertretungsgesetzes, Drs. 2/6907 S. 24). Die Einführung und Anwendung technischer Überwachungseinrichtungen berührt zwar als innerdienstliche Maßnahme in typischer Weise die Wahrnehmung des Amtsauftrages. Allerdings rechtfertigt dies keine so weitgehende Einschränkung des Mitbestimmungsrechts.

Soweit sich die Begründung zum Regierungsentwurf und ihr folgend die Staatsregierung auf die Vorgaben der Entscheidung des Bundesverfassungsgerichts zum schleswig-holsteinischen Mitbestimmungsgesetz vom 24. Mai 1995 (BVerfGE 93, 37) bezieht, ist dem insoweit zuzustimmen, als das Bundesverfassungsgericht zu dem dem § 80 Abs. 3 Nr. 16 SächsPersVG entsprechenden Mitbestimmungstatbestand des § 75 Abs. 3 Nr. 17 BPersVG ausgeführt hat, die Möglichkeit der verbindlichen Letztentscheidung müsse einer gegenüber Volk und Parlament verantwortlichen Stelle vorbehalten bleiben. Die Kompetenz einer Einigungsstelle zur abschließenden Entscheidung könne hier nur unter der Voraussetzung hingenommen werden, dass die Mehrheit ihrer Mitglieder uneingeschränkt personell demokratisch legitimiert ist und die Entscheidung darüber hinaus von der Mehrheit der so legitimierten Mitglieder getragen wird (vgl. BVerfGE 93, 37, 72). Die vom sächsischen Gesetzgeber vorgenommene Einschränkung geht jedoch darüber hinaus, weil die Letztentscheidungsbefugnis der Einigungsstelle vollständig entzogen wird. Eine Einbeziehung des Vertretungsorgans wäre dagegen – wenn auch nicht paritätisch – bei der vom

Bundesverfassungsgericht als zulässig erachteten Mitbestimmungsform noch gegeben. Die Erwägung des Gesetzgebers, die vom Bundesverfassungsgericht als zulässig angesehene Mitbestimmungsform sei nicht praktikabel, hält einer verfassungsrechtlichen Überprüfung entgegen der Ansicht der Staatsregierung nicht stand. Mit ihr wird kein zwingender Grund zur Einschränkung des Mitbestimmungsrechts genannt.

2.3 § 80 Abs. 1 S. 2 und § 81 Abs. 2 SächsPersVG verstoßen nicht gegen Art. 26 S. 2 SächsVerf. Die Vorschriften können verfassungskonform dahin ausgelegt werden, dass der Ausschluss der Beteiligung sich nur auf das Mitbestimmungsrecht nach § 79 SächsPersVG bezieht, das allgemeine Unterrichtungs- und Erörterungsrecht nach § 73 Abs. 2 SächsPersVG zur Wahrnehmung der allgemeinen Aufgaben des Personalrats nach § 73 Abs. 1 SächsPersVG dagegen unberührt bleibt.

2.3.1 Durch § 80 Abs. 1 S. 2 und § 81 Abs. 2 SächsPersVG wird das Recht auf Mitbestimmung eingeschränkt. Ein Mitentscheidungsrecht des Vertretungsorgans ist nicht sichergestellt, da es vom Antrag des Beschäftigten abhängt.

2.3.2 Bei verfassungskonformer Auslegung ist die Einschränkung durch überwiegende Interessen gerechtfertigt. Der Gesetzgeber will mit der Regelung mehr Flexibilität und eine spürbare Verwaltungsvereinfachung erreichen. Dem Personalrat verblieben für den Fall, dass der Beschäftigte mit dem Arbeitsplatz einverstanden ist, ohnehin kaum Interventionsmöglichkeiten, so dass seine Zustimmung in aller Regel formaler Art ist (vgl. Gesetzentwurf der Staatsregierung, Zweites Gesetz zur Änderung des Sächsischen Personalvertretungsgesetzes, Drs. 2/6907 S. 27). Der Gesetzgeber verfolgt damit ein legitimes Ziel, das die Vorschriften zu erreichen grundsätzlich in der Lage sind. Die Nichtdurchführung des Beteiligungsverfahrens nach § 79 SächsPersVG führt dazu, dass eine personelle Maßnahme schneller und kurzfristiger umgesetzt werden kann. Die Einschränkung ist insoweit auch erforderlich. Sie führt bei der gebotenen verfassungskonformen Auslegung entgegen der Ansicht der Antragsteller nicht zu einer unangemessenen Beschränkung des nach Art. 26 S. 2 SächsVerf gebotenen Mitbestimmungsniveaus.

2.3.2.1 Es ist zunächst eine vertretbare Erwägung des Gesetzgebers, dass es nicht zu einer unangemessenen Einschränkung des Rechtes auf Mitbestimmung führt, wenn er von einem Beschäftigten, der seine Interessen durch eine personellen Maßnahme verletzt sieht, erwartet, dass dieser sich initiativ an den Personalrat wendet. Die eigentliche Problematik der Vorschrift liegt – worauf die Antragsteller zu Recht hinweisen – darin, dass die kollektivrechtliche Komponente des Mitbestimmungsrechts nicht zur Geltung kommt, wenn die Einleitung des Mitbestimmungsverfahrens dem jeweils betroffenen Beschäftigen anheim gestellt wird. Auch für den Fall, dass dem bei der personellen Maßnahme nicht berücksichtigten Beschäftigten das Antragsrecht zusteht (so Hessischer Verwaltungsgerichtshof, Beschl. v. 25. 4. 1997, 21 TK 4849/96, ZfPR 1997, 159, 161), wird die Mitbestimmung im kollektivrechtlichen Bereich eingeschränkt. Allerdings sind dem Bedürfnis nach personalvertretungsrechtlicher Mitbestimmung im Falle der Zustimmung des von der Maßnahme Betroffenen nicht nur das Interesse der Dienststelle an einer kurzfristigen Umsetzung der Maßnahme, sondern auch die schutzwürdigen Belange des durch die Maßnahme begünstigten Beschäftigten entgegenzusetzen (vgl. BVerwG, Beschl. v. 14.1.1988, 2 B 64/87, Buchholz 232 § 31 BBG Nr. 42; BVerwG, Beschl. v. 21.10.1993, 6 P 18/91, PersR 1994, 165, 166).

2.3.2.2 Vor diesem Hintergrund ist es vertretbar, das Zustimmungserfordernis des Personalrats nach § 79 Abs. 1 SächsPersVG von einem Antrag des Betroffenen abhängig zu machen. Mit der objektiven Funktion des Grundrechts wäre es aber nicht zu vereinbaren, wenn dem Vertretungsorgan auch das Recht der Information und der Stellungnahme genommen wäre. Die vom Antragserfordernis erfassten personellen Angelegenheiten berühren in erster Linie die Interessen des unmittelbar betroffenen Beschäftigten, von dessen Antrag die Einleitung des Beteiligungsverfahrens abhängig ist. Daneben kann die Aufgabe des Personalrats darin bestehen, konkurrierende Beschäftigteninteressen auszugleichen oder infolge der personellen Veränderung betroffene kollektive Beschäftigteninteressen wahrzunehmen. Durch eine personelle Maßnahme kann der Dienstfrieden gestört werden, wenn ein Beschäftigter oder Bewerber für das Arbeitsumfeld sozial nicht geeignet ist (vgl. § 82 Abs. 2 Nr. 3 SächsPersVG). Auch besteht die Möglichkeit, dass sich durch Maßnahmen der Personalpolitik die Arbeitsbedingungen und die Arbeitsbelastung der anderen Beschäftigten nachhaltig ändern. Dem Vertretungsorgan muss es daher ungeachtet eines etwaigen Antrages auf Beteiligung unbenommen bleiben, der Dienststelle seine Sichtweise zur beabsichtigten Maßnahme darzulegen. Dadurch erfahren weder das Interesse der Dienststelle an einer effizienten Umsetzung personeller Maßnahmen, noch die schutzwürdigen Interessen des durch die Maßnahme Begünstigten eine wesentliche Einschränkung. Die erforderliche Beteiligung des Personalrats ist gewährleistet, wenn die angegriffenen Vorschriften dahin verfassungskonform ausgelegt werden, dass § 80 Abs. 1 S. 2 und § 81 Abs. 2 SächsPersVG für den Fall, dass ein Antrag nicht gestellt wird, nur das Mitbestimmungsverfahren nach § 79 SächsPersVG ausschließen, die allgemeinen Beteiligungsrechte des Personalrats nach § 73 SächsPersVG dagegen unberührt bleiben (vgl. auch *Altvater/Bacher/Hörter/Peiseler/Sabottig/Schneider/Vohs* Bundespersonalvertretungsgesetz, 4. Aufl. 1996, § 77 Rn. 4; OVG Lüneburg, Beschl. v. 14.5.1986, 19 OVG L 1/86, Umdruck S. 6 f).

2.3.2.3 Die Vorschriften sind einer solchen Auslegung zugänglich. Nach ihrem Wortlaut wird der Personalrat nur auf Antrag der Beschäftigten beteiligt. Der Begriff „beteiligt" kann sowohl dahin verstanden werden, dass er sich auf den Ausschluss des Beteiligungsverfahrens nach § 79 SächsPersVG bezieht, als auch dahingehend, dass er die Beteiligung des Personalrats überhaupt ausschließt. Die systematische Stellung des Antragserfordernisses in § 80 ebenso wie in § 81 SächsPersVG legt bereits die Auslegung im Sinne der ersten Alternative nahe. Diese Auslegung wird durch die Genese bestätigt. Die Begründung des Regierungsentwurfs stellt ausdrücklich auf die Zustimmung des Personalrats ab, die im Falle des Einverständnisses des Betroffenen mit der Maßnahme nicht erforderlich sei (vgl. Gesetzentwurf der Staatsregierung, Zweites Gesetz zur Änderung des Sächsischen Personalvertretungsgesetzes, Drs. 2/6907, S. 27). Eine Zustimmung des Personalrats ist nur im Beteiligungsverfahren nach § 79 SächsPersVG vorgesehen, nicht aber im Rahmen des § 73 SächsPersVG.

2.4 § 82 Abs. 1 S. 4 SächsPersVG verstößt nicht gegen Art. 26 S. 2 SächsVerf. Zwar ist mit der Regelung eine Einschränkung des Rechts auf Mitbestimmung verbunden, weil in den Personalangelegenheiten der Schulleiter die Anwendung der § 80 Abs. 1 und § 81 Abs. 1 SächsPersVG ausgeschlossen wird. Diese Einschränkung ist jedoch verfassungsrechtlich gerechtfertigt.

2.4.1 Das Interesse der Beschäftigten an personalvertretungsrechtlicher Beteiligung ist nicht für sämtliche Beschäftigtengruppen gleich zu bewerten. Die Betroffenheit individueller, konkurrierender oder kollektiver Beschäftigteninteressen hängt vielmehr auch davon ab, ob ein in leitender Position Beschäftigter von einer personellen Maßnahme betroffen wird oder ein der Weisungsgewalt des Dienststellenleiters Unterstellter. Zwar wirken sich personelle Maßnahmen bei leitenden Beschäftigten mitunter wesentlich auf das Arbeitsumfeld in der Dienststelle aus und betreffen so auch maßgebliche kollektive Interessen der Beschäftigten. Andererseits ist zu berücksichtigen, dass eine Änderung der Arbeitsbedingungen insoweit auf eine Änderung der innerdienstlichen Leitungsstruktur zurückzuführen ist. Das Interesse der Beschäftigten, insbesondere an einer personalvertretungsrechtlichen Interventionsmöglichkeit, ist in diesen Fällen nicht so hoch einzuschätzen wie bei personellen Maßnahmen im Bereich der nicht leitend Tätigen. Schulleiter nehmen neben ihrer Lehrtätigkeit die Aufgaben nach § 42 SächsSchulG wahr. Sie haben unabhängig davon, dass ihnen eine originäre Personalentscheidungskompetenz nicht zusteht, Leitungsfunktionen inne (vgl. oben 1.2.2.1 sowie SächsOVG, Beschl. v. 29. 4. 1997, P 5 S 12/95, SächsVBl. 1998, 77, 78).

2.4.2 Dem Interesse an personalvertretungsrechtlicher Mitbestimmung stehen überwiegende Verfassungsgüter gegenüber. Der Gesetzgeber verfolgt mit der Regelung das Ziel, die Schulleiter den in § 82 Abs. 1 S. 2 SächsPersVG genannten leitenden Beschäftigten gleichzustellen. Das Dispositionsrecht der obersten Schulaufsichtsbehörde solle durch die Mitbestimmung des Personalrats keine Einschränkung erfahren (vgl. Gesetzentwurf der Staatsregierung, Zweites Gesetz zur Änderung des Sächsischen Personalvertretungsgesetzes, Drs. 2/6907 S. 29). Die Staatsregierung weist zu Recht darauf hin, dass der Gesetzgeber damit in zulässiger Weise die Leitungsfunktion des Schulleiters in den Vordergrund gestellt hat. Mit dem personalrechtlichen Dispositionsrecht der obersten Schulaufsichtsbehörde bezüglich der Schulleiters ist die verantwortliche Wahrnehmung des staatlichen Lehrauftrags untrennbar verbunden. Der Ausschluss der qualifizierten Mitbestimmung nach § 79 SächsPersVG ist ein geeignetes und erforderliches Mittel zur Sicherstellung eines uneingeschränkten Dispositionsrechts. Mit den dem Personalrat nach § 73 Abs. 2 SächsPersVG verbleibenden Beteiligungsrechten stellt sich die Umsetzung des gesetzgeberischen Ziels nicht als unangemessene Einschränkung des von der Verfassung geforderten Mitbestimmungsniveaus dar.

2.5 § 84 Abs. 5 SächsPersVG ist mit Art. 26 S. 2 SächsVerf vereinbar. Die Vorschrift ist verfassungskonform dahin auszulegen, dass das Kündigungsrecht im Einzelfall nur dann besteht, wenn der Dienststelle das weitere Festhalten an der Dienstvereinbarung wegen ihrer Auswirkungen auf das Gemeinwesen nicht zumutbar ist. § 84 Abs. 4 SächsPersVG ist – bei verfassungskonformer Auslegung von § 84 Abs. 5 SächsPersVG – mit Art. 26 S. 2 SächsVerf nicht zu vereinbaren, soweit die Einschränkung der Weitergeltung gekündigter Dienstvereinbarungen auch solche erfasst, die vor dem 19. Mai 1998 abgeschlossen wurden und deren Regelungen gegen den Willen der Dienststelle durch einen Beschluss der Einigungsstelle zustande kommen können.

2.5.1 Die Vorschriften regeln die Rechtswirkungen gekündigter Dienstvereinbarungen (§ 84 Abs. 4 SächsPersVG) sowie ein jederzeitiges Kündigungsrecht der Dienststelle (§ 84 Abs. 5 SächsPersVG). Dienstvereinbarungen sind von der Dienststelle und dem Personalrat gemeinsam beschlossene Regelungen, die unmittelbar und zwingend auf die Arbeits- und Beamtenverhältnisse einwirken (vgl. *Altvater/Bacher/ Hörter/Peiseler/Sabottig/Schneider/Vohs* Bundespersonalvertretungsgesetz, 4. Aufl. 1996, § 73 Rn. 10a). Sie sind in den gesetzlich vorgesehenen Fällen (§ 84 Abs. 1 S. 1 SächsPersVG), mithin in den Angelegenheiten, die gem. § 80 Abs. 3 oder § 81 Abs. 3 SächsPersVG der Mitbestimmung unterliegen, zulässig und können auf Vorschlag des Dienststellenleiters oder des Personalrats zustande kommen. Einigen sich die Beteiligten nicht, hat der Personalrat im Rahmen seines Initiativrechts nach § 83 SächsPersVG das Recht, die Angelegenheit, die er durch Dienstvereinbarung regeln will, dem Stufenverfahren und, soweit ein uneingeschränktes Mitbestimmungsrecht des Personalrats besteht, der Entscheidung der Einigungsstelle zuzuführen (vgl. BVerwG, Beschl. v. 1. 11. 1983, 6 P 28/82, ZBR 1984, 151 f). Die Dienstvereinbarungen können von beiden Seiten mit einer Frist von drei Monaten gekündigt werden (§ 84 Abs. 3 SächsPersVG). § 84 Abs. 4 SächsPersVG bestimmt, dass die Regelungen einer gekündigten Dienstvereinbarung weitergelten, wenn und soweit dies ausdrücklich vereinbart wurde. Nach der bisherigen Rechtslage galten die Dienstvereinbarungen auch ohne besondere Regelung weiter, bis sie im gegenseitigen Einvernehmen aufgehoben, durch eine andere Abmachung ersetzt oder durch die Einigungsstelle geändert oder aufgehoben wurden (§ 84 Abs. 4 SächsPersVG a. F.). Über die Neuregelung zur Weitergeltung gekündigter Dienstvereinbarungen hinaus sieht § 84 Abs. 5 SächsPersVG unter Ausschluss der Absätze 3 und 4 ein jederzeitiges Kündigungsrecht im Einzelfall vor.

2.5.2 Das Recht zum Abschluss von Dienstvereinbarungen und die durch sie vermittelten Rechtspositionen des Vertretungsorgans sind Bestandteil des durch Art. 26 S. 2 SächsVerf garantierten Grundrechtsschutzes. Der Abschluss von Dienstvereinbarungen hat für beide an ihm beteiligten Parteien eine wichtige Funktion. Dienstvereinbarungen schaffen eine auf die Dienststelle zugeschnittene abstrakte Regelung für eine Vielzahl mitbestimmungspflichtiger Einzelmaßnahmen und erübrigen die Durchführung einzelfallbezogener Beteiligungsverfahren. Die von ihnen ausgehende Rechtssicherheit hat eine befriedende Funktion in der Dienststelle. Die auf Dienststellenebene abgeschlossene Dienstvereinbarung trägt dem Art. 26 SächsVerf innewohnenden Ziel, dem Selbstbestimmungsrecht der Beschäftigten im Arbeitsleben tatsächliche Geltung zu verschaffen, in besonderer Weise Rechnung, da der Personalrat der Dienststelle als gleichberechtigter Partner gegenübersteht. Darüber hinaus haben – worauf die Antragsteller zu Recht hinweisen – Dienstvereinbarungen für den Personalrat zur Absicherung und Entfaltung seines nach § 83 SächsPersVG bestehenden Initiativrechts eine wichtige Funktion. Das Initiativrecht versetzt den Personalrat in die Lage, aus der Situation des passiven, lediglich reagierenden Partners der Dienststelle herauszutreten und die in einer mitbestimmungspflichtigen Angelegenheit bislang untätige Dienststelle zu zwingen, sich der Angelegenheit anzunehmen und im Mitbestimmungsverfahren zu behandeln (vgl. BVerwG, Beschl. v. 1. 11. 1983, 6 P 28/82, ZBR 1984, 151 f). Die Möglichkeit, im Rahmen des Initiativrechts abstrakte Regelungen zugunsten der Beschäftigten zu erstreiten, hat daher einen wichtigen, dem Schutz des Grundrechts auf Mitbestimmung unterfallenden Bezug zum Selbstbestimmungsrecht der Beschäftigten. Dies gilt vor allem in Anbetracht der das Initiativrecht begrenzenden Ausübungsschranken bei der Wahrnehmung individueller Beschäftigteninteressen (vgl. BVerwGE 68, 137, 140).

2.5.3 Die durch eine Dienstvereinbarung vermittelten Rechte des Vertretungsorgans erfahren in den Fällen des § 83 Abs. 1 SächsPersVG, in denen der Antrag des Personalrats zu einem verbindlichen Beschluss der Einigungsstelle führen kann, eine wesentliche Einschränkung, wenn sich die Dienststelle von den normativen Wirkungen der Dienstvereinbarung einseitig löst (vgl. BAGE 58, 248, 256 f; *Altvater/Bacher/Hörter/Peiseler/Sabottig/Schneider/Vohs* Bundespersonalvertretungsgesetz, 4. Aufl. 1996, § 73 Rn. 13; *Grabendorf/Ilbertz/Widmaier* Bundespersonalvertretungsgesetz, 9. Aufl. 1999, § 73 Rn. 19). Soweit dies teilweise mit der Begründung verneint wird, mit dem Wegfall der Dienstvereinbarung würde das Recht zur Mitbestimmung in jeder einzelnen Angelegenheit wieder aufleben (vgl. *Fischer/Goeres* in: Gesamtkommentar Öffentliches Dienstrecht, Bd. V, 51. Lfg. II 1997, K § 73 Rn. 24; *Kunze* Abschluss und Beendigung von Dienstvereinbarungen, in: PersV 1998, 510, 513), ist dem nicht zu folgen. Das Initiativrecht dient – wie ausgeführt – gerade dazu, die in der Angelegenheit bis dahin untätige Dienststelle zum Tätigwerden im Interesse aller Beschäftigten zu zwingen. Der Wegfall der normativen Wirkungen der Dienstvereinbarung stellt diesen ursprünglichen Zustand wieder her. Soweit die Staatsregierung darauf hinweist, jedenfalls für den Abschluss künftiger Dienstvereinbarungen stehe es den Beteiligten frei, die Weitergeltung der Dienstvereinbarung im Einzelfall zu vereinbaren, ist dies zwar im Grundsatz richtig. Das rechtfertigt allerdings nicht die Annahme, dass das Recht auf Mitbestimmung nicht in verfassungsrechtlich bedeutsamer Weise eingeschränkt wird.

2.5.4 Die Regelung des § 84 Abs. 5 SächsPersVG ist verfassungsrechtlich gerechtfertigt. Sie ist verfassungskonform dahin auszulegen, dass das Kündigungsrecht im Einzelfall nur dann besteht, wenn der Dienststelle in Ausübung ihres Amtsauftrages das weitere Festhalten an der Dienstvereinbarung wegen ihrer Auswirkungen auf das Gemeinwesen nicht zumutbar ist.

2.5.4.1 Dem Interesse des Vertretungsorgans am Festhalten gekündigter Dienstvereinbarungen stehen andere, überwiegende Verfassungsgüter gegenüber. Der Gesetzgeber beruft sich bei der Regelung auf Vorgaben des Beschlusses des Bundesverfassungsgerichts vom 24. Mai 1995, 2 BvF 1/92 (E 93, 37). Danach sei die Dienststelle rechtlich frei, ob sie sich überhaupt durch eine Vereinbarung binden will. Eine Bindung könne in den Grenzen verfassungsrechtlich zulässiger Mitbestimmung nur eingegangen werden, wenn der Dienststelle die Möglichkeit verbliebe, sich von der Bindung jederzeit einseitig zu lösen, wenn ihr dies für eine gemeinwohlorientierte Staatstätigkeit angezeigt erscheint (vgl. Gesetzentwurf der Staatsregierung, Zweites Gesetz zur Änderung des Sächsischen Personalvertretungsgesetzes, Drs. 2/6907 S. 30). Ob der Gesetzgeber von Verfassungs wegen verpflichtet ist, der Dienststelle einseitig die Möglichkeit der jederzeitigen Kündigung einzuräumen, bedarf hier keiner Entscheidung. Das gesetzgeberische Ziel, der Dienststelle für eine gemeinwohlorientierte Staatstätigkeit ein solches Recht zuzubilligen, kann im Rahmen der Ausgestaltung des Rechts auf Mitbestimmung Berücksichtigung finden. Das jederzeitige Kündigungsrecht ist geeignet, das Ziel der Regelung zu verwirklichen und ist, bei verfassungskonformer Auslegung, auch erforderlich. Ein sachlich unbeschränktes Kündigungsrecht der Dienststelle ginge über das mit der Regelung verfolgte Ziel hinaus, da es der Dienststelle auch bei anderen Erwägungen die Möglichkeit der Kündigung eröffnen würde. Im Übrigen würde ein inhaltlich unbegrenztes Recht – worauf die Antragsteller zu Recht hinweisen – das Initiativrecht des Personalrats unverhältnismäßig einschränken. Bei verfassungskonformer Auslegung hingegen ist ein angemessener Ausgleich zwischen dem Interesse der Dienststelle einerseits, im Konfliktfall einseitig ihre Vorstellung von einer gemeinwohlorientierten Staatstätigkeit durchzusetzen, und dem Interesse des Personalrats am Bestand der Dienstvereinbarung andererseits erreicht. Zwar stört die Einräumung einseitiger Rechte das Gleichordnungsverhältnis der Parteien, auf das sie sich beim Abschluss einer Dienstvereinbarung begeben. Nach Abschluss der Dienstvereinbarung können sich jedoch tatsächliche Verhältnisse ändern, die ein der Vorschrift des § 85 Abs. 5 S. 3 SächsPersVG nachgebildetes Aufhebungsrecht erforderlich machen.

Im Übrigen ist zu berücksichtigen, dass eine verbindliche abstrakte Regelung nach § 83 Abs. 1 SächsPersVG im Verfahren der Einigungsstelle auch gegen den Willen der Dienststelle zustande kommen kann.

2.5.4.2 Die Regelung des § 84 Abs. 5 SächsVerf ist der verfassungsrechtlich gebotenen Auslegung zugänglich. Der Wortlaut der Vorschrift sieht ein jederzeitiges Kündigungsrecht im Einzelfall vor. Bereits der Begriff „Einzelfall" lässt erkennen, dass eine Kündigung nach dieser Vorschrift nur als Ausnahmefall vorgesehen ist. Dies stellt bereits eine sachliche Beschränkung des Kündigungsrechts dar, wobei eine inhaltliche Eingrenzung im Wortlaut nicht angelegt ist. Aus der Textgenese des § 84 Abs. 5 Sächs-PersVG lässt sich jedoch herleiten, dass das Kündigungsrecht der Gewährleistung einer gemeinwohlorientierten Staatstätigkeit dienen soll (siehe oben 2.5.4.1).

2.5.5 Eine verfassungsrechtliche Rechtfertigung liegt jedoch nicht vor, soweit § 84 Abs. 4 SächsPersVG auch für Dienstvereinbarungen gilt, die vor dem 19. Mai 1998 abgeschlossen wurden und deren Regelungen gegen den Willen der Dienststelle durch einen Beschluss der Einigungsstelle zustande kommen können, und für diese neben dem Kündigungsrecht der Dienststelle nach § 84 Abs. 5 SächsPersVG die Weitergeltung der Regelungen gekündigter Dienstvereinbarungen einschränkt.

2.5.5.1 Der mit ihr verbundenen Einschränkung des Mitbestimmungsrechts stehen weder andere Verfassungsgüter noch überwiegende öffentliche Interessen gegenüber. Es ist neben dem Kündigungsrecht nach § 84 Abs. 5 SächsPersVG nicht erforderlich, die Weitergeltung der Regelungen gekündigter Dienstvereinbarungen, deren Gegenstand einem uneingeschränkten Mitbestimmungsrecht unterliegt, von einer diesbezüglichen Vereinbarung abhängig zu machen. Die Erwägung des Gesetzgebers, eine Partei könne das Kündigungsrecht faktisch ausschließen, wenn die Einigungsstelle nicht oder nicht mehr zur Entscheidung befugt sei (vgl. Gesetzentwurf der Staatsregierung, Zweites Gesetz zur Änderung des Sächsischen Personalvertretungsgesetzes, Drs. 2/6907 S. 29), trifft allenfalls auf die Fälle eingeschränkter Mitbestimmung zu. Im Übrigen kann die Dienststelle kraft ihres Kündigungsrechts nach § 84 Abs. 5 SächsPersVG sicherstellen, dass sie sich von den Wirkungen einer Dienstvereinbarung einseitig befreien kann (vgl. § 84 Abs. 5 S. 2 SächsPersVG).

2.5.5.2 Soweit sich die Einschränkung der Weitergeltung gekündigter Dienstvereinbarungen hingegen auf solche beschränkt, bei denen die Einigungsstelle keine abschließende Entscheidungsbefugnis hätte, ist diese auch hinsichtlich der vor dem In-Kraft-Treten der Neuregelung abgeschlossenen Dienstvereinbarungen verfassungsrechtlich nicht zu beanstanden. Das Vertretungsorgan hat in diesen Fällen kein schutzwürdiges Interesse an der Weitergeltung der Dienstvereinbarung nach Kündigung, da die entsprechende Angelegenheit ohnehin keinem uneingeschränkten Mitbestimmungsrecht mehr unterliegen würde.

2.6 § 87 Abs. 1 S. 2 SächsPersVG ist mit Art. 26 S. 2 SächsVerf vereinbar.

2.6.1 Nach § 87 Abs. 1 S. 2 SächsPersVG kann die Dienststelle in Angelegenheiten, in denen mehrere Personalvertretungen nebeneinander zu beteiligen wären, an deren Stelle die bei der zuständigen Stelle gebildete Stufenvertretung beteiligen. Betrifft die Angelegenheit einzelne Beschäftigte oder die Dienststelle, ist dem Personalrat Gelegenheit zur Äußerung zu geben, wobei sich die Äußerungsfristen gem. §§ 76 und 79 SächsPersVG in diesem Fall verdoppeln (§ 87 Abs. 2 SächsPersVG). In Abgrenzung zu § 87 Abs. 1 S. 1 SächsPersVG kommt die Regelung immer dann zur Anwendung, wenn in einer Angelegenheit mehrere örtliche Personalvertretungen zu beteiligen sind, obwohl die Dienststelle zur Entscheidung befugt ist. Soweit die Antragsteller einwenden, der Anwendungsbereich der Vorschrift sei schwer überschaubar, wird dies nicht weiter ausgeführt und ist in der Sache auch nicht nachvollziehbar. Im Regelfall beschränkt sich die Zuständigkeit der Dienststelle auf Maßnahmen, die die Dienststelle beziehungsweise die in ihr beschäftigten Personen betreffen. Ausnahmen können sich dann ergeben, wenn mehrere Behörden an den mitbestimmungspflichtigen Entscheidungen beteiligt sind, zum Beispiel, wenn der Leiter einer Dienststelle einer von einem anderen Dienststellenleiter ausgehenden Maßnahme zustimmt und dadurch selbst eine für die Wirksamkeit der Maßnahme im Bereich seiner Dienststelle ausschlaggebende Entscheidung trifft (vgl. BVerwGE 37, 173, 175 f; *Grabendorf/Ilbertz/ Widmaier* Bundespersonalvertretungsgesetz, 9. Aufl. 1999, § 82 Rn. 6). Dies ist auch der Fall, wenn durch bestimmte personelle Maßnahmen, wie zum Beispiel der Abordnung oder Versetzung, typischerweise die Interessen zweier Dienststellen betroffen sind (vgl. BVerwGE 96, 355, 360 ff). Dann waren bislang mehrere Dienststellen, nämlich die abgebende und die aufnehmende, nebeneinander zu beteiligen.

2.6.2 § 87 Abs. 1 S. 2 SächsPersVG schränkt das Art. 26 S. 2 SächsVerf zu entnehmende Prinzip ein, dass das Vertretungsorgan grundsätzlich dort zu beteiligen ist, wo die beteiligungspflichtige Angelegenheit entschieden wird und sich die Entscheidung für die Beschäftigten auswirkt. Ebenso wie Art. 26 S. 1 SächsVerf den inneren Aufbau der Beschäftigtenvertretungen unter die Maßgabe orts- und problemnaher Personalratsarbeit stellt, muss der Gesetzgeber das Recht auf Mitbestimmung nach Art. 26 S. 2 SächsVerf in Bezug auf die der örtlichen Personalvertretung zugewiesenen Zuständigkeiten und das Beteiligungsverfahren so ausgestalten, dass die örtliche Personalvertretung das Potential orts- und problemnaher Konfliktlösung möglichst ausschöpfen kann. Dem entspricht es, dass der örtliche Personalrat immer dann zu beteiligen ist, wenn die Interessen der Dienststelle oder der in ihr Beschäftigten betroffen sind, damit ein eventuell auftretender Konflikt auf der Ebene der Dienststelle geklärt und möglichst bereinigt werden kann. Weil der Personalvertretung ansonsten kein beteiligungsfähiger Partner gegenüberstehen würde, kann in den Fällen, in denen der Leiter der Dienststelle zur Entscheidung über die Angelegenheit nicht befugt ist, ausnahmsweise die Stufenvertretung beteiligt werden. Von diesen Grundsätzen weicht die Regelung des § 87 Abs. 1 S. 2 SächsPersVG ab, indem sie eine Zuständigkeit der

Stufenvertretung nicht nur für den Fall begründet, dass die Dienststelle zur Entscheidung in der Angelegenheit nicht befugt ist (§ 87 Abs. 1 S. 1 SächsPersVG), sondern auch dann, wenn in einer Angelegenheit mehrere Personalvertretungen nebeneinander zu beteiligen wären.

2.6.3 Die Regelung ist jedoch durch überwiegende öffentliche Interessen gerechtfertigt. Der Gesetzgeber verfolgt mit ihr das Ziel, den mit dem Mitbestimmungsverfahren verbundenen Verwaltungsaufwand zu begrenzen, indem die Dienststelle als einzige Personalvertretung nur noch die Stufenvertretung beteiligt und die mit den örtlichen Personalräten erforderliche Abstimmung intern erfolgt (vgl. Gesetzentwurf der Staatsregierung, Zweites Gesetz zur Änderung des Sächsischen Personalvertretungsgesetzes, Drs. 2/6907 S. 31). Damit verfolgt der Gesetzgeber ein legitimes Interesse. Die Regelung ist grundsätzlich geeignet, das mit ihr angestrebte Ziel zu erreichen. Zwar ist mit der Verdoppelung der Äußerungsfristen nach § 87 Abs. 2 S. 2 SächsPersVG keine wesentliche Beschleunigung des Mitbestimmungsverfahrens verbunden. Jedoch werden die gegebenenfalls divergierenden Interessen der örtlichen Personalräte bei der zuständigen Stufenvertretung gebündelt und auf diese Weise einheitlich gegenüber der Dienststelle vertreten. Damit erübrigt sich für die Dienststelle der Abstimmungsaufwand mit jedem einzelnen örtlichen Personalrat. Die Regelung ist erforderlich und schränkt das Recht auf Mitbestimmung nicht in unangemessener Weise ein. Dabei ist den Antragstellern zwar zuzugeben, dass durch die Zuweisung der Angelegenheit an die Stufenvertretung die Möglichkeit der dienststelleninternen Konfliktlösung nicht mehr besteht. Es ist daneben aber zu berücksichtigen, dass in den Fällen, in denen mehrere Personalräte nebeneinander zu beteiligen wären, sowohl die Interessen mehrerer Dienststellen als auch diejenigen der dort jeweils Beschäftigten typischerweise berührt sind. Damit sind die Möglichkeiten, einen Konflikt dienststellenintern abschließend zu lösen, ohnehin eingeschränkt. Vor diesem Hintergrund ist es eine vertretbare Erwägung des Gesetzgebers, die personalvertretungsrechtliche Beteiligung von vornherein auf der Ebene der Stufenvertretung zu bündeln und dieser die Aufgabe zuzuweisen, sämtliche durch eine Maßnahme betroffenen Interessen wahrzunehmen. Im Übrigen ermöglicht die in das Ermessen der Dienststelle gestellte Regelung in den Fällen, in denen die Beteiligung der örtlichen Personalvertretung zur Verwirklichung der verfassungsrechtlichen Anforderungen an eine orts- und problemnahe Konfliktlösung zweckmäßig oder geboten erscheint, auch dessen unmittelbare Beteiligung.

3. § 89 Abs. 3 SächsPersVG, der die Besetzung der Fachkammern und des Fachsenats neu regelt, ist mit Art. 38 S. 1 iVm Art. 77 Abs. 1, Abs. 2 SächsVerf vereinbar. Die Grenzen der zulässigen Ausgestaltung des Organisationsrechts im Bereich der rechtsprechenden Gewalt sind nicht überschritten, wenn ein Spruchkörper mit einer geraden Anzahl Richter besetzt ist und im Falle der Stimmengleichheit die Rechtsfolge dieser Abstimmungslage im Gesetz vorgesehen wird (vgl. *Zierlein* in: Umbach/

Clemens, Bundesverfassungsgerichtsgesetz, § 15 Rn. 49 f; *Ulsamer* in: Maunz/Schmidt-Bleibtreu/Klein/Ulsamer, Bundesverfassungsgerichtsgesetz, § 15 Rn. 14; a.A. *Barbey* Der Status des Richters, in: Handbuch des Staatsrechts, Bd. III (1988), § 74 Rn. 58).

D.

Den Antragstellern sind entsprechend § 16 Abs. 3 und 4 SächsVerfGHG die Hälfte ihrer notwendigen Auslagen zu erstatten, weil sie teilweise obsiegt und zudem durch die Vorbereitung und Durchführung des Verfahrens zur Klärung von Fragen grundsätzlicher Bedeutung beigetragen haben, die von besonderer verfassungsrechtlicher Tragweite sind. Dem Verfassungsgerichtshof erschien es daher billig und angemessen, die Erstattung der Hälfte der Auslagen anzuordnen (vgl. BVerfGE 82, 322, 351). Bei dem Verfahren der abstrakten Normenkontrolle sind die für die Verfassungsbeschwerden maßgebenden Erstattungsgrundsätze entsprechend anzuwenden (SächsVerfGH, JbSächsOVG 4, 50, 55).

Entscheidungen
des Landesverfassungsgerichts
Sachsen-Anhalt

Die amtierenden Richterinnen und Richter des Landesverfassungsgerichts für das Land Sachsen-Anhalt

Dr. Gerd-Heinrich Kemper, Präsident
Erhard Köhler, Vizepräsident
Anneliese Bergmann
Dr. Edeltraut Faßhauer
Margrit Gärtner
Dr. Günter Zettel
Prof. Dr. Wilfried Kluth

Stellvertreterinnen und Stellvertreter

Detlef Schröder
Dietmar Fromhage
Veronika Pumpat
Dr. Peter Willms
Carola Beuermann
Klaus-Günther Pods
Prof. Dr. Heiner Lück

Nr. 1

1. Art. 42 Abs. 1, 2 und Art. 89 der Landesverfassung enthalten objektiv-rechtlich verankerte Wahlrechtsgrundsätze, die subjektiv-rechtlich mittels einer auf Art. 8 Abs. 1 der Landesverfassung gestützten Verfassungsbeschwerde durchgesetzt werden können.

2. Aus dem Demokratieprinzip des Art. 2 Abs. 1, 2 der Landesverfassung folgt über die Anwendungsfälle der Art. 42 und 89 hinaus, daß die Wahlrechtsgrundsätze der Allgemeinheit und Gleichheit sowie der Freiheit und Geheimheit auch für Wahlen gelten, welche der einfache Gesetzgeber für Ämter in öffentlich-rechtlichen Körperschaften verlangt.

3. Ein Unterschriftenquorum von einem Prozent der Stimmen, aber nicht mehr als einhundert Unterschriften bei Bürgermeisterwahlen verstößt nicht gegen die Wahlrechtsgrundsätze der Allgemeinheit oder Gleichheit.

4. In dem Unterschriftenquorum kann eine Eignungsanforderung im Hinblick auf die Fähigkeit zur Repräsentation der wahlberechtigten Bürger(innen) gesehen werden, wie sie durch eine Direktwahl des Bürgermeisters ermöglicht werden soll.

5. Mit dem Wahlrechtsgrundsatz der Gleichheit nach Art. 8 Abs. 1 der Landesverfassung vereinbar ist, daß Amtsinhaber von dem Quorum befreit sind und daß Parteien oder Wählergruppen, die in der Volksvertretung der jeweiligen Kommune, im Landtag oder im Deutschen Bundestag durch einen Abgeordneten vertreten sind, für ihre Kandidaten nur eine sog. Unterstützungserklärung abzugeben haben.

6. Erfolgt der Zugang zu einem öffentlichen Amt durch Wahlen, ist die Anwendung von Art. 8 Abs. 2 der Landesverfassung ausgeschlossen.

7. Eine Verfassungsbeschwerde wegen der Verletzung von Wahlrechtsgrundsätzen kann nicht auf Art. 5 Abs. 1 (allgemeine Handlungsfreiheit) oder auf Art. 7 Abs. 1 (allgemeiner Gleichheitssatz) der Landesverfassung gestützt werden.

Grundgesetz Art. 20 Abs. 2; Art. 28 Abs. 1 Satz 2; Art. 28 Abs. 2; Art. 33 Abs. 2; Art. 38
Verfassung des Landes Sachsen-Anhalt Art. 2 Abs. 1; Art. 2 Abs. 2; Art. 5 Abs. 1;
Art. 7 Abs. 1

Urteil vom 27. März 2001 – LVG 1/01 –

in dem Verfassungsbeschwerdeverfahren der Frau P.

– Beschwerdeführerin –

wegen

Art. 1 Nr. 6 des Ersten Vorschaltgesetzes zur Kommunalreform vom 5. 12. 2000

Entscheidungsformel:

Die Verfassungsbeschwerde wird zurückgewiesen.
Die Entscheidung ergeht gerichtskostenfrei.
Außergerichtliche Kosten werden nicht erstattet.

Gründe:

1. Die Beschwerdeführerin wohnt in einer Vorortgemeinde von Magdeburg. Sie
beabsichtigt, bei den kommenden, am 6. Mai 2001 stattfindenden Kommunalwahlen in
Sachsen-Anhalt für das Oberbürgermeisteramt in Magdeburg zu kandidieren. Sie
gehört keiner der im Rat der Landeshauptstadt Magdeburg oder im Landtag von Sachsen-
Anhalt oder im Deutschen Bundestag vertretenen Partei oder Wählergruppe an.

Die Landeshauptstadt Magdeburg hat gegenwärtig etwa 232 000 Einwohner; der
Oberbürgermeister ist hauptamtlich tätig.

2. Das sog. „Erste Vorschaltgesetz zur Kommunalreform" – 1. KomRefVorG –
vom 5. 12. 2000 (LSA-GVBl., S. 664) macht die Kandidaturen für die Bürgermeister-
ämter in den Gemeinden und für die Landratsämter in den Landkreisen im Grundsatz
von einem sog. Unterschriftenquorum abhängig.

Für die Gemeinden ist bestimmt (Art. 1 Nr. 6 des 1. KomRefVorG):

In § 59 Abs. 1 werden folgende Sätze 4 bis 7 angefügt:
„Die Bewerbung für die Wahl zum Bürgermeister muss von mindestens ein vom
Hundert der Wahlberechtigten, jedoch nicht mehr als von 100 Wahlberechtigten,
des Wahlgebietes persönlich und handschriftlich unterzeichnet sein. Dabei bleiben
Zahlenbruchteile außer Betracht. Bewirbt sich der Amtsinhaber erneut, so ist er von
der Beibringung von Unterstützungsunterschriften nach Satz 4 befreit. Für Bewerber,
die einer Partei oder Wählergruppe angehören, gilt die Regelung des § 21 Abs. 10
Satz 1 des Kommunalwahlgesetzes entsprechend, wenn für den Bewerber eine

Unterstützungserklärung in einem Verfahren nach § 24 des Kommunalwahlgesetzes abgegeben wurde."

Für die Landkreise enthält Art. 2 Nr. 5 des 1. KomRefVorG (Ergänzung des § 48 Abs. 1 der Landkreisordnung um die Sätze 5 bis 8) eine inhaltsgleiche Regelung. In der gegenwärtigen Fassung bestimmt das Kommunalwahlgesetz für das Land Sachsen-Anhalt – KWG LSA – vom 22. 12. 1993 (LSA-GVBl., S. 818), zuletzt geändert durch Gesetz vom 5. 12. 2000 (LSA-GVBl., S. 664, 668), im Paragraphen 21 Absatz 9:

> „Der Wahlvorschlag für die Wahl zu den Vertretungen muss von mindestens ein vom Hundert der Wahlberechtigten, jedoch nicht mehr als von 100 Wahlberechtigten des Wahlbereiches persönlich und handschriftlich unterzeichnet sein. ..."

im Paragraphen 21 Absatz 10 Satz 1:

> „Bei folgenden Parteien und Wählergruppen tritt an die Stelle der Unterschriften nach Absatz 9 die Unterschrift des für das Wahlgebiet zuständigen Parteiorgans oder Vertretungsberechtigten der Wählergruppe:
> 1. bei einer Partei oder Wählergruppe, die am Tage der Bestimmung des Wahltages in der Vertretung des Wahlgebietes durch mindestens einen Gemeinderat oder ein Kreistagsmitglied vertreten ist, der auf Grund eines Wahlvorschlages dieser Partei oder Wählergruppe gewählt worden ist,
> 2. bei einer Partei, die am Tage der Bestimmung des Wahltages im Landtag des Landes Sachsen-Anhalt durch mindestens einen Abgeordneten vertreten ist, der auf Grund eines Wahlvorschlages dieser Partei gewählt worden ist,
> 3. bei einer Partei, die am Tage der Bestimmung des Wahltages im Bundestag durch mindestens einen im Lande Sachsen-Anhalt gewählten Abgeordneten vertreten ist, der auf Grund eines Wahlvorschlages dieser Partei gewählt worden ist."

und im Paragraphen 24:

> „(1) Die Bewerber auf Wahlvorschlägen von Parteien ... müssen von den im Zeitpunkt ihres Zusammentretens wahlberechtigten Mitgliedern der Partei in geheimer Abstimmung bestimmt worden sein. Dies kann auch durch Delegierte geschehen, die von den Mitgliedern (Satz 1) aus ihrer Mitte in geheimer Wahl hierzu besonders gewählt worden sind. ...
> (2) ... [entsprechend für Wählergruppen] ...
> (3) ... [betr. Wahlniederschrift] ..."

3. Der Entwurf der Landesregierung für das Erste Vorschaltgesetz (v. 14. 6. 2000 – LT-Drs. 3/3265) sah kein Unterschriftenquorum vor. Im Rahmen der Ersten Lesung (v. 23. 6. 2000) bat der Minister des Innern (Dr. Püchel, LT-StenBer 3/41 – zu TOP 7 –, S. 2881, l. Sp.) die Ausschüsse, auch zu bedenken, daß „zumindest bei hauptamtlichen Wahlbeamten die Kandidatur sogenannter Jux- oder Spaßkandidaten möglichst einzuschränken" sei. Die Beschlußempfehlung des „Zeitweiligen Ausschusses Funktional- und Verwaltungsreform/Kommunale Gebietsreform" (vom 6. 10. 2000 – LT-Drs. 3/3699,

S. 7) sah als Art. 1 Nr. 4/1 zum Entwurf die Gesetz gewordene Änderung des § 59 der Gemeindeordnung für das Land Sachsen-Anhalt – GO LSA – vom 5. 10. 1993 (LSA-GVBl., S. 568), zuletzt geändert durch Gesetz vom 5. 12. 2000 (LSA-GVBl., S. 664) – sowie eine entsprechende Regelung für § 48 Abs. 1 der Landkreisordnung für das Land Sachsen-Anhalt – LKO LSA – vom 5. 10. 1993 (LSA-GVBl., S. 598), zuletzt geändert durch Gesetz vom 5. 12. 2000 (LSA-GVBl., S. 664, 667) – vor; dafür bedankte sich der Minister in der abschließenden Zweiten Lesung vom 12. 10. 2000 ausdrücklich (Dr. Püchel, LT-StenBer 3/44 – zu TOP 6 –, S. 3178, l. Sp.).

4. Die Beschwerdeführerin hat am 2. 1. 2001 Verfassungsbeschwerde erhoben. Sie rügt die Verletzung der Art. 5 Abs. 1; 7 Abs. 1 sowie 8 Abs. 1, 2 der Landesverfassung und macht geltend:

Die Verfassungsbeschwerde sei zulässig; vor allem betreffe sie die Gesetzesänderung unmittelbar. Die Beschwerde sei auch begründet:

Die von § 59 Abs. 1 S. 4–7 GO LSA geforderte Vorlage von Unterstützungsunterschriften sei mit Art. 8 Abs. 2 der Landesverfassung nicht vereinbar, weil der Zugang zum öffentlichen Amt des Bürgermeisters von anderen Kriterien abhängig gemacht werde, als sie für die Auswahl von Beamten zu gelten hätten. Es komme nur auf Eignung, Befähigung und fachliche Leistung an. Wer diese Voraussetzungen erfülle, habe einen Anspruch auf gleichen Zugang auch zu diesem öffentlichen Amt.

Ebenso wenig sei es mit dem allgemeinen Gleichheitsgrundsatz des Art. 7 der Landesverfassung vereinbar, von einem neuen (Einzel-)Bewerber Unterstützungsunterschriften zu fordern, während dies von den Amtsinhabern oder auch von den Mitgliedern der Parteien oder Wählergruppen nicht verlangt werde. Für den Unterschied gebe es keinen sachlichen Grund; er könne auch nicht darin gesehen werden, „Jux- und Spaßkandidaturen" zu verhindern. Dies könne dadurch geschehen, daß Bewerber nicht berücksichtigt würden, die für das Amt nicht geeignet und befähigt seien oder die fachlichen Leistungen nicht erbringen könnten. Die vom Bundesverfassungsgericht anerkannten Beschränkungen seien auf diesen Fall nicht übertragbar, weil sie das Verhältniswahlrecht beträfen.

Da das Unterschriftenquorum rechtswidrig sei, werde auch das Recht auf allgemeine Handlungsfreiheit aus Art. 5 der Landesverfassung betroffen.

Die Beschwerdeführerin beantragt,

festzustellen,

1. daß Artikel 1 Nr. 6 der Ersten Vorschaltgesetzes zur Kommunalreform vom 5. Dezember 2000 mit Artikel 8 Absatz 2 und Artikel 5 Absatz 1 der Landesverfassung unvereinbar ist, soweit es den Zugang zum öffentlichen Amt eines Bürgermeisters, nämlich die Bewerbung zur Wahl, von Unterstützungsunterschriften abhängig macht,

2. daß Artikel 1 Nr. 6 des Ersten Vorschaltgesetzes zur Kommunalreform vom 5. Dezember 2000 mit Artikel 7 Absatz 1 der Landesverfassung unvereinbar ist,

soweit es diese Unterstützungsunterschriften von den Bewerbern für das Amt des Bürgermeisters fordert, andererseits aber die Amtsinhaber von der Beibringung von Unterstützungsunterschriften befreit und bei Bewerbern von Parteien und Wählergruppen die Unterschrift des für das Wahlgebiet zuständigen Parteiorgans oder des Vertretungsberechtigten der Wählergruppe genügen läßt.

5. Der Landtag hat sich nicht geäußert.

6. Die Landesregierung hält die Verfassungsbeschwerde für unzulässig, jedenfalls für unbegründet, weil Verletzungen von Verfassungsrechten offensichtlich auszuschließen seien.

Art. 8 Abs. 2 der Landesverfassung werde nicht verletzt, weil die Ämter nicht durch beamtenrechtliche Auswahlentscheidung, sondern durch Wahl vergeben würden; deshalb stehe das Demokratieprinzip des Art. 89 der Landesverfassung im Vordergrund, nicht der Grundsatz der Bestenauslese. Wenigstens berühre der mit dem Unterschriftenquorum verfolgte Zweck das Auswahlkriterium der Eignung.

Art. 7 der Landesverfassung sei nicht einschlägig, weil Art. 8 Abs. 1 die speziellere Vorschrift sei. Dieser besondere Gleichheitsgrundsatz sei nicht verletzt, weil das Quorum den Zweck habe, Kandidaturen mit dem Ziel, in das Guiness-Buch der Rekorde aufgenommen zu werden, wie es in Baden-Württemberg der Fall war, oder aus Gründen der Persönlichkeitsdarstellung wie bei der letzten Oberbürgermeisterwahl in Halle, zu verhindern. Dort hätten 26 Personen kandidiert, die im ersten Wahlgang zwischen 44,8 % und 0,07 % der Stimmen erreichten. Fünf der Kandidaten hätten weniger als 100 Stimmen auf sich vereinigt. Die jetzt verlangte Zahl der Unterschriften sei so gering, daß durch diese Sperre keine wirklich ernsthafte Kandidatur verhindert werde. Das Quorum nehme keine bereits erworbene Position, sondern sei Element der Wahlvorbereitung. Die Wähler sollten sich bei der Wahlhandlung auf ernsthafte Bewerbungen konzentrieren können. Zudem solle verhindert werden, daß das öffentliche Amt, die Wahl oder das Ansehen des Landes Schaden nehme. Die getroffene Regelung sei auch systemgerecht, weil sie sich an die durch § 21 Abs. 9 des Kommunalwahlgesetzes für die Wahlen der Vertretungen in den Kommunen bereits bestehende Regelung anlehne. Sachsen-Anhalt stehe mit dem Unterschriftenquorum nicht allein; zahlreiche andere Länder hätten ähnliche, teilweise einschneidendere Regelungen getroffen.

Entscheidungsgründe:

Die Verfassungsbeschwerde ist zulässig (1.), bleibt aber in der Sache ohne Erfolg (2.).

1. Das Begehren ist als Verfassungsbeschwerde statthaft, und das Landesverfassungsgericht ist zur Entscheidung berufen (1.1.). Es wird eine Verfassungsverletzung (1.2.) durch ein Landesgesetz behauptet, das „unmittelbar" eingreift (1.3.). Die übrigen Formalien sind eingehalten (1.4.).

1.1. Der Weg zum Landesverfassungsgericht Sachsen-Anhalt ist über Art. 75 Nr. 6 der Verfassung des Landes Sachsen-Anhalt – LVerf-LSA – vom 16. 7. 1992 (LSA-GVBl., S. 600) und über § 2 Nr. 7 des Gesetzes über das Landesverfassungsgericht – LVerfGG-LSA – vom 23. 8. 1993 (LSA-GVBl., S. 441), geändert durch Gesetze vom 14. 6. 1994 (LSA-GVBl., S. 700) und vom 22. 10. 1996 (LSA-GVBl., S. 332), wegen einer Verletzung von Grundrechten, grundrechtsgleichen oder staatsbürgerlichen Rechten eröffnet. Das Landesverfassungsgericht darf ohne Verstoß gegen Art. 31; 142 des Grundgesetzes (GG) über die Verletzung von (Landes-)Grundrechten (oder grundrechtsgleichen Rechten) auch dann befinden, wenn diese mit solchen des Grundgesetzes inhaltsgleich sind (std. Rspr. seit: LVerfG, Urt. v. 27. 10. 1994 – LVG 14, 17, 19/94 –, LVerfGE 2, 345, 357 f). Nach der neuen Rechtsprechung des Bundesverfassungsgerichts besteht insoweit auch kein Konkurrenzverhältnis mehr, da nunmehr die aus Art. 20 Abs. 2 und Art. 38 GG abgeleiteten Wahlrechtsgrundsätze die Länder über Art. 28 Abs. 1 S. 2 GG nur noch als objektive Verfassungsgrundsätze binden. Subjektive verfassungsbeschwerdefähige Rechte können demnach nur durch Landesrecht begründet und vor den Landesverfassungsgerichten geltend gemacht werden (BVerfG, Beschl. v. 16. 7. 1998 – 2 BvR 1953/95 –, BVerfGE 99, 1, 8, 11, 18).

1.2. Die Verfassungsbeschwerde ist nicht bereits mangels Rechtsverletzung zu verwerfen; denn die Beschwerdeführerin hat Verletzungen von Verfassungsrechten „behauptet" (§ 47 LVerfGG-LSA). Das Landesverfassungsgericht hält an seiner bisherigen Rechtsprechung fest, nach welcher die geltend gemachte Verfassungsverletzung lediglich „möglich" sein muß (std. Rspr., vgl. etwa: LVerfG, Urt. v. 31. 5. 1994 – LVG 3/94 –; Urt. v. 31. 5. 1994 – LVG 4/94 –, LVerfGE 2, 323, 336; Urt. v. 29. 5. 1997 – LVG 1/96 –, LVerfGE 6, 281, 293).

Diese Voraussetzungen sind jedenfalls für die Behauptung erfüllt, die Einführung des Unterschriftenquorums widerspreche Art. 8 Abs. 1 LVerf-LSA. Das Recht, zu wählen, zu kandidieren und durch Wahlen in Ämter zu gelangen, gehört zu den „staatsbürgerlichen" Rechten. Objektiv-rechtlich werden Wahlgrundsätze nicht nur für Landtagswahlen (Art. 42 Abs. 1 LVerf-LSA) und für Wahlen zu kommunalen Volksvertretungen (Art. 89 LVerf-LSA) in Übereinstimmung mit Art. 28 Abs. 1 S. 2 GG garantiert. Wegen des Demokratieprinzips des Art. 2 Abs. 1, 2 LVerf-LSA gelten die für die Wahlen zu Volksvertretungen festgelegten (objektiven) Grundsätze – jedenfalls diejenigen der Allgemeinheit, Gleichheit, Freiheit und Geheimheit der Wahl – über diese Anwendungsfälle hinaus auch für solche Wahlen, welche der einfache Gesetzgeber für Ämter in öffentlich-rechtlichen Körperschaften verlangt (vgl. im Einzelnen unten Nr. 2.2.1). Sie betreffen in gleicher Weise wie die in der Verfassung ausdrücklich genannten Wahlen staatsbürgerliche Rechte iSd Art. 8 Abs. 1; 75 Nr. 6 LVerf-LSA.

Soweit das Landesverfassungsgericht bei einer Kommunalwahl sowohl Art. 8 Abs. 1 LVerf-LSA als auch Art. 89 LVerf-LSA für einschlägig gehalten hat (LVerfGE 2,

345, 346, 358; LVerfG, Urt. v. 27.10.1994 – LVG 18/94 –, LVerfGE 2, 378, 388, 389; LVerfG, Urt. v. 7.7.1998 – LVG 17/97 –, LVerfGE 9, 329, 335; LVerfG, Beschl. v. 7.12.1999 – LVG 7/99 –), ist klarzustellen: Art. 89 LVerf-LSA enthält wie Art. 42 Abs. 1 LVerf-LSA objektive Wahlgrundsätze, Art. 8 Abs. 1 LVerf-LSA verbürgt diese als subjektive staatsbürgerliche Rechte.

Es ist auch nicht von vornherein ausgeschlossen, daß der Zugang zum Amt des Bürgermeisters an Art. 8 Abs. 2 LVerf-LSA zu messen ist. Möglich erscheint insbesondere die Beeinträchtigung der Wahlrechtsgrundsätze der Allgemeinheit oder der Gleichheit der Wahl durch die Einführung des Unterschriftenquorums. Objektivrechtlich werden diese Wahlgrundsätze durch die Landesverfassung selbst ausdrücklich für die Landtagswahlen (Art. 42 Abs. 1 LVerf-LSA) und für die Wahlen zu kommunalen Volksvertretungen (Art. 89 LVerf-LSA) in Übereinstimmung mit Art. 28 Abs. 1 S. 2 GG garantiert.

Soweit die Beschwerdeführerin eine Verletzung in ihren Rechten aus Art. 7 Abs. 1 geltend macht, erscheint eine Rechtsverletzung jedenfalls bei Zugrundelegung der neuen Rechtsprechung des Bundesverfassungsgerichts, der sich das Landesverfassungsgericht anschließt, als ausgeschlossen (vgl. auch bereits: LVerfGE 2, 345, 358; 2, 378, 388; LVerfGE 9, 329, 335; LVerfG, Beschl. v. 7.12.1999 – LVG 7/99 –).

Das gleiche gilt für Art. 5 Abs. 1 LVerf-LSA, auf den im Bereich der staatsbürgerlichen Rechte nicht zurückgegriffen werden kann. Da diese speziell durch Art. 8 Abs. 1 LVerf-LSA garantiert sind, kann sich die Beschwerdeführerin nicht auf eine Verletzung ihrer allgemeinen Handlungsfreiheit des Art. 5 Abs. 1 LVerf-LSA berufen. Die Grundrechtsdogmatik zu Art. 2 Abs. 1 GG ist auf Art. 5 Abs. 1 LVerf-LSA übertragbar: Soweit Art. 2 Abs. 1 GG nicht im Zusammenhang mit Art. 1 Abs. 1 GG das allgemeine Persönlichkeitsrecht eigenständig schützt (vgl. etwa: BVerfG, Beschl. v. 19.11.1985 – 1 BvR 38/78 –, BVerfGE 71, 183, 201), gehen die speziellen Gewährleistungen in anderen Grundrechten (oder grundrechtsgleichen Rechten) der allgemeinen Handlungsfreiheit vor (vgl. etwa: BVerfG, Urt. v. 16.1.1957 – 1 BvR 253/56 –, BVerfGE 6, 32, 37; Beschl. v. 20.6.1984 – 1 BvR 1494/78 –, BVerfGE 67, 157, 171). Das gilt auch für die Landesverfassung, welche sogar deutlicher „Grundrecht" und „staatsbürgerliches" Teilhaberecht unterscheidet (Art. 75 Nr. 6 LVerf-LSA; vgl. allerdings zum Charakter des Art. 8 Abs. 1 LVerf-LSA: *Mahnke*, LVerf-LSA, Art. 8 Rn. 1 – „Grundrechtscharakter"). Daß beim Persönlichkeitsrecht ein Teil durch Art. 6 LVerf-LSA besonders geregelt wird (Datenschutz), stellt auf der Ebene der allgemeinen Handlungsfreiheit das Verhältnis von Generalität und Spezialität nicht in Frage; als Grundrecht der allgemeinen Handlungsfreiheit kommt deshalb Art. 5 Abs. 1 LVerf-LSA nur eine „lückenschließende Auffangfunktion" (*Mahnke* aaO, Art. 5 Rn. 3) zu (ebenso im Ergebnis: *Reich* LVerf-LSA, Art. 5 Rn. 1 – zu Beginn: nur Schutz außerhalb der speziellen Grundrechte). Der Rückgriff auf die allgemeine Handlungsfreiheit ist um so weniger geboten, als auch das Bundesverfassungsgericht die (objektiven) Wahlrechtsgrundsätze gerade als Besonderheiten des Demokratiegrundsatzes aus speziellen anderen Verfassungsbestimmungen herleitet und die Verfassungsbeschwerde nicht nach Art. 2 Abs. 1 GG gegen Gleichheitsverletzungen bei landesrechtlichen Wahlen zugelassen hat (BVerfGE 99, 1, 8).

1.3. Die mit der Neufassung des § 59 Abs. 1 GO durch die Einführung des Unterschriftenquorums bewirkte Einschränkung des passiven Wahlrechts betrifft die Beschwerdeführerin auch unmittelbar in eigenen Rechten, wie es Art. 75 Nr. 6 LVerf-LSA, §§ 2 Nr. 7; 47 LVerfGG-LSA verlangen. Eine solche keinen Verwaltungsvollzug mehr voraussetzende Belastung hat das Landesverfassungsgericht in der Vergangenheit immer anerkannt, wenn die Wählbarkeit zu kommunalen Vertretungskörperschaften begrenzt worden war; daß der Verlust des Wahlrechts förmlich festgestellt wird, blieb dabei ohne Bedeutung (seit LVerfGE 2, 345, 359).

Für die Wahl zum kommunalen Hauptverwaltungsbeamten gilt nichts anderes. Die Beschwerdeführerin stellt zu Recht darauf ab, daß evtl. Feststellungen über die Ungültigkeit ihrer Kandidatur ohne behördlichen Entscheidungsspielraum blieben und sich bereits direkt aus der angegriffenen gesetzlichen Regelung ergäben.

1.4. Die sonstigen formellen Bestimmungen sind eingehalten; insbesondere ist die Jahresfrist des § 48 LVerfGG-LSA gewahrt.

2. Die Verfassungsbeschwerde ist unbegründet. Die durch Art. 8 Abs. 2 LVerf-LSA geschützten Zugangsrechte hindern das Quorum nicht (2.1.); staatsbürgerliche Rechte aus Art. 8 Abs. 1 LVerf-LSA werden nicht verfassungswidrig beeinträchtigt (2.2.).

2.1. Beim Zugang zum öffentlichen Amt des Bürgermeisters ist wegen der Direktwahl durch das Volk Art. 8 Abs. 2 LVerf-LSA unanwendbar (so die herrschende Ansicht; vgl. etwa: *Jarass* in: Jarass/Pieroth, GG, 5. Aufl., Art. 33 Rn. 8; *Höfling* in: Bonner Kommentar zum Grundgesetz, Bearbeitung August 1999, Art. 33 Abs. 1–3, Rn. 84, 87, mwN; kritisch: *Lübbe-Wolff* in: Dreier (Hrsg.), GG-Kommentar, Bd. II, Art. 33 Rn. 39).

Art. 8 Abs. 2 LVerf-LSA garantiert den gleichen Zugang aller Deutschen zu öffentlichen Ämtern nach den Kriterien der Eignung, Befähigung und fachlichen Leistung. Es werden damit positive Kriterien für die Betätigung des Auswahlermessens bei der Vergabe und Besetzung öffentlicher Ämter von Verfassung wegen vorgegeben. Öffentliches Amt ist jede berufliche und ehrenamtliche Funktion öffentlich-rechtlicher Art bei Bund, Ländern, Gemeinden und anderen juristischen Personen des öffentlichen Rechts (*Jarass* aaO). Dazu gehört grundsätzlich auch das Amt des Bürgermeisters.

Umstritten ist jedoch, ob der Umstand, daß der Zugang zu einem öffentlichen Amt durch Wahl, sei es durch das Volk oder eine Vertretungskörperschaft, erfolgt, die Anwendung des Art. 8 Abs. 2 LVerf-LSA bzw. des inhaltsgleichen Art. 33 Abs. 2 GG ausschließt. Mit der ganz überwiegenden Ansicht ist die Vorschrift auf diese

Fälle nicht anwendbar, weil im Falle einer Wahl das in der Vorgabe von Auswahlkriterien vom Verfassunggeber zum Ausdruck gebrachte Mißtrauen, daß eine sachgerechte Auswahl bei der Ämtervergabe erfolgt, nicht gerechtfertigt ist. Im Falle der Wahl handelt es sich um einen politischen Vertrauensbeweis, der keinen weiteren inhaltlichen Anforderungen unterworfen werden kann. Die politische Führungsauslese in der parlamentarischen Demokratie kennt kein rechtliches Vorzugskriterium (*Höfling* aaO).

Zu dem gleichen Ergebnis gelangt man indes auch dann, wenn man bei einer Wahl durch das Volk oder eine Vertretungskörperschaft davon ausgeht, daß die Eignung des Bewerbers sich im Wahlerfolg dokumentiert und daß den Wählern bzw. einer zur Wahl berufenen Vertretungskörperschaft ein gerichtlich nicht nachprüfbarer Beurteilungsspielraum zusteht (in diesem Sinne BVerwG, Urt. v. 18. 11. 1955 – BVerwG II C 180.54 –, BVerwGE 2, 329 ff; *Scherbarth/Höffken/Bauschke/Schmidt* Beamtenrecht, 6. Aufl., S. 163).

Dieses Ergebnis wird auch durch einen Blick auf die einfachgesetzlichen Regelungen des Kommunal- und Beamtenrechts bestätigt, ohne daß ihnen eine maßstabbildende Funktion für die Verfassungsauslegung zukommt.

Der Vorrang der Volkswahl vor der sich erst anschließenden beamtenrechtlichen Ernennung wird dadurch deutlich, daß der Gewählte nicht bereits durch die Wahl Beamter wird, sondern nur einen Anspruch auf Ernennung erwirbt (so zutreffend: *Klang/Gundlach* Gemeindeordnung, 2. Aufl., GO § 57 Rn. 3, S. 244).

Das Beamtengesetz des Landes trägt dem dadurch Rechnung, daß es in einem besonderen Abschnitt Vorschriften über Ehrenbeamte und Beamte auf Zeit enthält (§§ 109, 112 f des Beamtengesetzes Sachsen-Anhalt – BG LSA – idF d. Bek. v. 9. 2. 1998 – LSA-GVBl., S. 49 –, zuletzt geändert durch Gesetz vom 8. 4. 1999 – LSA-GVBl., S. 146). Daß diese Bestimmungen auf das allgemeine Beamtenrecht verweisen, ändert nichts an dem Vorrang der Wahlentscheidung, weil die Regelungen der Kommunalverfassung den gleichen Gesetzesrang haben wie das Landesbeamtenrecht. Bundesrecht (vgl. die Rahmenvorschriften der §§ 95 ff BRRG) steht nicht entgegen, sondern erkennt sogar für Beamte auf Zeit ausdrücklich an, daß „die Verleihung des Amtes auf einer Wahl durch das Volk beruh(en)" kann (§ 95 Abs. 1 S. 2 BRRG). Beamtenrechtlich wird dem Gewählten als Beamtem auf Zeit „ein seinen Aufgaben entsprechendes Amt im statusrechtlichen Sinn übertragen, und zwar für die Dauer seiner Amtszeit" (BVerfG, Beschl. v. 3. 7. 1985 – 2 BvL 16/82 –, BVerfGE 70, 251, 265), die für den Regelfall durch die Volkswahl in Verbindung mit den Vorgaben der Gemeindeordnung auf sieben Jahre bestimmt ist (§ 58 Abs. 1 S. 1 GO LSA). Die Trennung zwischen kommunalrechtlichen und beamtenrechtlichen Fragen ist dem Recht auch sonst nicht fremd; das Bundesverwaltungsgericht hat eine Wahlprüfungsstreitigkeit (Anfechtung der Entscheidung im Weg der Rechtsaufsicht) dem Kommunalrecht und nicht dem Beamtenrecht zugeordnet (BVerwG, Beschl. v. 18. 7. 1996 – BVerwG 8 B 85.96 –, LKV 1997, 171, Nr. 5).

2.2. Das über Art. 8 Abs. 1 LVerf-LSA als staatsbürgerliches Recht verbürgte allgemeine und gleiche passive Wahlrecht wird durch die Einführung des Unterschriftenquorums in § 59 Abs. 1 Sätze 4 bis 7 GO LSA nicht verletzt. Die Wahlgrundsätze der Verfassung gelten auch für die hier streitige Bürgermeisterwahl (2.2.1.) Die Einführung eines Unterschriftenquorums ist damit unter bestimmten Voraussetzungen vereinbar (2.2.2.). Es verletzt in seiner konkreten Ausgestaltung weder den Grundsatz der Verhältnismäßigkeit (2.2.3.), noch sind die Ausnahmen gleichheitswidrig (2.2.4.).

2.2.1. Die Landesverfassung verlangt nicht nur ausdrücklich bei den Wahlen zum Landtag (Art. 42 Abs. 1 LVerf-LSA) und zu den kommunalen Vertretungen (Art. 89 LVerf-LSA), daß sie auch jedenfalls frei, geheim, gleich und allgemein sein müssen, sondern diese Grundsätze gelten wegen des Demokratieprinzips (Art. 2 Abs. 1, 2 LVerf-LSA) darüber hinaus für solche Volkswahlen in staatliche und kommunale Ämter, die nicht durch die Verfassung selbst, sondern durch einfaches Gesetz verlangt sind. Insoweit gilt für das Landesrecht schon wegen des sog. „Homogenitätsgebots" des Art. 28 Abs. 1 S. 2 GG nichts anderes als nach Art. 20 Abs. 1, 2 GG (vgl. zur Zurechnung der Wahlgrundsätze zum Demokratieprinzip bes: BVerfG, Beschl. v. 15. 1. 1985 – 2 BvR 1163/82 –, BVerfGE 69, 92, 106; *Pieroth* in: Jarass/Pieroth, Art. 20 Rn. 6; *Herzog* in: Maunz/Dürig, GG, Bearbeitung August 2000, Art. 20 II Rn. 9; vgl. für Einschränkungen beim Grundsatz der Unmittelbarkeit: *Pieroth* aaO und Art. 38 Rn. 8). Das Bundesverfassungsgericht hat deshalb die Wahlgrundsätze auch außerhalb der in der Verfassung normierten Fälle, etwa bei Wahlen zu Vertretungen bei Arbeitnehmerkammern (BVerfG, Beschl. v. 22. 10. 1985 – 1 BvL 44/83 –, BVerfGE 71, 81, 94, dort auf der Grundlage der früheren Rechtsprechung vor allem aus Art. 3 GG hergeleitet) oder für Wahlen zu Personalvertretungen (BVerfG, Beschl. v. 23. 3. 1982 – 2 BvL 1/81 –, BVerfGE 60, 162, 167, mwN: Allgemeinheit und Gleichheit als ungeschriebenes Verfassungsrecht), für verfassungsrechtlich garantiert gehalten. Auch das hamburgische Verfassungsgericht hat aus dem Demokratieprinzip Wahlgrundsätze für sonstige demokratische Wahlen politischer Art hergeleitet, für die das Land die Regelungskompetenz hat (HambVfG, Urt. v. 6. 11. 1998 – HVerfG 1/98 –, LVerfGE 9, 157, 161/162; Urt. v. 3. 4. 1998 – HVerfG 2/97 –, LVerfGE 8, 227, 238).

Die für die hier streitige Bürgermeisterwahl angeordneten Wahlgrundsätze (§ 58 Abs. 1 GO LSA) enthalten diejenigen der Allgemeinheit und Gleichheit, deren Verletzung allein gerügt wird.

2.2.2 Das Unterschriftenquorum verletzt diese Grundsätze nicht.

Das Landesverfassungsgericht hat Einschränkungen von Wahlrechten bislang im Wesentlichen am besonderen Gleichheitssatz des Art. 8 Abs. 1 LVerf-LSA gemessen, aber zusätzlich auf Art. 42 Abs. 1; 89 LVerf-LSA verwiesen (LVerfGE 2, 345, 362; 2, 378, 390; vgl. auch LVerfGE 9, 329, 334 f). Das Bundesverfassungsgericht hat, allerdings vom Gleichheitssatz ausgehend, die Grundsätze der Allgemeinheit der Wahl und

Wahlgleichheit nebeneinander und gleichwertig in Bezug genommen (vgl. etwa BVerfGE 60, 162, 167). Die Maßstäbe für die verfassungsrechtliche Beurteilung der Unterschriftenquoren verändern sich indessen auch dann nicht, wenn diese Wahlrechtseinschränkungen eher dem Feld der Allgemeinheit der Wahl als dem der Wahlrechtsgleichheit zugerechnet werden (so bes.: *Lege* Unterschriftenquorum zwischen Parteienstaat und Selbstverwaltung, Schriften zum Öffentlichen Recht, Bd. 704, 1997, S. 15, 17, 19; vgl. andererseits *Hans Meyer* Wahlgrundsätze und Wahlverfahren, in: Isensee/Kirchhof, Handbuch des Staatsrechts, Bd. II, § 38 Rn. 38 f: Prüfung unter dem Abschnitt „Gleichheit").

Art. 8 Abs. 1 LVerf-LSA, der in erster Linie die Gleichbehandlung bei staatsbürgerlichen Rechten verlangt, schließt den Rückgriff auf den Grundsatz der Allgemeinheit nicht aus; denn die Vorschrift hat in erster Linie die Funktion, durch eine Verfassungsbeschwerde subjektiv-rechtlich die Einhaltung der in Art. 2 Abs. 1, 2; 42 Abs. 1; 89 LVerf-LSA objektiv-rechtlich verankerten Wahlrechtsgrundsätze zu garantieren.

Das gilt besonders im Hinblick auf die neuere Rechtsprechung des Bundesverfassungsgerichts: Danach können Einschränkungen bei Landeswahlen nicht mehr als denkbare Verletzungen des allgemeinen Gleichheitssatzes (Art. 3 Abs. 1 GG) Gegenstand einer Verfassungsbeschwerde (zum Bundesverfassungsgericht) sein. Gleichwohl sind die Länder objektiv-rechtlich wegen des sog. „Homogenitätsgebots" des Art. 28 Abs. 1 S. 2 GG an die Wahlrechtsgrundsätze der Bundesverfassung gebunden (BVerfGE 99, 1, 7, 8, 10 f, 12, 18). Diese haben in der Anwendung auf Landeswahlen ihren verbindlichen Charakter nicht geändert.

Aus dem Wesen des Wahlrechts als eines elementaren „politischen Grundrechts" (BVerfG, Urt. v. 5. 4. 1952 – 2 BvH 1/52 –, BVerfGE 1, 208, 242) und seiner historischen Entwicklung zum „Demokratisch-Egalitären" hin (BVerfG, Beschl. v. 11. 10. 1972 – 2 BvR 912/71 –, BVerfGE 34, 81, 98) folgt, daß die Wahlgrundsätze der allgemeinen und gleichen Wahl durch ihren formalen Charakter gekennzeichnet und darin vom allgemeinen Gleichheitssatz unterschieden sind (BVerfGE 34, 81, 98). Der Grundsatz der Allgemeinheit verbietet es, bestimmte Bevölkerungsgruppen aus politischen, wirtschaftlichen oder sozialen Gründen von der Wahl auszuschließen (BVerfG, Beschl. v. 23. 10. 1973 – 2 BvC 3/73 –, BVerfGE 36, 139, 141; Beschl. v. 7. 10. 1981 – 2 BvC 2/81 –, BVerfGE 58, 202, 205). Allgemeinheit und Gleichheit der Wahl verlangen, daß jedem das staatsbürgerliche Recht in formal möglichst gleicher Weise zusteht (BVerfGE 34, 81, 98; 36, 139, 141). Dem Gesetzgeber bleibt wegen dieser Formalisierung nur ein eng bemessener Spielraum für Differenzierungen, die jeweils eines besonderen rechtfertigenden zwingenden Grundes bedürfen (BVerfG, Beschl. v. 6. 5. 1970 – 2 BvR 158/70 –, BVerfGE 28, 220, 225; BVerfG, Beschl. v. 21. 6. 1988 – 2 BvR 638/84 –, BVerfGE 78, 350, 357 f; vgl. auch: BVerfGE 99, 1, 13).

Der Grund, welcher die Ausnahme rechtfertigen soll, muß sich zwar seinerseits nicht unmittelbar aus der Verfassung herleiten lassen (so aber z. B. *Morlock* in: Dreier (Hrsg.), GG-Kommentar, Bd. II, Art. 38 Rn. 61, mwN), indessen muß er durch sie legitimiert, wenn auch nicht geboten sein (BVerfG, Urt. v. 10. 4. 1997 – 2 BvC 3/96 –, BVerfGE 95, 408, 418; *Pieroth* aaO, Art. 38 Rn. 18, 19) oder doch jedenfalls auf der Tradition beruhen (vgl. etwa: BVerfG, Beschl. v. 29. 5. 1984 – 2 BvC 2/84 –, BVerfGE 67, 146, 148).

Das Bundesverfassungsgericht hat in Unterschriftenquoren wiederholt einen zwingenden Grund gesehen, – auch bei Bürgermeisterwahlen (BVerfG, Beschl. v. 29. 4. 1994 – 2 BvR 831/94, 2 BvQ 15/94 –, LKV 1994, 403 – Behandlung der Verfassungsbeschwerde insoweit als offensichtlich unbegründet) –, sie sogar für allgemein anerkannt gehalten (BVerfG, Urt. v. 15. 11. 1960 – 2 BvR 536/60 –, BVerfGE 12, 10, 27, mwN; Beschl. v. 17. 1. 1961 – 2 BvR 547/60 –, BVerfGE 12, 132, 133 f; BVerfGE 71, 81, 96/97; BVerfG, Beschl. v. 17. 10. 1990 – 2 BvE 6,7/90 –, BVerfGE 82, 353, 364) und dabei – wie bei anderen Wahlrechtseinschränkungen – in erster Linie auf den Zweck abgestellt, die „Funktionstüchtigkeit" der gewählten Organe zu garantieren (BVerfG, Urt. v. 23. 1. 1957 – 2 BvE 2/56 –, BVerfGE 6, 84, 92; Urt. v. 3. 12. 1968 – 2 BvE 1, 3, 5/67 –, BVerfGE 24, 300, 341; Beschl. v. 14. 2. 1978 – 2 BvR 523/75, 958, 977/76 –, BVerfGE 47, 198, 227; Beschl. v. 22. 5. 1979 – 2 BvR 193, 197/79 –, BVerfGE 51, 222, 236; BVerfGE 95, 408, 420; insoweit im Ergebnis zustimmend: *Lege* aaO, S. 33 [unter c]; wohl auch: *Meyer* aaO, Rn. 38, S. 292; vgl. auch BVerfGE 60, 162, 172 ff).

Solche durch das Wahlsystem verursachten Schwierigkeiten sind allerdings erkennbar nicht Motiv für den Landesgesetzgeber gewesen, die hier streitige Beschränkung einzuführen. Den Gesetzesmaterialien läßt sich nur entnehmen, daß „Jux- und Spaßkandidaturen" haben verhindert werden sollen. Dies wird durch die Anregung des Innenministers anläßlich der ersten Lesung des Entwurfs und vor allem durch den ausdrücklich ausgesprochenen Dank an den Ausschuß, welcher die Regelung vorgeschlagen hat, erhärtet.

Die Frage der Funktionstüchtigkeit stellt sich bei Bürgermeister- und Landratswahlen anders als bei den Volksvertretungen nach durchgeführter Wahl nicht. Bei der Mehrheitswahl, welche schließlich nur eine Person in das Amt bringt, ist schon begrifflich keine Funktionsunfähigkeit denkbar, die durch eine Vielzahl von Kandidaturen bei der Wahl hervorgerufen werden könnte.

Das Landesverfassungsgericht vermag im Hinblick auf die Rechtsprechung des Bundesverfassungsgerichts, das als Zweck von Unterschriftenquoren auch angesehen hat, daß der Wähler sich auf wirklich „ernsthafte" Bewerber soll konzentrieren können (vgl. BVerfG, Beschl. v. 13. 6. 1956 – 1 BvR 315, 309, 286/53 –, BVerfGE 5, 77, 81: „nicht völlig aussichtsloser Vorschlag"; vgl. ferner zu Unterschriftenquoren bei Wahlvorschlägen: BVerfG, Urt. v. 6. 2. 1956 – 2 BvH 1/55 –, BVerfGE 4, 375, 381; BVerfGE 24, 300, 341; 82, 353, 364; im Ergebnis, aber nur mit Einschränkungen zustimmend: *Meyer* aaO, Rn. 38, S. 292; kritisch, aaO, S 27, aber wohl unter dem Gesichtspunkt der „Praktikabilität" zustimmend: *Lege* aaO, S. 27/28), lediglich im Ergebnis eine Rechtfertigung für das Unterschriftenquorum auch bei den Wahlen zu den Ämtern von Hauptverwaltungsbeamten (und ehrenamtlichen Bürgermeistern) zu finden.

Dabei ist indessen klarzustellen, daß „zwingender Grund" für die Einschränkung nicht das Ansehen des Landes oder die Würde der Wahl sein kann. Dieser Gesichtspunkt hat keinerlei Bezug zum Wahlgeschehen, sondern ist lediglich ein Reflex von Kandidaturen ebenso wie es etwa als nicht angemessen empfundene Verhaltensweisen späterer, zunächst als „ernsthaft" gewählter Amtsinhaber wären.

Ebenso wenig kann darauf abgestellt werden, es sei zu befürchten, daß neben ausgesprochenen „Jux- und Spaßkandidaten" keine „ernsthaften" Kandidaten mehr bereit wären, sich aufstellen zu lassen; denn dafür liefern die Beispiele aus Baden-Württemberg oder die Wahlen in Halle keinerlei Anhaltspunkte.

Das gilt auch im gleichsam umgekehrten Fall mit Blick auf den Wähler, wenn befürchtet wird, allein wegen der „nicht ernsthaften" Bewerber werde die Wahlbeteiligung erheblich zurück gehen und das Interesse der Bevölkerung an der Teilhabe bei staatlichen oder kommunalen Entscheidungen Schaden nehmen.

Schließlich sieht das Landesverfassungsgericht – insoweit auch kritisch gegenüber der Rechtsprechung des Bundesverfassungsgerichts (BVerfGE 4, 375, 381; 12, 10, 27), allerdings ohne daß dies die Folge des Art. 100 Abs. 3 GG auslöst, weil sich der andere Ansatz des Landesverfassungsgerichts nicht auf das Ergebnis auswirkt – den verfassungsmäßigen Zweck des Unterschriftenquorums nicht darin, den Wähler vor sich selbst zu schützen und ihn gleichsam fürsorgerisch anzuhalten, seine Stimme nicht „wegzuwerfen". Gerade bei einer Mehrheitswahl kann dieser Gesichtspunkt keine Bedeutung erlangen; denn es liegt im Wesen dieser Wahlart, daß letztlich alle Stimmen, die nicht auf den Gewinner abgegeben werden, „vergeudet" sind, weil nur eine Stelle zu vergeben ist und deshalb nicht einmal „Gegengewichte" durch weitere „ernsthafte" Bewerber geschaffen werden können (so auch, gerade für Mehrheitswahlen und Sperrklauseln: *Lege* aaO, S. 33, unter 5.).

Das Unterschriftenquorum kann indessen damit gerechtfertigt werden, daß durch eine „Vorauswahl" solche Kandidaten von der Wahl ausgeschlossen werden, die objektiv erkennbar offensichtlich keinerlei Chancen haben. Darin kann eine Eignungsanforderung im Hinblick auf die Fähigkeit zur Repräsentation der wahlberechtigten Bürger gesehen werden, wie sie durch eine Direktwahl des Bürgermeisters ermöglicht werden soll. Wer durch die Vorlage von Unterschriften belegen kann, daß eine bestimmte Anzahl von Wählern mit seiner Kandidatur einverstanden ist, begründet dadurch die Vermutung, daß er bei der Wahlhandlung überhaupt Stimmen auf sich ziehen kann. Das Quorum macht zugleich deutlich, daß sich ein beachtlicher Bevölkerungsteil durch die Kandidatur repräsentiert sieht, und läßt auf einen Bekanntheitsgrad des Kandidaten schließen, welcher für ihn notwendig ist, um nicht ohne jede Aussicht zu sein. Diese objektive, an der Repräsentationseignung orientierte Betrachtungsweise unterscheidet sich deutlich von einer rein subjektiven, die auf den inneren Willen des Bewerbers abstellt und ihn als „Jux- und Spaßkandidaten" fern halten will. Eine solche Rechtfertigung birgt zugleich die Gefahr, daß sich jeder Bewerber – auch der subjektiv „ernsthafte" –, der die notwendige Zahl von Unterschriften nicht erreicht, dem Vorwurf mangelnder Ernsthaftigkeit und damit einer für illegitim erklärten Motivation ausgesetzt sieht.

Auch das Bundesverfassungsgericht hat ausreichen lassen, daß im Interesse der Durchführbarkeit von Wahlen, zumindest eine gewisse Vermutung dafür besteht, hinter dem Wahlvorschlag stehe eine Gruppe, die sich mit diesem Vorschlag an der Wahl zu beteiligen wünsche oder einem Bewerber eine Chance einräumen wolle (BVerfGE 82, 353, 364).

Dieser auf die Eignung zur Repräsentation abstellende Ansatz rechtfertigt die Beschränkung des passiven Wahlrechts speziell bei Mehrheitswahlen zu Einzelämtern, denn es handelt sich – anders als bei den Sperren für bereits Gewählte, welche zusammen ein bestimmtes Quorum nicht erreicht haben (5 %-Klausel) – um keinen Zweck, welcher auf die Funktionsfähigkeit des gewählten Gremiums zielt, sondern um eine vorab greifende Einschränkung, völlig aussichtslose Bewerber gar nicht erst zur Kandidatur zuzulassen. Erscheint das Unterschriftenquorum als Mittel der Wahlvorbereitung für die Verhältniswahl zu Volksvertretungen zulässig, dann können allein aus dem Mehrheitswahlprinzip keine Gründe für seine Unzulässigkeit hergeleitet werden. Das Bundesverfassungsgericht hat es, vom Zweck der Mehrheitswahl her betrachtet, eine enge persönliche Bindung des Kandidaten an die Wähler zu schaffen, für gerechtfertigt angesehen, daß Stimmen für den oder die Minderheitskandidaten unberücksichtigt bleiben und dieses Wahlsystem gleichwohl vereinbar mit dem Demokratieprinzip der Bundesverfassung gehalten (BVerfG, Urt. v. 10. 4. 1997 – 2 BvF 1/95 –, BVerfGE 95, 335, 352, 353).

Der möglicherweise rein subjektive und deshalb von diesen Grundsätzen abweichende Rechtfertigungsansatz des Gesetzgebers macht die Einschränkung nicht schon deshalb verfassungswidrig; denn das Landesverfassungsgericht hat die gesetzliche Regelung so, wie sie objektiv zu verstehen ist, an der Verfassung zu messen. Nicht maßgeblich ist, welche Motivation die an der Gesetzgebung beteiligten Stellen oder Personen geleitet hat, sondern von diesen Vorstellungen nur das, was sich im Gesetzeswortlaut oder in der Systematik niedergeschlagen hat (LVerfG, Urt. v. 23. 2. 1999 – LVG 8/98 –, insoweit nicht abgedruckt in LKV 2000, 32, unter Hinweis vor allem auf: BVerfG, Urt. v. 16. 2. 1983 – 2 BvE 1–4/83 –, BVerfGE 62, 1, 45, mwN). Die Materialien können lediglich unterstützend herangezogen werden, um den allein maßgeblichen objektiven Willen des Gesetzgebers zu ermitteln, und dürfen nicht dazu verleiten, die subjektiven Vorstellungen der gesetzgebenden Instanzen dem objektiven Gesetzesinhalt gleichzusetzen (BVerfG, aaO; vgl. auch bereits: BVerfG, Urt. v. 21. 5. 1952 – 2 BvH 2/52 –, BVerfGE 1, 299, 312). Zudem hat der Gesetzgeber auch erkennen lassen, daß es ihm um den Ausschluß von nicht ernsthaft um die Ausübung einer politischen Repräsentativfunktion bemühte Bewerber geht. Dies aber entspricht dem hier zugrunde gelegten Rechtfertigungsansatz.

2.2.3. Das Unterschriftenquorum genügt dem Grundsatz der Verhältnismäßigkeit. Der Gesetzgeber durfte es für erforderlich halten und von seiner Eignung ausgehen; die festgelegte Quote schränkt das Wahlrecht nicht übermäßig ein.

Zwar rechtfertigt die in der Entstehungsgeschichte zum Ausdruck kommende Motivation den Zweck der Einschränkung allein nicht, gleichwohl bieten die dem Gesetzgeber bekannten Fälle („Guinness-Kandidatur" in Baden-Württemberg/Oberbürgermeisterwahl in Halle) auch dann einen Anlaß für die Regelung. Ob der Gesetzgeber auch für Sachsen-Anhalt ein Unterschriftenquorum für erforderlich halten durfte, lag dabei innerhalb seines Gestaltungsspielraums. Hierbei handelt es sich um eine Prognoseentscheidung. Sie ist dem Gesetzgeber zu überlassen, der allerdings von zutreffenden Tatsachen auszugehen hat und den an seine Prognose zu stellenden Anforderungen gerecht werden muß (vgl. etwa: BVerfG, Urt. v. 1. 3. 1979 – 1 BvR 532, 533/77, 419/78, 1 BvL 21/78 –, BVerfGE 50, 290, 332).

Wenn auch die Kontrolldichte im Einzelnen von verschiedenen Kriterien, wie etwa der Bedeutung des betroffenen Rechtsgutes und der Eingriffsintensität abhängt, (vgl. die Beispiele bei BVerfGE 50, 290, 333), so ist das Landesverfassungsgericht bislang in Zweifelsfällen immer von einem Gestaltungsspielraum des Gesetzgebers in prognostischen Fragen (vgl. etwa: LVerfGE 2, 275, 309 ff: Bestimmung der Funktionsfähigkeit von Landkreisen durch „Leitbilder") und dies gerade auch im Bereich des Wahlrechtes ausgegangen (vgl. etwa: LVerfGE 9, 329, 337 ff: Umfang der Einschränkung des passiven Wahlrechts). Auch das Bundesverfassungsgericht hält es für die Aufgabe des Gesetzgebers, die Belange, welche die Einschränkung rechtfertigen, selbständig zu gewichten (BVerfGE 95, 408, 420, mwN).

Die mitgeteilten Tatsachen sind als Ausgangspunkte für die getroffene Regelung nicht zu beanstanden. Der Gesetzgeber hat für alle Fälle von Kandidaturen für das Amt des Bürgermeisters und Landrats eine Lösung gefunden, wie sie für die Wahlen zu den kommunalen Vertretungen bereits besteht. Er hat sich dabei von dem verfassungsrechtlich legitimen Ziel leiten lassen, wegen fehlenden minimalen Rückhalts in der Wählerschaft zur Repräsentation des Bürgerwillens gänzlich ungeeignete Bewerber auszuschließen.

Die Einschränkung ist geeignet, jedenfalls Kandidaturen ohne jegliche Erfolgsaussicht auszuschließen, und bleibt im System der Filter für Kommunalwahlen (§ 21 Abs. 9 KWG LSA). Das Mittel ist nicht etwa mangels deutlicherer Sperren als völlig ungeeignet zu qualifizieren; denn es werden wenigstens die Kandidaten nicht mehr an der Wahlhandlung beteiligt, die völlig chancenlos sind. Wiederum zum Gestaltungsspielraum des Gesetzgebers gehört und von seiner Beurteilung im Rahmen prognostischer Erwägungen abhängig ist, wo er die Grenze für das Unterschriftenquorum zieht.

Das Quorum ist andererseits nicht so hoch, daß es geeignet sein könnte, Kandidaturen unzumutbar zu behindern. In der nicht auf Kommunalwahlen bezogenen Rechtsprechung hat sich ein Sperrwert von nur 0,25 % als Höchstgrenze herausgebildet. Nicht beantwortet hat das Bundesverfassungsgericht, ob bei Kommunalwahlen ein deutlich höherer Sperrwert verfassungsgemäß ist (BVerfG, LKV 1994, 403). Das hier streitige Vierfache des anerkannten Quorums ist gleichwohl nicht beanstanden, weil es durch die Alternativ-Regelung der festen Zahl als oberer Begrenzung gemildert wird.

Die einzelnen Bundesländer haben sehr unterschiedliche Quoren festgelegt. Die vom VG Karlsruhe (VG Karlsruhe, Urt. v. 2.4.1998 – 14 K 218/98 –, VBlBW 1999, 155 f) geprüfte Regelung in Baden-Württemberg bleibt in allen Fällen weit unter der 1 %-Marke, die in Sachsen-Anhalt gilt. Ähnliches gilt für die bayerische Lösung, die vom Bundesverfassungsgericht (BVerfGE 99, 1 ff) nach Änderung der Rechtsprechung zu Art. 3 Abs. 1 GG nicht mehr geprüft und im einstweiligen Rechtsschutz offen gehalten worden war (BVerfG, Beschl. v. 18.11.1995 – 2 BvR 1953/95 –, NVwZ-RR 1996, 163); der Bayerische Verfassungsgerichtshof hatte keine Bedenken erhoben (BayVfGH, Entschdg, v. 18.7.1995 – Vf. 2, 7, 8, 11-VII-95 –, BayVGHE n.F. 48 II 61, 69 ff; Entschdg, v. 15.2.1996 – Vf. 18-VII-95 –, BayVGHE n.F. 49 II 11, 14 ff; Entschdg. v. 21.5.1997 – Vf. 5-VII-96 –, BayVGHE n.F. 50 II 106, 111 ff). Die Entscheidung zur Regelung in Mecklenburg-Vorpommern, die bei den kleinsten Gemeinden die 1 %-Marke überschreitet, kann für diese Grenzziehung kein Präjudiz für Sachsen-Anhalt sein; denn das Quorum ist bereits deshalb nicht gebilligt worden, weil bei sieben zu besetzten Ratssitzen vierzehn Unterschriften erforderlich sein konnten (OVG MV, Urt. v. 5.5.1994 – 4 K 6/94 –, DÖV 1995, 293 ff).

Für die kleineren Gemeinden ist die 1 %-Hürde nicht unangemessen. Die Rechtsprechung hat teilweise noch 3,33 % bei Gemeinden bis zu 150 Einwohnern und sogar 4,2 % bei Gemeinden mit 1 000 Einwohnern für zulässig erachtet (vgl. die Übersicht bei *Lege* aaO, S. 43). In Sachsen-Anhalt beginnt nach § 36 Abs. 3 GO LSA die Staffelung der Gemeindegrößen bei den Kleinstgemeinden bis zu 100 Einwohnern; für die Bürgermeisterwahl wäre nach § 59 Abs. 1 S. 4 GO LSA n.F. ein einziger Unterstützer in der Lage, einem Vorschlag Gültigkeit zu verleihen.

Angesichts der alternativen Einschränkung einerseits durch die Verhältniszahl und andererseits durch die absolute Zahl von 100 Wahlberechtigten ist sowohl bei kleinen Gemeinden, in welchen die absolute Zahl wegen der 1 %-Grenze nicht erreicht werden muß, als auch bei Städten wie der Landeshauptstadt Magdeburg, in welcher 100 Unterschriften ausreichen, gewährleistet, daß keine unzumutbaren Sperren für eine Kandidatur errichtet werden.

2.2.4. Die Ausnahmen vom Unterschriftenquorum, welche Amtsinhaber oder Bewerber aus Parteien bzw. Wählergruppen begünstigen (§ 59 Abs. 1 GO LSA; § 21 Abs. 10 KWG LSA), rechtfertigen trotz des formalen Gleichbehandlungsgebots bei Wahlen gleichwohl das Unterstützungserfordernis bei sonstigen Bewerbern.

Daß Kandidaten von in der Kommunalvertretung bereits und noch repräsentierten Parteien oder Wählergruppen dann von dem besonderen Unterstützungsquorum befreit sind, wenn ihre politische Gruppe auf dem für diese Wahlen üblichen Weg die „Unterstützung" gewährt, läßt einen sachlichen Grund erkennen; denn durch die bereits vorhandene Repräsentation in der Gemeindevertretung wird belegt, daß der einer solchen Gruppe zuzuordnende Kandidatenvorschlag allein deshalb „ernsthaft", d.h. nicht offenkundig ohne jegliche Chancen, sein wird, weil hinter der Gruppe eine bereits in einer Wahl betätigte Mindestzahl von Stimmbürgern steht (ebenso für das nieders. Wahlrecht: BVerfGE 12, 10, 27, 28, mwN; kritisch *Lege* aaO, S. 34 und 37 f).

Gleiches gilt, wenn die Gruppe, welche die Kandidatur unterstützt, zwar nicht örtlich, aber überörtlich im Landtag oder durch einen in Sachsen-Anhalt gewählten Abgeordneten im Bundestag vertreten ist. Das Bundesverfassungsgericht ist davon ausgegangen, daß durch die Repräsentanz im Landtag oder im Bundestag die organisatorische Festigkeit der politischen Gruppe belegt werde, welche den Wahlvorschlag in der Kommune unterstützt (BVerfGE 12, 10, 28).

Da es sich um eine generelle Regelung handelt, muß ihre Anwendbarkeit nicht im Einzelfall davon abhängig sein, ob die Partei auch in der jeweiligen Gemeinde konkret vertreten ist (ebenso BayVfGH, BayVfGHE 48 II 61, 74: „Typisierung").

Ein sachlicher Grund, vom Unterschriftenquorum bei einer Wiederwahl von Amtsinhabern abzusehen, liegt darin, daß sie bereits durch die frühere Wahl nachgewiesen haben, daß auf sie Wählerstimmen entfallen. Insoweit gilt nichts anderes als für eine in der Kommunalvertretung vorhandene Gruppe oder Partei.

3. Die Kostenentscheidung beruht auf § 32 Abs. 1 bis 3 LVerfGG-LSA.

Das Verfahren ist gerichtskostenfrei (Absatz 1). Außergerichtliche Kosten werden nicht erstattet, weil die Beschwerdeführerin mit ihrer Verfassungsbeschwerde unterliegt (Absatz 2); es besteht kein besonderer Grund, ausnahmsweise die Erstattung ihrer Kosten anzuordnen (Absatz 3).

Nr. 2

Zur einstweiligen Anordnung gegen ein In-Kraft-Treten des Gesetzes über feste Öffnungszeiten der Grundschule.

Grundgesetz Art. 31, 142

Verfassung des Landes Sachsen-Anhalt Art. 11 Abs. 1; 29 Abs. 1; 75 Nr. 6

Gesetz über das Landesverfassungsgericht §§ 2 Nr. 7; 21 Abs. 2 Satz 1; 31 Abs. 1; 32 Abs. 2; 47

Schulgesetz des Landes Sachsen-Anhalt §§ 4, 36

Beschluß vom 24. Juli 2001 – LVG 8/01 –

in dem Verfahren über den Erlaß einer einstweiligen Anordnung
der Frau B.

– Antragsteller –

wegen

des Gesetzes zur Einführung der Grundschule mit festen Öffnungszeiten vom 24. November 2000 (LSA GVBl. S. 656)
hier: Erlaß einer einstweiligen Anordnung

Entscheidungsgründe:

Der Antrag auf Erlaß einer einstweiligen Anordnung wird abgelehnt.
Die Entscheidung ergeht gerichtskostenfrei.
Außergerichtliche Kosten werden nicht erstattet.

Gründe:

I

Die Antragsteller sind Eltern von grundschulpflichtigen Kindern, die jeweils die 1. oder 3. Klasse von Grundschulen in Sachsen-Anhalt besuchen.

Sie begehren im Wege der einstweiligen Anordnung das Inkrafttreten des Gesetzes zur Einführung der Grundschule mit festen Öffnungszeiten vom 24. 11. 2000 (LSA-GVBl., S. 656) am 1. 8. 2001 aufzuschieben, hilfsweise den Vollzug des Gesetzes bis zur Entscheidung über eine Verfassungsbeschwerde auszusetzen.

Durch das Einführungsgesetz wird im Schulgesetz des Landes Sachsen-Anhalt § 4 Abs. 1 wie folgt neu gefaßt:

„In der Grundschule werden Schülerinnen und Schüler des 1. bis 4. Schuljahrganges unterrichtet. Der Unterricht wird durch die Tätigkeit von pädagogischen Mitarbeiterinnen und Mitarbeitern ergänzt und unterstützt. Die Grundschule wird mit festen Öffnungszeiten geführt. Die Dauer der Öffnung beträgt schultäglich in der Regel fünf und eine halbe Zeitstunde. Beginn und Ende der Öffnungszeiten legt die Schulleiterin oder der Schulleiter im Benehmen mit der Gesamtkonferenz unter Berücksichtigung der Belange der Schülerbeförderung und der öffentlichen und freien Jugendhilfe fest. Das Verfahren und den Zeitrahmen der Öffnungszeiten regelt die oberste Schulbehörde durch Verordnung."

In § 36 SchulG wird ein neuer Absatz 3 angefügt:

„Die Schulpflicht erstreckt sich auch auf die Zeit der Ergänzung und Unterstützung des Unterrichts durch die Tätigkeit von pädagogischen Mitarbeiterinnen und Mitarbeitern an den Grundschulen."

Die Antragsteller sind der Auffassung, der durch das Gesetz zur Einführung der Grundschule mit festen Öffnungszeiten eingeführte Teilnahmezwang verletze ihr von Art. 11 Abs. 1 der Landesverfassung garantiertes Elternrecht, und zwar unmittelbar durch das Inkrafttreten des Gesetzes am 1. 8. 2001.

Dies ergebe sich zum einen daraus, daß der Staat über sein Mitwirkungsrecht an der Erziehung der Kinder hinaus überschießende Aktivitäten an den Tag lege, die das Erziehungsrecht der Eltern verletzten und zum anderen dadurch, daß er dies mit Hilfe eines Modells zu bewerkstelligen versuche, das inhaltlich in keiner Weise bestimmt sei und mithin den Eltern – selbst wenn der Teilnahmezwang zu Recht bestünde – jede Möglichkeit genommen sei, im Sinne einer Koordination der erzieherischen Einflüsse von Eltern und Staat auf das Kind einzuwirken.

II

Der Antrag auf Erlaß einer einstweiligen Anordnung bleibt in der Sache ohne Erfolg.

1. Die Antragsteller machen iSd § 49 S. 2 des Gesetzes über das Landesverfassungsgericht – LVerfGG-LSA – vom 23. 8. 1993 (LSA-GVBl. S. 441), geändert durch Gesetze vom 14. 6. 1994 (LSA-GVBl. S. 700) und vom 22. 10. 1996 (LSA-GVBl. S. 332) geltend, das gerügte Gesetz verstoße gegen Art. 11 Abs. 1 und 2 sowie gegen Art. 29 der Verfassung des Landes Sachsen-Anhalt – LVerf-LSA – vom 16. 7. 1992 (LSA-GVBl. S. 600).

1.1. Der Weg zum Landesverfassungsgericht Sachsen-Anhalt wäre grundsätzlich über Art. 75 Nr. 6 LVerf-LSA und über § 2 Nr. 7 LVerfGG-LSA wegen einer Verletzung von Grundrechten, grundrechtsgleichen oder staatsbürgerlichen Rechten eröffnet. Das Landesverfassungsgericht darf ohne Verstoß gegen Art. 31, 142 des Grundgesetzes (GG) über die Verletzung von (Landes-)Grundrechten (oder grundrechtsgleichen Rechten) auch dann befinden, wenn diese mit solchen des Grundgesetzes inhaltsgleich sind (std. Rspr. seit: LVerfG, Urt. v. 27. 10. 1994 – LVG 14, 17, 19/94 –, LVerfGE 2, 345, 357 f).

1.2. Der Zulässigkeit des Antrags auf Erlaß einer einstweiligen Anordnung steht nicht entgegen, daß ein Verfahren zur Hauptsache noch nicht anhängig ist. Es genügt, daß die Antragsteller für die Zeit nach dem Inkrafttreten des Gesetzes zur Einführung der Grundschule mit festen Öffnungszeiten vom 24. 11. 2000 (GVBl. S. 656) zum 01. 08. 2001 (vgl. Art. 5 des Einführungsgesetzes) eine Verfassungsbeschwerde angekündigt haben (vgl. BVerfG, Urt. v. 3. 1. 1986 – 1 BvQ 12/85 –, BVerfGE 71, 350, 352 mwN).

1.3. Die noch zu erhebende Verfassungsbeschwerde wäre nicht bereits mangels Rechtsverletzung zu verwerfen; denn die Antragsteller haben Verletzungen von Verfassungsrechten „behauptet" (§ 47 LVerfGG-LSA). Das Landesverfassungsgericht hält an seiner bisherigen Rechtsprechung fest, nach welcher die geltend gemachte Verfassungsverletzung lediglich „möglich" sein muß (Urt. v. 31. 5. 1994 – LVG 4/94 –, LVerfGE 2, 323, 336; Urt. v. 29. 5. 1997 – LVG 1/96 –, LVerfGE 6, 281, 293).

Diese Voraussetzungen sind durch die Behauptung der Antragsteller erfüllt, die fünfeinhalbstündige Anwesenheitspflicht (§ 4 Abs. 1 S. 4 iVm § 36 Abs. 3 SchulG) verletze sie in ihren Rechten aus Art. 11 Abs. 1 LVerf-LSA.

1.4. Zur Zulässigkeit einer Verfassungsbeschwerde gegen ein Gesetz gehört auch, daß die Beschwerdeführer selbst, gegenwärtig und unmittelbar durch die angegriffene Rechtsnorm, nicht erst nach entsprechendem Vollziehungsakt, in ihren Grundrechten verletzt sein können (BVerfG, Beschl. v. 14. 5. 1985 – 2 BvR 397, 398, 399/823 –, BVerfGE, 70, 35, 50 mwN). Dieses Erfordernis bedeutet nach der ständigen Rechtsprechung des Bundesverfassungsgerichts, der das Landesverfassungsgericht folgt, daß die Betroffenheit nicht erst vermittels eines weiteren Aktes bewirkt wird oder vom Ergehen eines solchen Aktes abhängig sein darf (BVerfGE 70, 51) Als derartige weitere Akte kommen vorliegend die Rechtsverordnung nach § 4 Abs. 1 S. 6 SchulG oder die Einzelfallentscheidungen der Schulleitung nach § 4 Abs. 1 S. 5 SchulG in Betracht. Im übrigen beträgt nach § 4 Abs. 1 S. 4 SchulG die Dauer der Öffnungszeiten auch nur „in der Regel" fünf und eine halbe Zeitstunde. Nach § 2 Abs. 1 der Verordnung des Kultusministers zu den festen Öffnungszeiten der Grundschulen vom 16. 5. 2001 (LSA-GVBl. S. 183) kann auf Antrag der Eltern für Schülerinnen und Schüler der ersten und zweiten Klasse die Anwesenheitszeit bis zu wöchentlich insgesamt zwei und eine halbe Stunde reduziert werden. Trotz dieser Umsetzungsmaßnahmen ist das Gericht jedoch der Auffassung, daß die Antragsteller bereits durch die fünfeinhalbstündige Anwesenheitspflicht der §§ 4 Abs. 1 S. 4, 36 Abs. 3 SchulG unmittelbar in ihren Rechten betroffen sind, denn diese Vorschriften vermitteln der Rechtsverordnung und den Einzelfallentscheidungen bereits Sinn und Inhalt, so daß die Rechtspositionen der Antragsteller unabhängig vom Vollzugsakt schon durch das Gesetz betroffen werden (so auch zur Einführung der obligatorischen Förderstufe in Hessen, BverfG, Urt. v. 6. 12. 1972 – 1 BvR 230/70 u. 95/71 –, BVerfGE 34, 165, 179).

1.5. Die übrigen Formalien für die Zulässigkeit eines Antrags auf Erlaß einer einstweiligen Anordnung sind eingehalten.

2. Der Antrag auf Erlaß einer einstweiligen Anordnung ist jedoch unbegründet. Nach § 31 LVerfGG-LSA kann das Landesverfassungsgericht im Streitfall einen Zustand durch einstweilige Anordnung vorläufig regeln, wenn dies zur Abwehr schwerer Nachteile, zur Verhinderung drohender Gewalt oder aus einem anderen wichtigen Grund zum gemeinen Wohl dringend geboten ist.

2.1. Nach der ständigen Rechtsprechung des Bundesverfassungsgerichtes zum inhaltsgleichen § 32 BVerfGG, die das Landesverfassungsgericht auch für § 31 LVerfGG-LSA teilt (LVerfG, Beschl. v. 4. 7. 1995 – LVG 8/95 – LVerfGE 3, 257, 260) ist bei der Prüfung der Voraussetzungen des § 32 Abs. 1 BVerfGG ein strenger Maßstab anzulegen; das gilt besonders, wenn das Inkrafttreten eines vom Landesparlament beschlossenen Gesetzes verhindert werden soll.

Der Erlaß einer einstweiligen Anordnung in einem solchen Verfassungsrechtsstreit bedeutet einen Eingriff des Gerichts in die Funktionen der Legislative und Exekutive, bevor die mit dem Antrag zur Hauptsache anhängig gemachte Rechtsfrage entschieden ist (vgl. BVerfG, Urt. v. 10.12.1953 – 2 BvQ 1, 2/53 –, BVerfGE 3, 52, 55 und vom 24.2.1954 – 2 BvQ 1/54 –, BVerfGE 3, 267, 285). Ein Verfassungsgericht darf deshalb von seiner Befugnis, ein Gesetz außer Kraft zu setzen, nur mit größter Zurückhaltung Gebrauch machen (BVerfG, Urt. v. 10.7.1990 – 2 BvR 470, 650, 707/90 –, BVerfGE 82, 310, 313), ist doch der Erlaß einer einstweiligen Anordnung gegen ein Gesetz stets ein erheblicher Eingriff in die Gestaltungsfreiheit des Gesetzgebers. Nur dann darf deshalb ein Gesetz vorläufig außer Kraft gesetzt werden, wenn die Nachteile, die mit seinem Inkrafttreten bei späterer Feststellung seiner Verfassungswidrigkeit verbunden wären, in Ausmaß und Schwere die Nachteile deutlich überwiegen, die im Falle der vorläufigen Verhinderung eines sich als verfassungsgemäß erweisenden Gesetzes einträten. Die Anrufung eines Verfassungsgerichts darf nicht zu einem Mittel werden, mit dem im Gesetzgebungsverfahren unterlegene Beteiligte das Inkrafttreten des Gesetzes verzögern können (BVerfG, Urt. v. 11.7.2001, – 1 BvQ 23/01 –, Absatz-Nr. (1–36) http://www.bverfg.de).

Dabei haben die Gründe, welche die Antragsteller für die Verfassungswidrigkeit der angegriffenen Vorschriften anführen, grundsätzlich außer Betracht zu bleiben (BVerfG, Beschl. v. 24.7.1957 – 1 BvL 23/52 –, BVerfGE 7, 89, 104). Die einstweilige Anordnung kann gerade deshalb nötig werden, weil dem Gericht die zur gewissenhaften und umfassenden Prüfung der für die Entscheidung der Hauptsache erheblichen Rechtsfragen erforderliche Zeit fehlt. Es wäre dann nicht angängig, den Erlaß einer einstweiligen Anordnung von etwas Ungewissem, der summarischen Abschätzung der Erfolgsaussichten in der Hauptsache, abhängig zu machen (vgl. BVerfG, Beschluß vom 13.4.1983 – 1 BvQ 866, 890/82 –, BVerfGE 64, 46, 70).

2.2. Bei offenem Ausgang eines noch möglichen Verfahrens in der Hauptsache muß das Landesverfassungsgericht die Folgen, die eintreten würden, wenn eine einstweilige Anordnung nicht erginge, die Verfassungsbeschwerde aber Erfolg hätte, gegenüber den Nachteilen abwägen, die entstünden, wenn die begehrte einstweilige Anordnung erlassen würde, der Verfassungsbeschwerde aber der Erfolg zu versagen wäre.

2.3. Die Folgenabwägung bezüglich des Antrags auf Erlaß einer einstweiligen Anordnung, das Inkrafttreten des Gesetzes zur Einführung der Grundschule mit festen Öffnungszeiten einstweilen aufzuschieben, fällt hier zu Lasten der Antragsteller aus.

2.3.1. Bei Nichterlaß der einstweiligen Anordnung, jedoch späteren Begründetheit der noch einzulegenden Verfassungsbeschwerde hätten die Antragsteller – wie dargelegt – bezogen auf die allein mögliche Verfassungsrechtsbeeinträchtigung durch § 4 Abs. 1 S. 4 sowie § 36 Abs. 3 SchulG folgende Nachteile zu tragen:

Das von der Verfassung garantierte Recht auf Erziehung ihrer Kinder würde ihnen in einem zeitlich bestimmten Umfang genommen und statt dessen würde der Staat seinen Bildungsauftrag mit einen bestimmten pädagogischen Konzept wahrnehmen.

Der zeitliche Umfang der Anwesenheitspflicht würde über die Schulpflichtstunden für Grundschüler hinaus allerdings nur unwesentlich verlängert, und dies im übrigen auch nur bis zu einer Entscheidung des Landesverfassungsgerichts in der Hauptsache. Nach dem Runderlaß des Kultusministeriums vom 19. 3. 2001 – 31-84003 – über die „Unterrichtsorganisation an den Grundschulen im Schuljahr 2001/2002" (LSA-SVBl. S. 81) betragen die Lehrerwochenstunden nach Nr. 3 „Stundentafel" für die erste und zweite Schuljahrgangsstufe 21 bis 23 und für die dritten und vierten Schuljahrgangsstufen 24 bis 26 Pflichtstunden pro Woche. Die Anwesenheitspflicht wird über die Pflichtstunden hinaus noch durch die Pausenregelung verlängert. Berücksichtigt man die Reduzierungsmöglichkeit der Anwesenheitspflicht für die erste und zweite Schuljahrgangsstufe nach § 2 Abs. 1 der Verordnung vom 16. 5. 2001 um 2,5 Zeitstunden pro Woche, so würde für die ersten und zweiten Klassen die Anwesenheitspflicht durch § 4 Abs. 1 S. 4 iVm § 36 Abs. 3 SchulG um 1,5 Zeitstunden täglich verlängert; bei den dritten und vierten Klassen ergebe sich eine Verlängerung von ca. 1,0 Zeitstunde pro Tag.

Weiter sehen die Antragsteller einen Nachteil darin, daß das Modell der Grundschule mit festen Öffnungszeiten vom Gesetzgeber verabschiedet sei, ohne daß bei ihm oder der Landesregierung annähernd sichere Vorstellungen beständen, wie dieses Modell in der Praxis aussehen solle. Selbst wenn man annehmen würde, der Teilnahmezwang bestehe zu Recht, fehle es dem Modell an einer inhaltlichen Bestimmtheit. Auch würde den Eltern jede Möglichkeit genommen, an einer Koordination der erzieherischen Einflüsse von Eltern und Staat mitzuwirken.

Ob solche Nachteile, wie sie von den Antragstellern befürchtet werden, allein für sich betrachtet, überhaupt die erforderliche Schwere besitzen, den Erlaß einer einstweiligen Anordnung als zum Wohl der Allgemeinheit „dringend geboten" erscheinen zu lassen, ist bereits zweifelhaft.

Schon wenn die jeweiligen Nachteile der abzuwägenden Folgekonstellation einander in etwa gleichwertig gegenüberstehen, gebietet es die gegenüber der Gestaltungsfreiheit des Gesetzgebers notwendige Zurückhaltung des Gerichts, das Inkrafttreten des angegriffenen Gesetzes nicht zu verhindern, bevor geklärt ist, ob es vor der Verfassung Bestand hat (BVerfG, Urt. v. 11. 7. 2001 – 1 BvQ 23/01 –, aaO).

2.3.2. Aber selbst wenn man dies dahingestellt sein läßt, scheitert der Antrag auf Erlaß einer einstweiligen Anordnung spätestens an der gebotenen Folgenabwägung in der entgegengesetzten Richtung. Denn bei Erlaß einer einstweiligen Anordnung, aber späterer

Erfolglosigkeit einer Verfassungsbeschwerde, würden sich erhebliche Nachteile für das gemeine Wohl ergeben: Durch das Gesetz zur Einführung der Grundschule mit festen Öffnungszeiten vom 24. 11. 2000 wird in Art. 2 das Hortgesetz vom 31. 8. 1993 (LSA-GVBl. S. 523), bereits am 1. 8. 2001 außer Kraft gesetzt. Die Hortbetreuung würde dann ausschließlich nach Maßgabe des Gesetzes zur Förderung und Betreuung von Kindern vom 26. 6. 1991 (LSA-GVBl. S. 126), zuletzt geändert am 31. 3. 1999 (LSA-GVBl. S. 125) erfolgen. Durch die zeitliche und inhaltliche Verknüpfung von Art. 1 (Einführung der Grundschule mit festen Öffnungszeiten) und Art. 2 (Außerkrafttreten des Hortgesetzes) würde die Verhinderung des Inkrafttretens des Gesetzes zur Einführung der Grundschule mit festen Öffnungszeiten somit weitreichende Folgen für gesamte Förderung und Betreuung von Kindern in Sachsen-Anhalt haben.

Ferner ist durch den zeitlichen Verlauf seit der Verabschiedung des Gesetzes im November 2000 die unmittelbare organisatorische und finanzielle Umsetzung des Gesetzes bereits weit fortgeschritten. So wurde ein Tarifvertrag zu § 3 des Tarifvertrages zur sozialen Absicherung für den Bereich der Horterzieherinnen und Horterzieher nach dem Hortgesetz des Landes Sachsen-Anhalt und der pädagogischen Mitarbeiterinnen und Mitarbeiter an öffentlichen Schulen vom 23. 6. 2000 geschlossen (LSA-MBl. S. 886). In § 2 Abs. 1 des Tarifvertrages wird die besondere regelmäßige wöchentliche Arbeitszeit für Horterzieherinnen und Horterzieher nach dem Hortgesetz des Landes Sachsen-Anhalt in dem Zeitraum vom 1. 7. 2000 bis zum 31. 7. 2003 auf 77,5 % der regelmäßigen Arbeitszeit herabgesetzt. Nach § 3 Abs. 1 des Tarifvertrages verzichten die von § 2 betroffenen Personen auf einen Teil ihres Vergütungsanspruchs. Gem. § 5 Abs. 1 trat der Tarifvertrag bereits am 1. 7. 2000 in Kraft und soll am 31. 7. 2003 außer Kraft treten.

Nach Abs. 2 tritt der Tarifvertrag abweichend von § 5 Abs. 1 mit Ablauf des nächsten Kalendermonats außer Kraft, der dem Monat folgt, in dem der Landtag von Sachsen-Anhalt den Beschluß über ein Gesetz zur Einführung der Grundschule mit festen Öffnungszeiten, welches mindestens die Einführung der Grundschule mit festen Öffnungszeiten zum 1. 8. 2001 und das Außerkrafttreten des Gesetzes über die Horte an Grundschulen in Sachsen-Anhalt vom 31. 8. 1993 zum 31. 7. 2001 enthält, endgültig ablehnt.

Zumindest der zeitliche Umfang dieses Tarifvertrages wäre durch eine Verhinderung des Inkrafttretens des Gesetzes zur Einführung der Grundschule mit festen Öffnungszeiten obsolet und müßte von den Tarifvertragsparteien bei Erlaß einer einstweiligen Anordnung neu verhandelt werden.

2.3.4. Werden die genannten Gemeinwohlnachteile, die bei einer vollständigen oder partiellen Aufschiebung des Inkrafttretens des Einführungsgesetzes drohen, mit den nachteiligen Folgen verglichen, die auf Seiten der Antragsteller eintreten, wenn die einstweilige Anordnung nicht erlassen wird, ergibt sich, daß die Nachteile überwiegen, die sich ergäben, wenn die Anordnung erginge.

Dem Antrag kann deshalb weder mit dem Haupt- noch mit dem Hilfsantrag entsprochen werden.

Der Hauptantrag ist unbegründet, der Hilfsantrag gegenstandslos. Dabei geht das Landesverfassungsgericht davon aus, daß der Hilfsantrag von den Antragstellern nur für den Fall gestellt worden ist, daß eine Entscheidung über den Antrag auf Erlaß einer einstweiligen Anordnung nicht vor dem 1. 8. 2001 ergeht.

Die Entscheidung über die Gerichtskosten ergibt sich aus § 32 LVerfGG-LSA.

Nr. 3

Die Gesetzesänderung vom 20. 7. 2000, die in das Gesetz über die öffentliche Sicherheit und Ordnung Ermächtigungen zur verdachtsunabhängigen Kontrolle eingefügt hatte, belastet nicht unmittelbar, sondern kann erst durch Vollzugsmaßnahmen Nachteile für den Betroffenen begründen.

Verfassung des Landes Sachsen-Anhalt Art. 75 Nr. 6

Gesetz über das Landesverfassungsgericht §§ 21 Abs. 2 Satz 1; 32 Abs. 2; 32 Abs. 3; 41 Satz 2; 50

Gesetz über die öffentliche Sicherheit und Ordnung des Landes Sachsen-Anhalt: §§ 14 Abs. 3; 16 Abs. 2 Satz 2; 36 Abs. 2

Beschluß vom 13. November 2001 – LVG 11/01 –

in dem Verfassungsbeschwerdeverfahren des Herrn W.

wegen

§ 14 Abs. 3 des Gesetzes über die öffentliche Sicherheit und Ordnung des Landes Sachsen-Anhalt (SOG LSA) in der Fassung des Gesetzes vom 20. Juli 2000

Entscheidungsformel:

Die Verfassungsbeschwerde wird als unzulässig verworfen.

Gerichtskosten werden nicht erhoben; außergerichtliche Kosten werden nicht erstattet.

Gründe:

I.

Der Beschwerdeführer wendet sich gegen die Regelung des § 14 Abs. 3 des Gesetzes über die öffentliche Sicherheit und Ordnung des Landes Sachsen-Anhalt (SOG LSA) idF des Art. 1 Nr. 5a des Zweiten Gesetzes zur Änderung des Gesetzes über die öffentliche Sicherheit und Ordnung des Landes Sachsen Anhalt vom 20. Juli 2000 (LSA-GVBl. S. 444) – im Folgenden: Zweites Änderungsgesetz vom 20. Juli 2000 –. Die mit diesem Gesetz neu eingeführte Vorschrift des § 14 Abs. 3 SOG LSA ist am 26. Juli 2000 in Kraft getreten (Art. 4 des Zweiten Änderungsgesetzes vom 20. Juli 2000) und hat folgenden Wortlaut:

> „Die Polizei kann zur vorbeugenden Bekämpfung der grenzüberschreitenden Kriminalität eine auf einer Bundesfernstraße angetroffene Person kurzzeitig anhalten, befragen und verlangen, daß mitgeführte Ausweispapiere zur Prüfung ausgehändigt werden, sowie mitgeführte Sachen in Augenschein nehmen. Maßnahmen nach Satz 1 sind nur zulässig, wenn auf Grund von Lageerkenntnissen anzunehmen ist, daß Straftaten von erheblicher Bedeutung begangen werden sollen. Ort, Zeit und Umfang der Maßnahmen ordnet der Behördenleiter oder ein von ihm Beauftragter, der der Laufbahngruppe des höheren Dienstes angehören muß, an. Die nach Satz 1 befragte Person ist zur Auskunft über Name, Vorname, Tag und Ort der Geburt, Wohnanschrift und Staatsangehörigkeit verpflichtet."

Mit seiner am 24. 7. 2001 bei dem Landesverfassungsgericht erhobenen Verfassungsbeschwerde macht der Beschwerdeführer geltend, die gerügte Vorschrift begründe ohne nähere und tatbestandlich hinreichend bestimmt umrissene Voraussetzungen eine Auskunftspflicht für jedermann auf Bundesfernstraßen und verletze ihn dadurch unmittelbar in seinen durch die Landesverfassung gewährleisteten Grundrechten auf informationelle Selbstbestimmung und auf freie Entfaltung der Persönlichkeit.

Der Beschwerdeführer beantragt,

> § 14 Abs. 3 des Gesetzes über die öffentliche Sicherheit und Ordnung des Landes Sachsen-Anhalt (SOG LSA) in der Fassung des Gesetzes zur Änderung des Gesetzes über die öffentliche Sicherheit und Ordnung des Landes Sachsen Anhalt vom 20. Juli 2000 (LSA-GVBl. S. 444) wegen Verstoßes gegen Art. 5 und 6 der Verfassung des Landes Sachsen-Anhalt für nichtig,
> hilfsweise für unvereinbar mit der Verfassung des Landes Sachsen-Anhalt zu erklären, soweit den Normadressaten verdachts- und ereignisunabhängig abverlangt wird, auf einer Bundesfernstraße kurzzeitig angehalten und befragt zu werden sowie mitgeführte Ausweispapiere zur Prüfung auszuhändigen und mitgeführte Gegenstände in Augenschein nehmen zu lassen.

Ferner wird vom Beschwerdeführer „angeregt", die ebenfalls durch das Zweite Änderungsgesetz vom 20. 7. 2000 in das SOG LSA eingeführten Regelungen des § 16

Abs. 2 S. 2 (Videoüberwachung) und des § 36 Abs. 2 SOG LSA (erweiterte Platzverweisung/Aufenthaltsverbot) auf ihre Vereinbarkeit mit der Landesverfassung zu überprüfen.

Das Ministerium des Innern hat für die Landesregierung zur Sache Stellung genommen und vertritt die Ansicht, die Verfassungsbeschwerde sei bereits nicht zulässig, weil der Beschwerdeführer durch die angegriffenen Vorschriften weder unmittelbar noch gegenwärtig in seinen Grundrechten betroffen werde.

II.

Die Verfassungsbeschwerde ist unzulässig.

Eine Verfassungsbeschwerde zum Landesverfassungsgericht kann in zulässiger Weise nur erhoben werden, wenn der Beschwerdeführer geltend macht, durch ein (formelles) Landesgesetz unmittelbar in Grundrechten, grundrechtsgleichen oder staatsbürgerlichen Rechten verletzt zu sein (Art. 75 Nr. 6 der Verfassung des Landes Sachsen-Anhalt – LVerf-LSA – vom 16.7.1992, LSA-GVBl. S. 600; §§ 2 Nr. 7, 47 des Gesetzes über das Landesverfassungsgericht – LVerfGG-LSA – vom 23.8.1993, LSA-GVBl. S. 441, geändert durch Gesetze vom 14.6.1994, LSA-GVBl. S. 700 und vom 22.10.1996, LSA-GVBl. S. 332). Daran fehlt es hier, weil der Beschwerdeführer durch das von ihm angegriffene Gesetz nicht unmittelbar iSv §§ 2 Nr. 7, 47 LVerfGG-LSA in seinen Grundrechten betroffen ist.

Das Erfordernis der Unmittelbarkeit ist erfüllt, wenn bereits das angegriffene Gesetz in den Rechtskreis des Beschwerdeführers einwirkt, die Betroffenheit des Beschwerdeführers also nicht erst vermittels eines weiteren Akts bewirkt wird oder vom Ergehen eines solchen Akts abhängig ist (BVerfG, Beschl. v. 14.5.1985 – 2 BvR 397, 398, 399/823 –, BVerfGE 70, 35, 50; Beschl. v. 9.3.1994 – 1 BvR 1369/90 –, BVerfGE 90, 128, 135f; LVerfG, Beschl. v. 24.7.2001 – LVG 7/2001 –, Umdruck, S. 4). Der Beschwerdeführer muß geltend machen können, daß er gerade durch das Gesetz und nicht erst durch seinen Vollzug in seinen Grundrechten betroffen ist (BVerfG, Beschl. v. 14.1.1998 – 1 BvR 1995, 2248/94 –, BVerfGE 97, 157, 164; LVerfG, Beschl. v. 24.7.2001 – LVG 7/2001 –, Umdruck, S. 5). Dabei ist die Notwendigkeit der Umsetzung einer gesetzlichen Vorschrift durch einen Vollzugsakt ein gewichtiges Indiz dafür, daß es an einer unmittelbaren Grundrechtsbetroffenheit durch die Norm selbst fehlt (BVerfGE 70, 35, 51; 90, 128, 136). Setzt nämlich das Gesetz zu seiner Durchführung rechtsnotwendig oder auch nur nach der tatsächlichen Verwaltungspraxis einen besonderen, vom Willen der vollziehenden Gewalt zu beeinflussenden Vollziehungsakt voraus, so wird die Rechtssphäre des Einzelnen regelmäßig erst durch diesen Akt berührt (BVerfG, Urt. v. 22.5.1963 – 1 BvR 78/56 –, BVerfGE 16, 147, 158; 90, 128, 136).

Nach diesen Maßstäben läßt sich eine unmittelbare Grundrechtsbetroffenheit des Beschwerdeführers nicht feststellen. § 14 Abs. 3 SOG LSA ist notwendig auf den Vollzug durch die Polizeibehörden angelegt. Der Eintritt der gesetzlichen Rechtsfolgen in § 14 Abs. 3 S. 1 SOG, wonach die Polizei zur vorbeugenden Bekämpfung der grenzüberschreitenden Kriminalität eine auf einer Bundesfernstraße angetroffene Person kurzzeitig anhalten, befragen und verlangen kann, daß mitgeführte Ausweispapiere zur Prüfung ausgehändigt werden, sowie mitgeführte Sachen in Augenschein nehmen kann, ist von Gesetzes wegen an eine vorangehende behördliche Entscheidung und Vollziehung geknüpft. Das Gesetz sieht zunächst eine Entscheidung der zuständigen Polizeibehörde darüber vor, ob die gesetzlichen Voraussetzungen für die Anwendung von Maßnahmen nach § 14 Abs. 3 S. 1 SOG LSA vorliegen sowie ob, in welchem Umfang und wo etwaige Maßnahmen ergriffen werden sollen. Dabei sind die genannten Maßnahmen nach § 14 Abs. 3 S. 2 SOG LSA nur zulässig, wenn auf Grund von Lageerkenntnissen anzunehmen ist, daß Straftaten von erheblicher Bedeutung begangen werden sollen. Ort, Zeit und Umfang der Maßnahmen darf nach § 14 Abs. 3 S. 3 SOG LSA lediglich der Behördenleiter oder ein von ihm Beauftragter, der der Laufbahngruppe des höheren Dienstes angehören muß, anordnen. In einem zweiten Schritt bedarf es sodann einer Entscheidung der vor Ort handelnden Polizeibeamten, welchen Personen gegenüber welche konkreten Maßnahmen ergriffen werden sollen. Dabei besteht für alle Maßnahmen Entschließungs- und Auswahlermessen nach § 6 SOG LSA, so daß die Entscheidung über das Ob einer Personenkontrolle und die Frage, welche Maßnahme mit welcher Intensität ergriffen wird, auf sachlichen und zweckgerichteten Ermessenserwägungen zu beruhen hat. Der Bürger wird daher erst dann von den gesetzlich zugelassenen Maßnahmen in seinen Grundrechten betroffen, wenn zuvor eine entsprechende behördliche Entscheidung zur Durchführung von lagebildabhängigen Kontrollen getroffen wurde und diese Entscheidung von den vor Ort handelnden Beamten in der Weise umgesetzt wird, daß er in der konkreten Situation auch tatsächlich polizeilich in Anspruch genommen wird. Nicht das Gesetz als solches, sondern erst etwaige auf Grund des Gesetzes konkret gegenüber dem Beschwerdeführer angeordnete Maßnahmen betreffen ihn daher unmittelbar im Sinne des Verfassungsprozeßrechts.

Zwar kann ein Bürger ausnahmsweise auch von einem vollzugsbedürftigen Gesetz unmittelbar in seinen Grundrechten betroffen sein. So ist nach der Rechtsprechung des Bundesverfassungsgerichts die unmittelbare Anfechtung eines Gesetzes vor Erlaß eines Vollzugsakts zulässig, wenn das Gesetz den Betroffenen schon vorher zu Dispositionen veranlaßt, die er nach späterem Gesetzesvollzug nicht mehr nachholen oder korrigieren kann (BVerfGE 70, 35, 51; BVerfG, Beschl. v. 18.12.1985 – 2 BvR 1167, 1185, 1636/84, 308/85 und 2 BvQ 18/84 – BVerfGE 71, 305, 334 f; 90, 128, 136). Dem entspricht es, wenn das Gesetz selbst Rechte und Pflichten begründet oder das Verhalten der Bürger auf andere Weise bereits im Vorfeld konkreter Maßnahmen derart beeinflußt, daß die Bürger etwa von der Ausübung grundrechtlich geschützter Betätigungen absehen. In diesem Fall kann bereits in der von dem Gesetz hervorgerufenen Verhaltenssteuerung eine Beeinträchtigung der grundrechtlich geschützten Sphäre und damit eine unmittelbare Betroffenheit im Sinne des Verfassungsprozeßrechts liegen (vgl. BVerfGE 97, 157, 164; LVerfG MV, Zwischenurt. v. 6. 5. 1999 – LVerfG 2/98 –, NVwZ-RR 1999, 617 = DÖV 1999, 643 = SächsVBl. 1999, 248; Buchholz/Rau, NVwZ 2000, 396, 397).

Einen derartigen Ausnahmefall sieht das Gericht auch unter Berücksichtigung der Entscheidung des Landesverfassungsgerichts Mecklenburg-Vorpommern (Zwischenurt. v. 6. 5. 1999, aaO), auf die der Beschwerdeführer Bezug genommen hat, als nicht gegeben an. Das Landesverfassungsgericht Mecklenburg-Vorpommern hat zu der Regelung des § 29 Abs. 1 S. 2 Nr. 5 SOG MV (alter Fassung), die Gegenstand der bei ihm anhängigen Verfassungsbeschwerde war, ausgeführt, daß sich diese Norm nicht in der abstrakten Regelung konkreter Voraussetzungen für die Anordnung von Personenkontrollen zur Identitätsfeststellung erschöpfe, sondern bereits ohne einen solchen polizeilichen Vollzugsakt den Bürger in seinem Rechtskreis betreffe. Über die Identitätsfeststellung hinaus könnten sich die Bürger einer erkennungsdienstlichen Behandlung ausgesetzt sehen und angesichts solcher im Verhältnis zu der früheren Rechtslage einschneidenderen Maßnahmen bestrebt sein, ihr Verhalten von vornherein so einzurichten, daß Kontrollen vermieden würden. Dies mache deutlich, daß die Norm (auch) abschreckende Wirkung erzeuge (bzw. erzeugen solle) und dies dazu führen könne, das Verhalten von Bürgern zu steuern (LVerfG MV, NVwZ-RR 1999, 617, 618).

Diese Ausführungen lassen sich auf den hier zu entscheidenden Fall nicht übertragen. Dabei kann es das Gericht offen lassen, ob dem Landesverfassungsgericht Mecklenburg-Vorpommern zu folgen ist, wenn und soweit es bereits die abstrakte Möglichkeit einer verhaltenssteuernden Wirkung ausreichen läßt, um eine grundrechtliche Betroffenheit und damit das Merkmal der Unmittelbarkeit im prozessualen Sinne zu bejahen. Denn der vom Landesverfassungsgericht Mecklenburg-Vorpommern zu entscheidende Fall ist jedenfalls mit dem vorliegenden nicht vergleichbar, weil sich die jeweils zur Überprüfung gestellten Eingriffsnormen in relevanter Weise unterscheiden und eine von § 14 Abs. 3 SOG LSA ausgehende verhaltenssteuernde Wirkung nicht erkennbar ist.

Die vom Landesverfassungsgericht Mecklenburg-Vorpommern überprüfte Regelung des § 29 Abs. 1 S. 2 Nr. 5 SOG MV a. F. räumte der Polizei die Befugnis ein, zur Unterbindung des unerlaubten Aufenthalts und zur Vorbeugung und Bekämpfung von Straftaten der grenzüberschreitenden Kriminalität im Grenzgebiet bis zu einer Tiefe von 30 km sowie auf Durchgangsstraßen (Bundesautobahnen, Europastraßen und andere Straßen von erheblicher Bedeutung für den grenzüberschreitenden Verkehr), in öffentlichen Einrichtungen des internationalen Verkehrs und im Küstenmeer ohne weitere tatbestandlich umschriebene Voraussetzungen die Identität einer Person festzustellen. Demgegenüber reichen die durch § 14 Abs. 3 SOG LSA eingeräumten Befugnisse weniger weit. Die Vorschrift gibt der Polizei keine Handhabe zur Identitätsfeststellung, wie sie in § 20 SOG LSA als sog. Standardmaßnahme normiert ist. Sie ermächtigt die Polizeibehörden insbesondere nicht dazu, von Zwangsmaßnahmen (auch erkennungsdienstlichen Maßnahmen), wie sie bei Identitätsfeststellungen nach

§ 20 Abs. 3 bis 5 SOG LSA möglich sind, Gebrauch zu machen. Zum anderen stellt sich § 14 Abs. 3 SOG LSA nicht in der Weise als Ermächtigung für ereignis- und verdachtsunabhängige Kontrollen dar, wie dies für § 29 Abs. 1 S. 2 Nr. 5 SOG MV a. F. zugetroffen haben mag. Im Gegensatz zu dieser Befugnisnorm ist das Gebrauchmachen von den in § 14 Abs. 3 SOG LSA genannten Maßnahmen an tatbestandliche Voraussetzungen geknüpft, die immerhin noch eine gewisse Eingriffsschwelle darstellen. Denn der Polizei müssen Lageerkenntnisse vorliegen, die den Schluß darauf zulassen, daß Straftaten von erheblicher Bedeutung (vgl. den Katalog des § 3 Nr. 4 SOG LSA) begangen werden sollen. Des Weiteren ist mit der Anforderung in § 14 Abs. 3 SOG LSA, wonach Ort, Zeit und Umfang der Maßnahmen grundsätzlich durch den Behördenleiter anzuordnen sind, eine organisatorische und verfahrensrechtliche Vorkehrung für die Feststellung der Gefährdungslage getroffen worden.

Die vorgenannten Unterschiede mögen dazu beitragen, daß jedenfalls nicht davon ausgegangen werden kann, § 14 Abs. 3 SOG LSA zeitige vergleichbare Wirkungen, wie sie nach den Feststellungen des Landesverfassungsgerichts Mecklenburg-Vorpommern von der Regelung des § 29 Abs. 1 S. 2 Nr. 5 SOG MV a. F. auszugehen drohten. Eine bestimmte von § 14 Abs. 3 SOG LSA ausgehende Wirkung, die bereits durch die Einführung der gesetzlichen Grundlage für lagebildabhängige Kontrollen ausgelöst wird und die Bürger des Landes zu einer grundrechtsrelevanten Einschränkung ihres Verhaltens bewegen könnte, ist nicht erkennbar. So ist nicht ersichtlich, daß die Bürger des Landes – soweit sie die mit der Einführung des § 14 Abs. 3 SOG LSA geschaffene polizeiliche Befugnis überhaupt kennen – etwa Bundesstraßen deshalb meiden, weil sie dort von Kontrollen betroffen werden könnten. Gegenteiliges macht auch der Beschwerdeführer weder allgemein geltend, noch legt er dies für seine Person hinreichend dar. Vielmehr trägt er vor, er könne Kontrollstellen letztlich nicht ausweichen, weil es für ihn wie für andere Bürger nicht möglich sei, Bundesstraßen zu meiden, da diese ein zusammenhängendes Verkehrsnetz bildeten und auch Ortsdurchfahrten umfaßten. Diese potentielle Unvermeidbarkeit, zukünftig von einer Kontrollstelle betroffen zu werden, zeigt jedoch gerade, daß eine Verhaltensanpassung im Vorfeld nicht stattfinden kann. Selbst wenn für einzelne Bürger eine irgendwie geartete verhaltenssteuernde Wirkung schon mit der Einführung der gesetzlichen Ermächtigung des § 14 Abs. 3 SOG LSA verbunden sein sollte, so nimmt sie jedenfalls keine Ausmaße an, die als relevante Beeinträchtigung der Freiheitsrechte bezeichnet werden könnten.

Eine unmittelbare Betroffenheit des Beschwerdeführers läßt sich auch nicht aus weiteren Gründen annehmen, die im Zwischenurteil des Landesverfassungsgerichts Mecklenburg-Vorpommern vom 6. 5. 1999 (NVwZ-RR 1999, 617) erwogen werden. Darin hat es nach eigenem Bekunden die bisherige Rechtsprechung des Bundesverfassungsgerichts zur Frage der Unmittelbarkeit von normativen Grundrechtsbeeinträchtigungen fortentwickelt und dazu ausgeführt: „Wenn der Gesetzgeber zum Zwecke der Gefahrenabwehr nicht auf die individuelle Tatbestandsverwirklichung eines Normadressaten abstellt und damit von einem sonstigen, ihm zurechenbaren Umstand im Sinne einer Tatbestandsverwirklichung absieht, so liegt bereits hierin – ungeachtet späterer Vollzugsakte – eine unmittelbare und gegenwärtige Beeinträchtigung der Rechtssphäre eines jeden Bürgers, der vorbringen kann, daß er selbst jederzeit in die gesetzlich geregelte Situation der konkreten Kontrollmaßnahme geraten kann." Das Gericht rechtfertigt dieses Ergebnis mit der Erwägung, daß der potentiell Normbetroffene nicht mehr die Möglichkeit habe, die tatsächlich eintretende Konkretisierung des abstrakten Normbefehls zu vermeiden, indem er etwa den Tatbestand der Norm nicht erfülle oder bestimmte Situationen meide. Eine klassische Funktion des damit umschriebenen, auch im Sicherheits- und Ordnungsrecht üblichen Konditionalprogramms bestehe jedoch gerade in der Rechtssicherheit und der Vorhersehbarkeit von Eingriffssituationen für potentielle Adressaten von Vollzugsakten (LVerfG MV, NVwZ-RR 1999, 617, 618).

Dieser Ausweitung der Rechtsprechung zum Kriterium der Unmittelbarkeit, die auch anderweitig mit beachtlichen Gründen auf Kritik gestoßen ist (Sondervotum des Richters *Häfner* SächsVBl. 1999, 250 *Jutzi* NJ 1999, 474 f; Buchholz/Rau, NVwZ 2000, 396, 397 f), vermag sich das Gericht nicht anzuschließen. Aus der fehlenden Vorhersehbarkeit oder Vermeidbarkeit einer potentiellen polizeilichen Inanspruchnahme läßt sich nach Ansicht des Gerichts nicht auf die unmittelbare Betroffenheit des Bürgers durch das zu dem späteren Vollzugsakt ermächtigende Gesetz schließen. Unmittelbarkeit ist ein Begriff des Verfassungsprozeßrechts, der im Lichte der Funktion des verfassungsgerichtlichen Verfahrens zu verstehen und auszulegen ist (BVerfGE 70, 35, 50 f; 90, 128, 136). Das Merkmal ist dogmatisch der Beschwerdebefugnis zuzuordnen und hat insoweit auch die Aufgabe, Popularklagen zu verhindern und die Verfassungsbeschwerde von der abstrakten Normenkontrolle abzugrenzen (LVerfG MV, NVwZ-RR 1999, 617, 618). Diese Aufgabe könnte das Unmittelbarkeitserfordernis hingegen nicht erfüllen, wenn eine unmittelbare Betroffenheit durch ein Gesetz immer schon dann anzunehmen wäre, wenn ein potentieller, auf das Gesetz gestützter Vollzugsakt für den Bürger nicht vorhersehbar oder vermeidbar ist. Denn dies hätte bei konsequenter Beachtung praktisch zur Folge, daß gegen zahlreiche gesetzliche Eingriffsgrundlagen des Gefahrenabwehrrechts jeder potentiell Betroffene und damit ein Großteil der Bürger Verfassungsbeschwerde erheben könnte. Die mitunter fehlende Vorhersehbarkeit oder Vermeidbarkeit, von späteren Vollzugsakten des Gesetzes betroffen zu werden, ist keine Eigenschaft, die sich auf die neueren Befugnisnormen in den Sicherheitsgesetzen beschränkt, die Eingriffe auch ohne das Vorliegen einer konkreten Gefahr oder eines Verdachts zulassen. Vielmehr ist auch die Inanspruchnahme durch „klassische" Maßnahmen der Gefahrenabwehr für die betroffenen Bürger häufig weder vorhersehbar noch vermeidbar. Das zeigt sich deutlich an der in allen Polizeigesetzen der Länder vorgesehenen Möglichkeit, auch Nichtstörer bzw. Nichtverantwortliche in Anspruch zu nehmen. Ob der Einzelne in eine solche Situation gerät oder nicht, ergibt sich eher zufällig und ist für ihn regelmäßig auch dann weder vorhersehbar noch steuerbar, wenn das Gesetz den Eingriff nur unter bestimmten tatbestandlichen Voraussetzungen zuläßt und er diese gesetzlichen Eingriffsvoraussetzungen kennt. Dies gilt im Grundsatz ebenso für die Heranziehung aufgrund sog. polizeilicher Standardmaßnahmen oder aufgrund der polizeilichen Generalklausel, die zwar maßgeblich an die tatbestandliche Voraussetzung der konkreten Gefahr anknüpfen, aber ein irgendwie geartetes Verschulden nicht voraussetzen und damit auch die Heranziehung desjenigen ermöglichen, der weder vorsätzlich noch fahrlässig für einen Gefahrenzustand im polizeirechtlichen Sinne verantwortlich ist, und zwar unabhängig davon, ob er eine Gefahr durch sein Verhalten verursacht hat oder ob er lediglich Eigentümer oder tatsächlicher Inhaber einer Sache ist, von der eine Gefahr ausgeht. Insofern unterliegt es bereits Zweifeln, ob die Prämisse des Landesverfassungsgerichts Mecklenburg-Vorpommern zutrifft, wonach es zu den Funktionen des Tatbestands von gefahrenabwehrrechtlichen Eingriffsnormen bzw. des bislang im Sicherheits- und Ordnungsrecht üblichen Konditionalprogramms gehöre, Eingriffssituationen in der Weise für die Bürger vorhersehbar zu machen, daß sie einen späteren Vollzugsakt vermeiden können. Vorhersehbarkeit und Vermeidbarkeit sind Kriterien individuellen Verschuldens. Das Gefahrenabwehrrecht ist im Gegensatz zum Strafrecht aber dadurch gekennzeichnet, daß es nicht an das Verschulden des Einzelnen anknüpft. Dieser kann unabhängig davon, ob er das Entstehen einer Gefahr vorhersehen und vermeiden kann, zur Gefahrenabwehr in Anspruch genommen werden.

Ist die vom Beschwerdeführer erhobene Verfassungsbeschwerde dementsprechend im Hinblick auf die als verfassungswidrig gerügte Vorschrift des § 14 Abs. 3 SOG LSA unzulässig, so besteht darüber hinaus keine Möglichkeit für den Senat, weitere Vorschriften des Polizeigesetzes des Landes, die durch das Zweite Änderungsgesetz vom 20. Juli 2000 in das SOG LSA aufgenommen wurden und die der Beschwerdeführer ebenfalls in Bezug genommen hat, auf ihre Vereinbarkeit mit der Landesverfassung zu prüfen. Zwar hat der Beschwerdeführer sowohl gegen die Befugnisnorm über die Videoüberwachung an bestimmten Orten (§ 16 Abs. 2 S. 2 SOG LSA) als auch gegen die Regelung über die Platzverweisung (§ 36 Abs. 2 SOG LSA) verfassungsrechtliche Bedenken geltend gemacht. Allerdings hat er lediglich „angeregt", die genannten Vorschriften einer Überprüfung zu unterziehen, und seinen in der Beschwerdeschrift formulierten Antrag allein auf die Regelung des § 14 Abs. 3 SOG LSA bezogen. Damit hat er deutlich zum Ausdruck gebracht, daß er eine Überprüfung der genannten Bestimmungen lediglich als „Annex" anstrebt, also nur dann erreichen möchte, wenn seine Verfassungsbeschwerde gegen die Regelung des § 14 Abs. 3 SOG LSA zulässig ist und das Gericht seiner dazu vorgetragenen Ansicht folgt. Dies ist indes – wie dargelegt – nicht der Fall.

Die Entscheidung über die Gerichtskosten ergibt sich aus § 32 Abs. 1 LVerfGG-LSA. Ein Anspruch auf die Erstattung außergerichtlicher Kosten besteht nicht, weil die Verfassungsbeschwerde ohne Erfolg geblieben ist (§ 32 Abs. 2 LVerfGG-LSA). Umstände, die ausnahmsweise eine Anordnung nach § 32 Abs. 3 LVerfGG-LSA rechtfertigen könnten, sind nicht ersichtlich.

Entscheidungen
des Thüringer Verfassungsgerichtshofs

Die amtierenden Richterinnen und Richter des Thüringer Verfassungsgerichtshofs

Dr. h.c. Hans-Joachim Bauer, Präsident
Prof. Dr. Walter Bayer
Gunter Becker
Christian Ebeling
Harald Graef
Prof. Dr. Johanna Hübscher
Dr. Dieter Lingenberg
Dr. Iris Martin-Gehl
Thomas Morneweg

Stellvertreterinnen und Stellvertreter

Dr. Hartmut Schwan
Peter Germann
Elmar Schuler
Prof. Dr. Udo Ebert
Dr. Wolfgang Habel
Peter Goetze
Reinhard Lothholz
Günter Gabriel
Renate Hemsteg von Fintel

Nr. 1

1. Art. 83 Abs. 3 ThürVerf ist dann berührt, wenn das zur verfassungsrechtlichen Prüfung stehende Gesetz das Demokratieprinzip einschließlich des Prinzips der Volkssouveränität, das Rechtsstaatsprinzip oder einen der anderen in Art. 83 Abs. 3 ThürVerf genannten Grundsätze ganz oder in einem Teilbereich außer acht läßt, sofern dieser Teilbereich zu den konstituierenden Elementen eines der Grundsätze gehört und wenn seine Außer-Acht-Lassung den Grundsatz einem allmählichen Verfallsprozeß aussetzt.

2. Die Träger eines Volksbegehrens sind nicht Repräsentanten des Volks; sie bringen mit der Gesetzgebungsinitiative jedoch Staatsgewalt zur Geltung, weil mit dem Volksbegehren ein Rechtssetzungsprozeß beginnt, der im Gesetzesbeschluß des Volksentscheides endet.

3. Ein Volksbegehren bedarf der besonderen, materiellen Legitimation; sie schafft den Zusammenhang zwischen dem im Volksbegehren sich äußernden partikularen Interesse der Gesetzesinitiatoren und der Gemeinwohlorientiertheit der Ausübung von Staatsgewalt. Maßgeblich sind nicht Einzelheiten des die Legitimation vermittelnden Sachverhalts für sich genommen; entscheidend ist vielmehr die Gesamtbeurteilung als Resultat einer Gesamtbetrachtung aller in diesem Sinn legitimierenden Elemente.

4. Das Demokratieprinzip wie der Grundsatz der Volkssouveränität fordern, daß ein das Volksbegehren bestätigendes Ergebnis dem Willensbild „des Volkes" jedenfalls nicht widerspricht. Daher bedarf auch der Volksentscheid eines Sachverhalts, der seine Rückbeziehung zum Volkswillen indiziert.

5. Im Demokratieprinzip der Thüringer Verfassung ist die Prävalenz der parlamentarischen Gesetzgebung vor der Volksgesetzgebung angelegt. Sie ist im Verfahren der Volksgesetzgebung institutionell abzusichern.

6. Das Budgetrecht eines gewählten Parlaments ist wesentlicher Bestandteil des Systems eines gewaltengeteilten, demokratischen Verfassungsstaats und gehört damit zum Schutzbereich des Art. 83 Abs. 3 ThürVerf. Unzulässig ist eine vom Volksbegehren vorgesehene Verfassungsänderung, wenn sie die Volksgesetzgebung auch für solche Regelungen zuläßt, die gewichtige staatliche Einnahmen und Ausgaben unmittelbar oder mittelbar auslösen und den im umfassenden Sinn verstandenen Landeshaushalt wesentlich beeinflussen.

7. **Das Rechtsstaatsprinzip erfordert für Verfassungsänderungen ein erschwertes Gesetzgebungsverfahren; das gilt auch für durch Volksgesetz zu beschließende Verfassungsänderungen.**

8. **Sind die wesentlichen Regelungsvorschläge eines Volksbegehrens verfassungswidrig, kann die Volksgesetzgebungsinitiative nicht mit den verfassungsmäßigen Teilen des Volksbegehrens fortgeführt werden; es ist das gesamte Volksbegehren als verfassungswidrig festzustellen.**

Grundgesetz Art. 20 Abs. 1; 28 Abs. 1 Satz 1; 31; 79 Abs. 3; 109 Abs. 2

Bürgerliches Gesetzbuch § 139
Verfassung des Freistaates Thüringen:
Art. 1; 4 Abs. 3 Satz 1; 11 Abs. 2; 28 Abs. 2; 34 Abs. 3 Satz 1; 44 Abs. 1; 45; 47 Abs. 4;
48 Abs. 1; 49 Abs. 2; 51 Abs. 2; 53 Abs. 1; 68; 80 Abs. 1 Nr. 5, 6; 81; 82; 83 Abs. 2
Satz 2; 83 Abs. 3; 85 Abs. 2; 98 Abs. 2; 99 Abs. 3; 100; 101; 104; 105 a; 106 Abs. 3

Thüringer Gesetz über das Verfahren bei Bürgerantrag, Volksbegehren
und Volksentscheid:
§§ 1; 4 Abs. 3 Satz 1; 6 Abs. 1; 8 Satz 1; 9–18; 19 Abs. 1

Gesetz über den Thüringer Verfassungsgerichtshof:
§§ 11 Nr. 6; 25 Abs. 2; 28 Abs. 1; 29 Abs. 2; 49

Urteil vom 19. September 2001 – VerfGH 4/01 –*

in dem Normenkontrollverfahren der Thüringer Landesregierung, vertreten durch den
Minister der Justiz, Dr. Andreas Birkmann, Werner-Seelenbinder-Str. 5, 99096 Erfurt

– Antragstellerin –

Verfahrensbevollmächtigte:
1. Prof. Dr. Rolf Gröschner, Friedrich-Schiller-Universität Jena, Carl-Zeiss-Str. 3,
   07743 Jena
2. Prof. Dr. Josef Isensee, Rheinische Friedrich-Wilhelms-Universität Bonn, Adenauerallee 24–42, 53113 Bonn

beteiligt:
Bernd Burkhardt, Klosterstr. 2, 99821 Creuzburg

– als Vertrauensperson des Vereins „Mehr Demokratie e.V." –
bevollmächtigt:
1. Rechtsanwalt Harald Baumann-Hasske, Wilsdruffer Str. 22, 01067 Dresden
2. Rechtsanwalt Peter Neumann, Trajanstr. 10, 50678 Köln

* Abgedruckt in der durch Beschluß vom 8. November 2001 berichtigten Fassung

wegen

verfassungsrechtlicher Überprüfung des Entwurfs eines Gesetzes zur Änderung der Verfassung des Freistaats Thüringen (Gesetz zur Stärkung der Rechte der Bürger) hier: Zulässigkeit des Volksbegehrens

Entscheidungsformel:

Das Volksbegehren des Vereins „Mehr Demokratie e.V." betreffend ein Gesetz zur Änderung der Verfassung des Freistaats Thüringen (Gesetz zur Stärkung der Rechte der Bürger) ist unzulässig.

Gründe:

A.

Gegenstand des Verfahrens ist die Beantwortung der Frage, ob das Volksbegehren des Vereins „Mehr Demokratie e.V." die gesetzlichen Voraussetzungen erfüllt.

Die Thüringer Landesregierung, die Antragstellerin, hält das Volksbegehren insgesamt für unzulässig, weil einzelne Änderungsvorschläge gegen die Unabänderlichkeitsgarantie der Thüringer Verfassung und das Homogenitätsgebot des Grundgesetzes verstießen.

I.

1. Am 6.6.2000 beantragte der Beteiligte als Vertrauensperson zusammen mit seinem Stellvertreter Ralf-Uwe Beck für den Verein „Mehr Demokratie" e.V., Landesbüro Thüringen, bei der Präsidentin des Thüringer Landtages, ein Volksbegehren zuzulassen. Dem Antragsschreiben war neben von 19453 Unterstützern des Begehrens unterzeichneten Unterschriftsbögen, von denen 19046 Unterstützer mit Wohnsitz in Thüringen von den Meldebehörden anerkannt wurden, ein Gesetzentwurf beigefügt, der wie folgt lautet:

**„Gesetzentwurf
zur Änderung der Verfassung des Freistaats Thüringen
(Gesetz zur Stärkung der Rechte der Bürger)**
Durch Volksentscheid wurde mit der nach Artikel 83 Abs. 2 Satz 2 der Verfassung des Freistaats Thüringen erforderlichen Mehrheit das folgende Gesetz beschlossen:

Artikel 1
Die Verfassung des Freistaats Thüringen vom 25. Oktober 1993 (GVBl. S. 625), geändert durch Änderungsgesetz vom 12. Dezember 1997 (GVBl. S. 525), wird wie folgt geändert:

1. Artikel 68 Abs. 3 erhält folgende Fassung:
„(3) Der Bürgerantrag muss von mindestens 25 000 der Stimmberechtigten unterzeichnet sein."

2. Artikel 82 wird wie folgt geändert:
a) Dem Absatz 1 wird folgender Satz 2 angefügt:
„Der Antrag auf Zulassung des Volksbegehrens muss von mindestens 5 000 Stimmberechtigten unterzeichnet sein."
b) Dem Absatz 2 werden folgende Sätze 2 und 3 angefügt:
„Bei einem Volksbegehren mit Auswirkungen auf den Landeshaushalt soll in der Begründung ein Vorschlag zur Deckung der Kosten enthalten sein. Das Volksbegehren ist unzulässig, wenn es den Erfordernissen des gesamtwirtschaftlichen Gleichgewichts nicht Rechnung trägt."
c) Absatz 3 erhält folgende Fassung:
„(3) Ein Volksbegehren ist zustandegekommen, wenn ihm mindestens fünf vom Hundert der Stimmberechtigten innerhalb von sechs Kalendermonaten zugestimmt haben."
d) Absatz 6 Satz 2 Halbsatz 2 wird aufgehoben.
e) Folgender neuer Absatz 7 wird eingefügt:
„(7) Volksentscheide finden mit der nächsten Wahl der Gemeindevertretungen, zum Deutschen Bundestag oder zum Europäischen Parlament statt, es sei denn, die Vertrauenspersonen des Volksbegehrens beantragen eine frühere Durchführung."
f) Der bisherige Absatz 7 wird Absatz 8.

3. Artikel 83 Absatz 2 Satz 2 erhält folgende Fassung:
„Über eine Verfassungsänderung durch Volksentscheid entscheidet die Mehrheit der abgegebenen Stimmen; sie ist im Wege des Volksentscheids jedoch nur beschlossen, wenn mehr als 25 vom Hundert der Stimmberechtigten zustimmen."

4. Nach Artikel 105 a wird folgender Artikel 105 b eingefügt:
„Artikel 105 b
(1) Beginnt die Sammlung der Unterschriften für einen Bürgerantrag vor dem Zeitpunkt des In-Kraft-Tretens des Gesetzes zur Änderung der Verfassung des Freistaats Thüringen (Gesetz zur Stärkung der Rechte der Bürger), findet das bis dahin geltende Recht Anwendung.
(2) Ein Antrag auf Zulassung eines Volksbegehrens, der vor dem Zeitpunkt des In-Kraft-Tretens des Gesetzes zur Änderung der Verfassung des Freistaats Thüringen (Gesetz zur Stärkung der Rechte der Bürger) eingereicht wird, ist nach den bis dahin geltenden Voraussetzungen zu beurteilen. Wird ein zulässiger Antrag auf Volksbegehren nach dem In-Kraft-Treten des Gesetzes zur Änderung der Verfassung des Freistaats Thüringen (Gesetz zur Stärkung der Rechte der Bürger) veröffentlicht, sind das Volksbegehren und der nachfolgende Volksentscheid gemäß dem dann geltenden Recht durchzuführen; bei Veröffentlichung vor dem Zeitpunkt des In-Kraft-Tretens des Gesetzes zur Änderung der Verfassung des Freistaats Thüringen (Gesetz zur Stärkung der Rechte der Bürger) werden das Volksbegehren und der nachfolgende Volksentscheid nach dem zum Zeitpunkt der Veröffentlichung geltenden Recht durchgeführt."

Artikel 2
Dieses Gesetz tritt am Tag nach seiner Verkündung in Kraft."

2. Dem Gesetzentwurf ist eine Begründung mit folgendem Wortlaut beigefügt:

„Demokratie lebt davon, daß Bürgerinnen und Bürger ihre Vorschläge einbringen und über Sachfragen mit entscheiden können. Die Thüringer Verfassung schreibt den hohen Stellenwert der direkten Demokratie neben der repräsentativen Demokratie fest: „Alle Staatsgewalt geht vom Volk aus. Es verwirklicht seinen Willen durch Wahlen, Volksbegehren und Volksentscheid." Gleichzeitig gibt die Verfassung für Volksbegehren und Volksentscheide jedoch so hohe Hürden vor, daß Volksentscheide kaum zustande kommen können. Mit diesem Gesetz sollen diese Hürden gesenkt und so die Möglichkeiten für die Mitbestimmung des Volkes verbessert werden.

Zu Artikel 1:

Nummer 1:
Ein Bürgerantrag soll anstatt mit Unterschriften von sechs Prozent der Stimmberechtigten (ca. 120000) bereits mit 25000 Unterschriften (ca. 1,25 % der Stimmberechtigten) möglich sein. Die derzeit in Thüringen geltende Flächenklausel soll entfallen. Mit diesen Verbesserungen nähert sich Thüringen den Regelungen anderer Länder; so sind z. B. in Schleswig-Holstein 20000 Unterschriften (0,93 %) und in Sachsen-Anhalt 35000 (1,6 %) notwendig.

Nummer 2 Buchst. a:
Hier wird keine Änderung des bisherigen Verfahrens vorgeschlagen: Es soll die im Gesetz über das Verfahren bei Bürgerantrag, Volksbegehren und Volksentscheid festgelegte Anzahl von Unterschriften in der Verfassung festgeschrieben werden. So sind alle Stufen auf dem Weg zu einem Volksentscheid aus der Verfassung ersichtlich. Dies erhöht die Transparenz des Verfahrens.

Nummer 2 Buchst. b:
Damit soll eine Klarstellung erfolgen: Volksbegehren, die sich auf den Landeshaushalt auswirken können, sollen zulässig sein. Um das Kostenbewußtsein zu schärfen, soll bei einem solchen Volksbegehren die Begründung einen Kostendeckungsvorschlag enthalten. Ein Volksbegehren, welches das gesamtwirtschaftliche Gleichgewicht stört, soll unzulässig sein.

Nummer 2 Buchst. c:
Die geltende Einleitungshürde von 14 Prozent (ca. 280000 Unterschriften) ist so hoch, daß sie kaum überwunden werden kann. Durch Senkung auf fünf Prozent (ca. 100000 Unterschriften) sollen Volksbegehren erleichtert werden. Damit nähert sich Thüringen den Regelungen Brandenburgs (ca. 4,5 %) und Schleswig-Holsteins (5 %) an. Eine Beeinträchtigung der Funktionsfähigkeit des Parlaments ist aus diesen Ländern nicht bekannt. Die kurze Frist für das Zustandekommen eines Volksbegehrens soll von vier auf sechs Kalendermonate verlängert werden. Sie soll immer am Ersten eines Monats beginnen und am letzten Tag eines Monats enden. Damit soll die Frist besser in der Öffentlichkeit vermittelt werden können.

Nummer 2 Buchst. d:
Bisher zählt die Mehrheitsentscheidung bei Volksentscheiden nur, wenn die Mehrheit bei einfachen Gesetzen gleichzeitig mindestens ein Drittel aller Stimmberechtigten

ausmacht. Dadurch wirkt die Nichtteilnahme am Volksentscheid wie eine Nein-Stimme. Damit wird die Demokratie auf den Kopf gestellt: Nicht die Abstimmenden entscheiden, sondern diejenigen, die zu Hause bleiben. Bei einfachen Gesetzen soll – wie in Bayern, Hessen, Nordrhein-Westfalen und Sachsen – die einfache Mehrheit entscheiden.

Nummer 2 Buchst. e:
Mit der Koppelung an Wahlen zu den Gemeindevertretungen, an Bundestags- oder Europawahlen sollen Kosten gesenkt werden. Wenn der Zeitraum bis zur nächsten Wahl nach Einschätzung der Vertrauenspersonen zu lang ist, soll die Möglichkeit einer zeitnahen Abstimmung bestehen.

Nummer 3:
Für Verfassungsänderungen durch Volksentscheid bedarf es bisher der Zustimmung der Mehrheit aller Stimmberechtigten. Wegen der verfassungsrechtlich gebotenen erschwerten Abänderbarkeit von Verfassungen soll hier – im Unterschied zu Volksentscheiden über einfache Gesetze – die Zustimmungshürde nicht abgeschafft, aber deutlich von 50 Prozent auf 25 Prozent gesenkt werden. Damit sollen auch Volksentscheide über Verfassungsänderungen eine Chance haben.

Nummer 4:
Mit Artikel 105 b werden Übergangsregeln für die Zeit bis zum In-Kraft-Treten dieses Gesetzes festgelegt."

In dem dem Antrag beigefügten Schreiben wird weiter ausgeführt, Ziel des Volksbegehrens sei es, die Thüringer Verfassung so zu verändern, daß die Durchführung von Volksbegehren und Volksentscheiden erleichtert werde. So solle die für einen Bürgerantrag notwendige Anzahl von Unterschriften auf ein in anderen Bundesländern übliches Niveau gesenkt, das sehr hohe Einleitungsquorum für ein Volksbegehren niedriger angesetzt und das Zustimmungsquorum bei Volksentscheiden über einfache Gesetze beseitigt werden. Schließlich solle das Zustimmungsquorum bei Volksentscheiden über Verfassungsänderungen halbiert werden.

3. Die durch das Volksbegehren zu ändernden Vorschriften der Thüringer Verfassung haben derzeit folgenden Wortlaut:

a) Artikel 68 Absatz 3:
„Der Bürgerantrag muß landesweit von mindestens sechs vom Hundert der Stimmberechtigten sowie wenigstens in der Hälfte der Zahl der Landkreise und kreisfreien Städte jeweils von zumindest fünf vom Hundert der Stimmberechtigten unterzeichnet sein."

b) Artikel 82 Absätze 1 bis 3:
„(1) Die nach Art. 46 Abs. 2 wahl- und stimmberechtigten Bürger können ausgearbeitete Gesetzentwürfe im Wege des Volksbegehrens in den Landtag einbringen.
(2) Volksbegehren zum Landeshaushalt, zu Dienst- und Versorgungsbezügen, Abgaben und Personalentscheidungen sind unzulässig.
(3) Ein Volksbegehren ist zustandegekommen, wenn ihm mindestens 14 vom Hundert der Stimmberechtigten innerhalb von vier Monaten zugestimmt haben."

c) Artikel 82 Absätze 6 und 7:

„(6) Entspricht der Landtag einem zulässigen Volksbegehren nicht, findet über den Gesetzentwurf, der Gegenstand des Volksbegehrens war, ein Volksentscheid statt; in diesem Fall kann der Landtag dem Volk zusätzlich auch einen eigenen Gesetzentwurf zur Entscheidung vorlegen. Über die Annahme des Gesetzes entscheidet die Mehrheit der abgegebenen Stimmen; es ist im Wege des Volksentscheides jedoch nur beschlossen, wenn mehr als ein Drittel der Stimmberechtigten zustimmt. (7) Das Nähere regelt das Gesetz."

d) Artikel 83 Absatz 2 Satz 2:

„Zu einer Verfassungsänderung durch Volksentscheid bedarf es der Zustimmung der Mehrheit der Stimmberechtigten."

4. Mit Schreiben vom 4.7.2000 nahm die Landesregierung zu dem Antrag Stellung. Sie führte aus: Der Antrag sei in formeller Hinsicht nicht zu beanstanden. In der Sache seien die mit Artikel 1 Nummer 1, Nummer 2 Buchstabe b bis d und Nummer 3 des Entwurfs angestrebten Änderungen verfassungsrechtlich problematisch, weil sie möglicherweise sowohl mit landes- als auch mit bundesverfassungsrechtlichen Vorgaben nicht im Einklang stünden. So könne das Gebot eines erhöhten Bestandschutzes der Verfassung verletzt sein. Es bestehe die Gefahr, die Verfassung zu leicht abzuändern. Ferner könnten die Erleichterungen bei der Durchführung von Volksbegehren den verfassungsrechtlich verbrieften Vorrang des Parlaments als Gesetzgeber und des ihm dabei zugewiesenen Budgetrechts in Frage stellen. Weiterhin sei wegen der Absenkung der Quoren sowohl beim Bürgerantrag als auch beim Volksbegehren eine ausreichende demokratische Legitimation durch die Wahlbürger nicht gewährleistet.

Auf die Bedenken zur Sache komme es aber in diesem Verfahrensstadium nicht an, weil nur zur formellen Seite des Volksbegehrens Stellung zu nehmen sei.

5. Mit Schreiben vom 17.7.2000 stellte die Präsidentin des Thüringer Landtages gem. § 11 des Thüringer Gesetzes „über das Verfahren bei Bürgerantrag, Volksbegehren und Volksentscheid" vom 19. Juli 1994 (GVBl. S. 918) – ThürBVVG – die Zulässigkeit des Antrages auf Zulassung des Volksbegehrens „Mehr Demokratie" in Thüringen fest. Zur Begründung führte sie zunächst aus, der Landtag sei mit einem Volksbegehren sachlich gleichen Inhalts noch nicht befaßt gewesen. Der Antrag sei auch formell in Ordnung; er werde von mehr als 5000 Stimmberechtigten unterstützt und habe einen Gesetzentwurf zum Gegenstand.

In der Sache habe sie auch keine schwerwiegenden Bedenken gegen die materielle Verfassungsmäßigkeit des Volksbegehrens. Wegen ihrer Stellung als Organ des zum Volksgesetzgeber in Konkurrenz stehenden Parlaments könne sie – anders als der Verfassungsgerichtshof – die Unzulässigkeit eines Volksbegehrens nur dann feststellen, wenn dieses Begehren in schwerwiegender Weise, d.h. offensichtlich verfassungswidrig sei. Dies folge aus ihrem Respekt vor dem Volk als Gesetzgeber in einem plebiszitären

Verfahren. Hier bestünden zwar gewisse Bedenken an einigen Änderungsvorschlägen; ein ins Auge springender, d. h. evidenter Verfassungsverstoß sei für sie aber nicht feststellbar.

6. Mit Schreiben vom 17. 7. 2000 teilte das Thüringer Landesamt für Statistik der Präsidentin des Landtages mit, daß nach seiner letzten amtlichen Veröffentlichung vor Einleitung des Volksbegehrens die Anzahl der Stimmberechtigten im Freistaat 1 980 237 Bürger betragen habe. Die nach der Verfassung erforderliche Anzahl von Unterstützungsunterschriften für das Zustandekommen des Volksbegehrens belaufe sich somit auf 277 233.

7. Die Präsidentin des Thüringer Landtages ließ am 27. 7. 2000 den Antrag auf Zulassung des Volksbegehrens mit dem zugrundliegenden Gesetzentwurf und der Begründung im Gesetz- und Verordnungsblatt des Freistaates Thüringen veröffentlichen (GVBl. 2000, S. 197 ff).

8. Innerhalb der darauf folgenden vier Monate stimmten 363 123 Stimmberechtigte dem Volksbegehren zu.

9. Mit Bescheid vom 20. 3. 2001 stellte die Präsidentin des Thüringer Landestages nach Eingang der Unterschriftsbögen fest, daß das Volksbegehren zustande gekommen sei (§ 17 Abs. 2 ThürBVVG) und stellte ihren Bescheid dem Beteiligten zu und teilte ihr Ergebnis der Landesregierung, der Antragstellerin, mit.

10. Am 6. 4. 2001 gab der Innenminister für die Landesregierung gegenüber dem Landtag eine Stellungnahme zum Volksbegehren ab.

II.

Die Antragstellerin beantragt,

> die Unzulässigkeit des Volksbegehrens „Mehr Demokratie e.V." betreffend ein Gesetz zur Änderung der Verfassung des Freistaats Thüringen (Gesetz zur Stärkung der Rechte der Bürger) festzustellen.

1. Die Antragstellerin ist der Auffassung, das Volksbegehren sei mit Art. 83 Abs. 3 ThürVerf unvereinbar. Da das Volksbegehren nicht Änderungen einfachen Rechts, sondern von Bestimmungen der Thüringer Verfassung zum Ziel habe, müsse die in Art. 83 Abs. 3 ThürVerf enthaltene „Ewigkeitsgarantie", die dort aufgeführte Bestandteile der Verfassung für unabänderbar erkläre, Prüfungsmaßstab sein. Von den in Art. 83 Abs. 3 ThürVerf die Identität der Verfassung schützenden Grundsätzen würden durch das Volksbegehren die Grundsätze der Freistaatlichkeit der Republik (Art. 44 Abs. 1 S. 1 ThürVerf), der Demokratie und des Rechtsstaates (Art. 44 Abs. 1 S. 2 ThürVerf), der Volkssouveränität (Art. 45 S. 1 ThürVerf), der Gewaltenteilung (Art. 45 S. 3 ThürVerf) und des Gesetzesvorranges (Art. 47 Abs. 4 ThürVerf) berührt.

„Berührt" in diesem Sinne würden diese Grundsätze – wie der Wortlaut des Art. 83 Abs. 3 ThürVerf verdeutliche – nicht nur dann, wenn sie prinzipiell preisgegeben, sondern bereits dann, wenn sie in ihrer Geltung wesentlich verkürzt würden. Diese Grenze sei hier überschritten mit der Folge, daß der Gesetzentwurf verfassungswidrig sei. Es komme noch erschwerend hinzu, daß die Thüringer Verfassung auf keinen längeren Geltungs- und damit Bewährungszeitraum zurückblicken könne, Verfassungsrecht sich noch nicht deutlich erkennbar bewährt habe. Deshalb treffe die Initiatoren eine erhöhte Last, die Gründe für die von ihnen gewünschten Änderungen so darzulegen, daß erkennbar werde, daß die Verfassung in ihrem Fundament nicht erschüttert werde.

Das Volksbegehren beachte auch nicht die Forderungen des Homogenitätsgebotes nach Art. 28 Abs. 1 GG.

2. Im einzelnen führt die Antragstellerin weiter aus:

Die Verringerung des Unterstützungsquorums beim Volksbegehren auf fünf Prozent der Stimmberechtigten bei gleichzeitiger Verlängerung der Frist zur Sammlung von Unterschriften – im folgenden: Sammelfrist – von vier auf sechs Monate (Art. 1 Nr. 2 Buchst. c des Entwurfs) sei verfassungswidrig.

Im Gegensatz zu den Parlamentswahlen, die im Regelfall für eine Wahlperiode ein auf eine gewisse Dauer angelegtes Entscheidungsgremium legitimierten, in dem sich die Vielfalt der politischen Kräfte nach Maßgabe des Wahlergebnisses widerspiegelten, bedürfe es zum einen zur Vorbereitung eines Volksbegehrens des Beteiligungsquorums einer ausreichenden Zahl von stimmberechtigten Bürgern des Freistaates. Das Volk sei in diesem Stadium nicht organisiert. Die Initiatoren eines solchen Begehrens stellten „selbstermächtigte Minderheiten" dar und müßten bei der Auswahl und Ausrichtung der Gesetzgebungsvorschläge um dessen Zustimmung werben, um eine ausreichende Legitimation nachweisen zu können. Die Hürde des Zulassungsquorums, die allerdings nicht abschreckend wirken dürfe, diene diesem Nachweis. Erst dann könne dokumentiert werden, daß ein Gesetzentwurf nicht nur Einzelinteressen verfolge, sondern auf das Wohl der Allgemeinheit ausgerichtet sei. Mit der vorgeschlagenen Neuregelung werde diesen Grundsätzen aber nicht ausreichend Rechnung getragen.

Zum anderen verhinderten Quoren, daß den Bürgern nicht durch „jede noch so geringe Zahl an Stimmberechtigten" politische Themen aufgedrängt werden könnten, die die Bürger durch aktives Tun abzuwehren hätten, um nicht von der Minderheit bevormundet zu werden. Der Grundsatz der Volkssouveränität erfordere, daß die Ausübung von Staatsgewalt bei der Volksgesetzgebung ein hinreichend effektives „Legitimationsniveau" erreiche. Da dieses Niveau bei der Volksgesetzgebung weder personell – der Aktivbürger könne nicht wie ein Amts- oder Mandatsträger abberufen werden – noch inhaltlich – die Abstimmenden könnten nicht wie der Mandatsträger persönlich für das Abstimmungsergebnis verantwortlich gemacht werden – gewährleistet werden könne, bedürfe es zur Sicherung des Legitimationsniveaus eines hinreichenden Quorums bereits zum Zeitpunkt der Durchführung eines Volksbegehrens als Bestandteil der Volksgesetzgebung. Nur mit den derzeitigen Erschwernissen könne die im Gegensatz zur Parlamentsgesetzgebung fehlende persönliche und inhaltliche Legitimation des Verantwortlichen ausgeglichen werden. Dieser Grundsatz, der in der Ewigkeitsgarantie des Art. 83 Abs. 3 ThürVerf enthalten sei, werde durch die vorgeschlagene Verringerung des Quorums in einem nicht mehr zu billigendem Umfang berührt. Die Gesetzgebungsgeschichte, die die Entstehung des vierzehnprozentigen Quorums in Art. 83 Abs. 3 ThürVerf nachzeichne, lasse den objektivierten Willen des Verfassungsgesetzgebers erkennen, hinsichtlich des Volksbegehrens ein Zustimmungsquorum von mindestens von zehn vom Hundert beizubehalten, um ein ausreichendes Legitimationsniveau zu erreichen. Die Zahl der Stimmberechtigten für eine erfolgreiche Zustimmung entspreche auch den Anforderungen in der Mehrzahl der übrigen Landesverfassungen. Hinzu komme, daß nur mit einem mindestens 10-prozentigen Quorum der auch die Ewigkeitsgarantie berührende Vorrang der parlamentarischen gegenüber der plebiszitären Demokratie gesichert werde. Die vorgeschlagenen fünf Prozent beim Zustimmungsquorum seien zur Sicherung der oben genannten Grundsätze in Übereinstimmung mit der verfassungsgerichtlichen Rechtsprechung anderer Bundesländer jedenfalls zu gering.

3. Die beabsichtigte Streichung des Zustimmungsquorums beim Volksentscheid über einfache Gesetze (Art. 1 Nr. 2 Buchst. d des Entwurfs) beeinträchtige die Funktionsfähigkeit der parlamentarischen Demokratie und die politische Freiheit der Bürger. Da das Volksgesetzgebungsverfahren als Einheit aufzufassen sei, erstrecke sich die Verfassungswidrigkeit der geplanten Absenkung des Unterstützungsquorums für das vorausgehende Volksbegehren auf fünf Prozent der Stimmberechtigten auch auf den nachfolgenden Volksentscheid.

4. Die vorgesehene Absenkung des Zustimmungsquorums bei Volksentscheiden über eine Verfassungsänderung von 50 auf 25 Prozent der Stimmberechtigten (Art. 1 Nr. 3 des Entwurfes) bei gleichzeitiger Absenkung des Unterstützungsquorums für das Volksbegehren (Art. 1 Nr. 2 Buchst. c des Entwurfs) stelle den durch Art. 83 Abs. 3 ThürVerf garantierten Bestandsschutz der Verfassung in Frage. Die hier niedergelegten Grenzen für eine Veränderbarkeit der Verfassung dienten der Stabilität der Rechtsordnung und entzögen die Verfassung selbst dem Zugriff der absoluten Parlamentsmehrheit, die das vorgesehene parlamentarische Quorum von annähernd 67 vom Hundert regelmäßig nicht erreiche. Wegen der Besonderheiten der bayerischen Verfassung – insbesondere den erheblich höheren Hürden beim Volksbegehren – lasse sich das dortige Zustimmungsquorum von 25 Prozent der Stimmberechtigten bei Verfassungsänderungen auch nicht auf die Verfassungslage im Freistaat Thüringen übertragen. Dort liege – anders als es der Entwurf des hier angegriffenen Volksbegehrens vorschlage – das Unterstützungsquorum für das vorausgehende Volksbegehren

bei zehn Prozent der Stimmberechtigten. Soweit in anderen Bundesländern eine Verfassungsänderung durch Volksgesetzgebung überhaupt zulässig sei, werde ein Zustimmungsquorum von 50 Prozent der Stimmberechtigten verlangt. Diese Änderungen stünden mit den Intentionen des Thüringer Verfassungsgebers nicht im Einklang.

5. Die vorgeschlagene Zulassung von Volksbegehren und Volksentscheiden, die das Haushaltsrecht beträfen (Art. 1 Nr. 2 Buchst. b des Entwurfs), verstoße gegen den Grundsatz der parlamentarischen Demokratie, gegen das Homogenitätsgebot des Art. 28 Abs. 1 GG und gegen den Grundsatz der Gewaltenteilung. Die beabsichtigte Anfügung von zwei Sätzen in Art. 82 Abs. 2 ThürVerf, die zum einen einen Deckungsvorschlag für dabei entstehende Kosten enthielten und die zum anderen ein Volksbegehren mit Auswirkungen auf die Haushaltsgesetzgebung dann generell ausschlössen, wenn das gesamtwirtschaftliche Gleichgewicht nicht mehr gewährleistet sei, führe nicht zu einer „Klarstellung" der derzeit geltenden Vorschrift, sondern beinhalteten eine in sich nicht stimmige, insgesamt verfassungswidrige Neuregelung. Im übrigen seien bislang – wie die Geschichte der Volksgesetzgebung und die Gesetzeslage in den anderen Bundesländern zeige – Volksbegehren und Volksentscheide dann unzulässig, wenn sie erhebliche staatliche Einnahmen oder Ausgaben auslösten und damit den Haushalt nach Art und Dauer wesentlich beeinflußten. Das Budgetrecht eines Landtages sei eines der wesentlichsten Instrumente der parlamentarischen Regierungskontrolle – sogenanntes „Königsrecht" –, das die rechtstaatliche Demokratie entscheidend präge. In dieses Recht könne durch die Volksgesetzgebung nicht eingegriffen werden. Geschehe es dennoch, so sei gleichzeitig der Grundsatz der Gewaltenteilung berührt. Die Handlungs- und Funktionsfähigkeit des Parlaments sei dann nicht mehr gewährleistet, wenn durch plebiszitäre Entscheidungen eine ein- oder mehrjährige Finanzplanung erheblich verändert werden könne und dadurch der politische Gestaltungsspielraum des gewählten Parlaments und die damit verbundene demokratische Verantwortung in Frage gestellt oder gar ausgeschlossen werde. Auch behalte das Parlament in diesem Fall nach wie vor die volle politische Verantwortung für das Haushaltsgesetz, obwohl es die volle Gestaltungsmöglichkeit nicht innehabe. Eine verfassungskonforme Auslegung des Entwurfes sei insoweit auch nicht möglich. Außerdem bestünde die Gefahr der Einschränkung der gesetzgeberischen Tätigkeit des Landtages, wenn kleine Gruppen mit volkstümlichen Forderungen das Parlament „vorführten" und es zu unpopulären Entscheidungen zwängen oder gar zu Gesetzesänderungen aus gemeinwohlschädlichem Opportunismus bewegten.

Durch die Absenkung des Unterstützungsquorums bei Volksbegehren und die Aufhebung des Zustimmungsquorums bei Volksentscheiden werde diese Gefahr noch verschärft. Gerade bei Entscheidungen über finanzielle Be- und Entlastungen der Bürger bedürfe es des Abstandes vom Volkswillen und der persönlichen Verantwortlichkeit der einzelnen Abgeordneten im parlamentarischen Entscheidungsprozeß.

Damit werde auch die Gemeinwohlbindung gewahrt. Dabei würden nicht nur die durch Art. 83 Abs. 3 ThürVerf geschützten Grundsätze berührt, sondern es werde auch Art. 28 Abs. 1 des GG verletzt.

6. Eine mögliche Verknüpfung der Durchführung von Volksentscheiden mit Wahlen zu verschiedenen Parlamenten (Art. 1 Nr. 2 Buchst. e des Entwurfs) verletze den Grundsatz der Wahl- und Abstimmungsfreiheit. Mit diesem Verfahren könne durch propagandistisch wirksame Volksbegehren die sich widersetzende Landtagsmehrheit „vorgeführt" werden. Damit könne noch in der Wahlkabine zumindest mittelbar Einfluß auf die Wahlentscheidung genommen werden. Hieran ändere sich auch dadurch nichts, daß die Abstimmung über einen Volksentscheid am Tag einer Landtagswahl ausgeschlossen sei.

7. Das Volksbegehren sei insgesamt unzulässig, weil wesentliche und aufeinander bezogene Regelungen verfassungswidrig seien. Selbst wenn ein Teil des Gesetzes mit der Verfassung in Einklang stehen sollte, so führe die Teilnichtigkeit der übrigen Bestimmungen zur Unwirksamkeit des Gesetzentwurfs insgesamt. Der bei einfachen Gesetzen regelmäßig angewendete Grundsatz der Teilnichtigkeit, nach dem der Teil des Gesetzentwurfs, der nicht zu beanstanden sei, wirksam bleibe, gelte hier nicht. Denn bei der Volksgesetzgebung müsse der Entwurf insgesamt bis zum Volksentscheid vom Willen seiner Initiatoren getragen werden. Allenfalls bei unwesentlichen und sachlich abtrennbaren verfassungswidrigen Teilregelungen könne eine Ausnahme gemacht werden. Diese Voraussetzung läge hier aber nicht vor.

III.

Der Beteiligte beantragt,

den Antrag abzulehnen.

1. Das Volksbegehren sei sowohl mit Art. 83 Abs. 3 ThürVerf als auch mit Art. 28 Abs. 1 GG vereinbar. Es ziele darauf ab, das Vertrauen in die Verantwortung des Einzelnen bei der Staatswillensbildung durch den Abbau von Verfahrenshürden bei der Volksgesetzgebung wirksam werden zu lassen. Die genannten verfassungsrechtlichen Prüfungsmaßstäbe dürften nicht – wie dies bei der Antragstellerin geschehe – mit dem verfassungspolitisch Zweckmäßigen bzw. Wünschenswerten vermischt werden.

Das Demokratieprinzip, das Prinzip der freistaatlichen Republik und das Rechtsstaatsprinzip, die sämtlich durch Art. 83 Abs. 3 ThürVerf geschützt seien, würden durch die geplante Änderung nicht berührt. Diese Grundsätze würden zur Verfolgung eines legitimen Zweckes nur modifiziert, ohne daß in ihren Kernbereich eingegriffen werde. Die Annahme der Antragstellerin, die Initiatoren hätten wegen der kurzen Geltungszeit der Verfassung eine besondere Darlegungslast für die Zulässigkeit der von ihnen gewünschten Verfassungsänderungen, lasse sich auf keinen verfassungsrechtlichen Rechtssatz stützen. Das von Art. 28 Abs. 1 GG geforderte Mindestmaß an Homogenität der Bundes- und der Landesverfassung verlange nicht Konformität und Uniformität. Die Rechtsprechung des Bundesverfassungsgerichts stelle Regelungen über die Voraussetzungen für die Zulassung eines Volksbegehrens in das freie, durch bundesrechtliche Normen nicht beschränkte Ermessen des jeweiligen Landesgesetzgebers.

Das vom Grundgesetz geforderte Regel-Ausnahme-Verhältnis zwischen mittelbarer und unmittelbarer Demokratie werde durch das der verfassungsgerichtlichen Prüfung unterzogene Volksbegehren nicht verletzt. Dies wäre nur dann der Fall, wenn die Funktion des Parlaments als zentrales Gesetzgebungsorgan durch eine erleichterte Volksgesetzgebung „ausgehöhlt" würde. Davon könne hier keine Rede sein.

2. Ein Unterstützungsquorum beim Volksbegehren sowie eine Frist, die notwendigen Unterstützungsunterschriften beizubringen, sei verfassungsrechtlich nicht geboten. Gegenstand des Gesetzesinitiativrechtes sei vielmehr nur eine „Gesetzesvorlage". Für diesen Entwurf stelle sich – ebenso wie bei der Gesetzesinitiative aus dem Parlament – nicht die Frage einer irgendwie gearteten Legitimation. Ob und in welcher Höhe ein Quorum verlangt werde, sei daher lediglich eine Frage der verfassungspolitischen Zweckmäßigkeit. Auch die Verfassungsberatungen zeigten, daß die Dauer der „Sammelfrist" und die Höhe des Quorums eine Frage des politischen Kompromisses gewesen seien. Eine Mindestschwelle von zehn Prozent der Stimmberechtigten könne jedenfalls aus der Entstehungsgeschichte der Thüringer Verfassung nicht abgeleitet werden. Wie die Erfahrungen in der Weimarer Republik und in anderen Bundesländern mit geringen Unterstützungsquoren zeigten, werde durch eine niedrige Schwelle zur Einleitung und Durchführung eines Volksbegehrens die Handlungs- und Funktionsfähigkeit des Parlaments nicht beeinträchtigt. Auch für Thüringen sei ein Mißbrauch nicht zu erwarten. Zwar würden nach dem Entwurf die Hürden für ein Volksbegehren deutlich gesenkt. Der Landtag werde aber selbst bei zehn Volksbegehren im Jahr nicht überfordert.

Der Hinweis der Antragstellerin auf die verfassungsgerichtliche Rechtsprechung in anderen Bundesländern greife nicht. So habe der Bremer Staatsgerichtshof ein Quorum zu beurteilen gehabt, das lediglich drei Prozent der Stimmberechtigten ausgemacht habe. Die dabei gewonnene These, die Wahrung des Gemeinwohls und die Abwehr von Partikularinteressen verlange hohe Zulassungshürden, beachte überdies nicht, daß sich auch bei der parlamentarischen Gesetzgebung Individualinteressen durchsetzen könnten. Der Bayerische Verfassungsgerichtshof belege in seiner Rechtsprechung die Gefahr des Mißbrauchs der Volksgesetzgebung durch bei Wahlen unterlegene Minderheiten nur unzureichend. Das Fünf-Prozent-Quorum beim Volksbegehren, das im Gegensatz zur Fünf-Prozent-Klausel bei der Wahl auf die Stimmberechtigten nicht nur auf die Zahl der Abstimmenden abstelle, verhindere insgesamt diese Gefahr.

3. Die Einführung der einfachen Mehrheit der Abstimmenden beim Volksentscheid verletze auch nicht das Mehrheitsprinzip. Dieses verlange nur die Möglichkeit, sich an der Wahl oder Abstimmung zu beteiligen. Wie auch bei Wahlen genüge es im übrigen, daß sich die einfache Mehrheit durchsetze. Die Fünf-Prozent-Klausel als Sperrvorschrift für Parteien bei den Wahlen rechtfertige sich nur unter dem Aspekt der Funktionsfähigkeit des Parlaments. Es sollten keine Splittergruppen die Parlamentsarbeit behindern. Mindestbeteiligungen stünden mit dem Mehrheitsprinzip nicht im Einklang. Würde die Mindestbeteiligung nicht erreicht und sei gleichzeitig ein Mehrheitswille der Abstimmenden erkennbar, so würde ein Beibehalten der Mindestbeteiligung letztlich bedeuten, daß sich die bei der Abstimmung unterliegende Seite mit Hilfe der Nichtabstimmenden durchsetzen würde. Der im Mehrheitsprinzip enthaltene Minderheitenschutz werde durch die verfassungsgerichtliche Kontrolle eines erfolgreichen Volksbegehrens gewährleistet. In einer Reihe von Bundesländern gebe es ebenfalls kein Zustimmungsquorum beim Volksentscheid. Die Kombination des Unterstützungsquorums von fünf Prozent mit einer einfachen Mehrheit beim Volksentscheid beeinträchtige nicht die Funktionsfähigkeit des Parlaments. Dieses habe jederzeit die Möglichkeit, die mit dem Volksbegehren vorgeschlagene Regelung selbst zu beschließen, beim Volksentscheid einen eigenen Gesetzentwurf parallel zur Abstimmung zu stellen oder sogar – für den Fall, daß es der Auffassung sei, die Regelung des Volksentscheides sei nicht hinnehmbar – diese Regelung durch ein parlamentarisches Gesetz wieder aufzuheben.

4. Da auch bei der verfassungsändernden Volksgesetzgebung grundsätzlich keine Zustimmungs- oder Beteiligungsquoren verfassungsrechtlich erforderlich seien, könne die Absenkung des Zustimmungsquorums auf 25 Prozent der Stimmberechtigten nicht unzulässig sein. Das bisherige Quorum von 50 Prozent der Stimmberechtigten stelle sich als Verbotsnorm dar und verhindere jede verfassungsändernde Volksgesetzgebung. Die Absenkung halte sich im Rahmen dessen, was auch in Bayern verlangt werde. Die Kombination von niedrigem Unterstützungsquorum und abgesenktem Zustimmungsquorum stelle sich als eine ausreichende Hürde dar, um eine willkürliche Volksgesetzgebung zu vermeiden.

5. Art. 1 Nr. 2 Buchst. b des Entwurfes greife in das Haushaltsrecht des Parlaments nicht über Gebühr ein. Auch nach geltendem Recht seien Volksbegehren mit mittelbaren Auswirkungen auf das Budget nicht untersagt, solange das Gesamtgefüge des Haushalts oder die laufende Finanzplanung nicht betroffen seien. Die Regelung eines Deckungsvorschlages und der deklaratorische Hinweis auf das gesamtwirtschaftliche Gleichgewicht wollten dies klarstellen und zusätzliche Schranken einführen bzw. auf solche hinweisen. Selbst wenn man in diesen Regelungen insgesamt eine Erweiterung der plebiszitären Befugnisse sehen sollte, so wären diese zulässig, denn es werde keiner der in Art. 83 Abs. 3 ThürVerf oder Art. 28 Abs. 1 GG genannten Grundsätze „berührt". Das Budgetrecht, das sich im übrigen auf das Verhältnis von Parlament und Regierung beziehe, werde zudem dort nicht aufgeführt. Selbst wenn es durch das

Demokratieprinzip geschützt werden sollte, so werde es durch die Neuregelung nicht angetastet. Landtag und Landesregierung blieben für den Haushalt allein verantwortlich. Ihre Funktionsfähigkeit werde nicht eingeschränkt. So könne vom Landtag ein Alternativentwurf zur Abstimmung gestellt werden oder ein erfolgreicher Volksentscheid durch Parlamentsgesetz nachträglich geändert werden. Letzteres sei gerade bei Volksentscheiden zur Durchsetzung von Partikularinteressen auch politisch ohne weiteres möglich.

Der Finanzvorbehalt beruhe zwar auf einer deutschen Verfassungstradition und sei – wenn auch mit unterschiedlichen Formulierungen – in vielen deutschen Landesverfassungen enthalten. Hieraus lasse sich aber keine ausnahmslose Geltung ableiten, wie die Verfassung von Württemberg-Hohenzollern zeige.

6. Art. 1 Nr. 2 Buchst. e des Entwurfes sei ebenfalls zulässig. Die Koppelung von Wahlen und Abstimmungen sei kostengünstiger und fördere die Beteiligung beim Volksentscheid. Die Wahl- und Abstimmungsfreiheit der Bürger werde nicht betroffen, weil diese in der Lage seien, Personal- und Sachentscheidungen zu trennen. Die Verknüpfung von Volksentscheiden mit Landtagswahlen sei nicht vorgesehen. Art. 106 Abs. 3 ThürVerf habe für die erste Landtagswahl eine solche Verknüpfung vorgesehen. Sie sei in anderen Bundesländern auch nicht unbekannt.

7. Sollte der Verfassungsgerichtshof zu der Auffassung gelangen, nur bei einer verfassungskonformen Auslegung des Entwurfes sei das Volksbegehren zulässig, könne er auch für den Volksentscheid verbindlich feststellen, welchen tatsächlichen Umfang die durch die Volksgesetzgebung zu beschließenden, finanzwirksamen Gesetze haben dürften.

Zumindestens könne bei teilweiser Unzulässigkeit der Gesetzwurf in jeweils eigenständige Regelungskomplexe geteilt werden. So könnten die Regelungen zu den Quoren, zum Finanzvorbehalt und die Verbindung von Abstimmung und Wahlen für sich bestehen bleiben. Auch sei der mutmaßliche Wille der Unterstützer des Volksbegehrens auf jede einzelne Erleichterung der Volksgesetzgebung gerichtet und nicht lediglich auf den Gesetzentwurf als Ganzes. Umgekehrt sei davon auszugehen, daß die Unterstützer die Durchführung eines Volksentscheides auch dann wünschten, wenn der Verfassungsgerichtshof einen Teil des Gesetzentwurfes für verfassungswidrig und damit einem Volksentscheid nicht zugänglich halten sollte.

B.

I.

Der Antrag ist zulässig.

1. Der Antrag ist statthaft.

Die Antragstellerin ist befugt, den Verfassungsgerichtshof anzurufen, weil sie das Volksbegehren „Mehr Demokratie" für unzulässig hält (Art. 82 Abs. 5 ThürVerf).

Es handelt sich dabei um einen Antrag auf „vorbeugende" abstrakte Normen-kontrolle. Der Verfassungsgerichtshof, der insoweit zur Entscheidung berufen ist (Art. 80 Abs. 1 Nr. 6 ThürVerf, § 11 Nr. 6 ThürVerfGHG), überprüft ein „im Werden" befindliches Gesetz in der Zeitspanne zwischen Abschluß eines Volksbegehrens und Beginn eines denkbaren Volksentscheids im Rahmen eines Verfahrens der Volks-gesetzgebung.

2. Die Antragstellerin besitzt auch ein allgemeines Rechtsschutzinteresse an der Durchführung des Verfahrens in diesem Stadium der Volksgesetzgebung.

Hält die Landesregierung das Volksbegehren für unzulässig, so hat sie den Verfassungsgerichtshof anzurufen (§ 18 Abs. 3 ThürBVVG).

Das Thüringer Gesetz „über das Verfahren bei Bürgerantrag, Volksbegehren und Volksentscheid" – im folgenden abgekürzt ThürBVVG – eröffnet der Antragstellerin in unterschiedlichen Abschnitten des Verfahrens der Volksgesetzgebung die Möglich-keit, den Verfassungsgerichtshof anzurufen.

Zum einen kann die Landesregierung dieses Gericht veranlassen zu untersuchen, ob überhaupt das Volksbegehren nach Antragstellung durchzuführen ist (§ 12 Abs. 2 ThürBVVG). Dies geschieht dann, wenn sie in ihrer Stellungnahme an die Landtags-präsidentin, die über den Antrag auf Zulassung des Volksbegehrens zu befinden hat, zu dem Ergebnis gelangt, daß dieser Antrag nicht zulässig sei (§ 11 Abs. 1 S. 2 ThürBVVG).

Zum anderen muß die Antragstellerin nach einem zustandegekommenen Volks-begehren (vgl. § 17 ThürBVVG) unverzüglich gegenüber dem Landtag Stellung nehmen (§ 18 Abs. 2 ThürBVVG) und dann den Verfassungsgerichtshof anrufen, wenn sie zu der Überzeugung gelangt, das Volksbegehren sei unzulässig (§ 18 Abs. 3 ThürBVVG).

Die Antragstellerin hat dabei das Recht auf Anrufung des Verfassungsgerichts-hofs „nicht verbraucht", wenn sie erstmals nach Zustandekommen des Volksbegehrens tätig wird. Denn bei der Entscheidung über die Zulässigkeit des Antrags auf Zulassung des Volksbegehrens steht die Beantwortung der Frage im Vordergrund, ob die formellen Voraussetzungen für die Durchführung eines Volksbegehrens vorliegen. Dies zeigt schon das Prüfungsprogramm der Landtagspräsidentin vor der von ihr zu treffenden Entscheidung auf Fortgang der Volksgesetzgebung (§ 11 Abs. 2 ThürBVVG). Dieses Programm enthält den Anwendungsbereich der Volksgesetzgebung (vgl. § 1 Thür-BVVG), den Gegenstand des Volksbegehrens, zu dem auch ein Gesetzentwurf zählt (§ 9 Abs. 1 ThürBVVG), die formalen Voraussetzungen für den Antrag (vgl. § 10 ThürBVVG) und das Verbot, Volksbegehren gleichen Inhalts vor Ablauf von zwei Jahren erneut einzureichen (vgl. § 11 Abs. 2 Nr. 2 ThürBVVG). Kommt die Landes-regierung im Rahmen der von ihr geforderten Stellungnahme zu dem Ergebnis, daß erkennbar formelle Erfordernisse bei der Antragstellung nicht beachtet wurden, so kann sie den Verfassungsgerichtshof in diesem frühen Stadium des Gesetzgebungsverfahrens mit der Zielsetzung anrufen, die weitere Durchführung des Volksbegehrens zu untersagen (§ 12 Abs. 3 ThürBVVG), wobei hier nicht zu entscheiden ist, ob sich die Prüfung des Verfassungsgerichtshofs in diesem Verfahrensstadium auf die Beachtung der Einleitungsformalitäten beschränkt. Ist – wie im vorliegenden Fall – das Volksbegehren nach Zulassung des Antrags durchgeführt, ist sodann über sein Zustandekommen zu befinden. Hält die Landesregierung das (zustandegekommene) Volksbegehren für unzulässig, so hat sie auch in diesem Fall die Möglichkeit, den Verfassungsgerichtshof anzurufen (§ 18 Abs. 3 ThürBVVG). Dabei ist die Prüfung nicht nur auf die förmlichen Voraussetzungen beschränkt. Vielmehr besteht eine umfassende Prüfpflicht des angerufenen Gerichts.

Der in § 18 Abs. 3 ThürBVVG verwendete Begriff „Zulässigkeit" schließt sowohl die formellen als auch die materiellen Erfordernisse für ein Volksbegehren ein. Zwar umfaßt nach dem herkömmlichen verfahrensbezogenen Verständnis dieser Begriff nach seiner Wortbedeutung regelmäßig nur die formellen Voraussetzungen für die Durchführung eines Verfahrens. Der juristische Sprachgebrauch ist aber schon im einfachen Recht nicht immer eindeutig, indem er auch den allgemeinen, „zulässig" im Sinne von „erlaubt" verstehenden Sprachgebrauch übernimmt. So ist im öffentlichen Bauplanungsrecht die „Zulässigkeit" von Bauvorhaben an den materiell-rechtlichen Maßstäben des Baugesetzbuches und der Baunutzungsverordnung zu messen. Die Gesetzgebungsgeschichte der Thüringer Verfassung bestätigt die weite Auslegung des Begriffes. Wie die Materialien des Verfassungs- und Geschäftsordnungsausschusses ausweisen, sollte der Verfassungsgerichtshof „als Schiedsrichter" umfassend die „Verfassungsmäßigkeit" des Volksbegehrens untersuchen (vgl. 17. Sitzung v. 15. 2. 1993 – Wortprotokoll S. 155 bis S. 160).

Die systematische Auslegung, d. h. der Vergleich mit anderen Artikeln der Thüringer Verfassung, bestätigt diese weite Deutung des Begriffes der Zulässigkeit, die eine materiell-rechtliche Untersuchung mit umfaßt. Das gilt für die Prüfung der „Zulässigkeit" einer Freiheitsentziehung durch den Richter (vgl. Art. 4 Abs. 3 S. 1 ThürVerf), die „Nichtzulässigkeit" der Zensur im Rahmen des Rechts auf Freiheit von Presse, Rundfunk, Fernsehen, Film und anderen Medien (vgl. Art. 11 Abs. 2 ThürVerf), die „Zulässigkeit" von Hochschulen in freier Trägerschaft (vgl. Art. 28 Abs. 2 ThürVerf), die „Zulässigkeit" einer Enteignung zum Wohle der Allgemeinheit (vgl. Art. 34 Abs. 3 S. 1 ThürVerf) und die „unzulässige" Kündigung oder Entlassung einer Person, die ein Mandat im Landtag übernehmen oder ausüben möchte (vgl. Art. 51 Abs. 2 ThürVerf). Schließlich steht eine umfassende materielle Prüfungsbefugnis des Verfassungsgerichtshofs auch mit Art. 82 Abs. 5 ThürVerf nach Sinn und Zweck dieser Bestimmung in Einklang. Ziel dieses Verfassungsartikels ist es, den Initiatoren und Unterstützern eines Volksbegehrens wie den übrigen beteiligten Verfassungsorganen, darunter auch der Antragstellerin, frühzeitig Klarheit zu verschaffen, ob die geplante Volksgesetzgebung sich auch in der Sache an geltendem Verfassungsrecht ausrichtet, insbesondere, ob das mögliche Spannungsverhältnis zwischen direkter und indirekter

Demokratie, d. h. zwischen Volksgesetzgebung auf der einen Seite und parlamentarischer Gesetzgebung auf der anderen Seite, zufriedenstellend aufgelöst werden kann. Ist dies aber die Zielsetzung der Verfassung bei der Anrufung des Verfassungsgerichtshofs nach einem Zustandekommen des Volksbegehrens, so bedeutet dies, daß der Begriff „Zulässigkeit" hier sowohl die formelle als auch die materielle Seite des dem Volksbegehren zugrundeliegenden Gesetzentwurfes umfaßt.

II.

Der Antrag ist auch begründet.

Das Volksbegehren des Vereins „Mehr Demokratie e.V." betreffend ein Gesetz zur Änderung der Verfassung des Freistaats Thüringen (Gesetz zur Stärkung der Rechte der Bürger) ist unzulässig (Art. 82 Abs. 5 ThürVerf).

1. In formeller Hinsicht begegnet dieses Volksbegehren keinen verfassungsrechtlichen Bedenken.

Dies gilt zum einen für den Antrag auf Zulassung des Volksbegehrens vom 6. 6. 2000 (vgl. § 10 ThürBVVG). Der der Präsidentin des Thüringer Landtags vorgelegte Antrag enthielt einen ausgearbeiteten, mit Gründen versehenen Gesetzentwurf, der den Gegenstand des Volksbegehrens, nämlich die Änderung der Verfassung des Freistaats Thüringen zur Stärkung von Bürgerrechten bilden soll (vgl. § 10 Abs. 2 Nr. 1 ThürBVVG). Dem Antrag war der Nachweis beigefügt von mindestens 5000 Stimmberechtigten als Unterstützer – hier waren es knapp 20000 Stimmberechtigte, die diesen Antrag billigten – wobei die gesetzlichen Formerfordernisse beachtet wurden (vgl. § 10 Abs. 2 Nr. 2 ThürBVVG). Der Nachweis des Stimmrechts der Unterzeichner durch eine von der zuständigen Meldebehörde erteilte Bestätigung (vgl. § 10 Abs. 2 Nr. 3 ThürBVVG) war erbracht; eine Vertrauensperson und ihr Stellvertreter waren benannt (vgl. § 10 Abs. 2 Nr. 4 ThürBVVG). Außerdem lag zu diesem Antrag eine Stellungnahme der Landesregierung vom 4. 7. 2000 vor (vgl. § 11 Abs. 1 S. 2 ThürBVVG). Demgemäß stellte die Landtagspräsidentin mit Schreiben vom 17. 7. 2000 fest, daß der Antrag auf Zulassung des Volksbegehrens zulässig ist (vgl. § 11 Abs. 1 S. 1 ThürBVVG) und veranlaßte die Veröffentlichung des zulässigen Antrags zum Volksbegehren „Mehr Demokratie" mit dem zugrundeliegenden Gesetzentwurf und der Begründung im Gesetz- und Verordnungsblatt des Freistaats Thüringen unter Hinweis auf die Frist für das Zustandekommen eines Volksbegehrens (GVBl. 2000, S. 918; vgl. dazu § 13 ThürBVVG).

Zum anderen ist das Volksbegehren auch formell ordnungsgemäß zustande gekommen. Das Volksbegehren wurde unter Beachtung der einschlägigen Formvorschriften durchgeführt (vgl. § 14 bis § 16 ThürBVVG). Auch stimmten dem Volksbegehren mehr als die mindestens notwendigen 14 vom Hundert der Stimmberechtigten, die sich zum damaligen Zeitpunkt nach den offiziellen Angaben des statistischen

Landesamtes auf 277.233 Bürger des Freistaats beliefen, nämlich 363123 Stimmberechtigte, die sich in die vorgeschriebenen Unterschriftsbögen eintrugen, innerhalb von vier Monaten nach der Veröffentlichung zu (vgl. § 17 Abs. 1 ThürBVVG). Die Präsidentin des Landtags stellte schließlich mit Bescheid vom 20.3.2000 fest, daß das Volksbegehren zustande gekommen ist (vgl. § 17 Abs. 2 ThürBVVG) und leitete dieses Ergebnis der Vertrauensperson, dem Beteiligten, und der Landesregierung zu (vgl. § 17 Abs. 3 ThürBVVG).

2. Der Verfassungsgerichtshof beantwortet die Frage, ob das Volksbegehren insgesamt „unzulässig" ist, soweit es um den materiellen Gehalt des ihm zugrundeliegenden Gesetzentwurfs geht, indem er den Gesetzentwurf einer uneingeschränkten verfassungsrechtlichen Überprüfung unterzieht. Das Prüfungsprogramm beschränkt sich dabei nicht auf die von der Antragstellerin im Einzelnen als unzulässig beanstandeten Bestimmungen des Entwurfs.

Der Verfassungsgerichtshof ist zunächst von Gesetzes wegen angehalten, die „Zulässigkeit eines Volksbegehrens" auf formelle und materielle Verfassungsgemäßheit, wie oben ausgeführt wurde, zu untersuchen. Mit der „vorbeugenden" abstrakten Normenkontrolle soll dabei verhindert werden, daß über die Verfassungsmäßigkeit der Volksgesetzgebung erst nach einem erfolgreichen Volksentscheid befunden wird. So wird vermieden, daß ein aufwendiges und kostenintensives Verfahren stattfindet und die Bevölkerung unnötigerweise zu den Urnen gerufen wird.

Für das umfassende Prüfungsrecht des Verfassungsgerichts nach den Bestimmungen der Thüringer Verfassung spricht im konkreten Fall weiter, daß die Antragstellerin ihren Antrag nicht auf einzelne Bestimmungen des Volksbegehrens beschränkt hat, sondern das Volksbegehren insgesamt als „unzulässig" ansieht. Daß der Verfassungsgerichtshof von Amts wegen auch Bestandteile des Gesetzentwurfs auf seine Übereinstimmung mit den einschlägigen Bestimmungen der Verfassung, die nicht Gegenstand der Begründung des Antrags sind, einer Überprüfung unterzieht, ist geboten, um Rechtssicherheit und Rechtsklarheit sowohl für den Volks- als auch für den parlamentarischen Gesetzgeber sowie die Landesregierung zu schaffen.

Letztlich soll auch auf den Gesichtspunkt hingewiesen werden, daß für die Beurteilung der Wirksamkeit des Gesetzentwurfs als Ganzes oder in Teilen von Bedeutung sein kann, welche Vorschriften verfassungsgemäß sind und welche nicht mit der Verfassung in Einklang stehen. Ist zu gewichten, ob der Gesetzentwurf insgesamt oder nur teilweise nichtig ist, d.h., ob ein Teil des Gesetzes Bestand hat, so kann dies nur geschehen, wenn der Gesetzentwurf einer umfassenden verfassungsrechtlichen Kontrolle unterzogen wurde.

3. Diese umfassende materielle Prüfung nimmt der Verfassungsgerichtshof zunächst am Maßstab der Landesverfassung vor. Da das Volksbegehren diese ändern will, sind Prüfungsmaßstab diejenigen Verfassungsnormen, welche sich jedweder Änderung der Thüringer Verfassung entgegenstellen. Das Ergebnis dieser Prüfung,

welche den dem Landesverfassungsgeber zur autonomen Gestaltung überantworteten Rechtsraum ausschöpft (vgl. BVerfGE 1, 14, 134; 60, 175, 207 ff), bedarf der ergänzenden Abgleichung, ob es vereinbart werden kann mit dem in Art. 28 Abs. 1 S. 1 GG verankerten sogenannten Homogenitätsgebot, wonach die verfassungsmäßige Ordnung in den Ländern den Grundsätzen eines republikanischen, demokratischen und sozialen Rechtsstaats entsprechen muß. Außerdem ist festzustellen, ob der allgemeine Vorrang des Bundesrechts vor Landesrecht (vgl. Art. 31 GG) beachtet ist. Das Grundgesetz selbst ist mithin nur mittelbar Prüfungsmaßstab für die anläßlich dieser vorbeugenden abstrakten Normenkontrolle zur Entscheidung stehenden verfassungsrechtlichen Fragen, indem es zum einen den Gestaltungsmöglichkeiten eines auf die Änderung von Landesrecht zielenden Volksbegehrens über das Landesrecht hinausgehende Grenzen setzt und zum anderen verhindert, daß das Prinzip des republikanischen, demokratischen und sozialen Rechtsstaats für das Landesrecht vom Grundgesetz abweichend bestimmt wird.

4. Das Volksbegehren betreffend ein verfassungsänderndes Gesetz zur Stärkung der Rechte der Bürger genügt nicht den Anforderungen der Landesverfassung an eine zulässige Verfassungsänderung. Es dringt in den Bereich vor, den die sogenannte Ewigkeitsgarantie vor jedweder Verfassungsänderung schützt. Denn das Volksbegehren würde, sollte es als Gesetz beschlossen werden, elementare, das verfassungsmäßig konstituierte Staatswesen prägende Grundstrukturen aufgeben oder doch so verändern, daß nach der Verfassungsänderung das Gemeinwesen in seinen Gestaltungsprinzipien anders bestimmt und strukturiert wäre, als es vorher geprägt war.

5. Das Volksbegehren „Mehr Demokratie" ist nicht schon deswegen unzulässig, weil der ihm zugrunde liegende Gesetzentwurf die Landesverfassung ändern will. Im Gegensatz zu einzelnen anderen Bundesländern – wie Saarland und Berlin – kann in Thüringen durch Volksentscheid eine Verfassungsänderung herbeigeführt werden (vgl. Art. 83 Abs. 2 S. 2 ThürVerf). Hieraus folgt zwingend weiter, daß auch ein Volksbegehren, das stets dem Volksentscheid vorangehen muß, in einem solchen Gesetzentwurf eine Verfassungsänderung zum Gegenstand haben kann.

Der eindeutige Wortlaut des maßgeblichen Art. 83 Abs. 2 S. 2 ThürVerf und das in der Verfassung des Freistaats enthaltene System einer Volksgesetzgebung schließen es auch aus, daß diese Vorschrift – wie beispielsweise eine ähnliche Vorschrift in der Bayerischen Verfassung – nur ein fakultatives oder obligatorisches Verfassungsreferendum eröffnen will. Ein Volksentscheid hat sowohl bei einem Gesetzentwurf, der einfaches Recht schaffen bzw. ändern will, als auch bei einer Regelung, die die Verfassung ändern will, in Thüringen dann stattzufinden, wenn der Landtag einem zulässigen Volksbegehren nicht entspricht (Art. 82 Abs. 6 S. 1, Art. 83 Abs. 2 S. 2 ThürVerf).

6. Jedoch endet die Befugnis des Volksgesetzgebers, sich durch Volksbegehren und Volksentscheid zu äußern dort, wo die Landesverfassung ihre Unabänderlichkeit

festlegt. In der maßgeblichen Bestimmung des Art. 83 Abs. 3 ThürVerf, die sich in ihrem Gehalt an Art. 79 Abs. 3 GG anlehnt, werden in einer herkömmlich so bezeichneten „Ewigkeitsgarantie" im Einzelnen Grundsätze aufgezählt, die von Verfassungsänderungen nicht berührt werden dürfen. Diesen unveränderbaren Kernbereich der Landesverfassung bilden die Menschenwürde und die Menschenrechte (Art. 1 ThürVerf), die Struktur des Freistaates Thüringen (Art. 44 Abs. 1 ThürVerf), die Volkssouveränität (Art. 45 ThürVerf) und der Gesetzesvorrang (Art. 47 Abs. 4 ThürVerf).

Mit dieser Begrenzung der Gestaltungsfreiheit des verfassungsändernden Gesetzgebers hindert Art. 83 Abs. 3 ThürVerf indessen nicht jede Veränderung des Rechtsnormenbestandes, der die unveränderbaren Prinzipien in ihrer konkreten Ausgestaltung ausformt. Art. 83 Abs. 3 ThürVerf verwehrt dem Gesetzgeber – sei es der parlamentarische Gesetzgeber oder sei es der Volksgesetzgeber – nicht jede Annäherung an seinen Schutzbereich. Indem Art. 83 Abs. 3 ThürVerf die dort genannten Grundsätze schützt, will er diese in ihren tragenden, für den Inhalt der sie ausprägenden Rechtsnormen maßgeblichen Teilen erhalten.

Schutzinhalt und Schutzintensität der in Art. 83 Abs. 3 ThürVerf verankerten Ewigkeitsgarantie bestimmt der Thüringer Verfassungsgerichtshof mit Blick auf Art. 79 Abs. 3 GG, der ebenfalls die Berührung unantastbarer Grundsätze zum Gegenstand hat, auch wenn diese auf den Kernbestand des Grundgesetzes ausgerichtet sind. Für diese inhaltliche Nähe des Art. 83 Abs. 3 ThürVerf zu Art. 79 Abs. 3 GG spricht nicht nur der teilweise identische Wortlaut der Verfassungsbestimmungen. Auch die Gesetzgebungsgeschichte der Thüringer Verfassung bestätigt diese. So entschloß sich der Hauptausschuß des Landtages in seiner 11. Sitzung am 25. 9. 1992, die Ewigkeitsgarantie in Anlehnung an den Wortlaut des Art. 79 Abs. 3 GG in die künftige Verfassung aufzunehmen. Die in Bezug genommenen Inhalte wurden dann in der Folgezeit redaktionell eingearbeitet und in der 20. Sitzung des Hauptausschusses am 20. 3. 1993 in der heutigen Fassung als maßgeblich beschlossen (vgl. dazu Wortprotokoll S. 141–148, 166 ff, 170 ff). Zum damaligen Zeitpunkt wurden allerdings Schutzumfang und Schutzintensität des Art. 83 Abs. 3 ThürVerf noch nicht näher ausgeleuchtet. Zum Schutzbereich des Art 79 Abs 3 GG hat das Bundesverfassungsgericht mehrfach Stellung genommen. Dabei ist insbesondere im sogenannten Abhörurteil vom 15. Dezember 1970 (BVerfGE 30, 33) die Frage behandelt, ob ein verfassungsänderndes Gesetz die Grenzlinien des Art 79 Abs. 3 GG erst dann überschreitet, wenn Grundelemente des geschützten Rechtsbestandes preisgegeben werden, oder ob der Schutzbereich der „Ewigkeitsgarantie" bereits dann „berührt" ist, wenn einer der ihm zugewiesenen Grundsätze in einem seiner konstituierenden Elemente dergestalt verändert wird, daß ein allmählicher Zerfallsprozeß eingeleitet ist.

Die von drei Mitgliedern des Bundesverfassungsgerichts in einem Sondervotum zum Abhörurteil formulierte weitere Grenzziehung hat in der Folgezeit sich im staatsrechtlichen Schrifttum überwiegende Anerkennung verschafft (vgl. *Erichsen* Verwaltungsarchiv, Bd. 62 1971, 291, 294 ff; *Häberle* JZ 1971, 145, 149; *Rupp* NJW 1971, 275;

Evers Bonner Kommentar zum Grundgesetz, Art. 79 Abs. 3 Rn. 150 mwN; *Bryde* in: von Münch u. a. (Hrsg), Art. 79 Rn. 28; *Maurer* Staatsrecht § 22 Rn. 20; vgl. auch *Degenhart* Gutachten, S. 15).

Für sie sprechen die überzeugenderen Argumente. Bereits der Wortsinn legt nahe, die Grenze zum unzulässigen Eingriff in eines der „für die Ewigkeit" gewährleisteten Prinzipien nicht erst bei seiner Preisgabe festzulegen. „Berührt" impliziert einen sensibleren Umgang mit dem Schutzbereich des Art. 83 Abs. 3 ThürVerf. Das Berührtsein tragender Grundsätze ist weniger, d. h. es ist eher erreicht, als deren generelle Preisgabe. „Berührt" ist ein geschützter Grundsatz, wenn er äußerlich intakt bleibt, wenn in die unberührte Hülle jedoch Elemente eingepflanzt sind, welche die den Grundsatz mit Leben füllende Staats- und Rechtspraxis dahin lenken können, daß den zuvor prinzipienkonformen Handhabungen der Boden entzogen ist und sie letztlich in ihr Gegenteil verkehrt wären. Ein solches Verständnis des Art. 83 Abs. 3 ThürVerf entspricht dem seiner Abstammung aus Art. 79 Abs. 3 GG zugedachten Zweck, als Antwort auf die historischen Erfahrungen, insbesondere zum Verfall der Weimarer Reichsverfassung, nicht nur eine „legale Revolution" abzuwehren, sondern sich bereits in den Anfängen Entwicklungen entgegenzustellen, an deren Ende die „legale Revolution" stehen kann.

Mit diesem Verständnis bedeutet „berührt" nicht „unantastbar". Will die Ewigkeitsgarantie den Grundbestand der das Staatswesen prägenden Prinzipien der Änderbarkeit entziehen, will sie auch die Gestaltungsmöglichkeiten des Gesetzgebers nicht auf ein Mindestmaß eingrenzen. Art. 83 Abs. 3 ThürVerf schützt die tragenden Säulen der Verfassung. Bei der Bestimmung von Reichweite und Bindungswirkung der einzelnen durch Art. 83 Abs. 3 ThürVerf gewährleisteten Grundsätze kommt es unter Beachtung ihrer historischen Herkunft, ihrer unterschiedlichen begrifflichen Schärfe und ihrer Wertigkeit, zu einer Interpretation, die zwar eine umfassende Kontrolle des hier maßgeblichen Verfassungsrechts beinhaltet, die aber gleichzeitig gewährleisten soll, daß der Volksgesetzgebung als Bestandteil der Volkssouveränität nicht solche Fesseln angelegt werden, daß diese Form der unmittelbaren Demokratie ihrer Funktionsfähigkeit praktisch verlustig geht, das heißt, daß sie erdrosselt wird. Denn jede normative „Zementierung" über das zulässige Maß hinaus gefährdet die dauerhafte Akzeptanz der Verfassung durch die sie tragenden Bürger und damit letztlich den Bestand der Verfassungsordnung selbst (hierzu *Bryde* aaO; *Maunz/Dürig* Art. 79 Abs. 3 Rn. 28; *Dreier* JZ 1994, 741, 749 f). Diesen Erwägungen Rechnung tragend, hält der Verfassungsgerichtshof die Grenze zur Ewigkeitsgarantie dann für verletzt, wenn das zur verfassungsrechtlichen Prüfung stehende Gesetz das Demokratieprinzip einschließlich des Prinzips der Volkssouveränität, das Rechtsstaatsprinzip oder einen der anderen in Art. 83 Abs. 3 ThürVerf genannten Grundsätze ganz oder in einem Teilbereich außer acht läßt, sofern dieser Teilbereich zu den konstituierenden Elementen eines der Grundsätze gehört und wenn seine Außer-Acht-Lassung den Grundsatz einem allmählichen Verfallsprozeß aussetzt.

7. Da das Volksbegehren „Mehr Demokratie" die durch Art. 83 Abs. 3 ThürVerf geschützten Grundsätze nicht selbst ändern will, sondern deren inhaltliche Ausformung anstrebt, ist im einzelnen zu prüfen, ob und in welcher Intensität sich die im Gesetzentwurf enthaltenen Änderungen auf die vorbeschriebenen Grundsätze auszuwirken vermögen. Denn Grundsätze und ihre Ausprägungen sowie essentielle und akzidentielle Bestandteile eines geschützten Strukturprinzips mögen sich theoretisch präzise voneinander abgrenzen lassen. Nicht möglich ist das aber in ihrer praktischen Anwendung auf die stets interpretationsfähigen Normen der Verfassung und die in ihrer tatsächlichen Auswirkung nur allenfalls begrenzt einschätzbaren verfassungsändernden Normen. Denn die konkrete Ausprägung der Thüringer Verfassung – hier etwa in Art. 68 Abs. 3, Art. 82 Abs. 1, 2 und 6 sowie Art. 83 Abs. 2 S. 2 ThürVerf – kann nicht mit den Grundsätzen des Demokratieprinzips, des Rechtsstaatsprinzips und des republikanischen Prinzips gleichgesetzt werden. Die jeweilige Bewertung der einschlägigen verfassungsändernden Norm des vorliegenden Gesetzentwurfs, die einen Grundsatz nicht selbst aufhebt oder seinen gewährleisteten Anwendungsbereich relativiert, ist vielmehr im Wege abwägender Entscheidung möglich. Diese Abwägung gilt insbesondere bei der Volkssouveränität und dem Demokratieprinzip unter Beachtung des Sinn und Zwecks des Art. 83 Abs. 3 ThürVerf.

8. Offen bleiben kann entgegen der Ansicht des Beteiligten, wie weit bei der Auslegung des Art. 83 Abs. 3 ThürVerf auf ähnlich gelagerte Ausgestaltungen von für unabänderlich erklärten Grundsätzen in anderen demokratisch verfaßten Staaten, wie der Schweiz und den Vereinigten Staaten von Amerika, die eine entwickelte Volksgesetzgebung kennen, zurückgegriffen werden kann, um die Zulässigkeit des Volksbegehrens zu untersuchen. Denn die „Quorenlosigkeit" und das fehlende Verbot von Plebisziten, insbesondere zu Fragen mit Haushaltsbezug im schweizer und im amerikanischen Recht, beruht auf einem Begriff der Demokratie, der in diesen Staaten mit langer republikanischer Tradition entstanden ist. Sie sind dort Bestandteil eines anderen Verfassungsrechtssystems und Ergebnis einer in Jahrhunderten erprobten, in ihren bewährten Teilen bewahrten und gelebten Demokratiepraxis. Mit diesem Befund sind die deutschen Gegebenheiten nur bedingt vergleichbar. Auch diese wurzeln in der nationalen Geschichte. In ihr hat aber bereits die Theorie eines freiheitlich-demokratischen Rechtsstaats nur schwer ihre Verwirklichung gefunden. Die Lehren der deutschen Geschichte sind nicht zuletzt in das 1949 für die damalige Bundesrepublik als Provisorium beschlossene „Bonner Grundgesetz" eingeflossen. Das nunmehr nach dem Beitritt der DDR zur Bundesrepublik als gesamtdeutsche Verfassung geltende Grundgesetz hatte vor dem Hintergrund der DDR-Geschichte keinen Anlaß, hieran etwas Prinzipielles zu ändern. Hierauf baut die Verfassung auf, welche der Freistaat Thüringen im Oktober 1993 durch seinen Landtag beschlossen hat. Auch sie beruht auf den leidvollen wie guten Erfahrungen der deutschen Geschichte und bedarf lebendiger Ausfüllung in den das Verfassungsleben der Bundesrepublik prägenden Formen.

Hierzu zählt die herausgehobene Bedeutung der Gesetzgebung durch das vom Volk gewählte Parlament.

9. Entgegen der Auffassung der Antragstellerin obliegt den Initiatoren eines verfassungsändernden Volksgesetzgebungsverfahrens allerdings keine gesteigerte Darlegungslast für die verfassungsrechtliche Zulässigkeit der Initiative. Ein solcher Grundsatz findet sich nicht in der Verfassung des Freistaates Thüringen. Auch haben bis zum heutigen Tage weder die Rechtsprechung noch die Lehre ein solches Gebot einer erhöhten Darlegungspflicht als Grundsatz aufgestellt. Allein die kurze Geltungs-dauer einer Verfassung eines jungen Bundeslandes gibt letztlich für diesen Gesichts-punkt nichts her, mag auch der Umstand, daß das Volk die zu ändernde Verfassung erst wenige Jahre vorher mit sehr großer Mehrheit für gut befunden hat, auf verfassungs-politische Gründe gegen eine Verfassungsänderung zum gegenwärtigen Zeitpunkt hindeuten. Grundsätzlich sind alle Verfassungsänderungen in Bezug auf die Ewig-keitsgarantie des Art. 83 Abs. 3 ThürVerf zu sehen. Steht eine solche Zulässigkeit bei einer konkreten Verfassungsänderung in Streit, so ist es Aufgabe des Thüringer Ver-fassungsgerichtshofs, im Rahmen einer nach objektiven Grundsätzen durchzuführenden vorbeugenden abstrakten Normenkontrolle und nach Maßgabe seiner umfassenden materiellen Prüfungspflicht, diese Problemlage aufzulösen.

10. Dieses Ergebnis der umfassenden inhaltlichen Kontrolle des Gesetzentwurfs durch den Verfassungsgerichtshof gilt auch für die mit Blick in die Zukunft an den Gesetzentwurf zu stellende Prognose, ob die mit ihm zu verwirklichende konkrete Ausgestaltung der Verfassung einem der in Art. 83 Abs. 3 ThürVerf genannten Grundsätze entspricht oder ob er in dessen unantastbare Substanz eingreifen kann.

Dabei folgt das Gericht nicht der Auffassung des Beteiligten des Volksbegehrens, die danach unterscheidet, ob durch den Gesetzentwurf ein tragender Grundsatz – vom Beteiligten „Eckpfeiler" bezeichnet – des Art. 83 Abs. 3 ThürVerf im Interesse einer dort nicht aufgeführten Verfassungsentscheidung verändert wird oder ob es um den Ausgleich zwischen zwei oder mehreren Grundsätzen – „Eckpfeilern" – geht, die in Art. 83 Abs. 3 ThürVerf ihren Niederschlag finden. Der Verfassungsgerichtshof kann nicht erkennen, warum das Gericht im ersten Fall zu einer „strikten Kontrolle" befugt sein soll, während es im zweiten Fall einen weiten Gestaltungsspielraum des Volks-gesetzgebers zu akzeptieren habe mit der Folge, daß er die möglichen Folgen der Verfassungsänderung nur dahin prüft, ob sie mit hoher Wahrscheinlichkeit den unan-tastbaren Kern der Landesverfassung verändern werden. Hat der Verfassungsgerichts-hof die Zulässigkeit des Volksbegehrens umfassend zu prüfen, ist es wesentlicher Teil dieser Aufgabe abzuschätzen, wohin die Gesetzesinitiative sich im Rechtsgeltungs-prozeß entwickeln kann. So versteht sich von selbst, daß der Verfassungsgerichtshof eine die Folgen eines Volksbegehrens betreffende Prognoseprärogative des Beteiligten nicht hinnehmen kann, ohne die Prüfungskompetenzen, wie die Landesverfassung sie dem Verfassungsgerichtshof zuweist, in einem Hauptpunkt aufzugeben. Damit befindet der Thüringer Verfassungsgerichtshof sich in Einklang mit dem Bundesverfassungsgericht. Dieses hat die umfassende richterliche Prüfungsbefugnis immer wieder betont und dazu in seinem Beschluß vom 1. 3. 1979 (BVerfGE 50, 290, 332f) ausgeführt:

> „Ungewißheit über die Auswirkung eines Gesetzes in einer ungewissen Zukunft kann nicht die Befugnis des Gesetzgebers ausschließen, ein Gesetz zu erlassen, auch wenn dieses von großer Tragweite ist. Umgekehrt kann Ungewißheit nicht schon als solche ausreichen, einen verfassungsgerichtlicher Kontrolle nicht zugänglichen Prognosespielraum des Gesetzgebers zu begründen. Prognosen enthalten stets ein Wahrscheinlichkeitsurteil, dessen Grundlagen ausgewiesen werden können und müssen; diese sind einer Beurteilung nicht entzogen. Im Einzelnen hängt die Einschätzungsprärogative des Gesetzgebers von Faktoren verschiedener Art ab, im besonderen von der Eigenart des in Rede stehenden Sachbereichs, den Möglichkeiten, sich ein hinreichend sicheres Urteil zu bilden, und der Bedeutung der auf dem Spiel stehenden Rechtsgüter. Demgemäß hat die Rechtsprechung des Bundesverfassungsgerichts, wenn auch im Zusammenhang anderer Fragestellungen, bei der Beurteilung von Prognosen des Gesetzgebers differenzierte Maßstäbe zugrunde gelegt, die von einer Evidenzkontrolle über eine Vertretbarkeitskontrolle bis hin zu einer intensivierten inhaltlichen Kontrolle reichen."

Eine solche Prognose ist nicht von vornherein ausgeschlossen, sie ist möglich, auch wenn sie nur von einem geringen Erfahrungshintergrund her stattfindet, weil der zu ändernde Rechtsbestand erst während eines kurzen Zeitraumes gilt und praktischen Bewährungsproben noch nicht ausgesetzt war. Allerdings hat die Wirkungsprognose die großen Schwankungsbreiten möglicher Entwicklungen zu berücksichtigen und muß in der Ergebnisbewertung auf aus der Verfassung zu entnehmende Vorgaben zurückgreifen. Hierzu gehört, daß die Thüringer Verfassung die Volksgesetzgebung anerkennt, so daß die Prognose in den zu erwartenden Zweifelsfällen dieser Grundtendenz der Verfassung nicht entgegentreten darf.

11. Der streitgegenständliche Gesetzentwurf betrifft offenbar nicht die Verpflichtung des Freistaats, die Menschenwürde zu achten und zu schützen. Gleiches gilt für die dem Freistaat durch Art. 1 ThürVerf auferlegte Verpflichtung zur Achtung der Menschenrechte.

12. Das Volksbegehren berührt auch nicht die Freistaatlichkeit Thüringens.

Mit der Bestimmung des Landes Thüringen als Freistaat (Art. 44 Abs. 1 ThürVerf) wird aus traditionellen Gesichtspunkten heraus unmißverständlich verdeutlicht, daß in diesem Bundesland ein absolutes Monarchieverbot gilt. Das daraus spiegelbildlich folgende republikanische Prinzip, das für die Bundesrepublik Deutschland in Art. 20 Abs. 1 GG niedergelegt ist, und das auch für alle anderen Bundesländer gilt, ist aufgrund der historischen Entwicklungen und Erfahrungen in seiner inhaltlichen Reichweite mit dem Freiheitsbegriff verwoben. Der Begriff Freistaat wurde so in die

Verfassung aufgenommen, um an den im Jahre 1921 als Republik gegründeten Freistaat Thüringen anzuknüpfen. Mit diesem Inhalt ist der Begriff des Freistaats durch die „Ewigkeitsgarantie" des Art. 83 Abs. 3 ThürVerf geschützt. Für eine weitergehende Ausfüllung dieses Begriffs, wie dies die Antragstellerin möchte, ist dagegen kein Raum. Insbesondere ist die Freistaatlichkeit keine Quelle, die staatliches Handeln, das auf das gemeine Wohl ausgerichtet ist, speist. Anhaltspunkte für eine derartige Wertung des Begriffs Freistaat finden sich weder an anderer Stelle der Thüringer Verfassung, noch können sie aus der Entstehungsgeschichte abgeleitet werden. Zwar wird in der Lehre die Auffassung vertreten, aus dem republikanischen Amtsprinzip, d. h. daraus, daß der nur durch Organe handlungsfähige Staat seinen Amtswaltern Hoheitsgewalt überträgt mit der Maßgabe, sie zur Verwirklichung des gemeinen Wohls auszuüben, folge die Verpflichtung aller Amtswalter, sich im Rahmen der ihnen zugewiesenen Aufgaben am Gemeinwohl und nicht an Partikularinteressen zu orientieren (*Huber* Thüringer Staats- und Verwaltungsrecht, S. 66 f; *Gröschner* ThürVBl. 1997, 25 ff). Zwingend ist diese Schlußfolgerung jedoch nicht, insbesondere läßt sie sich nicht exklusiv auf die Freistaatlichkeit Thüringens zurückführen. Denn der Umstand, daß die Gemeinwohlorientierung der Amtswaltung zu den elementaren Grundsätzen des gesamten Bundesstaates zählt, verweist auf die Volkssouveränität als den Kerngrund dieser Verpflichtung. Es läßt sich daher daraus keine besondere Rechtsfolge ableiten, daß Thüringen, sich seiner besonderen Geschichte mit Stolz erinnernd, seine Staatlichkeit im Begriff des Freistaats als freiheitlich-republikanisch namhaft macht.

13.   Das Volksbegehren „Mehr Demokratie in Thüringen" berührt ferner nicht das demokratische Mehrheitsprinzip. Das gilt auch insoweit, als das „Bürgerrechtsstärkungsgesetz" die Zu- und Abstimmungsquoren bei Volksbegehren und Volksentscheiden absenken will. Als Kernelement des Demokratieprinzips schützt Art. 83 Abs. 3 ThürVerf auch das Mehrheitsprinzip, das gewährleisten will, daß nicht der Wille der Minderheit entscheidet (vgl. dazu Art. 44 Abs. 1 S. 2; 45 S. 2 ThürVerf). Dieses Prinzip wird durch die Volksgesetzgebung, wie sie in dem vorliegenden Gesetzentwurf ihren Ausdruck findet, nicht angetastet. Der Grundsatz, daß die Mehrheit entscheidet, weist keinen Bezug zu Quoren auf. Denn diese bilden lediglich den „Sockel" für etwaige Entscheidungen, bei denen dann letztlich aber Mehrheiten gestaltend tätig werden und Minderheiten das Abstimmungsergebnis zu akzeptieren haben.

14.   Verfassungsrechtlich unbedenklich ist der Gesetzentwurf auch insoweit, als in Art. 1 Nr. 1 des Gesetzentwurfs bestimmt wird, daß das für einen Bürgerantrag erforderliche Zustimmungsquorum von ungefähr 120 000 Stimmberechtigten (6 vom Hundert der Stimmberechtigten) auf 25 000 Stimmberechtigte (ca. 1,25 vom Hundert der Stimmberechtigten) vermindert werden soll.

Diese Änderung berührt nicht das Demokratieprinzip iSd Art. 83 Abs. 3 ThürVerf. Denn mit dem Bürgerantrag ist, anders als beim Volksbegehren und beim Volksentscheid, nicht die Ausübung von Staatsgewalt nach Art. 45 S. 1 ThürVerf verbunden.

Der Wortlaut des einschlägigen Art. 68 ThürVerf, der im einzelnen den Bürgerantrag regelt, macht vielmehr deutlich, daß dieser Antrag nicht auf eine Entscheidung durch unmittelbare Demokratie als Wesensmerkmal der Volksgesetzgebung ausgerichtet ist. Vielmehr soll nur das Parlament als das verfassungsgemäße Forum politischer Handlungs- und Gestaltungsinitiativen mit einem bestimmten politischen Thema befaßt werden. Es besteht beim Bürgerantrag für die Unterstützer nur die Möglichkeit, dem Landtag bestimmte „Gegenstände" zur politischen Willensbildung zu unterbreiten, auch wenn zu den „Gegenständen" Gesetzentwürfe gehören können (Art. 68 Abs. 1 S. 2 ThürVerf). Die Entscheidung, ob diese Gesetzentwürfe dann Gesetz werden oder nicht, obliegt dabei dem Parlament. Der Bürgerantrag löst, anders als das Volksbegehren, nicht einen Akt der Volksgesetzgebung aus. Folgerichtig hat der Landtag nur nach den Maßgaben seiner Geschäftsordnung den Bürgerantrag zu behandeln (Art. 68 Abs. 5 ThürVerf iVm § 8 S. 1 ThürBVVG). Damit korrespondiert das Recht der bestellten Vertreter der Unterzeichner eines Bürgerantrags auf Anhörung in einem Ausschuß (Art. 68 Abs. 4 ThürVerf).

Damit ist der Bürgerantrag ein Mittel zur individuellen Einwirkung auf die politische Willensbildung, wobei Art. 68 ThürVerf die Individualmeinung „organisiert", um ihr zusammen mit gleichgerichteten Meinungen höhere Durchschlags- und Überzeugungskraft zu verleihen. Der einzelne Bürgerantragsteller hat daher mit seiner Initiative noch nicht den öffentlichen Rechtsraum betreten, in dem er sich als Element des souveränen Trägers aller Staatsgewalt betätigt, um mit anderen Bürgern die Gesetzgebungsgewalt des Volkes zu verwirklichen. Die Senkung des Zustimmungsquorums beim Bürgerantrag gefährdet nicht die Funktionsfähigkeit des Parlaments, welche im Demokratieprinzip ihren Niederschlag findet und damit letztlich in Art. 83 Abs. 3 ThürVerf verankert ist. Es ist nichts dafür erkennbar, daß der Thüringer Landtag in dem – sehr theoretischen – Fall einer „Inflation" von Bürgeranträgen nicht im Stande wäre, diese Anträge ebenso korrekt zu bearbeiten, wie er dies mit den ihm bisher zugegangenen Petitionen getan hat.

15. Keinen verfassungsrechtlichen Bedenken begegnet der Entwurf schließlich auch hinsichtlich der in ihm enthaltenen Übergangsregelung (Art. 1 Nr. 4), der rein gesetzestechnischen Bestimmung (Art. 1 Nr. 2 Buchst. f) sowie der Festlegung des Inkrafttretens des Gesetzes (Art. 2).

Die mit Art. 1 Nr. 4 vorgeschlagene Übergangsregelung für die im Zeitpunkt des Inkrafttretens des vorgeschlagenen Gesetzes begonnenen Verfahren zu Bürgeranträgen und Volksbegehren ist hinreichend bestimmt und abstimmungsfähig. Auch ist das „Gesetz zur Änderung der Verfassung des Freistaates Thüringen" in seinem Klammerzusatz „Gesetz zur Stärkung der Rechte der Bürger" hinreichend konkretisiert, um es auch von künftigen Gesetzen zur Änderung der Thüringer Verfassung abzugrenzen. Der Beginn der Sammlung der Unterschriften für einen Bürgerantrag gem. Art. 105b Abs. 1 ThürVerf n. F. ist unter Heranziehung des § 4 Abs. 3 S. 1 2. HS. ThürBVVG, nach dem der Beginn der Unterzeichnungsfrist von vier Monaten beim Präsidenten des Landtags anzuzeigen ist, bestimmbar. Gleiches gilt für den Zeitpunkt, zu dem der „Antrag auf Zulassung des Volksbegehrens" eingereicht wird (vgl. Art. 105b Abs. 2 S. 1 ThürVerf n. F.). Dabei wird auf der Grundlage des § 11 Abs. 1 S. 1 ThürBVVG der Zeitpunkt des Einganges des Antrages zu bestimmen sein. Auch ist nach Art. 105b Abs. 2 S. 2 des Entwurfes klar, welche Rechtslage jeweils gelten soll. Nicht unbedenklich ist, daß der Präsident bzw. die Präsidentin des Landtags es in der Hand hätte, das anzuwendende Recht dadurch zu bestimmen, daß er/sie das beschlossene Volksgesetz in der durch Art. 85 Abs. 2 ThürVerf bestimmten Frist verkünden läßt, die von § 13 ThürBVVG geforderte Veröffentlichung des Antrags, ein neues Volksbegehren durchzuführen, jedoch zurückstellt. Da es sich hierbei aber um eine Ausnahmesituation im Zusammenhang mit dem vorliegenden Volksbegehren handelt, die so nicht wiederkehrt, und den Initiatoren dieses Risiko bewußt sein dürfte, ist die in Art. 105b Abs. 2 S. 2 vorgesehene Regelung hinzunehmen. Ferner sind die Geltungszeitpunkte so gewählt, daß keine unzulässigen Rückwirkungen, die gegebenenfalls mit dem Rechtsstaatsprinzip kollidieren könnten, entstehen.

Art. 2 des Entwurfs schließlich ist mit Art. 85 Abs. 2 ThürVerf vereinbar. Eine Berührung der in Art. 83 Abs. 3 ThürVerf geschützten Grundsätze scheidet schon aus diesem Grund aus.

16. Das Volksbegehren „Mehr Demokratie" berührt jedoch das in Art. 44 Abs. 1 ThürVerf verankerte Demokratieprinzip und die diesen Grundsatz prägende, in Art. 45 ThürVerf aufgenommene Volkssouveränität.

a) Die Initiatoren eines Volksbegehrens sind nicht „das Volk".

Als „Volk" ist nur das Staatsvolk zu verstehen, das aus den Menschen gebildet wird, denen die Verfassung des Freistaats den Rechte- und Pflichtenstatus eines Landesbürgers zuerkennt (vgl. Art. 104 ThürVerf). Die Gesamtheit der Staatsbürger des Bundesstaates insgesamt wie jedes seiner Teilstaaten ist das Volk im vorbeschriebenen Sinne. Das so verstandene „Volk" ist im Freistaat als einer republikanisch verfaßten Demokratie der Ausgangs- und der Bezugspunkt jeder demokratischen Legitimation.

Der einzelne Bürger ist kleinstes Element des Staatsvolkes, ohne damit „das Volk" zu sein. Daran ändert der Zusammenschluß zu einer Gruppe auch dann nichts, wenn er die Teilnahme an politischen Gestaltungsentscheidungen bezweckt und wenn er darin besondere rechtliche Anerkennung erfährt. Eine so handelnde politische Kraft – sei es innerhalb oder außerhalb einer politischen Partei – repräsentiert aus sich heraus noch nicht das Volk. Dies gilt auch für den Verein „Mehr Demokratie", Landesbüro Thüringen.

Auch der Personenkreis, der ein konkretes Gesetzgebungsvorhaben durch formelle Zustimmung befürwortet und so eine Gesetzesinitiative zum Volksbegehren erhebt, handelt nicht repräsentativ für „das Volk" als Träger aller Staatsgewalt. Zwar folgt daraus, daß die Verfassung die Volksgesetzgebung zuläßt, die Notwendigkeit, die

Gesetzesinitiative außerhalb des Parlaments „im Volk" zu etablieren. Daher verleiht die Verfassung der Gruppe der Gesetzesinitiatoren als den Trägern eines Volksbegehrens einen besonderen Status. Dieser korrespondiert zwar mit den politischen Individualrechten des Bürgers (dem sog. status activus), indem er die Grundlage der Eigenschaft ist, Gesetzesinitiator zu sein. Die aktive Teilnahme am Volksgesetzgebungsverfahren wird jedoch geprägt durch das Ziel des Bürgerengagements: den Gesetzesbeschluß. Die Teilnahme am Volksbegehren ist mithin Teil eines Gesetzgebungsverfahrens. Die dieser Gruppe angehörenden Aktivbürger haben also eine weitergehende Kompetenz, die das positive Recht ihnen gewährt und dabei sogleich inhaltlich begrenzt. Außerdem verleiht es der Gesamtheit der Träger eines Volksbegehrens eine Funktion im Verfassungsleben und bezieht sie in einem gewissen Umfang in die Organisation des Staates ein.

Erfordern Ablauf und Funktionalität des Volksgesetzgebungsverfahrens, den Gesetzesinitiatoren einen besonderen verfassungsrechtlichen Status zuzuerkennen, so vermittelt dieser Status noch keine Repräsentation für die Gesamtheit des Staatsvolkes. Auch wenn die Gesetzesinitiative ein bestimmender Teil des Gesetzgebungsverfahrens ist, verlautbart sich in ihr doch partikulares Interesse. Diese Partikularität verhindert, weil sie ihre Anerkennung als gemeinwohlfördernd im erfolgreichen Volksentscheid erst erstrebt, die Träger eines Volksbegehrens als Repräsentanten des Gesamtvolkes zu behandeln.

Dieser Auffassung des Verfassungsgerichtshofs, die mit der Rechtsprechung des Bundesverfassungsgerichts in Einklang steht (BVerfGE 96, 231, 240), liegt die Erkenntnis zugrunde, daß es auch bei Formen der direkten Demokratie, d. h. der Volksgesetzgebung, nicht um die Verwirklichung eines einheitlichen und homogenen Volkswillens geht, sondern daß ein Willensbildungsprozeß stattfindet in der Formulierung des Gesetzentwurfs, im Antrag auf Zulassung des Volksbegehrens, in dessen Durchführung und Unterstützung durch eine Gruppe, die sich aus Initiatoren und Unterstützern zusammensetzt sowie dann, wenn im Volksentscheid „das Volk" das Volksbegehren beurteilt.

b) Sind die Träger eines Volksbegehrens nicht Repräsentanten des Volkes, bringen sie mit der Gesetzgebungsinitiative doch Staatsgewalt zur Geltung. Es liegt auf der Hand, daß spätestens von dem Zeitpunkt an, in dem die formalen Antragsvoraussetzungen erfüllt sind und das Volksbegehren in Gang kommt, ein verfassungsmäßiger Prozeß mit dem Ziel der Veränderung des geltenden Rechts beginnt und im Gesetzesbeschluß des Volksentscheides endet. Ein solcher Prozeß gehört, will er nicht revolutionär sein, notwendig zum Staatshandeln, denn der Gedanke der ausschließlichen Zuweisung der Gesetzgebungskompetenz zum Staat trägt den demokratischen Rechtsstaat.

c) Üben die Träger eines Volksbegehrens Staatsgewalt aus, ohne das Staatsvolk zu repräsentieren, dann steht dies mit dem gem. Art. 83 Abs. 3 ThürVerf unveränderbaren Demokratieprinzip wie mit dem gleichfalls unveränderbaren Grundsatz der

Volkssouveränität nur dann in Einklang, wenn den Gesetzgebungsinitiatoren und – unterstützern ein besonderer, ihr Vorhaben legitimierender Sachverhalt, zur Seite steht. Dieser Legitimationssachverhalt ist nicht, wie der Beteiligte meint, auf die Einleitungsformalitäten des Volksbegehrens beschränkt. Denn Staatsgewalt wird weniger im *Verfahren* des Volksbegehrens als in dessen *Ergebnis* zur Geltung gebracht, sei es, daß der Landtag die Initiative als Gesetz beschließt, sei es, daß das Volk über sie abstimmt. Daher bedarf gerade dieser Teil des Volksgesetzgebungsverfahrens der – materiellen – Legitimation.

Diese materielle Legitimation schafft den Zusammenhang zwischen dem im Volksbegehren sich äußernden partikularen Interesse der Gesetzesinitiatoren und der Gemeinwohlorientiertheit der Ausübung von Staatsgewalt. Legitimierende Kraft haben mithin solche Sachverhalte, welche ein hinreichend zuverlässiger Indikator dafür sind, daß das Volksbegehren ein Anliegen verfolgt, welches über das Partikulare hinaus den allgemeinen Belangen dient. Maßgeblich sind dabei nicht Einzelheiten des Legitimationssachverhalts für sich genommen; entscheidend ist vielmehr die Gesamtbeurteilung als Resultat einer Gesamtbetrachtung aller in diesem Sinn legitimierenden Elemente.

Daß die Thüringer Verfassung Volksgesetzgebung ausdrücklich zuläßt und damit die Volksentscheide funktionell legitimiert (zu den verschiedenen Legitimationsarten vgl. *Böckenförde* Handbuch des Staatsrechts Bd. 1, Rn. 23 zu § 32 mwN) und daß auf diesem Weg auch die Landesverfassung geändert werden kann, ist bereits ausgeführt. Damit ist indes nichts über die Beschaffenheit eines legitimierenden Sachverhalts gesagt. Materieller Legitimation bedürfen die als Gesetzesinitiatoren handelnden Personen; sie wird diesem Personenkreis vermittelt durch die Zustimmungsfähigkeit des sachlich-inhaltlichen Programms des konkreten Gesetzentwurfs. Denn dieses zielt auf das Volk als den über Annahme oder Ablehnung des Volksentscheids beschließenden Stimmkörper. Aus dieser Ausrichtung des Volksbegehrens auf „das Volk" und aus der mutmaßlichen Akzeptanz des initiierten Gesetzgebungsinhalts formt sich der Legitimationssachverhalt für ein Volksbegehren in den sogenannten Unterstützungsquoren sowie in dem ihrem Zustandekommen vorausgehenden Verfahren. Entscheidend ist dabei nicht die einzelne Legitimationsmodalität, es kommt vielmehr auf das Legitimationsniveau an, das sich aus allen Elementen des Legitimationssachverhaltes zusammensetzt.

d) Art. 1 Nr. 2 Buchst. c des Volksbegehrens „Mehr Demokratie", der Art. 82 Abs. 3 der ThürVerf dergestalt ändern will, daß das Unterstützungsquorum für ein Volksbegehren von 14 vom Hundert auf 5 vom Hundert zu senken ist, führt im Kontext mit der zugleich beabsichtigten Ausdehnung der Sammelfrist von 4 auf 6 Monate bei unverändertem Sammelverfahren dazu, daß die mit dem Quorum verbundene Legitimationsfunktion nicht mehr gewährleistet ist. Dieser Eingriff in das Demokratieprinzip wird dadurch bestätigt und verstärkt, daß zum einen das Antragsquorum für ein Volksbegehren nunmehr mit Verfassungsrang ausgestaltet und der Disposition des einfachen Gesetzgebers entzogen werden soll (vgl. Art. 1 Nr. 2 Buchst. 2 des Gesetzentwurfs); und daß zum anderen für nichtverfassungsändernde Gesetze das Zustimmungsquorum beim Volksentscheid entfallen soll (vgl. Art. 1 Nr. 2 Buchst. d des Gesetzentwurfs).

Bereits im Landesvergleich würde Thüringen nach Inkrafttreten des mit dem Volksbegehren „Mehr Demokratie" initiierten Bürgerrechtsstärkungsgesetzes zu den Ländern zählen, die eine verhältnismäßig niedrige Zustimmungszahl ausreichen lassen. Während die überwiegende Zahl der Bundesländer einem Zustimmungsquorum von 10 Prozent der Stimmberechtigten legitimierende Wertung zuerkannt haben, haben nur noch Brandenburg und Schleswig-Holstein die Schwelle für das Zustandekommen eines Volksbegehrens auf einen ähnlich niedrigen Wert abgesenkt. Wie dieser Befund, daß außerhalb Thüringens Zustimmungsquoren im 5-Prozent-Bereich legitimierende Wirkung zuerkannt wird, verfassungsrechtlich zu beurteilen ist, kann offenbleiben, weil in dem hier zu entscheidenden Fall das notwendige Legitimationsniveau deswegen unterschritten ist, weil auch im übrigen der Gesetzentwurf legitimierende Elemente abschwächt oder beseitigt.

Die Zulässigkeit eines auf 5 vom Hundert der Stimmberechtigten abgesenkten Unterstützungsquorums folgt auch nicht aus der Heranziehung des Art. 49 Abs. 2 ThürVerf, der bei Landtagswahlen für die Zuteilung von Landtagssitzen an eine politische Gruppierung einen Mindestanteil von 5 vom Hundert der im Land für alle Wahlvorschlagslisten abgegebenen gültigen Stimmen als erforderlich ansieht.

Mag es auf den ersten Blick keinen gravierenden Unterschied machen, die 5-Prozent-Bezugsgröße statt auf das Zustimmungsquorum zu einem Volksbegehren auf das Landtagsmandat und die damit verbundene Möglichkeit zur Gesetzgebungsinitiative anzuwenden, so sprechen gegen eine solche vordergründig gleiche Ausgangslage zwei gravierende Unterschiede. So begründet die Wahl durch das Volk für den Mandatsträger einen besonderen verfassungsrechtlichen Status, der nach Maßgabe des Parlamentsrechts (vgl. §§ 8 Abs. 1; 51 Abs. 3 der Geschäftsordnung des Thüringer Landtags) die Befugnis zur Gesetzgebungsinitiative einschließt, ohne daß der Abgeordnete hierzu einer weiteren, zusätzlichen Legitimation bedürfte.

Im übrigen kann Art. 49 Abs. 2 ThürVerf deswegen nicht zur abschließenden Klärung des Legitimationsnachweises herangezogen werden, weil sich der parlamentarische Weg einer Gesetzesinitiative grundlegend unterscheidet von dem Weg, den die Initiatoren eines Volksbegehrens bis zum Volksentscheid zurücklegen müssen. Sämtliche Entschließungen und Entscheidungen des Parlaments unterliegen dem Mehrheitsprinzip; dieses ist im demokratisch verfaßten Gemeinwesen der zentrale Machtzuweisungsfaktor, weil in ihm die durch das Wahlergebnis vermittelte Legitimation zu politischer Gestaltung zur Geltung kommt. Das gilt auch für Gesetzesinitiativen. Die Gesetzesinitiative einer parlamentarischen Gruppe, die die Fünf-Prozent-Hürde des Art. 49 Abs. 2 ThürVerf per Wahlen knapp genommen hat, kann daher für den Fall, daß sie unzweckmäßig oder nicht ausreichend am Gemeinwohl ausgerichtet ist oder aus sonstigen Gründen umstritten ist, durch die Parlamentsmehrheit, die einen gewichtigen und nachhaltigen Rückbezug zum Volk hat, nach den durch die Geschäftsordnung des Landtages geregelten Prüfungs- und Abstimmungsmechanismen in ihren Auswirkungen verändert oder gar angehalten werden.

Diese Filterfunktion besteht bei der Volksgesetzgebung nicht. Hier kommt das Mehrheitsprinzip erst am Ende des Gesetzgebungsverfahrens beim Volksentscheid zum Zuge. Die Korrekturmöglichkeiten beschränken sich im Stadium der Gesetzgebungsinitiative darauf, daß der Landtag einen Alternativentwurf zur Abstimmung stellen kann, während es ihm untersagt ist, aus seiner Sicht politisch fragwürdige, durch ein zulässiges Volksbegehren getragene Gesetzesentwürfe vor der Abstimmung durch den Volksentscheid anzuhalten. Dem kann auch nicht entgegen gehalten werden, die mit dem Volksbegehren verbundene politische Auseinandersetzung im Volk werde schon zur Gemeinwohlverträglichkeit eines Gesetzesentwurfs beitragen, problematische Partikularinteressen, wenn sie denn die Hürde der Zulassung des Volksbegehrens meisterten, würden von der Mehrheit spätestens bei der Abstimmung im Rahmen eines Volksentscheids zurückgewiesen. Der Hinweis auf diese Möglichkeit verkennt den Kern der Problematik, denn es geht nicht um den Einsatzbereich des Mehrheitsprinzips, sondern darum, welcher Sachverhalt eine Initiative zur Volksgesetzgebung als ausreichend gemeinwohlorientiert bestätigt und um eine strukturelle Sicherung gegen Initiativen, deren Programm diesen Erfordernissen nicht genügt. Denn Volksgesetzgebung kann auch von einer Stimmung getragen werden, die nicht immer auf wohlüberlegtem Handeln beruht.

e) Liegt das durch das Bürgerrechtsstärkungsgesetz vorgesehene Unterstützungsquorum allenfalls am unteren Rand des für die Feststellung der Gemeinwohlorientierung eines Gesetzgebungsprogramms Geeigneten, so ergibt die einer Gesamtbetrachtung folgende Gesamtbeurteilung des Zustandekommens des Unterstützungsquorums die Feststellung, daß im Falle einer dem Art. 1 Nr. 2 Buchst. c entsprechend geänderten Verfassung in Thüringen Volksgesetzgebung auf der Grundlage nicht ausreichend demokratisch legitimierter Gesetzesinitiativen stattfinden würde. Kann die Fünf-Prozent-Klausel bei Wahlen zum Thüringer Landtag für Volksbegehren als vergleichbares Kriterium nicht herangezogen werden, so steht eine solche Reduzierung des Unterstützungsquorums mit der Verfassung auch deshalb nicht in Einklang, weil in Thüringen weitere erleichternde Umstände hinzukommen, die dazu führen, bei einer Gesamtschau das Legitimationsniveau unterhalb des Zulässigen anzusiedeln.

Die im Gesetzentwurf erweiterte Sammlungsfrist von vier auf nunmehr sechs Monate stimmt zwar mit derjenigen von Schleswig-Holstein bei gleich hohen Unterstützungsquoren überein, während im Bundesland Brandenburg mit einem ähnlich niedrigen Quorum eine Sammlungsfrist von lediglich vier Monaten vorgeschrieben ist. Nicht mehr entspricht dagegen das in Thüringen vorgesehene Verfahren dem in den

Vergleichsländern bei niedrigem Quorum und langer Sammlungsfrist geltenden Modus bei der Stimmabgabe. Während in Thüringen auch künftig das System der freien Stimmensammlung, die an jedem denkbaren Ort möglich ist, gelten soll, ist dies in den beiden anderen Bundesländern mit vergleichbar niedrigen Zustimmungsquoren nicht der Fall. Sowohl in Brandenburg als auch in Schleswig-Holstein wird die Sammlung amtlich durchgeführt. Der Bürger, der seine Unterstützung zum Volksbegehren dokumentieren möchte, muß sich zu einer Behörde begeben, dort während der Dienstzeit durch Vorlage seines Personalausweises seine Identität nachweisen, um sich dann gegebenenfalls nach Überprüfung seiner Daten – auch nach melderechtlichen Gesichtspunkten – in die Unterstützungsbögen eintragen zu können.

Dieses Verfahren verstärkt in dem Umfang, in dem es die Zustimmungsniederlegung erschwert, die Glaubwürdigkeit und Überzeugungskraft dieser Erklärung und damit auch deren legitimationsvermittelnde Eignung. Es macht nämlich einen erheblichen Unterschied aus, ob ein auf der Straße, im privaten Kreis oder bei anderer Gelegenheit von einem Betreiber des Volksbegehrens angesprochener Bürger seine Unterschrift an Ort und Stelle sofort ohne besonderen Aufwand leistet oder ob er den beschwerlichen Weg auf sich nehmen muß, um in einer Amtsstube mit den erwähnten zusätzlichen Anforderungen seine Überzeugung von der Unterstützungswürdigkeit des Volksbegehrens per Unterschrift zu dokumentieren.

Das Verfahren der freien Stimmabgabe erzeugt auch deswegen in seiner Hinweiskraft auf den wirklichen Unterstützungswillen zweifelhafte Erklärungen, weil, wie der Bayerische Verfassungsgerichtshof überzeugend ausführt (BayVerfGH, BayVBl. 2000, 401), die Möglichkeit der Unterschriftensammlung an beliebigem Ort die Abstimmungsfreiheit der Bürger beeinträchtigen kann (zu weiteren Fällen von nachgewiesenen Mißbrauchsmöglichkeiten: vgl. *Heußner* Volksgesetzgebung in den USA und in Deutschland, 1994, S. 257ff, 274ff). So kann ein stimmberechtigter Bürger auf der Straße, bei öffentlichen Veranstaltungen oder im privaten Bereich zur Unterstützung des jeweiligen Volksbegehrens angesprochen und zur Dokumentierung seiner Unterstützung durch Unterschriftsleistung aufgefordert werden, ohne daß ihm möglicherweise im einzelnen der Inhalt und der Sinn des Gesetzentwurfs verständlich erläutert wird. Er kann auch – insbesondere durch Dritte, die dem Volksbegehren gegenüber positiv eingestellt sind und die mit dem Angesprochenen mehr oder weniger eng verbunden sind – zur Unterschriftsleistung gedrängt werden. Es besteht dann zweifellos die Gefahr, daß er nicht ohne Zwang, ohne Druck oder sonstige unzulässige Beeinflussung, möglicherweise auch unüberlegt, seine Unterschrift leistet und nicht, wie es an sich geboten ist, mit den notwendigen Erkenntnissen aus freien Stücken seine Unterstützung mit seiner Unterschrift bekräftigt.

f) Die Legitimationskraft des für Thüringen vorgesehenen Unterstützungsquorums wird ferner dadurch gemindert, daß für den Volksentscheid von jeglichem Zustimmungsquorum abgesehen werden soll (Art. 1 Nr. 2 Buchst. d des Gesetzentwurfs). Bisher ist es nach Art. 82 Abs. 6 S. 2 2. HS. ThürVerf erforderlich, daß ein Drittel der Stimmberechtigten zur Abstimmung gehen muß, um bei einem Volksentscheid überhaupt erst die Möglichkeit zu schaffen, ein Volksgesetz durch Mehrheitsentscheid wirksam werden zu lassen. Die Aussagekraft eines solchen Zustimmungsquorums für das Bürgerinteresse an dem konkreten Volksgesetzgebungsvorhaben und für die durch diese Abstimmungsteilnahme vermittelte, rückwirkende Legitimation der Gesetzgebungsinitiative liegt auf der Hand. Auf sie legen die von den Mitgliedern des Vereins für „Mehr Demokratie" in Thüringen herangezogenen Vergleichsländer Brandenburg und Schleswig-Holstein Wert. Dort bedarf es beim Volksentscheid jeweils eines solchen Zustimmungsquorums von 25 vom Hundert der Stimmberechtigten, um überhaupt eine Mehrheitsentscheidung Wirklichkeit werden zu lassen. In den Bundesländern, die auf Zustimmungsquoren beim Volksentscheid verzichten, wie Bayern, Hessen, Nordrhein-Westfalen und Sachsen, sind in der jeweiligen Landesverfassung erheblich höhere Unterstützungsquoren bei vorangehenden Volksbegehren verankert, und zwar in Bayern 10 vom Hundert, in Hessen 20 vom Hundert, in Nordrhein-Westfalen 20 vom Hundert und in Sachsen ungefähr 12 vom Hundert. Erschwerend kommt in Bayern, Hessen und Nordrhein-Westfalen noch hinzu, daß die amtliche Sammlungsfrist nur 14 Tage beträgt.

Ein niedriges Unterstützungsquorum, in ihrer Glaubhaftigkeit durch das Verfahren der freien Stimmabgabe beeinträchtigte Zustimmungserklärungen und der Wegfall eines Zustimmungsquorums beim Volksentscheid ergeben insgesamt einen Sachverhalt, der als Indikator dafür, daß ein Volksbegehren das Gemeinwohl fördern will, keine ausreichende Aussagekraft hat. Art. 1 Nr. 2 Buchst. c des Gesetzentwurfs würde unzulänglich legitimierte Gesetzgebungsinitiativen gestatten. Dies ist unvereinbar mit dem Demokratieprinzip und mit dem Grundsatz der Volkssouveränität.

17. Das durch Art. 83 Abs. 3 ThürVerf einer Änderung entzogene Demokratieprinzip der Landesverfassung wird auch dadurch in verfassungswidriger Weise berührt, daß der Gesetzentwurf in Art. 1 Nr. 2 Buchst. d die Zustimmungsquoren für Volksentscheide verändert.

a) Der Volksentscheid bedarf als das Votum des zur Abstimmung über ein Volksbegehren gerufenen Staatsvolks keiner besonderen Legitimation.

Auf die entscheidende Phase der Volksgesetzgebung, die durch den Volksentscheid geprägt ist, sind daher die Grundsätze, die für das Legitimationsniveau beim Volksbegehren entwickelt wurden, nicht ohne weiteres übertragbar. Im Stadium der Abstimmung über ein Volksgesetz im Rahmen des Volksentscheids handelt das Volk als Souverän und übt wie bei sonstigen allgemeinen Wahlen Staatsgewalt aus. Hier wird von Gesetzes wegen unmittelbare Legitimation hergestellt, die einer Interpretation an sich nicht zugänglich ist. Dennoch muß auch für den Volksentscheid sichergestellt sein, daß ein das Volksbegehren bestätigendes Ergebnis dem Willensbild „des Volkes" jedenfalls nicht widerspricht. Da auch unvermittelt auf das Volk zurückgeführte

Gestaltungsentscheidungen des direkt-demokratischen Meinungsbildungsprozesses Verlautbarungen „des Volkes" insgesamt sind, bedarf auch der Volksentscheid eines Sachverhalts, der seine Rückbeziehung zum Volkswillen indiziert. Dementsprechend fordern das Demokratieprinzip wie der Grundsatz der Volkssouveränität rechtliche Formen zur Abwehr der Gefahr, daß eine nur verhältnismäßig geringe Zahl von Stimmberechtigten Gesetze schaffen oder Neuerungen in ein bestehendes Gesetz aufnehmen kann. Eine derartige Sicherung enthält Art. 82 Abs. 6 S. 2 2. HS. ThürVerf; denn im geltenden Verfassungsrecht muß ein Drittel der Stimmberechtigten dem Volksbegehren zustimmen, um einen von der Mehrheit der Abstimmenden befürworteten Volksentscheid zum Erfolg zu verhelfen.

b) Es bedarf aber auch rechtlicher Regulierungen, um die im Demokratieprinzip, so wie es von Art. 45 S. 2 ThürVerf übernommen und durch Art. 83 Abs. 3 ThürVerf für unabänderlich erklärt ist, angelegte Prävalenz der parlamentarischen Gesetzgebung vor der Volksgesetzgebung institutionell abzusichern.

Dieser Vorrang erschließt sich zwar nicht ohne weiteres aus dem Wortlaut des Art. 45 S. 2 ThürVerf. Er ergibt sich jedoch aus Sinn und Zweck der Verfassungsnormen. Wenngleich Art. 45 S. 2 ThürVerf die beiden Verwirklichungsformen der Volkssouveränität, die durch Art. 83 Abs. 3 ThürVerf ausdrücklich gewährleistet werden, nebeneinander aufführt, fällt auf, daß in Art. 45 S. 2 ThürVerf die „Wahlen" (zum Parlament) vor den beiden Abschnitten der Volksgesetzgebung, nämlich Volksbegehren und Volksentscheid, entgegen der an sich angezeigten alphabetischen Reihenfolge aufgezählt sind. Diese Reihenfolge ist bewußt gewählt. Sie soll eine inhaltlichwertende Ordnung zum Ausdruck bringen. Das zeigt auch ein Blick in die Gesetzgebungsgeschichte der Thüringer Verfassung. Die an der Verfassungsgesetzgebung Beteiligten gingen von dem Vorrang der indirekten, parlamentarischen Gesetzgebung und dem damit verbundenen Nachrang der direkten Volksgesetzgebung, aus. Vor allem Art. 81 ThürVerf, der in Abs. 1 das Gesetzinitiativrecht und in Abs. 2 das Gesetzgebungsrecht beinhaltet, wurde mit diesem Rangverhältnis begründet. Auch hier wurde bewußt der Träger mittelbarer Staatsgewalt, der Landtag, vor den Trägern der unmittelbaren Staatsgewalt, dem Volksgesetzgeber, im Verfassungstext aufgeführt (vgl. Wortprotokoll der 10. Sitzung des Verfassungsausschusses S. 128, 132; 20. Sitzung S. 43 ff).

Auch der Zusammenhang dieser Vorschrift mit Art. 45 S. 3 und mit Art. 45 S. 1 und 2 ThürVerf macht im Wege der systematischen Auslegung deutlich, daß das Volk in erster Linie mittelbar durch die verfassungsmäßig bestellten Organe in der Gesetzgebung, der vollziehenden Gewalt und der Rechtsprechung handelt. Diese Auffassung wird dadurch untermauert, daß für den Bereich der Gesetzgebung die Thüringer Verfassung in Art. 48 Abs. 1 postuliert, daß der Landtag das vom Volk gewählte oberste Organ der demokratischen Willensbildung ist. Dieser Prävalenz des parlamentarischen Gesetzgebungsverfahrens trägt schließlich das Gesamtbild der Verfassung Rechnung, welche, auch Bezug nehmend auf das rechtsstaatliche Prinzip des Vorrangs des Gesetzes, die Gesetzgebungskompetenz einem jederzeit und umfassend handlungsfähigen Gesetzgebungsorgan anvertraut. Einer solchen Anforderung vermag das gewählte Parlament, nicht aber das Volk zu entsprechen; dessen Gesetzgebungsbefugnis hat eine eher ergänzende, das Parlament punktuell stimulierende Funktion.

Den Verfassungsgerichtshof haben hierzu die Erwägungen des Bayerischen Verfassungsgerichtshofs überzeugt, der zum Verhältnis von Parlaments- und Volksgesetzgebung ausgeführt hat (vgl. BayVBl. 2000, 397, 398):

> „Demokratie bedeutet nicht, daß jegliches staatliche Handeln unmittelbar vom Volk selbst vorzunehmen ist. Eine derartige ‚absolute' unmittelbare Demokratie wäre bei den realen Gegebenheiten staatlichen Lebens, besonders der Bevölkerungszahl, der Pluralität der Gesellschaft, der Vielzahl und Komplexität wie Häufigkeit der notwendigen Verwaltungs- und Gesetzgebungsentscheidungen nicht zu verwirklichen. Dazu kommen weitere Schwierigkeiten, die einer unmittelbaren Bekundung des Volkswillens entgegenstehen: Das Verfahren der Volksbeteiligung ist aufwendig und teuer; es bringt für den Bürger grundsätzlich die Last mit sich, sich über die Inhalte etwaiger Volksbegehren sachkundig machen zu müssen und zur Abstimmung zu gehen. Hinzu kommt, daß das Volk als solches nicht organisiert ist; es ist deshalb bei der Auswahl von Themen und bei der Formulierung des Inhalts des Volkswillens notwendigerweise von einzelnen Personen oder kleinen Gruppen abhängig; dies steht im Gegensatz dazu, daß unter dem Volk im Sinne der Verfassung nicht Minderheiten, kleine Gruppen oder gar einzelne Personen verstanden werden können … Die Verfassung geht – schon aus Gründen der praktischen Durchführbarkeit – davon aus, daß plebiszitäre Willensbekundungen nur aus konkreten, einzelnen Anlässen eingeleitet werden, sie also eine Ergänzung des repräsentativen Systems sind. Plebiszite können außerdem ihrer Natur nach nur auf punktuelle Entscheidungen ausgerichtet sein, über die mit Ja oder Nein abgestimmt werden kann. Nach dem Grundgedanken der Verfassung kann daher das Volk nicht in größerem Umfange an die Stelle der kontinuierlich arbeitenden Repräsentativorgane treten."

An der Richtigkeit dieser Auffassung ändert sich auch deshalb nichts, weil das demokratische Prinzip von der Teilnahme und Teilhabe des einzelnen an der Staatsgewalt getragen ist. Diesem Postulat kann auch der Abbau von Hürden zur Volksgesetzgebung entsprechen, wenngleich dieser keinesfalls der einzige Weg ist, das Bürgerengagement für die res publica zu fördern. Daß das Demokratieprinzip zur Zulassung der Volksgesetzgebung zwinge, läßt sich nach einem Blick auf das Grundgesetz als Verfassungsrechtssatz nicht begründen. Jedenfalls kann es die dargelegte Prävalenz des Parlamentsgesetzes nicht widerlegen. Vielmehr führt die Abwägung des Für und Wider für das Gesamtwohl eines demokratischen Staates zu dem Ergebnis, daß der parlamentarischen Gesetzgebung vor der Volksgesetzgebung der Vorrang gebührt nach Maßgabe der verfassungsrechtlichen Vorgaben, die unser Gemeinwesen prägen. Dies räumen letztlich auch die Befürworter des Gesetzentwurfes ein, indem sie weiter vortragen, daß aus der Sicht des Grundgesetzes keine unbeschränkte Verbesserung der

Bedingungen für die Volksgesetzgebung erwartet werden könne und insoweit aus dem Homogenitätsprinzip des Art. 28 Abs. 1 S. 1 GG ein verpflichtender Vorrang der repräsentativen Demokratie, deren Kernelement die parlamentarische Gesetzgebung darstellt, abgeleitet werden müsse.

c) Art. 1 Nr. 2 Buchst. d des Entwurfs eines Bürgerrechtsstärkungsgesetzes trägt, indem er das Zustimmungsquorum bei Volksentscheiden abschaffen will, dem vorbeschriebenen Vorrang der vom Landtag zu beschließenden Gesetze nicht ausreichend Rechnung.

Der Vorrang der parlamentarischen Gesetzgebung wird durch die Volksgesetzgebung nicht in Frage gestellt, wenn auf der Grundlage einer Gesamtschau durch ausreichend hohe Anforderungen entweder zu Beginn oder am Ende dieser Art von Gesetzgebungsverfahren durch Rechtsnormen gewährleistet wird, daß die Gesetzgebungskompetenz im Regelfall beim parlamentarischen Gesetzgeber verbleibt.

Dieses Regel-Ausnahmeverhältnis wird in seinen verfassungsrechtlichen Ausgestaltungen nicht durch inhaltliche Vorgaben und daran anknüpfende Kompetenzzuweisungen gesteuert. Es ergibt sich vielmehr mittelbar aus dem Verfahren der Volksgesetzgebung. Führt einerseits die Notwendigkeit, für Volksbegehren aussagekräftige Legitimationssachverhalte zu normieren bzw. für den Volksentscheid die Rückbeziehung auf den Willen des Volkes zu statuieren, dazu, daß das Volksgesetzgebungsverfahren schwerfälliger und aufwendiger ist als die parlamentarische Gesetzgebung, so ist es andererseits dieser verlangsamte Verfahrensgang, welcher der Prävalenz des Parlamentsgesetzes Rechnung trägt, sie herstellt und sichert.

Dieses verfassungsrechtlich gebotene Steuerungsmodell kann in verschiedener Weise verwirklicht sein. Die notwendigen verfahrensrechtlichen Sicherungen können darin bestehen, daß für die Initiativ- und die Abstimmungsphase ausreichend hohe Antrags- und Teilnahmequoren bestehen müssen, und daß dann, wenn diese Hürden erfolgreich genommen sind und das Volksbegehren zustandegekommen ist, im Rahmen des Volksentscheides auf Zustimmungsquoren verzichtet werden kann. Dieses „klassische Modell", das sein Vorbild in der Weimarer Reichsverfassung hat, wird u. a. in den Bundesländern Bayern, Hessen, Nordrhein-Westfalen und Sachsen bevorzugt. So fordert Bayern 25 000 Unterstützer des Antrags auf Durchführung des Volksbegehrens sowie Unterstützungsunterschriften von 10 Prozent der Stimmberechtigten, die innerhalb von 14 Tagen bei amtlicher Sammlung zu erlangen sind. Hessen sieht vor, daß 3 Prozent der Stimmberechtigten (ca. 130 000 Unterschriften) als Unterstützung des Antrags auf Durchführung des Volksbegehrens vorliegen und daß von 20 Prozent der Stimmberechtigten Unterstützungsunterschriften innerhalb von 14 Tagen bei amtlicher Sammlung erreicht werden müssen. In Nordrhein-Westfalen müssen 3 000 Stimmberechtigte mit ihrer Unterschrift den Antrag auf Zulassung des Volksbegehrens unterstützen – eine sicherlich geringe Zahl an Stimmbürgern –; sodann müssen aber 20 vom Hundert der Stimmberechtigten in einem Zeitraum von nur 14 Tagen bei amtlicher Sammlung das Zustandekommen des Volksbegehrens sicherstellen. In Sachsen schließlich sind 40000 Unterschriften zur Unterstützung des Antrags notwendig; 12,5 Prozent der Stimmberechtigten dieses Freistaats müssen dann bei freier Sammlung innerhalb eines Zeitraums von 8 Monaten per Unterschrift dokumentieren, daß das Volksbegehren zustande gekommen ist. Der Bayerische Verfassungsgerichtshof (vgl. BayVerfGH BayVBl. 2000, S. 397, 401) hat für den Freistaat Bayern eine solche Vorgehensweise, die im zweiten Abschnitt der Volksgesetzgebung, nämlich beim Volksentscheid auf Zustimmungsquoren verzichtet, als im Einklang mit der Verfassung stehend eingestuft.

Dagegen besteht als andere Variante einer verfassungsgemäßen Volksgesetzgebung die Möglichkeit, bei der Antrags- und Unterstützungsphase des Volksbegehrens die Anforderungen sehr niedrig anzusetzen, dagegen das Zustimmungsquorum beim Volksentscheid mit einem höheren Gewicht auszustatten. Diesen Weg haben das Bundesland Brandenburg mit ungefähr 4 vom Hundert der Stimmberechtigten bzw. das Bundesland Schleswig-Holstein mit 5 vom Hundert der Stimmberechtigten bei der Unterstützungsphase gewählt; sie haben dann allerdings ein Zustimmungsquorum von 25 vom Hundert beim Volksentscheid in ihre Verfassung aufgenommen.

Der streitgegenständliche Entwurf ist keinem der beiden vorerwähnten Modelle zuzuordnen. Er kombiniert durch Absenkung von Antrags- und Unterstützungsquoren beim Volksbegehren die Erleichterungen nach Brandenburger und Schleswig-Holsteiner Vorbild einerseits mit den Wohltaten des von Bayern und anderen Bundesländern gewählten Modells andererseits, das beim Volksentscheid auf Zustimmungsquoren verzichtet. Damit werden die Vorteile aus beiden Modellen entnommen und zu einem neuen Ganzen verwoben. Dieses neue Modell, das sich aus den vorerwähnten Verfassungen jeweils die „Rosinen herauspickt", erleichtert bei einer gebotenen Gesamtschau die Volksgesetzgebung in einem Maße, das die Prävalenz des parlamentarischen Gesetzgebers, wie sie in der Thüringer Verfassung ihren Ausdruck findet, nicht mehr gewährleistet.

Werden in dem zur verfassungsgerichtlichen Kontrolle vorgelegten Gesetzentwurf des Vereins für „Mehr Demokratie" in Thüringen die Sicherungen in der Initiativ- und in der Unterstützungsphase im Vergleich zu anderen Verfassungen der Gliedstaaten der Bundesrepublik Deutschland auf ein Minimum verringert und wird gleichzeitig das Zustimmungsquorum beim Volksentscheid beseitigt, so ist der Hinweis des Beteiligten, Bayern und Sachsen würden ebenfalls aus ihrer „Freistaatlichkeit" die einfache Mehrheit der Abstimmenden beim Volksentscheid genügen lassen, nur unvollständig. Es wird nicht gesagt, daß dort im Rahmen des Volksbegehrens so hohe Hürden zu nehmen sind, daß es nur in seltenen Fällen zu Volksentscheiden, dann allerdings unter erleichterten Voraussetzungen, kommen wird. Deshalb ist auch der weitere Hinweis, es sei in anderen Bundesländern bisher noch nie zu beachtlichen Häufungen von Volksentscheiden gekommen, vom Ergebnis her zwar richtig. Hier wird aber übergangen, daß in sämtlichen Bundesländern der Bundesrepublik Deutschland die Voraussetzungen für eine Volksgesetzgebung – sei es am Anfang oder sei es am Ende der Wegstrecke – so beachtlich sind, daß es nur in wenigen Fällen zu Volksentscheiden gekommen ist.

Werden die Hürden dagegen am Anfang des Gesetzgebungsweges gesenkt und fallen sie an seinem Ende gar ganz weg, wie dies der Verein für „Mehr Demokratie" für Thüringen vorgesehen hat, dann könnte eine Vielzahl von Volksgesetzen das „Ziel" erreichen, d.h. Gesetzeskraft erlangen und in erheblichem Umfang in Konkurrenz zu Gesetzen treten, die vom parlamentarischen Gesetzgeber geschaffen wurden. Solche Gegebenheiten stellen den von der Verfassung verbrieften Vorrang des parlamentarischen Gesetzgebers in seinen ihm zugewiesenen Gestaltungsrechten nicht nur in Frage; sie können ihn sogar aushöhlen.

d) Diese Abschmelzung verfahrensrechtlicher Sicherungen der Prävalenz des Parlamentsgesetzes wird nicht dadurch ausgeglichen, daß gem. Art. 1 Nr. 2 Buchst. e Volksentscheide regelmäßig zusammen mit der nächsten allgemeinen Wahl stattfinden sollen. Diese Regelung kann die notwendige Rückbeziehung des Volksentscheids auf den Willen der Bürger nicht gewährleisten; sie bewirkt auch keinen verfahrensverlängernden Effekt. Auch wenn es der Wirklichkeit entsprechen mag, daß das Zusammenlegen des Volksbegehrens auf einen Termin mit allgemeinen Wahlen die Zahl der Teilnehmer am Volksentscheid erhöht, so ist diese Erwartung doch wieder deswegen ungewiß, weil die Verbindung von Volksentscheid und allgemeiner Wahl ohne besonderen Aufwand auf Antrag der Vertrauensperson des Volksbegehrens aufgehoben wird. Diese Möglichkeit eröffnet einen spekulativen Umgang mit Teilnehmerzahlen und taktischen Varianten, der angesichts dessen besonders bedenklich ist, daß der Gesetzentwurf das Zustimmungsquorum beim Volksentscheid streicht. Es kann nicht von der Hand gewiesen werden, daß Initiatoren, die nur mit Mühe die kaum noch vorhandenen Hürden im Rahmen eines Volksbegehrens „genommen" haben, ihre Partikularinteressen nur dann erfolgreich durchsetzen können, wenn über den Volksgesetzentwurf per Volksentscheid zu einem Zeitpunkt abgestimmt wird, in dem für die Stimmbürger der Anreiz, wegen allgemeiner Wahlen in das Abstimmungslokal zu gehen, nicht besteht. So kann von der jeweiligen Vertrauensperson erreicht werden, daß eine schmale aber entschlossene Unterstützungsklientel auf eine geringe Anzahl von Gegnern trifft und ihre Eigeninteressen erfolgreich durchsetzt.

Die Hoffnung, die politische Auseinandersetzung um das Volksbegehren und ein eventueller Gegenentwurf durch den Landtag werde den nötigen Mobilisierungsdruck erzeugen, mag nicht unbegründet sein. Um der aufgezeigten Gefahr wirksam entgegentreten zu können, bedarf es aber mehr; es ist dazu sicherzustellen, daß die von der Verfassung gebotenen Sicherungsmittel uneingeschränkt zur Anwendung gelangen.

Der Vorrang der parlamentarischen Gesetzgebung würde nach dem Inkrafttreten des Bürgerrechtsstärkungsgesetzes auch nicht dadurch dauerhafte Geltung behalten, daß der Landtag neben der Möglichkeit, einen eigenen Gesetzentwurf neben das

Volksbegehren zur Abstimmung stellen, auch einen beschlossenen Volksentscheid durch ein eigenes Gesetz aufheben kann.

Der Parlamentsentwurf mildert als Alternative zum Volksbegehren lediglich den „Automatismus" der Volksgesetzgebung.

Die Kassation eines Volksgesetzes durch das Parlament wird ebenso eher eine theoretische Möglichkeit bleiben, weil auch sie die beiden demokratischen Gesetzgeber in einen schweren Konflikt zueinander bringen und zu einer politischen Krise führen kann. Es liegt die Annahme nicht sehr fern, daß das Parlament als Ganzes oder die Parlamentsmehrheit im Volk an Ansehen einbüßt, wenn sie sich „des Volkes Stimme" verschließt. Insbesondere im Angesicht einer bevorstehenden Landtagswahl würden die Mehrheitsfraktionen und/oder die Parlamentarier insgesamt davor zurückschrecken, den durch eine populäre Volksgesetzgebung ausgedrückten Willen der Bevölkerung durch ein parlamentarisches Gesetz zu konterkarieren.

e) Das von der Verfassung vorgesehene Wechselspiel von parlamentarischer Gesetzgebung als Regelfall und Volksgesetzgebung als Ergänzung des repräsentativen Systems mit dem Vorrang der ersteren entspricht, so wie es bisher ausgestaltet ist, dem Demokratieprinzip. Dieses Prinzip findet seinen Niederschlag in Art. 45 ThürVerf und untersteht so der Ewigkeitsgarantie des Art. 83 Abs. 3 ThürVerf. Der Entwurf eines Bürgerrechtsstärkungsgesetzes verändert dieses Prinzip so, daß die Gewichte zu Gunsten der Volksgesetzgebung in einem Umfang verschoben werden, daß von einem Austarieren der Waagschalen nicht mehr gesprochen werden kann. Durch das Hinzufügen weiterer „Gewichte" zugunsten des Volksgesetzgebers, die in dem Gesetzentwurf vorgesehen werden, verschiebt der Gesetzentwurf das von der Verfassung vorgegebene Gesamtgefüge in einem nicht mehr hinnehmbaren Maße zugunsten der unmittelbaren Demokratie. Dadurch wird der durch Art. 83 Abs. 3 ThürVerf gewährleistete Bereich berührt, in welchem das Demokratieprinzip sowie der Grundsatz der Volkssouveränität anders gewichtet aufgenommen wird, als der Gesetzentwurf sie ausgestalten will. Deswegen ist das Volksbegehren „Mehr Demokratie" auch in diesem Punkt verfassungswidrig.

18. Der dem Volksbegehren „Mehr Demokratie" in Thüringen zugrunde liegende Gesetzentwurf steht Art. 83 Abs. 3 ThürVerf auch insofern entgegen, als er mit dem relativierten Budgetrecht des Landtages das Demokratieprinzip modifiziert und damit die gem. Art. 83 Abs. 3 ThürVerf unveränderbaren Grundsätze berührt.

a) Das Budgetrecht eines gewählten Parlaments ist zentraler Bestandteil des Systems eines gewaltengeteilten, demokratischen Verfassungsstaats (vgl. Art. 45 S. 3; 47 Abs. 4 ThürVerf). Dies bestätigt die ständige Rechtsprechung des Bundesverfassungsgerichts (vgl. BVerfGE 70, 324, 355f mwN; 79, 311, 329). Dem Parlament kommt danach im Verhältnis zu den anderen an der Feststellung des Haushaltsplanes beteiligten Verfassungsorganen eine überragende verfassungsrechtliche Stellung zu. Es trifft mit dem Haushaltsplan, der als Wirtschaftsplan ein gesetzesförmiger staatsleitender Hoheitsakt ist, eine wirtschaftliche Grundentscheidung für alle Bereiche der Politik und für die gesamte vollziehende Staatsgewalt während des jeweiligen Planungszeitraumes. Das so beschriebene Budgetrecht des Parlaments ist dabei ein wesentliches Instrument der Regierungskontrolle, die die rechtsstaatliche Demokratie in ihrem Kernbereich berührt und sie entscheidend mitprägt. Auf dieser Grundlage trifft die jeweilige Regierung weitreichende Entscheidungen, ohne daß dies die gewaltenteilende Kompetenzordnung der Verfassung in irgendeiner Weise in Frage stellt.

b) Für Thüringen gilt prinzipiell nichts anderes, auch wenn hier die Volksgesetzgebung im Gegensatz zum Bund ein relevanter Teil des demokratischen Systems ist (vgl. Art. 82 ThürVerf). Denn trotz anerkannter Volksgesetzgebung sind Volksbegehren zum Landeshaushalt grundsätzlich unzulässig (Art. 82 Abs. 2 ThürVerf). Daran will der Entwurf des streitbefangenen Gesetzes des Beteiligten scheinbar nichts ändern, weil danach Art. 82 Abs 2 ThürVerf künftig als Art. 82 Abs. 2 S. 1 ThürVerf unverändert fortbestehen soll.

Aus dem Wortlaut des Art. 82 Abs. 2 ThürVerf ist nicht der Schluß zu ziehen, daß Volksinitiativen nur insoweit unstatthaft sind, als sie sich unmittelbar auf haushaltsgesetzliche Regelungen beziehen, während Volksgesetzgebung mit Bestimmungen zulässig sein soll, die lediglich mittelbare Auswirkungen auf das Haushaltsgesetz aufweisen, die also insbesondere Steuer- und Leistungsgesetze betreffen. Eine solche Unterscheidung ist in der bisherigen Rechtsprechung der Verfassungsgerichte des Bundes und der Länder unbekannt (vgl. dazu BVerfG, Beschl. v. 3.7.2000 – 2 BvK – 3/96; BayVerfGH, BayVBl 1995, 173, 206 ff; VerfGH NRW, NVwZ 1982, 188, 189). Unter Heranziehung von allgemeinen Auslegungskriterien, insbesondere der bisherigen Verfassungs- und Entstehungsgeschichte des Grundgesetzes und der Verfassungen der Bundesländer, kommen die Verfassungsgerichte sämtlich zu dem Ergebnis, daß Volksbegehren, die gewichtige staatliche Einnahmen oder Ausgaben auslösen und den Haushalt des Bundes oder eines Gliedstaates wesentlich beeinflussen, nach der geltenden Gesetzeslage auch dann unzulässig sind, wenn sie nur mittelbare Auswirkungen auf das Haushaltsgesetz haben.

Es fällt zwar auf, daß der in Art. 82 Abs 2 ThürVerf verwendete Begriff „Landeshaushalt" im System der Bestimmungen der Thüringer Verfassung, die die Finanzen des Freistaates regeln, als solcher nicht vorkommt (vgl. dazu Art. 98 ff ThürVerf). Vielmehr ist in den einschlägigen Artikeln der Verfassung von „Haushaltsplan", „Haushaltsgesetz" und „Haushalt" die Rede. Aus dieser Begriffswahl folgt jedoch nicht, Art. 82. Abs. 2 ThürVerf verstehe „Landeshaushalt" nur im Sinne des Haushaltsgesetzes und lasse so der Volksgesetzgebung Raum für alle anderen Materien.

Das Gegenteil, nämlich die Einbeziehung der lediglich mittelbar haushaltswirksamen Volksgesetzgebung, folgt vielmehr aus der klassischen, auch in die Thüringer Verfassung aufgenommenen Aufgabenverteilung zwischen Landesregierung und

Landesparlament bei der Finanzierung der Staatsausgaben. Sie beruht darauf, daß die Budgetinitiative nach den geltenden Artikeln der Thüringer Verfassung allein der Landesregierung zukommt (vgl. Art. 99 Abs. 3 ThürVerf).

Das ausschließliche Initiativrecht der Regierung trägt der Tatsache Rechnung, daß sie das Verfassungsorgan ist, das entsprechend seiner politischen Leitungsaufgabe, nämlich die Ziele der Politik zu bestimmen, das Regierungsprogramm aufzustellen und zu verwirklichen, als bestimmender Teil der Exekutive den übrigen Gewalten gegenübersteht. Dem Landtag als dem maßgeblichen Organ der Legislative obliegt demgegenüber die Feststellung, den Haushaltsplan durch Erlaß des Haushaltsgesetzes in Gesetzeskraft erwachsen zu lassen, ohne dabei an die Budgetvorlage der Regierung gebunden zu sein. Korrespondierend mit den weitreichenden Befugnissen des parlamentarischen Gesetzgebers als dem eigentlichen Herrn über den Landeshaushalt sind der Landesregierung bei der vorläufigen Haushaltsführung enge Grenzen gezogen (vgl. Art. 100 ThürVerf). Nur bei unvorhergesehenen und unabweisbaren Bedürfnissen ist der Landesregierung ausnahmsweise die Möglichkeit eröffnet, über- und außerplanmäßige Ausgaben zu tätigen (vgl. Art. 101 ThürVerf).

In das auf diese Weise austarierte Zusammenwirken von Regierung und Landtag bei Aufstellung, Feststellung und Verantwortung des Haushalts kann eine haushaltsintensive Volksgesetzgebung weitreichend eingreifen und vorhandenes Gleichgewicht erheblich stören. Um dies zu vermeiden, darf ein Volksbegehren zum Landeshaushalt auch nicht auf die formelle Haushaltsgesetzgebung beschränkt werden, d. h. auf die Ausgestaltung des Haushaltsplanes als solchen unter Beachtung der verfassungsrechtlichen Vorgaben (vgl. Art. 98 Abs. 2 ThürVerf). Geschähe dies, so verlöre die Norm ihren eigenständigen Gehalt. Die Bestimmungen des Art. 82 Abs. 2 ThürVerf gingen bei einer Reduzierung auf eine förmliche Haushaltsgesetzgebung auch deshalb ins Leere, weil das Volk an dieser Form von Gesetzesfindung ohnehin nicht beteiligt ist (vgl. Art. 98, 99 ThürVerf).

Aus diesen begrifflichen und systematischen Argumenten kann nur der Schluß gezogen werden, daß sich die Ausschlußklausel in Art. 82 Abs. 2 ThürVerf nicht als rein deklaratorische Bestimmung nur auf Volksbegehren zum „Haushaltsgesetz" bezieht, mit dem der „Haushaltsplan" festgestellt wird, sondern daß sie mit ihrem Verbot auch im materiell-rechtlichen Sinne auf die „Gesamtheit der Einnahmen und Ausgaben des Staates" einwirkt, d. h. eine entsprechende Volksgesetzgebung ausschließt.

Wenn dagegen eingewandt wird, daß eine so weite Auslegung des Begriffes „Landeshaushalt" zur Bedeutungslosigkeit der Begriffe „Dienst- und Versorgungsbezüge" und „Abgaben" führe, die in der Verbotsnorm des Art. 82 Abs. 2 ebenfalls aufgeführt sind, so ist dem entgegenzuhalten, daß Art. 82 Abs. 2 ThürVerf auch insoweit über ein Wirkungsfeld verfügt, weil außerhalb der unmittelbaren Landesverwaltung – beispielsweise bei Gebietskörperschaften mit eigener Finanz- und Personalhoheit (z. B. den Gemeinden) – das den Landeshaushalt betreffende Verbot nicht anwendbar ist. Im übrigen liegt es nahe, die in Art. 82 Abs 2 ThürVerf genannten Regelungsfelder nicht als einander ausschließend zu verstehen, sondern dergestalt, daß einander zumindest teilweise überdeckende Bereiche genannt werden, in denen Volksbegehren unzulässig sind.

Für das weite, mittelbar haushaltswirksame Volksgesetzgebung einschließende Verständnis des Geltungsbereichs der Haushaltsprärogative sprechen Sinn und Zweck des Finanzvorbehalts. Zum einen sollen von der Volksgesetzgebung Materien ausgenommen werden, die ungeeignet sind, durch unmittelbare Demokratie eine Veränderung zu erfahren. Dies ist bei dem Haushaltsplan und dem Haushaltsgesetz der Fall. Haushaltswirksame Entscheidungen sind komplexer Natur, die ein plebiszitäres „Ja" oder „Nein" weitgehend ausschließen. Sie sind zudem durch zahlreiche, kaum veränderbare Eckwerte wie Personalkosten, außerbudgetäre Gesetze – etwa in Gestalt sozialstaatlicher Leistungsgesetze – und vertragliche Bindungen vorbestimmt. Der Gestaltungsspielraum des Haushaltsgesetzgebers wird auch dadurch beschränkt, daß bei einer hohen Staatsverschuldung ein großer Teil der Ausgaben durch Zins- und Tilgungslasten vorab festgelegt wird. Haushaltswirksame Einnahmen und Ausgaben sind insgesamt in ein sachgerechtes Verhältnis zueinander zu setzen. Höhere Ausgaben sind durch höhere Einnahmen im Rahmen eines finanz- und wirtschaftspolitischen Gesamtkonzepts auszugleichen. Vor diesem Hintergrund wird es dem Volksgesetzgeber häufig schwer fallen, wenn nicht gar unmöglich sein, in vollem Umfang die finanzielle Tragweite gesetzgeberischer Entscheidungen zu ermessen.

Zum anderen muß gerade hier einem Mißbrauch der Volksgesetzgebung begegnet werden. Denn es besteht die Gefahr, daß Interessengruppen den von ihnen vertretenen Bürgern Sondervorteile durch Volksgesetzgebung verschaffen wollen.

Dagegen wird allerdings eingewandt, daß diese Gefahr des Mißbrauchs aktuell durch Tatsachen nicht nur nicht belegt werde. Ein solches Risiko werde auch durch die behutsame Volksgesetzgebung in der Schweiz und in den Vereinigten Staaten von Nordamerika widerlegt. So habe dort die Volksgesetzgebung kostspielige Prestigeobjekte verhindert. Insgesamt sei in diesen Ländern ein zurückhaltender Umgang des Volkes als Gesetzgeber mit den Staatsfinanzen zu beobachten. Teilweise hätte die Volksgesetzgebung Ausgabenminderungen und Einnahmenerhöhungen bewirkt und so dem Gemeinwohl beträchtlich genutzt. Dieser allgemeine Einwand widerlegt die vorangegangenen Feststellungen aber nicht. Positive Wirkungen einer Volksgesetzgebung im Einzelfall beseitigen nicht die potentielle Gefahr des Mißbrauchs.

d) Dafür, daß sich das Verbot des Art. 82 Abs. 2 ThürVerf nicht nur auf Volksbegehren zum „Haushaltsgesetz" bezieht, sondern in einem umfassenden Sinne zu verstehen ist, spricht die Geschichte der Verfassungsgebung in Thüringen. Der Verfassungs- und Geschäftsordnungsausschuß des Thüringer Landtags hat sich in seiner 20. Sitzung am 20.3.1993 mit der Vorschrift des Art. 82 Abs. 2 intensiv befaßt. Die damalige Fraktion LL-PDS hatte beantragt, statt der Bezeichnung „Landeshaushalt" den Begriff „Landeshaushaltsgesetz" in die Verfassung einzufügen. Begründet wurde dieser Änderungsvorschlag damit, daß, anders als in der Weimarer Reichsverfassung niedergelegt, nicht „alle Finanzfragen" von der Volksgesetzgebung, sondern nur solche zum Haushaltsgesetz selbst ausgeschlossen sein sollten. Dabei wurde ausdrücklich auf das Vorbild der Schweiz und Amerikas hingewiesen. Den Antrag hat die Ausschußmehrheit aber mit dem Argument der Mißbrauchsgefahr zurückgewiesen. Obwohl ein von der Fraktion LL-PDS beauftragter Sachverständiger darauf hingewiesen hatte, daß der im Entwurf vorhandene Art. 82 Abs. 2 ThürVerf nur „die Materie" anspreche und deshalb die Gefahr bestünde, „daß alles, was ausgabenwirksam sein kann, bereits von der Materie her zum Landeshaushalt gezählt" werde, hat der Ausschuß mehrheitlich die beantragte Änderung abgelehnt (vgl. S. 64 des Wortprotokolls der 26. Sitzung des Verfassungsausschusses).

e) Dieses durch systematische, teleologische und historische Argumente belegte weite Verständnis des ausschließlich dem Landtag zugewiesenen Rechts, haushaltsrelevante Gesetze zu beschließen, verweist die Volksgesetzgebung nicht auf inhaltlich bedeutungslose Regelungsgegenstände. Auch die Auslegung des Art. 82 Abs. 2 ThürVerf hat der Tatsache zu entsprechen, daß die Landesverfassung die Volksgesetzgebung zuläßt; es geht daher nicht an, dieses Verfassungsziel dadurch leerlaufen zu lassen, daß immer dann, wenn ein vom Volk zu beschließendes Gesetz nicht vom Vermerk „Ausgaben: keine" begleitet ist, das Volksbegehren für unzulässig zu erklären.

Einem solchen Ausgleich widerstreitender Interessen trägt auch die bisherige verfassungsrechtliche Rechtsprechung Rechnung. Nach den von der Verfassungsgerichtsbarkeit des Bundes und der Länder einhellig entwickelten Grundsätzen (vgl. BVerfG, BayVBl. 2001, 174; BayVerfGH, BayVBl. 2000, 397, 399; BayVerfGH, BayVBl. 1995, 205, 206; BayVerfGH, BayVBl. 1977, 143, 150; BremStGH, NVwZ 1998, 388; ähnlich NRWVerfGH, NVwZ 1982, 188, 189) ist – auf Thüringen übertragen – ein budgetrelevantes Volksbegehren nur dann mit dem Verbot des Art. 82 Abs. 2 ThürVerf unvereinbar, wenn es gewichtige staatliche Einnahmen oder Ausgaben auslöst und den Landeshaushalt wesentlich beeinflußt. Wesentlich nimmt ein solches Volksgesetz nur dann auf den Gesamtbestand des Haushaltes Einfluß, wenn es das Gleichgewicht des gesamten Haushaltes stört und deswegen zu einer bedeutsamen Beeinträchtigung des Budgetrechts des Parlaments führt, weil das Volksgesetz den Landtag nötigt, das geltende Recht in wichtigen Regelungsfeldern der neuen Ausgabensituation nachhaltig anzupassen. Wann diese Grenze überschritten ist, ist letztlich eine Frage des Einzelfalles und läßt sich nur unter Zugrundelegung der jeweiligen Verhältnisse bestimmen. Erforderlich ist eine differenziert bewertende Gesamtbetrachtung, in deren Rahmen Art, Höhe, Dauer und Disponibilität der finanziellen Belastung als Folge eines Gesamtvorhabens zu gewichten sind.

Zusammenfassend ist festzuhalten, daß nach geltendem Verfassungsrecht bei richtiger Einordnung der Finanzausschlußklausel nur Volksbegehren oder Volksentscheide zulässig sind, die in dem vorbeschriebenen Rahmen nicht zu Ausgaben führen dürfen, die die Handlungsspielräume des Parlaments unangemessen einschränken oder die den Landtag zu nachhaltigen Korrekturen des geltenden Rechts veranlassen.

f) Das so modifizierte ausschließliche Recht des Landtages, über Gesetze mit erheblicher Ausgabenrelevanz und mit Auswirkungen auf das wirtschaftliche Gleichgewicht zu entscheiden (vgl. Art. 99 ThürVerf), ist als Teil der Ewigkeitsgarantie des Art. 83 Abs. 3 ThürVerf jeglichem ändernden Eingriff verschlossen.

Zwar wird gegen ein solches Verständnis des Finanzvorbehalts vorgebracht, Art. 99 ThürVerf enthalte eine rein technische Regelung, welche Art. 83 Abs. 3 ThürVerf nicht ausdrücklich erwähne (vgl. *Stöffler* ThürVBl. 1999, 33, 37 ff). Daraus wird weiter gefolgert, daß das Haushaltsrecht der Volksgesetzgebung grundsätzlich eröffnet sei, daß die Verfassung diese zulasse und daß diese Zulassung nicht daran scheitern dürfe, daß das Verbot des Art. 82 Abs. 2 ThürVerf „Ewigkeitswert" erhalte. Dieser Auffassung folgt der Verfassungsgerichtshof jedoch nicht. Er geht vielmehr davon aus, daß das Budgetrecht des Parlaments tragender Bestandteil des Demokratieprinzips (vgl. Art. 44 Abs. 1 S. 2; 83 Abs. 3 ThürVerf) und so vor verfassungsändernden Eingriffen mit erheblichen finanziellen Auswirkungen zu sichern ist. Das Budgetrecht ist mehr als ein Unterfall der allgemeinen parlamentarischen Gesetzgebungsbefugnis. Es stellt vielmehr für den demokratisch verfaßten Staat ein unverzichtbares Mittel zur Steuerung des gesamten staatlichen Handelns dar. Das Budgetrecht bildet eines der wesentlichen Instrumente der parlamentarischen Regierungskontrolle. Würde das Budgetrecht, mit dem auch die Haushaltsverantwortung verbunden ist, plebiszitären Elementen geöffnet werden, so bestünde die Gefahr, daß durch solche Eingriffe die politische Führungs- und Funktionsfähigkeit sowohl des Parlaments als auch der Exekutive, d.h. insbesondere der Landesregierung, Schaden leidet. Nur ein umfassender Schutz des parlamentarischen Gesetzgebungsrechts sichert die Allgemeinwohlorientierung der finanzwirksamen Gesetzgebung. Denn wesentlich stärker als bei den Parlamentariern besteht bei den (durch das Abstimmungsgeheimnis gedeckten) Teilnehmern eines Plebiszits die Gefahr der Selbstbedienung. Es wird jeder Stimmbürger ein Volksbegehren danach prüfen, ob es seine Interessen fördert und die Entscheidung, zur Abstimmungsurne zu gehen, wird nicht unmaßgeblich vom Ergebnis dieser Prüfung abhängen. Dagegen schafft der besondere verfassungsrechtliche Status des Abgeordneten, der ihn als Vertreter aller Bürger bestellt, ihn von Weisungen befreit und nur seinem Gewissen verantwortlich macht (vgl. Art. 53 Abs. 1 ThürVerf), eine Distanz zwischen Eigeninteresse und Mandatspflichten. Diese Distanz des Parlamentsmitglieds zu populären und eigensüchtigen Interessen ist eine rechtsethische Leistung, die in allen Landesverfassungen der Bundesrepublik Deutschland ihren Niederschlag findet.

Art. 82 Abs. 2 ThürVerf ist damit mehr als eine technische Durchführungsregelung für die Umsetzung und Begrenzung von Volksbegehren, denn er gewährleistet einen wesentlichen Aspekt der Funktionsfähigkeit des Parlaments und des Gesetzgebungsverfahrens. Ist aber die Etathoheit Essenz der Parlamentskompetenz, dann kann das Budgetrecht auf das Verhältnis zwischen plebiszitärer und parlamentarischer Demokratie nicht allein in der Weise bezogen werden, daß der parlamentarische Gesetzgeber und der Volksgesetzgeber gleichberechtigt nebeneinander stehen. Griffe die Volksgesetzgebung in erheblichem Umfang in das Haushaltswesen ein, so wäre nicht nur dessen Kontinuität mit dem „Blick auf das Ganze" gefährdet; auch würde die in der Verfassung verbriefte Verantwortung des Parlaments beim Budgetrecht nicht mehr seiner uneingeschränkten Gestaltungsmöglichkeit unterliegen, es wäre vielmehr in Fällen einer erfolgreichen haushaltsrelevanten Volksgesetzgebung regelmäßig darauf fixiert, diese Gesetze nachzuvollziehen und gegebenenfalls „Reparaturarbeiten" am gesamten Haushaltsgefüge zu leisten. Daraus folgt, daß das Budgetrecht des gewählten Parlaments Wesenselement der demokratischen Gewaltenteilung ist, die ebenfalls als unveränderbarer Kernbestand der Verfassung Teil der Ewigkeitsgarantie ist (vgl. Art. 45 S. 3, 47 Abs. 4 ThürVerf).

Hieraus ergibt sich weiter, daß die mit dem Volksbegehren beabsichtigte Änderung des Art. 82 Abs. 2 ThürVerf nur dann zulässig ist, wenn durch Volksentscheid solche Gesetze beschlossen werden, die staatliche Einnahmen oder Ausgaben nur unwesentlich berühren. Unzulässig ist mithin eine vom Volksbegehren vorgesehene Verfassungsänderung, wenn sie die Volksgesetzgebung auch für solche Regelungen zuläßt, die gewichtige staatliche Einnahmen und Ausgaben unmittelbar oder mittelbar auslösen und den im umfassenden Sinn verstandenen Landeshaushalt wesentlich beeinflussen.

g) Art. 1 Nr. 2 Buchst. b des Entwurfs eines „Bürgerrechtstärkungsgesetzes", ist unzulässig, weil er dieses Verfassungsgebot mißachtet, indem er der Volksgesetzgebung gewichtige Maßnahmen des Budgetrechts zuordnen möchte.

aa) Die Frage nach der verfassungsrechtlichen Zulässigkeit des Art. 1 Nr. 2 Buchst. b des Gesetzentwurfs erledigt sich nicht schon dadurch, daß die vorgesehene Regelung inhaltlich völlig unbestimmt und damit nicht abstimmungsfähig wäre.

Die vorgeschlagene Regelung des Art. 1 Nr. 2 Buchst. b leidet aus sich heraus an keinem inhaltlichen Widerspruch, der nicht aufzulösen ist und der die Abstimmungsfähigkeit des Entwurfs in einem Volksentscheid ausschließt.

Nach der Erweiterung des Verfassungsartikels im Sinne der Initiatoren des Volksbegehrens sind Volksbegehren „zum Landeshaushalt", zu Dienst- und Versorgungsbezügen, Abgaben und Personalentscheidungen unzulässig (Art. 82 Abs. 2 S. 1 des Entwurfes). Volksbegehren dagegen „mit Auswirkungen auf den Landeshaushalt" sind zulässig (Art 82 Abs. 2 S. 2 des Entwurfes), es sei denn, sie stehen mit den Erfordernissen des gesamtwirtschaftlichen Gleichgewichts nicht in Einklang (Art. 82 Abs. 2 S. 3 des Entwurfes). Diese beiden Sätze stehen dann in einem unauflösbaren Widerspruch, wenn der Begriff „mit Auswirkungen auf den Landeshaushalt" (Satz 2 des Entwurfes) gleichbedeutend ist mit dem Begriff „zum Landeshaushalt" (Satz 1 des Entwurfes). Denn dann wäre von Satz 1 verboten, was Satz 2 erlaubt. Schon aus diesem

Grunde wäre der vorgesehene Artikel nicht verfassungsgemäß. Nur, wenn man dem Begriff „mit Auswirkungen" auf den Landeshaushalt eine andere Bedeutung unterlegt, ist diese Bestimmung als Ergänzung zu Satz 1 zu verstehen. Das ist dann der Fall, wenn es sich um Gesetze handelt, die sich mittelbar auf den Haushalt auswirken. Davon wird hier ausgegangen.

      bb) Diese Haushaltsrelevanz des Art. 1 Nr. 2 Buchst. b ist in ihrem Umfang nicht eingegrenzt.

    Es ist nicht erkennbar, daß sich diese mittelbare Wirkung nur auf Gesetze beziehen soll, die den Haushalt nur unwesentlich beeinflussen. Daß diese Begrenzung von dem Verein „Mehr Demokratie" so ursprünglich nicht gewollt war und auch jetzt nicht gewollt ist, folgt schon aus dem Umstand, daß nach der bisherigen Verfassungslage eine Volksgesetzgebung mit unwesentlichen Auswirkungen auf das Budgetrecht des Parlaments, wie oben eingehend erläutert wurde, bereits zulässig ist. Dafür bedarf es keiner Verfassungsänderung. Daß die mit dem Volksbegehren beabsichtigte Änderung des parlamentarischen Haushaltsvorbehalts auch für mittelbare Gesetze mit wesentlichen Auswirkungen auf das Budget vorgesehen ist, ergibt sich daraus, daß in Satz 2 von Art. 82 Abs. 2 in der Verfassung künftig festgehalten werden soll, daß die Begründung des jeweiligen Volksbegehrens einen Deckungsvorschlag für die mit dem Gesetz verbundenen Kosten enthalten soll. Daß die vorgesehene Neufassung des Art. 82 Abs. 2 ThürVerf unbeschränkt haushaltsrelevante Gesetze zuließe, wird schließlich dadurch bestätigt, daß nach dem neuen Satz 3 des Art. 82 Abs. 2 ThürVerf Volksgesetze zum Landeshaushalt dann unzulässig sein sollen, wenn das gesamtwirtschaftliche Gleichgewicht nicht mehr gewährleistet ist. Unter „gesamtwirtschaftlichem Gleichgewicht" ist in Anlehnung an die Rechtsprechung des Bundesverfassungsgerichts zu Art. 109 Abs. 2 GG das Erreichen der vier wirtschaftspolitischen Teilziele, nämlich Stabilität des Preisniveaus, hoher Beschäftigungsstand, außenwirtschaftliches Gleichgewicht und stetiges angemessenes Wirtschaftswachstum zu verstehen (vgl. BVerfGE 79, 311, 338 f). Davon ausgehend, daß auch der Gesetzentwurf „gesamtwirtschaftliches Gleichgewicht" mit dieser Bedeutung übernimmt, ergibt sich, daß der neue Art. 82 Abs. 2 S. 3 nur in der Weise verstanden werden kann, daß auch finanzpolitische Gesetze der Volksgesetzgebung eröffnet werden sollen, welche bis zur Grenze des gesamtwirtschaftlichen Ungleichgewichts gehen und damit gewichtige Auswirkungen auf den jeweiligen Landeshaushalt zeitigen. Es versteht sich von selbst, daß nur Gesetze mit erheblicher Finanzwirksamkeit das gesamtwirtschaftliche Gleichgewicht tangieren können.

    Bei dem vorgesehenen Verbot von Volksbegehren, welche das gesamtwirtschaftliche Gleichgewicht stören (neuer Satz 3 zu Art. 82 Abs. 2 ThürVerf) handelt es sich auch nicht um einen bloß deklaratorischen Hinweis auf Art. 109 Abs. 2 GG. Vielmehr soll die Bestimmung innerhalb des neuen Art. 82 Abs. 2 ThürVerf eigenständige Regelungswirkung haben. Andernfalls müßte unterstellt werden, daß nach dem Entwurf etwas geregelt werden soll, was wegen der unmittelbaren Geltung des Art. 109 Abs. 2 GG, der länderübergreifend ist, nicht regelungsbedürftig ist. Wenn die Begründung zu diesem Teil des Gesetzentwurfes von einer „Klarstellung der bisherigen Regelung" in der Verfassung spricht, dann widerspricht diese Erklärung den Intentionen und dem Inhalt des vorgelegten Gesetzentwurfs. Denn dort geht es um inhaltliche Ausdehnung der Volksgesetzgebung in den Bereich des parlamentarischen Budgetrechts, nicht aber um Bekräftigung eines bereits gültigen Rechtszustandes.

   cc) Diese mit dem Volksbegehren beabsichtigte Änderung des parlamentarischen Haushaltsvorbehalts betrifft das Demokratieprinzip in so erheblicher Weise, daß davon die in Art. 83 Abs. 3 ThürVerf verankerte „Ewigkeitsgarantie" berührt ist. Durch die beabsichtigte Reduzierung der Finanzausschlußklausel auf ein Verbot von Volksbegehren zum förmlichen Haushaltsgesetz, d. h. von Gesetzen mit unmittelbaren Auswirkungen auf den Haushalt, wären künftig Volksbegehren zulässig, die *sehr* erhebliche Auswirkungen auf staatliche Einnahmen und Ausgaben des Freistaats haben könnten. Haben solche Initiativen Erfolg, so ist auch nicht auszuschließen, daß dadurch die Funktionsfähigkeit des Parlaments, insbesondere das ihm als seine Kernkompetenz gebührende Budgetrecht in erheblichem Maß „betroffen" ist. Haushaltsplanung und Prioritätensetzung, d. h. die Fähigkeit zur Verwirklichung des politischen Programms der parlamentarischen Mehrheit könnten bei einer derart weitreichenden Volksgesetzgebung in einem die Handlungsfähigkeit des Freistaats nachhaltig beeinträchtigenden Maß eingeschränkt werden.
   Diese Gefahr ist nicht rein theoretischer Natur. Sie läßt sich auch nicht durch praktische Erkenntnisse in ihrer Bedeutung relativieren. Die beschriebenen wesentlichen Folgen für das Budgetrecht verbleiben auch deshalb im Wirkungsbereich des Art. 83 Abs. 3 ThürVerf, weil sie weder durch die Verfassungsänderung selbst noch durch die Verfassung im übrigen in ihrer Tragweite abgemindert oder gar beseitigt werden. Denn das Verbot des Art. 82 Abs. 2 S. 1 der geänderten Verfassung liefe leer dadurch, daß das Parlament mit Volksgesetzen von erheblicher Finanzwirksamkeit konfrontiert wäre, welche es nachvollziehen müßte, ohne auf ihren Inhalt einen praktisch umsetzbaren Einfluß zu haben.
   Bei wiederholt erfolgreichen oder stark ausgabenwirksamen Volksbegehren könnte sich der Handlungsspielraum des Parlaments gegen Null bewegen.
   Daß nach dem neuen Satz 2 zu Art. 82 Abs. 2 ThürVerf bei einem Volksbegehren mit Auswirkungen auf den Landeshaushalt die Begründung des Gesetzentwurfs stets einen Vorschlag zur Deckung der Kosten enthalten soll, ändert an der Verfassungswidrigkeit der Vorschrift nichts. Zwar ist es insgesamt zu begrüßen, daß das Kostenbewußtsein hier geschärft wird. Es erscheint aber fraglich, ob die eingehend dargestellten Gefahren mit diesem Vorschlag hinreichend verhindert werden können. Zum ersten wird die Verpflichtung zum Deckungsvorschlag nicht strikt ausgestaltet; dem Grundsatz nach („soll") kann der Deckungsvorschlag anders als bei einem „Muß" ausnahms-

weise entfallen, wobei nicht klar ist, unter welchen Voraussetzungen dies geschehen kann. Zum zweiten handelt es sich nur um einen „Vorschlag", der das Parlament nicht von der Aufgabe entbindet, für Deckung zu sorgen. Zum dritten schließlich können die Initiatoren eines Volksgesetzes dieser Pflicht zum Deckungsvorschlag auch dadurch nachkommen, daß sie eine kreditfinanzierte Lösung vorschlagen, die aber dann das Haushaltsgefüge leicht „aus der Bahn würfe", weil eine erhebliche Staatsverschuldung schon vorhanden ist.

An der Verfassungswidrigkeit dieses Artikels im Gesetzentwurf ändert sich auch deshalb nichts, weil nach dem neuen Satz 3 zu Art. 82 Abs. 2 den Erfordernissen des gesamtwirtschaftlichen Gleichgewichtes im Rahmen von Volksgesetzen zum Budget Rechnung getragen werden muß. Insoweit ist festzuhalten, daß allein damit nicht verhindert wird, daß das durch den konkreten Finanzierungsnachweis der Ausgaben bestimmte „Haushaltsgleichgewicht" verloren gehen kann. Es ist ohne weiteres vorstellbar, daß das Haushaltsgleichgewicht bis zur haushaltswirtschaftlichen Notlage gestört wird und daß die Gestaltungsfähigkeit des Parlaments auf Dauer beschädigt wird, ohne daß dabei das eher volkswirtschaftlich definierte „gesamtwirtschaftliche Gleichgewicht" ins Wanken geriete. Denn Art. 109 Abs. 2 GG ist auch auf eine antizyklische Finanzpolitik des Bundes und der Länder bezogen und soll ein „deficit spending" durch kreditfinanzierte Ausgaben grundsätzlich ermöglichen. Dies kann aber dazu führen, daß im Landeshaushalt das Gleichgewicht von Einnahmen und Ausgaben vorübergehend unbeachtet bleibt, um das gesamtwirtschaftliche Gleichgewicht zu erhalten. Nachdem die Initiatoren die Grenzziehung in einem neuen Art. 82 Abs. 2 S. 3 mit dem Begriff des gesamtwirtschaftlichen Gleichgewichts verbinden und damit einen anerkannten verfassungsrechtlichen Begriff verwenden, ist es unzulässig, ihn im Sinne von „Haushaltsgleichgewicht" zu verstehen. Aus alledem folgt, daß es sich bei der im Gesetzentwurf enthaltenen Regelung nicht um eine Einschränkung, sondern um eine Erweiterung der Volksgesetzgebung gegenüber dem bisher geltenden Recht handelt.

Berücksichtigt man weiter, daß die verfassungsgerichtliche Rechtsprechung dem Haushaltsgesetzgeber, der nach Inkrafttreten des Bürgerrechtsstärkungsgesetzes auch der Volksgesetzgeber sein könnte, grundsätzlich einen weiten Einschätzungs- und Beurteilungsspielraum zubilligt, dann erscheint Art. 1 Nr. 2 Buchst. b des Volksbegehrens „Mehr Demokratie" verfassungsrechtlich außerordentlich bedenklich. Der Volksgesetzgeber wird regelmäßig nämlich mangels Kenntnis aller zu berücksichtigenden Wirtschafts- und Haushaltsfaktoren nicht in der Lage sein, jederzeit abzuschätzen, ob er das vom Volksbegehren vorgeschlagene Gesetz innerhalb des dem Gesetzgeber überantworteten Gestaltungsraums als sachgerechte, dem Gemeinwohl letztlich nicht abträgliche Problemlösung beschließt.

dd) Art. 83 Abs. 3 ThürVerf bleibt durch die vorgesehene Erweiterung der Volksgesetzgebung zum Budgetrecht auch insoweit berührt, als das Verfahren der Volksgesetzgebung keine ausreichenden Sicherungsmittel zur Verfügung stellt, um das

Budgetrecht und die Funktionsfähigkeit des Parlaments nachhaltig zu sichern. Wenn von den Befürwortern einer Abänderbarkeit des Art. 82 Abs. 2 ThürVerf zugunsten einer erweiternden finanzwirksamen Volksgesetzgebung auf die hohe Hürde eines Unterstützungsquorums von 14 vom Hundert für ein Volksbegehren hingewiesen wird, die gewährleiste, daß die Volksgesetzgebung (nur) in Ausnahmefällen als ernsthafte Konkurrenz zur parlamentarischen Gesetzgebung wirke und verhindere, daß Volksentscheide zur „sportlichen Betätigung" kleinster Minderheiten werden, so wird dabei übersehen, daß der vorgelegte Entwurf an anderer Stelle das Unterstützungsquorum für Volksbegehren nunmehr auf 5 Prozent beschränkt und das Zustimmungsquorum bei Volksentscheiden streicht. Damit wären die verfahrensmäßigen Sicherungen, sollten sie denn tauglich sein, ebenfalls entfallen. Die Mißbrauchsgefahr würde vielmehr wachsen, da künftig auch eine verhältnismäßig geringe Zahl von Stimmberechtigten eine Volksgesetzgebung in Gang bringen könnte. Minderheiten wären dann leicht in der Lage, sich mittels der Volksgesetzgebung Sondervorteile zu verschaffen. Dazu hat der Bayerische Verfassungsgerichtshof (vgl. BayVerfGH, BayVBl. 2000, 397, 400) überzeugend ausgeführt:

> „Bei Gesetzesinitiativen mit finanziellen Auswirkungen ist es erfahrungsgemäß nicht schwierig, aus den Reihen der unmittelbar betroffenen Interessenten die erforderliche Anzahl von Unterschriften zu erhalten. Auf diese Weise kann verhältnismäßig leicht erreicht werden, daß ein Teil des Volkes zugunsten eines anderen Teils für die Verteilung von Steuermitteln oder wirtschaftlichen Lasten entscheidet, besondern wenn der belastete Teil des Volkes eine Minderheit darstellt oder wenn der Mehrheit des Volkes die betreffende Frage aus irgendwelchen Gründen, z.B. persönlicher Nichtbetroffenheit, gleichgültig ist. Daß die bisherigen Erfahrungen mit Volksbegehren keine solchen Gefährdungen ergeben haben, ändert nichts daran, daß das Verfassungssystem durch geeignete Vorkehrungen solche Gefährdungen ausschließen muß."

ee) Das Budgetrecht des Landtags erfährt nicht dadurch eine ausreichende Sicherung, daß nach erfolgreicher Änderung der Verfassung durch Volksentscheid es dem Landtag weiter freisteht, sein Budgetrecht zu verteidigen, indem er mit einem eigenen Gesetzentwurf in die Auseinandersetzungen eingreift, um so sein Budgetrecht zu sichern (vgl.Art. 82 Abs. 6 S. 1 ThürVerf). Auch hier folgt der Verfassungsgerichtshof den Einschätzungen des Bayerischen Verfassungsgerichtshofs (aaO). Dort heißt es:

> „Das Argument, der politische Diskurs über die beabsichtigten finanzwirksamen Volksbegehren werde solche Beeinträchtigungen vermeiden, greift nicht durch. Volksbegehren werden häufig Anliegen verfolgen, die im demokratisch-politischen Diskurs in der Öffentlichkeit positiv beurteilt werden. So werden Verbesserungen z.B. bei der Schulausbildung, der Kranken- und Altenpflege, der inneren Sicherheit, dem Umweltschutz, der Rechtspflege, dem Verkehrswesen usw. vom Ansatz her kaum auf Widerstand in der Diskussion stoßen. Das Problem besteht ja auch darin, die begrenzten Mittel des Staates mit den Wünschen in Deckung zu bringen, also im Ausgleich verschiedener wünschenswerter Maßnahmen und in der Prioritäten-

setzung. Dieses Problem kann bei einzelnen, in zeitlichen Abständen aufeinander folgenden Volksbegehren durch politischen Diskurs nicht in gleicher effektiver Weise gelöst werden, wie im Parlament, das sämtliche Einnahmen und Ausgaben des Staates im Blick hat."

Dies entwertet auch die Möglichkeit, das Budgetrecht durch ein das haushaltsrelevante Volksgesetz aufhebendes Parlamentsgesetz zu verteidigen.

Sie ändert nichts daran, daß Art. 1 Nr. 2 Buchst. b des Volksbegehrens „Mehr Demokratie" das parlamentarische Budgetrecht in einer Weise aushöhlen würde, daß es mit der Verfassung nicht mehr in Einklang stünde. Wenn der Beteiligte die rechtliche Gleichwertigkeit von Volks- und Parlamentsgesetz postuliert, dann verkennt er die Folgen für die Funktionsfähigkeit des gesamten Systems. Insbesondere dann, wenn der Parlamentsgesetzgeber nicht mehr die politische Kraft aufbringt, solche „Betriebsunfälle" zu korrigieren, weil er im Hinblick auf herannahende Wahlen, nicht seine Mehrheitsfähigkeit im Volk gefährden will. In der Staatspraxis dürfte daher der Beschluß eines Volksentscheid-Aufhebungsgesetzes eher selten sein. Denn es ist sehr fraglich, ob das Parlament angesichts einer zahlenmäßig beträchtlichen Zustimmung zum haushaltsrelevanten Volksgesetz, mag dieses Gesetz auch unausgewogen sein und den Landtag zu Gegensteuerungsmaßnahmen nötigen, sich entschließt, den Volksgesetzgeber zu desavouieren. Daher ist es zumindest nicht unwahrscheinlich, daß erhebliche nachteilige Folgen für die Stabilität der Finanzen des Staates erhalten bleiben. Es bestehen überdies Bedenken, ob die in § 11 Abs. 2 Nr. 2 ThürBVVG vorgesehene zweijährige Sperrwirkung nach dem gesamten Regelungssystem überhaupt zum Tragen kommt. Denn sie setzt die Vorbefassung des Landtags mit einem Volksbegehren sachlich gleichen Inhalts voraus und nicht nur die Kassation eines Volkentscheids. Im übrigen wären hier auch die vom Gesetz vorgesehenen Fristen zu berücksichtigen (§ 18 Abs. 1 und § 19 Abs. 1 ThürBVVG). Letztlich müßte der parlamentarische Gesetzgeber die Folgen eines Systems korrigieren, das im Widerspruch zum herkömmlichen Verständnis des parlamentarischen Budgetrechts eingeführt wurde.

Auch unter Berücksichtigung der geplanten Sicherungsmittel und der systemimmanenten Faktoren ist eine Gefährdung des Budgetrechts des Parlaments durch die Eröffnung finanzwirksamer Volksbegehren und Volksentscheide nicht auszuschließen. Dies führt zu einer „Berührung" der in Art. 44 Abs. 1 S. 2; 45 S. 2 und S. 3 ThürVerf niedergelegten Grundsätze mit der Folge, daß nach Art. 83 Abs. 3 ThürVerf das Volksbegehren insoweit unzulässig ist. Durch die Erweiterung der Volksgesetzgebung im vorbeschriebenen Sinne würde die Funktionalität des parlamentarischen Systems über das zulässige Maß hinaus nicht nur angetastet, sondern sie würde vielmehr dergestalt berührt, daß das im Demokratieprinzip verankerte Budgetrecht des Parlamentes dann in einem Maß eingeschränkt wäre, daß der störungsfreie Ablauf der Parlamentsarbeit zum Wohle der Bevölkerung des Freistaates nicht mehr gewährleistet ist.

h) Art. 1 Nr. 2 Buchst. b des Gesetzentwurfs kann auch nicht durch eine geltungs-
erhaltende Reduktion mittels verfassungskonformer Auslegung zulässiger Bestandteil
des Volksbegehrens bleiben.

Eine solche verfassungskonforme Auslegung, die auch bei werdenden Gesetzen
möglich sein muß, weil sonst das Rechtsschutzsystem im Ganzen nicht lückenlos ausgeschöpft würde, ist nur dann möglich, wenn Wortlaut und Zweck der Norm mehrere
Deutungen ermöglichen und wenn ohne Überdehnung des zu beschließenden Wort-
lautes ein Verständnis der Norm gefunden werden kann, das den Entwurf insoweit mit
der Verfassung in Einklang hält.

Der Wortlaut der Einzelregelungen des Volksbegehrens läßt keine Deutung zu,
die den Regelungsinhalt auf das Maß einer Klarstellung der bisherigen Rechtslage
zurücknimmt. Ziel des Volksbegehrens ist nach seiner Überschrift und seiner Begründung nicht die Errichtung neuer, sondern der Abbau bestehender Hürden für die
Haushaltsgesetzgebung und damit die Erweiterung der Möglichkeit finanzwirksamer
Volksgesetzgebung. Hier sollen das generelle Verbot haushaltsrelevanter, in erheblichem Umfang auf die Ausgaben oder Einnahmen des Freistaats einwirkender
Gesetze in Art. 82 Abs. 2 ThürVerf gelockert und solche Gesetze bis zur Grenze des
gesamtwirtschaftlichen Ungleichgewichts zugelassen werden. Damit unvereinbar ist es,
Art. 1 Nr. 2 Buchst. b als lediglich klarstellende Bezugnahme auf das bereits geltende
Recht aufzufassen. Mit dieser Ansicht tritt der Beteiligte in einen klaren Widerspruch
zum mehrfach erklärten, durch die einzelnen Regelungen wie durch deren Gesamtzusammenhang bekräftigten Ziel seines Volksbegehrens.

Es kann daher offen bleiben, ob eine verfassungskonforme Reduktion des Volksbegehrens bereits daran scheitert, daß § 25 Abs. 2 ThürVerfGHG nicht vorsieht, die
Entscheidung des Verfassungsgerichtshofs in den vorbeugenden Normenkontroll-
sachen nach Art. 80 Abs. 1 Nr. 5 ThürVerf, §§ 11 Nr. 6, 49 ThürVerfGHG zu veröffentlichen und daß inhaltliche Änderungen eines Volksbegehrens nach dessen Zulassung auch der Vertrauensperson verwehrt sind.

Aus alledem folgt, daß eine verfassungskonforme Auslegung des Art. 1 Nr. 2
Buchst. b ausscheidet.

19. Auch Art. 1 Nr. 3 des Gesetzentwurfs steht mit der Verfassung nicht in Einklang und berührt einen der in Art. 83 Abs. 3 ThürVerf aufgenommenen Grundsätze.
Denn der dem Volksbegehren „Mehr Demokratie" in Thüringen zugrunde liegende
Entwurf eines Bürgerrechtstärkungsgesetzes wirkt auch auf das Rechtsstaatsprinzip
ein, weil er den in Art. 47 Abs. 4 ThürVerf festgelegten Vorrang der Verfassung vor den
einfachen Gesetzen dadurch modifiziert, daß für die Volksgesetzgebung die für die von
der Landesverfassung an ein verfassungsänderndes Gesetz gestellten Anforderungen
abgesenkt werden sollen.

a) Die in Art. 83 Abs. 3 ThürVerf verankerte Ewigkeitsgarantie der Landesverfassung umfaßt den Grundsatz des demokratischen Rechtsstaats (Art. 44 Abs. 1

S. 2 ThürVerf). Der Rechtsstaat ist in seinen Ausprägungen, wie Bestimmtheitsgebot, Rechtssicherheit und Verhältnismäßigkeitsgrundsatz, bei der Auslegung und Anwendung von Landesrecht geschützt. Bezogen auf das Demokratieprinzip umfaßt dieser Schutz auch die Gewaltenteilung (Art. 45 S. 3 ThürVerf) sowie den Vorrang und den Vorbehalt des Gesetzes (Art. 47 Abs. 4 ThürVerf). Das im Grundgesetz wie in Art. 44 Abs. 1 S. 2 ThürVerf verankerte Rechtsstaatsprinzip räumt im Verbund mit dem Demokratieprinzip dem formellen Gesetz – sei es vom Parlament, sei es vom Volk beschlossen – Vorrang vor anderen Rechtsquellen ein. Es stellt das Gesetz damit in eine Normenhierarchie, an deren Spitze die Verfassungsnorm steht. Dieses Stufenverhältnis bringt Art. 47 Abs. 4 ThürVerf zum Ausdruck, indem er das sogenannte einfache Gesetz an die verfassungsmäßige Ordnung bindet. Diese Bindung des einfachen Gesetzes an das höherrangige Verfassungsrecht entfaltet nur dann die ihr zugedachte Wirkung, die Staatsgewalt rechtlich zu strukturieren, wenn die Verfassungsnorm anderen Änderungsvoraussetzungen unterliegt als das einfache Gesetz. Dies unterstreicht Art. 83 Abs. 2 ThürVerf, indem er für den Beschluß eines verfassungsändernden Gesetzes die Zwei-Drittel-Mehrheit vorschreibt.

Begründet so der Vorrang der Verfassung den Nachrang des einfachen Gesetzes, so läßt sich dies rechtlich nur durchführen, wenn auch der Volksgesetzgeber die Verfassung nur unter erschwerten Bedingungen ändern kann. Andernfalls könnte bei Zweifeln an der Verfassungsmäßigkeit eines Gesetzgebungsvorhabens schon mit einfacher Mehrheit die Verfassung „klargestellt" oder gar geändert werden. Dann wäre aber „der Vorrang der Verfassung" nur noch formaler, nicht aber mehr inhaltlicher Natur.

Die mit dem materiellen Vorrang des Verfassungsrechts verbundene Erschwerung der Verfassungsänderung erstrebt neben einem erhöhten Bestandsschutz der Verfassung eine breite Akzeptanz des verfassungsändernden Gesetzes und den Schutz von Minderheiten, sei es als parlamentarische Opposition, sei es als Minderheit in der Bevölkerung. Diesen Zielvorgaben muß auch ein verfassungsänderndes Volksgesetz genügen (vgl. auch BayVerfGH, Urt. v. 14.2.2000, BayVBl. 2000, 342, 344).

b) Art. 1 Nr. 3 des mit dem Volksbegehren vorgelegten Gesetzentwurfes trägt diesen verfassungsrechtlichen Gegebenheiten nicht ausreichend Rechnung.

Dem Grundsatz der erschwerten Verfassungsänderung entspricht das Volksbegehren nicht bereits dadurch, daß nach dem Gesetzentwurf die Landesverfassung auch künftig ein Zustimmungsquorum für ein verfassungsänderndes Gesetz vorschreibt, welchem indes nicht mehr mindestens die Hälfte (so Art. 83 Abs. 2 S. 2 ThürVerf), sondern nur noch mindestens ein Viertel der Stimmberechtigten zustimmen muß.

Allein ein Zustimmungsquorum von nur 25 Prozent der Stimmberechtigten gewährleistet für das Volksgesetzgebungsverfahren noch nicht die an ein verfassungsänderndes Gesetz zu stellenden Anforderungen. Mit einem solchen Quorum wird der von Art. 83 Abs. 3 iVm Art. 47 Abs. 4 ThürVerf geschützte Vorrang der Verfassung in der Gestalt der erschwerten Abänderbarkeit dieses Gesetzeswerks berührt.

Gegen diese Feststellung spricht nicht, daß nach dem Regelungskonzept des Entwurfes die verfassungsändernde Volksgesetzgebung, anders etwa als die Entwürfe, die der Bayerische Verfassungsgerichtshof und der Bremer Staatsgerichtshof für verfassungswidrig hielten, höheren Anforderungen genügen müßte als die einfache Volksgesetzgebung. Insofern beachtet der Entwurf formell den Grundsatz, daß verfassungsändernde Volksgesetze ein Zustimmungsquorum erreichen müssen.

Diese auf den Entwurf bezogene relative Betrachtungsweise beantwortet aber nicht die Frage, ob die in ihm enthaltene Hürde – absolut gesehen – der Verfassung ausreichenden Bestandsschutz verschafft und ob sie die mit dem materiellen Vorrang der Verfassung verknüpften weiteren Ziele erreicht.

Nur dann, wenn man das Zustimmungsquorum von 25 vom Hundert der Stimmberechtigten isoliert in den Blick nimmt und das Verhältnis zu den Mehrheitsanforderungen bei Verfassungsänderungen durch das Parlament bzw. das von den Initiatoren vorgelegte Regelungskonzept für die Volksgesetzgebung außer acht läßt, könnte die Zulässigkeit des Vorhabens gerade noch vertretbar sein.

Diese Frage ist auch vor dem Hintergrund der mit verfassungsändernden Gesetzgebungsvorhaben gemachten Erfahrungen zu beantworten. Danach liegt in den meisten Bundesländern die Abstimmungsbeteiligung, selbst bei vorangegangenen kontroversen Diskussionen über Verfassungsänderungen, bei kaum mehr als 40 Prozent der Stimmberechtigten. Davon müßten, sollte die Zustimmung von 25 Prozent der Stimmberechtigten erreicht werden, mehr als 62 Prozent der Abstimmenden für die Verfassungsänderung votieren. Bei einer höheren Beteiligung sinkt zwar der Wert, der – bezogen auf die Abstimmenden – das Zustimmungsquorum ausmacht, bei 50 Prozent Beteiligung auf 50 Prozent der Abstimmenden, bei 60 Prozent Beteiligung auf ca. 42 Prozent der Abstimmenden. Bei einer Beteiligung von mehr als 50 vom Hundert der Stimmberechtigten ist aber zu beachten, daß in jedem Fall nach Satz 1 des Entwurfes die „Mehrheit der abgegebenen Stimmen" entscheidet mit der Folge, daß der Anteil an der Gesamtzahl der Stimmberechtigten in jedem Fall über 25 vom Hundert steigen muß (ab 60 Prozent Beteiligung mehr als 30 Prozent der Stimmberechtigten usw.), soll die Verfassungsänderung Erfolg haben. Insoweit kann eine erschwerte Abänderbarkeit auch bei Erfolg des Volksbegehrens bejaht werden, weil die Erfüllung dieser Anforderung einen erheblichen Mobilisierungsaufwand verlangt.

Hinzu kommt bei einer solch engen Betrachtungsweise weiter, daß in Bayern ein Zustimmungsquorum von 25 Prozent bei Verfassungsänderungen als Schutz der erschwerten Abänderbarkeit der Verfassung für ausreichend gehalten wird (vgl. BayVerfGH, BayVBl. 1999, 719, 724ff). Der Bayerische Verfassungsgerichtshof hat, ausgehend vom Grundsatz der erschwerten Abänderbarkeit unter Wahrung der Konkordanz zur Effektivität der Volksgesetzgebung diesen Wert durch Rechtsprechung aus der Verfassung „geschöpft". Auf der Ebene dieser engen Betrachtungsweise ist aber festzustellen, daß außer Bayern alle anderen Bundesländer, die Verfassungsänderungen durch Volksentscheide überhaupt zulassen, die Erfüllung eines Zustimmungsquorums von mindestens 50 Prozent der Stimmberechtigten fordern. Wenn dagegen vorgebracht wird, daß solch hohe Hürden von 50 vom Hundert der Stimmenbürger die Volksgesetzgebung zur Verfassungsänderung verhindern und damit die verfassungsrechtliche Entscheidung für die direkte Demokratie im Bereich der Verfassungsgebung letztlich ins Leere läuft, kann dem nur dann nicht widersprochen werden, wenn man eine solche enge Betrachtungsweise als den entscheidenden Maßstab nimmt.

c) Der Verfassungsgerichtshof folgt dieser ausschließlich auf das Zustimmungsquorum verengten Darstellung des Problems nicht. Vielmehr ist auch das Verhältnis zu den Mehrheitsanforderungen bei Verfassungsänderungen durch das Parlament und das von den Initiatoren insgesamt gewollte Regelungskonzept für die Volksgesetzgebung heranzuziehen. Daraus wird deutlich, daß in dieser Ausgestaltung die Absenkung des Zustimmungsquorums auf 25 vom Hundert der Stimmberechtigten nicht mehr mit der Verfassung in Einklang steht.

Es soll nicht verkannt werden, daß nur der Grundsatz der erschwerten Abänderbarkeit der Verfassung in den Schutzbereich des Art. 83 Abs. 3 ThürVerf fällt und nicht bestimmte, zahlenmäßige Mehrheiten. Allerdings wird gerade aus dem geltenden Recht erkennbar, daß deutliche Hürden für die Verfassungsänderung durch das Parlament und den Volksgesetzgeber verlangt werden, um den hohen Rang des Verfassungsgesetzgebers und die damit verbundene erschwerte Abänderbarkeit der Verfassung für jede Form der Gesetzgebung zu gewährleisten. Hinzu kommt, daß die Kumulation von Absenkung des Unterstützungsquorums auf 5 Prozent der Stimmberechtigten für das verfassungsändernde Volksbegehren und des Zustimmungsquorums auf 25 Prozent bei Volksentscheiden mit verfassungsänderndem Inhalt im Ländervergleich die niedrigste Hürde aller Verfassungen darstellt. Selbst die in dieser Hinsicht volksbegehrenfreundlichste Verfassung des Freistaates Bayern verlangt bei einem Zustimmungsquorum von 25 Prozent beim Volksentscheid ein Unterstützungsquorum von 10 Prozent beim vorangehenden Volksbegehren. Hinzu kommen noch weitere Erschwernisse durch die Pflicht der amtlichen Sammlung unter Einräumung einer wesentlich kürzeren Sammelfrist, wie oben eingehend erläutert wurde. Aus der Gesamtschau, die hier wiederum vonnöten ist, wird erneut deutlich, daß sich die Initiatoren sowohl für das Antrags- als auch für das Zustimmungsverfahren bei der Volksgesetzgebung mit verfassungsänderndem Einschlag die jeweils günstigsten Regelungen aus den übrigen Verfassungen anderer Bundesländer herausgesucht haben. Dadurch werden Verfassungsänderungen mittels direkter Demokratie in einem Maße erleichtert, daß für verfassungsändernde Gesetze das bisherige Anforderungsgleichgewicht zwischen Volksgesetzgebung und parlamentarischer Gesetzgebung so erheblich gestört ist, daß die Gewichtung sich eindeutig zugunsten der Volksgesetzgebung verschiebt und damit den Grunderfordernissen des Rechtsstaats- wie des Demokratieprinzips nicht mehr genügt.

20. Da die vom Volksbegehren „Mehr Demokratie" in verfassungswidriger Weise berührten Grundsätze des unveränderbaren Bestands der Landesverfassung im wesentlichen denselben Inhalt haben wie ihn das Grundgesetz dem Demokratieprinzip, dem Grundsatz der Volkssouveränität und dem Rechtsstaatsprinzip beilegt, erübrigt sich ein Abgleich des Ergebnisses dieser verfassungsrechtlichen Prüfung am Maßstab des Art. 28 Abs. 1 S. 1 GG.

21. Die aus dem Vorgesagten sich ergebende teilweise Unzulässigkeit des Volksbegehrens führt dazu, daß das Volksbegehren insgesamt für unzulässig zu erklären ist.

Dabei kann dahinstehen, ob die durch die Rechtsprechung bei abstrakten Normenkontrollverfahren für die Teilnichtigkeit beschlossener Gesetze entwickelten Grundsätze auch auf das vorbeugende Normenkontrollverfahren nach Art. 82 Abs. 5 ThürVerf übertragen werden können oder nicht.

Das Bundesverfassungsgericht vertritt in ständiger Rechtsprechung in diesem Zusammenhang die Auffassung, daß die Nichtigkeit einzelner Vorschriften zur Nichtigkeit des ganzen Gesetzes nur dann führt, wenn sich aus dem objektiven Sinn des Gesetzes ergibt, daß die übrigen mit der Verfassung übereinstimmenden Vorschriften keine selbständige Bedeutung haben. Gleiches gilt dann, wenn die verfassungswidrige Vorschrift oder verfassungswidrige Vorschriften Teil bzw. Teile einer Gesamtregelung ist/sind, die ihren Sinn und ihre Rechtfertigung verliert/verlören, wenn man einen ihrer Bestandteile herausnimmt, wenn also die nichtige Vorschrift mit den übrigen Bestimmungen so verflochten ist, daß sie eine untrennbare Einheit bilden, die nicht in einzelne Bestandteile zerlegt werden kann (vgl. BVerfGE 8, 274, 301; std. Rspr.).

Die teilweise Aufrechterhaltung eines im übrigen unbedenklichen Gesetzes ist auch dann nicht möglich, wenn das Gesetz in seinem Kernbestand als verfassungswidrig erkannt worden ist und wenn dadurch die innere Ausgewogenheit des Systems so gestört wurde, daß geradezu von einer Verfälschung der gesetzgeberischen Idee gesprochen werden müßte, wenn der Rest des Gesetzes wirksam bliebe (vgl. BVerfGE 10, 200, 220). In dieser Rechtsprechung des Bundesverfassungsgerichts wird erkennbar, daß es aus Gründen der Rechtssicherheit und Rechtsklarheit nicht dem Grundsatz folgt, den das Zivilrecht in § 139 BGB normiert. Dort gilt nämlich, daß im Falle der Teilnichtigkeit eines Rechtsgeschäftes das ganze Rechtsgeschäft nichtig ist, wenn nicht anzunehmen ist, daß es auch ohne den nichtigen Teil vorgenommen worden wäre. Das Bundesverfassungsgericht dreht in seiner Rechtsprechung das Regel-Ausnahmeverhältnis um.

Die Rechtsprechung der Landesverfassungsgerichte ergibt zu diesen Fragen kein einheitliches Bild.

Der angerufene Verfassungsgerichtshof folgt hier den Grundsätzen, die der Bayerische Verfassungsgerichtshof in seiner seit 1994 praktizierten und mit klaren

Konturen versehenen Rechtsprechung entwickelt hat. Dort heißt es (vgl. Urt. v. 14. 11. 1994, BayVBl. 1995, 46, 49) wie folgt:

„Entscheidender Gesichtspunkt ist, daß dem Volksbegehren ein Gesetzentwurf zugrunde liegen muß, der vom dem Willen der Unterzeichner des Volksbegehrens gedeckt ist. Abzustellen ist auf den objektivierten Willen der Antragsteller, der dadurch zum Ausdruck gekommen ist, daß diese mit ihrer Unterschrift ihr Einverständnis damit erklärt haben, dieser Gesetzentwurf solle zum Gegenstand eines Volksgesetzgebungsverfahrens gemacht werden. Fällt dieser gemeinsame Nenner für die Vereinigung von einer Vielzahl von Stimmberechtigten dadurch weg, daß ein Teil des Gesetzentwurfes zu beanstanden ist, fehlt es an der übereinstimmenden Aufnahme gerade dieses Gesetzentwurfes in dem gemeinsamen Willen der Unterzeichner. Die ursprüngliche Erklärung der Antragsteller deckt dann den verbleibenden Teil grundsätzlich nicht ab ..."

Der Verfassungsgerichtshof kann deshalb nicht durch seine Entscheidung eine reduzierte Fassung des Gesetzentwurfs zum Gegenstand eines Volksentscheids machen, wenn die substantielle Veränderung des Gesetzentwurfs so wesentlich ist, daß die Unterstützer des Volksbegehrens diesen „Torso" nicht mehr gewollt haben würden. Nur wenn die die Unzulässigkeit des Volksbegehrens begründenden Vorschriften lediglich einen unwesentlichen Teil eines einheitlichen Gesetzentwurfes darstellen und die verbleibenden verfassungsgemäßen Bestimmungen von diesem abtrennbar sind, kann ein Volksentscheid über diese „restlichen" Vorschriften ausnahmsweise zugelassen werden. Dies ist nach objektiven Gesichtspunkten unter Würdigung des gesamten Gesetzentwurfs festzustellen. Weiter kann eine Ausnahme dann vorliegen, wenn ein Volksbegehren in einem Gesetzentwurf mehrere Initiativen enthält, die voneinander getrennt werden können. Ist ein Teil verfassungsgemäß, dann ist insoweit das Volksbegehren zulässig.

Der Verfassungsgerichtshof stellt für die Beantwortung der sich hieraus ergebenden Fragen darauf ab, daß die vorbeugende und die nachträgliche abstrakte Normenkontrolle sich in ihrem Prüfungsgegenstand grundsätzlich unterscheiden. Gegenstand der nachträglichen Normenkontrolle ist in der Regel ein bereits verkündetes Gesetz. Der Gesetzgeber hat seinen Willen endgültig geäußert. Gesetze können schon Rechtswirkungen erzeugt haben, auf die die Bürger vertrauten. Die verfassungsgerichtliche Prüfung hat hier durch Anlegung eines zurückhaltenden Maßstabes einerseits die demokratische Willenskundgabe in einem Gesetz und andererseits die Rechtssicherheit, d. h. das Vertrauen in den Fortbestand des Gesetzes, zu beachten. Diesen Anforderungen werden die Grundsätze zur Teilnichtigkeit gerecht, wie sie in § 139 BGB enthalten sind.

Gegenstand der vorbeugenden Normenkontrolle ist dagegen ein „Gesetz im Werden", das durch das Volk im Rahmen der Volksgesetzgebung demokratisch noch nicht legitimiert ist und das noch keine Rechtsfolgen zeitigt. Hinzu kommt weiter, daß der Entwurf bis zur Entscheidung durch das Volk vom Willen der Initiatoren und Unterstützer getragen sein muß. Diese Aspekte führen dazu, daß der Entwurf eines

Gesetzes bei einer Teilnichtigkeit eher für insgesamt unzulässig angesehen werden muß. Dabei erhalten die landesrechtlichen Verhältnisse Gewicht, weil sie Auskunft geben darüber, mit welcher Intensität das Landesrecht die Fortführung des Begehrens an die Übereinstimmung mit dem Entwurfstext bindet. Dabei ist zu berücksichtigen, daß die verfassungsrechtliche Überprüfung hier erst auf der zweiten Stufe der Volksgesetzgebung, d. h. nach Durchführung des erfolgreichen Volksbegehrens stattfindet. Das Gesetzgebungsverfahren hat mithin das Stadium der Abstimmung durch Volksentscheid erreicht. Hier muß verlangt werden, daß an den Bestand des Gesetzentwurfs insoweit ein höherer Maßstab anzulegen ist, weil er den Willen der Unterstützer dokumentiert. Das wird auch dadurch verwirklicht, daß nach der Zulassung des Volksbegehrens der Entwurf im Gesetz- und Verordnungsblatt des Freistaats veröffentlicht wird (vgl. § 13 ThürBVVG).

Dafür, daß generell nicht lediglich die verfassungsgemäßen Teile eines Gesetzentwurfes einem Volksentscheid zur Abstimmung vorzulegen sind, spricht hier weiter, daß sich beim vorliegenden Volksbegehren ungefähr 18 Prozent der Thüringer Stimmberechtigten für einen Volksentscheid ausgesprochen haben. Mit dieser sehr hohen Beteiligung und Zustimmung für das Gesetz „zur Stärkung der Rechte der Bürger" kommt ein starkes Bedürfnis zum Ausdruck, die Ziele des Volksbegehrens zu unterstützen und die Hürden für die unmittelbare Demokratie in Thüringen in dem im einzelnen vom Volksbegehren „Mehr Demokratie" vorgeschlagenen Sinne zu senken. Da diese hohe Zustimmung einem Regelungsvorschlag gilt, der in wesentlichen Teilen unzulässig ist, würde es diese Meinungskundgebungen verfälschen, sie auf ein inhaltlich sehr verändertes Volksbegehren zu beziehen.

Für eine Gesamtunzulässigkeit des Volksbegehrens spricht auch, daß § 10 Abs. 2 Nr. 4 ThürBVVG iVm § 6 Abs. 1 ThürBVVG die rechtlichen Möglichkeiten der bestellten Vertrauenspersonen, auf die Fortführung und den Inhalt des Antrages auf Zulassung des Volksbegehrens Einfluß zu nehmen, begrenzt.

Danach sind die Vertrauensperson und ihr Stellvertreter jeweils berechtigt, verbindliche Erklärungen zum Volksbegehren abzugeben und entgegenzunehmen. Dabei handelt es sich jedoch nicht um jede beliebige Erklärung zur Sache selbst. § 6 ThürBVVG will lediglich sicherstellen, daß für ein Volksbegehren konkrete Ansprechpartner zur Verfügung stehen. Nur die für das Volksbegehren genannten Vertrauensleute können dabei in beschränktem Umfang verbindliche Erklärungen abgeben und diese auch zurücknehmen. Eine Erklärung zum Volksbegehren dergestalt, daß nunmehr nur noch Teile des Gesetzentwurfes von der Volksgesetzgebung betroffen werden sollen, ist dagegen den Vertrauensleuten verwehrt. Insoweit würde ihr Handeln auch nicht mehr von dem Willen der Unterstützer getragen, die den Gesetzentwurf insgesamt zu beurteilen hatten.

Daraus ergibt sich, daß Änderungen, die die „Herzstücke" des Volksbegehrens betreffen, der Dispositionsbefugnis der Vertrauensleute nicht unterliegen und auch der Gesetzgeber insoweit an den Entwurf strikt gebunden ist. Das bedeutet weiter, daß in

Anlehnung an die Auffassung des Bayerischen Verfassungsgerichtshofs bei Unzulässigkeit wesentlicher Teile des Volksbegehrens der Verfassungsgerichtshof dessen Unzulässigkeit insgesamt feststellt.

Hier sind die „Herzstücke" des Entwurfes verfassungswidrig. Von dem objektivierten Willen der Unterstützer ist der verbleibende „Torso" nicht mehr gedeckt; ihr Anliegen bestand in erster Linie darin, die Unterstützungsquoren zum Volksbegehren erheblich abzusenken, die Zustimmungsquoren beim Volksentscheid zu streichen bzw. erheblich zu reduzieren sowie den Einfluß des Volksgesetzgebers bei der Ausgestaltung des Budgetrechts zu stärken. Diesem Anliegen hat der Verfassungsgerichtshof nicht entsprochen, indem er insoweit die maßgeblichen Vorschriften des Entwurfes für verfassungswidrig erklärt hat. Dies führt zu dem Gesamtergebnis, daß das Volksbegehren insgesamt unzulässig ist.

Ist der Entwurf eines Bürgerrechtsstärkungsgesetzes in seinen wesentlichen Teilen verfassungswidrig, kann offen bleiben, ob Art. 1 Nr. 2 Buchst. e des Gesetzentwurfs den Grundsatz der Wahlfreiheit berührt. Denn auch dann, wenn dies nicht der Fall wäre, würde es aus den vorgenannten Gründen nicht möglich sein, Art. 1 Nr. 2 Buchst. e insoweit als Gegenstand des Volksbegehrens zu erhalten und hierüber einen Volksentscheid durchzuführen.

C.

Das Verfahren vor dem Verfassungsgerichtshof ist kostenfrei (§ 28 Abs. 1 ThürVerfGHG). Eine Auslagenerstattung für den Beteiligten kommt nicht in Betracht (§ 29 Abs. 2 ThürVerfGHG).

Dieses Urteil hat der Verfassungsgerichtshof mit 8:1 Stimmen beschlossen.

Sachregister

Gesetzesregister

Bundesrecht

Bürgerliches Gesetzbuch vom 18. August 1896 (BGBl. III 400-2) – BGB –	§ 823 Abs. 1	Nr. 10 (Bbg)
	§ 139	Nr. 1 (Thür)
Bundeswahlgesetz vom 23. Juli 1993 (BGBl. I S. 1288, ber. S. 1594) mit späteren Änderungen – BWG –	§ 48 Abs. 1 Satz 2	Nr. 1 (H)
Gerichtsverfassungsgesetz idF der Bekanntmachung vom 9. Mai 1975 (BGBl. I S. 1077) – GVG –	§ 17 Abs. 2 Satz 1	Nr. 12 (Bbg)
Gesetz über das Bundesverfassungsgericht idF der Bekanntmachung vom 11. August 1993 (BGBl. I S. 1473) mit späterer Änderung – BVerfGG –	§ 32	Nr. 1 (BW)
	§ 64	Nr. 1 (MV)
	§ 90	Nr. 2 (MV)
Grundgesetz für die Bundesrepublik Deutschland vom 23. Mai 1949 (BGBl. I S. 1) – GG –	Art. 28 Abs. 1	Nr. 4 (B)
	Art. 68 Abs. 1	Nr. 4 (B)
	Art. 1	Nr. 8 (Bbg)
	Art. 2 Abs. 1	Nr. 8 (Bbg)
	Art. 3 Abs. 1	Nr. 10, 11 (Bbg)
	Art. 14 Abs. 1	Nr. 10 (Bbg)
	Art. 3 Abs. 1	Nr. 1 (H)
	Art. 21	Nr. 1 (H)
	Art. 28 Abs. 1 Satz 2	Nr. 1 (H)

	§ 146 Abs. 2	Nr. 12 (Bbg)
	§ 161 Abs. 2	Nr. 11 (Bbg)
	§ 162 Abs. 3	Nr. 9 (Bbg)
	§ 170 Abs. 2	Nr. 11 (Bbg)
Zivilprozeßordnung idF vom 12. September 1950 (BGBl. S. 533) – ZPO –	§ 519	Nr. 2 (B)
	§ 541 Abs. 1 Satz 1	Nr. 1 (He)
	§ 579 Abs. 1 Nr. 4	Nr. 3 (Bbg)
	§ 579 Abs. 2	Nr. 3 (Bbg)

Landesrecht

Baden-Württemberg

Gesetz über die Prüfung der Landtagswahlen (Landtagswahlprüfungsgesetz) vom 7. November 1955 (GBl. S. 161) – LWPrG –	§ 4	Nr. 1 (BW)
	§ 11	Nr. 1 (BW)
Gesetz über den Staatsgerichtshof vom 13. Dezember 1954 (GBl. S. 171) – StGHG –	§ 14	Nr. 1 (BW)
	§ 17 Abs. 1	Nr. 1 (BW)
	§ 25	Nr. 1 (BW)
	§ 45 Abs. 3	Nr. 2 (BW)
	§ 55	Nr. 1 (BW)
Verfassung des Landes Baden-Württemberg vom 11. November 1953 (GBl. S. 173) – LV –	Art. 27 Abs. 2	Nr. 2 (BW)
	Art. 27 Abs. 3	Nr. 2 (BW)
	Art. 49 Abs. 1	Nr. 2 (BW)
	Art. 68 Abs. 1 Satz 2 Nr. 1	Nr. 2 (BW)

Berlin

Allgemeines Sicherheits- u. Ordnungsgesetz v. 14. April 1992 (GVBl. S. 119) – ASOG –	§ 55	Nr. 3 (B)
Verfassung von Berlin vom 23. November 1995 (GVBl. S. 779) – VvB –	Art. 7	Nr. 1, 3 (B)
	Art. 10 Abs. 1	Nr. 2, 3 (B)

	Art. 17	Nr. 1, 3 (B)
	Art. 23 Abs. 1	Nr. 3 (B)
	Art. 54 Abs. 2	Nr. 4 (B)

| Verordnung über das Halten von Hunden in Berlin idF der Änderungsverordnung vom 4. Juli 2000 (GVBl. S. 365) | | Nr. 3 (B) |

Brandenburg

Fischereigesetz für das Land Brandenburg vom 13. Mai 1993 (GVBl. I S. 178) – BbgFischG –	§ 11	Nr. 10 (Bbg)
	§ 27 Abs. 2	Nr. 10 (Bbg)
	§ 34	Nr. 10 (Bbg)
	§ 35	Nr. 10 (Bbg)
	§ 44 Abs. 4	Nr. 10 (Bbg)

| Geschäftsordnung des Landtages Brandenburg vom 28. Februar 2000 (GVBl. I S. 14) | | Nr. 2 (Bbg) |

Gesetz über das Verfahren bei Volksinitiative, Volksbegehren und Volksentscheid vom 14. April 1993 (GVBl. I S. 94) – Volksabstimmungsgesetz – VAGBbg –	§ 5 Abs. 2	Nr. 6 (Bbg)
	§ 9 Abs. 6 Satz 1	Nr. 6 (Bbg)
	§ 11	Nr. 6 (Bbg)

Gesetz über das Verfassungsgericht des Landes Brandenburg idF der Bekanntmachung vom 22. November 1996 (GVBl. I S. 344) – Verfassungsgerichtsgesetz Brandenburg – VerfGGBbg –	§ 45 Abs. 1	Nr. 4, 5, 12 (Bbg)
	§ 45 Abs. 2 Satz 1	Nr. 12 (Bbg)
	§ 46	Nr. 12 (Bbg)

Verfassung des Landes Brandenburg vom 20. August 1992 (GVBl. I S. 298) – LV –	Art. 2 Abs. 4 Satz 1	Nr. 6 (Bbg)
	Art. 2 Abs. 5	Nr. 7 (Bbg)
	Art. 5 Abs. 3	Nr. 10, 11 (Bbg)
	Art. 6 Abs. 1	Nr. 5, 12 (Bbg)
	Art. 6 Abs. 2	Nr. 8 (Bbg)
	Art. 7 Abs. 1	Nr. 8 (Bbg)
	Art. 8 Abs. 1 Satz 1	Nr. 5 (Bbg)
	Art. 10	Nr. 7, 8 (Bbg)
	Art. 11 Abs. 1	Nr. 8 (Bbg)
	Art. 11 Abs. 2	Nr. 8 (Bbg)

Hamburg

Niedersachsen

Gesetz zur Änderung des Niedersächsischen Gesetzes über den Finanzausgleich und anderer Gesetze vom 12. März 1999 (Nds.GVBl. S. 74) – NFAG-ÄndG –		Nr. 1 (Nds)
Haushaltbegleitgesetz 1999 vom 21. Januar 1999 (Nds.GVBl. S. 10)	Art. 1 Nrn. 7, 2 Art. 2 Nr. 1	Nr. 1 (Nds) Nr. 1 (Nds)
Niedersächsisches Gesetz zur Regelung der Finanzverteilung zwischen Land und Kommunen (Niedersächsisches Finanzverteilungsgesetz) vom 12. März 1999 (Nds. GVBl. S. 79, mit Berichtigung Nds.GVBl. S. 106) – NFVG –		Nr. 1 (Nds)
Niedersächsische Verfassung idF vom 19. Mai 1993 (GVBl. S. 107) – NV –	Art. 48 Abs. 1 Satz 2 Art. 57 Abs. 4 Art. 58 Art. 68 Abs. 1	Nr. 2 (Nds.) Nr. 1 (Nds.) Nr. 1 (Nds.) Nr. 2 (Nds.)

Sachsen

Gesetz über den Verfassungsgerichtshof des Freistaates Sachsen vom 18. Februar 1993 (GVBl. S. 177, ber. in GVBl. S. 495) – SächsVerfGHG –	§ 7 Nr. 2 § 16 Abs. 3 § 16 Abs. 4 § 21 Nr. 1	Nr. 1 (S) Nr. 1 (S) Nr. 1 (S) Nr. 1 (S)
Sächsisches Personalvertretungsgesetz vom 21. Januar 1993 (SächsGVBl. S. 29) idF des Zweiten Gesetzes zur Änderung des Sächsischen Personalvertretungsgesetzes vom 23. April 1998 (SächsGVBl. S. 165) und des Gesetzes zur Änderung des Schulgesetzes für den Freistaat Sachsen und anderer Gesetze vom 29. Juni 1998 (SächsGVBl. S. 271)	§ 4 Abs. 5 Nrn. 4, 5 § 67 Abs. 1 Satz 1 § 67 Abs. 1 Satz 2 § 67 Abs. 2 § 73 Abs. 1 § 73 Abs. 2 § 79 Abs. 1 § 79 Abs. 3 § 79 Abs. 4 § 80 Abs. 1 § 80 Abs. 3 Nrn. 9, 16 § 81 Abs. 1 § 81 Abs. 2	Nr. 1 (S) Nr. 1 (S) Nr. 1 (S) Nr. 1 (S) Nr. 1 (S) Nr. 1 (S) Nr. 1 (S) Nr. 1 (S) Nr. 1 (S) Nr. 1 (S) Nr. 1 (S) Nr. 1 (S) Nr. 1 (S)

Sachsen-Anhalt

zur Änderung des Gesetzes über die öffentliche
Sicherheit und Ordnung des Landes Sachsen-
Anhalt vom 20. Juli 2000 (LSA-GVBl. S. 444)
– LSA-SOG –

Schulgesetz des Landes Sachsen-Anhalt	§ 4	Nr. 2 (SA)
(idF d. Bek. vom 27. August 1996 (LSA-GVBl.	§ 36	Nr. 2 (SA)
S. 281), zuletzt geändert durch Gesetz vom		
13. Januar 2000 (LSA-GVBl. S. 108) und vom		
18. Januar 2000 (LSA-GVBl. S. 112) – LSA-SG –		

Verfassung des Landes Sachsen-Anhalt vom	Art. 2 Abs. 1	Nr. 1 (SA)
16. Juli 1992 (LSA-GVBl. S. 600) – LVerfG –	Art. 2 Abs. 2	Nr. 1 (SA)
	Art. 5 Abs. 1	Nr. 1 (SA)
	Art. 7 Abs. 1	Nr. 1 (SA)
	Art. 75 Nr. 6	Nr. 2, 3 (SA)

Thüringen

Gesetz über den Thüringer Verfassungs-	§ 11 Nr. 6	Nr. 1 (Thür)
gerichtshof vom 28. Juni 1994 (GVBl. S. 781)	§ 25 Abs. 2	Nr. 1 (Thür)
– ThürVerfGHG –	§ 28 Abs. 1	Nr. 1 (Thür)
	§ 29 Abs. 2	Nr. 1 (Thür)
	§ 49	Nr. 1 (Thür)

Thüringer Gesetz über das Verfahren bei	§ 1	Nr. 1 (Thür)
Bürgerantrag, Volksbegehren und Volks-	§ 4 Abs. 3 Satz 1	Nr. 1 (Thür)
entscheid vom 19. Juli 1994 (GVBl. S. 918)	§ 6 Abs. 1	Nr. 1 (Thür)
– ThürBVVG –	§ 8 Satz 1	Nr. 1 (Thür)
	§§ 9–18	Nr. 1 (Thür)
	§ 19 Abs. 1	Nr. 1 (Thür)

Verfassung des Freistaats Thüringen vom	Art. 1	Nr. 1 (Thür)
25. Oktober 1993 (GVBl. S. 625) – ThürVerf –	Art. 4 Abs. 3 Satz 1	Nr. 1 (Thür)
	Art. 11 Abs. 2	Nr. 1 (Thür)
	Art. 28 Abs. 2	Nr. 1 (Thür)
	Art. 34 Abs. 3 Satz 1	Nr. 1 (Thür)
	Art. 44 Abs. 1	Nr. 1 (Thür)
	Art. 45	Nr. 1 (Thür)
	Art. 47 Abs. 4	Nr. 1 (Thür)
	Art. 48 Abs. 1	Nr. 1 (Thür)

Art. 49 Abs. 2	Nr. 1 (Thür)
Art. 51 Abs. 2	Nr. 1 (Thür)
Art. 53 Abs. 1	Nr. 1 (Thür)
Art. 68	Nr. 1 (Thür)
Art. 80 Abs. 1 Nr. 5, 6	Nr. 1 (Thür)
Art. 81	Nr. 1 (Thür)
Art. 82	Nr. 1 (Thür)
Art. 83 Abs. 2 Satz 2	Nr. 1 (Thür)
Art. 83 Abs. 3	Nr. 1 (Thür)
Art. 85 Abs. 2	Nr. 1 (Thür)
Art. 98 Abs. 2	Nr. 1 (Thür)
Art. 99 Abs. 3	Nr. 1 (Thür)
Art. 100	Nr. 1 (Thür)
Art. 101	Nr. 1 (Thür)
Art. 104	Nr. 1 (Thür)
Art. 105a	Nr. 1 (Thür)
Art. 106 Abs. 3	Nr. 1 (Thür)

Recht der Deutschen Demokratischen Republik

| Anordnung über die fischwirtschaftliche Nutzung der Binnengewässer, die Ausübung des Fischfanges und des Angelsportes im Bereich der Binnenfischerei der DDR – Binnenfischereiordnung – vom 16. Juni 1981 (GVBl. DDR I S. 290) | § 10 | Nr. 10 (Bbg) |

Verzeichnis der Verfassungsgerichte der Länder

(Stand: November 2002)

1. **Staatsgerichtshof für das Land Baden-Württemberg**
   Postfach 10 36 53, 70031 Stuttgart
   Ulrichstraße 10, 70182 Stuttgart
   Tel.: 0711 / 212-30 26
   Fax: 0711 / 212-30 24

2. **Verfassungsgerichtshof des Landes Berlin**
   Elßholzstraße 30–33, 10781 Berlin
   Tel.: 030 / 90 15 26 52
   Fax: 030 / 90 15 26 66
   E-mail: verfgh-berlin@t-online.de
   www.berlin.de/verfassungsgericht

3. **Verfassungsgericht des Landes Brandenburg**
   Allee nach Sanssouci 6, 14471 Potsdam
   Tel.: 0331 / 9 83 81 02
   Fax: 0331 / 9 67 93 18
   www.verfassungsgericht.brandenburg.de

4. **Staatsgerichtshof der Freien Hansestadt Bremen**
   Osterdeich 17, 28203 Bremen
   Tel.: 0421 / 36 12 190
   Fax: 0421 / 36 14 172

5. **Hamburgisches Verfassungsgericht**
   Sievekingplatz 2, 20355 Hamburg
   Tel.: 040 / 42 843 0
   Fax: 040 / 42 843 40 97
   www.hamburg.de/StadtPol/Gerichte/VerfG/welcome.htm

6. **Staatsgerichtshof des Landes Hessen**
   Mühlgasse 2, 65183 Wiesbaden
   Tel.: 0611 / 32 27 38
   Fax: 0611 / 32 26 17
   www.staatsgerichtshof/hessen.de

7. Landesverfassungsgericht Mecklenburg-Vorpommern
Domstraße 7, 17489 Greifswald
Tel.: 03834 / 89 06 61
Fax: 03834 / 89 06 62

8. Niedersächsischer Staatsgerichtshof
Herminenstraße 31, 31657 Bückeburg
Tel.: 05722 / 29 02 18
Fax: 05722 / 29 02 17
Email: geschaeftsstelle@stgh.niedersachsen.de
www.staatsgerichtshof.niedersachsen.de

9. Verfassungsgerichtshof des Saarlandes
Franz-Josef-Röder-Straße 15, 66119 Saarbrücken
Tel.: 0681 / 501 52 36 und 501 53 50
Fax: 0681 / 501 53 51
Email: poststelle@verfgh.X400.saarland.de

10. Verfassungsgerichtshof des Freistaates Sachsen
Postfach 10 09 64, 04009 Leipzig
Harkortstraße 9, 04107 Leipzig
Tel.: 0341 / 21 41 0
Fax: 0341 / 21 41 250

11. Landesverfassungsgericht Sachsen-Anhalt
Postfach 14 26, 06813 Dessau
Willy-Lohmann-Straße 29, 06844 Dessau
Tel.: 0340 / 202 14 51
Fax: 0340 / 202 15 60

12. Thüringer Verfassungsgerichtshof
Postfach 23 62, 99404 Weimar
Kaufstraße 2–4, 99423 Weimar
Tel.: 03643 / 206 0
Fax: 03643 / 206 224
Email: postverfgh@thovg.thueringen.de
www.thvergh.thueringen.de